BIBLIOTHÈQUE
DES
SCIENCES CONTEMPORAINES

PUBLIÉE AVEC LE CONCOURS

DES SAVANTS ET DES LITTÉRATEURS LES PLUS DISTINGUÉS

PAR LA LIBRAIRIE

C. REINWALD & Cie
15, rue des Saints-Pères, Paris.

Depuis le siècle dernier, les sciences ont pris un énergique essor en s'inspirant de la féconde méthode de l'observation et de l'expérience. On s'est mis à recueillir, dans toutes les directions, les faits positifs, à les comparer, à les classer et à en tirer les conséquences légitimes.

Les résultats déjà obtenus sont merveilleux. Des problèmes qui sembleraient devoir à jamais échapper à la connaissance de l'homme ont été abordés et en partie résolus, et cet immense trésor de faits nouveaux, non-seulement a renouvelé les sciences déjà existantes, mais a servi de matière à des sciences nouvelles du plus saisissant intérêt.

L'*Archéologie préhistorique* nous a reconquis, dans la profondeur des siècles disparus, des ancêtres non soupçonnés et reconstitue, à force de découvertes, l'industrie, les mœurs, les types de l'homme primitif à peine échappé à l'animalité.

L'*Anthropologie* a ébauché l'histoire naturelle du groupe humain dans le temps et dans l'espace, le suit dans ses évolutions organiques, l'étudie dans ses variétés, races et espèces, et creuse ces grandes questions de l'origine de la vie, de l'influence des milieux, de l'hérédité, des croisements, des rapports avec les autres groupes animaux, etc., etc.

La *Linguistique* retrouve, par l'étude comparée des diomes, les formes successives du langage, les analyse et prépare, pour ainsi dire, une histoire de la pensée humaine, saisie à son origine même et suivie à travers les âges.

La *Mythologie comparée* nous fait assister à la création des dieux, classe les mythes, étudie les lois de leur naissance et de leur développement à travers les innombrables formes religieuses.

Toutes les autres sciences, Biologie, Astronomie, Physique, Chimie, Zoologie, Géologie, Géographie, Botanique, Hygiène, etc., ont été, sous l'influence de la même méthode, étendues, régénérées, enrichies et appelées à se prêter un mutuel secours. Cette influence s'est même étendue à des sciences que la fantaisie et l'esprit de système avaient dépouillées de toute précision et de toute réalité, l'Histoire, la Philosophie, la Pédagogie, l'Economie politique, etc.

Mais jusqu'à présent ces magnifiques acquisitions de la libre recherche n'ont pas été mises à la portée des gens du monde : elles sont éparses dans une multitude de recueils, mémoires et ouvrages spéciaux. Le public ne les trouve nulle part à l'état d'ensemble, d'exposition élémentaire et méthodique, débarrassées de l'appareil scientifique, condensées sous une forme accessible.

Et cependant il n'est plus permis de rester étranger à ces conquêtes de l'esprit scientifique moderne, de quelque œil qu'on les envisage. A chaque instant, dans les conversations, dans les lectures, on se heurte à des controverses sur ces nouveautés : le Darwinisme, la Théorie mécanique de la chaleur, la Corrélation des forces naturelles, l'Atomisme, la Descendance de l'homme, la Prévision du temps, les Théories cérébrales, etc.; on se sent honteux de se trouver pris en flagrant délit d'ignorance. Et puis, considération bien supérieure, c'est par la science universalisée, déposée dans toutes les consciences, que nous mettrons fin à notre anarchie intellectuelle et que nous marcherons vraiment à la régénération.

De ces réflexions est née la présente entreprise. On s'est adressé à des savants pour obtenir de chacun d'eux, dans la spécialité qui fait l'objet constant de ses études, le *Manuel* précis, clair, accessible, de la science à laquelle il s'est voué, dans son état le plus récent et dans son ensemble le plus général. Par conséquent, pas de compilations de seconde main. Chacun s'est renfermé dans le domaine où sa compétence est incontestable. Chaque traité formera un seul volume, avec gravures quand ce sera nécessaire, et de prix modeste. Jamais la vraie science, la science consciencieuse et de bon aloi ne se sera faite ainsi toute à tous.

Un plan uniforme, fermement maintenu par un comité de rédaction, présidera à la distribution des matières, aux proportions de l'œuvre et à l'esprit général de la collection.

CONDITIONS DE LA SOUSCRIPTION

Cette collection paraîtra par volumes in-12, format anglais, aussi agréable pour la lecture que pour la bibliothèque ; chaque volume aura de 10 à 15 feuilles, ou de 350 à 500 pages. Les prix varieront, suivant la nécessité, de 3 à 5 francs.

EN VENTE

I. **La Biologie**, par le docteur Letourneau. 2ᵉ édition, 1 vol. de 518 pages avec 112 gravures sur bois.
Prix, broché, 4 fr. 50 ; relié, toile anglaise........ 5 francs.

II. **La Linguistique**, par Abel Hovelacque. 2ᵉ édition, 1 vol. de 454 pages.
Prix, broché, 4 francs ; relié, toile anglaise......... 4 fr. 50

III. **L'Anthropologie**, par le docteur Topinard, avec préface du professeur Paul Broca. 2ᵉ édition, 1 vol. de 576 pages avec 52 gravures sur bois.
Prix, broché, 5 francs ; relié, toile anglaise....... 5 fr. 75

IV. **L'Esthétique**, par M. Eugène Véron, directeur du journal *l'Art*. — Origine des Arts. — Le Goût et le Génie. — Définition de l'Art et de l'Esthétique. — Le Style. — L'Architecture. — La Sculpture. — La Peinture. — La Danse. — La Musique. — La Poésie. — Volume de 506 pages.
Prix : broché, 4 francs ; relié, toile anglaise........ 4 fr. 50

SOUS PRESSE
Pour paraître incessamment :

V. **La Philosophie**, par M. André Lefèvre. 1 vol. Prix, broché, 5 francs ; relié, toile anglaise.................... 5 fr. 75

ON PEUT SE PROCURER

LA BIBLIOTHÈQUE DES SCIENCES CONTEMPORAINES

Chez tous les Libraires de France et de l'Étranger

ET SPÉCIALEMENT CHEZ LES SUIVANTS :

ATHÈNES, chez *K. Wilberg.*
BARCELONE, chez *A. Verdaguer* et chez *A. Piaget.*
BERLIN, chez *Leo Liepmannssohn.*
BOIS-LE-DUC, chez *Van Heusden.*
BRUXELLES, chez *Manceaux.*
BUCHAREST, chez *Sotschek et C*.
COÏMBRA, chez *A. Cabral* et chez *A. Rodriguez.*
CONSTANTINOPLE, chez *S.-H. Weiss* et chez *Lorentz et Keil.*
DINAN (Côtes-du-Nord), chez *F. Thomas Chesnais.*
GENÈVE, chez *H. Georg.*
LAUSANNE, chez *B. Benda* et chez *Rouge et Dubois.*
LEIPZIG, chez *B. Hermann* et chez *A. Twietmey er.*
LISBONNE, chez *Antonio-Maria Pereira* et chez *A. Rodriguez.*
LONDRES, chez *Williams et Norgate.*
LYON (Rhône), chez *Cathabard* et chez *H. Georg.*
MADRID, chez *C. Bailly-Baillière.*

MILAN, chez *Dumolard frères.*
MONTEVIDEO, chez *Fermepin.*
MONTPELLIER (Hérault), chez *Coulet.*
MUNICH, chez *Riedel* (Liter. Art. Anstalt).
NAPLES, chez *Detken et Rocholl.*
NEW-YORK, chez *F.-W. Christern* et chez *Westermann et C*.
NÎMES (Gard), chez *J. Borely.*
PADOUE, chez *Drucker et Tedeschi.*
PALERME, chez *Luigi Pedone-Lauriel.*
PORTO, chez *Chardron ;* chez *Magalhaes et Moniz,* et chez *Da Silva Mengo.*
RIO DE JANEIRO, chez *B. L. Garnier.*
ROME, chez *Bocca frères et C*.
SAINT-PÉTERSBOURG, chez *I. Issakoff,* chez *C. Ricker* et chez *E. Mellier.*
STOCKHOLM, chez *Loostrôm et C*.
STRASBOURG, chez *I. Noiriel.*
TURIN, chez *Bocca frères* et chez *H. Læscher.*
VARSOVIE, chez *Maurice Orgelbrand.*
VIENNE (Autriche), chez *W. Braumüller et fils.*

BIBLIOTHÈQUE

DES

SCIENCES CONTEMPORAINES

V

DU MÊME AUTEUR

POÉSIE.

La Flûte de Pan, 1861, in-18, Dentu.
Seconde édition augmentée, 1863, in-18, Hetzel.
La Lyre intime, 1864, in-18, Hetzel.
Virgile et Kalidâsa (Les Bucoliques de Virgile), 1865, in-18, Hetzel.
L'Épopée terrestre, 1867, in-18, Marpon.
De la nature des choses, traduction en vers français du poëme de Lucrèce, avec Introduction et Sommaires, 1876, grand in-8°, Fischbacher.

VOYAGES ET ARTS.

La Vallée du Nil, en collaboration avec Henri Cammas, 1861, in-18, Hachette.
Les Merveilles de l'Architecture, quatre éditions, in-18, Hachette.
Les Parcs et les Jardins, deux éditions. in-18, Hachette.

HISTOIRE.

Les Finances de la Champagne aux treizième et quatorzième siècles, 1858, in-8°.
Histoire de France Bordier-Charton : Charles V, Charles VI, Charles VII, Louis XI, Napoléon Ier.
Le vrai Napoléon, 2e édition, 1877, in-16, Dreyfous.
Les Finances particulières de Napoléon III, d'après les Papiers des Tuileries, 1871-1874, in-18, Rouquette.

CRITIQUE

(COLLECTION JANNET-PICARD)

Les Lettres persanes, texte revu d'après les éditions originales, avec Préface, Notes, Variantes, Index, 1873, 2 vol. in-16, Lemerre.
Les Contes de Perrault, texte de 1697, avec Introduction, *Essai sur la mythologie dans les contes*, Notes, Variantes, Bibliographie, 1875, in-16, Lemerre.
Les Dialogues de Voltaire, Introductions, Notes, Index, 3 vol. in-16, Lemerre, 1878. Le premier en vente, les deux autres sous presse.

PHILOSOPHIE.

La Pensée nouvelle, 2 vol. grand in-8°, 1867-68. (En collaboration avec Louis Asseline, A. Coudereau, Ch. Letourneau, Paul Lacombe, Yves Guyot, etc.)
Essais de critique générale : I. Religions et Mythologies comparées, 2e édition, 1876-78 ; II. Études de Linguistique et de Philologie, 1877. 2 vol. in-18, Ernest Leroux.

BIBLIOTHÈQUE DES SCIENCES CONTEMPORAINES

LA PHILOSOPHIE

PAR

ANDRÉ LEFÈVRE

I. LES PHILOSOPHIES

LES TEMPS PRIMITIFS.
LES TEMPS ANCIENS. — LES TEMPS INTERMÉDIAIRES.
L'AGE MODERNE.

II. LA PHILOSOPHIE

L'UNIVERS. — LE MONDE VIVANT. — LE MÉCANISME INTELLECTUEL.

PARIS

C. REINWALD ET CIE, LIBRAIRES-ÉDITEURS

15, RUE DES SAINTS-PÈRES, 15

1879

Tous droits réservés.

LA PHILOSOPHIE

PREMIÈRE PARTIE
LES PHILOSOPHIES

CHAPITRE I.
LES TEMPS PRIMITIFS.

§ I. PÉRIODE DES COSMOGONIES.

Naissance de l'anthropomorphisme.

Aucun document écrit ne nous fait assister à l'éclosion et aux premiers tâtonnements de la pensée humaine. C'est là une lacune immense. Car l'homme primitif est toujours en nous. Nous tenons de nos aïeux un fonds intellectuel qui, recouvert par des couches successives, étouffé en apparence sous le poids des siècles accumulés, ne cesse de reparaître par soulèvements intermittents à travers les dépôts auxquels il a servi d'assise. Le germe implanté dans ces régions profondes ne se lasse point de remonter à la surface en végétations encombrantes ; tandis que la science, munie d'instruments imparfaits, les arrache à grand'peine, elles ont le temps de semer, sur un sol qui ne semble plus fait pour les nourrir, des graines obstinées qui se reproduisent indéfiniment dans un humus factice. Elles se cramponnent et s'amalgament à nos mœurs et à nos pensées, obstruant de lianes épaisses le chemin de la vérité. L'éducation en est infectée. Si bien que les dupes ou les intéressés qui s'endorment à leur ombre ou vivent de leurs fruits, les proclament immortelles et nécessaires, principes de la vertu et de la sagesse, soutiens vénérables des sociétés humaines.

Il n'est pourtant pas impossible de reconnaître les caractères surannés, fossiles, de cette flore intruse. Toute coutume qui jure avec l'état général des mœurs, toute conception que l'expérience condamne sont des legs de l'antique héritage, des témoins des anciens jours. Elles correspondent à des milieux disparus, où elles étaient en harmonie avec les connaissances acquises. Ainsi donc, à défaut de lumières plus directes, une comparaison attentive, dégageant notre civilisation normale des anomalies qui la déparent, fournirait à la rigueur les éléments d'une histoire de la pensée humaine.

Auguste Comte, ou plutôt le docteur Burdin, n'a pas établi sur d'autres bases sa loi trop fameuse des trois états, théologique, métaphysique, positif, qui, réduite à ces termes généraux, paraît commode pour une classification approximative des progrès intellectuels. Mais il n'a pas assez pris garde que les trois termes ne sont pas égaux entre eux, qu'ils ne sont point séparés par des intervalles équivalents. En regard de la conception positive du monde, la théologie et la métaphysique ensemble ne constituent qu'un seul et même groupe : ce sont deux faces à peu près parallèles et concomitantes de l'anthropomorphisme. Au reste, l'état positif est aussi ancien que les deux autres, ayant commencé avec les premières industries et l'expérience rudimentaire. On s'aperçoit bien vite que, là où la théologie a dominé, la métaphysique a régné forcément, puisque la théologie n'est qu'une conception métaphysique ; et *vice versa*. Quant à l'état positif, bien qu'il n'ait réellement pris le dessus qu'après la constitution des sciences, il n'a jamais été absent de la terre.

La conception de Comte était d'ailleurs aussi avancée que le comportaient les informations acquises il y a cinquante ans. Aujourd'hui des secours nouveaux, des découvertes précieuses nous ont apporté de quoi la contrôler et la rectifier. Grâce à la linguistique, à l'anthropologie et à l'archéologie préhistorique, l'histoire de la pensée sort de la sphère de la logique, elle entre dans le domaine de l'observation. Enfin, l'étude des populations arrêtées à l'état sauvage ou barbare, permettant d'assimiler leurs industries et leurs idées à celles qui ont accompagné la première éducation de nos ancêtres indo-européens, achève de livrer à l'expérience objective les étapes oubliées de notre développement.

Il faut insister ici sur les services que rend à l'histoire des idées la science du langage. Par elle nous remontons, sinon à l'origine de la pensée, du moins aux premiers efforts de la raison pour coordonner les propositions et lier en faisceau les connaissances rudimentaires recueillies par une expérience inhabile.

L'état le plus antique du parler indo-européen, tel que nous le reconstituons par la comparaison des idiomes, nous montre les nuances déjà nombreuses des impressions et des idées groupées sous quelques centaines de clefs dites racines, catégories créées par une sorte d'abstraction concrète pour résumer, sans modalités d'aucune espèce, sans valeur substantive, adjective ou verbale, à l'état brut pour ainsi dire, l'éclat, l'obscurité, le souffle, le frisson, la marche, la course, la nourriture, la boisson, la génération, le souvenir, la vie et la mort, la douleur et le plaisir, la force, la peur, etc. A ces racines monosyllabiques significatives, se joignent par degrés, pour noter les modes et les temps de l'action et marquer les relations syntaxiques, des affixes, infixes, préfixes et suffixes qui ne sont que des racines analogues atrophiées, combinées et juxtaposées. Comme ces racines, tout abstraites qu'elles sont, ne font que condenser des impressions concrètes, il s'ensuit que le langage est un tissu de métaphores où des représentations matérielles sommaires se plient à l'expression des rapports les plus subtils entre les idées. Elles sont déjà loin des premiers signes vocaux évoqués par les objets eux-mêmes ; elles n'expriment déjà plus que des qualités. Mais l'examen de langues moins avancées fait légitimement supposer de longues périodes où le cri articulé, en se modulant de diverses façons, arrivait à désigner, au hasard des sensations, les choses extérieures. Les racines abstraites attestent une force de raisonnement et de simplification tout à fait étrangère au sauvage, qui, nommant l'un après l'autre tous les arbres, tous les animaux rencontrés, n'atteint pas à l'idée générale d'arbre et d'animal. Elles sont les résidus d'innombrables onomatopées ou signes vocaux plus concrets.

La dispersion, l'incohérence de l'attention, a été le premier état mental. L'homme n'a été d'abord qu'un nomenclateur, désignant successivement par une ou plusieurs articulations spontanées tous les objets, tous les aspects de la nature et toutes les sensations, directement et confusément perçues. C'est à la suite d'un long et pénible effort qu'il est parvenu à grouper ses observations et ses souvenirs, à coordonner ses idées, par comparaison, par analyse et par synthèse.

Quelle pouvait être, en ces périodes reculées, la philosophie, c'est-à-dire la conception de l'univers dans ses rapports avec l'humanité?

Il s'en faut que le développement des groupes humains ait été simultané. Le climat, la configuration du sol, les circonstances, les voisinages, l'isolement ont concouru à diversifier les races, à déterminer, à ralentir, à accélérer le cours de leur évolution inégale. En vain l'écart tend à diminuer par le contact, en vain les différences s'atténuent sous le niveau d'une civilisation générale; il n'en est pas moins évident qu'une même époque rassemble des peuples enfants, des peuples adultes, des peuples vieillis. La chronologie pousse au même plan des nations moralement séparées par des milliers d'années; elle creuse des abîmes entre des états sociaux et intellectuels parfaitement similaires. Et ce qui est vrai des groupes pris dans leur ensemble ne l'est pas moins de telle ou telle province de la pensée, de la science, de l'art. Ces vues trouveront leur application dans la philosophie de l'histoire; mais il était nécessaire de les indiquer ici. Elles nous avertissent qu'il ne faut point demander les conceptions primitives de l'homme aux monuments qui témoignent d'une culture avancée, à quelque date qu'ils appartiennent.

Qu'importent d'ailleurs les six mille ans de l'Égypte ou de la Chine? C'est bien plus profondément qu'il convient de fouiller les archives de l'humanité, dans les couches géologiques où sont conservés les débris immémoriaux de l'industrie humaine, chez les hommes de la pierre, à quelque âge qu'ils aient atteint le premier échelon de la pensée, et chez leurs véritables contemporains, les sauvages modernes de l'Australie, de la Polynésie ou de l'Afrique méridionale. C'est là qu'on a chance de découvrir le germe des systèmes métaphysiques, fruits de la curiosité ignorante, soigneusement conservés à travers tous les temps. C'est là qu'ont pris naissance les idées cosmologiques dont nous devons retracer l'histoire.

On pourra contrôler les indices recueillis à l'aide des premières pensées de l'enfant ; sans oublier toutefois que, chez les civilisés, l'enfant porte en lui tout l'acquis de l'hérédité, et que l'éducation, même la plus humble, suffit à modifier les conclusions qu'il tire de ses impressions.

Enfin l'intelligence et les mœurs de l'animal sauvage, ses sentiments et ses actes à l'égard des êtres et des choses, nous éclaireront sur l'attitude de l'homme en présence de l'univers, avant le langage et le raisonnement.

Que l'homme soit issu d'une tribu disparue de singes anthropoïdes, ou qu'il ait surgi dans la série animale sous une forme approchée de sa figure présente, il nous suffit, pour affirmer l'humilité de ses débuts et la lenteur infinie de ses progrès, de constater qu'à une certaine époque il n'existait pas, et qu'à une autre époque, bien reculée encore, il existait.

Si les stries relevées par M. l'abbé Bourgeois sur quelques os de l'époque tertiaire pliocène sont les premiers vestiges de l'homme, elles nous reportent à un âge où l'homme ne différait pas des singes qui savent frapper de près avec une pierre ou un bâton. Animal friand de moelle, il essayait de briser les os pour l'en extraire. Il combattait, mangeait, dormait, se terrant dans quelque grotte, nichant dans quelque arbre touffu. Son instinct n'allait qu'à satisfaire sa faim, à conserver sa vie. Le besoin seul était son guide. Inférieur en force à la plupart des êtres qui pouvaient le nourrir, il apprit, en combien de siècles ! à employer victorieusement contre eux ses mains agiles et les corps pesants ou tranchants que sa faculté préhensile mettait à sa portée. Quelle idée se faisait-il du monde et de lui-même ?

Déjà sans doute il distinguait les êtres qui entraient en contact immédiat avec ses sens; il les classait en catégories selon qu'ils étaient bons à manger, redoutables, faciles à surprendre et à tuer. En face des choses qui échappaient à la prise immédiate de ses griffes ou de ses dents, et que l'ouïe ou la vue lui révélait, sa première impression fut l'étonnement; il les signalait par les intonations diverses de ses cris, jappant devant l'arbre lisse où il ne pouvait monter, hurlant à la lune, saluant le soleil d'une exclamation joyeuse, accueillant d'une plainte attristée la nuit, la pluie, l'orage. Ainsi commencèrent le langage et la pensée. Aucun raisonnement suivi ne liait les impressions incohérentes. Les embryons d'idées générales que suggérait déjà l'impérieux besoin, flottaient, s'évanouissaient et renaissaient dans le brouillard, tout à coup ramenés par le choc immédiat d'une sensation.

Cependant, lorsque les appétits satisfaits laissaient au cerveau quelque loisir, en regardant du seuil de son antre le tableau confus des choses, l'homme sentait s'ébaucher en lui, il ne savait où, dans sa personne, qu'il définissait aussi vaguement que l'ont fait cent générations de métaphysiciens, deux certitudes invincibles, inséparables, celle de son existence, celle de l'existence d'êtres extérieurs à lui (le *moi* et le *non-moi*, ni plus ni moins).

Les amusements stériles du scepticisme et les puérilités quintessenciées des controverses sur l'origine des connaissances lui étaient parfaitement étrangers. La nécessité de l'action et la pauvreté de son cerveau lui interdisaient la *rêvasserie*. Il constatait, par tous les sens, qu'il touchait et qu'il était touché, rudement parfois. Le monde ne lui apparaissait pas encore en bloc. Un mammouth était pour lui un mammouth, un homme un homme, un arbre ou une pierre des choses en relation avec lui, et qui lui étaient utiles ou nuisibles. Toutefois une vague synthèse s'imposait à son esprit; il faisait, dans l'ensemble, deux parts : le reste et lui. Mais dans ce reste il ne distinguait pas ou il distinguait mal l'animé de l'inanimé.

De là à voir dans les autres êtres quelconques des individus agissant comme lui, pour lui ou contre lui, il n'y avait qu'un pas. Et dans cette erreur résidait le germe de toute métaphysique, du fétichisme, des mythes, du pan-poly-monothéisme, du déisme et du divin.

L'Anthropomorphisme était né, et inévitable pour plusieurs raisons. Premièrement, l'ignorance complète de la nature des choses et des êtres ne permettait pas de distinguer entre les actes intentionnels et les faits indifférents. Quand l'homme heurtait une pierre, quand la foudre tombait à ses pieds, ou la pluie ou la grêle sur ses bras nus, quand le vent le glaçait ou lui coupait la respiration, quand le soleil l'inondait de joie et de lumière ou grillait son cuir à peine velu, la douleur et le plaisir lui semblaient causés par la volonté de la pierre, de la foudre, de la pluie, du vent, du soleil, tout comme les impressions reçues du contact avec les animaux et avec ses semblables. Secondement, rapportant tout à lui-même, il ne pouvait concevoir un autre genre d'existence que la sienne.

Enfin son langage concourait à l'illusion. Ses inflexions diverses notaient les sensations, où se confondent l'objet et le sujet. En transportant les mots aux objets environnants pour exprimer leurs états divers, il leur prêtait nécessairement sa propre activité. S'il possédait, par exemple, un terme correspondant à l'idée de couper, il l'appliquait aussi bien à son action de couper une branche ou un fruit qu'au fait de la glace qui lui coupait les pieds. Il disait : je coupe, elle coupe ; et de même que la première forme impliquait *chez lui* l'intention de couper, elle l'impliquait également *chez elle*. Il *se* mouvait, le nuage de même. Si donc le nuage était en mouvement, c'est que le nuage l'avait voulu.

Pas n'est besoin de multiplier les exemples de ces rapprochements, de ces *métaphores* instinctives, pour en faire comprendre la portée. En appliquant aux choses ses verbes actifs et réfléchis ou du moins ce qui en tenait lieu, il leur donnait la vie et les faisait participer à l'humanité. Tel est le fond de l'anthropomorphisme.

L'homme parlait aux bêtes courroucées, il parlait aux plantes, aux rivières, aux roches, aux astres, au nuage, au vent. Comme il n'en recevait pas de réponse, il insistait, priant ceux-ci de l'épargner, ceux-là de lui continuer leurs bienfaits. Si parfois ses désirs s'accomplissaient, il se croyait exaucé; si ses adjurations demeuraient vaines, il se figurait que ses muets interlocuteurs, irrités contre lui, refusaient de l'entendre. La reconnaissance et la peur l'engageaient également à offrir des actions de grâce ou des prières nouvelles, puis des cadeaux, ceux qui auraient eu pour lui-même le plus de prix, de la nourriture, des fleurs, des parfums, même du sang, des vies humaines.

Ayant cru observer que certaines attitudes, certains objets, certaines formules influaient sur les volontés et les actions extérieures, il les rangea dans la classe des intercesseurs puissants. Ainsi commencèrent les rites, les amulettes, les talismans, les paroles magiques; et, pêle-mêle avec les corps ambiants et les divers aspects des choses, les dieux du naturalisme et ceux de la métaphysique, les fétiches matériels et les entités intellectuelles, firent leur entrée dans le monde. Les événements notables de la vie individuelle et commune, les lieux où ils s'étaient produits, eurent un caractère sacré, furent marqués du signe divin : la défaite, la victoire, la naissance, la mort, etc., prirent rang dans l'informe panthéon des premiers âges.

Le fait le plus considérable de la vie primitive, celui qui est intimement lié à la conception rudimentaire du monde et des rapports de l'homme avec l'ensemble universel, c'est la découverte du feu. Enthousiasme pour le merveilleux trésor, assimilation du feu terrestre aux flammes solaires, du foyer à la vie; confusion, rappel symbolique de la découverte, non moins que des idées et des comparaisons qu'elle pouvait suggérer, personnification de la vie, d'autant plus aisée qu'elle apparaissait à la fois dans tous les individus animés; croyance à la durée de la vie générale, puis de la vie individuelle, confirmée par les apparitions des morts et par les songes; plus tard, identification de l'âme humaine et de la substance divine, immortalité de l'une et de l'autre, distinction entre le corps périssable et l'âme indivisible, soit reversée par la mort dans un foyer commun, soit dégagée des liens charnels et continuant la personne en dehors de tout ce qui constitue la personne : telle est en peu de mots l'histoire du feu dans le monde.

Nous laissons de côté les mythes, dont l'inextricable enchaînement verbal recouvrit, morcela, confondit toutes ces idées, plus ou moins infuses dans la cervelle naïve de nos premiers aïeux. Nous ne faisons ni l'histoire des mythologies, ni celle des religions. Elles n'interviennent ici qu'en tant que premiers linéaments de la pensée philosophique, pensée, comme on voit, profondément anthropomorphique et métaphysique dès le début et qui a gardé ce caractère depuis des milliers d'ans, malgré les démentis de l'observation et les lentes, bien lentes conquêtes de la science.

Nous omettons aussi l'influence tout d'abord acquise aux illuminés et aux charlatans qui prétendaient, en gardant le dépôt des rites et des formules, concilier aux humains la bienveillance des puissances extérieures. L'hiérophante, le sorcier, le faiseur de pluie, l'exorciste, le prêtre en un mot, date de l'enfance de l'humanité. Son intérêt capital est donc de maintenir l'humanité dans l'enfance ou de l'y ramener, puisque l'enfant est par excellence l'animal religieux, c'est-à-dire crédule et exploitable.

Si l'on joignait à ces faits primordiaux les climats, les besoins, la passion génésique, le prestige de la force, de la beauté, de la terreur, on aurait le canevas de toute la destinée humaine, le raccourci de l'histoire intellectuelle.

Mais tenons-nous à notre objet propre, la conception du monde et de l'homme. En même temps que l'homme concevait l'ensemble universel comme une juxtaposition de puissances favorables ou contraires, le langage devenait capable d'exprimer quelques idées générales, les plus simples et les plus fausses. Les dieux partout dispersés se groupèrent en catégories, en camps souvent opposés : il y eut les génies du feu, les démons des eaux, des bois, des monts, de l'atmosphère ; puis les dieux du ciel et ceux de la terre ; puis ceux du bien et ceux du mal, assimilés à la lumière et à l'obscurité, à la pluie et à la sécheresse, aux vents et aux orages. Le hasard des mots leur prêta des figures et des sexes. Que de variétés innombrables d'unions, de combats imaginaires, reliés toujours par quelque bout à la réalité subjective, travail et projection de l'esprit !

A mesure que l'expérience, les industries, les relations entre tribus constituaient le groupe des objets et celui des circonstances *naturelles* et *constantes*, les premières conceptions de l'esprit, sans se dissoudre, s'élevaient hors de la portée de l'observation, dans une sphère de plus en plus lointaine, dans une classe revêtue d'une majesté particulière. Un caractère commun marquait tous ces êtres illusoires, le caprice, le *surnaturel*, la *divinité*. Quand ces mots furent à leur tour personnifiés, ils formèrent une quintessence, pourvue de toutes les facultés humaines poussées à leur perfection : dieu, le dieu des théodicées, qui se trouva seul en face de l'homme, dont il procédait, et de la nature indifférente à ses lois fictives. Ce fut l'œuvre, bien vaine, des philosophies soit mystiques, soit rationalistes, toutes anthropomorphiques, de définir les rapports entre ces trois termes : dieu, l'homme et la nature. Les deux derniers n'ont apparu au premier plan qu'en ce siècle, et ce plan, ils doivent désormais l'occuper, le remplir tout entier. Le premier, absolument vide, et qui ne répond plus à rien dans notre âge scientifique, ne commença d'être suspect qu'en pleine période historique, vers le sixième siècle avant notre ère ; trop tard et trop tôt : trop tard, parce que l'homme était incapable de renoncer aux résultats héréditaires d'une élaboration continuée durant des centaines de siècles ; trop tôt, parce que la science, à peine ébauchée, ne pouvait enlever aux chimères qu'une part trop restreinte de la réalité ; et, par un renversement de positions qui dure encore, on lui demandait de fournir la preuve qui incombe à la métaphysique ; elle le peut aujourd'hui, bien qu'on soutienne le contraire ; mais longtemps elle n'eut que le doute et la négation à opposer à la foi victorieuse.

Maintenant, que telle ait été la marche de la pensée humaine, ce livre l'établira suffisamment par le résumé des systèmes ; que tels aient été les débuts de la philosophie, à savoir : anthropomorphisme fétichiste, polythéiste, panthéiste, en un mot métaphysique, la comparaison entre l'état présent civilisé et l'état sauvage permet de le démontrer sans peine.

Dans nombre de stations de la pierre taillée, par exemple aux Eyzies, à la Madeleine, on a recueilli des os percés et polis, des dents évidemment destinées à pendre en collier sur la poitrine, des échantillons de roches étrangères à la localité ; et on y a reconnu des amulettes, plutôt fétiches, talismans, porte-bonheur que simples décorations. Ces os, ces dents, étaient à la fois des souvenirs de chasses heureuses, emblèmes de victoire, et des gages de la faveur des esprits. Les sépultures de ces temps antiques révèlent et l'usage du feu, et des honneurs funèbres où se devine la vague croyance à une autre vie ; aux ossements calcinés sont joints les armes, les ornements et, qui sait ? les restes des amis et serviteurs du mort. A quoi pouvaient lui servir ces objets et ces compagnons ? Visiblement, à chasser, à se pourvoir de vivres dans les territoires funèbres, si familiers encore à l'esprit des Indiens d'Amérique.

Ces témoignages muets, qu'on aurait tort de dédaigner, restituent l'histoire de la pensée dans les temps moyens de la période quaternaire. A qui les interroge sans parti pris, ils répondent que l'homme avait déjà établi des rites, au moins funéraires, commémoratifs de la découverte du feu ; que déjà le langage, si rudimentaire fût-il, avait assimilé le feu à la vie et permis de conjecturer que, comme le feu, l'existence se rallumait ailleurs, en des régions inconnues.

L'homme allait-il plus loin ? La dualité de la nature humaine était-elle inventée ? On est tenté de le croire. Les fantômes du sommeil ou de l'hallucination retraçaient l'image des morts ; et ces ombres vides, en proclamant la disparition du corps matériel, révélaient un autre corps subtil que la mort n'avait pas détruit. Incapable d'analyser le mécanisme de la mémoire, l'homme croyait naïvement à la survivance de quelque chose, d'une enveloppe, d'un résidu immortel. L'ombre des morts n'était certes pas ce que la métaphysique nomme une âme ; la distinction des deux substances ne s'était pas encore nettement offerte à la raison ; elle exige une subtilité dans l'aberration qui n'est point le fait d'intelligences peu exercées. Mais l'homme était sur la voie qui mène à l'immatériel.

Nous avons dit que les sauvages modernes sont physiquement et moralement les contemporains de ces hommes de la pierre. Eux aussi possèdent ces amulettes, ces fétiches exploités par des faiseurs de pluie et des exorcistes. Eux aussi croient à la réalité objective des fantômes. Ils placent partout des esprits, dans le feuillage des arbres, dans les sources et les fleuves, dans les phénomènes de la nature. Lubbock, Tylor et les voyageurs abondent en récits qui établissent à la fois l'identité de ces sauvages avec nos ancêtres de l'âge du mammouth et du renne, et leurs idées superstitieuses, accommodées à la cosmologie qui y correspond.

Si nous cherchons, aux divers étages de la civilisation, les vestiges de cet état mental, nous les trouvons partout ; ils figurent au nombre des croyances les plus invétérées, les plus indestructibles. S'agit-il d'amulettes et de fétiches, qui ne les reconnaîtra dans les chapelets, les reliques, les scapulaires, les sous percés, les eaux et huiles bénites, dans les formules d'exorcisme, dans les paroles consacrées des liturgies et de la sorcellerie populaire? Quant aux doctrines qui sont en germe dans l'incinération des morts et le dépôt d'armes, de vases, d'ornements autour des cadavres, où ne se sont-elles pas conservées? Le feu est l'agent du sacrifice. Quand il jaillit des deux bâtons de l'Arani védique, et qu'on l'arrose de beurre clarifié, quand on le voit à Rome entretenu, sous peine de mort, par la corporation des vestales et associé aux pompes des cultes perse, juif, chrétien, musulman, etc. soit comme dieu visible, soit comme emblème traditionnel, on ne peut douter que le grand fait mythique de ces âges reculés n'ait gardé jusqu'à nous un reflet de son antique vertu.

Toute la philosophie anthropomorphique est dominée par l'idée de cause, à plus forte raison les croyances qui sont l'expression naïve de l'anthropomorphisme. Tous ces dieux, disséminés par l'homme dans l'univers, n'ont été créés que pour répondre à la question : pourquoi? Et ils y répondent d'une façon aussi péremptoire qu'illusoire : illusoire, parce que c'est l'homme qui se répond en eux ; péremptoire, parce que l'homme est aussi ignorant qu'eux-mêmes.

Pourquoi remué-je le bras ? se dit l'homme. Parce que je le veux. Et c'est tout. Pourquoi le vent souffle-t-il ? Pourquoi l'eau coule-t-elle ? Pourquoi le tonnerre tombe-t-il ? Parce qu'ils le veulent ou qu'on le veut pour eux. Et c'est tout. — Ce n'est rien. Il reste à expliquer pourquoi l'homme veut, pourquoi les choses voudraient, et ce que c'est que la volonté. La série des pourquoi est indéfinie. Mais l'intellect naissant se contentait de peu. L'enfant est dans le même cas. Son premier mot de raison est : Pourquoi ? Et quand on lui a dit : Parce que... (n'importe quoi), parce que le bon dieu l'a voulu, et qu'on a tant bien que mal représenté le bon dieu avec sa barbe blanche, cela lui suffit ; son faible esprit est satisfait.

L'idée de cause se réduit pour la science en idée objective et indifférente de succession ou de concomitance. Mais, pour la métaphysique, elle se transforme en entité subjective. Ce sont là termes obscurs que nous allons essayer d'éclaircir une première fois ; nous y reviendrons ailleurs. La *causalité* est un mot si vague, si funeste, si stérile (bien que fécond en chimères), qu'on ne saurait trop la réduire en ses éléments, réels et factices.

La cause est un fait ou un être sans lequel d'autres faits, d'autres êtres ne sauraient exister. De là l'axiome, simple formule d'une observation toute superficielle : Tout a une cause ; point d'effet sans cause. Qui dit effet, dit cause, et l'axiome n'apprend rien, il est tout verbal. Rien de plus innocent, au premier abord, qu'une telle affirmation ; il est clair que rien ne se produit en dehors de ses conditions d'existence. Mais, tout au fond de l'idée de cause, réside l'anthropomorphisme le plus instinctif et le plus tenace. C'est l'homme qui se l'est fournie, cette idée ; et il y a invinciblement attaché l'idée de volonté, de *finalité* prévue : Telle chose existe *pour que*, *afin que* telle autre soit. Ce n'est plus le fait qui est la cause, mais bien l'intention, la fin cachée dans le fait.

Premièrement : « L'homme est la cause de ses actes (il en est, en effet, la condition *sine qua non*). Les faits dont il n'est pas la cause (et qu'il assimile fatalement à des actions) ont nécessairement pour cause un être quelconque, analogue ou supérieur à lui-même, et qui raisonne et veut comme lui. » Voilà le double point de départ de l'illusion. Et elle est si forte qu'elle persiste aujourd'hui encore, après que la science a démontré que l'homme n'est qu'une cause subordonnée, une cause par contre-coup; après que la science a établi que les faits de la nature ne sont point des *actions*, et que les causes dont ils procèdent, les causes dont l'homme lui-même est une résultante particulière, n'ont aucun rapport avec la volonté consciente, cause immédiate des vraies *actions* humaines. C'est pourquoi tout l'édifice métaphysique repose sur une confusion, sur un faux sens. On verra que l'idée, si superficielle, de la volonté (faculté humaine), transformée en cause indépendante et en cause universelle, est la base de tous les systèmes rationalistes, depuis Platon jusqu'à Hartmann, en passant par Aristote, Descartes, Leibnitz, Kant, Hégel, Schopenhauer, etc. Il n'y a rien d'autre dans le Type, l'Harmonie préétablie, la Cause efficiente, la Chose en soi, l'Idée, le Moi identique au Non-moi, l'Inconscient. L'attribution d'une volonté aux causes extra-humaines est le pivot de toute métaphysique.

Secondement : « Tous les phénomènes extérieurs *agissent* pour ou contre l'homme. » Notez qu'ils n'*agissent* en aucune façon ; que les effets produits sur l'homme par leur contact ne les intéressent en rien. Mais quoi ! Des relations forcées de l'organisme avec ce qui l'entoure, la logique naissante a conclu que l'homme est le centre, l'objet et la fin de l'univers, et rien n'a pu triompher de cette induction puérile : « Tout dans le monde a été conçu en vue de l'homme, pour son mal ou son bien. » A cette finalité générale se sont jointes toutes les finalités particulières ; l'homme, fin de tout, a eu la sienne aussi, imposée par des puissances supérieures.

L'expérience constate que l'eau est constituée de telle et telle sorte, et qu'elle coule ; que la foudre est ceci et cela, et qu'elle tombe ; que la main a des doigts flexibles et qu'elle saisit, etc. La métaphysique, interprétant cette succession de faits, décrète que l'eau, la foudre, la main, sont prédestinées à couler, à tomber, à saisir. Elle ne s'aperçoit pas que cette destination prétendue n'ajoute rien au fait lui-même, et qu'elle ne l'explique pas plus qu'elle ne s'explique.

On a cru couper court à toute une série d'interrogations vaines en instituant une cause *première*, l'énigmatique moteur immobile d'Aristote. Mais cette cause première, effet sans cause, n'est qu'un paralogisme et un aveu d'impuissance. Le raisonnement aboutit à la déraison quand il est appliqué à ce qui ne le comporte pas. En dehors de l'activité particulière aux êtres conscients, la logique perd ses droits ; elle ne correspond qu'à l'enchaînement des faits émanés d'un organisme vivant et pensant, doué de sensations et de mémoire. Partout ailleurs, elle doit faire place à la simple constatation ; et, comme une des formes de la série animale, comprise et emboîtée dans l'impassible succession des choses, l'homme lui-même relève avant tout de la science objective. Ceci viendra à son heure ; et l'on résoudra l'objection préliminaire du subjectivisme, à savoir : que les facultés humaines sont la condition de la science objective, et que celle-ci relève de l'anthropomorphisme, auquel nous entendons la soustraire.

Quoi qu'il en soit, avant l'apparition de la philosophie proprement dite et des conceptions générales du monde et de l'homme, les idées de causalité et de finalité intentionnelles avaient pris possession de l'esprit humain. Parmi les plus anciens vestiges de la spéculation philosophique, nous aurons à citer quelques morceaux des livres sacrés de la Chine, de l'Égypte, de l'Assyrie, de la Perse et de l'Inde. On reconnaîtra que l'observation s'y montre incomplète et superficielle, aussi bien quant au monde extérieur qu'en ce qui concerne la nature humaine et la conduite de la vie. Et cependant, les frêles bases sur lesquelles le rationalisme naissant établissait la cosmologie et la sociologie, la psychologie et la morale, sont demeurées les fondements de la métaphysique moderne. Il n'a rien été inventé de plus que les arguments du Panthéisme indien, du Dualisme perse, que les rêveries funéraires de l'Égypte, que le Dieu créateur de la Bible, revue et expurgée par les rois piétistes, à partir du septième siècle. Peut-être même aura-t-on lieu de regretter l'abandon de certains doutes, de certaines vues ingénieuses qui se font jour chez les chantres védiques, chez Homère ou Hésiode.

Ainsi, dans le Rig, il est quelques hymnes qui divinisent la parole et lui attribuent la création des dieux ; il en est qui envisagent les dieux comme des inventions successives. Hésiode voit dans la terre « le siége à jamais stable des hommes et des dieux ». Homère se fait une idée assez juste du destin ; seulement, les deux tonneaux où il enferme les maux et les biens sont laissés à la disposition de Jupiter. Dans sa fameuse *Nécyomancie*, il caractérise très-fortement la différence qui existe entre la vie et la mort et constate le quasi-néant des mânes, auquel le sang des victimes peut seul infuser un semblant de vie. Mais aucun de ces anciens sages n'a entrevu la régularité et l'indépendance de ce qu'on a depuis appelé *les lois naturelles*.

§ II. POINT DE DÉPART ET DIRECTION GÉNÉRALE DE LA PHILOSOPHIE CHEZ LES PEUPLES DE LA HAUTE ANTIQUITÉ.

Du XXXᵉ ou du XLᵉ au VIIIᵉ siècle environ.

CHINE. — On ne sait quelle valeur il faut attribuer aux dates où les traditions des Chinois font remonter la composition de leurs plus anciens livres sacrés. Mais les Chinois ayant vécu, jusqu'à Bouddha, dans un isolement presque complet du reste du monde, on peut ne pas tenir compte, à leur égard, de la chronologie, et il suffit que certains de leurs livres représentent pour eux-mêmes leur plus ancien état mental. De ce nombre est le *Y-King*, commenté depuis, sinon refait, par Confucius.

D'après M. Pauthier, le *Y-King* (*Livre des transformations*) se compose de deux textes, l'un attribué à Fou-hi (3000 ans environ avant J.-C.), l'autre rédigé vers le douzième siècle. Autant qu'on peut interpréter une écriture composée uniquement de lignes continues ou brisées et une doctrine enveloppée d'un symbolisme numéral, le légendaire Fou-hi n'a point conçu l'unité du monde ; il s'arrête à un système binaire, dont le Ciel et la Terre sont les deux termes corrélatifs. Il est antérieur à toute mythologie. Il n'est question, dans le *Y-King*, ni d'esprits, ni de génies, ni d'âme, ni de vie future, ni de dieu créateur indépendant du monde. Le fétichisme manque, mais non la métaphysique, puisque le ciel et la terre sont considérés comme des êtres. Par où l'on voit que les mots-fétiches, les entités, ont pu être antérieurs aux objets-fétiches ; et que le fétichisme n'est, comme les déismes divers, qu'une forme d'un vice plus général, l'anthropomorphisme.

Le Ciel, pour Fou-hi, est la puissance supérieure, l'intelligence providentielle dont les événements humains dépendent, et qui rémunère, en ce monde, ou punit les bonnes et les mauvaises actions. L'hiéroglyphe du Ciel représente à la fois le principe mâle, le mouvement, la force, la lumière, le soleil. Le signe affecté à la Terre implique par contre le principe féminin, la faiblesse, le froid, le repos, les ténèbres, la lune, tout ce qui a un caractère d'infériorité, d'imperfection et de passivité.

Les choses naissent par la composition et périssent par la décomposition. Mettez *formes* au lieu de *choses*, et vous avez là une simple et profonde pensée. Les deux termes réunis : génération, dissolution (être et non-être), expriment les mutations ou transformations de toutes choses.

Selon le symbolisme numéral, qui paraît une addition postérieure, les nombres impairs, qui ont pour base la ligne droite (—), le ciel, l'unité, sont *parfaits* ; c'est le *numero deus impare gaudet* ; les pairs, ceux qui partent de la dualité, de la ligne rompue (— —), emblème de la terre, sont *imparfaits*. De leurs combinaisons résultent les êtres, les astres, les saisons.

Après le *Y-King*, empreint d'un naturalisme remarquable, on peut à peine citer le fragment du *Chou-King*, du grand Yu (2200 ?), rédigé par Ki-tseu, de 1166 à 1122, où règne l'incohérence la plus saugrenue. Cinq grands éléments : eau, feu, bois, métaux, terre ; cinq facultés actives : attitude, langage, vue, ouïe, pensée ; huit principes ou règles de gouvernement ; cinq choses périodiques : année, lune, soleil, étoiles et planètes, constellations ; nombres astronomiques ; faîte impérial ou pivot fixe du souverain ; examen des cas douteux par sept pronostics ; observation des phénomènes célestes, ou astrologie ; cinq félicités et six calamités ; telles sont les neuf divisions de la *Sublime doctrine*.

Il semble que la pensée des Chinois, comme leur art, manque de perspective. Ou elle se perd dans d'infinis détails qu'elle ne rattache point à l'ensemble ; ou bien, considérant le tout dans une sorte de brouillard, elle cesse de concevoir les réalités. Des deux façons tout vient au premier plan, soit pour s'y diviser à l'infini, soit pour s'y confondre. De là deux écoles fondamentales : l'une positive et morale, évitant de quitter la sphère des relations sociales et de l'administration publique ; l'autre, négligeant la terre et les hommes, le contingent et le corporel, pour s'absorber dans l'unité, dans l'identité de l'être et du non-être, et qui, d'un panthéisme mystique, conclut à la sérénité par l'apathie, à la vertu par l'ignorance ; en somme, au nihilisme absolu. La première, utilitaire et utile, est l'âme même de la Chine ; ses préceptes, adoptés par les empereurs et les lettrés, régissent depuis deux mille quatre cents ans la vie publique et privée du Céleste Empire ; son chef, Confucius, est encore vénéré comme un génie bienfaisant dans plus de quinze cents temples dédiés à sa mémoire. L'autre, stérile et funeste, a toujours ses sectateurs ; elle a puissamment aidé à l'introduction du bouddhisme et du monachisme. M. Pauthier incline à croire qu'elle a une origine occidentale, et que son fondateur, Lao-tseu, l'a rapportée de l'Inde ; il en regarde les dogmes comme contraires au génie chinois. Ces opinions semblent fort contestables, si l'on en juge par le succès populaire de ce nihilisme et par la diffusion rapide du bouddhisme, qui présente de si frappants rapports (au milieu de divergences apparentes) avec la sagesse extatique où Lao-tseu place le souverain bien.

Un caractère commun aux deux doctrines et à celles qui en sont dérivées, c'est l'absence d'un dieu défini, pourvu d'attributs distincts et personnels. Chez les Chinois, *Dieu*, la catégorie du divin, n'a pas de nom propre. Ce que Lao-tseu nomme le *Tao* n'est qu'un principe métaphysique, l'éternel repos, le moteur immobile, indifférent, d'où tout sort, où tout rentre, l'identité de l'être et du néant. Sans doute, beaucoup de ces traits peuvent convenir au dieu de Parménide, ou même à celui de Paul ; mais ils n'ont jamais constitué une véritable personne. Confucius est encore plus éloigné que Lao-tseu des formules théologiques ; il s'en réfère aux conceptions du *Y-King* et accepte la supériorité du Ciel ; mais sa métaphysique même demeure rudimentaire ; son domaine est la morale, la conduite de la vie. Encore sa préoccupe-t-il peu de la nature et de l'origine de l'homme. Il prend les choses pour ce qu'elles sont.

Il y a là certainement un trait original, et d'autant plus remarquable qu'il semble appartenir à toute la race mongolique de l'Asie orientale. On trouvera chez elle les fétiches, les superstitions de toute espèce, le culte des ancêtres et les formules liturgiques qui donnent aux religions leur caractère extérieur, mais on n'y trouvera pas la divinité.

Lao-tseu paraît être né tout à la fin du septième siècle, Confucius au milieu du sixième ; ils sont donc contemporains de Thalès, d'Anaximandre et de l'école ionique. Si nous les avons mentionnés ici, c'est que leurs doctrines sont demeurées étrangères à notre développement intellectuel et que, ne pouvant tout embrasser, nous nous contenterons par la suite de les rappeler, à l'occasion du panthéisme, du nihilisme, du scepticisme, du probabilisme et autres systèmes qui s'en rapprochent.

ÉGYPTE. — La haute antiquité égyptienne, grâce à Champollion et à ses successeurs, est entrée dans l'histoire ; elle témoigne d'une civilisation, à la fois très-défectueuse et très-raffinée, fort antérieure à celle des Chinois. Trois des grandes pyramides appartiennent au quarantième siècle avant notre ère.

Aux temps de Chéops, Chéphren et Mycérinus, la mythologie, la théologie et la liturgie étaient déjà constituées et réunies en corps de doctrine. Les dieux sont là, comme partout, des personnifications anthropomorphiques, soit d'objets matériels, crocodile, hippopotame, bœuf, chat, Nil, soleil, lune, etc., soit de catégories de phénomènes, feu, lumière, ténèbres, sécheresse, ciel et terre, soit de pensées humaines, le bien et le mal. Les mythes sont comme partout empruntés soit à des analogies entre les attributs des dieux et les animaux du pays, soit à des actes de l'homme, au pouvoir des rois, souvent à la famille et à la génération. La croyance à une sorte de vie dans la mort est solidement établie.

Il est probable que la métaphysique, en ces temps reculés, c'est-à-dire bien avant le déluge traditionnel, s'était déjà fort exercée sur ce panthéon et sur ces illusions funéraires, avait classé les dieux par triades et atteint à la conception dualiste d'un bon et d'un mauvais principe engagés dans un éternel combat.

Mais, et l'on ne saurait s'en étonner, toute preuve manque pour affirmer, comme le fait M. Maspéro, que l'unité divine ait été le point de départ de la philosophie égyptienne. Il emprunte tous ses arguments au *Rituel funéraire,* dont il ne donne pas la date, mais dont la rédaction venue jusqu'à nous appartient sans doute à une époque relativement récente.

La formation même de la monarchie pharaonique implique l'incohérence primitive des mythes. A mesure que l'accession des divers nomes constitua l'unité politique, les dieux et les déesses entrèrent dans le panthéon. Marche d'autant plus probable qu'elle a été la même chez tous les peuples, chez les Hébreux comme chez les Indiens, chez les Romains comme chez les Grecs. On ne peut donc tenir pour primordiale la conception de Nou (Bouts, Mouth), l'Océan des choses, d'Ammon, issu de ce principe d'abord neutre, puis considéré comme féminin, et de Horus, fils d'Ammon et comme lui époux de sa mère, devenu à son tour le pivot d'une triade semblable, indéfiniment reproduite en des séries nouvelles. Même avant cette mythologie raffinée, plus voisine du panthéisme que d'un monothéisme parfait, il faut placer le dualisme, inséparable de toute philosophie naissante, l'idée d'une lutte éternelle entre la lumière et la nuit, la chaleur humide et la sécheresse stérile, le bien et le mal, représentés par Osiris et

Typhon, par Ammon et Set. Comme toutes les nations antiques, l'Égypte a eu son mythe des Titans, d'Ormuzd et d'Ahrimane, de Javeh et de Cheitan. Sans réfléchir autrement à ce que sont le bien et le mal (des aspects différents de la sensation), les sages de l'Égypte les considérèrent comme des faits primordiaux, irréductibles, qu'ils établirent face à face, aussi bien dans la nature entière que dans la vie humaine. Et tout naturellement ils distribuèrent l'office d'instigatrices du bien et du mal aux divinités du ciel et de la terre, du jour et de la nuit.

En dehors de toute philosophie religieuse, ils conçurent la morale comme un ensemble de règles pratiques. C'est ce que prouve assez le papyrus Prisse, qui contient les œuvres de deux auteurs de la troisième et de la cinquième dynastie, Kaqimna et Ptahotep, mais qui ne fut écrit sans doute que sous les premiers rois de la douzième, aux environs de l'an 2500 avant J.-C. La morale de Kaqimna et les *Instructions* de Ptahotep se bornent à proclamer l'utilité de la science et des vertus privées pour arriver au salut par la connaissance du bien.

Quoi qu'il en soit, les dieux de l'Égypte ne sont pas des formes et dédoublements d'un dieu unique à noms divers ; ce sont des éléments locaux, épars, dont la réunion a suggéré l'invention et la hiérarchie des triades ; et rien ne le démontre mieux que la primauté dévolue tour à tour à Ra, à Ptah, à Chou, à Seb, à Osiris, à Ammon, à Hor, à Hapi, selon la prépondérance de la tribu où ils avaient été principalement et isolément adorés. De même pour les déesses.

Au reste, il faut bien se garder de méconnaître l'importance du *Rituel* et son antiquité relative. Outre des pratiques superstitieuses dont l'ancienneté est confirmée par les plus vieilles sépultures, il révèle une métaphysique postérieure qui, leur cherchant un sens profond, les a reliées dans une sorte de synthèse rationnelle. M. Maspéro a brillamment résumé ces doctrines, analogues à celles que le génie de l'Inde, de la Perse et de la Grèce tira tôt ou tard de spéculations incomplètes sur la nature et l'humanité. Quinze ou dix-huit siècles avant notre ère, l'Égypte était en possession des théories que nos métaphysiciens officiels considèrent encore comme le *nec plus ultra* de la sagesse.

L'homme se compose d'une intelligence, *Khou*, qui le rattache à la nature divine, et d'un corps qui tient de la matière et participe de ses vices. Cette intelligence, revêtue d'une lumière subtile, est, par elle-même, libre de parcourir les mondes, d'agir sur les éléments, de les ordonner et de les féconder. Dans le corps, elle abdique cette transcendance et ce *périsprit* de feu qui consumerait son enveloppe charnelle. Elle se revêt d'une substance moins excellente, divine encore, l'âme, *Ba*, et communique avec la matière par un agent inférieur, esprit, souffle, *Niwou*. *Ba* est donc l'involucre de *Khou*, *Niwou* de *Ba*; *Khat*, le corps, enferme *Niwou* et le reste. Cet emboîtement constitue l'homme. Le corps, l'esprit et l'âme lui sont communs avec la bête. L'intelligence est son attribut privilégié.

Il y a lutte entre l'intelligence et le corps, siége et excitateur de toutes les passions. L'esprit et l'âme secondent tantôt l'un, tantôt l'autre. Quand l'intelligence triomphe, elle aspire au bien et, à travers la matière, devine les splendeurs éternelles. Après la mort, l'esprit se retire dans l'âme, le sang se coagule ; le corps abandonné se dissoudrait si le naphthe et le natron ne venaient lui prêter un semblant d'immortalité. L'intelligence, impeccable, reprend son enveloppe lumineuse et devient démon (δαίμων). L'âme seule, l'infortunée *Ba*, se présente devant Osiris-Kent-Ament, entouré des quarante-deux membres du jury infernal. L'âme, accusée par sa conscience (son *cœur*), par le témoignage de sa vie, est condamnée ou absoute. L'intelligence est chargée d'exécuter le jugement. Armée du feu divin, elle rentre dans l'âme impie, la flagelle du fouet de ses péchés, la livre aux tempêtes des éléments conjurés. La damnée se loge en quelque corps humain, qu'elle torture, accable de maladies, précipite au meurtre et à la folie (ce qui est parfaitement inique). Après des siècles, ses souffrances cessent ; elle subit, ou plutôt elle reçoit la seconde mort, le néant définitif. A quoi bon, dès lors, le châtiment ? Mais l'âme juste, admise à la contemplation des vérités suprêmes, d'épreuve en épreuve, de forme en forme, victorieuse du mal, de Typhon, ce protée aux mille figures, et assimilée à Osiris, accomplit dans les *champs d'Aalou* les cérémonies du labourage mystique. Elle se mêle enfin au chœur des dieux et gravite autour de l'Être parfait, d'abord avec les dieux errants, ensuite avec les dieux fixes. Elle est désormais toute intelligence, voit Dieu face à face et s'abîme en lui. Toujours à quoi bon? n'est-ce pas encore l'extinction?

En vérité, toutes les psychologies, toutes les théodicées tiennent dans ce résumé du *Rituel funéraire !* Toute leur subtilité y éclate, et toute leur vanité finale. Sans notable préjudice, nous pourrions arrêter ici l'histoire des philosophies idéalistes, rationalistes, panthéistes et *tutte quante*. A quelques variantes près, nous n'avons plus qu'à nous répéter. Tant le propre de la métaphysique est de tourner dans le même cercle vicieux, de piétiner, sans faire un pas! Mais, et c'est là l'enseignement de ce relevé des erreurs humaines, toujours la réalité proteste contre la chimère. Toujours une voix s'élève derrière le char de la métaphysique triomphante, une voix qui lui crie : Ta victoire est un rêve et ton orgueil un leurre !

Un hymne cité par Brugsch prouve bien que l'Égypte ne croyait guère à la scolastique de ses docteurs. Ce marchandage avec la mort ne lui donnait point le change sur le sommeil éternel de l'*Ament* et sur l'inanité de ces formes incorporelles qui « ne reconnaissent plus père et mère, dont le cœur ne s'émeut plus vers leurs femmes ni vers leurs enfants ». Elles vont à un dieu dont le nom est « toute mort »; peu lui importent les dieux et les hommes, grands et petits sont égaux pour lui. Mais les malheureux n'en continuaient pas moins à poursuivre la chimère des justices d'outre-tombe; ils s'obstinaient à défendre leurs mémoires. Ils s'avançaient vers Osiris, criant : « Je suis pur, je suis pur, je suis pur ! »

Les belles parties du *Livre des morts* (ch. xxxv, *Amour du prochain*) témoignent d'un état mental fort élevé, et l'on peut dire que, trois mille ans avant Jésus, l'Égypte était parvenue à la dialectique de Thomas d'Aquin et au mysticisme désespéré de l'*Imita-*

tion. Elle ne devait pas aller plus loin. La science ne l'a pas touchée de sa baguette vivifiante. Tout ressort s'est brisé pour jamais dans ce peuple momie, après un embaumement de six mille années.

La destinée de l'Égypte est là pour apprendre aux abstracteurs de quintessence que le rationalisme le plus raffiné, le mysticisme le plus abstrus ne peuvent rien pour la vie des nations. Non, la vie est ailleurs : dans la connaissance réelle et l'exploitation du milieu d'où l'homme est issu, où il demeure et où il rentre. Jamais la science de l'Égypte ne s'est élevée au-dessus d'une certaine astronomie astrologique, de menues spéculations mathématiques et d'ingénieux procédés industriels. Elle a passé à côté du monde sans le connaître. Son influence considérable n'a été sans dommage ni pour le génie grec ni pour le vigoureux esprit latin.

CHALDÉE, ASSYRIE. SÉMITISME.— Un autre groupe parvenu à une certaine civilisation brillante et à une science dont on a fort exagéré l'importance (il est vrai que l'antiquité ne l'a guère dépassée), c'est la Chaldée, et son héritière l'Assyrie, à laquelle les Phéniciens et les Hébreux doivent leur éducation première.

Les Chaldéens s'attribuaient une fabuleuse antiquité de 691 200 années avant le déluge de Xisuthros. Il nous suffit que certaines inscriptions recueillies dans la vallée de l'Euphrate et du Tigre paraissent antérieures à l'an 2300 avant notre ère. Ces vieux documents et beaucoup d'autres qui nous amènent jusqu'à la période persique (sixième siècle) révèlent des idées religieuses et cosmogoniques très-complexes, formées d'éléments fort divers, chaos d'autant plus difficile à démêler, qu'à différentes époques les mythologies de l'Égypte et de la Perse y ont versé leur contingent de fictions et de conceptions philosophiques.

Nous renvoyons à M. Maspéro (*Histoire ancienne des peuples de l'Orient*) pour l'histoire légendaire ou réelle de la Chaldée au sud, de l'Élam à l'est et de l'Assyrie au nord et au couchant. Les découvertes modernes ont autorisé MM. Oppert et Lenormant à penser que deux peuples, qu'on qualifie de *Touraniens* faute de mieux, les Sumers et les Accads, ont apporté dans la Babylonie une langue, une écriture et des mythes adoptés en partie par une autre race, dite *couschite*, habitant les rivages du golfe Persique et de l'Arabie orientale, laquelle aurait été le premier ban des Sémites. Plus tard, au nord et à l'ouest, d'autres Sémites, les Assyriens, qui s'étaient établis sur l'Euphrate et le Tigre moyens, vinrent ajouter leurs traditions et leurs dieux au panthéon chaldéen, déjà compliqué des idées de trois peuples fondus en un seul. En acceptant les arts, l'écriture et les croyances des Chaldéens, les Assyriens conservèrent et firent prédominer leur propre langue, purement sémitique.

Les inscriptions bilingues jettent quelque lumière sur le développement intellectuel des Proto-Chaldéens, Accads et Sumers mêlés de Couschites; mais nous ne possédons point, loin de là, les monuments de la pensée primitive de ces Proto-Chaldéens, pas plus que de ces Assyriens. Les dieux des tribus diverses, qui assurément ont longtemps vécu d'une vie indépendante dans une incohérence très-ordinaire et très-naturelle, nous apparaissent déjà groupés en triades et en hiérarchies d'ailleurs changeantes, tantôt au-dessous d'un dieu mâle, solaire, céleste, tantôt autour du principe humide, parfois neutre, plus souvent féminisé en déesses qui entraient par des unions capricieuses dans la famille des dieux purs, des maîtres du ciel. Au fond se retrouve la lutte ou du moins la rivalité des deux principes irréductibles (en métaphysique s'entend), qui reparaissent toujours, avec différents noms, sous le monothéisme lui-même.

On ne saurait refuser aux dieux suprêmes de la Chaldée, *An* et le poisson *Oannès*, de la Babylonie, *Ilou* (le biblique *El*; *Bab-ilou*, la ville ou la porte de *Ilou*), de l'Assyrie, *Assour* et *Nimroud*, l'origine métaphorique et matérielle que revendiquent *Sin* (*Lunus*, le génie mâle de la lune), *Samas* (le soleil), *Bin* (l'atmosphère), les divinités sidérales, telles que *Adar* (Saturne), *Mardouk* (Jupiter), *Nergal* (Mars), *Nabou* (Mercure), *Istar* (Vénus), *Achmoun* et *Koummout* (constellations), ou bien *Lagamar*, *Sousinka*, et encore *Martou*, l'occident, *Shadou*, l'orient, *Bel-aoura*, le feu, *Serakh*, les moissons, etc. Tous sont des objets, des phénomènes ou des séries de faits personnifiés, devenus personnes divines et pourvus d'attributs empruntés à leur nature originelle. On leur adjoignit des intermédiaires, *Bel*, peut-être un ancien nom du soleil, chargé du rôle de Verbe, de Logos, *Nouah*, la Providence, et des compagnes qui représentaient leur côté féminin et leur alliance avec le principe humide et terrestre dont nous allons parler. En effet, Anath, Anit et Anaïtis, la femelle d'Anou, Belit et Mylitta, la femme de Bel, Aschera, qui correspond peut-être au mâle Assour, se confondaient avec la grande déesse Terre ou Vénus, Istar, Astarté, nommée aussi Zarpanit, épouse de tous les dieux, mère de tous les êtres, en qui se résume la grossière philosophie de ces peuples lascifs, pivot du culte, objet principal de l'adoration des Assyro-Chaldéens.

Sans doute, il n'existe pas de peuple qui n'ait été frappé du fait capital qui préside à la continuité de la vie ; la génération avec tous ses caractères généraux et particuliers a fourni toutes les religions de mythes, de cérémonies emblématiques, d'allusions innombrables. Il n'en pouvait pas être autrement, puisque dieux et déesses ne sont que l'homme, la femme et l'enfant transfigurés et substitués avec leurs idées, leur raison, leur folie et leurs passions aux divers aspects de la réalité. Mais jamais l'anthropomorphisme ne s'est étalé plus cyniquement que dans le Panthéon de la Chaldée et de l'Assyrie. Ici, ce ne sont point les nobles facultés du cerveau ou de ce qu'on nomme le cœur, ce ne sont point les hautes régions de l'intelligence humaine, qui exercent l'imagination populaire ; c'est l'obscène prurit animal, c'est la fécondité pour elle-même, sans amour et sans vertu, l'énergie prolifique et ses organes. L'homme, le ciel, le dieu n'est qu'un *phallus* ; la fille, la femme, la mère, n'est qu'un *ctéis* humide. Il n'est pas de pierre, de tour, de montagne qui ne symbolise le mâle, pas de gouffre, de source, de marécage herbeux qui ne représente toute la femme. Le roi des dieux est un Hermès, la reine un *barathrum* (1).

---

(1) Consulter, sur les cultes phalliques et chthoniens, l'ouvrage de Jules Baissac : *Les origines de la religion*.

L'état d'esprit que révèle une telle conception du monde correspond visiblement à un état social que nos races n'ont point connu ou qu'elles ont rapidement dépassé, une longue période de polyandrie dans laquelle la mère était le centre et l'unique lien de la famille, où la paternité était subordonnée à la maternité. Si bizarre que puisse nous paraître aujourd'hui un tel ordre de choses, on en trouve aisément la raison d'être. N'a-t-il pas laissé des vestiges jusque dans notre Code, qui interdit à l'enfant naturel la recherche de la paternité? Avant l'institution du mariage légal, en dehors de l'union monogame, conventionnelle et consacrée, il n'y avait que des enfants naturels, que des mères. Le père était insaisissable. C'est pourquoi Istar fut la première divinité, et demeura la divinité principale des Chaldéens et de leurs héritiers. En vain les dieux célestes, sidéraux, se condensèrent ou se subtilisèrent en un suprême créateur. Anou ne pouvait rien sans Anit. Bel dut s'accommoder de la liturgie sensuelle de Mylitta. Ormuzd lui-même ne put la supprimer. Sacrifices humains, talismans, formules magiques aussi saugrenues qu'innombrables, aucune pratique n'égalait en sainteté et en efficacité la prostitution sacrée.

Le bon Hérodote l'a vue à l'œuvre et nous en a tracé de vives peintures. Les fêtes d'Anaïtis ne pouvaient le surprendre. S'il ignorait les orgies qui accompagnent le culte de Çiva dans l'Inde, et les mystères féminins célébrés à huis clos dans les cellules du temple de Iaveh à Sion, la Grèce et l'Asie Mineure lui offraient assez d'exemples de cérémonies analogues. La mère idéenne, Cybèle, la grande déesse, et Aphrodite n'étaient sous d'autres noms que l'Istar de Babylone et l'Astarté de Phénicie. Autour de leurs sanctuaires qu'on appellerait aujourd'hui d'un autre nom, des bois sacrés étaient le théâtre de débauches pieuses, hommage rendu à la fécondité, à la puissance génératrice. Les Chaldéens et les Sémites ont déchaîné sur l'Occident l'obscénité, l'ivresse des sens et, par une transposition naturelle, l'extase mystique. Bien qu'il soit de mode aujourd'hui de leur attribuer l'origine des sciences, des arts, de la civilisation helléniques, les maux que nous leur devons compensent largement les services qu'ils ont pu rendre.

Il ne faudrait pas croire que les aberrations religieuses de la Chaldée soient étrangères à l'histoire de la philosophie. Elles procèdent d'une conception métaphysique au premier chef, puisqu'elles font d'un acte humain, ou mieux animal, et particulier à l'organisme vivant, la loi et la cause de la nature entière. Elles n'écartent d'ailleurs aucune des conséquences de l'anthropomorphisme ; elles le produisent même, tout aussi logiquement que peuvent le faire des doctrines plus nobles. En droit et en fait, elles contiennent toute la série poly-pan-monothéistique, toutes les révélations et les rédemptions, toutes les théories dualistes du bien et du mal, les croyances à la résurrection et à la justice d'outre-tombe.

L'immortalité de l'âme avait donné lieu chez les Chaldéens à des légendes, à des épopées. Istar « avait à Borsippa un temple composé de trois sanctuaires, celui de l'âme, celui de la vie, celui de l'âme vivante. » (J. Oppert.) Xisouthros, tout comme Romulus, avait été enlevé, après le déluge, et, sans passer par la mort, admis à la vie éternelle parmi les dieux. Le pays d'*Arallou, terre de l'or*, vers les régions septentrionales, était considéré comme le séjour des morts.

Un texte curieux raconte la descente d'Istar aux Enfers, où est détenu son fils Turzi, un Thammuz, un Adonis. Istar se présente ici comme fille de Lunus (*Sin*) et déesse de la guerre. Deux Istar, paraît-il, celle de Ninive et celle d'Arbelles, s'étaient réunies et confondues dans une même fiction épique. Istar est dépouillée et enfermée par la déesse des Enfers, Allat. Mais, après le combat obligé entre le monde supérieur et le monde souterrain, entre la lumière et l'obscurité, elle est délivrée par le messager de Samas et de Sin, du dieu Lune et du dieu Soleil.

Sur la double conception du monde et de la vie humaine, présente, sinon future, car il est douteux que les Juifs aient songé à l'immortalité de l'âme, du souffle, comme ils l'appelaient, les plus anciennes parties de la Bible sont visiblement tributaires de la

Chaldée et de l'Assyrie. Mais, en dépit de contradictions qui accusent la fusion imparfaite de deux légendes, la netteté d'un texte écrit à une époque historique, du dixième au cinquième siècle environ, assure aux théories de la Genèse un avantage considérable. On peut les regarder comme la fidèle expression des croyances judæo-araméennes un peu avant l'âge de David et de Sargon. L'esprit étroit et nu des Juifs a simplifié les idées incohérentes des cosmogonies où les Sumers, les Élamites, les Couschites et les Assyriens avaient mêlé leurs traditions.

Tout le monde connaît les premiers chapitres de la Genèse, déjà fortement empreints de dualisme et de monothéisme, et où les traces du naturalisme et du polythéisme antérieurs ne se montrent que dans des expressions isolées. Il n'y a pas lieu à discuter la cosmogonie qui nous est parvenue sous le nom de Moïse. C'est, prise en bloc, une conception très-remarquable par sa netteté et par une certaine vraisemblance approximative, mais qui demeure étrangère à la science. Elle n'a qu'une valeur historique, aussi bien que les renseignements fournis sur la distribution géographique des anciens peuples.

Le créateur, tantôt les dieux (Élohim) et tantôt Dieu (El, Jahveh), dont le souffle courait sur les eaux, est plutôt un démiurge qui façonne : car le chaos, *Tohu-Bohu*, préexistait à l'ordre.

La fabrication de l'homme et de la femme est un conte d'enfant, agréablement encadré dans l'Éden, ce fabuleux jardin de l'âge d'or, qui s'est présenté aussi à l'imagination des Grecs, et qui vient, comme beaucoup d'autres légendes, en droite ligne de la Perse.

L'arbre du bien et du mal, la fable du serpent et de Satan, le fameux dogme de la chute, qui a joué un si funeste rôle dans le développement ultérieur, la malédiction portée contre la science et le travail, où sont en germe les paroles fameuses : « Bienheureux les pauvres d'esprit ! » et « le lis des champs qui ne travaille ni ne file », sont des explications complétement vaines de ce qu'on nomme le problème du bien et du mal, si simple pour l'esprit moderne. Inutile de rappeler qu'il n'existe en soi ni bien ni mal; il n'y a de bien et de mal que relativement à l'homme; cette alternative n'est qu'un des caractères généraux de la sensation et l'une des conséquences de la vie physique, morale et sociale.

Sur les relations de l'homme avec le dieu national Jahveh, devenu dieu unique et universel, la doctrine juive n'est ni plus ni moins contradictoire et naïve que toutes les autres théories métaphysiques. D'une part, Jahveh est tout-puissant; d'autre part, l'homme est doué d'un libre arbitre absolu, propositions inconciliables. Au reste, la raison humaine demeure incapable de comprendre les motifs de la providence qui tue et vivifie, pleut, tonne et vente, selon qu'il lui plaît: cette raison n'a donc que deux refuges, le doute et la foi, dont le mélange caractérise le très-curieux et très-beau livre de Job. Le scepticisme prédominera dans l'*Ecclésiaste,* mais plusieurs siècles plus tard, au troisième ou au second. La foi anime et soutient les prophètes. Entre deux, la superstition sous toutes ses formes et les vieux us de l'âge polythéiste ne cessent de hanter la pensée juive, et, des *hauts lieux* d'Israël et de Samarie, où elle s'est réfugiée, elle fait de continuelles irruptions dans le petit domaine de Juda.

Est-il besoin d'ajouter que la philosophie toute rudimentaire des Hébreux est, ou peu s'en faut, au niveau des doctrines monothéistes les plus vantées et les plus raffinées? Partout nous retrouverons des cosmogonies et des morales analogues, soit indépendantes de la Bible, soit fondées précisément sur une longue éducation biblique. Il n'est pas jusqu'au procédé sommaire des Révélations, qui n'ait été adopté ou spontanément inventé par tous les fauteurs de religions, et qui n'intervienne plus ou moins ostensiblement dans les systèmes rationalistes. Comme, par une singulière fortune, la Bible est devenue le fondement de toute l'instruction et l'auxiliaire tyrannique de la pensée occidentale, nous aurons sans cesse à revenir sur ce court aperçu.

Races indo-européennes. Les Aryas de l'Inde. — Il nous tarde d'arriver en des régions plus familières à nos habitudes intellectuelles, et, rentrant chez nous, pour ainsi dire, de recueillir dans les Védas, dans l'Avesta, dans Homère et Hésiode, les éléments de la pensée indo-européenne. De bonne heure et d'eux-mêmes, nos ancêtres spirituels, et ce sont les véritables, semblent avoir atteint un niveau supérieur. Ils sont apparus plus tard sur la scène du monde que les Égyptiens, que les Suméro-Chaldéens, que les Chinois, que les Sémites de l'Euphrate et du Tigre, puisqu'ils les ont subjugués et finalement remplacés dans la direction de l'humanité; mais, isolés d'abord dans les hautes vallées du Pàmir, entre l'Iaxarte et l'Hindou-Kouch, ils n'ont pas visiblement subi, avant leurs migrations vers le sud et l'occident, l'influence des peuples séparés d'eux par de hautes montagnes et de vastes déserts. Leurs tribus pastorales se sont développées librement, et avec une rectitude d'esprit, même dans l'erreur, qui a manqué surtout aux Tourano-Sémites.

Chez eux la constitution de la famille paraît avoir été plus rapide et plus saine que sur les bords marécageux du golfe Persique; leurs plus anciens livres n'ont pas gardé la trace de cet état polyandrique où la femme était l'unique lien de la famille, et que Lennan, Bachofen, Baissac ont voulu placer à l'origine de toutes les sociétés humaines. Si ces conceptions grossières ont été réellement appliquées en Grèce et en Italie, elles y avaient été apportées par des groupes ethniques étrangers que les Aryas y ont trouvés établis avant eux. L'esprit indo-européen n'a pas été hanté par les imaginations phalliques, par ces cultes fondés sur l'adoration de la fécondité féminine et terrestre, sur la suprématie du principe humide, sur la divinisation des organes sexuels et de la basse obscénité animale. Il les a empruntés en des âges postérieurs, et s'il n'a point ignoré les métaphores inévitables qui ont donné naissance à ce symbolisme à la fois naïf et corrompu, il n'en a tiré que des mythes secondaires ou des comparaisons pleines de noblesse et de poésie.

Largement ouvert à l'admiration des grands spectacles de la nature, il les a célébrés d'abord en des hymnes où l'anthropomorphisme n'apparaît que comme une transparente enveloppe. La personnalité n'est entrée dans le corps flottant des dieux, les attributs moraux, humains, ne se sont groupés autour des figures de Dyaus, de Varouna, d'Agni, d'Indra, de Mitra, d'Aryaman, qu'à mesure que les métaphores obscurcies se sont transformées en histoires mythiques, et lorsque l'assimilation du feu terrestre, du foyer domestique à la lumière solaire, céleste, divine, a entraîné une confusion spécieuse entre l'âme humaine et l'énergie universelle, entre la vie et le mouvement.

Les hymnes recueillis dans le Rig-Véda ont été, pour la plupart, composés dans le Pendjab ou Sapta-Sindhou, parmi les sept tributaires orientaux de l'Indus, alors que les conquérants aryas descendaient lentement vers le Gange et la grande presqu'île. Ils n'appartiennent pas à la race entière qui a civilisé l'Asie antérieure, l'Europe et l'Amérique; ils sont postérieurs à la grande séparation des peuples et des idiomes; la langue dans laquelle ils sont écrits n'est pas la souche commune d'où jaillirent, comme autant de vigoureux rameaux, les groupes germains, slaves, italo-grecs, éraniens; mais elle en est demeurée plus voisine. C'est déjà du sanscrit, un idiome particulier, richement et fermement constitué; mais c'est le plus ancien document du parler aryen. Aucune inscription, aucun texte ne remonte plus haut. Déjà enseignés et commentés, déjà livres sacrés avant le huitième siècle, on ne peut en placer la composition et la récitation orale qu'entre le quinzième et le neuvième siècles avant J.-C. Les idées qui y sont exprimées, les mythes qui s'y élaborent, pour avoir déjà revêtu une forme nationale, n'en renferment pas moins tous les éléments philosophiques et religieux emportés dans leurs voyages par les peuples frères. On y retrouve l'écho de la pensée aryenne, non pas primitive, mais telle que bien des siècles l'avaient faite à une date reculée, avant la séparation des idiomes.

Nul doute que l'état social, moral et intellectuel représenté par les Védas ne soit en grande partie antérieur aux théories plus métaphysiques de l'Avesta, aux superstitions confuses des Celtes, des Germains et des Slaves, et aussi aux cosmogonies, très-analogues cependant, des Grecs et des Latins. Il diffère nettement des conceptions sémitiques, où l'on sent, dès la plus haute antiquité, la tendance à une foi aveugle dans un pouvoir créateur et providentiel, inexplicable et inéluctable. Il s'y révèle une aspiration, propre au génie aryen, vers le panthéisme naturaliste, compatible avec l'observation et la science, c'est-à-dire avec le progrès, et, par endroits, une claire intelligence des illusions qui ont enfanté les dieux. Sans doute, l'expérience manquant, le travail de l'imagination livrée à des rêveries subtiles, le mélange des peuples par la conquête, les emprunts aux superstitions étrangères, une foule de circonstances enchaînées et enchaînantes, ont détourné ce clair esprit vers les combinaisons du polythéisme et de la métaphysique. Sans doute, les simples métaphores où se joue la poésie des anciens chantres védiques, perdant leur transparence, se sont obscurcies en triades brahmaniques, en systèmes vichnouistes ou çivaïtes. Mais, si l'on supprime par la pensée tout le développement ultérieur et toutes les déviations, si l'on s'en tient au Rig, on trouvera l'esprit aryen plus près, il y a quatre mille ans, de l'idéal moderne, que toutes les religions, que toutes les philosophies qui en sont issues, et, à plus forte raison, que les doctrines d'origine sémitique, telles que le christianisme et l'islam. L'immense intervalle qui nous en sépare pourrait n'avoir pas existé ; et du Véda, sans hiatus trop vaste, on entrerait directement, de plain-pied, dans l'âge de la critique et de la science, tout comme nous passons sans peine et en un moment, de la poésie la plus imagée à l'observation la plus stricte de la réalité.

La religion védique ou aryenne, qui résumait les premiers rapports établis par le langage et la raison entre l'intellect humain et le monde extérieur, ne renferme aucun mystère inepte, aucun dogme ridicule, aucune entité abstruse. L'anthropomorphisme y règne sans doute; mais il admet l'existence objective et concrète des phénomènes naturels. Il flotte sur l'univers comme un voile léger qui en pare les aspects, comme une ombre qui en varie le tableau.

La notion du Ciel et de la Terre, grands parents du monde, compagnons de voyage, éternellement jeunes, semble avoir précédé toutes les autres idées générales. L'invention du couple fondamental a été le premier effort intellectuel pour relier toutes les observations partielles et embrasser la complexité des choses. Mais bientôt la terre, mieux connue et soumise à notre influence immédiate (la mythologie grecque semble dater de cette période et en a gardé l'empreinte), fut reléguée au second plan, avec les fleuves, les sources, les montagnes; et la plupart des divinités allèrent se grouper dans le ciel, dans la vague étendue, que l'on nomma *Varouna* (Ouranos), l'enveloppe immense. Là, en effet, se donnaient carrière les vents et les orages, Vayou, Indra, Roudra, les Marouts, les Gandharvas et les eaux supérieures (car les Aryas antiques ne connaissaient point la mer), les sources des fleuves, les nymphes ou apsaràs; là évoluaient, combattaient, dardaient leurs traits radieux, la lune, le soleil (Sourya) avec l'aurore et les deux crépuscules, l'arc-en-ciel, l'éclair, les astres enfin, d'où naquit l'idée générale du feu, de la lumière, Agni, Mitra, Aryaman, etc. Tous ces êtres, concrets ou abstraits, furent naturellement doués de qualités et d'intentions quasi humaines, revêtus d'attributs correspondants à des actes, à des aventures mythiques; ils présidèrent à la distribution des biens et des maux de la vie; on les pria, on leur adressa des hommages et des offrandes exploités par des intermédiaires attitrés. La prière elle-même et son organe, la parole, évocatrices puissantes, se trouvèrent divinisées, ainsi que les instruments accessoires, la liqueur du sacrifice, Soma, le feu sacré, l'*Arani* qui le produisait, et qui joue un rôle capital dans le symbolisme du culte.

La lutte du vent et des orages, du soleil et des nuées, de la lumière et des ténèbres, comparée aux combats antiques pour la possession des vaches et des sources, compliquée de mille incidents empruntés aux guerres terrestres; les différents aspects de l'air, des heures et des saisons, amenèrent une foule d'allégories également répandues dans tout l'univers : les mythes des Titans, de l'Aurore et toute la théogonie. La victoire du principe lumineux, Dyaus, Varouna, Indra, Agni, etc., fut célébrée avec une richesse d'expressions merveilleuse; et la plupart des légendes se transmirent de proche en proche, de tribu en tribu, même lorsque l'accroissement de la population commençait à mettre en mouvement les multitudes : c'est ainsi que la chute du char de l'Aurore dans le fleuve Hyphase, métaphore védique, inventée ou renouvelée quand les Indo-Aryens étaient déjà en marche dans le Pendjab, passa aux Danaëns et aux Iaones, et servit de thème à la fable de Phaéton ; tels d'innombrables mythes solaires.

Les dieux n'étaient alors encore que des expressions figurées où l'homme insinuait sa vie. Le grand nom lui-même, Dieu (Dyaus, Zeus, Jovis, Dius), ne signifiait que jour, lumière, éther radieux : *div*, qui vit dans le mot *di-es*. La lumière, le bien par excellence, promptement assimilée au pouvoir, à la richesse, à la force productrice (non créatrice *ex nihilo*), devint l'attribut de tout être respectable, sur la terre comme au ciel ; et l'homme riche, le roi, eut autant de droits au titre de *déva* (illustre) que les génies célestes.

A force de distinguer et de personnifier tous les phénomènes et toutes les formes qui frappaient leurs yeux naïfs et leur intelligence incomplète, nos pères craignirent de voir l'ensemble des choses se subtiliser à l'infini et s'évanouir en poussière. La conception du ciel et de la terre, premier stade ; celle de la lutte entre les puissances du jour et les démons de l'obscurité, second stade, ne suffisaient plus à leur philosophie. Ils cherchèrent de bonne heure, mais sans doute après la séparation des idiomes, déjà sur le Gange, à relier dans une vaste synthèse tout ce qu'avait décomposé leur analyse enfantine. A côté des innombrables familles divines, ils placèrent une abstraction sublime de tout le concret, Aditi, l'éternelle substance, égale en son immensité à tout ce qui existait et pouvait exister encore. Le ciel et la terre, les hommes et les dieux, ce sont des fractions d'Aditi ; Aditi est ce qui a été, ce qui est, ce qui sera. Troisième stade. Que manque-t-il à cette formule grandiose, à cet édifice poétique et vrai, élevé par la réflexion naissante ? Un ouvrier, dira-t-on ? Mais cet ouvrier, c'est l'intelligence humaine.

L'idée d'un père universel, d'un maître suprême, non pas

unique et sans rivaux, vaguement suggérée par l'exemple même de la famille aryenne, déjà monogame et fondée sur la paternité, ne se produisit que plus tard. Bien que cette adoration *logique* de ce qui fait notre grandeur, la personne et la volonté, résultat ultime de l'anthropomorphisme, se retrouve chez la plupart des peuples aryens, il est douteux qu'ils l'aient pratiquée avant la séparation des idiomes. Elle ne se fait jour que dans les hymnes védiques les plus récents; et la nature de l'essence suprême, de la première cause métaphysique, n'y est encore que l'objet d'interrogations sans réponse. Brahma, l'un des noms qu'elle reçut, et qui semble dérivé de Brahman, la prière évocatrice, puis créatrice des dieux, simple forme d'Agni médiateur, est tout indien. C'est le fils de la méditation et la marque de la domination de la caste sacerdotale, des Brahmanes, des prêtres, de ceux qui disaient les paroles sacrées.

Voici, entre autres, un hymne célèbre où se rencontre sans doute un des plus anciens exemples de la spéculation métaphysique sur la cause suprême, Paramatma, le souffle primordial, l'âme du monde :

« Il n'existait alors ni visible ni invisible. Point de région supérieure, point d'air, point de ciel. Où était cette enveloppe ? Dans quel lit l'onde ? les profondeurs de l'air ?

« Il n'y avait pas de mort, pas d'immortalité. Rien n'annonçait le jour ni la nuit. *Lui* seul respirait, ne formant aucun souffle, renfermé en lui-même. Il n'existait que lui.

« Au commencement, les ténèbres étaient enveloppées de ténèbres. L'eau se trouvait sans impulsion. Tout était confondu. *L'Être* reposait au sein de ce chaos, et le *Grand Tout* naquit par la force de sa *piété*.

« Au commencement, l'amour fut en lui ; et de son souffle jaillit la première semence. Les sages, par le travail de l'intelligence, parvinrent à former l'union de l'être réel et de l'être apparent.

« Qui connaît ces choses ? Qui peut les dire ? D'où viennent les êtres ? cette création ? Qui sait comment il existe ? » (Langlois, lecture VII, hymne x.)

La métaphysique en est là. Elle n'a pas fait un pas.

Le culte aryen, bien que la superstition s'y soit mêlée de bonne heure, ne paraît pas dans l'origine s'être adressé à des divinités déterminées. Toutes étaient conviées au sacrifice. Il était le même pour Dyaus, Varouna, Indra, Agni. Si l'on excepte le fameux et solennel Açvamédha, le sacrifice du cheval, dont le sens importe peu ici, et si l'on néglige les minutieuses formules de la liturgie, on reconnaîtra dans la cérémonie fondamentale trois caractères également intéressants et dont le rapprochement constitue une véritable et très-haute philosophie : premièrement la commémoration de la découverte du feu ; ensuite l'identification métaphorique de la naissance du feu et de la naissance de l'homme ; puis le souvenir des ancêtres, admis aux honneurs divins sous le nom de *pitris*, les pères, les mânes. Non pas que l'idée d'une vie d'outre-tombe se soit manifestée clairement tout d'abord ; au contraire ; la mort était considérée comme un état lamentable, et l'une des prières les plus ferventes adressées à Varouna était : « Préserve-nous de la *maison de terre* ; prolonge notre vie ! » Mais on va voir que le symbolisme du culte, aidé par l'amour même de la vie et par la croyance à la réalité des fantômes et des songes, a pu suggérer peu à peu, en l'appuyant d'arguments spécieux, la croyance à l'immortalité.

Quant au fait de la commémoration du feu, créateur du foyer domestique, de la famille, de la société et des industries, il semble rappeler par le nom même de Bhrgu le personnage légendaire qui institua le sacrifice : la racine *Bhrg* (*Bhrĭdj*) signifie cuire.

Pour les Aryas, souvent témoins d'incendies spontanés dans leurs vastes forêts ou d'embrasements causés par la foudre, et encore des effets bienfaisants de la chaleur solaire, le feu est inclus dans les choses ; il en jaillit par le frottement. Deux morceaux de bois, l'un troué, l'autre aiguisé, tels sont les instruments du sacrifice. Le trou est pratiqué au point de jonction de deux bûches en croix. Le prêtre fait tourner violemment le pieu dans la cavité qui est la matrice et la mère du feu sacré, l'*arani* ; la flamme naissante est arrosée de beurre clarifié et d'une liqueur fermentée tirée de l'asclépiade acide, le *sôma* (de *sou*, engendrer); elle s'élance alors vers le ciel, saluée d'hymnes reconnaissants : c'est Agni, le jeune dieu qui grandit en un moment, et dont la bouche ardente porte aux dieux l'hommage des mortels. On sent quels rapports étroits unissent la production du feu à l'acte de la génération. Mais cette quasi-représentation de l'union sexuelle n'entraîne point l'esprit aryen aux pratiques obscènes des Sémites adorateurs de la fécondité terrestre ; en donnant la prééminence à l'élément igné sur le principe humide, elle s'élève à la dignité de symbole cosmogonique.

Du sacrifice aryen découle la théorie que les Allemands modernes nommeraient *monistique*. La vie qui circule dans tous les êtres, la puissance reproductrice qui assure la durée des espèces, réside tout entière dans le principe igné. Le feu, c'est la lumière active, c'est la vie. Le feu est l'époux des vierges, le fécondateur, l'intermédiaire entre toutes les formes, le conservateur de la vie, l'emblème de l'immortalité. Sans lui le monde ne serait pas ; il est donc à la fois toutes choses ; il est l'âme d'Aditi, l'éternel, l'infini, ce démiurge évoqué par les méditations des sages. Lumière, mouvement et vie, voilà les trois noms ineffables du suprême ouvrier. Quoi de plus sublime, quoi de plus voisin de la vérité, si l'on dépouille ces termes de leur sens mystique? Sans doute la confusion entre ces idées a précisément créé l'erreur monistique ; elle a étendu à l'ensemble des choses la vie, état particulier de certains corps : de là procèdent les monades, le panthéisme et le déisme. Mais c'est la plus pure expression de l'anthropomorphisme réduit à ses seules forces et dénué des secours de toute science positive ; et le génie aryen l'avait trouvée plus de vingt siècles avant notre ère. Il dépassa ensuite ce mysticisme naturaliste et, dans l'Inde plus tôt qu'ailleurs, atteignit à la conception de l'être purement abstrait et métaphysique, Brahma.

Les mythes du feu se répandirent avec les Aryas dans tous les pays qu'ils civilisèrent ; mais, sauf chez les Perses, le sens profond de ce symbolisme s'obscurcit ; il ne reste que des fragments de la doctrine totale dans les légendes de Prométhée (rapprochez de *Pramantha*, celui que tourne le pieu de l'Arani), d'Héphaistos, de Vulcain (*Oulka*, le tison sacré de la foudre ou du sacrifice), d'Estia-Vesta. La théorie évidemment n'était pas constituée encore quand les groupes indo-européens perdirent de vue leur berceau.

Les Aryas de la Bactriane, qui subjugèrent la Perse et succédèrent, entre l'Indus et l'Égée, aux Assyro-Chaldéens, vécurent longtemps côte à côte avec les Aryas de l'Inde, aux environs de la patrie primitive. Leur langue est, avec le sanscrit, celle qui est restée le plus fidèle au type commun. Nul doute qu'ils n'aient gardé, durant des siècles, le dépôt des mythes anciens et des doctrines qui en sont le résumé. Quand la nature de leur esprit déjà réfléchi et philosophique, et leur développement particulier, les amenèrent à se créer une religion à leur usage, le mazdéisme, ils la fondèrent sur le symbolisme du feu et sur le mythe général qui s'y rapporte le plus, sur le combat de la lumière et des ténèbres, du bien et du mal, d'Ormuzd (*Ahuramazda*) et d'Ahrimane (*Anromainyus*), l'éternel vainqueur et l'éternel vaincu. La conception de Zervàn-Akérène, temps, espace, destin ou providence, spectateur suprême de la lutte (retrouvée par Chodzko dans les contes salves), est très-postérieure au dualisme primitif. Il n'y en a pas trace dans le Zend-Avesta. Et, à quelque date qu'il faille faire descendre la rédaction fragmentaire qui nous en est parvenue, la langue et les idées du prétendu Zoroastre ne peuvent être postérieures à Cyrus et à Darius (sixième-cinquième siècle); les inscriptions achéménides, proches parentes du Zend, sont visiblement inspirées du mazdéisme.

Dans le monde physique, la lutte de la lumière et des ténèbres, du bon principe et du mauvais principe accompagnés des anciens dieux aryas changés en génies et en démons; dans le monde moral, la perpétuelle alternance du bien et du mal ; partout, la supériorité de la lumière et du bien sur les ténèbres et le mal ; en religion, l'adoration du bon principe, du pur, représenté au ciel par le soleil et les astres, sur terre par le feu sacré ; en pratique, l'amour de la vertu, de la pureté obtenue par des purifications innombrables; et, comme sanction, le retour de l'homme à tous ses éléments, terre, eau, air et feu, ce dernier immortel : tel est, en peu de mots, le cycle complet des idées éraniennes. Les Perses leur ont dû, en théorie surtout, une morale, une charité, un amour pour toutes les créatures utiles (notamment pour le chien), qui n'ont été dépassés par aucun peuple et aucune doctrine. Mais le contact des races inférieures, un climat énervant, les vices d'une constitution sociale qui ne sut pas se dégager du despotisme effréné aux prises avec une théocratie aussi puissante que lui, rendirent cette haute philosophie nulle et non avenue ; elle put bien projeter ses rayons brisés jusque dans les livres saints des Hébreux et les systèmes mystiques des néo-platoniciens, et par là exercer sa part d'influence sur les civilisations modernes ; mais elle ne sauva pas de la mort le peuple qui l'avait conçue.

Nous laissons de côté les Germains, les Slaves, arrivés trop tard à la vie intellectuelle, avec des débris de mythes, curieux, mais défigurés, et dont l'essor particulier fut d'ailleurs enrayé par l'intrusion du christianisme, cet amas de toutes les chimères ; et aussi les Gaulois, dont la celtomanie a exalté les doctrines sans les connaître, et qui les connaît ?

Bien avant ces rameaux tardifs (et plus anciennement séparés du tronc commun), les Grecs et les Latins, dans la période même qui nous occupe, atteignirent à l'âge viril et à une maturité précoce. Tandis que les Indiens, descendant de l'Indus au Gange, allaient s'engouffrer dans l'abîme d'une métaphysique subtile, associée à des superstitions autochthones, au culte du Lingâm, à la métempsycose, au Nirvana, etc.; tandis que les Perses simplifiaient en dualisme les éléments confus du polythéisme aryen ; les Hellènes et les Latins, d'abord unis ou voisins, la linguistique est là pour l'attester, les uns plus proches des Perses, les autres des Gaulois, s'en allaient vers l'ouest, emportant tel quel, puis transformant selon leurs génies diversement heureux le trésor des mythes et des idées antévédiques. Ces peuples, les mieux doués pour l'action et la vie que l'antiquité ait connus, l'étaient aussi pour la raison. Leurs langues sont les plus belles effigies du coin primordial, les plus claires, les plus souples, les plus susceptibles de déduction logique ; elles avaient perdu quelque peu de cette transparence qui fait le charme des Védas, mais qui a contribué à égarer les Aryas de l'Inde en des rêves sans fin ; elles donnaient par cela même à l'esprit un instrument plus soumis et une liberté inconnue chez les autres peuples. Cela est vrai, surtout pour les Grecs. Les Latins, venus tard et en petit nombre dans un pays encombré de races hétérogènes déjà pourvues de religions et de superstitions compliquées, luttèrent durement pour l'existence et, astreints à la pratique, firent peu pour la théorie. Leur religion toute liturgique ne s'éleva point aux grandes conceptions, et ils ne connurent la philosophie que par les Grecs. Ceux-ci furent plus heureux. Sans doute ils traversèrent de nombreuses couches étrangères ; ils reçurent en chemin les leçons, les erreurs, les vices et les dieux des Assyro-Chaldéens, des Phéniciens et des Égyptiens ; mais ces emprunts extérieurs, quelque empreinte qu'en aient contractée leurs industries et leurs arts naissants, voire leur mythologie et leurs cultes, n'altérèrent pas leur génie natif. Ils eurent la fortune de rencontrer en Ionie, en Grèce et en Italie, soit des avant-coureurs de même race, soit des populations, ou sauvages, ou tout à fait inférieures, et, assez facilement vainqueurs, semble-t-il, ils développèrent en liberté leurs aptitudes guerrières, leur esprit ouvert et adroit, leur langue harmonieuse et ductile.

Tout d'abord, et avant d'avoir pris conscience d'eux-mêmes, ils distribuèrent dans leur patrie définitive les mythes, les dieux, les rudiments de philosophie apportés de la lointaine Arye ou ramassés en chemin ; ils les installèrent dans leurs montagnes, leurs vallées, leurs fleuves, leurs forêts et leurs mers. Chaque tribu adopta de préférence la divinité qui se trouvait localisée sur son terrain. Puis tous ces souvenirs transplantés, où se greffaient les événements et les héros d'aventures réelles mêlées de légendes étrangères, formèrent une luxuriante végétation idéale solidement enracinée dans la Terre-mère, une vieille divinité, douée d'une forte personnalité qu'elle ne posséda jamais chez les Aryas primitifs et qu'elle dut certainement à l'influence des cultes chthoniens. A l'exemple de Déméter, les autres déesses prirent un corps et une vitalité personnelle qui leur manque dans les Védas; les Artémis, les Héra, les Aphroditè, les Lèto, cessèrent d'être de simples dédoublements des dieux mâles, ce qu'étaient Indranì, Agnî, Varunanì, etc. Inutile d'insister sur l'importance esthétique d'une telle innovation, et sur les ressources qu'elle offrait à la mythologie et à la poésie. Au reste, tous les dieux grecs se modelèrent de près sur l'homme et, sans perdre leur caractère métaphorique, leurs attributs, où reparaissait leur origine naturaliste, ils devinrent de véritables êtres pensants, très-distincts des phénomènes auxquels ils présidaient.

Aux trois mondes védiques, le ciel, la terre et les enfers, vint s'ajouter le monde marin, que les Aryas primitifs ne semblent pas avoir connu. Bon nombre des dieux de l'atmosphère prirent possession de la mer et des fleuves. Enfin, depuis les gouffres du Ténare jusqu'aux cimes de l'Olympe et au palais des nuages, tout le panthéon s'étagea en une hiérarchie dont Zeus, vainqueur des Titans, occupe le sommet. Ouranos et Kronos ne sont que des doublets de Zeus; ils remplissent le même office, et c'est le génie grec qui, trouvant ces noms dans son patrimoine, les a utilisés en aïeul et en père du maître des dieux.

Il est aujourd'hui démontré que la Phénicie, l'Égypte et les peuples plus ou moins sémitisés de l'Asie Mineure ont contribué à l'éducation de la race grecque et plus encore de ces incertains et légendaires Pélasges que les Hellènes ont trouvés établis en Thrace, en Thessalie et dans toute l'Hellade. Ils ont dû à ces nations, toutes tributaires de la Chaldée, quelques industries et les rudiments de la science et de l'art; et nous venons d'admettre que beaucoup de dieux étrangers sont entrés dans leur panthéon. Mais il ne faut pas abuser de découvertes précieuses pour l'étude de certains mythes et de quelques monuments primitifs. Il ne faut pas oublier que les Grecs possédaient par devers eux des facultés ethniques qui leur sont propres et les idées communes à la race aryenne. Quelques emprunts qu'ils aient pu faire, ils les ont marqués de leur empreinte et de leur supériorité intellectuelle. Leur langue est restée aryenne, elle est le plus beau fruit qu'ait produit l'arbre indo-européen ; ainsi de leurs arts, ainsi de leurs dieux ; ainsi, nous le verrons, de leur philosophie. Il leur est arrivé ce qui arrive à toute race non autochthone qui traverse ou côtoie, au début de son histoire, des peuples inférieurs parvenus à leur apogée, où plutôt penchant déjà vers le déclin. Ils ont été bien plus absorbants qu'absorbés. Les Perses, qui les suivaient d'assez près, ont aussi profité de la vieille civilisation chaldéo-assyrienne, mais, en se l'appropriant, ils l'ont pliée à leur conception religieuse et sociale. Les Grecs, si tant est que les Phrygiens et Lydiens fussent d'origine sémitique, les ont rapidement hellénisés. Quoi de plus complètement grec que les poëmes homériques ? Et où sont-ils éclos, du dixième au neuvième siècle avant notre ère ? Sur les côtes d'Asie et dans les îles voisines, sur la lisière des pays lydo-phrygiens. Tous les dieux qui figurent dans l'*Iliade* et l'*Odyssée*, plus terrestres dans la première, plus célestes dans la seconde, nous apparaissent déjà, quelle que soit l'origine de certains d'entre eux, établis dans la Grèce, en Crète, en Thrace, en Thessalie, en Phocide, en Béotie et dans le Péloponnèse. Ils étaient les mêmes sur les deux rives de l'Égée. Ceux des Troyens sont aussi ceux des assaillants.

Dans l'état, très-remanié (fixé par Pisistrate, puis par Aristarque), où ces poëmes nous sont parvenus, ils nous présentent des souvenirs historiques et mythiques d'un âge reculé, mêlés aux mœurs et aux croyances ioniennes, et exprimés dans la langue ionienne du dixième siècle. Ils ont été composés par un ou plusieurs rhapsodes très-familiers avec le bassin de l'Égée, par des Ioniens ou Achéens (les Achéens semblent avoir été des Éoliens), et des Éoliens, chassés du Péloponnèse par l'invasion dorienne, et qui, de l'Attique, leur premier refuge, sont passés en Asie, et ont porté à Smyrne, colonie d'Athènes, les traditions achéennes ou danaennes. Les Achéens seraient les prédécesseurs des Hellènes proprement dits, les successeurs immédiats des Pélasges.

Les poëmes homériques, auxquels il faut joindre quelques-uns des hymnes publiés d'ordinaire avec eux, renfermaient encore pour Aristote les fondements de la religion et de la morale grecques (et non des mœurs et croyances empruntées à l'Assyrie). Quant à la morale, l'opinion d'Aristote est fort hyperbolique, s'il entend parler d'un ensemble de règles de conduite fondées sur l'intérêt commun. En général, le monde homérique est livré à la force et à la ruse, la faiblesse est totalement sacrifiée. Hésiode, qui, postérieur d'un siècle au moins, possède un plus vif sentiment de la justice, avertit le rossignol qu'il n'a aucun recours contre le milan ravisseur. La vie domestique, le mariage monogame sont déjà entourés de quelques garanties et admettent de touchantes vertus, l'amour paternel, maternel ou filial ; mais le concubinage s'étale au grand jour, comme le fait le plus naturel et le plus innocent. Le meurtre s'expie par des purifications et des amendes, si les parents de la victime y consentent. Il n'y a encore ni morale privée ni morale publique, rien de ce que nous appelons de ces noms. Mais le sens et le désir de la justice ne manquent pas ; les rois, sauf quand leurs passions les emportent, ont l'intention d'être humains et équitables. Le suppliant, l'hôte, sont sacrés. Ce sont là des sentiments et des usages qui se rencontrent chez presque tous les peuples, tels que nous les connaissons dans leur état le plus ancien.

Il s'était formé dans l'antiquité une école qui prétendait trouver dans Homère une profonde philosophie ; mais ce qui fait le charme et le prix des documents mythiques recueillis et embellis par les rhapsodes, c'est précisément l'absence de philosophie, la naïveté complète des récits ou des allusions. Homère est impersonnel et reproduit d'autant mieux, comme un miroir, l'état de l'esprit grec vers la fin des temps héroïques. Que pensait-on sur les bords de l'Égée au dixième siècle ?

Le monde, fort restreint en hauteur comme en largeur, était gouverné par le caprice des dieux ; mais ces dieux eux-mêmes, et Zeus leur maître, étaient soumis à l'aveugle fatalité, dont seul le roi des dieux connaissait les arrêts inéluctables. Ils pouvaient en différer l'exécution, mais ils ne pouvaient se dispenser de les accomplir tôt ou tard.

La terre et le ciel préexistaient aux dieux, au moins sous forme de chaos. Les dieux avaient seulement vaincu ou discipliné les forces naturelles.

Quelques indications dans la visite de Junon à Océan et Téthys permettent de supposer que l'eau, bien avant Thalès, était parfois considérée comme l'origine de toute chose. Cette doctrine serait un écho de l'Assyrie et de la Phénicie. Ailleurs, c'est déjà le feu (culte des Cabires, inconnu d'Homère) qui passe pour l'auteur de la vie et des formes.

L'homme, façonné soit par Zeus, soit par Prométhée, et animé du feu céleste, doit invoquer les dieux, qui accueillent ou rejettent ses prières. Nous avons vu que l'accomplissement des lois du destin souffre quelque délai. Cette latitude est la mesure du pouvoir des dieux. Leur protection n'est donc pas complétement illusoire.

Les biens et les maux sont enfermés dans deux tonneaux, deux urnes où tour à tour doit puiser Jupiter.

En dehors du mythe des Titans, surtout cosmogonique, ces deux tonneaux sont à peu près l'unique conception dualiste dans l'ordre moral.

Le vice et la vertu ont une double sanction : durant la vie, la richesse ou la misère, la faveur ou la colère du dieu tonnant ; après la mort, les Champs-Élysées avec leur bonheur mélancolique ou le Tartare avec ses supplices éternels.

Les Grecs homériques croient donc à l'immortalité, mais ils ne savent trop ce qu'est l'âme ni ce qu'est la vie. Les morts sont des fantômes, les morts fortunés ont perdu le souvenir, ils ont bu l'eau du Léthé ; seuls les coupables, les châtiés, conservent la mémoire de leurs crimes, qui seule assure l'efficacité de la punition.

Mais la vie de ces ombres, de ces mânes, n'est qu'un bien pâle reflet de la vie terrestre ; les morts ont perdu la pensée et la parole ; il faut, pour les leur rendre, du sang, le sang des victimes immolées dans une fosse où ils viennent boire. Et ils ne se servent de cette résurrection précaire que pour regretter en termes fort vifs la véritable vie corporelle et terrestre (*Odyssée*, chant XI).

Ainsi, au-delà des dieux, au-delà des mythes dont le sens métaphorique, c'est-à-dire métaphysique, est à peine entrevu, Homère proclame une fatalité intermittente, mais inéluctable, un mélange sans raison de biens et de maux, une vie réelle et une immortalité factice, vague, indéfinie.

Il n'y a dans son panthéon aucune place pour le monothéisme ; une très-faible pour le dualisme. C'est le polythéisme par excellence, la dispersion des gouvernements entre les mains de puissances guidées par leurs attributs cosmiques et leurs passions humaines.

En effet, si les dieux grecs sont des forces de la nature inorganique ou vivante, ce sont avant tout des hommes et des femmes ; les pures entités verbales elles-mêmes, la Discorde, le Sommeil, la Haine, la Dispute, etc., prennent une forme définie.

On réserve d'ordinaire le nom d'*anthropomorphisme* à cette incarnation matérielle des facultés humaines dans les personnages divins ; dans ce sens, les Grecs sont les plus anthropomorphistes des hommes ; parce qu'ils ont, plus que tout autre peuple, conscience de la force et de la beauté humaines. L'homme, pour eux, prime absolument cette nature qui parfois l'accable, mais aussi le sert.

Nous verrons que ce don ou ce défaut a singulièrement contribué à la netteté subtile de leurs créations métaphysiques ; chaque mot, chaque terme général est devenu pour eux une entité, presque un être : ainsi la raison, λόγος, l'esprit, νοῦς, l'âme, ψυχή, ont donné lieu à une nouvelle mythologie voulue, qui, fondée sur la logique, est demeurée plus tenace, sans être aussi profonde ni aussi agréable que la mythologie métaphorique, fondée sur l'instinct et l'illusion verbale.

Le symbolisme et l'allégorie qui ont tenu tant de place dans la religion grecque, et qu'il ne faut pas confondre avec l'interprétation primitive des transparentes métaphores aryennes, car ce ne sont que des explications après coup, plus ou moins approchées du sens originel perdu, le symbolisme et l'allégorie doivent avoir inspiré les doctrines orphiques, si tant est que ce qui nous en est parvenu ne soit pas purement un pastiche néo-platonicien, du commencement de notre ère. Orphée, le fabuleux législateur thrace, dont Homère et Hésiode ont ignoré le nom, n'a sans doute pas été inventé de toutes pièces par Onomacrite (recenseur des poëmes homériques pour Pisistrate). Les Pythagoriciens, Platon, les Stoïciens croyaient à sa réalité, et plusieurs philosophes ont composé sous son nom des livres perdus. Mais le nom même, si analogue à celui des *Rbhous* védiques, inventeurs du culte, ne prouve rien sur l'existence de l'homme ; il personnifie plutôt une époque et un ensemble d'institutions sacerdotales fort antérieur au passage des Grecs en Thrace.

Hésiode, l'Éolien d'Ascra en Béotie, est, au contraire d'Homère, mais avec moins de profondeur que le fabuleux Orphée, un esprit systématique. Si la *Théogonie*, dans ses lignes principales, lui est attribuable, elle révèle une cosmogonie déjà régulière et non dépourvue de sens. Dans le Chaos primitif, père de l'Érèbe et de la Nuit, aïeux de toutes les sombres puissances des ténèbres, des enfers et du mal, mais aussi du désir et de l'amour, s'agitaient confondus la terre et le ciel, la terre mère et épouse du ciel (Ouranos couvert d'astres ou d'yeux), siége à jamais stable des mortels et des immortels. De la terre et du ciel naissent les Titans, dont l'aîné, Kronos (créateur, démiurge ?), tranche avec une faux de lumière (*Adamas*), qui est l'aurore, les liens qui attachaient la terre au ciel ; des gouttes viriles tombées du ciel dans les eaux marines, éclôt Aphroditè, désir, amour, fécondité, d'où procède la vie terrestre ; puis Zeus, fils de Kronos, achève l'œuvre lumineuse en abattant son père et les Titans, en renfermant dans les volcans, sous terre, les énergies cosmiques encore mal réglées. Tel est le fond sur lequel Hésiode a recousu, non sans incohérence et confusion, toutes les traditions mythiques. Ses idées morales sont plus complexes et plus raffinées que celles d'Homère. Il faut en chercher l'expression, non-seulement dans ses préceptes (*Travaux et Jours*), où l'on sent un véritable amour de la justice, mais surtout dans ses mythes de Prométhée et des Ages.

Le premier, qui se rattache à la commémoration de la découverte du feu, il le détourne de son sens liturgique si noblement interprété par les prêtres du Véda ; il en fait le point de départ du combat permanent entre les dieux et les hommes, de la jalousie qui semble inspirer Zeus dans ses rapports avec les mortels. Prométhée a donné à l'homme le feu : c'est là le thème. Pour Hésiode, Prométhée a créé l'homme, il l'a fait de ses mains et lui a insufflé une parcelle de ce feu, trésor divin, gardé par Zeus. Zeus se venge en faisant fabriquer par le forgeron céleste, Héphaistos, une vierge, Pandora, douée par tous les dieux de toutes les séductions ; à cette vierge, il confie la boîte fameuse où sont enfermés tous les biens et tous les maux qui, de la cassette ouverte, s'échappent sur le monde des vivants. Il ne reste au fond que l'espérance. Hésiode établit ainsi un antagonisme permanent entre l'homme et les puissances supérieures. Le culte est le traité qui intervient entre les deux parties et assure à l'une, à de certaines conditions, la tolérance de l'autre.

Voilà, certes, une ingénieuse, une admirable imagination, féconde en développements poétiques, d'un charme et d'une profondeur étranges, bien supérieure à l'histoire de la Genèse hébraïque et de ce traité conclu entre Abraham et Jahvé. Le malheur est qu'elle ne se prête pas moins aux hypothèses de rédemption, de péché, de déchéance primitive. Héraclès, le libérateur de Prométhée, l'homme déifié par le bûcher d'Œta, devient aisément une figure du Christ.

La théorie des âges (Hésiode en compte cinq), qui conduisent l'homme par degrés, d'une félicité primordiale au misérable état présent, très-inférieure en beauté et en valeur philosophique au mythe de Prométhée et de Pandora, a contribué plus encore à égarer l'esprit humain. Quel appui n'a-t-elle pas apporté aux fables chrétiennes !

Mais, quoi ! la vie était si précaire, si éloignée du plus modeste idéal de bien-être et de sécurité ! On l'a considérée comme une déchéance, une expiation. La même explication, sous des formes variées, s'est présentée à tous les peuples au moment où ils prenaient conscience d'eux-mêmes.

La science n'existait pas. Quelques indications astronomiques, dont on a singulièrement exagéré la précision et la valeur, des rudiments de calcul et des tâtonnements géométriques, telles étaient, avant le septième siècle (et longtemps après), les seules prises de l'homme sur la réalité qui l'entoure, et dont il fait partie intégrante. Les sciences descriptives : géographie, géologie, zoologie, anatomie, etc., n'étaient pas plus avancées que les sciences générales : physique, chimie, biologie, ou que les sciences morales : histoire, économie sociale, politique, législation, etc. Privé de tout renseignement sérieux, l'homme avait travaillé sur des observations toutes superficielles, tout incomplètes, du monde extérieur; et, égaré par une connaissance tout aussi vague de lui-même, de son organisme et de ses facultés, il avait fait le monde à sa façon, prêtant aux objets qui agissaient sur lui ses intentions, ses facultés, divinisant les uns par les autres et *vice versa* ; la découverte du feu, le bienfait du soleil, le lien évident entre la chaleur et la vie, l'amour de l'existence, les songes pleins des fantômes des morts, la distinction entre le corps et la pensée intangible, l'avaient amené aux idées anthropomorphiques et métaphysiques de vie future et d'âme immortelle.

C'est sur ces erreurs invétérées depuis des milliers d'années que vont spéculer les spiritualismes de toute nuance, les métaphysiques de tout ordre, piétinant dans le même cercle, éclairant à faux tel ou tel coin rempli d'un mystère factice.

C'est contre ces erreurs que la méthode expérimentale, bien mal servie par les sens, dénuée de tout instrument de précision, va lutter à grand'peine jusqu'à ces jours tardifs où elle commence à voir clairement le triomphe, phare longtemps invisible et souvent éclipsé.

L'histoire de la philosophie ne se comprendrait pas sans ce tableau des premières et durables illusions humaines.

CHAPITRE II.

LES TEMPS ANTIQUES.

DE THALÈS A ÉPICURE.

---

§ I. PRÉLIMINAIRES.

L'Inde et la Chine.

La philosophie grecque, et l'on peut bien dire la philosophie occidentale, a pris naissance en Ionie, sur les côtes de l'Asie mineure, vers la fin du septième siècle.

A la même époque, la Chaldée, l'Assyrie, la Phénicie, l'Égypte, avaient élaboré les idées compatibles avec leur génie. Elles ne devaient point dépasser les conceptions que nous avons essayé de résumer, ébauches vagues, approximatives, de l'univers, chimériques et stériles digressions sur la destinée humaine, dont le caractère commun est l'ignorance presque totale de la réalité. Ce qu'on a nommé leur sagesse, sans doute par antiphrase, s'est fatalement infiltré dans la pensée hellénique et y a déposé plus d'un germe pernicieux. L'Égypte surtout, avec ses triades cosmogoniques, ses emboîtements d'âmes et ses métempsycoses, a été pour la Grèce une dangereuse institutrice. Quelques rudiments de mathématiques, quelques notions d'astronomie, dont les Hellènes ont été redevables à leurs voisins, ne sauraient compenser le dommage apporté au développement intellectuel par les rêveries de l'Orient, legs de civilisations mourantes qu'aucune affinité ne reliait à l'esprit aryen. Mais quoi ! l'héritage était là, sous la main, tout amassé, fallacieux trésor où les maux passaient les biens, où les biens cachaient les maux ; la Grèce, toute jeune, avide de savoir et de penser, n'avait ni la force ni le moyen d'en récuser le fardeau. Que choisir, et comment? Elle dut l'accepter en bloc.

L'Inde, dont l'histoire ancienne n'admet qu'une chronologie bien douteuse, était déjà en possession de ses principaux systèmes philosophiques. Le rationalisme de Kapila, altéré en mysticisme par Patandjali, l'atomisme de Kanada, la logique de Gautama, appartiennent certainement à une époque antérieure au Buddhisme, qui les suppose et s'en approprie les procédés. Or, si l'on rejette aujourd'hui, à tort ou à raison, l'opinion qui faisait mourir le Buddha en 547 avant notre ère, on ne peut du moins contester que le Buddhisme ne fût établi dans l'Inde centrale au temps d'Alexandre; il lui avait fallu le temps de naître, et ce n'est pas être trop hardi que de placer entre le septième et le cinquième siècle le mouvement philosophique dont il est sorti. On ne saura jamais si Kapila, Kanada, Gautama, ont existé; les poëtes postérieurs en font des êtres fabuleux, des *Richis* ou sages, contemporains des chantres védiques; ce qui est manifeste, c'est que leurs doctrines sont nées à côté et en dehors des croyances orthodoxes fondées sur les Védas, et qu'elles forment la transition du brahmanisme traditionnel au buddhisme hétérodoxe et athée. Elles marquent ce stade moral où l'esprit adulte espère reconstruire à neuf d'après l'observation plus rigoureuse et la raison plus sûre d'elle-même, à l'aide d'une langue moins rebelle au raisonnement, l'édifice élevé dans l'enfance de l'humanité par une imagination hâtive.

L'état mental que révèlent le *Sankya* de Kapila, le *Vaiséshika* de Kanada, le *Nyaya* de Gautama et le *Yôga* de Patandjali correspond entièrement à celui qui engendra les systèmes d'Anaximandre, de Pythagore, de Xénophane, d'Anaxagore et de Démocrite, avec cette différence que les doctrines indiennes attestent tout à la fois un plus long exercice antérieur et une moindre lucidité de la pensée.

On ne soutient plus l'hypothèse d'une influence exercée par la Grèce sur l'Inde antique. S'il y a déjà de l'Aristote dans Gautama et Kanada, par exemple, c'est de l'Aristote rudimentaire et inférieur, tel que le comportait le subtil, mais peu cohérent génie de l'Inde. Les fondateurs de la logique indienne sont restés loin du

Stagirite, mais ils sont venus avant lui. Une opinion plus vraisemblable, si elle reposait sur des traditions moins vagues, admettrait volontiers une influence de l'Inde sur la Grèce, mais il n'est pas probable qu'aucun Grec ait mis le pied sur le sol de l'Inde avant Alexandre, et, si quelques effluves de l'esprit indien se sont répandues jusque dans la pensée hellénique, ce n'est qu'à travers l'épaisseur continentale, chaldéenne et sémitique, qui sépare le Gange de la mer Égée. Au reste, la métempsycose, adoptée par Pythagore et par Platon, appartient à l'Égypte aussi bien qu'à l'Inde, et les Grecs ont dû l'emprunter à des voisins qui furent leurs maîtres directs et immédiats.

Mais, quels qu'aient pu être les rapports réels entre l'Inde et la Grèce antiques, comme leurs plus anciennes philosophies se sont produites et dans le même temps et dans un état intellectuel analogue, comme les systèmes éclos sur les rives du Gange présentent, pour ainsi dire, l'esquisse des doctrines qui se sont développées durant trois et quatre siècles en Ionie, dans l'Attique et dans la Grande-Grèce, ou Italie méridionale, il convient de résumer brièvement ici les quatre grandes conceptions indépendantes de Kapila, Patandjali, Kanada et Gautama. Nous laisserons de côté les deux philosophies orthodoxes, la *Mimansâ* et le *Védantisme*, qui prennent pour point de départ, pour base et pour loi les textes sacrés. Non qu'elles s'éloignent, autant qu'on pourrait le croire, des systèmes hétérodoxes ; elles procèdent de la même raison et emploient les mêmes raisonnements; mais, subordonnant l'observation et la science à la tradition et à la foi, elles relèvent surtout de la critique religieuse. Disons seulement que la première appartient à une haute antiquité, que la seconde en procède, en est une édition rajeunie, accommodée aux besoins de la polémique contre le buddhisme.

Il faut tout d'abord signaler, entre les doctrines de l'Inde et les premières philosophies de la Grèce, une distinction capitale. Celles-ci nous apparaissent comme un effort libre et désintéressé vers la connaissance du monde. Le fond de celles-là est et demeure une préoccupation morale : elles ont leur point de départ dans certaines croyances religieuses qu'elles acceptent et qui les épouvantent ; leur but, qu'elles n'oublient jamais, est d'arracher l'homme aux maux attachés à la vie, maux indéfiniment renouvelés par la transmigration des âmes. Cette considération n'a jamais ému au même degré les philosophes grecs. Chez Platon, chez Pythagore lui-même, la métempsycose est un dogme secondaire, accessoire ; ce qui s'explique : elle ne faisait point partie des idées aryennes, elle ne figure même pas dans les Védas. Elle s'est associée facilement à la croyance en une vie future, mais elle s'y est ajoutée par voie d'emprunt. Dans l'Inde, elle est fille du sol, ou du moins le brahmanisme, s'il ne l'a pas reçue des populations conquises, l'y a implantée vers la fin de l'âge védique, plusieurs siècles avant l'éveil de la pensée indépendante, et si fortement, que trois mille ans de vicissitudes religieuses et politiques n'ont pu la déraciner.

Il n'est pas de conception plus absorbante, plus désespérante. Par elle l'immortalité devient une série d'alternatives, de supplices toujours variés, toujours nouveaux, près desquels l'enfer chrétien est une félicité. L'habitude en effet assourdit la douleur, même en cette courte vie ; que serait-ce dans l'éternité ? Un supplice éternel n'est plus qu'une manière de vivre, un état normal. A force de cuire, le damné cesserait de sentir le feu ; il s'y ferait, narguant, mieux qu'une salamandre, le médiocre génie d'un bourreau insuffisant. Mais renaître ! Changer d'enveloppe ! Présenter à de nouvelles souffrances un épiderme fraîchement endossé ! Goûter les misères du serpent après celles du lion, avoir soif en chameau après avoir jeûné en ours ! La menace de ces tortures corrompt jusqu'aux plaisirs qui s'y mêlent. C'est la monotonie dans la variété.

Le moyen le plus sûr d'échapper à de telles angoisses est d'en nier la cause ; mais il n'était pas à la portée des Hindous. « Comment esquiver et que faire ? » Écarter, par la pratique de la vertu, cette singulière et terrible sanction morale ; supprimée la faute, mort le châtiment. Mais la vertu ne va pas sans la science complète du milieu où elle doit s'exercer. Notez que ce raisonnement, dans sa forme générale, est parfaitement légitime, inévitable et excellent ; toutes les philosophies y viennent. C'est notre formule même : connaître le monde, l'homme et leurs rapports pour établir les règles de la vie individuelle et sociale. Allez au fond des choses : aucune science, si spéciale soit-elle, aucune théorie n'a d'autre raison d'être, exprimée ou sous-entendue, que l'utilité, l'intérêt pratique. Constatons seulement que les Grecs n'eurent pas tout d'abord conscience de cette loi qui domine et dirige toute étude, toute recherche ; que les Indiens y obéirent dès le principe, et qu'elle leur fut révélée par la nécessité d'en finir avec la métempsycose : but pour nous chimérique, pour eux objet réel, indiscutable. Nous laissons maintenant de côté ce point, puisqu'il est commun à toutes les doctrines que nous voulons exposer. Les quantités égales sont négligeables.

Kapila voit le salut, la délivrance finale, dans la science. Les livres sacrés n'enseignent rien sur la réalité des choses ; c'est à la perception sensible, à l'induction rationnelle et, subsidiairement, au témoignage entouré des garanties nécessaires que doit être demandée la certitude. Tels sont les trois critériums, que l'on peut réduire à deux : l'expérience et le raisonnement. Armée de ces deux instruments, l'âme forcera la nature à se dévoiler tout entière, comme la courtisane qui finit par se montrer nue à l'adorateur curieux; elle la verra telle qu'elle est, avec ses lumières et ses ombres, ses vertus et ses vices, avec ses passions qui participent du bien et du mal, et qui forment le milieu moral où s'agite la vie. Derrière ces trois qualités correspondantes à trois états du monde et de l'âme, à savoir : la lumière ou bonté, l'obscurité ou vice, la passion, triple voile de la substance, le sage découvrira enfin les vingt-cinq principes substantiels, les vingt-cinq catégories de la réalité. C'est ici la partie faible du système : la liste de ces éléments premiers présente une incohérence extraordinaire ; ce qui appartient à l'univers y est confondu avec ce qui est de l'homme, les réalités avec les entités, les faits d'observation avec les résultats de l'induction et de la logique :

1° La nature, racine et *mère de tout le reste* ; 2° l'intelligence, ou le grand principe ; 3° la conscience, ce qui produit le moi ;

4°-8° les cinq particules subtiles, essences des cinq éléments ; 9°-19° les onze organes des sens et de l'action, qui sont, avec l'intelligence et la conscience, les treize instruments de la connaissance ; 20°-24° les cinq éléments matériels, éther, air, feu, eau, terre, œuvre des cinq particules : enfin 25° l'âme éternelle, qu'il s'agit de soustraire aux vicissitudes de la nature, également éternelle.

De ce chaos, on ne peut dégager, en dernière analyse, qu'un dualisme athée, où l'esprit lutte pour se séparer de la matière qui l'enveloppe et le domine. Cette vue n'a pas été étrangère à la philosophie grecque, et nous la retrouverons dans toutes les métaphysiques. Mais le but spécial que poursuit Kapila ne paraît pas atteint. En quoi la connaissance parfaite des vingt-cinq principes et des trois qualités affranchit-elle l'âme des renaissances ? L'affirmation de Kapila n'est confirmée ni par l'observation ni par la logique.

Ce vice final du système a frappé Patandjali, et peut-être aussi Kanada. Le premier, disciple de Kapila, substitue au vingt-cinquième principe du maître, à l'âme individuelle, une âme universelle, Dieu : dès lors, la fusion dans l'Être suprême, impassible comme le néant, devient le but de la science, le terme du mal et de la vie, la libération définitive. C'est le *Yôga* (union), éloquemment célébré dans le poëme de la *Baghavadgîtâ* ; c'est déjà le *nirvana* bouddhique, l'anéantissement de la personne humaine. Devant cette conclusion, qui est celle de toutes les doctrines mystiques, toute morale s'évanouit. Qu'importent les œuvres? Le passager, l'éphémère, le relatif, est indifférent à l'absolu. La science se résout en extase, tout au plus en vie machinale. Celui qui a réalisé le *Yôga* n'a plus à s'inquiéter des règles que la pieuse *Mimansâ* extrait des hymnes sacrés. Les minuties rigoureuses du devoir ne conviennent qu'aux malheureux qui n'ont pas su rentrer, dès cette vie, dans l'âme universelle. Ainsi le triomphe de la logique, car Patandjali l'a poussée bien loin au-delà du terme illusoire où s'arrêtait Kapila, aboutit à une contradiction éclatante. Le *Yôga*, fin de la doctrine, nie la science, qui en est le principe.

Ce n'est pas que, étant donnée la nécessité de la délivrance finale, l'anéantissement, inclus tout aussi bien dans l'athéisme de Kapila que dans le mysticisme de Patandjali, ne soit le moyen radical et unique de couper court à la métempsycose. Mais l'un le cherchait où il n'est pas, dans la science, l'autre l'a trouvé au bout d'une voie funeste, dans l'ivresse de la fusion en Dieu. Dès qu'on n'en fait plus le but de la vie, on s'aperçoit qu'elle y mène malgré elle, quoi qu'elle fasse pour en retarder l'heure. La mort est là qui s'en charge. Voilà ce qu'a vu très-clairement le matérialiste Kanada ; et cette certitude a fait de lui l'esprit le plus libre de l'Inde. Les terreurs religieuses n'ont en effet aucune prise sur l'atomisme.

La physique de Kanada est des plus rudimentaires ; elle admet comme celle de Kapila bien des confusions, bien des entités ; elle prête une existence à ces catégories dont Aristote et Kant n'ont pas été les inventeurs, et qui ne sont que des cadres plus ou moins commodes pour classer nos connaissances. Mais elle est fondée sur l'hypothèse, aujourd'hui si près d'être confirmée, d'atomes incréés qui se combinent, faisant et défaisant les êtres et les choses. Cette vue profonde rachète bien des imperfections inévitables. Le système de Kanada est appelé *Vaiséshika*, de *visésha*, la différence; c'est une *analyse* des substances et des qualités. Six *padârthas*, objets de preuves ou catégories, renferment pour lui toute la science :

1° La substance, siége des qualités et de l'action ; il y a neuf substances : terre, eau, lumière, air, éther, *temps, espace,* âme, *manas* ou sens intime.

2° La qualité. Il y a vingt-quatre qualités, dont quinze matérielles et sensibles, neuf *intelligibles* (intelligence, plaisir, peine, désir, aversion, volition, vice, vertu (ou mieux virtualité).

3° L'action, avec cinq variétés.

4° Les caractères communs, genre, espèce, individu.

5° La différence (sans doute les caractères particuliers à chaque substance, qualité, etc.).

6° La relation, c'est-à-dire l'affinité qui agrège les atomes et constitue les corps.

Tout est formé des cinq premières substances ou éléments

matériels diversement assemblés. La dissolution des agrégats et la distribution des atomes en formes nouvelles emportent le changement des qualités, actions, différences, relations, et la fin des individus. La métamorphose supprime la métempsycose et la recherche de la béatitude éternelle ; elle laisse l'homme tout entier à la vie individuelle et sociale et à la pratique des devoirs qui en dérivent.

La doctrine de Gautama, dans ce que nous en connaissons par M. Barthélemy Saint-Hilaire, n'a pas l'ampleur des conceptions de Kapila et de Kanada. Elle n'embrasse pas le monde ; mais, en déterminant avec une certaine rigueur les règles de la discussion (plutôt que les lois du raisonnement) elle fournit l'instrument de précision qui permet d'atteindre à la probabilité logique, sinon à la certitude expérimentale, et tout au moins, selon Gautama, à la « béatitude éternelle ».

Le *Nyaya* ou Raisonnement, tel est le nom de cette méthode, n'est, selon M. Barthélemy Saint-Hilaire, qu'une *dialectique*, un guide utile pour la discussion, insuffisant pour la démonstration. Peut-être le savant traducteur d'Aristote (et de Gautama) a-t-il trop cédé à son culte pour l'*Organon* et les *Analytiques* ; il a eu peur de favoriser l'opinion, d'ailleurs peu vraisemblable, qui fait d'Aristote un élève du logicien de l'Inde. Mais, en fait, le *Nyaya* est bien une logique ; et Gautama partage l'erreur, commune à tant de génies et à tant d'esprits simples, qui attribue aux procédés logiques une efficacité universelle.

« La position du raisonnement » et la défense de « l'assertion établie par le raisonnement » conduisent infailliblement à la certitude. Telle est la conviction de Gautama. En posant et en défendant l'assertion, l'esprit parcourt seize catégories, use de seize moyens de contrôle ou topiques, qui se succèdent dans l'ordre suivant : la preuve, l'objet de la preuve, le doute, le motif, l'exemple, l'assertion, les membres de l'assertion régulièrement formée, le raisonnement supplétif, la conclusion ; puis l'objection, la controverse, la chicane, les cinq sophismes, la fraude, la réponse futile et enfin la réduction au silence (ou à l'absurde).

Sans insister sur la médiocre ordonnance de ces topiques, dont le nombre pourrait être aisément réduit, nous nous arrêterons au premier, la preuve, et au sixième et neuvième, qui renferment et la théorie de la certitude et la théorie du raisonnement propre à la dégager.

Tout d'abord, « quelle est la preuve, l'autorité de la connaissance ? Quels sont nos moyens de connaître ? Gautama en admet quatre : la perception ; l'inférence ou induction ; la comparaison ou analogie ; le témoignage. » Déjà Kapila, si toutefois il est antérieur, avait connu ces critères de la certitude ; et l'homme, à vrai dire, n'en possède point d'autres ; Gautama seulement les range mal : la perception, c'est-à-dire l'expérience sensible, devrait avoir pour corollaire immédiat, et secondaire, le témoignage ; la comparaison viendrait ensuite ; le jugement et l'induction termineraient la série.

Quoi qu'il en soit, ces moyens de contrôle, appliqués aux diverses classes de connaissances énumérées par Kanada, par exemple, constituent bien le principe et le point de départ de la logique. On les retrouve dans le discours de Descartes sur la *méthode*.

Ils permettent de formuler une assertion, qu'on prouve en s'y référant. Voici un exemple d'assertion prouvée par la méthode du yaya : « 1° proposition : cette montagne est brûlante ; 2° cause ou raison : car elle fume ; 3° éclaircissement : ce qui fume brûle ; 4° application : de même la montagne est fumante ; 5° conclusion : donc elle brûle, car elle fume. » Ce raisonnement est fondé sur l'association ordinaire de deux faits constatés, dont l'un contient l'autre. Il est exactement semblable à celui-ci : « 1° Pierre est mortel ; 2° Pierre est homme ; 3° tous les hommes sont mortels ; 4° de même, Pierre est soumis à cette loi ; 5° donc Pierre est mortel, car il est homme. »

Cependant M. Barthélemy Saint-Hilaire, auquel nous empruntons la substance de ce qui précède, refuse à Gautama l'honneur d'avoir inventé dans l'Inde le syllogisme qu'Aristote a créé en Grèce. Nous qui n'accordons pas au syllogisme la valeur que M. Barthélemy Saint-Hilaire lui prête, qui n'y voyons qu'une analyse utile des éléments, vrais ou faux, d'une assertion, nous en retrouvons tous les caractères dans l'exemple que nous venons de citer, d'après M. Barthélemy Saint-Hilaire lui-même. Ne contient-il pas la *question*, le principe ou *majeure*, la *mineure*, et la conclusion ou *conséquence* ?

Au reste le syllogisme, exprimé ou sous-entendu, existait bien avant Aristote, bien avant Gautama. Celui-ci en a usé sans le définir avec rigueur. Celui-là, génie infiniment supérieur, en a, comme nous le verrons, déterminé tous les modes et tous les genres. Le *Nyaya* n'enlève donc rien à la gloire de l'*Organon*.

Tandis que l'Inde adulte constituait les systèmes sur lesquels vit encore sa pensée, la Chine, plus mûre encore et déjà pourvue d'un atomisme (le *Y-King*), et d'un rationalisme athée (le *Chou-King*), fort inférieurs au *Vaiséshika* de Kanada et au *Sankya* de Kapila, produisait à la fois le mysticisme panthéistique de Lao-Tseu, qui semble un écho de Patandjali, et la morale positive et pratique de Confucius, analogue au *Nyaya* et à la *Mimansa*. Elle ne s'est pas départie des doctrines de ces deux sages, qu'elle a divinisés. Nous avons déjà noté que la Chine n'a eu aucune part à l'éducation de l'esprit occidental. Ajoutons qu'il n'y a rien dans ses philosophies qui ne se retrouve dans nos systèmes anciens et modernes, il y manque seulement deux des chimères les plus vaines qui aient égaré nos sages : la conception d'un dieu personnel et l'immortalité de la personne humaine. Aussi Confucius et son plus fameux disciple, Mengtseu (Mencius, quatrième siècle avant J.-C.), ont-ils laissé de côté les questions d'origine, auxquelles la science de leur temps ne pouvait pas répondre, et constitué d'après l'expérience et la raison une morale saine et pure. Tels ont été, à bien des égards, l'esprit et l'œuvre de Voltaire, acceptant un vague déisme et concentrant toute sa force sur l'histoire, et sur la morale qui s'en dégage. Sans pousser trop loin cette analogie, on peut dire que, six cents ans avant notre ère, toute proportion gardée, la Chine a eu son dix-huitième siècle ; mais son dix-neuvième est encore à venir.

Revenons à la Grèce adolescente.

§ II. DE THALÈS A DÉMOCRITE.

Les gnomiques. Les physiciens d'Ionie. Les métaphysiciens d'Italie. L'école d'Élée. L'atomisme. Les sophistes.

Jusqu'au septième siècle, la conception cosmogonique contenue dans le mythe des Titans, dans la croyance à des dieux organisateurs du chaos, présidant aux divers ordres de phénomènes, tint lieu de science générale objective ; encore était-ce une notion approximative de l'univers ; mais de l'homme et de ses facultés, la Grèce savait moins encore. La physiologie, pour elle, et la psychologie étaient lettres closes. Le premier effort de sa pensée porta sur les éléments que l'expérience lui fournissait, sur les relations entre les membres de la famille et de la cité, sur les mœurs et les institutions politiques ou sociales. Ses premiers sages furent des législateurs, comme Lycurgue, Dracon, Solon, Épiménide le dormeur, Bias, Pittacus, Périandre, des hommes d'État, des moralistes. De cette période datent les aphorismes attribués aux sept Sages, les apologues ésopiques, et les aperçus moraux conservés dans les fragments des poëtes gnomiques. La spéculation n'était pas née ; toute la philosophie était en action. Solon personnifie toute cette époque, où l'on vivait plus qu'on ne pensait, où l'on n'observait que pour utiliser immédiatement les notions acquises, Solon le voyageur, l'archonte, le législateur, le gnomique par excellence.

Nous ne voyons de la Grèce que la floraison éclatante de deux ou trois siècles privilégiés, entre Thémistocle et Démosthène ; l'histoire est peu explicite sur les sept ou huit cents ans employés par les tribus et cités helléniques d'Europe à s'établir et à se constituer ; cependant elle en dit assez pour expliquer la lenteur du développpement industriel, esthétique et littéraire. Au milieu des luttes intestines, des petites guerres acharnées entre bourgades jalouses et ambitieuses, il n'y avait point de place pour le loisir, l'étude désintéressée et la méditation.

Plus faciles et plus brillants furent les débuts de l'Ionie et des îles asiatiques de la mer Égée. L'Ionie surtout, resserrée entre la mer et la lisière extrême de l'Asie Mineure, dut à ce double voisinage une civilisation précoce. Les colonies où elle se déchargeait en tout sens du trop-plein de sa population renvoyaient à ses métropoles, Milet, Éphèse, Lampsaque, Colophon, Clazomène, avec les richesses du bassin de la Méditerranée, une foule d'informations qui manquaient à la Grèce d'Europe. Le contact des Phéniciens, auxquels elle succédait partout, des royaumes aryosémites de Lydie, de Phrygie, l'instruisait aux arts et aux sciences de ces vieux peuples. Toutes les races, toutes les religions, tous les mythes, toutes les données positives se rencontraient sur ses rivages. C'est chez elle que pouvait commencer la philosophie.

Le père de l'école ionienne, source commune de toutes les autres, Thalès, d'origine phénicienne, un des sept sages, conseiller et législateur de Milet, naquit vers 640, au début de la seconde moitié du septième siècle. Il passe pour avoir visité l'Égypte, la Crète et une partie de l'Asie ; c'est là qu'il recueillit sans doute les notions d'astronomie qui lui permirent de prédire l'éclipse de 609 ou de 585. Comment il fut amené par ses études à chercher l'origine des choses dans leur substance même, comment il eut la hardiesse de concevoir les dieux comme de simples aspects d'une force motrice qu'il assimilait à la vie ou à l'âme universelle, c'est ce que nous pouvons difficilement pénétrer, car on ne sait rien de lui que par la tradition, on ne pense pas qu'il ait jamais écrit. Aristote, Diogène-Laërce, Cicéron, Stobée, Plutarque, ne nous ont transmis que des lambeaux de sa pensée.

Il est probable que le spectacle de la mer, le culte rendu au principe humide par les Assyro-Chaldéens, venant à l'appui d'observations superficielles, lui suggérèrent le point capital de sa doctrine : l'eau est pour lui l'élément, la substance de toutes les formes. L'air, la terre, le feu, ne sont que des dilatations ou condensations de l'eau. L'eau est l'origine de la vie, car la semence des animaux est humide ; car l'humidité est nécessaire à la nourriture et à la fécondité des plantes. L'eau est la source de la clarté, car la chaleur solaire se nourrit et se forme des vapeurs terrestres. Enfin, l'eau prend aisément toutes les formes, elle est le *protoplasma*, la matière elle-même.

Cette vue si superficielle, si incomplète, n'en a pas moins été un des grands efforts de l'esprit humain. L'antiquité proclamait Thalès fondateur de la physique, de la géométrie, de l'astronomie. Il fut plus encore : il a fondé non une science, ni trois, il a fondé la science, l'expérience objective. Avec lui, la philosophie est entrée dans sa voie, la vraie, dont tant de génies plus subtils l'ont détournée.

Nous ne voulons pas dire que le système physique de Thalès fût un tout parfaitement lié. D'après Diogène-Laërce, Thalès admettait l'*immortalité*. Dans quel sens et dans quelle mesure? C'est ce qu'on ne peut déterminer. Mais rien n'est plus vraisemblable. Comment aurait-il dépouillé sans témérité, sans péril même, une illusion consacrée depuis des milliers d'ans par les songes, par le symbolisme du feu, par les mystères?

Il enseignait aussi l'existence d'une force motrice ou âme répandue dans la matière sous forme de dieux et de *daïmones*. « Le monde, disait-il, est animé et plein de démons. » Mais de quelle nature était cette âme, qu'il attribuait à l'aimant et à l'ambre jaune? Il ne le savait pas lui-même, et la plupart de ses successeurs ne sont pas plus avancés. Comprenait-il l'union intime de la substance et de la force? Cela est probable; mais considérait-il la seconde comme un attribut, une propriété, une qualité de la première, ce qu'elle est? ou bien en faisait-il une essence métaphysique? Ces distinctions lui échappaient.

Le disciple direct (au moins probable) de Thalès, Anaximandre de Milet, génie plus profond, et le plus grand des Ioniens, s'est prononcé pour l'union essentielle du mouvement et de la substance. Il a tout ensemble élargi et précisé la doctrine de son maître, et, avec une merveilleuse intuition, tracé les linéaments et le cadre de la philosophie naturelle. C'est le véritable précurseur de Démocrite.

Il ne reconnaît point dans l'eau, pas plus que dans l'air, la terre ou le feu, le principe des choses. Pour lui, la substance fondamentale est indéterminée, il la désigne par le nom neutre ἄπειρον, ce qui est sans fin, sans formes, non le chaos comme l'interprète Aristote, mais un concours d'éléments divers, doués d'un mouvement essentiel et éternel. La nature de ces éléments, de cet ἄπειρον, est immuable et demeure présente en toutes leurs combinaisons. Par la séparation des contraires et l'agrégation des similaires, par les affinités, les juxtapositions et transformations innombrables et successives, les choses, les êtres, l'homme enfin sont parvenus lentement à l'état où nous les voyons. Mais, si complexe que soit leur organisme, ils ne renferment rien de plus que les éléments substantiels et mouvants de l'ἄπειρον.

Comme Thalès, Anaximandre a été un physicien, un astronome et un mathématicien. On lui doit, paraît-il, le cadran solaire et la construction de la sphère. Il enseignait que la lune ne brille point d'une lumière propre, que la terre est un globe posé au centre de l'univers, que le soleil est une sphère de feu égale en grosseur à la terre elle-même. C'étaient là pour son temps des hypothèses hardies.

Son élève Anaximène, aussi de Milet (557 av. J.-C.), ne paraît pas avoir compris le fameux ἄπειρον ; il en a rapporté les attributs et les propriétés à l'air : c'est l'air qui est l'universelle substance, c'est l'air qui est infini, éternel, doué d'un mouvement éternel et nécessaire. Thalès tirait tout de l'eau par dilatation et condensation ; ainsi de l'air dans le système d'Anaximène. Ainsi du feu, dans celui d'Héraclite (544) ; ainsi de l'eau et du feu, ou des quatre éléments, pour d'autres philosophes du sixième siècle. L'astronomie d'Anaximène est inférieure à celle d'Anaximandre. Il a mis en circulation une erreur bien connue et bien tenace, la solidité de la voûte céleste, tournant avec les astres autour de la terre, que l'air soutient. Après lui, ses élèves Diogène d'Apollonie et Anaxagore, ainsi que le successeur de celui-ci, Archélaüs, inclinèrent tantôt vers Anaximandre, tantôt vers Thalès. Nous reviendrons tout à l'heure sur les théories qui leur sont particulières, mais nous devions mentionner leurs noms, parce qu'ils appartiennent au groupe ionien proprement dit, à l'école de Thalès. Avant eux s'étaient produits d'autres systèmes, voisins ou contraires, dont leurs doctrines ont subi l'influence.

Thalès et Anaximandre avaient eu pour contemporains et pour rivaux Phérécyde et Xénophane.

Phérécyde, de Syros (une des Cyclades), est demeuré loin de la clarté et surtout de la liberté d'esprit qui éclate chez les deux Milésiens. Son système, emprunté en partie à des livres phéniciens, disent les commentateurs qui nous ont conservé de rares fragments de son obscur ouvrage *sur la nature des dieux*, son système s'écarte de celui de Thalès par son allure métaphysique et par un mélange de mythologie moitié symbolique, moitié positive. Le monde est, pour Phérécyde, la matière informe, liquide, travaillée dans le temps par une cause ordonnatrice, qu'il nomme aussi l'Air ou Zeus. La cause ordonnatrice, bienfaisante, source et modèle de toutes les perfections, produisit d'abord la terre, centre du monde, puis autour d'elle une multitude de dieux engendrés par l'Amour : entre autres Ophionée, le grand serpent, père et chef d'une armée d'Ophionites. La lutte engagée entre ces Titans et Kronos se termine par la défaite des premiers, qui sont précipités dans l'*Ogénos* (*Okéanos ?*); les vainqueurs restent maîtres du ciel. C'est la théogonie et même la cosmogonie d'Hésiode avec d'autres noms.

Cicéron nous dit que Phérécyde enseigna *le premier* l'immortalité des âmes. Mais Thalès aussi passe pour avoir cru à l'immortalité. Il doit s'agir ici d'un dogme plus spécial et particulier au philosophe de Syros. C'est la métempsycose qu'il faut entendre ; on peut l'induire de ce fait que Pythagore, issu de Tursènes ou Pélasges de Lemnos réfugiés à Samos, a été le disciple de Phérécyde; or, si les doctrines numérales de l'école italique demeurent fort obscures, on sait du moins que la métempsycose y était rattachée de façon ou d'autre.

Phérécyde, malgré son mysticisme, était accusé d'impiété. La maladie pédiculaire dont il mourut fut considérée comme un châtiment des dieux. On conte que Pythagore, et ce serait là l'un des traits les plus honorables de sa vie, accourut d'Italie pour assister aux derniers moments de son maître délaissé et lui rendre les suprêmes honneurs.

Thalès, Anaximandre, Anaximène, surtout le second, sont les fondateurs du matérialisme. Bien qu'on ne puisse séparer Phérécyde du groupe des physiciens d'Ionie, puisque sa cause ordonnatrice et bienfaisante n'est encore qu'un élément matériel, l'air, toutefois il est difficile de ne pas voir en lui le fondateur de ce dualisme, qui a pris le nom de *spiritualisme*, et où la substance tantôt éternelle, tantôt créée, mais réelle, est dominée par un principe spirituel, indépendant et supérieur. Remarquons et répétons que ce prétendu principe n'est autre que la force active de Thalès et le mouvement d'Anaximandre, attribut inhérent aux éléments substantiels, extériorisé par l'abstraction, personnifié et divinisé à l'image de l'intelligence humaine par l'anthropomorphisme métaphysique.

Le premier qui ait poussé cette abstraction vers ses conséquences dernières est Xénophane de Colophon (septième-sixième siècle), l'inventeur du nihilisme connu sous le nom d'*idéalisme*, qui hante aujourd'hui encore tant de cervelles anglaises, françaises et allemandes. D'après la tradition (Aristote, Théophraste, Apollodore, Sotion, etc.), Xénophane serait né à Colophon en Ionie (620), quelque vingt ans après Thalès; à l'âge de quatre-vingts ans, il aurait été s'établir à Élée, dans la Grande-Grèce (540), et y aurait été le maître de Parménide; puis il serait revenu mourir à Colophon dans l'indigence et le malheur, presque centenaire. C'est une figure originale et touchante que celle de ce vieillard robuste, composant encore à quatre-vingt-douze ans des poëmes qu'il n'écrivit pas, mais qu'il récitait pour gagner de quoi ensevelir ses enfants, tous morts avant lui. Les fragments et les résumés épars dans les œuvres des philosophes et des compilateurs attestent l'importance de sa doctrine, la vigueur de son esprit et la fécondité de son talent, mais ne permettent pas de suivre le développement de sa pensée. Contemporain de Thalès, d'Anaximandre, de Phérécyde, d'Anaximène, de Pythagore et même d'Héraclite, il a dû passer, dans une si longue existence, par des vicissitudes intellectuelles qu'on devine plus qu'on ne les connaît.

Sans doute il a commmencé par la physique ionienne, mais il n'en a tiré qu'une conception de l'univers vague et presque toujours fausse. Son tempérament ne le portait pas à l'observation. L'expérience a condamné toutes ses hypothèses cosmiques. S'il a émis l'opinion que la terre entière a été recouverte par les mers, c'est tout à fait par chance qu'il a rencontré juste. Il considérait la terre comme un cône tronqué et renversé dont la base se perd dans l'infini, dont le sommet, sous nos pieds, repose sur l'air ou sur l'éther. Les astres, y compris le soleil, dont la chaleur fait éclore la vie dans l'humidité du sol, sont pour lui des vapeurs terrestres, des nuages, qui s'éteignent et se rallument comme des charbons. L'univers lui apparaissait mobile et changeant, livré au hasard, théâtre d'apparences illusoires ; et les infortunes qui l'assaillaient sans l'accabler le confirmaient dans ce jugement dédaigneux.

S'il se retournait vers les enseignements de la religion, il trouvait dans les dieux moins de stabilité encore et moins de réalité que dans la nature. Sa critique du polythéisme est demeurée célèbre. C'est lui qui a dit le premier qu'« Homère et Hésiode ont attribué aux dieux tout ce qui passe aux yeux des hommes pour déshonneur et infamie : le vol, l'adultère et la trahison. Ce sont les hommes, dit-il encore, qui semblent avoir produit les dieux et qui leur prêtent leurs vêtements, leur voix et leur forme... Les Éthiopiens les représentent noirs et camus, les Thraces avec des yeux bleus et des cheveux roux... Si les bœufs ou les lions avaient des mains..., ils peindraient aussi des images et des dieux..., les chevaux avec un corps de cheval, les bœufs avec un corps de bœuf. »

C'est alors que, revenu de la physique et de la mythologie, il se serait écrié : « Nul homme n'a su, nul homme ne saura rien de certain sur les dieux et sur l'univers (περὶ πάντων); et celui qui en parle le mieux n'en sait rien non plus. C'est l'opinion qui règne sur toutes ces choses. » Pyrrhon en est resté là.

Mais, affamé de certitude, Xénophane rêva, conçut et démontra à sa manière, à l'aide d'arguments logiques et de cercles vicieux, chers encore à la métaphysique, « un dieu supérieur aux dieux et aux hommes, et qui ne ressemble aux mortels ni par le corps ni par l'intelligence »; unique, parce que, *si la nature divine existe*, elle doit être ce qu'il y a de meilleur et de plus puissant, l'absolu ; éternel, parce que tout ce qui naît meurt ; immuable, parce que l'éternité exclut tout changement ; actif, cependant, mais par la seule force de sa pensée ; *immatériel*, puisque la matière change incessamment ; donc indépendant et distinct du monde qu'il gouverne. Pour représenter l'unité et l'identité parfaites de Dieu, il lui donnait, par métaphore, la forme d'une sphère, sans doute de celle qui a sa circonférence nulle part. Il ne s'apercevait pas, lui si dédaigneux des inductions physiques, que sa théorie repose sur une hypothèse invérifiable (*si la nature divine existe*); lui si sévère pour l'anthropomorphisme, qu'il cédait à une illusion du même ordre, en prêtant à son dieu la pensée, l'intelligence, attribut de l'homme. Le monothéisme rationnel, dont on fait souvent honneur soit à Anaxagore, soit à Socrate ou à Platon, est l'œuvre de Xénophane, et, depuis Xénophane, il n'a pas changé.

La doctrine de Xénophane, on le voit, ne diffère que par sa netteté du dualisme de Phérécyde ; elle laisse à la matière, au monde, une existence inférieure. Son Dieu n'est encore que l'Être suprême. Parménide en va faire l'Être unique ; il va supprimer les choses : de sorte que la pensée, détachée de sa condition qui est la vie, et de son siège qui est le cerveau humain, emplira seule de son essence immatérielle, impondérable, l'infini de l'espace et de la durée. Conséquence plus que légitime, inévitable, du principe posé par Xénophane !

N'est-il pas établi que Dieu est immatériel, qu'il est la pensée, que la pensée est l'Être suprême ? Ne s'ensuit-il pas que le dieu-pensée, l'être par excellence, étant unique et éternel, sans borne sous peine de changement et de mort, donc immuable et infini, ne laisse aucune place à quoi que ce soit d'extérieur ou d'étranger à son essence ? Parménide le profond, et son disciple ingénieux,

Zénon d'Élée, l'adversaire de Démocrite, et leurs élèves Xéniade et Mélissos, en professant qu'en dehors de l'être il n'y a que le néant, dont on ne peut rien nier et rien affirmer; que l'être seul est vrai et certain; qu'il est un, car tout autre concept participerait de l'être et du néant, ce qui ne se peut; qu'il est tout ce qui est; qu'il est éternel et immobile; qu'il n'a ni passé, ni avenir, ni parties, ni limites, ni division, ni succession; enfin que tout ce qui commence et tout ce qui change n'a point d'existence réelle; ces inventeurs de l'Être en soi ont dit le dernier mot de la raison abstraite, isolée de toute expérience. C'est là ce qu'on nomme l'*Un*, l'idéalisme des Éléates; et aucun spiritualisme ne le rejettera sans pétition de principe. On peut dire que le panthéisme logique des Éléates est la réduction à l'absurde de l'idée de Dieu.

Cette métaphysique nihiliste avait pour contre-partie une physique, peu avancée sans doute, mais tout ionienne, un matérialisme sans réserves. Nulle inconséquence, au fond. La croyance à la réalité des apparences sensibles est laissée au vulgaire; pourquoi le sage, obligé de vivre dans ces régions inférieures, ne s'en rapporterait-il pas aux sens, qui l'y guident? La matérialité d'un monde illusoire ne fait que rehausser la haute réalité idéale de l'être rationnel. On peut donc admettre sans danger que, dans l'homme, la pensée naît de l'organisme; que les hommes sont nés de la terre échauffée par la chaleur solaire; que la terre est ronde et placée par son propre poids au centre du monde; que le soleil, la lune et les astres sont du feu condensé, émané d'une ceinture de flammes, la voie lactée. On supposera, si l'on veut, que ce monde, ciel, terre, mers, régions infernales, où règne l'impassible fatalité, est issu d'une combinaison entre deux éléments distincts mais non séparés, la lumière dispensatrice de la chaleur et de la beauté, la nuit ou matière épaisse et pesante, mère du froid et de l'informe. Qu'importe? Tout cela doit périr un jour; bien plus, *cela n'est pas*.

Notez que l'unité de l'être en soi, non moins que l'origine matérielle de la pensée humaine, supprime radicalement l'immortalité et la vie future. Si, d'une part, l'âme humaine ne peut survivre à l'organisme qui la produit, d'autre part l'absolu, n'admettant ni parties ni limites, ne peut accorder aucune existence distincte à la personne humaine. C'est pourquoi l'Être unique, l'Être en soi équivaut au néant.

L'école d'Ionie, l'école d'Élée, partant l'une de l'expérience, l'autre de la raison abstraite, aboutissent, dans Anaximandre et dans Parménide, à des conceptions contraires, toutes deux parfaitement nettes et définies. Entre les deux, l'école de Crotone ou italique ajoute aux doctrines confuses de Phérécyde un symbolisme ou peut-être un réalisme numéral qui semble le rêve d'un mathématicien en délire.

Le nombre, la quantité, est un rapport que la sensation établit rapidement entre les objets qu'elle distingue successivement dans le temps et l'espace. C'est le plus simple et le plus abstrait des caractères de la réalité sensible. Nous verrons, dans la seconde partie de cet ouvrage, que la notion du nombre n'est étrangère à aucun des animaux, puisqu'ils reconnaissent des objets différents et distinguent leurs impressions, mais que l'homme seul, en marquant d'un mot chacune de ces abstractions sommaires, a pu établir entre elles, comme entre des êtres réels, des rapports nouveaux, des enchaînements, d'addition, soustraction, multiplication, division, proportion, nécessairement applicables à la réalité dont elles procèdent. Le nombre est en effet un des éléments de la réalité sensible, au même titre que l'étendue, la forme, le son, la couleur, le poids, etc., et avant tous les autres, car il les mesure. Un seul lui échappe, c'est l'ultime substance de l'atome chimique. Si, en effet, il arrivait à réduire à un seul corps diversement additionné, multiplié, etc., la matière du monde, par exemple à l'atome d'hydrogène, il ne réduirait pas l'hydrogène, à moins de l'anéantir. Si loin donc que le nombre poursuive la substance, il ne l'atteint pas, et ne l'atteindra jamais, en dépit de Pythagore ou de Parménide. Il n'est, dans les sciences objectives, qu'un moyen de constater des faits existants, et surtout de préciser les conditions où ils se produisent.

Les spéculations sur le nombre, sur les signes qui le représentent, aboutissent à des lois d'après lesquelles on peut mesurer des espaces, des distances qui échappent aux prises directes des sens, et annoncer à coup sûr l'apparition nécessaire ou probable de phénomènes futurs. Ainsi, par le calcul, l'astronomie est parvenue à évaluer la masse et le volume du soleil ou de la terre, les distances, les directions et la vitesse des astres, et les incidents périodiques de leur cours ; ainsi la physique a reconnu le nombre des ondulations qui déterminent la lumière, la chaleur, l'électricité, le son ; ainsi la chimie a établi les proportions dans lesquelles se combinent les atomes des divers éléments simples pour constituer les corps et les organismes ; la physiologie, quelque jour, nous dira de combien de mouvements cellulaires se compose une pensée ; n'a-t-elle pas tout récemment calculé la vitesse des sensations et le temps qui les sépare de la volonté ?

La philosophie, comme on le voit, doit beaucoup attendre de la science du nombre ; elle en acceptera les résultats ; mais elle évitera soigneusement d'accorder à des nombres, c'est-à-dire à des rapports, une existence métaphysique, une sorte de personnalité volontaire et dirigeante ; elle n'y verra que l'expression de certains faits qui se trouvent être ainsi et non autrement, ni bons ni mauvais en eux-mêmes, indifférents et impassibles.

Ces considérations permettent d'apprécier le système attribué à Pythagore et qui, partant d'une idée juste, d'une intuition remarquable, a versé dans l'illusion métaphysique la plus puérile et la moins sérieuse. Si la table de Pythagore est l'œuvre de ce philosophe, c'est un grand service qu'il a rendu au monde, et le seul, à part quelques hypothèses ingénieuses. Tout le reste n'est que chimère et logomachie. On doit aux Italiques « quelques observations précises, quelques premiers essais de physique mathématique, essais heureux en ce qui concerne la théorie des sons musicaux ». Quant à leurs hypothèses astronomiques, uniquement déterminées par de vaines formules numérales, elles manquaient de valeur autant que de données positives ; mais elles étaient en avance sur les doctrines qui ont prévalu soit jusqu'à Aristarque de Samos, soit jusqu'à Copernic. A la sphéricité de la terre, supposée déjà par Anaximandre, ils ajoutèrent une révolution, non pas annuelle, seulement diurne « autour d'un feu situé au centre du monde, et toujours invisible pour notre hémisphère tourné vers le dehors de l'orbite ». Autour de la terre, selon les uns, selon d'autres autour du feu central, et enveloppant à la fois l'orbite de la terre et celle de ce feu, le soleil, la lune et les cinq planètes évoluent d'occident en orient : c'est proprement tout le système de Tycho-Brahé. Mais, on ne saurait trop le répéter, en émettant ces vues presque voisines de la réalité, comme en imaginant, pour les besoins de leurs périodes arbitraires, l'existence d'une planète invisible, les Pythagoriciens ne se référaient, et comment l'auraient-ils pu? à aucune expérience, même incomplète. L'instrument mathématique était ébauché, mais aucune des sciences qui l'emploient, astronomie, physique, chimie, n'était même soupçonnée.

« Les Pythagoriciens, écrit M. Th.-H. Martin, cherchèrent dans les corps un principe immanent, mais supérieur, un et multiple à la fois, les nombres, identiques d'une part avec les lois de l'univers, d'autre part avec les forces intelligentes. Ils pensèrent donc que la science pouvait se construire *à priori*, par l'interprétation des propriétés des nombres. » L'unité fut Dieu ; divers chiffres sacramentels, vrais fétiches verbaux, exprimèrent le monde, l'homme, le parfait et l'imparfait, le désordre et l'harmonie, le vice et la vertu. A ces amusettes dépourvues de sens (et qui n'en séduisirent pas moins Platon), ils mêlèrent les singularités du silence, du légumisme, non sans bizarres prohibitions, et les aberrations d'une mystagogie qui se donna pleine carrière à l'époque chrétienne.

L'école n'en a pas moins compté nombre d'hommes remarquables et, en tête, le fondateur, Pythagore de Samos.

Pythagore n'a rien écrit ; les *Vers dorés* ne sont pas de lui. Mais le témoignage d'Aristote et les fragments de Philolaos, le maître pythagoricien de Platon, jettent quelque lumière, bien vague toutefois, sur sa vie, son caractère et sa doctrine. Tyrrhénien, Tyrien ou Syrien (peut-être de Syros? où il reçut les leçons de Phérécyde), il vécut, au moins quelque temps, à Samos, et quitta cette île pour fuir la tyrannie de Polycrate. Né vers 587 avant notre ère, il passe pour avoir voyagé en Orient, notamment en Égypte, pour être descendu avec Épiménide dans l'antre de Jupiter Crétois, pour s'être entretenu à Delphes avec une certaine prêtresse Thémistoclie. Il se serait fixé à Crotone ou à Sybaris, dans la Grande-Grèce, sous le règne de Tarquin le Superbe, entre 530 et 520, dans la seconde moitié du sixième siècle. Législateur de toutes les colonies grecques établies dans l'Italie méridionale, il les aurait gouvernées à l'aide de ses trois cents disciples, qui formaient autour de lui une communauté aristocratique et religieuse. C'était plus un *mystère* qu'une école. Initiations, langage symbolique et voilé, cinq ans de silence préparatoire, silence perpétuel sur les dogmes secrets, tout les séparait du vulgaire. L'autorité du maître était absolue : αὐτὸς ἔφα, disaient-ils, *il a parlé !* Ces allures d'hiérophante, plus que leur science et leur vertu, maintenaient leur autorité politique. Mais une révolution populaire, où Pythagore lui-même trouva, dit-on, la mort, les chassa de Crotone et brisa leur puissance. Leur autorité morale, du moins, subsista en Italie avec Timée de Locres, Ocellos de Lucanie, dont on possède de prétendus ouvrages ; avec Archytas, six ou sept fois stratége de Tarente ; en Grèce, avec Philolaos, Simmias, Cébès, avec Lysis, maître d'Épaminondas.

Mais quelle était, et de quelle nature, la doctrine de Pythagore? Sans doute religieuse, politique, sociale, morale, plus encore que métaphysique. M. Paul Janet a essayé de la reconstituer, telle qu'elle pouvait être un peu avant Socrate. Il a pénétré au-delà des logogriphes numéraux et en a tiré un système analogue au dynamisme : le monde est une harmonie de *virtualités*, de nombres sans substance et cependant créateurs des formes : l'homme est un nombre, le cheval en est un autre ; Dieu est l'unité, ou encore la décade, réunion des dix nombres essentiels. Le bien résulte de l'harmonie, le mal et l'erreur du désordre. Il n'y a de bien et de beau que ce qui est *fini* ou défini. L'indéfini ou *l'infini*, le multiple, ce qui est sans nombre, sans harmonie ordonnée, est l'injuste, le grossier, le néant. L'âme est une harmonie ;

ce qui ne se concilie guère avec la doctrine de la métempsycose et de l'immortalité personnelle. « L'homme, point de rencontre de la raison et du déraisonnable, de la lumière et des ténèbres, est appelé par la nature et par Dieu à lutter sans cesse, et cela sans quitter jamais son poste, contre le principe du mal. » Toutes ces affirmations gratuites ou banales peuvent être réclamées par tous les déismes et toutes les métaphysiques ; et les fameuses formules : « le principe des nombres est le nombre ou l'essence du nombre ; les nombres sont les principes de toutes choses ; » ne constituent qu'une creuse et stérile phraséologie.

Et cependant, à quel point l'école eût pu avancer la science positive, si elle eût cherché le nombre dans les choses au lieu de les soumettre à des combinaisons numériques préconçues, c'est ce que suffirait à prouver le passage suivant de Philolaos : « Le nombre réside dans tout ce qui est connu. Sans lui, il est impossible de rien penser, de rien connaître. Sans lui, on ne peut s'éclaircir ni les choses en elles-mêmes, ni les rapports des choses... Dans toutes les actions, toutes les paroles de l'homme, dans tous les arts, et surtout dans la musique..., se manifeste la toute-puissance du nombre. » C'est précisément la théorie que nous avons plus haut esquissée.

Tandis que les Éléates s'enfonçaient dans l'idéalisme absolu, en dehors de la réalité, et les Pythagoriciens dans le mysticisme pseudo-mathématique, Héraclite d'Éphèse, Empédocle d'Agrigente, Anaxagore de Clazomène, et le grand Abdéritain Démocrite, le plus grand génie de la Grèce depuis Anaximandre et avant Aristote, continuaient de développer, chacun selon son caractère et les connaissances de son temps, la donnée ionienne, la philosophie de la nature. C'est la lignée des précurseurs de la science.

Héraclite florissait à la fin du sixième siècle. Il doit être né vers 544. Premier magistrat d'Éphèse, il céda le pouvoir à son frère, pour se livrer tout entier à la philosophie. L'obscurité du livre (περὶ φύσεως) où il avait résumé ses idées sur l'univers, la politique et la théologie (ou théodicée ?), et sa conclusion mélancolique : « Tout s'écoule dans une perpétuelle mobilité, tout passe comme un fleuve, » lui valurent le surnom de σκοτεινός, le ténébreux. Lucrèce le qualifie de

> Esprit qui doit son lustre à son obscurité.

La physique d'Héraclite n'est pas en progrès sur celle de Thalès ou d'Anaximandre, loin de là. Il attribue au soleil et aux astres leur grandeur apparente et les considère comme des évaporations qui se concentrent et s'enflamment dans certaines concavités de la voûte céleste. Les éclipses se produisent quand ces récipients tournent vers la terre leur convexité obscure. Jour et nuit, été, hiver, vents et pluies ont leur cause dans l'intensité variée des évaporations ignées. Toutefois les phases de la lune lui suggèrent une explication judicieuse ; il les attribue à un mouvement de rotation.

Pour lui, la substance première est le feu. Le feu est l'élément générateur et vivifiant, il est aussi l'élément destructeur. De transformation en transformation, l'univers doit se résoudre en feu. Le feu est l'unité, et l'unité est la perfection ; ici Héraclite confine à Pythagore et à Parménide. Il aspire à l'unité, donc à la destruction du monde. De là sa tristesse légendaire. Deux actions opposées luttent dans l'espace : la guerre ou la discorde, qui produit la génération et la variété passagères ; la paix ou la concorde, fin qui ramène le monde à l'unité par l'embrasement suprême.

Dans ce flux universel, où réside la certitude ? La sensation est trompeuse, pour un physicien si superficiel. La *raison* seule est le critère de la vérité ; et non pas la raison réelle dont l'origine est le témoignage des sens, mais cette raison idéale répandue dans l'univers. C'est ce qu'atteste formellement un passage cité par Sextus Empiricus : « Il faut se confier à la *raison générale*. Toutes les fois que nous nous mettons en communion avec elle, nous sommes dans le vrai ; nous sommes dans le faux, au contraire, toutes les fois que nous nous abandonnons à notre sens individuel. » De tels lieux communs, selon l'explication qu'on en donne, peuvent entrer dans toutes les doctrines ; mais, en se rappelant que Cratyle, disciple d'Héraclite, est compté parmi les maîtres de Platon, l'on y verra l'indice d'une tendance spiritualiste et métaphysique. Cet absolu qu'Héraclite ne trouvait nulle part dans la nature, il inclinait à le chercher dans la raison.

A Héraclite on peut rattacher Hippocrate de Cos, le grand médecin du cinquième siècle. Pour Hippocrate, en effet, le feu était la substance même aussi bien que le constructeur, l'organisateur des corps. La vie ou l'âme, partout répandue, était un feu subtil. Les vitalistes et les animistes modernes se sont également réclamés du père de la médecine. Ils ne lui tiennent que de bien loin. Car le principe vital ou animique (il ne distinguait pas) d'Hippocrate, élève des Ioniens, n'était qu'un élément igné, matériel.

Empédocle d'Agrigente, né vers 500, fut pour la Sicile ce que Pythagore avait été un demi-siècle avant pour la Grande-Grèce, un législateur, un homme d'État, un savant, un hiérophante aussi ; lui-même se proclame dieu, chasse la peste, ressuscite les morts, avec tout autant d'adresse que les prophètes anciens et modernes ; il est si convaincu de sa puissance et de son génie, qu'on fait difficilement en lui la part du charlatanisme et celle de l'infatuation. Sa légende atteste, avec un orgueil surhumain, un charme étrange, quelque chose de la fascination qu'ont exercée sur leurs fidèles les Jésus, les Mahomet et les Enfantin. Sa descente dans l'Etna, sa mort grandiose révélée par cette sandale d'airain qu'il laissa sur le bord du cratère, ne sont que des fables, mais très-séantes à la mémoire de ce personnage extraordinaire. Sa vie d'ailleurs fut glorieuse. Après avoir délivré Agrigente de la tyrannie, il y exerça longtemps, comme Périclès dans Athènes, cette magistrature démocratique fondée sur l'amour des citoyens ; puis, sentant décliner son prestige, il vint enseigner la philosophie à Athènes, tenta vainement de rentrer dans sa patrie et mourut, pense-t-on, dans le Péloponnèse. Sa science, ses vertus, son génie poétique ne peuvent être révoqués en doute. Platon, Aristote, tous les philosophes, sont pleins d'Empédocle. Lucrèce, à quatre siècles de distance, l'admire comme avaient fait ses contemporains :

> On célèbre à bon droit l'île triangulaire ;
> Elle a ses gouffres noirs, son volcan qui l'éclaire ;
> Elle est riche en moissons, en peuples, en trésors ;
> Mais rien de plus fameux n'a paru sur ses bords,
> De plus grand, de plus cher que cet homme, dont l'âme
> Éclate en chants divins et fièrement proclame
> Ses intuitions sublimes, homme tel
> Qu'à peine on peut le croire issu de sang mortel.

L'enthousiasme de Lucrèce prouve assez qu'Empédocle, au même titre qu'Héraclite, Démocrite et même Anaxagore, était considéré comme un précurseur d'Épicure ; et les fragments du poëme d'Empédocle sur la Nature (le matérialiste romain s'en est plus d'une fois inspiré) confirment ce jugement. Sa physique est tout ionienne et se compose, en somme, des affirmations et des hypothèses que nous avons rencontrées chez Thalès, chez Anaximandre, chez Héraclite. Elle admet, il est vrai, quatre éléments au lieu d'un, et les combine deux à deux, l'air avec le feu, l'eau avec la terre, pour en tirer tout ce qui existe. Mais c'est là une différence fort secondaire. L'âme est pour lui un agrégat d'atomes subtils, répandus dans le sang et condensés autour du cœur. Il ne connaît rien d'immatériel. Les dieux et les génies, acceptés par son esprit symbolique, n'échappent pas, bien qu'immortels, à la commune loi. Il appellera bien l'air Héra, la terre Pluton, l'eau Nestis, l'Amitié Cypris, la discorde Arès ; il donnera le nom de Zeus au feu, et celui de Sphaeros à un *migma* primordial, qui est à la fois l'unité de Parménide et de Pythagore et l'infini d'Anaximandre ; il proclamera, dans l'ordonnance des choses, la nécessité d'une raison, d'un verbe, ce *Logos* dont on devait tant abuser. Mais il est visible qu'il n'accorde à ces dieux, à ces virtualités, aucune personnalité réelle. Le triomphe alternant de l'Amitié et de la Discorde (peut-être suggérées par Héraclite) et les combinaisons qui résultent de leurs luttes ne représentent que le jeu fatal des éléments substantiels. Ses bons et ses mauvais génies, qui se disputent la direction de l'homme, figurent les influences du milieu physique ou moral et des tempéraments individuels. Si Empédocle a jamais reconnu un dieu, ce dieu est la Nécessité, le Destin ; et comme ce mot n'exprime rien de plus que la succession telle quelle des formes et des événements, il faut conclure que le mystique et divin Empédocle est foncièrement athée. C'est, toutefois, ce qu'il n'eût pas avoué ; il a dû croire à moitié, par moments, par habitude, aux entités colorées par son imagination. Ses allures d'inspiré, d'illuminé, le tour métaphorique de sa pensée, l'atmosphère superstitieuse où il s'est enveloppé, le voisinage des Pythagoriciens et les leçons de Parménide, ne doivent pas être omis dans l'appréciation de sa doctrine complexe et fort artistement liée.

Il a pu, sans déroger à sa physique, enseigner la chute des mauvais génies, la déchéance de la race humaine et le péché originel, futurs dogmes chrétiens, et la métempsycose, croyance générale de l'antiquité. En effet, tout procède de *Sphaïros*, de l'infini, de l'unité (et y retourne) ; comment tout est-il livré à la division, aux fatales vicissitudes du bien et du mal ? C'est que l'Amitié et la Discorde, la fatalité bonne et la fatalité mauvaise se disputent l'empire des choses. Plus d'une fois le mauvais principe a pu prévaloir. De là les chutes de dieux ou d'hommes. D'autre part, la vie, sous diverses formes soumises aux concours divers des mêmes quatre éléments fondamentaux, la vie est partout, ainsi que l'âme, et de même nature, aussi bien dans les végétaux que dans les animaux et dans l'homme : lui-même, à l'exemple de Pythagore, se souvient d'avoir été tour à tour mâle et femelle, arbre, oiseau, poisson, avant d'habiter le corps d'un poëte et d'un dieu. C'est pourquoi Empédocle défend de verser le sang (dans le corps d'un animal peut habiter un parent, un ami) (1), prohibe la nourriture animale et, faute de pouvoir exclure de l'alimentation tous

(1) « Le père saisit son fils qui n'avait fait que changer de forme, et l'immole en prononçant des prières. L'insensé ! son fils l'implore, il ne l'écoute pas, et va ensuite dans sa maison préparer un repas sacrilége. »

les végétaux, interdit du moins la fève et le laurier. Les formes inférieures de la vie et de l'âme sont dues à ces déchéances ; les supérieures à des retours au bon principe. On voit que la transmigration est inévitable et qu'elle est, dans l'ordre moral, le châtiment et la récompense. Au reste, ni l'un ni l'autre ne sont éternels, et, au bout de milliers d'ans, une victoire momentanée de l'Amitié met fin aux épreuves. Il dépend des hommes de hâter ce triomphe et cette délivrance en suivant les préceptes de la vertu. C'est ainsi que de ces cercles vicieux rattachés à une physique rudimentaire se dégage une morale pure.

La vertu, étant, comme le vice, un principe naturel, mais supérieur au vice par ses résultats en cette vie et dans les autres, devient « une loi universelle, qui embrasse la vaste étendue de l'air et l'immensité du ciel». La chasteté, la tempérance, les hautes pensées, la contemplation du *Sphairos* primordial, pourront seules assurer à l'homme la vraie félicité, et ramener l'âge d'or sur la terre. Ce rêve d'harmonie et de paix remplit le sage d'une sainte ivresse, et le poëte l'embellit des plus riches couleurs.

Anaxagore, bien qu'on le regarde, et à bon droit, comme le fondateur en titre du dualisme spiritualiste, est un esprit beaucoup plus net qu'Héraclite et Empédocle et absolument dénué de mysticisme. Ses *homœoméries* que Lucrèce a combattues, ses hypothèses astronomiques, assez souvent ingénieuses, et même l'office qu'il attribue à une cause active et intelligente dans la formation du monde, tout le rattache à l'école d'Ionie. Ionien lui-même, né à Clazomène vers les dernières années du sixième siècle, il quitta, pour entendre Anaximène, sa patrie et ses biens ; puis, à l'âge de vingt-cinq ans, il s'établit pour trente années à Athènes, où il fut l'ami, le maître et le conseiller de Périclès. Une juste accusation d'athéisme et d'impiété, dont Périclès eut peine à le sauver, le força de rentrer dans sa ville natale ; il y vécut vingt ans encore et y mourut à soixante-douze ans, entouré d'honneurs et de respect. Son système, sorte de panthéisme sans dieu, admet l'éternité de la matière, aussi bien que l'éternité parallèle d'un principe ordonnateur, l'Idée de Hégel, la Volonté de Schopenhauer, l'Inconscient de Hartmann, le νοῦς, impersonnel, partout présent, et omniscient, qu'il substitue à la Nécessité, sans voir qu'il n'a fait que donner un nom nouveau et une raison tout anthropomorphique au mouvement universel, à la vie végétale et animale. Sa psychologie demeure fondée sur la physique. Les âmes individuelles ne sont pour lui que des manifestations du νοῦς général, soumises aux conditions des organismes qui les différencient. (L'homme n'est le plus raisonnable des animaux que parce qu'il a des mains.) Il reconnaît l'éternité de l'âme, mais non l'immortalité des âmes. Enfin il ne recourt, Aristote en fait l'observation, à son principe intelligent qu'à la dernière extrémité, lorsqu'il n'a pu expliquer le mécanisme des choses par la seule combinaison des *homœoméries*. Expliquer? Là est le vice. On n'explique que par la logique, et la logique est indifférente à l'univers.

Anaxagore avait beaucoup écrit. Nous ne possédons de ses ouvrages que des lambeaux conservés et commentés par ses successeurs. Ils suffisent à nous donner une idée de sa physique, beaucoup plus intéressante à nos yeux que sa métaphysique.

La substance du monde est formée, non d'un élément ou de quatre, mais bien d'innombrables principes distincts mêlés en proportions diverses. Aucun d'eux n'existe à l'état pur ; aussi peut-on dire que « tout est dans tout ». C'est seulement quand un nombre prépondérant de principes semblables se trouve réuni dans un corps que nous en reconnaissons la présence. Ces homœoméries (ὅμοιος, semblable) constituent le caractère propre, l'essence de chaque chose et de chaque être, la forme, la couleur, le type, l'espèce, les fonctions. Il n'y a pas de *vide* (c'était aussi la doctrine d'Empédocle), il y a seulement des densités différentes ; dans une outre vide on rencontre encore la résistance de l'air. En combattant la théorie d'Anaxagore, Lucrèce l'a très-clairement exposée :

> Tout, dit-il, est dans tout ; mais notre œil ne surprend
> Que ce qui surabonde et brille au premier rang,
> Ce qui s'impose à lui par la force et le nombre.
> Les autres éléments se dérobent dans l'ombre...

Il enseigne qu'un os est fait de petits os ;
Que des gouttes de sang du sang forment les flots ;
Qu'un viscère est construit de minimes viscères ;
Que la terre consiste en plus petites terres ;
Que l'or est un faisceau de molécules d'or,...
Et l'eau d'atomes d'eau ; qu'enfin, dans toute chose,
L'ensemble est identique à ce qui le compose.

Le mouvement a débrouillé le chaos primordial avec une extrême lenteur. Les quatre éléments (où se rencontrent les principes les plus divers) se sont dégagés et superposés. La terre s'est séparée de l'eau, et de la terre les pierres, condensées par le froid. L'éther animé d'un mouvement circulaire arrache de la surface de la terre, demeurée immobile au centre du monde, des éléments pierreux qui s'enflamment dans les régions ignées. Ce sont les astres. Le soleil est une pierre enflammée, plus grande que le Péloponnèse. La lune est une véritable terre, qui reçoit du soleil sa lumière. La voie lactée est une traînée d'étoiles, visibles pour nous quand la terre intercepte l'éclat du soleil.

La vie ne s'est manifestée sur la terre qu'après la formation des astres ; elle naît en effet de la chaleur solaire combinée avec l'humidité terrestre. Les plantes sont apparues d'abord, les animaux ensuite, puisqu'ils s'en nourrissent.

L'influence de ce système, qui renferme des commencements d'observation et des hypothèses nullement méprisables, se fait sentir dans la doctrine mixte de Diogène d'Apollonie, condisciple d'Anaxagore. Non point qu'il accepte les *homœoméries*. Plus fidèle à l'enseignement d'Anaximène, il professe que l'air est l'origine de toutes choses, et établit, par de très-mauvaises raisons, que la matière ne peut admettre plus d'un principe. Mais frappé de l'ordre qui règne dans le monde, il attribue l'intelligence à l'air : c'est pour lui un moyen, fort imparfait, d'éviter le dualisme, qui est en effet très-inutile et n'explique rien de plus que l'unité primordiale. L'air, c'est-à-dire l'étendue, c'est-à-dire la matière et la fatalité, contient donc l'intelligence, la pensée et la liberté. Mais Diogène n'était pas de force, nous ne disons pas à démontrer, l'état des sciences ne le permettait pas, mais à soutenir cette théorie ingénieuse et relativement vraie. Il y fallait le génie d'un Démocrite.

Tandis que Phérécyde, Pythagore, Héraclite, Anaxagore préparent, à divers titres, l'avénement de la philosophie moyenne, dualiste, qui, admettant la réalité distincte de la matière et de l'esprit, adjuge au second le gouvernement de la première; en face de Parménide qui, au nom d'idéalisme absolu, refuse la réalité substantielle au monde physique; Leucippe et Démocrite, à la suite d'Anaximandre, établissent le matérialisme absolu sur l'autorité unique de l'expérience et des inductions qu'elle suggère.

Les premiers prétendent bien se fonder sur l'expérience; ils en acceptent les résultats; mais ils la subordonnent, d'abord à la raison humaine (qui cependant en procède), ensuite à une raison générale et supérieure, qui est une extension illégitime, un mirage anthropomorphique de la raison humaine. Ce sont les rationalistes.

Les seconds repoussent l'expérience et la nient, après en avoir tiré par de fausses inductions le principe de leur doctrine. Ils ne reconnaissent d'existence qu'à une entité douée de la raison générale, comme l'homme est pourvu de la raison humaine; et, renversant l'ordre des choses, ils voient dans la raison humaine le reflet de la raison générale, paralogisme que les rationalistes leur ont emprunté. Ce sont les idéalistes, les métaphysiciens par excellence. Leur système n'a que deux conclusions logiques, le mysticisme et le scepticisme.

Le matérialisme seul évite ces illusions. Il n'impose pas au tout la loi d'une de ses parties, et laisse à chaque être, à chaque groupe, sa place dans la juxtaposition des choses. Ses erreurs, toujours réparables, sont celles de la science de son temps; il peut tirer d'une observation imparfaite des inductions et des hypothèses fausses; mais il les soumet d'avance au contrôle répété de l'expérience, qui le préserve de la métaphysique. En constatant que tous les corps, avec leurs propriétés, résultent de combinaisons substantielles, il ne nie en aucune façon les propriétés de ces corps. Il ne supprime rien de ce qu'on a nommé l'intelligence humaine ; il en étudie au contraire avec un soin pénétrant le développement et les applications diverses ; mais il la cherche où elle est, dans le milieu et les conditions qui la produisent, dans l'organisme vivant.

Longtemps avant que l'étude du cerveau et du système nerveux eût révélé l'origine, le siège, le mécanisme de l'intelligence, l'observation la plus sommaire a suffi au matérialisme pour lui montrer dans l'esprit et dans la raison des attributs de l'état vivant, des acquisitions de la sensation, des qualités qui apparaissent, croissent et disparaissent avec la forme individuelle. Il se sert de l'intelligence et de la raison, puisque ce sont à la fois les produits et les instruments de la connaissance ; mais il en fait un usage légitime, contrôlé et limité par l'expérience objective. De ce qu'elles lui révèlent l'univers, il n'en conclut pas qu'elles sont la raison d'être et la cause de l'univers : erreur comparable à celles des Brahmanes qui divinisent la parole et la prière, les plaçant au-dessus des dieux parce qu'elles les évoquent.

On ne sait rien de certain sur la vie de Leucippe et de Démocrite. Le premier, créateur reconnu de l'*atomisme*, est-il né à Milet, à Élée, à Abdère ? Il est certain que sa philosophie procède des Milésiens, qu'elle suppose une connaissance parfaite des Éléates, enfin que Démocrite reçut le jour à Abdère, colonie grecque de la Thrace ; et l'élève et le maître, confondus dans le souvenir des hommes, ont dû vivre longtemps ensemble. Ils florissaient tous deux, comme Empédocle et Anaxagore, dans la première moitié du cinquième siècle.

Démocrite serait né vers 494. Il aurait, pendant sa jeunesse, consumé en voyages une fortune considérable, visitant l'Inde, l'Éthiopie, la Chaldée, la Perse, l'Égypte, la Grande-Grèce, Athènes, partout initié aux doctrines secrètes des prêtres, partout auditeur attentif des philosophes. Ces traditions n'ont de probabilité que pour l'Égypte, Athènes et l'Italie méridionale. De retour à Abdère, la lecture publique de son grand ouvrage, le μέγας διάκοσμος, lui aurait rendu et au delà sa richesse perdue. Sa patrie lui aurait confié la suprême magistrature. Hippocrate serait venu le guérir d'une démence passagère ; et sa vie se serait prolongée au-delà de cent ans. Sur son génie, sur son style qui rivalisait avec celui de Platon, nous avons le témoignage de toute l'antiquité. Il avait embrassé le domaine entier de la connaissance, zoologie, botanique, physique, mathématiques, astronomie, médecine, logique, morale, poésie, grammaire, musique et jusqu'à la stratégie. Des soixante-douze ouvrages que lui attribue Diogène Laërce, il ne nous reste que des fragments disséminés dans une multitude d'auteurs. Heureux Aristote ! Qui sait combien Démocrite retrouvé diminuerait sa gloire ? Même dans l'état de mutilation où elle nous est parvenue, la doctrine de Leucippe et de Démocrite reste debout, et la science moderne, qui en détruit la lettre, en a gardé l'esprit. Pour s'en convaincre on n'a qu'à relire le *De natura* de Lucrèce, où elle a passé tout entière, telle qu'Épicure l'a transmise au poëte romain, avec des modifications tout à fait secondaires.

Les atomes en mouvement et l'espace où ils se meuvent, telles sont les deux conditions d'existence, uniques et nécessaires, des corps et de leurs propriétés. De la matière et du vide : c'est tout le système. Substituez au vide l'impondérable éther, au vide absolu le vide relatif, et vous aurez la formule même de la physique et de la chimie modernes.

Les atomes, éternels, indivisibles, innombrables, doués de figures diverses, de mouvements oscillatoires (l'ondulation), circulaires, ou rectilignes par transmission, forment la trame universelle. Leurs rencontres, leurs combinaisons en proportions différentes constituent les molécules mixtes des quatre éléments et par suite tous les agrégats solides, liquides, vivants, toutes les formes, toutes les couleurs, odeurs et saveurs, tous les organismes et toutes les fonctions, l'intelligence comme l'instinct. Toutes les formes échangent leurs atomes ; l'une nourrit l'autre ; toutes se dissolvent en leurs éléments. Rien ne naît de rien. Rien ne retourne à rien.

L'âme est un corps ; elle est faite des atomes ignés les plus subtils, les plus mobiles, les plus polis, et réside dans la poitrine. Les organes des sens lui transmettent les images des objets extérieurs ; ces images, matérielles, sont des effluves des choses, des décalques fidèles, appropriés à chacun des sens. La sensation se réduit ainsi au toucher immédiat ou transmis. Les idées sont les combinaisons des images ou *idoles* (εἴδωλα). La pensée, résultat des impressions produites sur l'âme, commence, croît et finit avec l'organisme vivant qui l'élabore. La personne humaine, qui est la succession dans une même âme de toutes les perceptions et des idées qui en découlent, s'évanouit, par la mort, par la dissolution de la forme, du corps, en ses atomes épars.

Ce que nous appelons la raison n'est que le trésor des connaissances accumulées par la sensation, et associées ou dissociées par leurs affinités et leurs chocs. La sensation répétée, contrôlée par la sensation, est, quoi qu'on en ait, l'unique *criterium* de la réalité, toujours relative à l'organisme qui la perçoit. Adjuger cet office à la raison, c'est ne rien dire ou l'accorder à la sensation, puisque la raison en procède.

Le plaisir et la peine, le bien et le mal, qui accompagnent la sensation, et qui ont pour cause la figure des atomes, sont l'origine des idées morales. De sensibles, ils deviennent intellectuels ; d'individuels, mutuels, par suite des contacts sociaux ; abstraits et réduits à l'état d'idées générales, ils donnent lieu à des règles de conduite pour atteindre l'un et éviter l'autre, pour procurer l'un et épargner l'autre à nos semblables, à condition de réciprocité. L'intérêt commun a rendu ces règles obligatoires ; mais elles ne s'appliquent qu'à l'homme, de même que le plaisir et la peine appartiennent seulement aux organismes vivants. La morale, la justice sont donc choses purement humaines, ce qui est loin d'en diminuer la nécessité et la valeur. Le bien absolu n'est qu'une abstraction tirée du bien présent et positif, par voie de comparaison. Il ne peut être atteint. Mais un idéal réalisable, auquel peut tendre le sage, c'est la sérénité, l'égalité d'âme devant les maux inévitables et devant les prospérités passagères.

Les atomes suffisant à tout, les dieux n'ont rien à faire dans le monde ; mais puisque l'âme en a l'idée, et que toute idée naît d'images et d'objets réels, il faut admettre que des agrégats d'atomes, immenses et revêtus de formes presque humaines, planent dans l'air. Ces fantômes sont les dieux. A la fois impuissants, inutiles et bienheureux, ils ne s'occupent ni du monde ni des hommes. On peut les admirer, envier leur félicité impassible, mais il est superflu et ridicule de leur adresser des prières qu'ils n'entendent pas et ne pourraient exaucer. Cette théologie est fort conséquente, une fois concédée la nécessité des fantômes divins; mais le recours à ces spectres fainéants n'était nullement nécessaire. Le jeu des idées acquises et transmises, les fables des poëtes, les statues et les temples, suffisaient à éclairer l'origine des dieux. Il est probable que Démocrite, non moins qu'Épicure et Lucrèce, en savait là-dessus autant que nous, mais leur prudente ironie éludait l'accusation, fort gênante, d'athéisme et d'impiété.

On a beaucoup disserté sur le *vide* de Leucippe (car c'est à lui qu'on en attribue l'invention); on s'est acharné contre l'indivisibilité des atomes, admise aujourd'hui par la chimie, comme l'éther par la physique ; on a fait mille plaisanteries sur les atomes ronds, carrés, crochus, sur les émanations, décalques matériels des contours et images de tous les phénomènes sensibles (bien qu'on ne se soit pas amusé des *Idées* de Platon); on a ri de cette âme située dans la poitrine, bien avant de savoir que l'âme, en tant que substance, n'existe pas, et encore plus depuis que la physiologie a découvert le mécanisme nerveux et cérébral des facultés intellectuelles. On a récusé, sans parvenir à s'y soustraire, l'autorité de la sensation. Rien n'était plus aisé. Les erreurs de fait crèvent les yeux, et les intuitions justes ont été longtemps dénuées de preuves suffisantes. Mais on n'a point ébranlé le principe de l'atomisme. Et à replacer dans son milieu scientifique la doctrine de Démocrite, il n'en est aucune qui l'égalât (de bien loin) en lucidité, en netteté, en valeur expérimentale.

On s'est élevé, à plus juste titre, contre ses conséquences morales, et l'on s'en est fait une arme, plus perfide encore que spécieuse, contre le matérialisme, qui n'en peut mais. Il faut s'en prendre à Démocrite et à Épicure. L'idéal est affaire de tempérament, de milieu social, au moins autant que de doctrine. Celui des matérialistes antiques procède, par contraste, des agitations et des misères de leur temps. Il est faux pour nous, et il a toujours été incomplet. Faux aujourd'hui, parce que les intérêts, donc la morale, ont changé ; incomplet toujours, parce qu'il néglige toute une partie de l'expérience. L'état normal des atomes étant le mouvement, le propre de la vie et de l'organisme étant l'activité, et le repos une félicité passagère, Démocrite, en ne concluant pas à l'action physique et intellectuelle, manquait à ses prémisses, à sa méthode. Mais, s'il n'a pas fourni le précepte, il a donné l'exemple. C'est une excuse.

Il est une accusation plus grave, si elle était justifiée, à laquelle nous devons répondre. Démocrite, et avec lui (toujours) les matérialistes, sont des métaphysiciens au même titre que les spiritualistes. Ils ont dépassé leur principe, l'expérience ; l'atome échappe à la prise des sens ; le vide est une entité. Mais l'expérience n'interdit ni l'induction ni l'hypothèse, toutes deux légitimes quand elles partent de faits observés et lorsqu'elles en rendent compte. Légitimes, elles peuvent être erronées, mais non métaphysiques, à moins qu'on n'étende fort inutilement le sens du mot. Or, que la dissolution et la formation perpétuelles des corps, que l'association et la dissociation constantes de substances diverses légitiment l'induction atomistique, c'est ce qu'il est superflu de démontrer. Que le mouvement et la compressibilité des corps suggèrent l'hypothèse du vide, soit absolu, soit relatif, rien encore de plus évident. L'atome échappe aux sens ; mais, il y a deux cents ans, des milliers d'infusoires et d'étoiles échappaient aux sens ; nul cependant ne faisait de métaphysique en admettant l'existence d'organismes plus humbles que les plus petits, d'astres plus lointains que les plus éloignés. C'est ainsi que, sans avoir la moindre notion de la constitution et des éléments chimiques, Démocrite n'en concevait pas moins, invinciblement, la réalité de parcelles presque infinitésimales, bases des agrégats dont il voyait et touchait les molécules.

La matière, terme abstrait et abréviatif qui représente l'ensemble des corps, n'est pas plus une entité métaphysique que les mots *troupeau* ou *vignoble*. Ce n'est pas l'abstraction qui fait les entités, c'est la personnification et la projection au-dessus et en dehors de la nature concrète. A ce point que *dieu* même ne serait pas une entité, s'il n'exprimait que la conclusion vraie ou fausse et le produit d'une élaboration cérébrale. Enfin, n'est-il pas puéril et inadmissible d'appeler métaphysiciens des philosophes qui déclarent ne tenir compte que de la réalité sensible?

En fondant la certitude, la seule qui nous soit dévolue, sur le témoignage de la sensation, en démontrant que la raison, si légèrement opposée à la sensation, en procède, et que son contrôle se réduit à une comparaison entre des impressions ou entre des idées nées des impressions, Démocrite ne s'est pas dissimulé la valeur toute relative de ce critérium. Il a su, aussi bien que les modernes positivistes, que les sensualistes anglais contemporains, que tout, dans les appréciations, dans les jugements humains, est relatif à l'organisme humain ; qu'en dehors du toucher, de la vue, de l'ouïe, etc., il n'existe ni formes, ni couleurs, ni sons ; enfin, que l'unique certitude que l'on doive aux sens est de savoir qu'il existe, en dehors de l'homme, des réalités que la sensation traduit. Mais il ne paraît pas s'être assez convaincu que cette certitude est une base solide et suffisante pour toute connaissance. C'est ce qui arrive aujourd'hui à plus d'un parmi ses successeurs. En combattant, en ruinant la prétention des Éléates à la vérité absolue, il s'est habitué à spéculer sur la vérité absolue, et il a glissé sur la pente stérile du scepticisme (qui n'est point, quoi qu'en dise M. Ad. Franck (1), « la conclusion logique de son système »). On n'en saurait douter, après les affirmations concordantes d'Aristote, Diogène Laërce, Sextus Empiricus, Cicéron. « Il n'y a rien de vrai, disait-il, ou, s'il y a du vrai, nous ne le connaissons pas. Il nous est impossible de connaître la vérité sur quoi que ce soit. La vérité est au fond d'un abîme. Nous ne savons

---

(1) *Dictionnaire des sciences philosophiques.*

pas même si nous savons quelque chose, ou si nous vivons dans la plus complète ignorance; nous ne savons pas davantage s'il existe quelque chose ou si rien n'existe. » Ces aphorismes, fragments d'écrits peut-être polémiques où il voulait précisément établir contre ses adversaires l'autorité de l'observation sensible, ont été évidemment interprétés par ses disciples immédiats dans le sens d'un scepticisme absolu. Et l'on sait que « les plus déterminés sceptiques de l'antiquité, Protagoras, Diagoras de Mélos et Pyrrhon lui-même, ont été formés par les leçons ou par les écrits de Démocrite ».

En rejetant l'absolu des Éléates, en dépréciant la certitude sensorielle et expérimentale au nom de ce même absolu, en décourageant la science objective, dépourvue pour bien des siècles encore de tout instrument de progrès, le groupe des sceptiques et des *Sophistes*, qu'il nous faut maintenant aborder, fraye la voie où Socrate a pour deux mille ans engagé la philosophie; ils ont préparé l'avénement du subjectivisme. Gardons-nous cependant d'ajouter une foi sans réserve aux jugements de Platon sur les Sophistes. Nous ne les connaissons que par leurs ennemis. Mais tel a été leur prestige que leurs ennemis eux-mêmes en ont subi l'influence; c'est d'eux que Socrate et Platon tiennent cette dialectique captieuse, et trop admirée, nous en convenons, qui a détourné la philosophie de la méthode expérimentale. A tout le moins ont-ils créé pour ainsi dire l'art oratoire, la rhétorique, et exercé par la subtilité de leurs raisonnements le génie disputeur de Socrate et de son école. Ce sont là des biens mêlés de maux et dont l'humanité est redevable aux Sophistes.

Le plus sérieux grief qu'on ait allégué contre eux est la latitude de leur morale, ou plutôt leur négation de la morale, leur prétention de plaider avec le même succès le pour et le contre, le haut prix auquel ils mettaient leurs leçons. Mais, au moins sur ce dernier point, quelque indulgence est permise, à défaut d'une absolution complète. Quelques-uns ont vendu leur talent; la plupart, en se faisant chèrement rémunérer, ont usé d'un droit. La science et l'art sont des trésors trop souvent stériles pour qu'on blâme ceux qui en tirent profit, sans abdiquer leur conscience. Si les Sophistes avaient été, comme leur titre le dit, des professeurs salariés, et non des marchands de philosophie et d'éloquence, leur nom ne serait pas devenu le synonyme de charlatan et de menteur.

Hégel a entrepris de réhabiliter les Sophistes. Dans leur négation de l'être (en soi), il a voulu voir sa propre doctrine de l'identité des contraires et de l'éternel devenir; dans leur affirmation de la souveraineté de l'esprit humain, le principe du subjectivisme. Il en fait les précurseurs de Socrate et les siens aussi. Mais sa thèse est plus ingénieuse que solide, sans être tout à fait inexacte.

Il nous semble que le tort principal de ceux qui ont condamné ou glorifié les Sophistes est d'en avoir fait une seule classe, une espèce éclose dans le courant du cinquième siècle, et de les avoir jugés en bloc. L'usage commun d'une même rhétorique, de procédés dialectiques semblables, ne suffit point à les caractériser. C'est d'après leurs doctrines et d'après leur valeur personnelle qu'il sied de les classer. Des différences nombreuses, capitales, apparaîtront dans leur enseignement théorique et pratique. On ne confondra plus Gorgias avec Protagoras, les nihilistes éléates avec les athées et les sceptiques d'Abdère; et, conséquence inattendue pour les idéalistes mitigés, tout l'honneur de cette distinction, pourtant facile, reviendra aux adeptes de la méthode expérimentale.

Si on laisse de côté les beaux diseurs comme Hippias et les simples ergoteurs comme Euthydème et Dionysodore, on verra le groupe factice se résoudre au moins en deux écoles opposées dont les chefs sont Parménide et Démocrite : d'un côté Gorgias de Léontium, en Sicile, avec ses élèves les Polus d'Agrigente, les Calliclès et les Critias d'Athènes (celui-ci l'un des trente tyrans, et le plus odieux), les Thrasymaque de Chalcédoine ; de l'autre, Protagoras et Prodicos, Diagoras de Mélos, Nessos et Métrodore de Chios, Diomène de Smyrne, Anaxarque, l'ami d'Alexandre le Grand et le maître de Pyrrhon.

L'ouvrage de Gorgias *Sur le Non-être ou la Nature*, dont les divisions et les principaux arguments sont venus jusqu'à nous, indique par son titre même son origine éléatique. En effet, Gorgias (485-380 ?), d'abord élève d'Empédocle, son compatriote, avait surtout étudié Parménide et Mélissos. Ses trois propositions : « Rien n'existe; si quelque chose existe, nous ne pouvons le connaître; si quelque chose existe et peut être connu, nous ne pouvons le faire connaître aux autres », ne méritent pas d'être discutées. Ses arguments, où Parménide et Héraclite se mêlent et s'annulent, n'ont d'égaux en puérile subtilité que les raisonnements de Zénon d'Élée contre l'existence du mouvement. On sait la spirituelle réponse de Diogène : Zénon niait le mouvement, Diogène se mit à marcher.

Ce Zénon, du reste, fut un honnête homme et un patriote; il mourut cruellement pour avoir voulu arracher sa ville natale à la tyrannie. C'est ce qui le distingue de Gorgias. Celui-ci ne fut qu'un rhéteur très-habile et très-brillant, aussi fort sur le pour que sur le contre. C'est lui qui, venant en 424 demander secours au nom de Syracuse, entraîna les Athéniens dans la désastreuse expédition de Sicile. Son enseignement démoralisa l'aristocratie d'Athènes. Sa théorie du bonheur et de la justice, viciée par son nihilisme métaphysique, aboutissait à l'égalité du vice et de la vertu, au culte du plaisir individuel, de la puissance et de la richesse à tout prix, transformant en maxime et en règle de conduite un fait antisocial : la force prime le droit. Les lois, disaient ses disciples, ont été inventées par les faibles pour contenir les forts; l'idée de justice étant adéquate à l'idée d'intérêt, qui blâmera le fort s'il brise, dans son intérêt, les entraves des lois? Qui? mais ceux dont l'intérêt sera sacrifié. Si la justice procède de l'intérêt, elle n'est pas l'intérêt, mais l'équilibre des intérêts. Pour avoir négligé cette observation élémentaire, Gorgias a mérité d'être nommé le père spirituel de tous les réacteurs, de tous les parjures, de tous les fauteurs de coups d'État. Son souvenir doit leur être cher : car il a eu l'esprit de mourir comblé de richesses et plus que centenaire.

Tout autres sont le caractère, la doctrine et la vie de son contemporain Protagoras d'Athènes et des Sophistes ioniens.

Instruit par Démocrite, goûté de Périclès, législateur de Thurium en Italie, honoré de tous les libres esprits, Protagoras mourut pour avoir nié l'existence des dieux. Il avait osé lire ou faire lire dans la maison d'Euripide un traité sur la nature des dieux : accusé d'impiété, condamné, il périt dans sa fuite. Ses livres furent brûlés sur la place publique d'Athènes. Sophiste par sa dialectique et par son âpreté au gain, Protagoras, par sa doctrine, est un vrai, un grand philosophe. Ses ouvrages sont perdus, mais les vaines attaques de Platon dans le *Protagoras* et le *Théétète* en démontrent la valeur.

En physique, il professe que le mouvement est le principe des formes, que la matière est fluide et s'écoule incessamment. Sans quitter Démocrite, il penche vers Héraclite. Mais, en niant l'existence absolue, il se garde de contester l'existence relative et sensible. Quant aux dieux, il les laisse de côté. « Je ne puis, dit-il, savoir s'ils sont ou s'ils ne sont pas. Bien des choses contribuent à laisser la question dans le doute : la difficulté du sujet et la courte durée de la vie humaine. »

En psychologie et en logique, il est sensualiste conséquent : « L'homme, dit-il, est la mesure de toutes choses, le critérium de la vérité. » Les objections du *Théétète* portent à faux. Platon prétend que si la sensation est l'origine de la science, il faut attribuer l'intelligence aux plus infimes animaux ; que, la sensation variant d'homme à homme et de moment en moment, il n'y a plus ni vrai ni faux, ni bien ni mal. Si cette dialectique est subtile, avouons qu'elle est aussi bien faible. Qu'importe ici l'intelligence des animaux, d'ailleurs incontestable? Il s'agit de l'intelligence humaine. Et en quoi la variabilité des sensations détruit-elle leur moyenne constante, mesure de la réalité? Aristote est tombé dans les mêmes sophismes.

La morale de Protagoras est fondée sur l'observation exacte des mœurs et des règles qui en découlent. Cette vue n'est pas celle des métaphysiciens du bien en soi, du devoir préexistant aux vertus. Aussi Platon et Aristote reprochent-ils à Protagoras d'effacer toute distinction entre le juste et l'injuste. Et cependant, quand Socrate lui demande si « vivre dans les plaisirs est un bien et vivre dans la douleur un mal », Protagoras répond : « Oui, pourvu qu'on ne goûte que des plaisirs honnêtes. » Il ne niait aucune vertu ; il refusait seulement à la *vertu*, au juste et à l'injuste une essence absolue. Vertu n'est à ses yeux qu'un terme abstrait, dénomination générique de la justice, de la science, de la tempérance, de la sainteté, etc. « Toutes ces vertus sont des parties de la vertu, non comme les parties de l'or, qui sont semblables entre elles et au tout qu'elles constituent, mais comme les parties du visage, qui diffèrent du tout et aussi entre elles, ayant chacune leur caractère propre. » La comparaison est ingénieuse, et dans les termes où Platon la pose, la question se résout en faveur de Protagoras. On ne peut méconnaître l'unité et la force de la doctrine.

Le fameux apologue d'Héraclès entre la Volupté et la Vertu, attribué à Prodicos, témoigne encore des tendances morales du groupe abdéritain. C'est, comme on sait, en préférant la vertu que le héros conquiert l'immortalité.

Prodicos est le plus illustre élève de Protagoras. Député à Athènes par Céos, sa patrie, il y enseigna la grammaire, la dialectique et la morale, faisant des cours à prix divers, prodigue des richesses qui affluaient dans son école, bien vivant, et libre en son langage. Personne n'a défini plus nettement les dieux : « Les dieux, disait-il, sont un produit de notre reconnaissance pour les objets qui nous sont utiles. » Accusé d'athéisme, dénoncé par Aristophane dans *les Nuées* et *les Oiseaux*, il fut, comme Socrate, condamné à la ciguë, et la but. Plus heureux, Diagoras de Mélos, affranchi et disciple de Démocrite, frappé d'une pareille sentence (416-412), a pu se réfugier à Corinthe et y mourir en paix. Il avait, en compagnie d'Alcibiade, parodié les mystères d'Eleusis. « Rien que la mort n'était capable!... » On rapporte de lui un mot plus profond encore que spirituel. Quelque dévot vantait devant lui le pouvoir des Cabires et le nombre des *ex-voto* suspendus dans leur temple: « Que serait-ce, répondit-il, si tous ceux qui ont péri avaient pu apporter les leurs ! »

Nessos et Métrodore de Chios, Diomène de Smyrne, Anaxarque d'Abdère, eux aussi disciples directs ou héritiers de Démocrite, forment un groupe distinct. Ce sont les sceptiques proprement dits. Métrodore «'ne savait même pas qu'il ne savait rien ». Anaxarque l'*eudémoniste*, dont la philosophie avait pour objet la recherche positive du bonheur, fut le maître de Pyrrhon.

Entre les deux familles de Sophistes, entre ceux qui niaient l'existence, le mouvement, la morale, et ceux qui, admettant l'existence apparente, sensible, relative des choses et des êtres (en somme équivalente à l'existence sans épithète), donnaient une base certaine et suffisante à la morale, l'école rationaliste et dualiste d'Anaxagore et d'Archélaüs, également apparentée aux Éléates et aux Ioniens, se continuait en Socrate, né à Athènes en 470 avant notre ère, mort en 399.

§ III. LE DUALISME RATIONALISTE.

Socrate, Platon, Aristote.

On ne peut guère séparer Socrate du groupe des Sophistes, au milieu desquels il a vécu, dont il a fréquenté les écoles (ne fut-il pas élève de Prodicos?), qu'il a combattus sans cesse avec leurs armes, la subtilité et le scepticisme. C'est par l'ironie et la dialectique qu'il cherche à démontrer à la fois l'insuffisance expérimentale des grandes synthèses ioniennes, et la stérilité de l'idéalisme éléate. Son originalité et son influence personnelles, sa noble mort, et surtout l'empire prolongé de cette méthode subjective dont on lui attribue l'intuition, plutôt que la fondation, enfin le charme des écrits où il est mis en scène, l'ont détaché pour ainsi dire et porté au premier plan. Toute la sagesse du cinquième siècle se résume en lui. Les pages précédentes suffisent à rectifier une telle erreur de perspective. Rappellerons-nous qu'Empédocle, Anaxagore, Démocrite, Protagoras, Hippocrate, étaient les contemporains de Socrate, et que les critiques ingénieuses, les vagues théories morales et intellectuelles de Socrate ne peuvent entrer en ligne de compte avec les grandes vues et les puissantes synthèses de ces grands penseurs? Ceux-là ont conçu tout l'édifice philosophique, ils en ont constitué l'ordonnance; Socrate l'a restreint, démembré, réduit aux régions que l'homme habite. Ceux-là ont découvert, ou suivi d'instinct la vraie méthode, l'expérience objective, l'étude de la nature entière. Socrate a coupé court à la science générale et détourné la pensée vers une sphère moindre, vers une partie qui ne peut être comprise si on la sépare du tout. Par lui, la philosophie a dévié.

Il a rappelé à la modestie les enthousiastes d'une science prématurée. Soit; il a eu raison; il leur a prouvé l'incertitude de leurs observations, l'inanité de leurs hypothèses, leurs contradictions inévitables. Il les a invités à recommencer leurs études *ab ovo*. Soit. Mais par où? Par la connaissance de l'intellect humain et des principes moraux. Γνῶθι σεαυτόν! Connais-toi toi-même. Belle et utile maxime, si elle est précédée de celle-ci : Connais l'ensemble qui te domine, le milieu où tu vis, les conditions de ton existence! Fausse et funeste si elle signifie : la connaissance de l'homme équivaut à la connaissance du tout. Et c'est bien la pensée de Socrate, celle qui a lancé Platon dans les divagations du rêve, Aristote dans l'impasse de la logique à outrance. Il n'a pas vu, il n'a pas soupçonné un instant que sa psychologie était plus incomplète, plus prématurée encore que la physique ionienne. Elle ne lui a pas révélé l'homme : que pouvait-elle lui apprendre du monde? Car, en écartant la réalité de l'univers, il ne l'a pas chassée de son esprit; l'origine des choses, la marche des faits naturels l'obsèdent malgré lui. Par quoi sa psychologie et sa morale remplacent-elles les lois physiques constantes qu'ont entrevues ou imaginées Anaximandre et Démocrite? Par la Providence, par l'ombre transfigurée de la raison humaine. Il refait l'œuvre, il restaure en la subtilisant l'erreur des fétichismes et des religions; il est le millième créateur de l'anthropomorphisme métaphysique. Il substitue pour deux mille ans la métaphysique à la science; il subordonne la réalité générale à l'idéal particulier de la raison. C'est pour lui, bien plus que pour Protagoras, que « l'homme est la mesure de toutes choses ».

Après bien d'autres, M. Paul Janet déclare « que Socrate a fondé, *non tel ou tel système de philosophie, mais la philosophie elle-même,* c'est-à-dire l'esprit philosophique, l'esprit d'observation et d'analyse qui s'attache à *découvrir ce qui est,* au lieu de supposer ce qui pourrait être »; nous ne *découvrons* dans ce lieu commun qu'une illusion qui va jusqu'à la perversion de la vérité. Si bien que, pour définir l'œuvre de Socrate, il n'y a qu'à renverser les termes : Socrate a fondé non la philosophie, mais, après Xénophane et beaucoup d'autres, l'anthropomorphisme métaphysique, non l'esprit d'observation et d'analyse, mais l'esprit logique qui s'attache à *déduire* le tout de la partie (ce qui est contradictoire), à supposer ce qui pourrait être, à inventer ce qui n'est pas, pour éviter de découvrir ce qui est. Et c'est là qu'on en vient forcément, lorsqu'on place la fin avant le commencement, l'intellect avant l'organisme qui le produit, et avant le milieu réel qui produit cet organisme. Voilà pourquoi Socrate n'est pas un philosophe dans le grand et vrai sens du mot; un critique, un moraliste douteux, un homme d'esprit, un sage : très-bien; et un métaphysicien : hélas!

Nous pouvons maintenant céder au plaisir de résumer une spirituelle et courageuse existence.

Fils d'un statuaire et d'une sage-femme, Socrate fut d'abord sculpteur. Diogène Laërce a vu dans la citadelle d'Athènes des Grâces voilées qu'on lui attribuait. On ne sait rien de sa jeunesse, sauf ce qu'en peut faire conjecturer l'opinion d'un physionomiste célèbre, Zopyre, qui, dans ses traits bizarres, croyait trouver l'indice de penchants vicieux. Lui-même disait avoir triomphé de tendances mauvaises; il n'en garda qu'une certaine facilité de mœurs qui le mettait parfaitement à l'aise parmi les débauchés et les belles filles. Son amour et son culte du beau révèlent d'ailleurs une nature et une éducation d'artiste. Il apprit et cultiva toujours la musique; Prodicos lui enseigna l'éloquence, et la morale, où il trouvait l'harmonie du beau et du bien.

Nul doute que Socrate n'ait été initié à toutes les sciences de son temps ; on nomme son professeur de géométrie, Théodore de Cyrène. Mais il n'avait pas le tempérament d'un savant, et ce qui le séduisit surtout dans les livres d'Anaxagore, ce fut l'invention du νοῦς, l'esprit d'ordre, l'idéale raison qui modelait les formes et arrangeait les choses en vue de l'harmonie et de la beauté, à la façon du statuaire. Si vous joignez à ces éléments naturels ou acquis la passion de son temps pour les subtilités dialectiques et le goût athénien pour la fine causerie, vous aurez la clef du personnage, de sa vie et de sa pensée.

De bonne heure, il résolut de conformer ses actes à ce qui lui semblait la raison, à la dignité d'une âme bien ordonnée. Son amour de la justesse et de la justice l'éloigna de la politique active, au moins autant qu'une incapacité affectée pour le maniement des affaires. Souvent il se plaisait à railler les jeunes ambitieux qui aspiraient au gouvernement sans aucune notion précise de l'administration et des finances. S'étant donné pour fonction de corriger les hommes, il évitait avec sagesse les causes les plus ordinaires de leurs erreurs. Mais il n'entendait pas s'isoler dans un dilettantisme dédaigneux. Membre d'une cité, il acceptait pour lui toutes les charges et tous les devoirs du bon citoyen. Soldat courageux, il combattit à Délium, à Potidée, à Amphipolis, sauvant la vie d'Alcibiade et de Xénophon. Prytane à son tour, il défendit devant le peuple les dix généraux des Arginuses qui, après la victoire, avaient négligé de recueillir les morts. Il respectait les lois de son pays même dans leurs excès, même quand elles le condamnaient à la ciguë. C'était un conservateur libéral, penchant pour une aristocratie modérée; car, sans être un politicien, il avait des opinions politiques. Mais, si peu favorable qu'il fût au gouvernement démocratique, il savait résister à la tyrannie, d'où qu'elle vînt. Quand les Trente, parmi lesquels il comptait des disciples et des amis, s'ingérèrent de sauver la société par le massacre et l'assassinat juridique, il sut se tenir à l'écart. Il refusa de leur livrer un certain Léon de Salamine, qui s'était réfugié chez lui.

La vie de Socrate était publique, et elle pouvait l'être. Dans les gymnases, sous les portiques, sur les places, il allait causant avec chacun, donnant des avis, des conseils, réconciliant des frères, mais surtout interrogeant, pressant de questions les artistes, les savants et les rhéteurs, éclairant l'ignorance, redressant le jugement, accouchant les esprits, disait-il, en vrai fils de sage-femme. Caustique, mais enjoué, bon compagnon, il jetait un charme sur la jeunesse intelligente ; quand tout le jour il avait tenu école en plein air, il continuait ses leçons dans les banquets joyeux, dans les salons mondains et jusque dans le boudoir des courtisanes, chez Aspasie, chez Théodota, leur enseignant la rhétorique et « l'art de plaire ». De là sans doute les récriminations conjugales qui l'assaillaient à son retour.

Il est difficile de comprendre l'enthousiasme que son esprit et son éloquence excitaient chez les plus frivoles de ses brillants contemporains, mais non la défiance et la haine qu'il semait comme à plaisir parmi les gens hargneux ou timorés, parmi les chercheurs de popularité, poursuivis, harcelés, criblés de ses hardis sarcasmes. Parlant de tout et sur tout, il n'épargnait rien ni personne.

Tandis qu'autour de lui se pressaient Criton, Phédon, Cébès, Euclide de Mégare, Xénophon, Platon et cent autres, au premier rang le fol Alcibiade, une cabale redoutable grossissait dans l'ombre, ameutée par les Théramène et les Critias, les Mélitos et les Anytos. Aristophane, tout entier au plaisir de railler le grand railleur, se faisait l'écho des médisances et des calomnies. Savait-il que ses plaisanteries empoisonnées distillaient la mortelle ciguë ? Nullement, mais il obéissait à ses instincts réactionnaires autant qu'à une jalousie de métier. S'il accusait Socrate de corrompre la jeunesse et d'insulter les dieux, ce n'est pas qu'il les respectât. Qui ne connaît les fantaisies lascives de sa Lysistrata et sa désopilante expédition de Bacchus aux enfers ? Mais il se faisait des vieilles mœurs et de l'Olympe national un monopole, une source intarissable de bonnes folies. Il n'entendait pas qu'un autre y touchât. Épurer le goût et la raison, discréditer la mythologie, c'était porter la main sur son bien le plus cher, ôter un corps à ses caricatures.

Quoi qu'il en soit, on dirait que l'accusation d'Anytos et de Mélissos est extraite des *Nuées* : « Socrate est coupable en ce qu'il ne reconnaît pas les dieux de la République et met à leur place des extravagances démoniaques ; il est coupable en ce qu'il corrompt les jeunes gens. » Qu'y avait-il de vrai dans ces assertions? Tout et rien. En fait, Socrate reconnaissait les dieux du pays ; il sacrifiait publiquement sur leurs autels, et ses dernières paroles furent: « Nous devons un coq à Esculape. » Mais, en droit, il les supprimait, puisqu'il mettait à leur place un seul dieu et une providence ; les mythes n'étaient pour lui que des symboles et des fables, objet de sa discrète ironie. Il se défendit, d'ailleurs, fort bien, en alléguant la suprématie accordée à Jupiter par tous les poëtes et tous les philosophes. Aussi n'est-ce pas de monothéisme qu'on l'accusait, on lui reprochait des extravagances démoniaques, c'est-à-dire ce fameux *démon* qui l'accompagnait partout, qui l'inspirait et dont il parlait volontiers. Qu'il s'agit ici d'une hallucination réelle, d'une image purement verbale, ou d'une croyance à des génies protecteurs, le grief était, au point de vue polythéiste, absolument vide de sens. La religion païenne, comme le christianisme, reconnaît des démons de toute sorte. Reste la corruption des jeunes gens ; qu'entendaient par là les ennemis de Socrate ? Faisaient-ils allusion aux singulières théories de l'amour que Platon prête à son maître, et à des relations suspectes avec Alcibiade ou Phaidros ? Un pareil rigorisme n'entrait pas dans l'esprit des Grecs. Aristophane nous montre Socrate attaquant l'autorité paternelle ; mais les sophismes burlesques qu'il place dans la bouche d'un jeune drôle ne peuvent servir de base à une accusation tout à fait invraisemblable. Non. Socrate corrompait la jeunesse en la détournant des croyances nationales. Le dernier motif de la poursuite rentre évidemment dans le premier.

En somme, le procès était ridicule et insoutenable. Il était si aisé pour Socrate de gagner sa cause qu'on est tenté de considérer sa mort comme un suicide. Son apologie, telle que Xénophon et

Platon nous l'ont conservée, est sans doute pleine de noblesse, mais aussi de maladroite jactance : « Si vous me disiez : Nous te renvoyons absous, mais à la condition que tu cesseras tes recherches accoutumées ; Athéniens, répondrais-je, je vous honore et je vous aime, mais j'obéirai plutôt *au dieu* qu'à vous... Renvoyez-moi ou ne me renvoyez pas, je ne ferai jamais autre chose, quand je devrais mourir mille fois. » On sait qu'il demanda d'être nourri au Prytanée jusqu'à la fin de ses jours. C'était là de l'héroïsme bien mal placé, de l'ironie tout à fait superflue. Il dépendait de lui pourtant de se condamner lui-même à une légère amende, et de s'en aller librement à « ses recherches accoutumées ».

Si faible était l'accusation, qu'après tant d'éloquence blessante il n'y eut pour la condamnation qu'une majorité de cinq voix. Plus de quatre-vingts juges, il est vrai, votèrent la mort ; mais la peine était indiquée par la loi ; il était presque impossible de ne pas l'appliquer. Prisonnier, à une fuite sûre avec Criton, Socrate préféra la ciguë. Il prétendait ainsi respecter les lois de son pays. Ainsi l'ordonnait le dieu. C'est à croire que son démon familier n'était pas une simple fiction, mais un de ces fantômes créés par l'hallucination, incarnés par la démence. On a pu soutenir qu'il y avait de la folie dans le cas de Socrate, comme dans celui de Pascal.

Ces réserves n'enlèvent rien à notre admiration pour la fermeté sereine du sage en face d'une mort inutile : jusqu'au dernier moment il s'entretint avec ses disciples, consacrant à la poésie ses heures de solitude ; il s'amusait à mettre Ésope en vers ; il composait un hymne à Apollon et donnait un souvenir à Esculape. Suprême ironie de cet « effronté railleur », comme le nommait Alcibiade.

Il est temps de définir, s'il est possible, car il n'a rien écrit, la méthode et les doctrines morales et métaphysiques de Socrate. Dans les rêveries, dans les subtilités esthétiques, dans les excellents aphorismes de morale pratique et moyenne que Platon a prêtés à son maître, on chercherait vainement quelque rigueur, même logique. L'interrogation à outrance, ou ironie socratique, et la maïeutique ou accouchement des esprits constitueraient tout au plus des expédients de dialectique, des procédés d'enseignement. Le γνῶθι σεαυτόν, l'étude de soi-même, était surtout, pour Socrate, un moyen d'acquérir la prudence, la réserve et la vertu. Et pourtant c'est là ce qui tient lieu, dans sa doctrine, de toute méthode philosophique. Car il est impossible d'ériger en données originales et fécondes des lieux communs comme ceux-ci : « La seule chose que je sache, c'est que je ne sais rien ; ... ceux qui veulent purifier leur âme sont obligés, pour la tenir prête à recevoir les connaissances dont elle a besoin, d'en arracher d'abord les prétentions d'un savoir imaginaire ; » ou bien encore : « Il n'y a pas d'ignorance plus honteuse que de croire à ce que l'on ne connaît pas, et il n'y a pas de bien comparable à celui d'être délivré d'une opinion fausse. »

Si encore Socrate s'était montré fidèle à ces formules banales, au moins prudentes ! Mais non. Sans aucune notion d'histoire générale, d'anthropologie, d'anatomie, de physiologie, il a cru connaître l'homme ; il a considéré l'intelligence et ses facultés comme des principes irréductibles ; de ces intermédiaires entre l'organisme et l'action, il a fait des causes préexistantes à tout phénomène, soit intérieur, soit extérieur. D'abstractions généralisées il a fait l'essence et le mobile des choses. Il a inauguré la conception métaphysique du monde, qui est le contraire de toute observation et de toute science légitime. Plus que tout autre, il a cru à ce qu'il ne connaissait pas. Loin d'être, comme le dit Aristote, « l'inventeur de l'induction et de la définition », il en fut le destructeur, puisqu'il en négligeait de parti pris les éléments réels.

Il définissait, nous dit-on, « la justice, la connaissance de ce qui est juste ; le courage, la connaissance de ce qui est terrible et de ce qui ne l'est pas ; la piété, la connaissance du culte légitime que l'on doit aux dieux. » Que tirer de ces cercles vicieux où la question est définie par la question même ? Dire que les actes justes, ou courageux, ou pieux, sont les applications d'une idée générale de justice, de courage, de piété, c'est tomber dans une illusion vide de sens.

De l'homme, ou plutôt de l'intellect humain superficiellement observé, mal connu, Socrate a fait le centre et la loi de l'univers. De ce que l'intérêt individuel et social a conduit l'homme au désir, puis à l'idée du bien et du mieux, de ce que les tâtonnements de l'art ont dégagé diverses règles d'harmonie et l'idée du beau, Socrate a conclu que le monde était conçu et gouverné en vue du bien et du beau par une intelligence analogue et supérieure à l'intelligence humaine. C'est le dieu moral (Xénophon, *Memorabilia Socratis*, Dialogue de Socrate et d'Aristodème le Petit), providentiel, l'idée de dieu, de cause intentionnelle et de finalité, que nous avons retrouvés au fond de toutes les religions, de tous les mythes, et jusque dans les fétiches les plus grossiers. C'est la chimère de l'anthropomorphisme, qui, après avoir tiré dieu de l'homme, tire l'homme de dieu.

Il est secondaire, au point de vue philosophique, de savoir que Socrate rattachait une morale pure et magnanime à la métaphysique des causes finales. Sa croyance probable, mais douteuse, à l'immortalité de l'âme, à des dieux inférieurs, à des démons familiers, n'importe pas davantage, non plus que sa croyance certaine aux oracles et aux présages. Il faut cependant les noter comme indices de tendances mystiques. Pour caractériser les doctrines vagues et l'influence funeste de Socrate, il suffit de réduire à ses éléments principaux l'héritage qu'il nous a transmis ; nous lui devons : les entités morales, le bien et le beau absolus, le dieu de la raison, les causes finales et la providence ; toute la métaphysique.

Ce bon et brave citoyen, ce martyr, cet artiste, ce causeur captieux, éloquent, spirituel autant que superficiel, a fait à la pensée humaine un mal incalculable.

Avant de passer à Platon, qui devait pousser à leurs conséquences extrêmes les principes métaphysiques de son maître, nous devons une mention à quelques philosophes, disciples ou auditeurs de Socrate : à Criton d'Athènes, son plus intime et plus fidèle ami, dont les œuvres sont perdues ; à Phédon d'Elis, fondateur d'une école obscure plus tard absorbée dans celle de Ménédème d'Érétrie, un demi-sceptique, demi-éléate ; à Euclide de Mégare (ne pas le confondre avec le géomètre alexandrin, que Socrate ne put arracher au nihilisme de Parménide et de Gorgias, et dont les élèves, Stilpon (Stilpon fut accusé d'impiété pour avoir dit à Athènes que Pallas-Athéné était la fille, non de Zeus, mais de Phidias) et Eubulide, mêlèrent à la doctrine de l'Être absolu le scepticisme universel qui en est la conséquence, et les plus vicieuses subtilités de la dialectique); enfin à Antisthènes, d'Athènes, et à Aristippe, de Cyrène (nés en 420 et 414), qui accommodèrent chacun à son tempérament la morale de Socrate, en la faussant l'un et l'autre.

Aristippe, jeune, beau, riche, adonné aux plaisirs des sens, fut séduit par les côtés aimables du compagnon et du convive d'Alcibiade; il le voyait sourire dans les banquets et dans les boudoirs; il l'entendait disserter sur l'amour et professer pour les courtisanes, comme un arbitre des élégances décentes. Répétant, après son maître, que le bien est la fin morale de l'homme, le but de la vie, il assimila le bien au plaisir présent, immédiat, à la satisfaction des instincts naturels. Il plaçait le plaisir non dans le repos, dans la sérénité du sage, mais dans la jouissance, et dans le mouvement qui la procure. Son idéal était la volupté dans le mouvement, ἡδονὴ ἐν κινήσει. Il eut pour successeurs sa fille Arété, son petit-fils Aristippe Métrodidacte (élève de sa mère), Théodore l'Athée et Annicéris de Cyrène, que leur morale un peu lâche n'empêcha pas d'être de fort honnêtes gens. Théodore perfectionna Platon dans la géométrie, et Annicéris le tira d'esclavage. Ce dernier associait aux plaisirs de la sensibilité ceux de l'intelligence; il distinguait les mauvais penchants des bons instincts ; il enseignait et pratiquait le respect des ancêtres et l'amour de la patrie. On a souvent rangé Annicéris dans l'école d'Épicure ; et, en effet, il s'en rapprochait plus qu'aucun des philosophes de Cyrène. Mais, bien que sa morale fût plus relevée que celle d'Aristippe et, à certains égards, plus humaine, plus utile que celle d'Épicure, elle n'était pas la conclusion d'une vaste théorie du monde. C'était, avant tout, une sagesse pratique. Les

Cyrénaïques étaient bien ceux que le vulgaire nomme des épicuriens; nul, comme on le verra, ne le fut moins qu'Épicure. Si beaucoup, parmi les élèves mondains d'Épicure, ont vécu en disciples d'Aristippe, c'est que les deux écoles s'étaient confondues; il ne pouvait guère en être autrement; mais la gloire d'Épicure en a souffert.

Antisthène a pris le contrepied d'Aristippe. En apparence plus fidèle à la vraie conception morale de Socrate, il ne s'en est pas moins écarté dans la pratique et dans la théorie.

Pour lui le bien réside dans la vertu, dans la justice; le reste est indifférent; c'est, avec le déisme, tout ce qu'il a retenu de l'enseignement socratique. Le plaisir étant l'écueil, et la souffrance l'épreuve de la vertu, l'homme doit fuir l'un et chercher l'autre. Les jouissances intellectuelles sont aussi redoutables que les voluptés physiques; la science même est bannie de la doctrine d'Antisthène, qui est uniquement une foi morale. La vertu consiste à écarter toute occasion de péché, à supprimer les besoins factices : toute convention sociale, le mariage, les liens de famille, les devoirs civiques. L'homme qui retourne à un prétendu état de nature est seul libre. C'est le sage, égal aux dieux, qui ignorent le besoin et le mal. Et le sage étant le premier des êtres, étant dieu, tout lui est donné par surcroît; il possède toute science, tout droit, toute félicité. Les lois pour lui, comme les arts, ne sont que poussière; il les foule aux pieds. Il serait facile de relever dans cette théorie bien des erreurs et bien des contradictions que nous retrouvons dans l'ascétisme stoïcien : le sage d'Antisthène est l'ancêtre du sage de Zénon; et combien d'Antisthènes n'ont pas comptés le christianisme, le brahmanisme, le bouddhisme et l'islam !

La pratique suffit d'ailleurs à condamner la théorie; car elle aboutit à la saleté, à l'ignorance, à la dissolution de toute famille et de toute société. Antisthène fut une sorte de fakir, de marabout, de chien maussade. Ce nom, qu'il se donnait lui-même, fut revendiqué par ses disciples; car Antisthène fit école. Il avait beaucoup écrit; sa logique rigoureuse n'était pas sans valeur, s'il eût su l'appliquer. Il enseignait sagement qu'aucune chose « ne peut être définie par son essence, et qu'il faut se contenter de la désigner par ses qualités ou par ses rapports avec d'autres objets. » Il ruinait ainsi l'illusion de l'être en soi. Mais ce n'est pas à quelques idées justes qu'il dut sa renommée ; c'est à ses défauts, à ses extravagances. Sa rudesse, ses haillons même attirèrent à lui les déclassés, les charlatans hypocrites, les chercheurs de singularités, qui abondent dans tous les temps et dans tous les pays. Toutes les variétés du cynisme, et l'histoire en serait longue, étaient en germe dans la doctrine d'Antisthène.

Socrate rougissait déjà de ce sectaire dépenaillé : « Je vois, lui disait-il, ton orgueil à travers les trous de ton manteau. » Diogène l'eût dégoûté, Diogène qui faillit étonner Antisthène lui-même.

On raconte que ce fameux cynique (414-324) débuta par le change et l'altération des monnaies. Chassé de Sinope, sa ville natale, sans feu ni lieu, il errait le long des chemins, arrachant des racines, broutant l'herbe. Répudié par les hommes, il résolut d'apprendre à vivre en animal, dans l'état de nature. A quel maître s'adresser, sinon à Antisthène ? Celui-ci, aigri par l'abandon de ses élèves, avait fermé son école ; il reçut Diogène le bâton levé. Mais l'énergie, l'effronterie du nouveau venu triomphèrent de ses répugnances. L'esprit mordant, la parole facile et brillante de Diogène ramenèrent la foule autour du vieux dogue du Cynosarge.

Plus encore que son maître, Diogène réduisit toute la philosophie à la morale. Il élagua du moins la métaphysique et les subtilités dialectiques. Tout le problème de la vie se résumait pour lui en deux mots : santé du corps, santé de l'âme ; gymnastique et vertu. La maxime était bonne, peu contestable, facile à retenir. Mais elle ne vaut que par l'application qu'on en fait.

La vie de Diogène est plus intéressante que sa doctrine ; mais ses excentricités, sa lanterne, son tonneau, son écuelle, son manteau qui adhérait à son corps comme une seconde peau, ses accolades aux statues, ses culbutes dans la neige ou dans le sable brûlant, appartiennent moins à la philosophie qu'à l'histoire anecdotique. Vaniteux et avisé, Diogène, en soutenant ce rôle de maniaque, savait bien qu'il assurait l'impunité aux boutades de son orgueil. Il pouvait crier à Alexandre : « Ote-toi de mon soleil ! » Quand je ne sais quel tyran lui demandait : Quel est le plus beau bronze ? il pouvait répondre hardiment : Celui des statues d'Harmodius et d'Aristogiton ! Quel roi, même irrité, eût voulu toucher à une des curiosités de la Grèce. Aussi n'épargnait-il pas plus les peuples ou les hommes que les légistes et les princes. Vendu comme esclave, on lui demandait ce qu'il savait faire ; il répond : « Commander aux hommes libres. » Et il se met à crier : « Qui veut un maître ? Qui a besoin d'un maître ? » Il appelait les Grecs « immondices ». Voyant deux pendus à une branche, il disait : « Plût aux dieux que tous les arbres des forêts portassent de pareils fruits ! » Voyant les dévots se presser autour des devins et des augures, il disait : « L'homme est le plus sot de tous les animaux. » Arbitre entre deux hommes de loi, il disait, comme le singe de La Fontaine : « Toi, tu réclames ce qu'on ne t'a pas pris ; toi, tu as pris ce qu'on te réclame. » Il mourut à quatre-vingt-dix ans, dans son manteau, par terre, comme un vieux chien qui meurt de sa belle mort. Il est immortel pourtant, et, il faut l'avouer, il méritait de l'être. L'esprit et les éclairs du bon sens traversent le temps plus sûrement que le génie et la sagesse.

Tandis que la mollesse d'Aristippe et la rudesse d'Antisthène altéraient et diminuaient la saine morale de Socrate, sa vaine métaphysique recevait de Platon des développements ingénieux, une ampleur extraordinaire : c'est que Platon y fit entrer tout Héraclite, tout Pythagore et tout Parménide.

Aristoclès, car Platon (aux larges épaules) n'est qu'un sobriquet imaginé par Socrate, naquit à Athènes ou dans l'île d'Égine, vers 430. Fils d'Ariston et de Périctyone, il se rattachait par son père à la race de Codrus, par sa mère à un frère de Solon. Son premier maître fut un disciple d'Héraclite, Cratyle. Mais lorsqu'il s'attacha à Socrate, vers 417, il avait dû fréquenter toutes les écoles représentées à Athènes. Ses œuvres prouvent une connaissance parfaite des sophistes contemporains, le grand abdéritain Protagoras et les éléates sceptiques, Gorgias, Calliclès, Euthydème, Thrasymaque, Critias. Dans l'entourage même de Socrate, il rencontra Euclide de Mégare, c'est-à-dire Parménide, et Simmias qui, par Philolaos, procédait de Pythagore.

Pendant sa jeunesse, il s'était adonné à la poésie et avait composé des tragédies. Il les brûla lorsque Socrate l'eut définitivement attaché à la philosophie. Après la mort du maître, l'école s'étant dispersée, Platon gagna Mégare, où il vécut auprès d'Euclide et de Stilpon. Quelques années après (389), nous le trouvons en Italie, chez les pythagoriciens, en Sicile, à la cour du tyran Denys l'Ancien, puis à Cyrène, apprenant les mathématiques sous Théodore l'Athée. Ce n'est pas le seul bienfait dont il fut redevable aux successeurs de son condisciple Aristippe. Denys l'Ancien l'ayant fait vendre comme esclave, Annicéris le racheta. Selon une opinion probable, il aurait visité, non pas l'Inde et l'Orient, mais l'Égypte, et recueilli de la bouche des prêtres quelques notions d'astronomie. En 380, il est établi à Athènes, dans les jardins d'Académus, et y fonde l'Académie. Mais ses pérégrinations n'étaient pas terminées ; trois ou quatre fois encore il retourne en Sicile, où il se lie d'une étroite amitié avec Dion, oncle de Denys le Jeune. Sa renommée s'étend dans tout le monde hellénique. Plusieurs États lui demandent des lois ; le roi Archélaos l'appelle en Macédoine. Il mourut en écrivant, l'an 347, à l'âge de quatre-vingt-deux ou trois ans.

L'admiration unanime des Grecs lui a décerné le nom bien connu de divin Platon ; et il ne siérait à aucun moderne de méconnaître le tour littéraire de ses écrits et le charme de son style, parfait modèle de la diction attique. Il faut ici accepter sur parole le jugement des anciens. On a vanté à l'envi son enjouement, son éloquence, son esprit, l'élévation de ses idées, et là-dessus les Athéniens n'ont pu se tromper. Nous n'avons pas davantage à nous préoccuper de l'authenticité, plus ou moins contestée en Allemagne, du plus grand nombre des dialogues qui nous sont venus sous son nom, encore moins de l'ordre chronologique où on a essayé de les ranger. Les précieuses conjectures de l'érudition et de la critique littéraire ne peuvent empiéter ici sur l'exposition des doctrines. Nous n'avons pas non plus à reprendre de première main une étude minutieuse qui a été faite cent fois. Il suffira, pour l'objet que nous nous proposons, de résumer ici l'opinion reçue et acceptée, en prenant pour guide quelque partisan décidé de cet heureux et aventureux génie.

Ce n'est pas sans peine qu'on a pu réduire en corps de doctrine des idées éparses dans vingt ou trente dialogues écrits à des dates différentes, sous des inspirations diverses, et qui se contredisent beaucoup trop souvent. Plusieurs renferment tout un système indépendant, d'autres une foule d'hypothèses ou de fictions poétiques. L'ordre et la clarté ne comptent point parmi les principaux mérites de Platon. De l'aveu de M. Paul Janet, sa méthode est des plus flottantes, et la forme même du dialogue en exagère encore l'indécision. Elle recourt à la fois à tous les procédés logiques, à tous les artifices de l'intelligence, à l'induction et à la déduction, à l'exemple, à la comparaison, à l'analogie, à l'hypothèse : ressources variées que nulle recherche ne prétend s'interdire. Mais quel usage en fait-elle? Sur quel objet concentre-t-elle toutes les forces de l'esprit? Quel est son point de départ?

Un caractère négatif préliminaire la signale tout d'abord : l'omission de toute observation scientifique, de toute expérience objective. Elle part de l'homme, non pas pour étudier les réalités ambiantes, mais pour refaire le monde d'après les abstractions dernières élaborées par la raison. Le subjectivisme est son principe ; la métaphysique son domaine, son milieu, son élément, son commencement et sa fin. C'est la méthode de Socrate, telle que nous l'avons exposée. Il est maintenant facile de comprendre sa stérilité initiale et finale, et comment, partie pour la réalité, elle n'aboutit qu'à l'entité. Suivons-la dans sa route illusoire.

Son premier soin est d'écarter, par l'ironie et la dialectique, les conclusions des doctrines contraires ; elle amène ainsi l'esprit au doute et à l'aveu de son ignorance. Cette partie critique, indispensable en effet, tient la plus grande place dans l'œuvre de Platon. Cependant l'homme connaît, l'homme affirme. D'où procède son affirmation? Quels degrés dans la connaissance le conduisent à la certitude. C'est ce dont la division (διαίρεσις) et la définition (ὅρος) doivent rendre compte. Il y a quatre degrés dans la connaissance : 1° la conjecture (εἰκασία), par laquelle il faut entendre les impressions sensibles ; 2° la foi (πίστις), qui résulte de ces impressions ; 3° le raisonnement (διάνοια), qui déduit les conséquences des principes ; 4° la raison (νόησις), qui aperçoit les principes eux-mêmes. Les deux premiers degrés constituent l'opinion, ou plutôt l'apparence (δόξα); les deux derniers la science (ἐπιστήμη), adéquate à la vérité et à la certitude.

Analyse des plus vagues, construction des plus fragiles. Notez d'abord que la raison et le raisonnement sont intimement liés dans l'ordre inverse de la série platonicienne ; puisque le raisonnement déduit les conséquences, il est logiquement postérieur à la raison, qui seule découvre les principes ; à moins que ces principes de la raison ne soient ces conséquences du raisonnement. Il y a là un cercle vicieux. Mais, si la raison procède du raisonnement, le raisonnement ne peut opérer que sur l'opinion ; c'est la foi, c'est la conjecture qui lui servent de base ; et la certitude se trouve fondée en fin de compte sur l'apparence : ce qui, étant vrai pour nous, ne peut l'être pour Platon.

Aussi, pour éviter de reconnaître que l'expérience, l'impression sensible, fournit à la raison les principes dont le raisonnement tire les conséquences, Platon est forcé de supposer que la raison préexiste à *l'opinion*, et qu'à travers la *conjecture* et la *foi*, elle entrevoit, puis distingue, par une sorte de seconde vue, de réminiscence, ἀνάμνησις, les vestiges de vérité « qui se rencontrent dans les objets de l'opinion », c'est-à-dire *l'essence* des choses, leur *être en soi*. Il y a là encore cercle vicieux, puisque le raisonnement et la raison n'existeraient pas sans la *conjecture* et la *foi*. Il est visible que, si la raison est au raisonnement ce que la foi est à la conjecture, elle n'a pas plus d'autorité que la foi, dont le raisonnement procède ; qu'elle n'est pas plus que la conjecture le critérium de la vérité. La logique platonicienne n'aboutit pas; elle contient en germe le *probabilisme* sceptique de la nouvelle Académie.

Le vice de la méthode que nous avons essayé de résumer réside moins dans son incohérence que dans sa subordination à une opinion, à une foi préconçue. Elle n'est pas un instrument d'étude désintéressée, comme est la méthode expérimentale. Le problème qu'on paraît lui soumettre est résolu d'avance. Encore et toujours le cercle vicieux.

En effet, de toutes les écoles qu'il a traversées, Platon a retenu deux principes contraires, irréductibles, que Socrate lui a appris à concilier en subordonnant l'un à l'autre : la matière de Démocrite, l'absolu immatériel de Parménide; le multiple en mouvement de Héraclite, et l'unité immobile de Pythagore, correspondant au monde sensible et au monde intelligible, qui sont représentés dans l'homme par le corps et par l'âme. Toute sa doctrine repose sur un dualisme où l'*indéfini* (ἀόριστον) est mêlé au *fini* (πέρας) qui le régit et le détermine, où le mouvement, le multiple, le corps est gouverné et dominé, non sans peine, par le fixe, l'un, l'esprit, qui y est inclus. « Dieu a engendré le monde de toute éternité ; et, en le produisant, il a suivi l'idée ou l'exemplaire parfait qu'il a en lui-même de toutes les choses possibles. La matière était avant le monde ; et elle en est la mère, de même que Dieu en est le père. Ainsi le monde est la chose engendrée, Dieu est le principe qui engendre, et la matière est la chose dans laquelle le monde est engendré. L'intelligence et la nécessité sont donc la cause efficiente du monde : car l'intelligence n'est autre chose que Dieu ; et la nécessité est une même chose avec la matière. » (*Timée*). Dès lors, la méthode, fort accessoire, n'est plus chargée que de fournir des arguments à une thèse, à un préjugé. Ce que Platon appelle la science n'est qu'une intuition première, à laquelle la méthode est subordonnée. Cette intuition, qui ne la reconnaît dans la *réminiscence*, dans cet inutile expédient de l'ἀνάμνησις, suggéré par la croyance à l'éternité des âmes, à la métempsycose?

Placé au confluent imaginaire de deux conceptions qui s'excluent, Platon se noie dans leurs ondes; il prétend reconnaître les proportions qui président au mélange des deux courants; malgré la hardiesse de son imagination, il ne peut triompher de difficultés plus illusoires encore qu'inextricables. Quand il a établi contre Parménide (dans *le Sophiste*) que l'être absolu est une abstraction qui équivaut au néant, il cherche (en vain) à prouver contre Héraclite que le mouvement absolu, indéfini, équivaut au même néant; mais il n'abandonne ni l'être absolu, ni le mouvement indéfini, ni l'esprit ni la substance. Malgré ses tendances idéalistes très-prononcées, il ne peut ni ne veut supprimer l'étendu, le plastique, le principe inférieur susceptible de revêtir toutes les formes. Et cependant cette matière, qui devrait obéir, est une gêne, un fardeau intolérable; elle s'attache à l'esprit comme une robe de Nessus, enveloppe empoisonnée qui le trouble, l'aveugle et le torture.

La psychologie, la métaphysique et la morale de Platon présentent les mêmes contradictions que sa méthode.

L'homme est une âme unie à un corps. Bien que celui-ci soit un serviteur souvent rebelle, l'âme peut être définie τὸ χρώμενον σώματι, ce qui se sert du corps. Par quel accident ce principe distinct, immatériel, divin, est-il entré dans le multiple, le changeant, le mortel? Par le fait d'une volonté supérieure qui veut l'éprouver ou lui faire expier les fautes commises dans une première existence. L'âme, création immédiate de Dieu et la plus parfaite, renferme deux éléments, le *même* et *l'autre*, « le *même* étant quelque chose de divin, et *l'autre* participant à la nature divisible et corporelle, » combinés dans des proportions pythagoriques. Elle porte avec elle la vie et le mouvement. L'âme est une, essentiellement simple. Dans le *Timée*, cependant, Platon semble admettre une âme immortelle située dans le cerveau et deux âmes mortelles dans la poitrine et dans le ventre, l'une au-dessus, l'autre au-dessous du diaphragme; dans *la République*, les trois âmes ne sont plus que trois puissances d'un même principe · νοῦς, l'intelligence ou la raison qui commande et défend; θυμός, le courage (les passions et les affections), qui prend ordinairement parti pour la raison ; ἐπιθυμητικόν, l'appétit ou désir, force aveugle, rebelle, péniblement dirigée par la raison et le courage. Notez que la raison, cette immortelle, n'est pas *née* dans l'enfant, et que le courage et surtout l'appétit la précèdent. Elle commence donc par être une simple virtualité, à la merci de la maladie ou d'une mort précoce. Combien cette analyse est superficielle et inconsistante !

L'âme renferme en outre un élément esthétique et moral, ἔρως, l'amour, source de l'enthousiasme et du délire, qu'on serait tenté de placer dans la poitrine avec le courage et la passion ; mais Platon admet deux amours : l'un, compagnon inséparable de la raison, dans la tête sans doute ; l'autre, sensuel et grossier, relégué visiblement, avec l'appétit, dans les régions inférieures. L'amour, qui est éveillé, comme la raison, par la réminiscence, quand paraissent dans les choses des vestiges de la beauté divine, l'amour, d'après *le Phèdre*, est un généreux coursier que la raison guide et soustrait aux tentations de l'appétit. Comparaison classique, riche et éloquent morceau, mais qui ressemble plus à un brillant lieu commun qu'à une théorie soigneusement étudiée.

Nous avons vu que la raison, faculté supérieure et essence divine de l'âme, qui est l'homme même, atteint seule à la vérité et à la science. Il suit de là que la vérité est purement rationnelle, intelligible. Mais, sous peine de tomber dans l'éléatisme pur, Platon admet qu'elle est extérieure à l'homme, qu'elle est découverte dans les apparences ou phénomènes par la réminiscence, qui joue ici le rôle de l'abstraction. En effet, la vérité est pour lui ce qu'il y a de plus simple et de plus général dans les choses ; et cet élément simple, c'est la qualité permanente et distinctive, un produit de l'abstraction, transformée en essence, en catégorie, en type, en forme virtuelle, en entité, par l'illusion métaphysique. Ainsi, ce qui est un rapport entre les phénomènes et la sensibilité ou l'intelligence humaine, ce qui n'a aucune existence, la beauté, l'égalité, la bonté, la vitesse, la lenteur, la santé, la vie, l'espèce, est la réalité fondamentale. Le relatif est l'absolu. Les diverses façons d'être que nos sens distinguent deviennent des *êtres en soi* : bœuf *en soi,* homme *en soi,* lit *en soi,* essences distinctes du faisceau des qualités qui se groupent à l'entour, et qui cependant les constituent. C'est cette logomachie, cette aberration, admirée autant que discutée depuis deux mille trois cents ans, qui constitue la théorie platonicienne des idées.

Se tire qui pourra du résumé suivant, que nous empruntons à M. Paul Janet (*Dictionnaire des sciences philosophiques*):

« Les idées platoniciennes ne sont nullement de simples conceptions de l'esprit, quoiqu'elles soient les vrais principes de la science et de l'intelligence. Ce sont les essences mêmes des choses, ce qu'il y a de réel, d'éternel, d'universel dans les choses. Or, par cela même qu'elles sont éternelles et absolues, elles ne peuvent résider dans les choses que par une *participation difficile à comprendre*, mais sans s'y absorber tout entières. Elles sont séparées des choses et existent en soi, unies par de certains rapports, coordonnées selon leurs degrés de perfection ; elles forment un monde à part qui est au monde sensible ce que la raison est à l'opinion. Mais le monde des idées n'est pas... une réunion de substances différentes et individuelles. Au fond, les idées ne se distinguent pas les unes des autres par leur substance : leur substance commune, celle qui donne à toutes leur essence, c'est l'idée du bien. Or, qu'est-ce que l'idée du bien ? c'est Dieu lui-même. En effet, à Dieu seul peuvent convenir les attributs de l'idée du bien. Elle est au sommet des intelligibles, elle ne repose que sur elle-même (ἀνυπόθετον, ἱκανόν), elle est le principe de la vérité et de l'être. L'idée du bien, le soleil intelligible (le beau est la splendeur du vrai) n'est autre chose que l'être absolu dont il est question dans *le Sophiste*, auquel il est impossible, dit Platon, de refuser la vie, le mouvement, l'auguste et sainte intelligence. L'idée du bien étant Dieu même, les autres idées qui se rattachent à celle-là comme à une substance commune sont les déterminations de l'existence divine, les choses qui font de Dieu un véritable Dieu en tant qu'il est avec elles. » Passons.

Mais que deviennent l'hydrogène, le carbone, le fer, le soufre ? Si Platon ne pouvait les connaître par leur nom, il devait du moins tenir compte des agrégats qu'ils composent. Que devient l'univers? Platon est, non pas au-dessus et au delà, il est à côté. Rien ne coûte à la métaphysique : l'univers va se déduire de la théorie des idées, de l'essence et des attributs de Dieu. Dieu, par lui-même ou par les dieux intermédiaires que le *Timée* admet, a formé le monde sur un modèle absolu, éternel, inimitable en son absolue perfection, d'après le principe du bien. Le monde est un effet de sa bonté. Aussi tout s'explique par les causes finales. Mais encore. la substance étendue et pondérable, « la nature divisible et corporelle »? Platon a essayé plus d'une fois de la réduire à un principe négatif, à une sorte de vide et d'espace, au non-être, τὸ μὴ ὄν, à la limite, à la différence des choses. Mais la matière lui a résisté, Il lui accorde une existence gouvernée par la nécessité, et, selon les cas, il l'associe ou l'oppose aux êtres en soi régis par l'intelligence; « elle agissait d'accord avec le principe organisateur pour la formation du monde : elle était en quelque sorte la mère, Dieu le père, le monde le fils : c'est la trinité platonicienne », analogue aux triades de la Chaldée, de la Phénicie et de l'Égypte.

On voit ici éclater le dualisme de Platon; si grand que soit son Dieu idéal, il est limité par *l'autre*, par la matière. C'est un démiurge, un architecte opérant sur des matériaux qu'il n'a pas créés et qu'il ne peut anéantir.

La morale est un corollaire apparent de la métaphysique : elle est l'application à la conduite humaine de la théorie du bien et du beau absolus. Toute action doit être dirigée en vue du bien et du beau, qui rapprochent l'âme de la divinité; par conséquent, c'est à la raison seule, qui perçoit directement le bien et le beau, de formuler les règles de la vie. C'est à peu de chose près la morale enseignée non-seulement par toutes les écoles mystiques ou rationalistes, mais encore par la science expérimentale. Comment donc expliquer que le même but ait apparu clairement à la plupart des philosophes? Lesquels sont inconséquents? Ceux-là seulement qui voient dans la morale la conclusion logique d'un système. La morale étant chose humaine et sociale, fondée uniquement sur les intérêts de l'homme, elle est en principe indépendante de toute conception générale, elle n'a pas d'autre raison d'être, d'autre base que les rapports des hommes entre eux; elle est un appendice de la psychologie. Voilà pourquoi elle se retrouve une, dans un même temps et dans un même milieu.

C'est toujours le même cercle vicieux qui, dans la doctrine de Platon, fait dépendre sa morale de sa métaphysique. L'ordre, d'abord, est inverse : c'est la morale qui a donné naissance à la métaphysique et à la théodicée platoniciennes ; le bien absolu, l'idée de Dieu, ne sont que des généralisations illégitimes du bien relatif et humain, personnifié, et isolé de ses conditions d'existence. Le bien physique, moral, intellectuel, objet inséparable de l'état vivant, n'a de réalité que par comparaison avec le mal, et tous les efforts de l'homme sont consacrés à écarter celui-ci et à poursuivre le second. Le mieux, le très-bien, le plus grand bien possible sont donc toujours présents à la pensée humaine et demeurent partout les vrais mobiles de tous les actes, de toute la morale, soit individuelle, soit sociale. On comprend sans peine comment l'anthropomorphisme est conduit à les pousser à l'absolu, à en faire le pivot des choses, la cause finale suprême, et l'attribut fondamental de la divinité. Une fois établi dans le monde métaphysique, le bien devient la loi supérieure, infaillible, universelle des actes humains, qui pourtant en ont fourni l'idée ; et c'est ainsi que la morale, origine de la métaphysique, en semble une émanation. Mais les philosophes seuls s'y trompent. Les hommes n'agissent point d'après la métaphysique ; ils le savent: c'est l'instinct d'abord, puis l'étude réfléchie des intérêts proches ou lointains, individuels et sociaux, qui gouvernent leur conduite et qui leur suggèrent le désir du mieux, du bien et du beau.

Toutefois, la métaphysique à son tour, pénétrant dans le monde réel par l'enseignement et l'habitude, vient influer sur la théorie et la pratique de la morale dont elle est née. Tantôt elle coïncide assez exactement avec les actes humains généralisés par l'expérience, tantôt elle les contrarie et les fausse, quand elle leur impose le résultat de rêveries personnelles, ou bien des formules surannées devenues incompatibles avec un état social et scientifique plus avancé. Ce mérite négatif et ces deux vices réels de la morale métaphysique existent naturellement dans celle de Platon. Saine et belle quand elle confirme l'expérience (à laquelle elle n'ajoute aucune efficacité supérieure), elle est chimérique et nuisible quand elle s'en écarte. Nous la considérerons tour à tour sous ces deux aspects.

La vertu est la science du bien ; il y a trois vertus principales : la prudence, qui correspond à la raison ; le courage, qui répond à la passion noble ; la tempérance, qui règle les appétits. Le concours de ces trois vertus est la justice. Prudence, courage, tempérance, justice, ou les quatre vertus cardinales, constituent la vertu. Le bonheur consiste dans le rapport de l'âme avec la justice et l'ordre qui en est l'application. « Il est meilleur ou même plus avantageux de subir une injustice que de la commettre. » Telle est la partie solide de la morale de Platon.

Mais quand Platon, isolant la justice des conditions qui en suggèrent l'idée, l'étend à l'univers, la concentre dans un principe abstrait, préexistant, dont émanent les institutions et les lois humaines, il la dépouille de toute certitude et de toute réalité. En la transfigurant d'après son idéal particulier, il l'a défigurée ; et quand, du ciel métaphysique, redescendu parmi les hommes, il la rapporte sur la terre, les hommes ne la reconnaissent plus. De là les aberrations de sa politique.

Sous prétexte d'ordre, il établit quatre castes : les laboureurs et les artisans, dont la vertu est la tempérance, c'est-à-dire l'obéissance ; les guerriers, dont la vertu est le courage, le rôle de combattre l'ennemi, et surtout *d'étouffer la sédition, avec force et douceur* ; enfin les magistrats, philosophes en qui réside la justice, et auxquels appartient le gouvernement suprême. On sent dans cette organisation factice si chère à toutes les réactions le tempérament aristocratique du descendant de Codrus, la haine de la démocratie, encore accrue par le spectacle de toutes les misères de la société athénienne aux cinquième et quatrième siècles.

Sous prétexte d'harmonie et d'unité, Platon supprime la propriété individuelle et la famille, principes de division et d'hostilité.

La propriété est à l'État, les femmes et les enfants sont communs. Voilà où entraînent l'oubli de l'expérience, le dédain métaphysique pour les conditions naturelles de l'individualité et de la société humaines.

Il est vrai que dans *les Lois,* si ce dialogue est authentique, Platon déroge sensiblement à la rigueur des conceptions saugrenues développées dans *la République,* il les accommode à la réalité. Tout en maintenant à l'État la propriété abstraite, il concède la propriété individuelle, organise des pouvoirs élus par des censitaires, des tribunaux élus, des jurés, trois degrés de juridiction ; il admet un vague recours au peuple, l'égalité devant la loi avec aggravation de la peine pour le riche et le puissant. Il émet des idées justes sur le pouvoir civilisateur de l'instruction et sur l'application correctrice du châtiment dérivé de la justice et non de la vengeance. Ses *Sophronistéres* sont le prototype de nos colonies pénitentiaires et de nos prisons moralisantes (?). Mais, en dépit des améliorations réelles imposées à sa théorie par une expérience approximative, sa constitution à peu près rationnelle et viable n'est qu'une sorte d'orléanisme anticipé : petite conclusion d'une si haute morale.

L'esthétique de Platon est une dépendance de sa morale. Pour lui, le Beau étant identique au Bien et au Vrai, le but de l'art est l'expression du bien et du vrai par le beau. La beauté qui n'a point pour substance la vérité et la perfection n'est qu'une enveloppe vide, menteuse et condamnable. L'art pour l'art n'a droit à aucune place dans la cité ; les fictions poétiques, fussent-elles l'œuvre d'Homère ou d'Hésiode, sont bannies de la République. Il y a là, chez l'auteur de tant de fictions, une sévérité peu intelligente, peut-être une affectation d'excentricité, une hyperbole qu'il ne faut pas prendre au pied de la lettre. On pourrait répondre à ce poëte proscripteur de la poésie que les fictions poétiques n'offrent de danger et ne sont contraires à la vérité et au bien que si l'imagination les prend pour des réalités. Mais la véritable faiblesse de la théorie platonicienne, son erreur capitale, réside dans la confusion du bien avec le vrai, du vrai avec le beau. Si le bien et le beau, quoiqu'ils n'appartiennent pas à la même classe d'impressions et d'idées, sont deux caractères de même ordre, ils ne sont liés au vrai par aucune espèce de rapport. Le vrai n'admet aucune modalité ; il est ou il n'est pas. S'il est, cela lui suffit ; il demeure indifférent à la beauté comme à la laideur, au mal comme au bien. Mais nous aurons lieu d'exposer, dans la seconde partie de cet ouvrage, les éléments fort complexes de l'esthétique et d'établir que la théorie unitaire de Platon, bien que susceptible d'applications louables, écarte la qualité maîtresse de l'art, qualité chère à Socrate cependant, l'expression, l'interprétation personnelle des innombrables aspects de la réalité physique, intellectuelle ou morale.

Nous résumons la marche de la pensée platonicienne : une dialectique qui réfute l'un par l'autre les systèmes matérialistes et idéalistes ; une psychologie des plus imparfaites, étrangère à toute connaissance ou à tout soupçon même de l'organisme humain ; une logique peu précise et trop ambitieuse, qui entend soumettre l'univers au raisonnement et lui imposer les conditions et les facultés de l'homme ; une morale également sommaire, en partie juste et saine, parce que, bon gré mal gré, elle se fonde sur l'expérience acquise et sur les rapports sociaux ; une métaphysique suggérée par cette psychologie et cette morale, mais qui à son tour les pénètre, les vicie et en fausse l'application politique et esthétique ; une physique subordonnée à la métaphysique, où la substance est remplacée par la virtualité, le type, l'idée. En somme une conception subjective qui n'ose cependant supprimer le monde, mais qui ne peut le comprendre : un dualisme chimérique qui n'apprend rien sur le monde et sur l'homme.

L'enseignement de Platon, qui pèse encore sur nous, a exercé sa funeste influence sur l'esprit encyclopédique d'Aristote. Malgré ses révoltes heureuses, malgré ses tendances remarquables vers la méthode expérimentale, ce vaste génie n'a pu échapper au joug de la logique et de l'anthropomorphisme. Du moins il a donné aux théories rationalistes une rigueur et une précision qui permettent d'en reconnaître tout le néant lorsqu'on essaye de les appliquer à la conception du monde.

Mais, avant de nous engager dans l'exposition des œuvres et des doctrines du plus grand des dualistes, des conciliateurs de l'esprit et de la matière, nous devons une mention aux successeurs directs de Platon.

Les théories de Platon étaient si flottantes, elles reflétaient tour à tour tant de doctrines diverses, que ses plus proches disciples retournèrent aux philosophies antérieures ou empruntèrent aux systèmes contemporains des données inconnues à leur maître. Speusippe, le neveu de Platon, qui lui succéda à l'Académie en 349, dévia vers Pythagore, Parménide et Euclide pour la métaphysique, vers Cratès le Cynique pour la morale. On ne saurait même affirmer qu'il n'ait pas incliné quelquefois à l'empirisme. Mais ses ouvrages, fort nombreux (Aristote, qui les réfute, les acheta trois talents), ont péri, et il est difficile d'expliquer comment il conciliait l'Etre suprême, dépourvu de toute qualité, du bien comme de l'intelligence, avec une autorité scientifique de la sensation, et son axiome ultra-stoïcien : « Le plaisir est un mal », avec sa définition du bonheur : « Le bonheur est un certain état parfait dans les choses naturelles ; le bonheur est la fin de la vertu ». Son Dieu était celui du panthéisme, quelque chose d'animé et de vivant qui meut et gouverne la matière. Mais que devenait l'un en soi, neutre, sans qualités, pur néant, disait Aristote ? Il est probable qu'à l'exemple de Platon, Speusippe a souvent varié.

Son successeur, Xénocrate (339), autre disciple de Platon, n'évita pas davantage le retour à Pythagore ; le *Timée*, d'ailleurs, avec ses rêveries numérales et géométriques, l'y portait naturellement. Il donna pleinement dans la chimère des nombres, de la monade et de la dyade, des triangles, l'équilatéral, le scalène, l'isocèle, formules des choses immortelles et mortelles, divines et imparfaites, et des intermédiaires. Ce dernier ordre, fils de l'isocèle, se composait de génies, de forces immatérielles, d'entités métaphysiques. La série des nombres étant l'expression du rapport des êtres(?). Xénocrate admettait une progression sans lacunes entre le monde sensible et le monde intelligible. C'était encore un panthéisme où l'unité, mais active, et non pas neutre comme dans Parménide et

Speusippe, se manifeste par la raison et l'instinct. L'âme du monde circulant dans les choses, c'est la doctrine que nous retrouverons partout, à mi-chemin entre la métaphysique et le matérialisme. La morale de Xénocrate paraît avoir été plus sensée que sa physique et sa théodicée ; elle montrait le bonheur dans la vertu et la vertu dans le développement progressif et complet des facultés. Elle mettait la pratique au-dessus de la théorie. Zénon emprunta cette maxime à Xénocrate. A quoi bon troubler dans leur repos et Polémon, successeur de Xénocrate, maître aussi de Zénon, qui abandonna la dialectique et les subtilités platoniciennes, et Cratès d'Athènes. et Crantor de Soli, commentateur de Platon ? Arcésilas, qui rendit quelque lustre à l'école en dénaturant la doctrine, est plutôt un disciple de Pyrrhon. Ce fondateur de la moyenne Académie, croyant professer le doute de Socrate et de Platon, enseigna le scepticisme en métaphysique et en logique, en morale le probabilisme, fondé sur la vraisemblance et la convenance des actions avec leur but, qui est le bonheur. Polémiste habile, sa principale gloire fut d'embarrasser dans les replis de sa dialectique captieuse la logique aussi subtile que rudimentaire de l'honnête Zénon.

L'énumération de ces *minores* nous a conduits jusqu'aux premières années du troisième siècle. Peut-être devrions-nous lui donner pour conclusion l'exposé du pyrrhonisme, qui florissait à cette époque. Mais Aristote, qui nous réclame à titre d'élève et d'adversaire de Platon, était mort (322) avant que Pyrrhon (né en 340) eût dépassé l'âge des études préliminaires. Pyrrhon n'est pas de ceux qu'il suffit de mentionner. Ce qu'on appelle son scepticisme absolu, son *abstention*, demande à être compris, et d'ailleurs le rationalisme péripatéticien n'échappe point à sa vaste et péremptoire critique. Nous pouvons donc sans risque céder ici aux exigences de la chronologie, qui déjà nous ont empêché de rattacher Pyrrhon à l'école abdéritaine, dont il procède, comme ses maîtres Anaxarque et Protagoras.

Aristote est né en 384 à Stagire (Stavro), port de la Thrace, colonie fondée par les habitants de Chalcis en Eubée, à l'entrée de la presqu'île du mont Athos. Son père Nicomaque, médecin et favori du roi de Macédoine Amyntas II (393-369), appartenait à la famille ou à la corporation des Asclépiades (descendants d'Esculape (Asclépios). Orphelin à dix-sept ans, confié à un tuteur pour lequel il conserva toujours une vive reconnaissance et dont le fils devint plus tard son pupille et son gendre, Aristote vint achever son éducation à Athènes, au moment où Platon partait pour la Sicile. Ce fut donc trois ans environ après cette époque, vers sa vingtième année, qu'il commença de suivre les leçons du maître dont il devait ruiner la doctrine.

Durant près de vingt années, il vécut près de Platon, qui avait du premier coup deviné son génie. Nous passons sous silence ses relations avec ses condisciples Speusippe et Xénocrate, ses démêlés réels ou apocryphes avec le vieil Isocrate. Tout ce qu'on est fondé à affirmer sur cette période de sa vie, c'est qu'avant la mort de Platon (348), il professait avec éclat l'éloquence et les belles-lettres, et il y a lieu de penser que sa *Rhétorique* et sa *Poétique* furent ses premiers ouvrages. Il était absent d'Athènes quand Platon mourut. Speusippe s'était emparé de l'Académie. Aristote, froissé peut-être de ce qu'il regardait comme une usurpation, mal vu d'ailleurs comme Macédonien, se retira avec Xénocrate auprès du tyran d'Atarnée en Mysie, Hermias, ancien ami de son tuteur Proxène. La fin tragique d'Hermias, étranglé par Artaxercès, lui inspira de très-beaux vers, un *Péan* à la Vertu, qui nous a été conservé par Athénée et Diogène Laërce. Il s'enfuit avec la fille du mort, Pythias, qu'il épousa, et vécut deux années environ à Mitylène, dans l'île de Lesbos. En 343, Philippe de Macédoine lui confia l'éducation d'Alexandre, alors âgé de treize ans.

Pendant quatre ans, tantôt à Pella, dans un palais nommé le Nymphæon, tantôt à Stagire, dont il avait relevé les ruines et restauré les institutions, Aristote initia son fougueux, mais intelligent élève à la morale et à la politique, à l'éloquence et à la poésie, et aussi à l'histoire naturelle, à la physique, à la médecine, à la musique, voire même à la métaphysique ; il avait revu et annoté pour lui l'*Iliade*. C'est cette fameuse édition dite de la Cassette, le livre de chevet d'Alexandre, dont tant d'érudits ont déploré la perte. Bien que dès sa dix-septième année Alexandre ait été appelé au partage réel de la royauté, Aristote ne le quitta pas avant l'expédition d'Asie (335). De précepteur il était devenu conseiller, ami, autant qu'on pouvait l'être, de ce violent jeune homme.

Établi à Athènes dans un collége nommé le Lycée, il y ouvrit enfin son école de philosophie. Pendant treize années consécutives, il y enseigna, en se promenant (d'où les noms de *péripatétisme* et de *péripatéticien*), l'encyclopédie des connaissances humaines. L'école, très-suivie, reçut de lui un règlement, une discipline, maintenus par un archonte qui changeait tous les dix jours.

Plusieurs fois dans l'année, un repas de corps, où « une tenue décente était de rigueur », réunissait tout le personnel du Lycée. Deux conférences quotidiennes, deux promenades, correspondaient à deux degrés d'enseignement : — celle du matin, consacrée aux leçons les plus hautes, aux sciences les plus ardues, et où l'élite de l'école *écoutait* la parole et recevait toute la pensée du maître : c'étaient les ἀκροαματικοὶ λόγοι; — celle de l'après-midi, où le philosophe mettait à la portée du plus grand nombre des connaissances plus sommaires, plus générales et moins méthodiquement exposées : ἐξωτερικοὶ, ἐγκύκλιοι λόγοι, λόγοι ἐν κοίνω. On a essayé assez vainement d'introduire dans les œuvres d'Aristote cette division purement pratique.

Si, comme on le croit, la plus grande partie des ouvrages qui nous sont parvenus sous le nom d'Aristote, et qui ne forment peut-être que le tiers de ses œuvres, a été écrite durant ces treize années d'enseignement, on trouverait difficilement ailleurs l'exemple d'un aussi vaste labeur. Encore s'il s'était borné à réduire en systèmes plus ou moins rigoureux les procédés de la logique et les hypothèses de la métaphysique, à formuler avec sagesse les règles de la morale et de la politique, il aurait du moins trouvé chez ses devanciers, chez son maître, ou dans ses propres méditations, tous les éléments de sa doctrine : le champ des études subjectives est borné ; mais Aristote, et c'est là sa gloire, ce qui le met hors de pair, a été un observateur, un expérimentateur, un véritable savant. Il ne s'est pas souvent payé de contes, de rêveries, de puérilités dites *sublimes* ; quand il a voulu composer une politique, il a réuni et comparé plus de cent cinquante constitutions. Il a étudié les météores, les couleurs, l'acoustique, la botanique, la mécanique, enfin et surtout la zoologie. Il a écrit sur pièces l'histoire des animaux. Il a classé tous les échantillons de la faune et de la flore qu'Alexandre lui envoyait d'Asie, des collections pour lesquelles le conquérant dépensa plusieurs millions. Une véritable armée de chasseurs était employée à fournir les documents sur lesquels travaillait Aristote.

Mais achevons l'histoire de sa vie. On sait qu'Alexandre traînait après lui tout un institut de philosophes et d'artistes, parmi lesquels Anaxarque, Pyrrhon et Callisthène, le neveu d'Aristote. Il impliqua ce dernier dans une conspiration et le fit périr. Ce fut un meurtre odieux et qui dut singulièrement refroidir les rapports du disciple et de l'ancien maître. On a été jusqu'à supposer qu'Aristote ne fut pas étranger à la mort d'Alexandre ; mais Alexandre n'a pas été empoisonné. Au reste, ces hypothèses, probablement calomnieuses, importent aussi peu que les autres fables débitées par les envieux d'Aristote. Il passait si peu pour l'ennemi d'Alexandre, qu'il dut se soustraire en toute hâte, même avant la mort du conquérant, aux fureurs de la réaction. Accusé d'impiété sous le frivole prétexte d'autels élevés à sa première femme et à son ami Hermias, peu soucieux d'exposer sa personne à « un second attentat contre la philosophie », il se réfugia à Chalcis en Eubée ; il y mourut au bout d'une année, en 322, nommant pour exécuteur testamentaire son ami le roi Antipater, et léguant, dit-on, ses manuscrits à son disciple Théophraste, avec défense expresse de les rendre publics.

On conte que, ne pouvant comprendre le flux et le reflux, il se jeta dans l'Euripe en s'écriant : « Je n'ai pu te comprendre, Euripe, prends-moi ! » On a dit aussi qu'il s'était empoisonné. D'autres préfèrent qu'il soit mort d'une maladie d'estomac. Les Stagiriens réclamèrent son corps et lui élevèrent un temple.

Strabon rapporte que les écrits d'Aristote demeurèrent inconnus pendant plus de deux siècles, et, en effet, il ne semble pas que les successeurs immédiats du philosophe, Théophraste, Strabon, Lycon, Démétrius, aient commenté ou exposé ses œuvres. Ce n'est qu'au temps de Cicéron qu'Andronicus de Rhodes les trouva à Rome et les fit connaître. Il y a donc quelque vraisemblance dans les traditions rapportées par Strabon sur leur étrange destinée. Des mains de Théophraste, les œuvres d'Aristote auraient passé à un certain Nélée de Scepsis en Troade, puis des héritiers de Nélée à un riche amateur d'Athènes, Apellicon. Sylla les emporta à Rome et Andronicus les acheta aux héritiers du bibliothécaire de Sylla. Quant à une copie déposée à la bibliothèque d'Alexandrie, Athénée est le seul qui en fasse mention. Au reste, Cicéron déclare qu'Aristote n'était connu que de bien peu de lecteurs, « même parmi les philosophes ». Et, tandis que les doctrines de Platon, de Zénon, d'Épicure étaient le sujet de toutes les controverses, le Stagirite restait pour ainsi dire au second plan, lui qui devait pendant quinze cents ans régenter la logique et la métaphysique.

La question d'authenticité n'importerait en cet aperçu que si elle se rapportait à la plus grande partie des livres qui nous sont parvenus sous le nom d'Aristote. Elle a été posée trop tard pour pouvoir être résolue. Les nombreux fragments conservés par des écrivains divers, qui ne se retrouvent pas dans les œuvres que nous possédons, font plutôt supposer des pertes que des interpolations, toujours possibles d'ailleurs. Ajoutons qu'une foule de citations postérieures sont textuellement empruntées à l'*Organon*, à la *Physique*, à la *Métaphysique*, aux traités qui sont venus jusqu'à nous, et qu'admettaient certainement les critiques anciens. Mais il ne faudrait s'étonner ni que des livres rongés de vers pendant des siècles eussent été retouchés et altérés en bien des points, ni que des ouvrages étrangers à Aristote se fussent glissés dans une collection qui a passé par tant de mains.

La liste des œuvres d'Aristote est peut-être le plus bel éloge de ce laborieux génie et le tableau le plus complet des études que comportait la philosophie chez les anciens, telle que la comprenaient Démocrite et son école. Car Aristote, malgré ses digressions métaphysiques, est avant tout le successeur des grands Ioniens, l'un des créateurs de la science expérimentale.

L'embarras est de classer tant de richesses dans un ordre méthodique et qui en préjuge exactement la valeur : il s'en faut que toutes aient la même importance, soit historique, soit réelle. Celles qui ont assuré la domination d'Aristote sur le moyen âge chrétien et sur le rationalisme moderne sont, pour la philosophie objective, les moins précieuses de toutes, et parmi les autres il en est peu qui ne soient infectées du vice métaphysique (nous ne confondons pas, cela va sans dire, l'erreur presque inséparable d'observations incomplètes avec la divagation subjectiviste).

On peut adopter les cadres suivants : Physique et sciences diverses. Botanique. Zoologie. Physiologie. Morale et politique. Logique. Rhétorique. Psychologie. Métaphysique.

1° PHYSIQUE, etc. I, *Leçons de physique*, en huit livres. II, Traité du *Ciel*, en quatre livres. III, *Météorologie*, en quatre livres. IV, Les positions et les noms des *Vents* (*Du monde, à Alexandre*, apocryphe). V, Traité des *Couleurs*. VI, Traité d'*Acoustique*. VII, *Problèmes mécaniques*. VIII, Traité des *Signes insécables*. IX, *Les Problèmes*, en cinquante-sept sections (vaste recueil de questions. Petit recueil de *Récits surprenants*, apocryphe).

2° BOTANIQUE. *Traité des Plantes* (apocryphe?).

3° ZOOLOGIE. I, *Traité de la génération et de la destruction*, en deux livres. II, *Histoire des animaux*, en dix livres (le dernier apocryphe). III, *Des parties des animaux*, en quatre livres. IV, *Du mouvement des animaux*. V, *De la marche des animaux*. VI, *De la génération des animaux*, en cinq livres.

4° PHYSIOLOGIE. I, *De la respiration*. II, *De la sensation et des choses sensibles*. III, *De la mémoire et de la réminiscence*. IV, *Du sommeil et de la veille*. V, *Des rêves et de la divination par le sommeil*. VI, *De la longévité et de la brièveté de la vie*. VII, *De la jeunesse et de la vieillesse*. VIII, *De la vie et de la mort*. IX, Traité de *Physiognomonie*.

5° MORALE (Aristote disait : *Philosophie des choses humaines*).

I, *Morale à Nicomaque*, en dix livres. II, *Grande morale*, en deux livres. III, *Morale à Eudème*, en sept livres (II et III, rédactions nouvelles attribuées à deux disciples). IV, Fragment *sur les Vertus et les Vices* (extraits d'un ouvrage perdu).

6° Politique. I, *La Politique*, en huit livres. II, *L'Économique*, en deux livres (le second, apocryphe). III, Fragments du recueil des 171 *Constitutions* (Héraclide de Pont a fait un résumé de cet ouvrage). On possédait encore ce recueil au douzième siècle.

7° Logique ou Organon (titres qui n'appartiennent pas à Aristote). I, *Les Catégories*. II, *Hermeneia*, *De l'Interprétation* (traité de la proposition). III. Traité du *Syllogisme*, nommé plus tard *Premiers Analytiques*, en deux livres. IV, Traité de *la Démonstration*, plus tard *Derniers Analytiques*, en deux livres. V, Traité de *Dialectique*, ou *Topiques*, en huit livres. VI, *Réfutations des Sophistes*.

8° Rhétorique, critique littéraire. I, *Art de la Rhétorique*, en trois livres. (*Rhétorique à Alexandre*, apocryphe). II, *La Poétique*, fragment.

9° Psychologie. Traité de *l'Ame*, en trois livres.

10° Métaphysique. I, *La Métaphysique* (le titre n'appartient pas à Aristote; il se trouve pour la première fois dans Plutarque, on l'attribue à Andronicus de Rhodes.), en quatorze livres (le douzième, entre autres, est considéré comme apocryphe). II, Petit traité *sur Mélissos, Xénophane et Gorgias*.

Ce n'est pas ainsi que les rationalistes classent les œuvres d'Aristote; ils placent en tête, comme préliminaire et comme instrument (ὄργανον), *la Logique*, cette grammaire de la pensée dont Aristote fut le très-subtil inventeur. Le philosophe lui-même aurait probablement adopté la division proposée au cinquième siècle par David l'Arménien : partie *organique* ; partie pratique ; partie théorique. Mais, d'une part, la logique n'a point cet office universel qu'on lui attribue ; en dehors des choses humaines, dans le domaine scientifique, elle n'est qu'un très-secondaire instrument de connaissance ; c'est, en outre, un dangereux guide. D'autre part, la division tripartite laisse de côté le titre le plus solide d'Aristote à notre reconnaissance, l'*Histoire des animaux*. On remarquera que, dans nos huit premières séries, l'observation domine ; dans les neuvième et dixième, l'imagination logique, ou mieux la logique imaginaire : ici le métaphysicien ; là le naturaliste et l'observateur.

Essayons maintenant de résumer, dans chaque ordre auquel ressortissent les différents ouvrages d'Aristote (mais sans nous attacher au texte de ces livres, l'espace nous le défend), les découvertes, les opinions, finalement la pensée, souvent obscure, du Stagirite : d'abord sa conception du monde réel, animaux, homme, vie individuelle et sociale ; ensuite sa conception du monde métaphysique et des prétendues lois qui gouvernent la réalité.

La physique des anciens est si rudimentaire, si conjecturale, qu'elle ne peut avoir pour nous qu'un intérêt de curiosité. Sans relever quelques notions justes ou vraisemblables qui se rencontrent dans celle d'Aristote, et en dégageant autant que possible, ce qui est fort difficile, ses assertions de toute métaphysique, voici un résumé de ses idées sur le monde extérieur.

La terre est un globe qui occupe le centre du monde ; elle est immobile dans le milieu qui la soutient. Les astres sont également sphériques. Les étoiles fixes ne se meuvent pas d'elles-mêmes ; elles suivent la loi de leurs orbes, dont le mouvement est circulaire.

Il y a quatre éléments simples conversibles les uns dans les autres, c'est-à-dire dont les particules peuvent s'allier diversement : deux contraires, la terre, grave absolument, et le feu, léger par nature ; deux intermédiaires, l'air et l'eau. Le grave est porté vers le centre, le léger vers le ciel. La gravité et la légèreté sont les causes motrices des éléments ; elles produisent deux mouvements rectilignes, centripète et centrifuge. Il y a sept couples de qualités contraires : le froid et le chaud, tous deux actifs ; l'humide et le sec, passifs ; le grave et le léger ; le dur et le mou ; le visqueux et l'aride ; le rude et le doux ; le grossier et le ténu. (Cela vaut bien les *figures des atomes*, avec la métaphysique en plus.)

Le feu naît du chaud et de l'aride ; l'air, du chaud et de l'humide ; l'eau, de l'humide et du froid ; la terre, du froid et du sec.

La terre, l'eau et l'air sont enveloppés par la zone du feu où sont suspendus les astres, feu condensé, cause de la lumière et de la chaleur : ils frottent l'air et l'enflamment.

C'est dans le premier et le second livre du *Ciel* qu'il faut chercher les opinions d'Aristote et des anciens sur la figure, la situation, le mouvement, la pesanteur et la légèreté des astres.

Dans les *Météores*, un de ses plus curieux et plus savants ouvrages, il étudie avec une multitude d'exemples les phénomènes de l'air, de la terre et des eaux, et les effets de la combinaison des corps : vents, tonnerre, éclairs, exhalaisons, arc-en-ciel, parhélies, putréfaction. Il détaille, non sans adresse, tout ce qui concerne les météores aqueux, pluie, neige, grêle, rosée ; il donne de l'arc-en-ciel une explication fort ingénieuse ; il définit le vent un courant d'air et fait voir que sa direction dépend de causes diverses et peu connues, ce qui empêche d'en établir la marche générale.

Au-dessus du ciel des astres est le premier ciel, l'éther, sphérique, animé d'un mouvement circulaire, qu'il communique au monde entier. C'est le premier mobile, inaltérable, éternel, sans qualités.

Au-dessus réside le moteur immobile, sans substance, sans forme (et qui n'agit que comme cause finale ; mais nous tombons dans la métaphysique).

Il y a donc trois essences : l'enveloppe suprême, essence immobile et incorruptible ; l'essence incorruptible et mobile qui descend jusqu'à l'orbite lunaire, et qu'on peut nommer aussi quintessence (cinquième essence), si l'on tient compte des quatre éléments graves ou légers ; enfin l'essence mobile et corruptible, qui descend de la lune au centre de la terre. (Traité du *Ciel*.)

L'univers est un globe fini, unique, éternel ; ne peut ni croître, ni diminuer. Les mouvements qui l'agitent, circulaire général, circulaires particuliers, rectilignes, contraires, causent dans le monde sublunaire les vicissitudes de génération et de corruption qui président à l'existence et à la vie.

Le fond de tout ce qui est, des quatre éléments, de l'éther lui-même, c'est la matière, une sorte de pâte plastique élaborée par la nature en corps dont elle est le terme dernier. Car ces corps ne diffèrent que par la figure, la quantité, le mouvement, le repos, par des caractères contingents, accidentels.

La matière est ce qui peut être ou n'être pas telle chose particulière ; le possible, la puissance ; ce qui n'est « ni *qui*, ni *combien grand*, ni *quel*, ni *rien de ce par quoi l'être est déterminé* ».

Elle est susceptible de deux états, la forme et la privation. La forme, qui seule détermine la matière, est l'essence de l'être, l'aspiration sourde et constante, l'accomplissement et la fin, l'*acte*, l'*entéléchie* de la matière. Il n'existe (sauf le premier moteur) aucun être sans matière et sans forme. La privation, très-obscure, est, ou bien l'état de la matière entre une forme qui meurt et une forme qui va naître, ou bien, dans une forme donnée, l'absence d'une autre forme qu'aurait pu également revêtir la matière. Puissance, acte, virtualité, tels seraient les trois termes qui résument le monde.

Ailleurs, Aristote préfère quatre causes : la matière ou sujet ; la forme ou ensemble des qualités essentielles ; la cause motrice ; la fin, ou le but du changement. Mais la troisième est peut-être assimilable à la privation ou virtualité ; la dernière rentre dans la forme ou acte. En somme, sous toutes ces subtilités, on découvre une pensée profondément ionique : la substance et les accidents de la substance ; c'est là tout le secret des *Catégories*.

Le mouvement joue un grand rôle dans la physique d'Aristote ; c'est le mouvement qui, par génération, altération, accroissement et décroissance, translation, opère sur la substance, la qualité, la quantité et le lien des choses. Le mouvement unit ce qui est possible à ce qui va être actuel. Il est « l'actualité du possible, en tant que possible ». Quel étrange langage ! Aristote est plus clair quand il donne pour cause au mouvement (ou plutôt pour occasion) l'action et la réaction des deux contraires actifs, le chaud et le froid. Et cependant il sait bien, et il le laisse à entendre ailleurs, que le chaud et le froid ne sont que des sensations. En tout cas, ce ne sont que des idées générales, des *universaux* sans réalité, des états des corps.

Aristote attribue un rôle à la *nature* dans la formation des êtres. Mais qu'entend-il par *nature*? Rien que de vague et d'obscur. Tantôt la nature est la matière brute, le possible; tantôt elle est la réalisation de la matière par la forme; tantôt la cause motrice individuelle de chaque être; tantôt le but, la fin de chaque être individuel, ce qui fait qu'il est arbre, cheval, homme. En résumé, la nature n'est qu'un terme général, un *universel* qui n'a qu'une existence logique; une manière de parler (ajouterons-nous : pour ne rien dire?).

Le principe des choses n'est point un, comme il a plu aux Éléates; ce n'est point l'homœomérie d'Anaxagore, ni les atomes de Démocrite, ni les éléments de Thalès et de son école, ni le nombre de Pythagore, ni les idées de Platon. Mais, en dépit de cette affirmation, il est facile de retrouver dans sa *Physique* presque toutes les hypothèses de ses devanciers : un suprême moteur immobile, pur néant, un emboîtement de cieux, les quatre éléments classiques, munis de quatorze qualités fondamentales, simples, mais combinés selon ces qualités par divers mouvements rectilignes et circulaires; une substance générale, la matière, déterminée par la forme, qui est le type des êtres (leur essence); c'est de quoi satisfaire Parménide, Anaximandre, Démocrite, Anaxagore et Platon lui-même.

Mais Aristote, qui ne le voit? et nous aurons plus d'une occasion de le démontrer, est foncièrement matérialiste, un matérialiste subtilisant, qui s'ingénie à dissimuler le réel sous l'abstrait. C'est le vice incurable contracté dans la compagnie de Platon.

Nous avons vu que tout corps est une *matière* (ou puissance) revêtue ou privée d'une *forme* qui la constitue en *acte* par l'effet du *mouvement*, cause de génération et d'altération, qui renouvelle incessamment les choses et remplace les morts par les vivants, sans rien ajouter, sans rien ôter à la substance fondamentale, au possible.

Réduite à ces termes, la théorie est amplement justifiée par l'observation. En présence des objets eux-mêmes, végétants et vivants, Aristote se relâche quelque peu de son apparente rigueur métaphysique ; il se retrouve disciple de la véritable science. Abondamment fourni de toutes les plantes et de tous les animaux de l'Asie, il les décrit avec soin, les classe d'après leurs rapports et leurs différences.

Il remarque que les divers degrés de la vie sont représentés par l'intelligence, la sensibilité, la locomotion, la nutrition et la reproduction. Au bas de l'échelle sont les plantes, qui s'accroissent et se reproduisent ; elles ne sentent pas. Il leur accorde une *âme* végétative. Le feu, avec les autres éléments, contribue à leur nutrition. La nutrition a pour fin la reproduction ; les sexes apparaissent, dans la plante, ordinairement réunis sur la même tige.

Le règne animal a en propre le sentiment et la locomotion ; il joint à l'âme végétative l'âme sensitive et l'âme locomotrice. Comme la plante, l'animal naît d'un germe qui n'a la vie animale qu'en puissance, jusqu'au jour où il se sépare de la mère et se développe pour lui-même.

Tout végétal ou animal particulier naît d'un végétal ou animal particulier. Il est incréé. Le genre et l'espèce sont fixes et éternels.

Aristote ne sépare pas l'homme de l'animalité, il lui accorde seulement une quatrième âme, la raison, qui suppose les trois autres et qui prend la direction des divers moteurs.

L'*Histoire des animaux* est le chef-d'œuvre d'Aristote. Elle nous est plus précieuse que ses appendices sur les *parties*, sur la *génération* des animaux, parce qu'elle expose avec une certaine méthode des faits observés et s'égare peu dans la recherche hypothétique des causes. « L'histoire de l'homme, considéré simplement comme animal, est complète dans son ouvrage ; et dans le nombre des animaux de l'ancien monde il n'en est presque aucun, depuis le cétacé jusqu'à l'insecte, soit qu'il se meuve sur la terre, qu'il s'élève dans les airs, ou qu'il demeure enseveli sous les eaux, dont Aristote ne nous apprenne quelque particularité : tout ce que les yeux peuvent découvrir lui semble connu ; et l'éléphant qu'il a disséqué, et cet animal imperceptible qu'on voit à peine naître dans la pourriture et la poussière. »

Dans ses quatre premiers livres, il décrit avec tous leurs détails les parties du corps des animaux ; les trois suivants étudient leur naissance, leur reproduction, la durée totale de leur vie ; le huitième traite de leurs aliments, le neuvième de leurs mœurs. C'est un puissant essai de zoologie comparée, où tous les rapprochements et toutes les exceptions sont appuyés d'exemples. A-t-il à traiter du crâne humain ? il en rapproche la tête de tous les autres animaux ; du poumon ? il rapporte tout ce qu'on savait des poumons des animaux, et fait l'histoire de ceux qui en manquent ; de la génération ? il recherche dans le règne entier tous les modes d'accouplement, de gestation et d'accouchement ; du sang ? il énumère et dépeint les animaux qui en sont privés. Autour de l'homme, qui est son point de comparaison, il groupe, il accumule les faits et n'écrit pas un mot qui soit inutile.

La collection de ses petits traités, nommés *Parva naturalia*, sur la respiration, la sensation, la mémoire, la durée de la vie, est comme une esquisse de psychologie physiologique, dont on retrouve bien des traits dans son ouvrage sur l'*Ame*, que nous rejetterons, avec la *Métaphysique*, au dernier plan, bien que, dans l'ordre chronologique, il puisse revendiquer, à ce qu'on croit, la priorité.

Aristote a étudié les conditions et les caractères de la vie animale, et de l'activité humaine. Il peut venir à l'examen de la faculté supérieure qu'il concède exclusivement à l'homme, la raison, ou mieux le raisonnement exprimé par le langage, instrument de certitude et règle des actions.

Contrairement à la doctrine de Platon qui rapporte toute certitude à l'intuition directe du type, de l'*idée*, de la prétendue réalité idéale, et qui refuse toute autorité à des sens corporels, faibles jours ouverts dans le mur d'une prison ténébreuse, Aristote est trop un observateur pour n'être pas un sensualiste déterminé ; il professe que la sensation est le principe de toute connaissance : c'est la maxime fameuse, qu'on ne trouve nulle part dans ses écrits, mais qui formule bien sa pensée « de derrière la tête », le point de départ de sa doctrine personnelle : *nihil est in intellectu quod non prius fuerit in sensu*, rien dans l'intellect qui n'ait été dans la sensation. Il va jusqu'à dire que la perte d'une sensation serait la perte d'une science : « pas d'organe olfactif, pas d'odeur », et ainsi de suite. La perte de toutes, et du tact qui les résume, serait la suppression de la pensée. La sensation, le souvenir qui la fixe et l'accumule, l'expérience qui naît du souvenir, précèdent la raison et sont les conditions de toute science. Avant la sensation, l'âme est la tablette vierge où aucun caractère n'est tracé. Mais Aristote n'ignore pas que la sensation n'est qu'un rapport entre le sujet sentant et l'objet senti, qu'elle disparaît avec le sujet, qu'elle est passagère, relative, douteuse et peut-être illusoire. C'est pourquoi Démocrite et Protagoras, sans parler de Parménide et de Pyrrhon, désespéraient d'atteindre le vrai, la réalité. Ils cherchaient malgré eux l'être en soi, cette chimère de tout rationalisme. Aristote a subi cette illusion radicale ; non content de la certitude relative à nous, de la sensation contrôlée par l'expérience, il a cru trouver dans la « raison » et dans le raisonnement un pont à jeter sur l'abîme qui sépare le contingent du nécessaire et de l'absolu. Il s'est ingénié à distinguer une raison passive, née de l'expérience, et une raison active, qui nous vient du dehors, d'en haut, par la porte (quelle? encore la sensation), Θύραθεν. Il s'en est rapporté à la *démonstration*, sorte de preuve obtenue par un certain arrangement des mots et des idées qui leur correspondent. Il n'a pas vu, ou il n'a pas voulu voir que la démonstration n'est jamais que la confirmation d'un fait ou d'une loi d'expérience par un dénombrement sommaire des éléments contenus d'avance dans la proposition. La démonstration n'ajoute rien au fait énoncé, elle l'analyse et le détaille ; la logique ne prouve pas, elle éclaire, ou du moins elle peut éclairer. Son office est grand encore, et nous la verrons à l'œuvre dans l'ordre subjectif, dans la conduite de la vie ; mais dans l'ordre objectif, dans la connaissance du monde, elle ne peut jamais suppléer la constatation, l'expérience.

Nous avons dû nous étendre sur l'ambition et l'erreur fondamentale de la logique aristotélique, parce que son règne de deux mille ans a favorisé, aggravé dans l'esprit humain le développement et les effets de la plus tenace des illusions, l'anthropomorphisme rationnel. Mais son influence même et sa renommée sans égale prouvent du moins le génie de celui qui l'a inventée, qui s'est proclamé lui-même le créateur du *syllogisme*. Si, pour Aristote et pour tout le monde, la logique est d'abord l'analys du raisonnement humain, puis la *science*, la grammaire, des lois formelles de la pensée, elle semble bien aussi être pour lui, quoique M. Barthélemy Saint-Hilaire en doute, l'*art* qui mène infailliblement à la vérité.

L'objet de la logique étant la démonstration, la démonstration comportant une série de propositions constituées par des mots, l'*Organon* doit partir des éléments verbaux, en marquer la place dans la proposition qui traduit ou interprète la pensée, régler l'enchaînement des propositions, pour atteindre enfin à la démonstration. Quatre ouvrages sont consacrés à ces quatre parties de la logique : les *Catégories*, le περὶ Ἑρμενείας (de l'*Interprétation*, de la Proposition); le traité du *Syllogisme* ou *Premiers Analytiques*; le traité de la *Démonstration* ou *Derniers Analytiques*.

Les Catégories sont les modes généraux sous lesquels la pensée humaine envisage et classe les êtres et les idées. De ces cadres commodes, mais purement subjectifs, la scolastique a fait les *Universaux*, entités au même titre que les *Idées* platoniciennes. En les proclamant *nécessaires*, Aristote ne les a point isolées de la pensée humaine; il ne leur a pas donné une existence propre; il n'y a vu que les classes suggérées par une observation très-attentive. Beaucoup de philosophes avant lui ont tracé de ces tableaux. S'il ne connaissait pas les six catégories de l'Indien Kânada (substance, qualité, action, le commun, le propre, la relation) et les seize de Gôtama (que M. Barthélemy Saint-Hilaire prétend simplement dialectiques ou rhétoriques), il rapporte lui-même les dix antinomies de Pythagore : le fini et l'infini; l'impair et le pair; l'unité et la pluralité; le droit et le gauche; le mâle et la femelle; le repos et le mouvement; le droit et le courbe; la lumière et les ténèbres; le bien et le mal; le carré et les figures à côtés inégaux. Quant aux catégories d'Archytas, ce n'est qu'une contrefaçon alexandrine du système d'Aristote.

Les Catégories d'Aristote sont au nombre de dix : substance, quantité, relation, qualité, lieu, temps, situation, manière d'être, action, passion ; six catégories supplémentaires : opposition, contrariété, possession, priorité, simultanéité, mouvement, rentrent aisément dans quelqu'une des dix premières. Notez que ces modes de la pensée ne sont point du même ordre. Neuf sont des déterminations d'un seul, la substance, et ne forment que les subdivisions d'une classe, le groupe des attributs ou accidents. Il n'y a donc, à proprement parler, que deux catégories : la substance et l'accident. Au reste, plusieurs sont secondaires et dérivées : toutes rentrent dans le lieu et le temps ; la situation ; la manière d'être, l'action, la passion, dans la relation. La classification d'Aristote, comme toute autre, est donc en grande partie factice.

Mettons que les Catégories expriment les divers aspects sous lesquels l'homme peut envisager les choses, quand il cherche à les définir. Nous voici en possession de la matière première du discours, des catégories auxquelles se rapportent tous les mots. Mais ces mots n'affirment et ne nient rien ; ils ne sont ni vrais ni faux. Ils ne motivent un jugement que quand ils sont réunis dans une proposition énonciative, générale ou particulière. Toute proposition est l'assemblage d'un sujet ou substantif et d'un attribut ou prédicat, reliés par une copule exprimée ou sous-entendue dans le verbe. Le prédicat est ce qu'on affirme ou ce qu'on nie d'un sujet donné. L'*Herméneutique* d'Aristote est l'interprétation et la classification des propositions.

Les catégories et les propositions sont l'élément du raisonnement, sa forme est le syllogisme. Le syllogisme se compose de trois propositions, la majeure, la mineure et la conséquence ; la majeure et la mineure sont les prémisses. Les trois propositions sont ordonnées de telle façon que la première contienne la seconde, et la seconde la troisième. Dès lors, la troisième est aussi contenue dans la première, et la conclusion est fondée, verbalement du moins, car les propositions ne sont que des affirmations ou négations sans preuves. (La preuve n'est fournie que par l'expérience.) Nous ne pouvons entrer dans l'exposition des trois figures, des quatre modes du syllogisme, des quatorze combinaisons concluantes et des trente-quatre qui ne concluent pas. Cet appareil compliqué est examiné, démonté jusqu'à ses plus minces rouages, dans les *Premiers Analytiques*. Ce travail de patience est-il aussi utile qu'il est ingénieux? Là est la question. Le syllogisme, allant du même au même par l'intermédiaire du semblable, peut bien engendrer la conviction pour tous ceux qui sont d'accord sur les propositions énoncées; mais il n'enseigne, ne découvre, n'ajoute rien. Aristote lui demande trop, lorsqu'il le définit : « une énonciation dans laquelle certaines propositions étant posées, on en conclut nécessairement quelque autre proposition *différente* de celles-là, par cela seul que celles-là ont été posées. »

Toute la théorie du syllogisme est fondée sur le fameux principe de contradiction, qu'Aristote formule de plusieurs manières : « Une chose ne peut pas à la fois être et ne pas être en un même sujet et sous le même rapport; — la même chose ne peut pas en même temps être et ne pas être; — l'affirmation et la négation ne peuvent pas être vraies en même temps du même sujet; — le même sujet n'admet pas en même temps deux attributs contraires. » Nous verrons plus tard que Kant a restreint l'autorité de ce principe aux jugements qu'il nomme *analytiques*, où l'attribut est une simple conséquence du sujet, et qu'il ne cherche que dans la foi ou l'expérience le criterium de ce qu'il appelle les jugements synthétiques.

La démonstration est une suite de syllogismes, d'où naît la science. C'est là une proposition des plus contestables, puisque, d'une suite de syllogismes, on ne peut tirer que ce qui y est affirmé, ce qui y est contenu d'avance. La démonstration syllogistique n'est donc qu'un éclaircissement, sans garantie de certitude. Il est vrai qu'Aristote suppose que la démonstration part de principes certains, d'axiomes aussi évidents qu'indémontrables, émanés, non des sens, mais de la raison active, d'une raison abstraite, dont l'essence est extérieure et supérieure à l'homme. Il demande la certitude et la science à la métaphysique, lui l'observateur par excellence. Il s'adresse à ce qu'on nomme l'*à priori*, comme si l'à priori ne sous-entendait pas toujours un *à posteriori*, qui est l'expérience. Avant de déduire, il a fallu induire. C'est l'induction, ramenée par Aristote au syllogisme, qui établit ces prétendus principes et axiomes d'où découle la déduction. Il n'a pas suffisamment marqué la différence fondamentale de ces deux modes du raisonnement : l'induction qui conclut des parties au tout, du particulier à l'universel, et la déduction qui conclut du tout, de l'universel induit, à la partie. L'induction seule ajoute quelque chose à la connaissance ; seule, elle est l'instrument de la science générale.

Laissant de côté la théorie des idées nécessaires, des universaux logiques, négligeant les règles de la dialectique (laquelle est l'application de la logique au probable et au vraisemblable), l'énumération et la réfutation des sophismes, mentionnant seulement les vues ingénieuses ou profondes d'Aristote sur la rhétorique et la poésie, nous viendrons aux sciences qui procèdent à divers degrés, et dans l'ordre expérimental, de la zoologie, de la physiologie psychique et de la logique, à la morale et à la politique.

La morale d'Aristote est l'une des plus sages que l'antiquité ait formulées, parce qu'elle est presque entièrement expérimentale. Considérant que le plaisir et la douleur sont les deux ressorts universels de toutes les passions et le mobile de toutes les actions, elle prend pour objet le souverain bien de l'homme, et le cherche dans l'emploi des facultés humaines. Ce souverain bien est « un bien universellement désiré de tout le monde, qu'on désire pour lui-même, et pour lequel on désire tous les autres biens. » La morale individuelle n'est qu'une partie de la morale sociale, de la politique.

La félicité morale ne consiste point dans les plaisirs des sens, dans la richesse, dans la gloire, la puissance, la noblesse, ni même dans la contemplation des choses intelligibles ou des idées. Ce sont des auxiliaires qui n'y sont pas étrangers, et dont aucun ne doit être dédaigné ; mais avant tout elle consiste dans l'action, dans « la fonction d'une âme occupée » ; dans la pratique d'une vertu, dans le choix de la plus utile et de la plus parfaite. La vertu, bien qu'elle soit délibérée, choisie, dépend avant tout des dispositions de l'agent : il faut qu'il sache, qu'il veuille et qu'il persévère ; un seul acte vertueux n'est pas la vertu. Aristote est admirable dans l'analyse des vertus particulières, notamment dans ses théories de l'amitié et de la justice. « L'amitié, dit-il, consiste bien plutôt à aimer qu'à être aimé. »

Les vertus s'acquièrent par la volonté, l'usage ou la patience, et la raison. Toutes, courage, tempérance, libéralité, magnificence, magnanimité, bonté, modestie, douceur, popularité, intégrité, candeur, urbanité, pudeur, justice, équité tiennent le milieu entre deux extrêmes, qui sont des vices. De là l'axiome, souvent mal interprété : *in medio virtus*, il est un milieu qui constitue la vertu morale, en tout.

Mais la moyenne varie ; c'est à la « droite raison » de la fixer, à l'aide des grandes vertus rectrices : la science, l'art, la prudence, l'intelligence, la sagesse, qui sont les véritables guides dans la recherche du bonheur. Le souverain bien est donc l'exercice de la vertu sous le contrôle de la science et de la sagesse ; il n'exclut pas les biens inférieurs, les aises de la vie. Le plaisir est la fleur du bien, et la vertu active ne va pas sans quelque sereine volupté. Telle est la béatitude pratique, qui est celle de l'homme. Quant à la contemplative, elle appartient aux dieux.

On a reproché à la morale d'Aristote ce qui en fait précisément la force, c'est-à-dire sa précision, son allure expérimentale. La philosophie du sentiment, l'école du vague à l'âme, lui préfère hautement les mystiques élans de Platon. C'est affaire de goût. En somme, toutes les morales ne diffèrent qu'en degré ; toutes elles s'exercent, bon gré mal gré, dans le même domaine et, par des chemins en apparence divers, arrivent au même but, au bien de l'homme. C'est ici seulement qu'elles se séparent : les unes voient le bonheur dans un mirage impossible ; les autres, celle d'Aristote entre toutes, dans le développement pondéré des facultés humaines, dans les relations les plus utiles établies entre l'homme et le milieu où il vit, hors duquel il n'est pas.

En faisant de la morale une partie de la politique, Aristote a sacrifié l'individu à l'État. C'est une erreur où sont tombés tous les anciens, erreur pour nous, non pour eux que la *cité antique* enserrait de ses liens sacrés ; erreur de mesure, au reste, et qui renferme sa part de vérité.

L'homme, dit-il, est fait pour la société: « c'est un animal politique. » La société est l'état naturel du genre homme : en effet, la parole n'est-elle pas le signe évident de la destination sociale de l'homme ? Et quel sens auraient les idées de justice et d'injustice, hors d'un groupe social ? L'État seul complète la vie de l'individu.

A la base de la société est la famille, fondée sur l'autorité. Le pouvoir paternel y est royal, le pouvoir conjugal républicain : formule ingénieuse, mais que le droit moderne devra modifier dans sa première partie. Quant à l'État, son principe est l'égalité dans la liberté. Les esclaves seuls sont exclus de tout droit. Aristote considère l'esclavage comme un fait naturel et légitime qui correspond à l'inégalité native des hommes ; mieux valait encore le justifier par la guerre et par la convention, mieux encore par la nécessité d'un usage immémorial. La société antique ne pouvait se comprendre elle-même sans l'esclavage.

« L'élément de la cité, c'est le citoyen, qui participe directement ou indirectement aux magistratures. La souveraineté réside dans le plus grand nombre. » Aristote ne s'en prononce pas moins pour le gouvernement de transaction où la fortune, le mérite et la liberté se tempèrent réciproquement. « Ce tempérament se produit plus aisément par le rôle prépondérant des classes moyennes. »

Le bien de l'État prime le bien de l'individu ; ce bien, d'ailleurs, est le même : la vertu ; il se réalise par la science et par la sagesse, dont la prudence est la pratique. L'État, ne se conservant que par la vertu, doit la cultiver et la produire. Aussi l'éducation, qui mène au bien par le beau, est-elle le plus sûr appui de l'État : elle forme des hommes, c'est-à-dire des citoyens.

Il y a plus loin qu'on ne veut l'avouer de ces vues souvent admirables aux utopies platoniciennes.

En exposant, bien trop brièvement à notre gré, ce qu'Aristote doit à l'expérience, et ce que la science doit à Aristote, nous n'avons pu toujours en séparer les scories et les superfétations métaphysiques. Il y a deux hommes en lui ; il les a conciliés à force de volonté, mais il n'a pu les fondre, et partout on distingue dans son système péniblement enchaîné le continuateur de Démocrite et l'élève dissident de Platon. Dans ses livres de l'*Ame* et de la *Métaphysique*, c'est le second qui domine ; mais il porte, en ces matières imaginaires, la même rigueur voulue, et trop souvent apparente, que dans l'étude du monde physique et des sociétés humaines. Cette qualité, jusqu'à lui étrangère à la pensée grecque, cet appareil savant en des sujets qui sont hors de la science, ont valu à cette partie de ses doctrines une autorité sans bornes, à peine ébranlée aujourd'hui dans l'enseignement général, bien que virtuellement abolie par la constitution de la science positive. Aristote n'a pas inventé le rationalisme ; mais il en est le législateur ; il lui a donné trois évangiles : l'*Organon*, la Psychologie, la Métaphysique. Le premier, dans sa sphère d'efficacité restreinte, subsiste, parce qu'il s'appuie sur des observations directes et vérifiables ; les deux autres s'évanouissent devant l'analyse, parce qu'ils ne reposent que sur l'imagination logique transportée hors de toute expérience.

Aristote ne cesse d'opposer la science à la connaissance expérimentale ; celle-là, dit-il, diffère de celle-ci en ce qu'elle fournit par la démonstration la preuve de ce qu'elle avance. Or, il se trouve que la science fondamentale, la philosophie première est précisément celle qui ne fournit aucune preuve. Ce n'est pas faute de démonstration. Mais que peut la démonstration (même si l'on y admet une force probante) quand elle part de ce qui est à démontrer ? Pétition de principe, cercle vicieux : c'est donc là que, sans le vouloir, sans s'en douter, aboutit l'inventeur du syllogisme, tant la métaphysique pervertit les plus puissants esprits !

Tout est contradiction dans la psychologie et la métaphysique d'Aristote. Il admet la nécessité de l'expérience née de la sensation, et il proclame l'existence supérieure d'une droite raison, d'un intellect étranger à l'expérience et à la sensation, et qui opère par abstraction sur les éléments fournis par les sens et l'expérience.

Il ne croit point à l'immortalité de la personne humaine, et il reconnaît cependant une âme particulière à chaque individu, immortelle par essence.

Il ne croit pas à la providence, et il croit aux causes finales.

Il ne croit pas à l'action d'un dieu sur le monde sublunaire, et il accepte un dieu en acte, qui n'est pas en puissance.

Il croit que le mouvement est éternel, et il croit à un premier moteur immobile.

Il se débat dans ces antinomies et il n'en peut sortir. Comment s'étonner que les Athéniens l'aient soupçonné d'athéisme ? Comment s'étonner que ses disciples immédiats, rejetant ou ignorant peut-être les derniers livres de la métaphysique, probablement apocryphes, aient tous plus ou moins versé dans le naturalisme et le matérialisme, ou dans l'idéalisme athée ? enfin, que Pyrrhon ait fait table rase et laissé à la place du rationalisme dogmatique le scepticisme absolu, sans porter aucune atteinte à la science expérimentale ?

Mais essayons de définir, d'après Aristote, l'âme, l'être, la cause première, la cause finale et Dieu.

L'âme est la forme, l'entéléchie du corps organique naturel, elle a la vie en puissance. Elle est à la fois la cause première et la cause finale. En somme, c'est un mot qui exprime l'ensemble des facultés humaines. C'est en ce sens qu'elle est triple ou quadruple, nutritive, sensitive et locomotrice, rationnelle. A ses trois premières énergies appartiennent la vie et la reproduction, les sens et l'imagination, et la mémoire, sur laquelle opère l'intellect, entendement ou raison, sens interne qui saisit le tout et juge sur le rapport des sens externes. Progression légitime, si la raison n'était essentiellement séparée de ce dont elle procède.

L'âme ne se meut point d'elle-même, car tout ce qui se meut est mû par un autre. Cependant une partie au moins de l'intellect semble échapper à cette loi, car il y a un intellect patient, passif comme les sens et périssable comme eux, bien que déjà il appartienne en propre à l'homme, et un intellect agent, et agent libre, immortel, éternel, et qui n'est point confondu avec le corps. Où va cet intellect actif après la mort des sens et de l'intellect passif? Au-delà des choses, sans doute, dans la sphère du premier moteur.

L'intellect actif paraît être fixé dans le cerveau, où il est venu on ne sait d'où, tandis que le reste de l'âme est, avec la vie, dans la poitrine : car la vie est une permanence de l'âme, retenue par la chaleur naturelle, et le principe de la chaleur est dans le cœur ; la chaleur cessant, la mort suit.

L'intellect et l'appétit sont les causes de la locomotion : l'un connaît la chose et la juge, l'autre la désire ou l'évite. Il y a dans l'homme deux appétits, l'un raisonnable et l'autre sensitif : celui-ci n'a de règle que les sens et l'imagination. Il n'y a que l'homme dont l'imagination délibère et choisisse le mieux ; cet appétit raisonnable, qui en naît, *doit* commander en lui à l'appétit sensitif qui lui est commun avec la brute.

L'intellect actif est pratique ou théorétique : le pratique meut la volonté à aimer ou à haïr, à désirer ou à fuir (mais l'appétit a déjà rempli cet office) ; le théorétique met en acte la chose intelligible, c'est-à-dire perçoit, *à priori*, en dehors de l'expérience, l'être et le principe.

Nous voici amenés à la *philosophie première*, depuis nommée *métaphysique*, qui s'occupe de l'être en tant qu'être et de ses principes. Qu'est-ce que l'être en tant qu'être? Un terme général exprimant l'ensemble abstrait des caractères de ce qui est, une catégorie, celle de la substance, en somme une entité. Quelle science fonder sur ce néant logique? Aristote y a trouvé la *substance* de quatorze livres. Nous passons sur la puissance et l'acte, la matière et la forme, déjà connus. Nous omettons les distinctions subtiles : « L'être est, ou par lui-même, ou par accident, ou en acte, ou en puissance, ou en réalité, ou en intention ; » les affirmations étranges : « L'entendement ne peut être trompé dans la connaissance des choses immuables; » les trois sortes de substances : l'une immobile, premier moteur, l'autre éternelle, premier mobile, premier ciel, l'autre corruptible, monde sublunaire; toutes les définitions; et nous arrivons à la démonstration de la cause première. Elle est d'une faiblesse insigne.

S'il y a un mouvement et un temps *éternels*, il faut qu'il y ait une substance, sujet de ce mouvement *et mue*, et une substance, source de mouvement et non mue. La conclusion, au moins logique, serait : il faut qu'il y ait une substance et un espace *éternels*, et alors à quoi bon la cause première? Mais Aristote, ayant adopté ce principe : rien ne se meut, tout est mû, se perd dans l'enchaînement des causes motrices, puis tout d'un coup il s'arrête, car il faut s'arrêter, sans quoi on ne saisirait pas la cause, et il n'y aurait ni science ni démonstration; il s'arrête *en désespoir de cause* à un premier moteur, à une cause première, réellement indémontrable, et il est obligé de poser en axiome que toute démonstration part d'un indémontrable.

Le reste suit ou paraît suivre, traînant des raisons parfois spécieuses, le plus souvent pitoyables : le moteur universel est immobile, car rien ne peut le mouvoir; il est sans substance aucune, car il serait mû, ce qui vient d'être nié; il est acte pur, sans puissance, puisque toute puissance suppose une matière et quoique tout acte procède d'une puissance. Il n'a aucune grandeur, car, s'il avait une grandeur, elle serait finie ou infinie; or il ne peut être fini, puisqu'il meut d'un mouvement infini; ni infini, parce qu'il n'y a pas de grandeur infinie; et cependant, sans grandeur il est sans bornes. Il n'a point de parties, parce qu'il est parfait et que le parfait est un. Il est parfait, parce qu'il est l'être des êtres. Il est éternel, parce que le mouvement l'est, et le mouvement l'est parce que le monde l'est; le monde l'est parce que les principes élémentaires et leurs qualités le sont; ainsi Dieu est éternel *comme tout être l'est*.

Et cependant ce premier moteur est Dieu ; cet immobile est, selon Aristote, « un animal *vivant* », oui, vivant sans substance, sans nutrition, sans sensibilité. Il a l'intelligence, mais elle est enfermée en lui-même. Il est le bien suprême, et cependant il ignore le bien, le mal, la justice ; il n'y a en lui ni rapport ni action, bien qu'il soit l'acte pur. Il jouit de la félicité suprême, lui qui n'a ni corps ni âme, ni relation avec quoi que ce soit ; cette félicité consiste à se concevoir lui-même. Ne dirait-on pas une gigantesque ironie ?

Telles sont les contradictions, et bien d'autres, incluses dans la catégorie de l'idéal. Érasme disait (*Éloge de la Folie*, p. 124, traduction E. Des Essarts) : « Qui peut arriver à comprendre toutes ces subtilités, s'il n'a passé trente-six ans à user son esprit sur les traités physiques et métaphysiques d'Aristote ? » L'humanité accomplit en vain cette tâche depuis 2200 ans.

Cause première ; comment ? puisqu'il est immobile et ne se communique pas ; cause finale ; comment ? puisqu'il ne dirige rien et demeure au-dessus du premier ciel, totalement étranger aux successions des formes, aux choses qui ont une fin, au monde sublunaire. Qu'importe ? par sa théorie anthropomorphique de la puissance, de la virtualité, du possible, Aristote est entraîné à concevoir comme fin intentionnelle, quoique inconsciente, ô Hartmann ! chacune des conséquences fatales du mouvement. Or le moteur immobile est principe du mouvement.

Mais ce moteur ne meut pas, puisque le mouvement est éternel. Il ne meut pas ; et il meut, uniquement à titre de cause finale, comme modèle et objet d'aspiration universelle ; car il est le bien, et au bien sont suspendus le ciel et toute la nature.

Il laisse au premier ciel et à d'autres intelligences, immatérielles, éternelles, quoique inférieures, le soin de présider au mouvement sublunaire. Ces substances motrices des sphères sont-elles des dieux ? Pourquoi non ? Toutefois c'est un préjugé qu'on a accrédité parmi les peuples pour la sûreté de la vie et la conservation des lois (!).

Quant à lui, dieu de l'athée, dieu fainéant (dieu d'Épicure), dieu inutile, puisque la matière, le mouvement, l'espace, le temps sont éternels, il plane sur les sommets du monde, et s'occupe à se penser lui-même, de sorte qu'il est la pensée de la pensée, ἡ νόησις τῆς νοησέως.

Le démiurge de Platon prenait au moins la peine de façonner le monde et de surveiller l'astre et l'infusoire. Le dieu d'Aristote est la quintessence abstraite, la réduction à l'absurde des Idées-types de Platon.

Ces Idées, il y est revenu bien malgré lui, sans le vouloir, sans le savoir, car rien n'est plus fameux que la longue polémique qu'il a soutenue contre elles. Les éclectiques modernes ont voulu en atténuer les causes et les conséquences. Selon eux, en niant la réalité des universaux directement conçus par l'intuition rationnelle, qu'il prétend être des termes généraux abstraits, Aristote n'a ni visé ni détruit les universaux directs que Platon appelle idées; Platon admet aussi, comme Aristote, les autres universaux obtenus par l'abstraction. Aristote frappe à côté.

C'est donc qu'en vingt ans Aristote n'aurait pas compris la doctrine de son maître? Comment le supposer? Non. En tenant que les universaux sont des abstractions et que les Idées de Platon sont identiques à ces mêmes universaux abstraits, Aristote va bien à l'encontre du principe fondamental de Platon. Et cela est si vrai, qu'avec l'existence individuelle et substantielle des idées générales, avec leur prétendue influence sur la matière et le monde sensible, croulent, du même coup, l'hypothèse de la vie antérieure, la métempsycose, l'immortalité de la personne et la réminiscence platoniciennes. La victoire d'Aristote, d'ailleurs intermittente, a plus de portée qu'il ne lui en attribue lui-même; elle subordonne la pensée à ses conditions, à l'organisme qui la produit, les idées générales aux idées particulières suggérées par la sensation et l'expérience. Elle place le point de départ au concret, à l'individuel, que Platon tire de l'abstrait et du général. Elle substitue l'induction à la déduction, l'*a posteriori* à l'*a priori*. Mais Aristote a flotté. Tout en considérant les lois comme des résumés de l'observation, il a admis les vérités rationnelles, nécessaires, bases de la démonstration, principes qui ne se prouvent pas, qui reposent sur eux-mêmes; ces contradictions l'ont retenu dans le gouffre métaphysique; il y a plongé de toute sa hauteur, jusqu'au fond, et il y est resté embourbé à jamais.

Ses disciples ne l'y suivirent pas ; on n'en cite point, depuis Théophraste jusqu'à Alexandre d'Aphrodise, durant un espace de six siècles, qui ne se soient notablement écartés de ses subtilités logiques et métaphysiques. Ses élèves immédiats, Aristoxène, Dicéarque, Théophraste, et leurs successeurs Straton et Lycon, qui continuaient son enseignement au Lycée, ont tous plus ou moins rejeté la fameuse âme rationnelle et le moteur immobile. Pour eux l'âme était l'harmonie des diverses facultés, la sensation et la pensée un mouvement, le monde un concours fatal d'éléments, la nature une force spontanée inhérente à la matière, la divinité un mot, un terme général pour exprimer l'ensemble des mouvements et des formes. Il faut l'avouer, l'unanimité des héritiers à ignorer les principes qui ont fait la gloire du maître rend singulièrement suspecte l'interprétation ordinaire des idées d'Aristote ; elle a de quoi justifier les doutes qui se sont élevés contre l'authenticité de ses œuvres. Nos philosophes officiels ont beau déclarer que l'école a dégénéré, que la doctrine s'est corrompue ; leur mauvaise humeur ne pourra pas et ne peut prouver que des auditeurs et des disciples aient mal compris ou trahi l'enseignement de leur propre maître. Or ces auditeurs, ces successeurs, que leur tempérament les ait portés vers l'esthétique, vers la morale, vers l'étude des facultés humaines ou de l'univers, n'ont attaché de prix qu'à la partie expérimentale de la philosophie aristotélique. Ils ont tous été foncièrement matérialistes. De là les récriminations. Straton (286), le plus distingué d'entre eux, a combattu Épicure ; il a raillé les atomes crochus ; mais il a confié aux poids l'office qu'il refusait aux figures des éléments premiers. Une rivalité d'école dissimule très-peu l'identité des théories. Ce Straton de Lampsaque, surnommé le Physicien, fils du probabiliste platonicien Arcésilas, avait beaucoup écrit. Si l'on en juge par les fragments et les résumés épars dans Cicéron et dans Plutarque, la perte de ses œuvres est fort regrettable. Voici quelques-unes de ses opinions, qui ne sont pas à dédaigner : « Le lieu est l'intervalle entre le contenant et le contenu ; le temps est la mesure du mouvement et du repos, la quantité dans les actions : ce sont des termes de relation, qui n'ont, en soi, aucune existence; le vide a exactement la même mesure que les corps et n'est conçu, en soi, que par abstraction. Le monde n'est point un animal ; mais le naturel ne vient qu'à la suite du fortuit : c'est la spontanéité qui donne le commencement, et à la suite se développe chacune des qualités naturelles. » On conçoit, comme le rapporte Cicéron, que Straton n'eût pas besoin du secours des dieux pour la formation du monde. « Toute la vie *divine*, disait-il, réside dans la nature (c'est-à-dire les poids et les mouvements), qui est le principe de la génération, de l'augmentation et de la diminution, enfin de l'altération, et qui est privée de tout sentiment et de toute figure. »

§ IV. CARTE DU MONDE PHILOSOPHIQUE.
Le scepticisme et le probabilisme : Pyrrhon, Arcésilas.
Le panthéisme rationaliste : Zénon.
Le matérialisme : Épicure.

Arrêtons-nous un moment, au milieu même du vaste champ déjà parcouru en tous sens par la pensée grecque, vers le commencement du troisième siècle avant notre ère.

Ce champ, c'est la conception du monde et de l'homme ; il ne changera pas, il n'a jamais changé. Il a ses régions diverses, plus ou moins nettement déterminées, coupées de routes sans nombre, parallèles, contraires, verticales, obliques, sinueuses, avec leurs croisements, leurs embranchements, leurs directions principales ou dérivées, qui produisent les résultantes les plus inattendues et pourtant inévitables, qui s'empruntent un moment pour se séparer, se rejoindre, se perdre dans l'inconnu, souvent dans le vide et l'oiseux, rarement pour marcher droit à la certitude et à la réalité. C'est une immense carte historique à dresser dans le temps et dans l'espace, tableau que, chemin faisant, on ne saurait trop consulter si l'on ne veut point s'égarer dans le dédale, s'attarder aux carrefours, ou même se jeter hors de voie, perdre pied dans le néant du septicisme ou du mysticisme, où il n'y a plus ni terrain ni science.

La carte est divisée dans sa hauteur en deux moitiés : à gauche, expérience ou objectivisme ; à droite, anthropomorphisme, ou subjectivisme, ou métaphysique.

Tout en haut, dans les brumes du passé lointain, avant la civilisation et la réflexion, plaçons, vers la droite, sous le titre général *anthropomorphisme,* le chaos des mythologies d'où coulent les infiltrations innombrables des superstitions et des systèmes religieux, toutes inclinant, sans y atteindre toujours, vers le grand fleuve monothéisme, sur lequel plane un brouillard où il s'évaporera lui-même, brouillard nommé sentiment religieux, idée de Dieu. Ce lacis religieux occupe du haut en bas la partie droite moyenne de la carte ; sur le sol qu'il embarrasse, dans les brumes qui s'en élèvent incessamment, s'agiteront la plupart des *doctrines* subjectives. Parfois même il passe la ligne de démarcation et va prendre sa source à gauche, d'où il ramène le panthéisme. Un peu plus bas, en face, dans la région gauche moyenne, s'étend le domaine de l'objectivisme, où est née la philosophie grecque, morale ou gnomique avec Solon, physique avec Thalès (septième siècle) ; il faut y ranger à leur date Thalès, Phérécyde, Anaximandre, Anaximène, Héraclite, Anaxagore, Démocrite, Protagoras, en tenant compte, comme nous l'allons voir, des écarts individuels.

A peu près sur la même ligne qu'Anaximandre, mais à l'extrême droite anthropomorphique et presque en dehors du pays des religions, sur une étroite bande longitudinale nommée nihilisme idéaliste, se succèdent Pythagore et Xénophane, Parménide et Zénon d'Élée, Euclide et Stilpon de Mégare. Malgré la distance qui sépare les deux régions et les deux groupes, il y a des routes qui mènent de l'un à l'autre, par Phérécyde, par Héraclite ; bien plus, l'idéalisme a souvent donné la main, par-dessus la carte entière, à l'extrême gauche du naturalisme.

Au milieu de la carte, sur la ligne médiane, tantôt plus voisine de la gauche, tantôt plongeant dans la droite, serpente avec des sentiers annexes la route du rationalisme. Le propre du rationalisme est le dogmatisme ; il considère comme certaines à divers degrés les deux régions qu'il sépare et qu'il réunit ; il admet l'auxiliaire des sens et de l'expérience, en subordonnant leurs données au pouvoir logique et anthropomorphique de la raison. C'est le spiritualisme proprement dit, ou dualisme rationnel, qui, abstrayant de la substance son attribut général, la force ou mouvement, assimilé à la conscience humaine, crée les deux entités fameuses, la matière et l'esprit (entités inégales toutefois : car l'esprit n'est pas une propriété immédiate de la matière ; ce n'est que le produit d'une combinaison spéciale d'éléments matériels ; c'est une entité à la troisième puissance ; la matière, isolée du mouvement dont l'esprit n'est qu'un accident, constitue une entité simple, plus voisine d'un degré de la réalité). Le rationalisme procède du naturalisme et de l'anthropomorphisme, voire de l'idéalisme, lié au premier par Anaxagore, au second par Socrate, Antisthène, Zénon le stoïcien, au troisième par Platon, Speusippe, Xénocrate. Avec Aristote, il incline fortement à gauche, il y tombe avec Straton ; il y est rentré avec Aristippe et surtout avec Annicéris, qui va rejoindre Épicure, lui-même parallèle à Zénon.

A l'extrême droite, avons-nous dit, et confinant au néant du mysticisme, est situé l'idéalisme absolu. A l'extrême gauche s'est établi le doute, qui risque de crouler dans l'absolu scepticisme, région vague où flottent les désemparés et où se sont rencontrés plus d'une fois les enfants perdus de la métaphysique. Le doute, à vrai dire, relevant surtout du tempérament individuel, se projette à gauche et à droite ; il se glisse dans toutes les doctrines ; il est l'antithèse de tout dogmatisme. En dépit du solennel Royer-Collard, le plus grand nombre des esprits font au doute sa part, et le limitent, qui au monde objectif, qui au monde subjectif, à certaines catégories d'êtres ou d'idées ; on en sort par l'affirmation et la négation, fondées ou non sur l'expérience, et qui se nomment, selon les cas, la science ou la foi. Il est même notable, et cela est fatal, que le doute incurable, définitif, se trouve surtout au bout de l'idéalisme absolu ; en effet, l'idéalisme ayant nié radicalement l'existence du monde sensible, s'il arrive que le doute s'attaque au monde intelligible lui-même, il n'y a plus de retour possible vers une certitude quelconque. Au contraire, le doute qui commence par l'élimination du prétendu monde idéal a chance de s'arrêter devant la réalité sensible ; libre de l'absolu, l'esprit peut encore se rattacher au relatif. Il en résulte un scepticisme fort mitigé malgré ses formules tranchantes qui lui font illusion à lui-même, un scepticisme compatible avec la science objective et la morale pratique. Tel a été celui de Pyrrhon. Il ne faut pas oublier que, par son maître Anaxarque, Pyrrhon procède de Protagoras et de Démocrite ; il part non de la métaphysique, mais du naturalisme ; c'est à son école que les métaphysiciens moyens, tel qu'Arcésilas, sont venus apprendre le scepticisme pour l'installer à l'Académie.

Toute une lignée de sceptiques a précédé Pyrrhon. Héraclite a proclamé l'incertitude, l'instabilité, le flux et le reflux des choses. Démocrite, lorsqu'il protestait, vers la fin de sa vie, qu'il n'y a rien de vrai, ou que, « s'il y a du vrai nous ne pouvons le connaître », indiquait la voie où s'engagèrent la plupart de ses disciples, déviant à l'extrême gauche jusqu'à Pyrrhon, mais non au delà.

Pyrrhon florissait à Élis vers 340 avant notre ère. Après avoir étudié les œuvres de Démocrite, suivi l'école de Mégare et entendu les leçons des sophistes, déjà frappé sans doute des lacunes de la science et des contradictions de la métaphysique, il résolut de voir par ses yeux et d'interroger lui-même le grand livre du monde. Avec son maître Anaxarque d'Abdère il suivit Alexandre en Asie, au milieu de peuples dégénérés ou arrêtés dans leur développement, compara les mœurs des petits et celles des grands, l'humilité des vaincus et l'enivrement hautain du conquérant, retourna la vie sous toutes ses faces. Il rentra dans sa patrie, désabusé, impassible au milieu des systèmes qui s'épuisaient dans une mêlée confuse. Il accepta de ses concitoyens l'honneur du sacerdoce ; pourquoi non ? la sagesse, au-dessus de la piété comme de l'impiété, s'accommodait avec un indulgent sourire aux illusions des mortels « qui naissent et tombent comme la feuille des arbres ». Entre le pythagorisme bâtard des premiers successeurs de Platon et le nihilisme des Mégariques issus des Éléates ; entre le dogmatisme rationnel d'Aristote, le rigorisme fanfaron des Cyniques, le relâchement des Cyrénéens, les subtilités des Sophistes, Pyrrhon ne fit aucun choix, il s'abstint, même d'écrire. C'est là le sens de la fameuse ἐποχή, abstention, suspension de jugement, qui dans la vie pratique prend le nom d'ἀπάθεια, indifférence, ou plutôt impassibilité, ἀταραξία. Mais à quoi s'appliquaient cette abstention, cette indifférence? non pas à tout, comme on l'a trop répété : seulement à l'absolu métaphysique, à la prétendue certitude logique obtenue par le syllogisme et la démonstration. Le doute pyrrhonien est en somme une négation des « choses obscures », ἄδηλα, des essences, des rapports et des lois invisibles des êtres. Bien qu'il se présente comme une impossibilité absolue de nier ou d'affirmer, il accepte, ce point est capital, toutes les données de la sensation. L'apparence, le phénomène (τὸ φαινόμενον) est le critérium unique et suffisant, au-delà duquel on ne peut pénétrer. Qu'y a-t-il derrière l'apparence? Pyrrhon n'en sait rien ; il renonce à discuter sur l'essence.

Émile Saisset, qui a d'ailleurs parfaitement compris l'ἐποχή et l'ἀπάθεια, veut faire de Pyrrhon un subjectiviste : « le doute pyrrhonien, dit-il, est tout entier dans la sphère de l'objectif ; il n'atteint pas la région de la conscience et de la subjectivité. » L'idée est juste, mais il y a confusion dans les termes : le phénomène n'est point subjectif, comme le soutiennent les idéalistes, car il est situé invinciblement, par le fait de la sensation, dans l'objectif, dans le monde extérieur ; ce qui est subjectif, anthropomorphique, c'est l'explication métaphysique et logique du phénomène. Pyrrhon se borne à constater ; et toute constatation, même d'un fait de conscience (il n'y en a pas d'autres), est forcément objective. Pyrrhon s'arrête donc ou croit s'arrêter entre l'objet et le sujet, dans l'apparence, qui affirme à la fois l'un et l'autre, mais l'un, le premier, dans la mesure de l'autre. Le sujet est la mesure de l'objet ; ἄνθρωπος πάντων μέτρον ; πάντα πρός τι : Tout est *relatif*.

Le scepticisme de Pyrrhon n'est autre chose que la doctrine du Relatif, si vigoureusement reprise par Aug. Comte. Il suffit, pour s'en convaincre, de transcrire les propositions fondamentales, τρόποι ou τόποι τῆς ἐποχῆς, développées par les disciples du maître pendant plus de six cents ans, et dont Plutarque attribue l'invention à Pyrrhon. Les voici, résumées par Saisset : « La connaissance est relative à l'animal qui perçoit ; au sens qui est l'instrument de cette perception ; à la disposition du sujet percevant ; à la situation de l'objet perçu ; aux circonstances où on le perçoit ; à la quantité et à la constitution de ce même objet ; à la rareté ou à la fréquence de la perception ; enfin aux maux, aux croyances, aux opinions de celui qui perçoit. » Rien ne peut ébranler ces arguments, ils coupent court à toute métaphysique. Mais, il ne faut pas s'y tromper, le scepticisme les a empruntés au matérialisme et au sensualisme. Démocrite et Protagoras sont au fond de Pyrrhon, bien plus que Parménide et Euclide ; il y a deux classes de sceptiques, comme de sophistes : Pyrrhon est l'un des chefs de la première, et ne saurait s'en séparer.

Maintenant, la notion de la relativité, si juste et si importante qu'elle soit, suffit-elle à constituer un système, à caractériser une philosophie indépendante de l'objectivisme matérialiste ? Nous ne le pensons pas. Ce n'est qu'une énonciation irréfutable ; un préliminaire accepté par toute doctrine expérimentale, mais absolument stérile si l'on s'y enferme. La science passe outre. Introducteurs utiles, Pyrrhon et ses disciples proprement dits, Timon, Ænésidème, Agrippa, Sextus Empiricus, Montaigne, La Mothe le Vayer, Bayle, sont restés, de parti pris, à la porte de la philosophie. Quand, malgré eux, ils y sont entrés, c'est en sensualistes, en matérialistes.

L'affirmation du relatif est la négation de l'absolu. Acquise une fois pour toutes, elle a fait son œuvre. Elle laisse la place à l'expérience, dont elle a déblayé la route. Partout sous-entendue, elle est partout négligeable. La science continue à classer les connaissances (relatives, puisque ce sont les seules qu'un être vivant et sentant puisse posséder, puisqu'il n'en existe pas d'autres, et qu'elles ont pour lui la valeur de connaissances absolues) ; et la philosophie, faite par les hommes et pour les hommes, ne cesse pas d'affirmer et de nier, d'après ces connaissances, qui équivalent à la réalité. La métaphysique est la seule raison d'être du scepticisme. Vaincue, elle entraîne son vainqueur. « Tous deux s'en vont de compagnie. » Ils le devraient du moins. Mais les hommes recommencent indéfiniment ce qu'ils ont fait la veille ; les générations en se succédant ramènent les mêmes tempéraments, les mêmes curiosités et les mêmes ignorances, jusqu'à ce que les sciences se constituent et s'imposent. Voilà pourquoi la lutte entre la métaphysique et le scepticisme s'est prolongée depuis Démocrite jusqu'à Kant, jusqu'à Auguste Comte, lutte pleine de péripéties singulières et parfois de compromis non moins bizarres.

Le probabilisme de la nouvelle Académie est un exemple de ces pénétrations, de ces échanges, de ces moyens termes. Il procède de Pyrrhon par Arcésilas, mais aussi du scepticisme inclus dans l'*ironie* de Socrate et dans la dialectique ondoyante de Platon. La Vraisemblance, le nouveau *critérium* d'Arcésilas, dérive tout ensemble de l'Apparence pyrrhonienne et de l'Absolu platonicien : de l'une, parce qu'elle invoque l'enchaînement des phénomènes ; de l'autre, parce qu'elle suppose et implique la vérité. Elle est donc sceptique et métaphysique, tout comme la *raison pratique* de Kant. Mais restons-en à Arcésilas et ses successeurs. Ils furent bien moins des philosophes que des critiques et des polémistes. Arcésilas fut le fléau de Zénon le stoïcien ; mais s'il eut beau jeu contre la plus faible des logiques et des métaphysiques, il lui fut impossible d'y substituer quoi que ce soit qui ait un nom. Cette tâche était réservée à l'affirmation et non au scepticisme, à la grande doctrine objective instituée par Anaximandre, développée par Démocrite, assise à jamais par Épicure.

Épicure et Zénon, contemporains de Pyrrhon, un homme de génie et un homme de cœur, sont, à des titres bien divers, malgré les nombreux rapports qu'on peut établir entre leurs doctrines, les deux grands noms et les deux grands promoteurs de la philosophie indépendante ; ils le sont pour de longs siècles. Après eux et en dehors de leur influence va commencer la décadence de la pensée. Le développement hellénique est terminé. Déplorable conséquence des conquêtes d'Alexandre ! En répandant le génie grec au sein de races vieillies, abandonnées à des superstitions et à des mystagogies théurgiques, et dont l'effort intellectuel n'a jamais dépassé le rêve, n'a jamais poussé jusqu'à la pensée, le Macédonien livrait la philosophie à des contacts funestes, à des concubinages sans nom, d'où ne pouvaient naître que des chimères hybrides, monstrueux fantômes de cerveaux malades. Le chaos de la domination romaine allait achever l'œuvre désorganisatrice d'Alexandre, et cette décomposition sociale nécessaire à la contagion du miasme chrétien.

(362-264). Zénon, de Cittium dans l'île de Chypre, fut d'abord négociant ; il exportait de la pourpre. Ruiné par un naufrage, il chercha une consolation dans la philosophie.

Cet accident domine toute la doctrine. Le fondateur et ses disciples immédiats eurent tous à lutter contre l'adversité. De là cette préoccupation morale qui est le caractère du stoïcisme ; de là cette austérité, ce mépris de la douleur, cette résignation fière en présence de l'aveugle fortune et des maux de la vie, l'héroïsme pratique dont ils fournirent tant d'exemples et qui a fait oublier leurs théories. C'est leur gloire d'avoir donné un nom à la forme la plus noble et la plus virile de la vertu. Mais la patience, le courage, la dignité, qu'ils n'ont pas inventés, qui sont de tous les temps, de tous les pays, de toutes les doctrines, ne sauraient constituer une philosophie. Ils le sentirent eux-mêmes et s'évertuèrent à fonder leur morale sur un système fait de pièces et de morceaux, duquel on ne peut rien tirer qu'un panthéisme matérialiste. Voyons-les à l'œuvre.

Zénon, dès sa première jeunesse, avait été initié à la philosophie socratique par les livres que son père lui rapportait d'Athènes. Après son naufrage, aucun port ne lui convenait mieux que l'école cynique ; on lui montra Cratès, le plus digne successeur d'Antisthène, et il suivit ses leçons. Cratès fut son vrai maître ; et, s'il renonça, en le quittant, aux haillons, aux puérils excès d'une austérité extérieure, il ne perdit jamais l'empreinte de ce premier enseignement. Déjà il avait composé, *sous la queue du chien*, disait-on, un traité *de la République* où la rudesse d'Antisthène était associée à l'utopie communiste de Platon (il y frappait de proscription la famille, la propriété, les arts), lorsqu'il s'attacha aux dialecticiens de la secte mégarique, Stilpon et Diodore Cronos. En complétant son éducation métaphysique à l'Académie, près de Xénocrate et de Polémon, il ne négligea ni la physique ionienne d'Héraclite, ni la logique d'Aristote, dont il condensa les Catégories. Après ce long noviciat, la tête pleine d'idées souvent contradictoires et surtout mal digérées, il s'établit sous la Στοά, Portique orné des célèbres peintures de Polygnote. Sa science et sa vertu lui attirèrent des auditeurs ; un roi même, Antigone Gonatas, qui demeura son ami, ne venait pas à Athènes sans le visiter, sans l'entendre. Ce prince voulait emmener Zénon à sa cour, en Macédoine ; du moins reçut-il de sa main un conseiller, le stoïcien Persée. Zénon, sans oublier sa petite ville natale, considérait Athènes comme sa vraie patrie, et les Athéniens l'aimaient ; ils lui donnèrent à garder les clefs de l'Acropole ; à sa mort, un décret public déclarant qu'il avait bien mérité de la patrie lui décerna une couronne d'or et un tombeau dans le Céramique. Il avait vécu près de cent ans, et enseigné pendant cinquante-huit. Ses nombreux écrits ont péri ; et ses doctrines se sont confondues avec celles de ses disciples, Athénodore, Ariston de Chios, Hérille de Carthage et surtout Cléanthe d'Assos et Chrysippe de Soli. Les relations concordantes éparses dans tous les auteurs, Cicéron, Plutarque, Diogène Laërce, Sextus Empiricus, autorisent à penser que ses successeurs n'ont rien ajouté de fondamental à son enseignement ; ils n'y introduisirent qu'à grand'peine une cohésion apparente ; sur le monde, sur l'homme, sur la raison, sur la vertu, les Stoïciens n'apportèrent aucune vue originale ; et il serait facile de restituer à Héraclite, à Platon, à Aristote, à Socrate et à Antisthène toutes les parties de leur système. Ce défaut avait frappé les anciens, et ils disaient volontiers : « Zénon a innové dans les mots plutôt que dans les choses. »

Zénon admettait que le feu est le principe et la fin, d'où le monde est sorti, où le monde doit rentrer. Il enseignait le dualisme de la matière et de la force, représentées dans l'univers par les corps et le mouvement, dans l'homme par le corps et l'âme. Mais ces deux éléments étaient également corporels. La force motrice et l'âme procédaient de l'air ou de l'éther, substance divine. La providence était la fatalité en action. Les dieux divers n'étaient que des noms de certaines énergies motrices, cantonnées dans tous les ordres de phénomènes ; Zeus, le dieu suprême qui habitait principalement le soleil, ne différait point de l'air ou de l'éther ; il était partout répandu. Sous le bénéfice de cette explication naturaliste, Zénon vécut en paix avec tous les dieux de la mythologie ; mais son véritable dieu était l'univers, la nature, et son système général une des variétés anthropomorphiques les mieux connues, le panthéisme.

L'homme, image du monde, c'est-à-dire constitué comme le monde, le grand être vivant, d'un corps et d'une âme, n'était qu'un assemblage mortel de deux parties qui devaient retourner à leurs principes. L'immortalité de l'âme, acceptée par Zénon, était donc parfaitement illusoire. Et il en est de même pour tout système nettement sensualiste (sans préjudice des autres). Or, pour Zénon, toutes les idées, la mémoire, sans laquelle il n'est pas de conscience, la raison qui n'opère que sur les éléments fournis par la mémoire, procèdent des sens. Les trois degrés qui conduisent à la certitude, l'assentiment, συγκατάθεσις ; la compréhension ou représentation véridique, φαντασία καταληπτική, et la science, n'ont pour fondement que l'apparence, la sensation passive, φαντασία, αἴσθησις.

Zénon n'en soutenait pas moins que le sage peut quelquefois s'en rapporter absolument et sans réserve aux représentations de son intelligence. Arcésilas lui opposait, fort spécieusement, le rêve, le délire, les contradictions de nos jugements, la diversité des opinions, et bien plus encore la source toute sensorielle et contingente de la connaissance. Zénon crut sauver sa fameuse *représentation véridique*, en la définissant « une certaine empreinte sur la partie principale de l'âme, formée sur le modèle d'un objet réel, et telle qu'il fût impossible qu'elle eût une autre cause que la réalité. » Mais, répliquait le probabiliste, où est le critérium de cette réalité? Zénon se débattit en vain dans ce cercle vicieux. Il eût pu cependant en sortir aisément, s'il eût consenti à déclarer que le critérium de la réalité est, pour l'homme, la sensation répétée et suffisamment confirmée. D'autant que sa psychologie n'admettait pas d'autre solution, et qu'il n'y en a pas d'autre. Mais Zénon prétendait concilier avec Héraclite et les Ioniens Platon et Aristote.

Comment, de la sensation passive, concluait-il au libre arbitre, à la puissance absolue de la volonté, à la souveraineté de la raison? En oubliant la réalité des choses et la nature humaine, telles qu'il les avait lui-même conçues. Il proscrivait tout ce qui peut enchaîner la liberté et obscurcir la raison : les passions, les plaisirs, et tenait peu de compte de l'organisation sociale. Il disait que l'homme doit vivre conformément à la vertu. Rien de mieux. Mais quelle vertu? et qu'était-ce que la vertu? Il était si facile d'éviter les contradictions et les obscurités ! d'enseigner que l'homme doit prendre pour guide l'expérience acquise, c'est-à-dire la raison, et chercher le bien, la vertu dans l'emploi judicieux de ses facultés pour l'avantage individuel et général. Mais ces règles étaient trop simples en cet âge de dialectique.

Il est probable que la conception du *Sage*, impeccable, impassible, supérieur aux rois et aux dieux, remonte au fondateur du *Portique*. Elle était familière à l'ascétisme brahmanique et au buddhisme. Mais Zénon n'avait pas besoin de modèles étrangers, qu'il ignorait sans doute, il peignait d'après lui-même.

Après lui, ses élèves, en précisant sa doctrine, en la modifiant selon leurs tempéraments particuliers, la poussèrent à des rigueurs que le maître n'avait pas prévues. Cléanthe d'Assos, son successeur immédiat (300-220), en exagéra la tendance mystique. Cet ancien athlète, qui consacrait le jour à la philosophie et la nuit aux métiers les plus pénibles, n'était pas fait pour les subtilités de la logique ; c'était un homme de sentiment. Ses contemporains le traitaient d'âne, moins peut-être à cause de sa lourdeur que de l'étroitesse de son génie buté. « Ane, soit, répondait-il, mais le seul, après tout, qui puisse porter le bagage de Zénon. » Il était de bonne foi, certes ; mais, ce bagage de son maître, il l'avait réduit à bien peu de chose : une astronomie arriérée, qui ajoutait aux données d'Héraclite l'anthropomorphisme le plus naïf ; une théologie creuse, enfin une morale aussi ferme dans la pratique que vacillante dans la théorie.

Il définissait le soleil un feu *intelligent,* qui se nourrit des vapeurs marines et qui, aux solstices, revient sur ses pas pour ne pas trop s'éloigner de son aliment. Dans ce « feu *intelligent* » réside la puissance qui gouverne le monde. Comme bien d'autres philosophes, il admettait l'immobilité de la terre ; mais il en faisait un dogme, à ce point qu'Aristarque ayant soupçonné, par une intuition de génie tout à fait prématurée, le double mouvement de la terre, sur elle-même et autour du soleil, Cléanthe l'accusa d'impiété, et lui intenta un procès, *pour avoir violé le repos de Vesta.*

Que penser maintenant du dieu de Cléanthe, dieu suprême, éternel, tout-puissant, immuable en ses lois, origine de la vie et du bien, de l'ordre et de l'intelligence, et qui est, tantôt le soleil, tantôt le monde, tantôt l'âme du monde, ou l'éther, ou la raison ; et en l'honneur duquel le sage chante l'hymne sans fin ? C'est déjà, sauf une couleur naturaliste assez prononcée, ce résidu chaotique de toutes les abstractions rationnelles, cette quintescence de contradictions, que l'hérédité et l'éducation chrétienne ont si profondément fixés dans le cerveau des hommes.

Au précepte de Zénon : *Vivre selon la vertu,* Cléanthe substituait une formule plus vague encore et beaucoup plus dangereuse, parce qu'elle implique le fatalisme et la grâce divine : *Vivre conformément à la Nature, c'est-à-dire à la raison faisant son choix dans nos tendances naturelles* ; il ajoutait que le sens moral est le privilège d'une élite (beaucoup d'appelés et peu d'élus), oubliant que sa maxime venait précisément d'accorder ce sens moral, cette *raison faisant son choix*, à la Nature, à l'ensemble universel, qu'il nomme Zeus ou dieu. « Conduis-moi », s'écrie-t-il dans un hymne célèbre, qui nous a été conservé en partie par Stobée, « conduis-moi, père et maître de l'univers, au gré de tes désirs ; me voici ; je suis prêt à te suivre. Te résister, c'est te suivre encore, mais avec la douleur que cause la contrainte ; les destinées entraînent au terme fatal ceux qui n'y marchent pas d'eux-mêmes ; seulement on subit, lâche et faible, le sort au-devant duquel, fort et digne, on pouvait se porter. » Dès lors, à quoi bon la *raison faisant son choix?* L'abdication est complète.

Cléanthe fut une sorte d'ascète et de saint ; à peine peut-on l'appeler un philosophe. Il semble que l'école, honorée par ses vertus, avait fléchi sous sa direction ; l'édifice fragile de Zénon résistait à grande peine aux coups d'Arcésilas, et allait se décomposant. Les premiers stoïciens, auditeurs du maître, avaient abandonné ses doctrines et flottaient entre les divers systèmes contemporains. Chrysippe vint, comme Paul, et restaura le stoïcisme. Toute l'antiquité rend témoignage de son activité infatigable (il avait composé plus de sept cents ouvrages), de son talent polémique et dialectique, de ses connaissances étendues ; mais elle ne lui accorde aucun titre sérieux à l'originalité. Il a touché à toutes les questions, il les a même approfondies, mais il n'en a pas trouvé le fond. Toute son habileté n'a pu donner au panthéisme sensualiste ce qui lui manquera toujours, la cohésion et la certitude.

Comme Zénon, comme Cléanthe, comme plus tard Épictète, Chrysippe avait connu le malheur et la pauvreté. La perte de son patrimoine l'avait chassé de sa patrie, Soli ou Tarse en Cilicie ; sa misère l'attacha naturellement à la doctrine qui méprisait et supprimait la douleur. S'il quitta, durant quelques années, le Portique pour l'Académie, c'était à seule fin d'apprendre à manier les armes de ses futurs adversaires. Toutefois, son propre penchant à la dialectique, venant s'ajouter au charme persuasif d'Arcésilas, faillit le retenir dans le camp ennemi. On pense que son traité *Des Grandeurs et des Nombres* fut composé pendant cette période de sa vie ; c'était sans doute un exercice d'école sur la donnée numérale chère à Pythagore et à Platon. Enfin, il rentra dans le stoïcisme pour n'en plus sortir ; il devint le second de Cléanthe : « Donnez-moi seulement les thèses, lui disait-il, et je saurai bien trouver les démonstrations. »

Il paraît que Chrysippe s'est notablement écarté de l'enseignement de Zénon et de Cléanthe. Mais dans quelle mesure ? Il est d'autant moins facile de le déterminer que sa doctrine absorba celle de ses maîtres, et que la forme définitive du stoïcisme lui appartient tout entière. Il y porta la netteté et la subtile précision de son esprit. Mais les brillantes qualités qui firent illusion à ses contemporains, la justesse et la rigueur de ses déductions ne font que mieux ressortir la faiblesse générale du système : c'est là leur prix à nos yeux. Partout Chrysippe aboutit à des impasses. Sa physique, ionienne, matérialiste, déterministe, se perd dans la métaphysique, sa psychologie sensualiste échoue sur le libre arbitre, sa logique n'évite pas l'écueil du critérium absolu, enfin sa morale conforme à la nature conclut au renversement de la morale sociale.

Pour Chrysippe, il n'y a que des corps ; « ce qui est sans limite, c'est le néant ». L'infini de l'espace et du temps n'a pas d'existence réelle. Il n'y a pas de hasard, le hasard n'est qu'une cause cachée à l'esprit humain ; un enchaînement fatal et immuable préside à la succession des choses et des faits, dont le germe, *la raison spermatique* (un des termes de l'école), était contenu d'avance dans le feu primitif qui est la semence du monde. Voilà bien la thèse déterministe : elle est fondamentale et vicie tout ce qui y déroge.

Le monde et l'homme sont doubles ; tous deux contiennent une substance, plus fine sans être incorporelle, qui les dirige et les gouverne. Cette force active est Dieu dans le monde, dans l'homme c'est l'âme. Mais tandis que la pensée et les actes de Dieu (le feu, l'éther?) sont adéquats à l'enchaînement immuable des choses, et que la providence ne se distingue pas de la fatalité, l'âme humaine reste libre, sous la loi du destin : du moins l'âme du sage, qui seule est appelée à l'immortalité. Quant aux âmes ordinaires, une fois séparées du corps, elles se dissolvent comme lui. La mort est la fin de toute personnalité. Malgré quelques différences de mots, la logique de Chrysippe est celle de Zénon. Il croit trouver la certitude, non dans l'assentiment, la conviction (κατάληψις), la *droite raison*, mais dans l'évidence directe et immédiate. Descartes a partagé cette illusion très-superficielle. Ils n'ont pas vu que l'évidence n'est que « l'apparence » de Démocrite, la constatation expérimentale, dont la science se contente, que nous acceptons comme base d'une certitude suffisante, mais où les théoriciens de l'absolu n'ont pas le droit de placer leur critérium.

Les quatorze catégories logiques de Chrysippe ne sont pas à dédaigner, en tant que moyen de classer les êtres et les idées ; il les range sous trois chefs : la substance, la qualité ou accident, la relation. Passons sur les trois cent onze volumes consacrés à l'étude du langage, de la grammaire générale, de la proposition, du syllogisme. La perte en est regrettable si, comme on le rapporte, Chrysippe avait beaucoup ajouté à Aristote et soigneusement distingué plusieurs espèces de raisonnements irréductibles à la forme syllogistique.

La morale de Chrysippe, telle que nous la connaissons, est un singulier tissu d'incohérences. Tout d'abord, elle place l'origine de la justice dans Zeus et la nature (assimilés plus haut à la fatalité); elle conçoit un droit naturel en dehors de tout contact social et de toute institution (chimère de tous les rationalistes). L'homme doit, selon Cléanthe, vivre conformément à la nature (ou plutôt à l'idée anthropomorphique qu'il se fait de la nature); Chrysippe ajouta : conformément à la nature humaine, laquelle réside dans la raison. Mais, comme il voit dans la nature humaine un abrégé de la nature universelle, son précepte ne vaut ni plus ni moins que celui de Cléanthe. Comme ses maîtres, il omet dans la nature humaine les passions et les affections ; il la mutile. Toutefois, il ne va pas jusqu'à déclarer, avec Cléanthe, que le plaisir est contraire à la nature ; il admet l'importance secondaire de la richesse et de la santé. Mais cette lueur de bon sens ne le préserve pas de l'utopie reprise chez nous par Rousseau : il ramène l'homme à l'état sauvage, à l'état de nature ; et, si l'on en croit les commentateurs, il n'hésite pas à présenter l'apologie de l'inceste, de la prostitution, de l'anthropophagie (après la mort) : « l'exemple des animaux, disait-il, démontre que rien de tout cela n'est immoral et contre nature ». Mais ces aberrations ne tirent pas à conséquence ; elles prouvent seulement que les stoïciens, fils des cyniques, n'ont pas soupçonné l'origine toute sociale de la morale.

Aussi leur sage, supérieur aux dieux, aussi utile à Zeus que Zeus l'est à l'univers, être privilégié dans un monde où tous les êtres devraient participer de la raison universelle, est-il une création monstrueuse et contradictoire. Il est impassible et impeccable, le mal n'existe plus pour lui, car il est souverainement heureux ; il peut dire à la goutte : « Douleur, tu n'es point un mal. » Tout lui est permis. Souverainement libre, il est juge de sa vie et peut la supprimer quand il lui plaît. Le suicide lui est largement ouvert. Sans doute, son incommensurable orgueil lui fait un beau rôle contre les caprices et les iniquités de la fortune ou de la tyrannie ; mais son dédain est trop souvent stérile et confine à la résignation. En effet, fort, riche, beau, roi, dieu, il jouit de l'indifférence absolue, de l'*ataraxie*, de l'*apathie*. C'est l'ascète et le fakir, ce n'est plus l'homme. Libéré de toutes les entraves, passion, crainte, espérance, pudeur même, il peut, sans souillure, traverser la fange ; il peut s'y plonger sans déchoir. Les stoïciens n'ont pas tous évité cet excès logique où sont tombés tant d'adeptes du mysticisme.

Résumons-nous : une conception du monde, physique, expérimentale, qui verse dans l'anthropomorphisme dualiste ; une psychologie sensualiste qui conclut, sans preuve aucune, à la liberté absolue de l'âme ; une morale conforme à la nature, qui supprime les passions et la société, c'est-à-dire les conditions *naturelles* de la morale ; un panthéisme athée et mystique à la fois, un mélange hybride de toutes les idées contradictoires : tels sont, au point de vue philosophique, les principaux traits d'une des doctrines qui ont frayé la voie au christianisme.

Une noble idée, certes, recommande les stoïciens à la postérité, et fait de leur nom un titre d'honneur : ils ont aspiré à la liberté et à la justice; mais, au lieu de les réaliser par des actes, ils les ont placées dans une illusion négative et individuelle, dans l'idéal stérile.

Dans la doctrine du Portique, tout est confusion, obscurité, incohérence ; dans la philosophie d'Épicure, tout est simplicité, clarté, unité. Nous ne disons pas, notez-le bien, que tout y soit vérité ; l'état des sciences et l'état social lui imposaient de nombreuses erreurs; mais elle trace un cadre où toutes les vérités peuvent entrer, parce que, fondée sur l'expérience acquise, elle appelle l'expérience à venir.

On a dit que l'épicurisme, comme le stoïcisme, est une philosophie inférieure, une philosophie de décadence, en ce qu'elle subordonne la conception du monde à un certain but d'ordre exclusivement moral et exclusivement pratique. Et l'on s'est lamenté sur la longue éclipse de la *spéculation* éteinte avec Platon et Aristote. Plainte de métaphysiciens aux abois. Erreur de fait, erreur de jugement.

Les deux doctrines de Zénon et d'Épicure sont, au même titre que celles de Démocrite, de Protagoras, de Platon, d'Aristote, etc., des conceptions générales de l'homme et du monde. Si elles ont un but pratique, les autres n'en ont pas manqué, témoin la *République* de Platon, la *Morale* et la *Politique* d'Aristote. Le stoïcisme, en poursuivant la liberté morale, et l'épicurisme, la libération intellectuelle de l'homme, n'ont en rien dérogé aux conditions de toute philosophie.

Si la *spéculation* est le souci de rattacher, par des hypothèses plus ou moins vraisemblables, le connu à l'inconnu, aucun système n'a été plus spéculatif que le stoïcisme ; et la métaphysique de Pythagore, de Platon ou d'Aristote ne vaut guère mieux que celle de Zénon ou de Chrysippe. L'épicurisme, il est vrai, a tenté de substituer à la spéculation la constatation, et c'est là sa gloire immortelle ; c'est par là qu'il a survécu à toutes les ambitieuses déviations de l'esprit humain, et qu'il se recommande au respect de la science moderne, comme un guide et comme un précurseur. Mais trop souvent encore il a conservé, sans le vouloir, le caractère hypothétique, si cher aux métaphysiciens.

Venons à Épicure.

Épicure, d'Athènes, naquit en 341. Il passa sa première jeunesse à Samos. Sa famille, ancienne et d'illustre origine, mais ruinée, avait émigré dans cette île avec une colonie athénienne. Son génie s'annonça de bonne heure. On conte qu'un grammairien, un maître d'école, expliquant devant lui ce vers d'Hésiode : « A l'origine naquit le Chaos ; » il s'écria : Et le Chaos, d'où naquit-il ? Le grammairien le renvoya aux philosophes, et fut pris au mot.

Anaxagore, Archélaos, surtout Démocrite, devinrent les instituteurs d'Épicure. Plein de leurs œuvres, il vint à Athènes écouter Xénocrate et Pamphile, successeurs de Platon, et le semi-pythagoricien Nausiphane, qui avait été disciple de Pyrrhon et penchait vers Démocrite. Forcé, après la mort d'Alexandre (332), de rejoindre ses parents en Asie Mineure, il établit une première école à Colophon, et professa ensuite à Mitylène et à Lampsaque. En 305, il vint se fixer à Athènes ; il avait alors trente-six ans. Son affabilité, le charme de sa personne, la clarté de sa doctrine, qui faisait table rase de toutes les subtilités dialectiques et métaphysiques, la simplicité de sa morale, qui enseignait la satisfaction tempérée de tous les besoins et de toutes les facultés, lui attirèrent les auditeurs en foule. Son succès fut immense.

Il était bien le professeur qui convenait à des esprits harassés de systèmes et de superstitions, à des cœurs inquiets de l'avenir. Sa sagesse était douce ; elle menait, par des chemins directs et faciles, au calme et à la sérénité. Au milieu de l'anarchie intellectuelle et politique, tandis que le monde grec était livré aux capricieuses fortunes des successeurs d'Alexandre, son modeste jardin réunissait un groupe fidèle de disciples unis. Là régnaient l'amitié, la paix, les plaisirs sérieux de l'étude. Là, sous les riants ombrages, au bord d'une eau courante, les libres propos alternaient avec les leçons du maître. On raillait finement les abstracteurs de quintessence, les sceptiques et les ascètes. En riant tout bas des dieux, on écartait d'une main légère et décisive, comme autant de mouches importunes, les vaines terreurs, la crainte de la mort et les soucis de la vie, ambitions, intrigues, vengeances, grandeurs éphémères. Et le soir, de quelque terrasse où se posait encore un reflet du couchant, on regardait tomber le silence de la nuit sur le bourdonnement confus des hommes et des choses. Ainsi passaient les heures dans cet asile de la sagesse.

Épicure, tout entier à ses travaux (il écrivit trois cents volumes) et à ses élèves, ne s'était pas marié. Ses disciples étaient ses enfants. Dans une famine, il partagea entre eux ce qu'il avait de pain et de vivres. Quant à lui, jamais il ne se départait d'une sobriété et d'une tempérance aussi conformes à sa doctrine que nécessaires à sa santé délicate. C'était trop pour lui d'un sou par jour, nous dit Sénèque. Il supportait et surmontait, sans bravade comme sans faiblesse, les douleurs d'un mal chronique. Sa vieillesse fut consolée par l'affection célèbre de Léontium, une courtisane instruite, qui savait écrire et penser. Fut-elle sa maîtresse? La facilité des mœurs antiques permet de le supposer. Mais il semble plus probable que la belle philosophe était surtout attachée à Métrodore, le plus constant et le plus intime ami d'Épicure. C'est de Métrodore qu'elle eut des enfants, chéris du vieux maître et inscrits dans son testament. Épicure mourut en 270, à l'âge de soixante et onze ans, affranchissant ses esclaves et léguant son jardin à ses disciples. On a conservé la lettre qu'il écrivit à son ami Hermachos, le jour de sa mort :

« Je t'écris dans cet heureux jour, le dernier de ma vie. Je souffre des entrailles et de la vessie au-delà de tout ce qu'on peut imaginer. Mais j'oppose à mes maux la joie de mon esprit, en me rappelant les preuves des importantes vérités que j'ai établies. Je te recommande les enfants de Métrodore. C'est un soin digne de l'attachement que tu as eu dans ta jeunesse pour la philosophie et pour moi. »

Des fragments, des lettres importantes conservées par Diogène Laërce, et deux livres du traité *Sur la Nature*, retrouvés à Herculanum, sont tout ce qui nous reste d'Épicure. La perte de ses ouvrages ne doit pas causer trop de regrets. Il n'avait pas le don du style. Mais les magnificences de la forme ne devaient point manquer à ses doctrines. Le plus grand des poëtes latins, Lucrèce, s'est chargé de les transmettre à la postérité dans leur majestueuse ampleur.

La mère d'Épicure s'était faite magicienne et devineresse; tout enfant, il lui servit de compère. Il connut, dans cet emploi, la vanité des superstitions et l'empire qu'elles exercent sur les hommes. Élève des académiciens éléatiques Xénocrate et Pamphile et du sceptique Nausiphane, il apprit chez eux à dédaigner la stérilité de l'idéalisme et l'ambitieux néant de la dialectique. Et résolûment il tourna le dos aux fictions; il revint à l'étude directe de la réalité, oubliée depuis Platon, accommodée par Aristote aux lois de l'entendement. Il chercha et découvrit partout cette ordonnance et cet enchaînement des choses et des faits, *species ratioque*, qui se produisent en dehors et à l'encontre de toute imagination logique, de toute raison raisonnante. Dans la voie où il s'engageait, il rencontra Démocrite et ses précurseurs ioniens. Leurs inductions s'accordant avec les siennes, il les accepta.

On a dit et redit que sa conception du monde n'était pas nouvelle, que sa doctrine était empruntée. Reproche que n'éviteraient ni les théories de Platon, ni celles d'Aristote. Épicure a, paraît-il, affecté de ne pas nommer ses devanciers. Est-ce à dire qu'il méconnût leurs services? La vénération de Lucrèce pour Démocrite est là pour prouver le contraire; mais, d'autre part, ses réserves explicites établissent des différences notables entre les deux doctrines. La principale, celle qui fait l'originalité d'Épicure, et qu'on n'a pas voulu remarquer, porte sur la question de la certitude, ou plutôt sur la valeur du critérium commun. Démocrite a subi l'obsession de l'absolu. Derrière l'*apparence*, il a cherché la vérité *en soi*; il a déclaré que cette vérité est inaccessible, qu'elle est au fond d'un abîme. Son naturalisme a dévié vers le scepticisme et donné naissance aux arguties des sophistes comme à la *suspension* pyrrhonienne. En tant que préliminaire, le doute a son utilité momentanée ; comme conclusion, il est oiseux et funeste. Il se peut, en effet, que la réalité ne corresponde pas à nos sensations ; mais c'est une proposition qu'il suffit d'énoncer, si l'on y tient. Il ne sert à rien de s'y arrêter, puisque la sensation, irréfutable et décisive, est notre seule prise sur la réalité. Épicure évita cette impasse. Le relatif lui suffit, comme à tous les hommes ; et il laissa l'absolu, l'être en soi et autres catégories imaginaires à leur place, c'est-à-dire à la porte de la philosophie. L'omission d'un problème insoluble et qui n'a pas lieu d'être posé est la marque d'un esprit net et d'un sens droit. Par cela seul, la doctrine d'Épicure a été nouvelle ; elle l'est et le sera longtemps encore, jusqu'au jour où l'on saura distinguer le creux de la profondeur, où la métaphysique sera bannie de la science.

Le propre des rationalistes est de considérer la raison comme un élément irréductible, invariable, une puissance venue on ne sait d'où avec un certain nombre d'idées toutes faites sur le bien, le beau, le juste. Ceux mêmes que l'expérience amène à reconnaître que les idées procèdent des sensations, s'arrêtent juste au moment où va s'évanouir la chimère des universaux et des idées innées. Ils ne peuvent concevoir que l'intelligence est une acquisition plus ou moins lente de l'organisme humain, que la pensée a des conditions nécessaires, conditions qu'il faut connaître pour la définir. Ils s'obstinent à prendre l'effet pour la cause, le couronnement pour la base, et à édifier en l'air une sorte de temple fragile qu'ils assimilent de force à la réalité universelle.

Épicure commence par le commencement, par le fait premier, qui atteste invinciblement et à la fois l'existence du sujet et de l'objet, de l'homme et du monde extérieur. Ce fait est la sensation, qui défie Pyrrhon lui-même. Avant d'analyser la sensation, Épicure la constate. Il remarque que les sensations particulières sont les seuls éléments réels de la connaissance générale, ou *opinion*. La sensation est suivie de la mémoire, qui constitue peu à peu un trésor de notes, de points de comparaison, et qui résume en idées les caractères des divers objets révélés par la sensation. Grâce à ces notes et à ces points de comparaison, à ces résumés d'expériences sensibles, nous possédons une connaissance *anticipée* des objets déjà sentis; et cette *anticipation* nous permet de juger en quoi les sensations nouvelles diffèrent des anciennes ou s'y rapportent. De la concordance des sensations sur un même fait naît la certitude, l'évidence définitive. Point de départ de la connaissance, c'est-à-dire de la pensée et de la raison, la sensation l'est aussi de l'action et de la morale. L'action naît de la *passion* ou impression sensible. Le caractère de toute passion, de toute sensation, est alternatif, c'est le plaisir ou la peine. L'action évite l'une et recherche l'autre. Le plaisir est donc le but de la morale. Quel plaisir? C'est ce que nous étudierons après avoir exposé les règles très-simples de la méthode ou *canonique* épicurienne, et nous aurons à nous demander si Épicure a tiré, de son principe inattaquable, toutes les conséquences qu'il entraîne pour l'individu et pour la société.

La canonique se formule en douze préceptes : quatre pour l'usage de la sensation, quatre pour l'usage de l'anticipation, quatre enfin pour l'usage de la passion.

Première série : 1° Les sens ne trompent jamais.

2° L'erreur ne tombe que sur l'opinion.

3° L'opinion est vraie lorsque les sens la confirment (ou ne la contredisent pas).

4° L'opinion est fausse lorsque les sens la contredisent ou ne la confirment pas.

Seconde série : 1° Toute anticipation vient des sens.

2° L'anticipation est la vraie connaissance et la définition même d'une chose.

3° L'anticipation est le principe de tout raisonnement.

4° Ce qui n'est point évident par soi-même (par sensation immédiate) doit être démontré par l'anticipation d'une chose évidente.

Troisième série : 1° Prenez le plaisir qui ne doit être suivi d'aucune peine.

2° Fuyez la peine qui n'amène aucun plaisir.

3° Fuyez la jouissance qui doit vous priver d'une jouissance plus grande ou vous causer plus de peine que de plaisir.

4° Prenez la peine qui vous délivre d'une peine plus grande ou qui doit être suivie d'un plus grand plaisir.

On a traité avec un dédain fort risible ces douze aphorismes ou canons, mais on n'a pu faire que la sensation et l'expérience acquise (anticipation) ne soient pas les seuls instruments de la connaissance, les seuls garants de la vérité, ni que nos actions procèdent d'autres mobiles que le plaisir et la peine.

Toutefois, dans la forme qu'Épicure leur a donnée, les quatre premières règles motivent quelques critiques. La formule : « Les sens ne trompent jamais », n'est pas assez explicite. Il eût fallu dire : la sensation est un fait irréfragable, rien ne peut faire qu'elle ne soit pas produite ; chacun des sens qui la transmettent au centre commun n'y ajoute et n'en ôte rien ; il ne trompe jamais. Toutefois, la sensation est relative à l'éloignement, à la précision, à l'état sain ou morbide du sens qui la reçoit ; on ne peut conclure d'une seule sensation ; des sensations de même ordre répétées constituent seules l'idée ou image fixe de l'objet : idée ou image partielle, tant que les sensations des autres ordres ne sont pas venues s'ajouter aux premières, en faisant, pour ainsi dire, le tour de l'objet, envisagé sous toutes ses faces. Les sensations ne se contrôlent pas l'une l'autre, mais elles se complètent.

Ici devrait se produire la définition de l'*anticipation* ou expérience acquise, d'où résulte l'opinion. On aurait alors mieux compris le second canon : « L'erreur ne tombe que sur l'opinion. » L'opinion se trompe quand l'expérience acquise est insuffisante. « Elle est vraie quand les sens », de nouveau consultés, « la confirment » ; Épicure ajoute : « ou ne la contredisent pas », proposition inutile, puisque « l'opinion est fausse quand les sens ne la confirment pas ». Or, ne pas contredire n'est point confirmer. Épicure aurait dû ajouter : « quand les sens ne la contredisent pas et que l'anticipation la fournit, elle reste seulement probable ». Mais c'est trop insister sur une imperfection minime, surtout si l'on songe que les *canons* ne nous sont connus que par des citations et par des lettres sommaires que Diogène Laërce nous a conservées.

En proclamant que la sensation immédiate ou gardée dans la mémoire, partielle ou généralisée par l'anticipation, est l'origine de toute connaissance; que la raison et le raisonnement ne sont que des applications de l'expérience acquise, et procèdent de la sensation; en traçant à l'observation sa route, Épicure, on ne saurait trop le répéter, a fondé la méthode expérimentale. Aucune science en dehors des règles qu'il a posées. Les nombreuses erreurs où il est tombé en les suivant, loin de les vicier, les confirment, puisqu'elles y dérogent. Les unes jugent les autres : la règle contrôle l'opinion, décèle et rectifie l'erreur; bien plus, elle la justifie, elle la légitime; Épicure a erré et devait errer, parce que l'anticipation, l'expérience acquise était incomplète; parce que les instruments de précision qui ont, par degrés, étendu la portée des sens, manquaient à la sensation directe. Au quatrième siècle avant notre ère, il n'existait ni physique, ni chimie, ni physiologie dignes de ce nom. C'est en appliquant les règles d'Épicure qu'on a constitué ces sciences fondamentales.

On a porté contre Épicure deux accusations qu'il faut écarter : il était ignorant et il dédaignait la science. Si ignorant, qu'il a passé sous silence diverses opinions astronomiques vérifiées dix-huit cents ans après lui par l'expérience; il n'était donc pas même à la hauteur des connaissances de son temps. Si dédaigneux de la science, qu'il écrivait : « **Il nous suffit de savoir que cet ordre (du monde) n'est point l'effet d'une redoutable providence,** *qu'il peut s'accomplir de bien des manières qui ne nous importent en rien*, **mais qu'aucune d'elles n'est à craindre.** » On n'est point ignorant pour omettre ou repousser des hypothèses prématurées. On ne dédaigne pas la science, parce qu'on demeure prudemment indifférent à des solutions possibles que ne contredisent ni n'infirment la sensation directe et l'expérience acquise.

« Chaque science particulière a pour but la découverte du vrai sur un point donné. La philosophie compare les résultats obtenus et en induit certains principes qui la guident dans la conception générale des choses. Quelques certitudes fondamentales, l'observation constante de certains faits, même mal expliqués, lui suffisent pour affirmer et nier dans les questions principales. Elle est prête à enregistrer toutes les expériences ultérieures ; mais elle sait d'avance qu'elles se feront conformément au plan et à la méthode. Elles deviennent pour elle d'une importance secondaire, elles modifieront les détails sans ébranler l'ensemble. Tout est ainsi, tout pourrait être autrement. Mais toute solution s'accordera nécessairement avec cette loi générale induite des phénomènes connus, à savoir : tous les phénomènes sont naturels ; ils procèdent de causes connues ou qui peuvent l'être, mais dont aucune n'impliquera jamais l'intervention d'une volonté rectrice (1). »

Quoi de plus correct ? Ajoutez que, dans le passage cité, Épicure est exclusivement moraliste ; il n'a qu'une préoccupation : chasser du cœur de l'homme les terreurs superstitieuses, et de l'univers le caprice des dieux. La sensation et l'expérience acquise écartent ces fantômes : le but est atteint. Table rase est faite. La morale a désormais sa base assurée. Tel est le sens des paroles malignement commentées.

Mais Épicure n'est pas, comme on voudrait l'insinuer, uniquement moraliste. Nous verrons même que la morale est la partie la plus défectueuse de sa doctrine. Il est surtout un contemplateur du monde, un investigateur de la nature. Il y pénètre si avant que nous le rejoignons à peine ; le mouvement universel, la pluralité des mondes, les combinaisons mécaniques des éléments, l'ondulation de la lumière solaire, la génération spontanée, la concurrence vitale, la sélection, l'hérédité, la succession des industries humaines, de la pierre, du bronze et du fer, voilà ses affirmations, ses hypothèses légitimes, ses titres de gloire. Où est le dédain de la science ?

Le premier contact, le premier regard affirment, sans contradiction possible ou utile, qu'il existe des corps ; que ces corps

(1) André Lefèvre, *De rerum natura*, Introduction, p. XII. (In-8, Fischbacher.)

présentent des configurations diverses, des parties; qu'ils s'accroissent, se désagrégent, se dissolvent, échangent incessamment la substance qu'ils perdent et gagnent; que, parmi ces agrégats de particules matérielles, les uns paraissent inertes et insensibles, les autres sont végétants, automobiles, sentants, vivants; que les individus de cette classe, groupés en séries héréditaires, naissent de leurs semblables, mais ne vivent qu'à la condition d'absorber incessamment de la matière empruntée aux corps qui les entourent, et finalement meurent, c'est-à-dire se dissolvent, sans que les éléments dont ils étaient composés s'anéantissent ; que, aussi loin que se portent nos pas et nos regards, ils ne rencontrent que des corps et de la matière éparse ou condensée : ce sont là pareillement des certitudes immédiates, éléments légitimes de l'*anticipation*.

Quand Épicure enseigne qu'il n'existe que des corps; que rien de ce qui existe ne peut naître de ce qui n'est pas; que rien, si ce n'est un corps, ne peut toucher et être touché ; que tout corps est composé de particules communes à tous; que la végétation et la vie sont des manières d'être afférentes à certaines combinaisons de particules, des états naturels et passagers d'agrégats matériels; qu'il n'y a ni sensation, ni mémoire, ni pensée ailleurs que dans les corps vivants ; il ne fait que résumer l'expérience acquise. De ces observations, et de beaucoup d'autres, il s'élève à des inductions que l'expérience nouvelle doit confirmer ou démentir, et finalement propose une conception générale de l'univers.

Les corps ne sont pas divisibles à l'infini. L'ensemble qu'on nomme *matière* est composé, en dernière analyse, de corpuscules extrêmement petits, innombrables, insécables, simples, éternels, pourvus de figures diverses, qui se meuvent par eux-mêmes, selon leur nature, leur forme, leur poids, se rencontrent et s'associent, se quittent et se reprennent; c'est la théorie de Démocrite. Épicure ajoute que la course de ces atomes (il dit la *chute*; l'expression est impropre, puisque, pour lui-même, il n'y a dans l'univers ni haut ni bas; toutefois, il y en a dans notre monde), sensiblement parallèle, dévie cependant quelque peu de la ligne droite, sans quoi les contacts seraient impossibles. Les atomes déclinent. Cette déclinaison, bizarrement rattachée par Lucrèce à la *liberté* relative de la locomotion et de la volonté humaine, a survécu aux plaisanteries qu'on ne lui a pas épargnées : elle n'est autre chose que l'affinité et l'ondulation, si nécessaires à nos chimistes et à nos physiciens.

Les atomes se combinent en molécules, à leur tour assemblées en éléments, tels que l'air, le feu, la terre et l'eau, qui se comportent, vis-à-vis les uns des autres, en raison des propriétés inhérentes aux parties dont ils sont la somme. Le feu, le plus léger des corps, tend à s'élever ; il constitue les astres, corps ignés qui s'alimentent des feux dispersés dans une zone éthérée où ils évoluent en des orbites fixes, selon des lois qu'Épicure cherche vainement à déterminer, et comment l'aurait-il pu ? Il se contente de rapporter les diverses explications qui lui semblent vraisemblables. Son astronomie n'est ni plus ni moins puérile que celles de Xénophane, de Platon, d'Aristote ou de Zénon. On lui reproche avec raison de s'en être rapporté, sur la grandeur des astres, à la sensation immédiate, quand une *anticipation* suffisante l'eût autorisé à égaler le soleil, par exemple, au moins au Péloponèse, et même à la terre elle-même. Mais ce sont lacunes fort secondaires à l'époque où vivait Épicure ; il n'y pas encore quatre siècles que la science les a comblées. L'air se place au-dessous du feu ; l'eau et la terre occupent le centre, portées par des masses inconnues, peut-être par un air inférieur. La doctrine est ici vague et faible ; parfois elle semble soupçonner la gravitation, la force centrifuge et centripète ; mais le plus souvent elle se laisse égarer par une expérience incomplète, qui, jusqu'à Copernic, a constitué le sens commun. Épicure se prononce énergiquement contre les antipodes.

Les éléments ne se sont dégagés les uns des autres que progressivement. Notre monde a débuté par le chaos. Il a commencé, il finira. Mais il n'est pas seul. Le mouvement des atomes a dû produire ailleurs des résultats, sinon semblables, du moins analogues. D'innombrables *tourbillons*, germes d'autres mondes, ne cessent d'éclore, de s'ordonner, de se dissoudre, au gré de l'éternel mouvement, impassible et fatal.

Quant à l'univers, somme incalculable des mondes et des atomes, il est impérissable, immuable en ses principes. On ne peut rien concevoir en dehors de lui, rien ne peut y entrer, rien ne peut en sortir. Il est infini. Mais il ne s'agit point ici d'un infini métaphysique, isolé de ce qu'il enferme, doué de qualités propres, de conscience et de volonté générales. L'infini d'Épicure n'est qu'un adjectif; son absolu est neutre; il n'est que la somme indifférente de toutes choses. L'univers est composé d'atomes finis, de combinaisons finies, de groupes qui ont chacun des propriétés diverses relatives à leur complexité et à leur organisme. Les plus compliqués se résolvent dans les plus simples, puisqu'ils en participent, puisque tous procèdent du mouvement. Mais les degrés sans nombre qui mènent du mouvement à la vie, de l'atome à l'organisme intelligent, ne se remontent pas. La vie et l'intelligence restent où elles sont : dans l'ordre animal. Il y a dans l'univers des corps vivants et intelligents; mais l'univers n'est ni vivant ni intelligent. La partie est comprise dans le tout; elle est subordonnée aux propriétés et aux lois de tous les éléments dont elle résulte; mais elle a ses propriétés et ses lois à part qui ne se communiquent pas, ne s'imposent pas aux autres parties du tout, encore moins au tout lui-même, qui n'est qu'un mot, une récapitulation. L'univers n'existe pas plus que la nature, que la matière, que le nombre cent, que le nombre cent mille, ou cent milliards de trillions. Il n'y a que des atomes et des corps, composés d'atomes.

Cependant Épicure, on le sait, admet encore une autre réalité, le Vide, l'absence de toute qualité, de toute substance, « un libre et pur milieu » où gravitent les atomes. Au premier abord, cette réalité du non-être absolu paraît contradictoire; est-ce une concession involontaire d'Épicure à la métaphysique? Dans sa pensée, nullement. La sensation immédiate lui révélait l'espace; une physique imparfaite lui démontrait la nécessité du Vide. Ne fallait-il pas un lieu au mouvement? Et comment expliquer les masses et les volumes des corps, si du vide, en proportions diverses, ne s'insinuait entre les atomes, dans le tissu des choses? Ces questions ont leur importance; la dernière a forcé la science à l'hypothèse de l'éther, impondérable, quoique matériel, et qui joue précisément le rôle du Vide épicurien. L'espace n'est plus pour nous que la distance (relative à nos sens) qui s'étend d'un corps à un autre, et la place que les corps occupent, abstraction faite de leur substance. Dès que tout est corps, depuis l'éther jusqu'au platine, l'espace n'est plus qu'une qualité des corps, un rapport comme le nombre et la mesure. Il n'a de réalité que dans les corps. C'est ainsi que le temps, lieu des événements, n'a de réalité que dans les faits; Épicure l'a compris : « Le temps par soi n'est pas, » dit Lucrèce.

Pour le vide, cependant, la question reste entière. N'est-il que relatif, comme dans nos machines pneumatiques? Est-il absolu? Si la physique le constate, il faudra bien l'admettre.

Telle qu'elle est, la conception de l'univers exposée par Épicure est la plus vaste, la plus claire que l'antiquité nous ait léguée; c'est aussi, dans son ensemble, la plus vraie. On y entrevoit, comme à travers une puissante esquisse, tous les linéaments de la conception moderne. Celle de notre monde, de la terre et de l'homme, n'est pas moins nette, ni moins admirable.

Laissons les astres, qui sont hors de portée. Au-dessous des zones éthérée et ignée, règne l'air, « que nous appelons le ciel », incessamment traversé par la lumière et envahi par les évaporations de la mer et des fleuves. La somme des eaux est toujours égale, et la permanence du niveau des mers est assurée par la perte et le retour des particules d'eau attirées par la chaleur solaire. Les vents sont de l'air agité par le mouvement des vapeurs condensées en nuages, durcies en neige et en grêle, liquéfiées en pluies. L'arc-en-ciel est une décomposition des ondes lumineuses réfléchies par les molécules aqueuses des nuées. Les trombes sont produites par les courants aux prises avec les nuages. La foudre est l'inflammation de l'air par le frottement des nuages, l'éclair et le tonnerre sont deux aspects d'un même phénomène et partent en même temps des nuages déchirés par l'air enflammé. On voit l'un avant d'entendre l'autre, parce que la marche de la lumière est beaucoup plus rapide que celle du son. Les éruptions volcaniques sont produites par l'air et le feu enfermés dans certaines cavités souterraines qui ordinairement communiquent avec la mer. Les miasmes des cavernes et des marécages, causes des maladies endémiques, les climats, les variations de la température sont pareillement les effets des mêmes agents naturels.

Les formes terrestres, montagnes et dépressions, marquent simplement les étapes de la retraite des eaux, qui couvraient la terre après le départ des éléments ignés et aqueux primitivement confondus dans le tourbillon d'où notre monde est sorti.

Les êtres végétants et vivants se sont produits là où se rencontraient les conditions nécessaires à leur existence, les plantes d'abord, puis les animaux, qui s'en nourrissent. Mais la nature n'a pas réalisé du premier coup des formes viables et des espèces fixes ; il y a eu des essais et des tâtonnements innombrables. Les organismes les mieux doués ont seuls survécu à la lutte pour la vie, et transmis par une reproduction durable les qualités héréditaires qui constituent les types des races. L'homme est apparu le dernier. Durant de longs siècles, habitant des forêts et des cavernes, avec ses ongles, avec le bâton, l'os, la pierre, il a combattu pour la domination. Il ne connaissait alors ni famille, ni société, ni justice. La force décidait des unions sexuelles, de la vie et de la mort. Quand la possession des troupeaux eut fait naître l'idée de propriété, quand l'échange des signes vocaux eut amené la formation de langages communs à une tribu, soit nomade, soit cantonnée dans une région, quelques contrats sous-entendus ou explicites commencèrent à régir les relations des hommes, et y introduisirent la notion, bien vague encore, du juste et de l'injuste. La nécessité de fabriquer des armes, des ustensiles, des vêtements noués, cousus ou tissés inaugura la vie sédentaire. La hutte remplaça la caverne ; puis la maison durable, centre et gardienne d'un champ, réunit les choses que l'homme s'était appropriées, les femmes et les enfants, les troupeaux, les armes, les peaux et les étoffes.

Le grand fait de ces âges reculés est la découverte et l'usage du feu. Le foyer, créateur des arts et de la civilisation, devint le centre sacré de la famille; la femme en fut la gardienne; de femelle et de mère, elle passa épouse, moitié de l'homme, maîtresse de la maison. Les mœurs s'adoucirent; les tribus fixées en villes champêtres, garanties par des murailles, s'habituèrent à cultiver l'orge, le froment, les céréales que le feu pouvait transformer en aliments désormais assurés. La société était fondée. Sans doute la faiblesse y était encore et pour longtemps sacrifiée à la force; mais il y exista des lois véritables, une vie privée et une vie publique. Des assemblées jugèrent les différends, et des chefs, élus, consentis ou subis, chargèrent des magistrats de l'exécution des lois.

Épicure (voir Lucrèce) a constaté la succession et les vicissitudes des formes politiques, mais il n'en a point étudié l'organisme. Elles lui sont demeurées indifférentes. C'est là dans sa morale une grande lacune. Comme Zénon et comme Jésus, dégoûté par les vices et l'instabilité des institutions sociales, il s'est appliqué tout entier au salut individuel. Mais il nous faut d'abord résumer sa physiologie et sa psychologie : il ne les sépare pas.

L'homme est un animal pourvu de sens et chez lequel les sensations fixées par le langage éveillent des idées, suscitent des réflexions et des raisonnements. Son corps, qui est sa personne entière, est, comme tout autre, une combinaison d'atomes. Les membres et les organes des sens ne lui ont pas été donnés en vue de l'usage qu'il en fait; l'organe a précédé la fonction. L'homme s'est trouvé muni de mains, et, après de longs essais, il a pris; de pieds, et il a marché; de larynx, et il a articulé; d'yeux, et il a vu; d'oreilles, et il a entendu. Les sensations, en dernière analyse, se réduisent au toucher; celles qui ne paraissent pas immédiates, la vision, l'ouïe, l'odeur, sont produites par des intermédiaires, par des simulacres ou décalques matériels émanés du contour extrême des objets, qui voltigent dans l'air, se renforcent ou s'atténuent selon les distances, s'amalgament ou se disséminent, et finalement viennent toucher les sens et leur communiquer un ébranlement transmis par les nerfs à un sixième sens, interne; ce *sensorium commune*, c'est l'âme, substance déliée faite de feu et d'air et de quelque autre matière plus subtile, répandue dans tout le corps, puisque tous les membres sont doués de sentiment, mais concentrée dans la poitrine, autour du cœur, là où s'agitent la crainte, l'espérance, les passions et les affections, le désir et la volonté, là où siégent l'intellect, la raison, le jugement.

L'homme naît, l'homme meurt, comme toute forme et toute combinaison dissoute. La mort réduit ses éléments à leurs atomes premiers et immortels. L'âme s'évanouit comme une fumée dans les airs. Restât-elle entière, elle est séparée des conditions de la pensée et de la personnalité. Elle est un membre du corps, elle s'y est formée, elle y a grandi, y a décliné. Elle n'est pas plus l'homme sans le corps, que le corps sans elle. Privée des organes des sens, elle n'a plus de sensations; et avec la sensation s'évanouissent l'intelligence et la raison, qui en sont faites. L'homme est donc, après la mort, ce qu'il était avant la naissance : rien. Ni terreurs ni espérances au-delà du tombeau, ni récompenses ni châtiments posthumes. Les champs Elysées sont ici-bas, dans la sérénité du sage ; les enfers, dans le cœur, dans le remords ; l'immortalité est une chimère, suggérée par le souvenir des morts et par les ombres chères qui hantent le sommeil ou la rêverie des vivants. Ces vues sont exposées avec un éclat magique dans le livre III du poëme de Lucrèce, ou, pour mieux dire, dans l'ouvrage entier. Des inexactitudes physiologiques n'en vicient point les conséquences. Il n'en faut pas, d'ailleurs, exagérer l'imperfection ; on doit se rappeler que le scalpel et le microscope étaient hors de la portée d'Épicure.

Assurément, il n'y a pas de simulacres émanés du contour des choses; mais il y a des mouvements et ondulations qui remplissent le même office ; mais toutes ces images, qu'Épicure place hors du corps, elles existent dans le cerveau, elles accomplissent leur travail dans les cellules multipolaires de la substance corticale grise; résidus et non causes des sensations, elles n'en président pas moins au jeu des facultés dites intellectuelles, mémoire, réflexion, abstraction, raison, volonté.

Certes, il n'y a point d'agrégat spécial nommé âme, dont l'énergie rectrice réside dans la poitrine. L'âme n'est que la résultante des impressions transmises au cerveau par les nerfs; elle n'en est que plus mortelle. Au reste, si l'on transpose la théorie d'Épicure, si on la traduit en langage moderne, on la trouvera aussi voisine de la vérité scientifique que l'hypothèse des simulacres. Il suffira de négliger une fausse localisation, de substituer un terme à un autre, la substance nerveuse à l'âme, et tout sera vrai. Cette matière répandue dans tous les membres en filets innombrables, qui par les ganglions du grand sympathique entretient et gouverne la vie instinctive, qui, par la masse cérébrale entourée de ses replis sinueux, se concentre en mémoire, en pensée, en personne, n'est-ce pas l'âme d'Épicure elle-même?

Les dieux, jusqu'ici, n'ont point paru; les atomes ont tout fait; leurs mouvements, leurs figures, leurs poids, leurs affinités et leurs combinaisons construisent, dissolvent et ruinent les mondes, les êtres, invinciblement, impassiblement, fatalement. Tout caprice divin, toute providence est impuissante à troubler l'ordre de la nature. Si la volonté divine est identique aux lois universelles, elle fait double emploi, et elle n'est rien : car les lois universelles elles-mêmes ne sont rien que la succession des faits telle que nos organes la constatent. Les dieux sont des inventions de l'ignorance et de la terreur, parfois des explications symboliques de certains phénomènes naturels. La science, l'étude de la nature écartent ces fantômes. La tête épouvantable des dieux cesse de projeter son ombre sur la terre, et la pensée libre, s'élançant dans les cieux ouverts par-delà l'enceinte enflammée des constellations, embrasse l'immensité de l'univers.

Les dieux, ni plusieurs, ni un seul, n'ont aucune place dans la doctrine d'Épicure. Mais celle qu'ils tenaient dans les institutions humaines ne pouvait, sans danger, leur être radicalement contestée. Épicure leur a laissé la vie, même la béatitude; seulement il leur a pris leur foudre; et désormais inoffensifs, libres de tout souci comme de toute fonction, de tout désir, de toute haine, ils jouissent, on ne sait où, probablement dans les espaces qui séparent les tourbillons, dans les *intermondes,* des honneurs dus à leur rang et à leur inanité. Après tout, les hommes ont l'idée des dieux;

l'âme peut bien la recevoir, elle doit la recevoir, oui, elle la reçoit, comme toute autre, de simulacres, qui supposent des corps. Les dieux, en fin de compte, auront cette utilité. Qu'ils demeurent donc en leur paix suprême, exempts des reproches fondés que leur attireraient les défauts du monde et les maux de la vie, inaccessibles aux remercîments qu'ils n'ont pas mérités comme aux prières vaines qu'ils ne peuvent exaucer. Ils n'ont rien fait. La nature s'est suffi. L'immense ironie de ce dédaigneux respect, si déplaisant aux prudhommes de la philosophie, qui ne veulent pas rire, si amusant pour les esprits émancipés, n'a jamais fait illusion au fin génie des caustiques Athéniens; elle ne visait que la foule routinière et la susceptibilité sacerdotale, et elle a atteint son but, car elle a soustrait Épicure à ces accusations d'impiété qui ont conduit Socrate et Prodicos à la ciguë, Protagoras au naufrage, Aristote à l'exil.

Les dieux sont retraités : plus de miracles, d'oracles, de présages, plus de génuflexions et de litanies. La mort est dépouillée de son mystère : plus de chien à trois têtes, plus de barque infernale. Il n'y a plus que la réalité : l'homme vivant en présence de la nature impassible. Que va-t-il faire? User de ses organes, développer ses facultés dans l'aire variable que circonscrivent et dominent les fatalités naturelles. Il trouvera le bonheur dans l'emploi judicieux de son activité, dans la pratique de tous les plaisirs innocents, et surtout dans la volupté de la science, de la justice et de la vertu. Telle est bien la conclusion de la philosophie d'Épicure; nous en avons pour garants, et les aphorismes que les biographes ont conservés, et l'exemple de sa vie noble et pure. Que ses disciples aient diversement interprété ses préceptes ; que plusieurs aient trop donné aux satisfactions inférieures ; que le nom d'épicurien, détourné de son sens (comme celui de matérialiste), ait été usurpé par les déclassés des doctrines les plus opposées; c'est ce qui importe assez peu. Il est des reproches autrement sérieux, déjà encourus par le stoïcisme, et que la morale d'Épicure ne saurait écarter. Elle n'est qu'une moitié de morale, et une moitié incomplète. Elle est mutilée. Guide imparfait de la vie individuelle, elle ne dit rien et ne sait rien de la vie sociale.

Nous avons indiqué les obstacles qui ont arrêté Épicure sur le seuil de la politique. Les misères de la démocratie mal pondérée d'Athènes, les funestes luttes d'ambitions sans frein, la décadence de la Grèce, les douloureux présages qu'un esprit clairvoyant pouvait tirer des victoires et conquêtes d'Alexandre, ont rempli de dégoût l'âme du sage. Il s'est détourné de l'action. Il s'est retranché

Dans l'impassible fort de la sérénité,

au-delà même de l'*ataraxie*, de l'*apathie* stoïcienne, ces prototypes de la résignation chrétienne. Il a conseillé l'abstention de toute charge publique et, autant que Jésus même, la soumission aux puissants lorsqu'elle est utile, dans la mesure, il est vrai, où elle est compatible avec la dignité personnelle, mais comme une concession sage aux menus ennuis de l'existence.

Les adversaires de la philosophie expérimentale ont accueilli avec une joie non dissimulée cette diminution de la morale; ils y ont vu la conséquence parfaite et légitime d'une doctrine fondée sur l'intérêt et la recherche du bonheur individuel. Aveuglés par leurs préjugés malins, ils ont tonné à faux. Leur éloquence tombe à côté. Le vice de la morale d'Épicure est ailleurs. Loin d'être conséquente, elle déroge à la doctrine.

Quoi qu'on fasse, « quoi qu'on die », l'intérêt, soit particulier, soit général, sera toujours la base unique de la justice, le point de départ réel de la morale, du droit et du devoir; le bonheur en sera toujours la fin. C'est sur l'intérêt qu'Épicure a erré; c'est sur l'emploi des facultés humaines; c'est sur l'application même à la vie d'une doctrine fondée sur le mouvement de toutes les parties dans un tout impassible. Il n'a pas compris que l'action, dans toutes les directions, dans toutes les sphères, l'action, loi de l'existence, est aussi la loi de la vie. Lui qui a si bien exposé l'origine des sociétés, il n'a pas vu dans l'état social la forme de toute civilisation, et dans l'organisme politique la condition nécessaire du développement individuel. Quant à cette paix de l'âme, qu'il atteint par son seul effort, et qui a bien son prix, elle a aussi son heure. Elle sied au déclin de la vie, car elle empiète sur la mort, sur le calme du néant. Elle ne peut être l'état de l'âme adolescente, adulte ou mûre, et si elle intervient légitimement, c'est à titre de recueillement, de repos où l'énergie fatiguée reprend haleine avant de rentrer dans l'action. Sinon, à quoi bon la vie? Question que les épicuriens comme les stoïciens se sont posée, et qu'ils ont plus d'une fois résolue par le suicide.

On dirait que l'apôtre des hautes voluptés a pris pour idéal la félicité ironique des dieux relégués dans les intermondes, de ces dieux qui ne font rien et ne sont rien. D'une fiction agréable, hors-d'œuvre de sa philosophie, il a tiré des conclusions que démment la réalité, que rejettent absolument l'expérience et la science de la nature.

Mais de ce que la morale d'Épicure est incomplète, il ne s'ensuit pas qu'elle soit, comme on le va répétant, une école de vice. Dans le champ qu'elle embrasse, elle suit une voie droite et sage. Elle ne diffère, en somme, des morales dites spiritualistes que par plus d'humanité et de vraisemblance. Il faut se faire de la bonne foi une singulière idée pour accuser d'immoralité un philosophe qui place la volupté dans la vertu. « On ne peut être heureux, dit-il, sans pratiquer la vertu, et quiconque la pratique est heureux. » Le stoïcien Sénèque, dans son traité de *la Vie heureuse* et dans ses lettres à Lucilius, rend à Épicure une pleine et entière justice ; il est regrettable qu'un tel exemple n'ait pas été suivi par les vains adversaires de la doctrine expérimentale.

On a systématiquement rabaissé une école tenue avec éclat dans Athènes jusqu'au temps d'Auguste, et qui, partageant avec le stoïcisme la direction des esprits jusqu'au triomphe néfaste du christianisme, compte parmi ses disciples un Lucrèce, un Horace, un Virgile, Sénèque le Tragique, le grand Pline et les deux Celse, l'un fameux médecin, l'autre célèbre adversaire de la théurgie chrétienne. Après le long gâchis du moyen âge, la lignée d'Épicure reparaît en Gassendi et, par Hobbes, Diderot, Buffon, Helvétius, d'Holbach, Condorcet, par Lamarck, La Place, Cabanis, Aug.

Comte, Moleschott, Büchner et la *Pensée nouvelle*, se continue jusqu'à nos jours.

On a reproché aux disciples d'Épicure, dans l'antiquité, de n'avoir rien ajouté à la doctrine du maître. On n'a pas réfléchi que la science seule pouvait l'accroître, et que la science n'a pas trois siècles d'existence. Aujourd'hui que les découvertes de l'expérience en ont rempli le cadre, comblé les lacunes, redressé les erreurs et confirmé les intuitions, les pieds sur la terre, le front dans les cieux, plongeant ses regards dans l'infini de la petitesse et de la grandeur, gouvernant le monde par la vapeur et le télégraphe, elle se dresse victorieuse au-dessus du fouillis des religions, tandis que la métaphysique en fuite, réduite à l'ombre d'un nom, ne trouve même pas un asile dans ces intermondes où Épicure a relégué les dieux.

Il nous faut suivre maintenant dans sa décadence progressive la pensée antique, dépaysée en Égypte et dans le monde romain, troublée par l'intrusion du mysticisme oriental, submergée par le chaos du moyen âge. L'exposition relativement étendue des principaux systèmes élaborés par le génie grec a simplifié notre tâche et déblayé le terrain où nous allons avancer d'un pas plus rapide, nous ne rencontrerons que des idées déjà familières aux lecteurs. Vingt siècles ont vécu de Platon, d'Aristote, de Zénon, d'Épicure, de Pyrrhon. Nous pourrons donner moins à la chronologie et plus à la classification des groupes issus des écoles plus anciennes. Trois divisions nous suffiront dans l'ordre des temps : une période de cinq siècles environ (250 av. J.-C. — 200), où se distinguent encore les suites de l'Académie, du Lycée, du Portique, etc.; une durée de trois ou quatre siècles où elles se confondent en un panthéisme mystique parallèle au mysticisme monothéiste des chrétiens; enfin, après un intervalle ou interrègne de l'esprit humain, cet âge scolastique où l'Église tient en lisière un faux Aristote, restitué au monde par les Arabes.

Nous atteindrons ainsi les temps modernes; et nous verrons la philosophie recommencer son œuvre entière avec de nouveaux Démocrites, de nouveaux Aristotes, des Platons moindres et encore des Parménides et des Pythagores, et des Pyrrhons, pour aboutir, en dépit de fluctuations innombrables, à un mélange d'Épicure et de Zénon ; car, sans presser et forcer les analogies, il est impossible de méconnaître une concordance générale entre les deux cycles de la pensée; le christianisme a rompu le fil du labyrinthe; deux fois, pour s'y retrouver, l'homme a repris la même route, est entré par les mêmes portes et est arrivé au même terme, au matérialisme scientifique. Telle est la philosophie des philosophies.

CHAPITRE III.

LES TEMPS INTERMÉDIAIRES.

LA DÉCADENCE GRÉCO-ORIENTALE ET CHRÉTIENNE.

§ I. DÉCADENCE DES ÉCOLES ANTIQUES.

**Troisième Académie. Les Néo-Pyrrhoniens.
Stoïcisme et Épicurisme romains.**

La philosophie grecque, à son début, a été dominée par les conceptions hâtives de l'anthropomorphisme oriental. Le travail demi-conscient de la pensée humaine avait créé un milieu intellectuel, sorte de piége, de filet, de voile tissé durant des centaines de siècles, où chaque métaphore inexacte, chaque analogie forcée, chaque idée fausse venait coudre son fil et serrer sa maille, réseau si tenace que l'humanité y reste prise encore, errant du mythe à l'entité, de la religion à la métaphysique, incapable de rejeter une fois pour toutes cet implacable héritage, cette robe de Nessus incorporée à sa chair, au cerveau lui-même.

L'école ionique s'en était dégagée à grand'peine, non sans y buter souvent, non sans y abandonner à chaque pas quelqu'un de ses disciples directs ou indirects, les Pythagore, les Héraclite, les Anaxagore, les Platon, les Aristote même et les Zénon, plus ou moins ressaisis ou enveloppés dans les plis du tissu fatal. Cependant, guidée bien plus par l'intuition de la vraie méthode que par une connaissance suffisante de la réalité, elle avait sinon tracé, du moins ouvert la route. Anaximandre, Démocrite, Épicure enfin, faisant table rase des superstitions de l'ignorance et des chimères de la raison, avaient, sur la place déblayée, établi le monde, les choses, les êtres, l'homme, tels qu'on pouvait les connaître;

avec ces matériaux ils avaient construit un édifice, dont les étages, évidemment provisoires, devaient s'écrouler en partie, mais dont le plan durable fournissait des cadres à l'expérience.

La science pouvait venir, mais elle n'était pas née. Et c'est à cette heure critique, au moment où la majorité des intelligences cultivées se débattait encore dans les liens combinés de la métaphysique, du mysticisme et de la crédulité, que l'ambition d'Alexandre exposait la pensée grecque, à peine sûre d'elle-même, à de nouveaux contacts avec les mœurs et les idées de peuples inférieurs ou arriérés, qu'elle avait de si loin, mais depuis si peu de temps, dépassés. Épreuve d'autant plus redoutable que ces races déchues, Égyptiens, Syriens, Perses, Juifs, Chaldéens, Indiens brahmaniques ou bouddhistes, pour la plupart hellénisées à la surface et prêtes à des fusions apparentes, n'avaient point marché du même pas que leurs vainqueurs. Plutôt avaient-elles reculé. La philosophie encore divisée, incohérente, impuissante, faute de science, à trancher le grand débat entre le rationalisme d'Aristote et de Platon et le matérialisme d'Épicure, allait se retrouver aux prises avec ces mêmes rêveries de l'Orient qu'elle avait laborieusement, incomplétement écartées, avec ces religions qui lui avaient imposé la métempsycose, l'immortalité de l'âme, l'innombrable famille des mythes ignés, des entités éthérées, les dieux et le divin, mais, condition pire encore, avec ces religions dégénérées, atténuées, et comme saupoudrées d'un vernis métaphysique.

Ajoutez à la confusion née des conquêtes d'Alexandre l'unité chaotique apportée par la domination romaine, et vous comprendrez la décadence préalable d'un rationalisme qui n'avait plus rien à dire, puis les compromissions inévitables avec les pauvres théories mystiques de l'Égypte, de la Judée, de la Syrie ; vous comprendrez aussi l'arrêt et les déviations du matérialisme. Pendant deux siècles environ, il ne fut ajouté à la conception philosophique de l'univers aucun élément nouveau de quelque valeur. Les travaux notables de l'érudition, les découvertes ou plutôt les hypothèses de l'astronomie se multiplièrent, il est vrai, mais sans être utilisés, sans être rattachés à l'ensemble. Les sectes établies continuèrent à végéter, à se ramifier, soit à Athènes, où leur enseignement s'était constitué, soit à Alexandrie, second centre intellectuel du monde, soit à Rome, héritière et élève de la Grèce, soit dans quelque autre lieu de l'Europe, de l'Asie ou de l'Afrique. Elles se répandirent sans s'accroître, sans progresser. Elles vivaient sur elles-mêmes, de leur passé.

Ni les talents, ni les vertus, ni l'éclat littéraire, ni l'influence morale ne leur manquèrent. Mais cette période de leur existence appartient à l'histoire et à la critique. Elle est presque nulle au point de vue des idées, le seul qui nous occupe ici ; une rapide nomenclature leur rendra la justice qui leur est due.

Le probabilisme, qu'Arcésilas (Platon commenté par Pyrrhon !) avait installé dans l'Académie, fut représenté avec éclat, de 215 à 130, par Carnéade, l'adversaire infatigable de l'intarissable Chrysippe. Lorsque Athènes envoya en ambassade à Rome le stoïcien Diogène, le péripatéticien Archélaos et l'académicien Carnéade, ce fut ce dernier dont l'éloquence pleine de souplesse exerça le plus d'empire sur la jeunesse romaine. On sait que Caton l'Ancien se hâta d'écarter ces hôtes qu'il jugeait dangereux pour la vieille ignorance et les superstitions du patriciat romain. Carnéade, pyrrhonien mitigé, niait la possibilité de prouver la réalité objective de la connaissance ; et le subtil stoïcien avait fort à faire pour soutenir sans trop d'infériorité un débat si oiseux. Après Carnéade, on cite Philon de Larisse, qui vint professer à Rome cette vaine dialectique, et cette métaphysique sans issue ; puis Antiochus, son disciple, qui enseigna tour à tour dans Athènes, à Alexandrie et à Rome. Tous les deux essayèrent d'atténuer le probabilisme de Carnéade et de se rapprocher de l'ancienne Académie. C'est à cette école modérée, décente, compatible avec la vie mondaine et le maniement des affaires publiques, qu'appartient Cicéron, l'un de ces deux augures qui ne pouvaient se regarder sans rire. Cicéron, avec un esprit très-libre, mais volontiers touché des brillants lieux communs, a beaucoup écrit, et savamment et utilement, sur les philosophies et les systèmes ; il a été proprement un éclectique, au meilleur sens du mot, et, s'il s'est rattaché à une doctrine, c'est à la moins décisive, à la plus malléable. La postérité y a gagné des informations assez impartiales et surtout abondantes sur les luttes philosophiques et sur la sagesse moyenne de son temps, sur ce *sens commun* qui varie d'âge en âge, et qui, résidu des préjugés accumulés autant que des vérités acquises, est la principale règle de la vie pratique, de la morale.

Cicéron avoue lui-même que les nouvelles Académies (troisième et quatrième) ne tenaient pas la première place dans le monde gréco-romain ; sur l'univers, elles n'enseignaient rien de précis ; sur l'homme, elles se bornaient à une morale sensée, pure, conforme à la nature humaine et sociale, mais fondée à moitié sur l'expérience, à moitié sur un *à priori* métaphysique. L'homme aime les conclusions nettes. Doute pour doute, il préférera encore le scepticisme pur au probabilisme bâtard. Un seul Ænésidème vaudra toujours cent Carnéades. Mais toujours aussi les doctrines affirmatives, quelles qu'elles soient, l'emporteront sur les négatives en autorité et en influence. C'est pourquoi la Nouvelle Académie végétait à côté du Portique et de l'Épicurisme triomphants. L'un, recommandé par les vertus de Panétius, le maître de Scipion et de Lélius, et les tendances scientifiques de Posidonius (135-59) (1), admiré de Cicéron et même d'Horace, allait former les plus grands citoyens de Rome, Brutus, Caton d'Utique, Thraséas, Helvidius, Cornutus, Perse, et compter parmi ses adeptes Sénèque, Épictète, Marc-Aurèle. L'autre, porté et interprété à Rome par Amafanius, Rabirius, Catius, y trouvait son plus fameux représentant, Titus Lucretius Carus (2) ; sa conception du monde et de la vie était universellement acceptée dans son ensemble par ceux mêmes qui en critiquaient les détails ; son clairvoyant et narquois athéisme n'était pas fait pour déplaire à des esprits excédés de superstitions officielles et de pratiques

---

(1) Posidonius a essayé de déterminer mathématiquement la grandeur de la terre et celle du soleil.

(2) Voir notre introduction au *De rerum natura*, etc.

ridicules. Pomponius Atticus, l'ami de Cicéron ; Cassius, César, Lucius Torquatus, Virgile, Horace, Tibulle furent des disciples plus ou moins constants d'Épicure, ainsi que Sénèque le Tragique, le grand encyclopédiste Pline l'Ancien, le biographe Diogène Laërce, et Celse, le victorieux adversaire du christianisme. Il faut ranger parmi ses alliés les rationalistes athées de l'école d'Aristote et les sceptiques positivistes héritiers de Pyrrhon, car la critique d'Ænésidème (premier siècle de notre ère), si forte et si décisive, n'a de valeur philosophique que comme préparation au matérialisme.

M. Émile Saisset a consacré un mémoire excellent à la doctrine d'Ænésidème, telle qu'elle nous a été conservée par le sceptique Sextus Empiricus. Ce subtil Crétois (il était né à Cnosse et enseignait à Alexandrie) s'était, comme son maître Pyrrhon, établi à l'entrée de la philosophie, et, sur le seuil même de la métaphysique, il en démontrait l'inanité par des arguments rigoureux d'autant plus intéressants qu'ils ont été repris par Hume, Kant et Auguste Comte. C'est merveille de le voir détruire l'idée de cause, le fameux critérium de la vérité, la morale absolue, et réduire à son office verbal la théorie de la démonstration.

Ænésidème soutient qu'on ne saisit dans la nature que des antécédents et des conséquents, des phénomènes dont les relations accidentelles n'impliquent aucune dépendance nécessaire, encore moins un rapport de cause à effet ; il considère l'idée de causalité comme purement humaine et anthropomorphique.

Agrippa, l'un de ses successeurs, enferme la métaphysique dans cinq difficultés progressives et insolubles : la *contradiction*, qui nie purement et simplement l'affirmation d'un prétendu principe ; le *progrès à l'infini*, qui cherche vainement à prouver un principe énoncé par un principe plus étendu ; la *relativité*, à laquelle n'échappe aucun axiome ; l'*hypothèse*, à laquelle se réduit toute affirmation sans preuves ; enfin le *cercle vicieux*, qui invoque en faveur de la démonstration le principe non démontré.

Sextus (vers le troisième siècle), médecin *empirique*, c'est-à-dire combattant les symptômes morbides sans perdre le temps à spéculer sur la cause du mal, Sextus, dans les deux ouvrages qui nous restent de lui, *Hypotyposes pyrrhoniennes* et *Contre les mathématiciens*, résume et définit la doctrine de ses prédécesseurs.

Selon lui, le pyrrhonien n'est ni avec ceux qui, comme Platon, Aristote ou Épicure, croient avoir découvert la vérité, ni avec les probabilistes qui nient la possibilité de la découvrir ; sans rien nier, sans rien affirmer sur ce point, *si ce n'est la valeur égale des thèses contraires*, il se borne à l'étude des apparences, à l'observation des phénomènes. Il ne détruit pas, pense-t-il, la métaphysique, il l'écarte. C'est bien là le dogme, à la fois commode et insuffisant, du Positivisme. Mais la critique de Sextus et de ses modernes successeurs va beaucoup plus loin qu'ils ne le veulent ou ne le croient. Il passe soigneusement en revue les dix catégories de Pyrrhon, les cinq tropes d'Agrippa, les huit arguments d'Ænésidème, qui peuvent se résumer d'un seul mot : *tout est relatif* ; il n'existe rien de nécessaire et d'absolu. Nous ne pouvons entrer dans la discussion, souvent subtile, à laquelle il soumet la logique, la physique, la morale, et nous n'entendons point nous rallier à toutes ses opinions, bien loin de là ; mais il est une donnée métaphysique contre laquelle il a groupé une série de dilemmes ou trilemmes irréfutables, c'est l'idée de Dieu et de Providence.

« Celui qui admet un Dieu, de trois choses l'une : ou il pense que la providence de Dieu s'étend à toutes choses, ou qu'elle s'étend seulement à quelques-unes ; ou enfin, il n'admet pas de providence. Or, si la providence de Dieu s'étendait à toutes choses, il n'y aurait dans le monde ni mal ni vice, ni imperfection. Dira-t-on qu'elle s'applique au moins à certaines choses ? Pourquoi à celles-ci plutôt qu'à celles-là ? Je demande en outre si Dieu peut et veut pourvoir à toutes choses, ou bien s'il veut et ne peut pas, ou bien s'il peut et ne veut pas, enfin s'il ne veut ni ne peut y pourvoir. » Premièrement, il ne pourvoit pas à toutes choses, puisque le mal existe ; secondement, il est, selon les cas, ou impuissant, ou méchant, ou à la fois méchant et impuissant. « Il faut donc dire que Dieu ne s'occupe aucunement de l'univers.

Mais alors comment saurons-nous s'il existe? nous ne pouvons saisir ni son essence, ni son action. » L'usage que fait Sextus de ce raisonnement bien connu suffirait seul à indiquer en quoi le scepticisme positiviste croit différer du matérialisme. Celui-ci conclut à la négation ; l'autre à l'abstention, à la suspension, ἐποχή. « Ceux qui affirment sur Dieu quelque chose d'absolu ne peuvent éviter l'impiété » ; on dit aujourd'hui : dépassent les données de l'expérience et de la raison. On ne voit guère en quoi ces formules prudentes se distinguent de la négation ; nous aurons occasion de le chercher encore, à propos de l'*inconnaissable* positiviste.

Nous avons vu que la métaphysique des stoïciens était aussi faible, aussi incohérente, que leur morale était forte, ou du moins impérieuse. Il ne faut pas que celle-ci même nous fasse illusion. Leur théorie de la liberté et du devoir est pleine de contradictions ; d'une part, elle proclame l'infaillibilité de la conscience, l'indépendance de la volonté humaine ; d'autre part, la divinité et l'excellence de la nature impeccable, l'obéissance aux lois de l'univers, et l'absorption de l'âme et de la personne humaine dans on ne sait quel foyer de vie et de sagesse qui rayonne à travers le monde. Cependant, au nom de la liberté, elle viole, bien vainement, les lois de la nature, les passions, unique mobile des actions ; et au nom de la nature elle supprime la liberté morale. Si le devoir procède d'une vague raison universelle infuse dans l'univers, il n'a plus pour base la raison personnelle de l'homme ; il n'est plus l'application d'une volonté libre. Mais c'est assez insister. La morale n'est que logomachie quand le devoir n'est pas fondé sur le droit, le droit sur l'intérêt, l'intérêt sur le besoin, et le besoin sur les nécessités de l'organisme individuel et social.

Sans doute, le stoïcisme se relevait par la pratique et l'enseignement de la vertu. Ses disciples, secondés et suppléés au besoin par la séquelle famélique d'Antisthène, à la fois parasite et fanfaronne, jouaient dans les familles patriciennes le rôle de chapelains et de directeurs de conscience. M. Martha a très-bien établi ce fait curieux ; ils ont travaillé pour le prêtre, pour l'abbé chrétien ; ils lui ont préparé la place, et l'ont remplie mieux que lui, c'est une justice à leur rendre. Leurs préceptes étaient plus virils et plus purs ; ils ont fait des hommes, et non des fanatiques ou des hébétés. Beaucoup de leurs élèves ont bravé la tyrannie, défié la douleur, couru au-devant de la mort.

La mort était le dernier mot de leur sagesse. Par la mort ils furent les précurseurs du christianisme. Et c'est le grand vice de leur vertu. Leur morale était faite pour des condamnés et des désespérés. On a dit qu'elle convenait à ces temps où le despotisme impérial se jouait de la vie humaine. Que trop, en effet; c'est la résignation, c'est le fier dédain de l'existence et de ses maux, qui sont les plus sûrs alliés de la tyrannie.

Leurs livres sont pleins des plus beaux sentiments, ou du moins des plus spécieux, des indignations les plus nobles contre le vice, la perfidie, la cruauté. Sénèque, Dion Chrysostome, détestent l'injustice ; ils condamnent l'esclavage, mais ils n'ont point abattu l'oppression, ils n'ont pas supprimé la servitude. Les jurisconsultes nourris de leur enseignement, Ulpien, Papinien, tout en introduisant l'équité dans la formaliste jurisprudence des Romains, consacrent l'omnipotence des empereurs et les droits du propriétaire d'esclaves.

La vertu stoïcienne fut bien véritablement une vertu mortuaire et mortelle. Si le sage, au lieu de s'ouvrir les veines sur l'ordre du maître, avait tué le licteur, s'il avait fait de sa maison une citadelle assiégée, s'il avait ameuté le peuple à grand fracas, si même il avait fui, il aurait plus fait pour la liberté et pour la justice. Les recueils d'apophthegmes y eussent perdu beaucoup de belles paroles. Les héroïques réponses d'Épictète esclave au maître qui lui cassait la jambe, et les préceptes austères de son *Manuel*, les touchantes effusions mystiques de Marc-Aurèle, n'auraient point offert des modèles de magnanimité aux martyrs, de renoncement à l'*Imitation de Jésus-Christ*, d'onction aux prédicateurs ; mais les Césars auraient tremblé sur leur trône, et ils en seraient tombés.

L'impassibilité stoïcienne n'a pas été moins stérile que la sérénité d'Épicure. L'une et l'autre, partant d'une fausse conception de la nature humaine et de la société, n'ont abouti qu'à l'inertie et à la mort. Elles ont livré l'homme, pieds et poings liés, à toutes les oppressions, en croyant l'y soustraire. Toutes les deux, elles ont fait des sages, de hautes personnalités ; car si les stoïciens ont eu l'avantage de la dignité et de l'austérité, si certains épicuriens, détournant de leur sens les préceptes du maître, ont versé dans la mollesse et dans l'orgie, les uns et les autres se sont trouvés égaux devant le suicide ; le voluptueux Pétrone a su mourir tout aussi bien que Sénèque ou Arria. Mais ni l'une ni l'autre doctrine n'ont fait des citoyens, ni surtout des groupes sociaux organisés. Les deux morales ont eu ce caractère commun, l'aristocratie, le privilége ; elles ne se sont pas adressées aux masses ; c'est pourquoi, nous le verrons, elles ont cédé, elles ont livré le monde à la morale chrétienne, leur sœur et leur héritière, ni meilleure ni pire, mais qui prétendait au moins parler à tous les hommes, et que tous les hommes, pour leur malheur et pour le nôtre, ont entendue. Cette distinction a été fort judicieusement indiquée par M. J. Fabre dans sa récente *Histoire de la philosophie* (2 vol., Germer Baillière).

La morale n'est pas le seul point où se soient rencontrés les enseignements si divers de l'Épicurisme et du Stoïcisme. L'un venait d'Anaximandre et de Démocrite, de l'expérience ; l'autre de Platon et d'Aristote (en partie), de la métaphysique ; et ils sont arrivés l'un à l'athéisme à peine dissimulé, l'autre au panthéisme. Or, si tout est dieu, dieu n'est rien ; car dieu n'est plus qu'un nom du tout. Diviniser la nature, ou l'univers, c'est n'y rien ajouter, sinon une illusion de l'anthropomorphisme. Il y a donc équivalence entre les deux conceptions du monde, comme entre les deux conceptions de la vie et de la mort : ni l'une ni l'autre en effet ne sauve du néant la personne humaine ; la résorption de l'âme stoïcienne dans le dieu universel ne vaut pas plus que la dispersion de l'âme épicurienne en ses éléments premiers.

Les deux écoles, résumant toute la philosophie ancienne, aboutissaient ainsi au même résultat : la destruction radicale du polythéisme. L'une avait sur l'autre cette supériorité, qu'elle fermait la porte au déisme lui-même; mais toutes deux pouvaient accepter sur les dieux soit l'amusant scepticisme de Lucien, soit le système allégorique ou pseudo-historique d'Evhémère, le hardi et paradoxal contemporain d'Épicure (311-298 av. J.-C.).

§ II. PHILOSOPHIE GRÉCO-ORIENTALE.

Néo-pythagorisme : Apollonius de Tyane.
Néo-platonisme : Philon d'Alexandrie et le Christianisme.
Théosophie des Alexandrins, de Plotin à Proclus.
Théologie : Augustin.

Dans sa période gréco-orientale, judéo-grecque, la philosophie cesse d'être une conception soit expérimentale, soit rationaliste du monde; elle n'est plus la philosophie. C'est avant tout un mélange mystique, un *syncrétisme* plus ou moins incohérent des résidus religieux déposés dans l'âme faible de l'Asie par les vains rêves de l'imagination antique et de la primitive ignorance, et tant bien que mal refondus dans le moule de la métaphysique platonicienne. En fait, la pensée humaine recule de sept siècles. Et tout ce que peut faire l'esprit occidental, c'est de transformer les mythologies et le polythéisme en *théosophie*, en science du divin. La réalité des choses, du monde, de l'homme, disparaît; il ne reste plus que l'illusion. Et c'est au nom de l'illusion et du songe, de l'inutile et de l'oiseux, que les conducteurs de l'humanité, alexandrins et chrétiens, ceux qui défendent la civilisation et ceux qui la renversent, vont s'emparer de la direction intellectuelle, morale, et, qui pis est, sociale de ces vastes troupeaux d'hommes parqués dans les provinces, les colonies, les municipes, sous le sceptre impérial.

Il est de mode aujourd'hui de réhabiliter l'empire, de vanter l'administration et la *paix* romaines, et ce cosmopolitisme prématuré qui désintéressait de la patrie les populations livrées à leurs coutumes et à leurs routines locales. Tandis que les vaincus s'amusaient avec leurs petites magistratures et leurs petites superstitions, les Césars, leur sénat servile, leurs préfets concussionnaires, leur plèbe immonde avaient belle à festiner, à savourer les richesses des peuples, le sang des bêtes et des hommes. Quand les grandes personnes veulent s'ébattre à loisir, elles font jouer les enfants sous la surveillance un peu arbitraire de domestiques de confiance. A tout prendre, un tel régime était préférable au chaos barbare combiné avec l'unité catholique. Il aurait permis aux enfants de devenir des hommes. La mystagogie gréco-orientale a cru mieux faire en replongeant dans l'enfance l'humanité tout entière ; et aujourd'hui encore cette humanité débonnaire la bénit de son humiliation ; et il est de mauvais goût d'en contester l'action moralisatrice, de proclamer trop haut que tout progrès s'est accompli hors d'elle et contre elle. Nous y reviendrons, et plus d'une fois.

Mais, pour rentrer dans l'ordre des temps, rien n'infirme plus fortement la théorie de la paix romaine, de la félicité romaine, que le succès du mysticisme alexandrin et le triomphe du christianisme. A quel degré de misère physique et morale, dans quel abîme de trouble et de désespoir étaient donc tombés les sujets de Rome, pour s'être ainsi réfugiés dans les chimères de l'extase et dans les visions d'outre-tombe ! De quelle lassitude, de quel énervement, de quelle décadence intellectuelle témoigne l'acceptation de mystères saugrenus ou puérils, d'idées vagues comme les rêves d'un fiévreux ! Spectacle humiliant et lamentable ! Nous allons voir peu à peu, de guerre lasse, les esprits cultivés entrer dans le royaume des pauvres d'esprit, et mettre ce qui leur reste de raison au service d'une foi qui revendique pour fondement et pour couronnement l'impossible et l'absurde.

Les péripéties de cette longue maladie mentale relèvent surtout de l'histoire religieuse et de l'exégèse; mais les suites qu'elle a laissées après elle, les germes morbides qu'elle a déposés dans l'esprit humain et que la science moderne n'a pas détruits encore, ont trop influé sur la philosophie pour que nous négligions de résumer les phases principales, la marche et le développement de la contagion. Le mal a eu deux formes, d'abord successives, puis parallèles, puis fondues en une seule : la forme gréco-orientale, et la forme chrétienne. L'une commence au premier siècle avec Apollonius et Philon, pour finir au sixième ; l'autre commence quelque vingt ans plus tard avec Jésus et Paul, pour triompher au quatrième, dominer sans contre-poids jusqu'au douzième, s'affaiblir au seizième, et livrer ses dernières batailles aux dix-huitième et dix-neuvième siècles.

Apollonius de Tyane était né en Cappadoce quelques années avant l'ère chrétienne. A travers les extravagances du panégyriste Philostrate et les nombreuses merveilles empruntées à une autre légende, on découvre en cet illuminé une sorte de Jésus plus lettré, mais formé en dehors de toute influence juive. Les adversaires de l'Église l'ont tout d'abord opposé au Galiléen ; l'éclectique Alexandre Sévère, en sa petite chapelle, le plaça judicieusement à côté de Moïse, d'Abraham et de Jésus ; les Pères de l'Église, après l'avoir maudit comme un envoyé du démon, ont fini par voir en lui un précurseur. Il avait beaucoup voyagé en Perse, en Égypte et dans l'Inde. Mage, hiérophante et brahmane, il se rattachait naturellement à Pythagore, le plus mystique et le plus charlatan des philosophes grecs. Il prêchait l'immortalité de l'âme, la providence, la prière, une morale austère, qu'il paraît avoir pratiquée. Non content de cet enseignement quasi philosophique, il excellait aux miracles et à tous les tours de haute magie. C'est proprement l'ancêtre des spirites et des magnétiseurs. Il avait le don de seconde vue et se flattait de distinguer du premier coup d'œil un dieu d'un démon. Comme il parlait toutes les langues *sans les avoir apprises*, il s'entretenait aisément avec les ombres de toutes nations. Il guérissait tous les maux, voire la folie et la mort. Sur le point d'être condamné pour magie, il disparut mystérieusement du monde. On conte qu'il apparut à un incrédule et lui dit : « Quittez vos doutes, l'âme est immortelle... Au surplus, pour savoir pleinement ces choses, attendez de n'être plus. » C'est le plus sûr, en effet. Apollonius eut des disciples, un cortège d'adorateurs ; longtemps, les païens dévots conservèrent son souvenir : « C'était, disaient-ils, un dieu qui n'a fait que passer sur la terre. » Lucien s'est fort moqué du personnage, et l'on rougit presque d'avoir à compter ce thaumaturge au nombre des philosophes. Mais combien d'autres après lui usurperont le nom de sages et de dieux, qui attendront leur Lucien, jusqu'au dix-huitième siècle !

Pendant qu'Apollonius associait aux traditions d'un Pythagore de fantaisie et d'un faux Orphée les croyances du lointain Orient, Philon d'Alexandrie, qui florissait sous Tibère, accordait Platon avec Moïse. Les Juifs, déjà dispersés dans le monde romain, à Damas, à Antioche, à Éphèse, en Thrace, et jusque dans les bas-fonds de Rome, où ils pullulaient, avaient fait de l'Égypte leur seconde patrie. Ils y étaient venus avec Abraham et les Hyksos ; ils en étaient sortis avec Moïse ; avant d'obéir aux Assyriens, aux Perses, aux Macédoniens et aux Romains, ils avaient été souvent assujettis par les Pharaons, annexés à l'empire égyptien. L'ère des Ptolémées avait vu se développer encore des relations si antiques. Au temps de Philadelphe, une traduction grecque de la Bible, dite *version des Septante*, avait fait entrer les livres juifs et les idées juives dans le domaine public ; et, dans Alexandrie, Babel de peuples et de doctrines, une synagogue, presque aussi importante que le Temple de Jérusalem, servait de centre à un groupe compacte d'Israélites émigrés et d'Égyptiens convertis. Cette colonie ne pouvait être orthodoxe. L'influence de l'esprit grec, sensible déjà dans la Bible des Septante, dans le livre de la Sagesse, avait assoupli la raideur, affiné la simplicité du mosaïsme, élargi et subtilisé l'étroit monothéisme national. Ce sont les Juifs alexandrins, les Aristobule, les Philon, qui ont transformé en *Logos*, en *Verbe*, le Messie vaguement imploré par les prophètes. Par eux, Platon est devenu un ancêtre des Pères de l'Église ; le christianisme du quatrième évangile, de Justin, d'Origène, leur doit sa métaphysique, si parfaitement étrangère à Jésus. Le Galiléen n'a fourni qu'une légende, renouvelée d'ailleurs des mythes d'Adonis, de Sabazius, de Sérapis, et une morale incomplète, faussée par des vues antisociales ; aux Juifs alexandrins remonte la philosophie, foncièrement grecque, platonicienne, qu'en la dénaturant on a pliée à cette morale et à cette légende. Le christianisme est fait de pièces et de morceaux (1).

Philon est tellement imbu de Platon, qu'on a pu dire plaisamment : *Aut Philo platonizat, aut Plato philonizat*; ou Philon platonise, ou c'est Platon qui philonise.

« Pour Philon, dit M. Joseph Fabre, la loi est un être vivant. La lettre n'en est que le corps. Il faut en pénétrer l'âme. » (La lettre tue et l'esprit vivifie.) « Les récits sacrés sont une espèce de mythologie. » Ceux qui nous scandalisent le plus sont des symboles de vérités spirituelles. Loth et ses filles deviennent aisément des professeurs de vertu, et le Cantique des cantiques une pieuse allégorie. Le procédé de tous les prédicateurs est d'ores et déjà inventé.

Philon est panthéiste, comme le sera Paul à ses heures, mais il est aussi monothéiste. Son dieu est infini, il n'est nulle part et rien n'est hors de lui; mais il est aussi créateur; il est à la fois l'impersonnel par excellence et la personne par excellence. Ces contradictions ne nous étonnent pas; elles n'ont fait défaut ni à Platon, ni à Zénon, ni à Marc-Aurèle; elles nient d'une part le monothéisme et d'autre part le panthéisme; mais sans elles le panthéisme n'est qu'un mot superposé à la réalité de l'univers; sans elles le monothéisme n'est qu'un simple mirage des facultés humaines projetées à l'infini, en dehors de toute réalité.

Dieu donc est infini et un; mais son unité a trois aspects, la bonté qui crée, la puissance qui maintient, et la sagesse, le verbe médiateur entre la bonté et la puissance. Bien que cette trinité ne se compose pas encore de trois *personnes*, le Verbe, ce fameux Logos de Platon, d'Aristote, n'est déjà plus une simple entité métaphysique : c'est « l'Idée des Idées, le Type suprême de l'humanité, l'Homme en sa divine essence, l'Intercesseur, l'Interprète de Dieu » qui l'envoie sur la terre. Le juste est la représentation de Dieu, « la bénédiction de tous et la rédemption des méchants ». C'est la Grâce divine qui sème en nous les germes des vertus. La Foi est

---

(1) Voir le bel ouvrage de M. Ernest Havet, *le Christianisme et ses origines*; I. *L'Hellénisme*, 2 vol. in-8°.

non-seulement supérieure à l'Espérance et à la Charité, comme aux quatre vertus cardinales; elle est la plus irréprochable offrande à Dieu, puisqu'elle est l'adoration, l'acceptation du Verbe. Les œuvres ne valent point la grâce; la science, le culte même sont secondaires devant la Foi. La vie est un apprentissage de la mort; elle doit donc s'en rapprocher en supprimant les passions. Le mariage, perpétuant la vie, est une basse nécessité dont l'élite doit s'affranchir. « Notre devoir est d'humilier la chair, de la torturer par tous les moyens et à tous les instants, afin de nous racheter de la servitude corporelle. » Le détachement complet, l'ineffable union avec Dieu, tel est le but suprême. Toutefois, le monde étant « une république que gouverne le droit éternel », il faut appliquer aux actions et aux êtres la loi divine, avoir devant les yeux « l'égalité, mère de la justice », s'élever par la charité au-dessus des vaines distinctions de castes, de classes et de nations, admettre les étrangers au bienfait de la foi commune. Philon entrevoit le jour où la religion du vrai Dieu, « attirant à elle tout ce qu'il y a de pur dans les autres croyances », réunira tous les peuples au pied des mêmes autels, « le jour où un *pontife universel*, tandis que chaque prêtre prie pour sa cité, priera pour le genre humain tout entier, et sera devant le Créateur l'organe de la création à genoux : *fonction sainte mettant au-dessus de tous les rois* l'homme appelé à l'exercer. » Et Philon s'écrie avec orgueil : « Nous sommes partout, et partout Grecs et Barbares, Occidentaux et Orientaux se convertissent à nous. A nous la terre entière ! »

Certes, les pharisiens ont pu soutenir à bon droit que la fondation du christianisme a été l'œuvre de Juifs dissidents et de néoplatoniciens. Philon, très-supérieur à Jésus et à Paul au point de vue philosophique, est le créateur du christianisme. Sa doctrine en est le puissant raccourci. Les trois principaux mystères, trinité, incarnation, rédemption, la grâce, la foi, le salut, l'unité catholique, la souveraineté de l'Église et du pape, l'édifice complet, qui ne sera construit que du quatrième au onzième siècle, a été nettement dessiné, d'après Platon, cinquante ans au moins avant qu'on parlât de chrétiens dans le monde.

Mais le christianisme est un fait trop complexe pour être rapporté à une seule origine, surtout à une origine philosophique. S'il a dû s'imprégner des idées courantes de son temps, s'il a dû, pour se faire accepter des gentils, frotter de philosophie alexandrine les croyances empruntées aux Perses par les prophètes et par les docteurs pharisiens (Jésus, fils de Sirach, Hillel, Gamaliel), et sa légende, brodée d'après quelques indications éparses dans les livres juifs; s'il a emprunté tous ses dogmes, tous ses mystères, toute sa morale — car il n'a rien à lui, ni l'immortalité de l'âme et la justice d'outre-tombe, ni le dualisme du bien et du mal, ni les anges, ni la médiation, ni l'unité de Dieu, ni la trinité, ni l'incarnation, ni la rédemption, ni le détachement des biens terrestres, ni l'amour du prochain; — s'il a été enfin une mosaïque hâtive et confuse de toutes les mythologies et de tous les systèmes, c'est qu'il faut chercher plus avant, sous tous ces accessoires mal soudés dont il s'est fait un corps, le point de départ de son expansion, le principe de sa force.

Le christianisme est avant tout une protestation contre un état moral et social intolérable, mais une protestation aussi radicale qu'ignorante; au nom des opprimés, des pauvres, de la masse souffrante, il a jeté le défi, non à la science incomplète, mais à toute science, non à telle conception philosophique, mais à toute philosophie, non à une société mauvaise, mais à toute société. Il a été la négation absolue de la raison comme de l'expérience.

C'est pourquoi il n'interviendra dans ce livre qu'autant qu'il s'est assimilé quelques bribes de philosophie, ou qu'il s'est mis en travers de la pensée humaine. Eh! qu'avons-nous affaire d'affirmations sans preuves ou démenties par la plus vulgaire expérience, de non-sens qui ne sont pas même spécieux, de préceptes contraires à la nature humaine et à la vie sociale!

Un dieu capricieux qui s'amuse à créer l'homme pour l'éprouver; le caprice de ce dieu, sa grâce, mis à la place de la justice; le culte de ce dieu résumant toute vertu; la bonté de ce dieu laissant à l'homme la liberté du mal; la vengeance de ce dieu atteignant l'homme auquel il a refusé sa grâce; l'homme le plus innocent frappé d'une déchéance originelle dont ses mérites ne peuvent le relever; — Dieu envoyant un rédempteur, qui est son fils, et qui s'incarne dans un embryon conçu sans péché par une mère elle-même immaculée; ce dieu-fils mourant, bien qu'immortel; ce dieu-fils pourvu d'une nature humaine périssable, et cependant coéternel à son père; — le père et le fils unis par un autre dieu nommé Saint-Esprit, qui a été le père du fils du père, et qui, participant de tous deux, leur est coéternel. Ces trois personnes chimériques, mais parfaitement distinctes et diversement adorées, ne formant qu'un seul et même dieu à la fois père, fils et intermédiaire : — *ægri somnia!*

Quant à l'immortalité de l'âme, aux récompenses et aux peines d'une autre vie, premières et tenaces illusions du désir, nées peut-être avant toute religion et toute philosophie, et que l'homme conserve comme le hochet avec lequel il jouait enfant, loin d'être une marque de supériorité, ces croyances, qu'on retrouve chez les populations les plus infimes, ou les moins avancées, chez les Peaux-Rouges du Far West comme chez les Grecs d'Homère ou chez les Celtes nos aïeux, ne figurent dans les doctrines rationalistes ou mystiques des peuples civilisés que les traces d'un lointain atavisme. Elles ne sont pas d'invention chrétienne; mais, comme le brahmanisme ou le bouddhisme, le christianisme en a tiré les conséquences les plus funestes pour les sociétés humaines; si la force de l'organisme n'avait lutté et prévalu contre elles, que serait-il advenu des industries, des arts, de la science? La vie n'étant qu'une préparation à la mort, le travail qu'une punition, l'union des sexes qu'un péché, la propriété privée qu'une vile erreur, les gouvernements que des fléaux de Dieu sous lesquels il faut plier, l'ordre social, la patrie, qu'une préoccupation indigne du salut, l'humanité elle-même, et c'était là le vœu le plus ardent des premiers chrétiens, l'humanité se serait éteinte dans l'ignorance, dans la paresse extatique, dans l'anarchie d'un communisme livré à la tyrannie de quelque César, antechrist divinisé, enfin dans le célibat, proclamé l'état de pureté par excellence.

Mais quoi! les dogmes et les mystères sont restés *caput mor-*

tuum, rêves oiseux subtilisés par la métaphysique. Les promesses chrétiennes ont avorté ; le souverain juge n'est pas venu sur les nuées ; les corps, pas plus que les âmes, ne sont ressuscités, la tombe en sait quelque chose. Le bien et le mal ont continué d'alterner sur la terre ; l'esclavage de sévir ; le prochain de haïr ou d'aimer le prochain, selon les bienfaits et les dommages mutuels ; les peuples de suivre leur voie, selon les affinités ou les rivalités créées par le besoin, l'intérêt, le climat, la race, le langage. Et le christianisme s'est aperçu qu'il n'avait rien changé à la nature, que les passions guidaient le monde, que l'homme mangeait et travaillait pour manger, aimait et procréait, amassait les biens et les connaissances pour se les approprier, ne vivait ni d'extase ni de martyre, que le salut terrestre dirigeait ses actions, et non pas le néant coloré des espérances ou des craintes funéraires ; que l'homme enfin pensait, et ne rêvait qu'à ses heures.

Alors, investi de la direction sociale par la ruine même de la civilisation, qui est son crime, il lui fallut compter avec la réalité ; il lui fallut convertir, déguiser en règles de vie pratique, familiale, nationale, en institutions politiques, ses principes antisociaux. De là cette ingérence intolérante et fanatique, ces ambitions insensées ; de là cet accaparement de tous les pouvoirs et de toutes les richesses, ces perpétuelles contradictions entre les préceptes et les actes, ces persécutions hypocrites, cette exploitation d'une humanité réduite à l'enfance, et toutes les iniquités de cette loi d'amour ; de là enfin ce long, ce douloureux chaos, où nous demeurons engagés plus qu'à mi-corps.

Détournons les yeux. Laissons à sa propagande, il y est passé maître, le demi-panthéiste (« En Dieu nous vivons, nous nous mouvons et nous sommes »), demi-fataliste (par l'invention de la Grâce), l'illuminé Paul, l'apôtre des gentils, le vrai fondateur de la religion chrétienne ; laissons le mystique alexandrin Jean et son *In principio erat verbum*. Mieux vaut, à tout prendre, suivre dans ses aberrations la pensée indépendante. A Alexandrie, à Athènes, à Rome, dans la Kabbale juive, nous la retrouverons livrée à l'obsession des rêves qui hantaient l'imagination chrétienne; mais du moins elle ne prétend asservir l'humanité ni à un homme, ni à un livre, ni à une Église; car, si la Bible est toujours présente à l'esprit des kabbalistes, c'est comme un texte qu'ils interprètent librement; si les alexandrins défendent les dieux du paganisme, ce panthéon composite et débonnaire, c'est comme un trésor d'allégories inoffensives.

On peut juger, par les *Dialogues* de Lucien (120-200), par ses sarcasmes contre les idoles, les pèlerins, les charlatans montreurs de reliques et de serpents savants, mais aussi contre les dieux eux-mêmes, dans quel discrédit était tombé le polythéisme; il vivait à l'état de culte officiel et commode, à l'état de superstition locale, mais les dieux étaient morts, ne laissant que leur ombre, le grand Pan. Encore, de celui-ci, Lucien et bien d'autres ne se préoccupaient guère. Dans un passage curieux du grand sceptique, on entend l'écho de l'opinion publique au deuxième siècle à l'égard des chrétiens; ces « adorateurs du sophiste cloué à une croix, qui, par une foi aveugle dans les enseignements de leur maître, mettent leurs biens en commun », n'ont pas plus d'importance à ses yeux que les dévots d'Apollonius de Tyane ou les dupes du devin Alexandre. La trop grande ouverture d'esprit a ses dangers. L'ennemi était dans la place, dans les recoins des bas-fonds, et Lucien ne le vit pas. Comme son Ménippe dans le ciel de Jupiter, il regardait la terre de trop haut.

A force de noter les faiblesses et les vices des doctrines, Lucien ne se décida pour aucune. Il est probable qu'il se serait rangé, avec Cicéron, parmi les probabilistes de la nouvelle Académie; c'est par là seulement qu'on pourrait le rattacher à Platon, comme Hippolyte Rigault essaya de le faire. Mais, tout au fond, il appartient bien plus à la famille des sophistes abdéritains, Protagoras, Diagoras, prédécesseurs indirects de Pyrrhon.

Dans le même temps que Lucien, le fameux médecin Galien (né à Pergame en 131, mort dans un âge avancé) semble avoir pratiqué en philosophie cet éclectisme qui avait séduit Cicéron, Philon le Juif, et qui allait dégénérer en panthéisme mystique. Déiste et cause-finalier avec Platon et Aristote, il acceptait la morale stoïcienne. Il prétend, sur la nature de l'âme, rester neutre entre le matérialisme et le spiritualisme ; mais, tout en défendant sa théorie hippocratique, pythagoricienne et platonicienne des trois âmes de l'homme, il se prononce contre l'immatérialité et l'immortalité de l'âme.

Dans l'extrême confusion de son esprit, il ne sait pas se garantir des aberrations mystiques de l'Orient, et prétend appliquer à la médecine les révélations des songes. Grand médecin, pauvre philosophe.

Bien plus net et résolu paraît avoir été Celse, l'épicurien, le fameux adversaire du christianisme (au temps d'Adrien et de Marc-Aurèle), vainement réfuté par Origène ; il avait écrit un livre contre la magie.

Il faut aussi faire quelque place aux doctrines mixtes du fameux mathématicien Ptolémée (Adrien, Marc-Aurèle), à la fois matérialiste et idéaliste, qui aime surtout à s'autoriser d'Aristote, mais que l'astronomie n'a point préservé de l'astrologie. Ceux qui s'intéressent aux vaines conciliations d'idées fausses et d'expériences incomplètes trouveront dans le Dictionnaire de M. Franck une notice plus que suffisante sur la philosophie de Ptolémée.

Antérieur à Lucien de près d'un siècle, Plutarque de Chéronée, prêtre d'Apollon (50-120), aussi pieux que Lucien fut depuis incrédule, ressemble assez à nos classiques du dix-septième siècle, capables d'érudition, d'éloquence, de génie littéraire, mais qui, en philosophie, n'allaient pas au-delà des idées moyennes, décentes, compatibles avec les vérités de la foi. A cette timidité d'esprit se joignaient, chez Plutarque, un patriotisme respectable et l'amour de l'antiquité grecque. Fidèle jusqu'à la superstition la plus naïve aux dieux de son pays, il s'abandonnait aux instincts religieux de son temps, il croyait à une Providence partout présente dans les sacrifices, les augures et les songes. Dans les nombres de Pythagore comme dans le moteur immobile d'Aristote, il retrouvait l'Idée suprême de Platon, le Logos, ce verbe que les chrétiens furent heureux d'assimiler à leur Messie, et qui, de pur concept métaphysique, passa personne divine.

Au même groupe néo-platonicien, néo-pythagoricien, se rattachent, mais avec des nuances individuelles, un mysticisme plus ou moins accentué, selon la prédominance de l'éducation grecque ou de l'influence orientale, Numénius, d'Apamée en Syrie, Apulée, de Madaure en Numidie (vers 160), plus célèbre par les peintures piquantes ou lascives de sa *Métamorphose* que par ses croyances théurgiques, Alcinoüs, auteur d'un abrégé de la philosophie néoplatonicienne, Maxime de Tyr (180), les rédacteurs pseudonymes des livres hermétiques, et la plupart des apologistes, pères et hérésiarques chrétiens des second, troisième et quatrième siècles.

Les chrétiens, dédaignés par Tacite, par les Antonins, aussi bien que par Lucien, ou sommairement condamnés comme ennemis publics (ce qu'ils étaient en fait aussi bien qu'en doctrine), avaient profité de la tolérance comme du martyre; les empereurs, qui, de temps à autre, gênés par les stoïciens, proscrivaient les philosophes, seul appui véritable de la patrie romaine et de la civilisation, n'avaient rien compris au mouvement qui allait les emporter. Dès le second siècle, ils se trouvèrent pris au dépourvu par une puissance qui avait derrière elle toutes les forces de l'Orient. Déjà redoutables par leur nombre, les chrétiens s'emparèrent des armes de leurs adversaires, tournant contre la pensée grecque les doctrines et les arguments que leur éducation même leur avait fournis. C'est au nom de Platon, de Pythagore, qu'ils combattirent les successeurs dégénérés de ces libres esprits chimériques. A qui croire? Comment distinguer les alexandrins indépendants des alexandrins christianisés? Dans toutes les chaires, dans toutes les sectes, retentissaient les mêmes discussions vaines sur le Verbe, les triades, les démons. La kabbale juive et la gnose chrétienne, toutes deux panthéistes, les cent hérésies des Ébionites, Cérinthiens, Nicolaïtes, Nazaréens, etc., couvraient la voix des deux Celse, parlant au nom de l'expérience et de la raison. Ajoutez-y les théories singulières ou folles de la brillante secte connue sous les noms d'école d'Alexandrie, école d'Athènes, aussi imbue de christianisme que celui-ci l'était de platonisme, et qui fortifiait l'ennemi en le combattant. Le monde ancien était débordé.

Les origines de la kabbale sont obscures. Singulier mélange de mysticisme et de tendances scientifiques, elle n'a tenu une grande place qu'au moyen âge, où elle a servi de refuge aux hétérodoxes et aux libres esprits. Mais ses deux principaux monuments, le *Livre de la Création* et le *Zohar*, ou *Livre de la Lumière*, s'inspirent visiblement de Philon ; le système qui y est exposé paraît remonter aux deux rabbins Akiba et Siméon Ben Jochaï, qui vivaient au commencement du deuxième siècle. Les pratiques de l'astrologie et les signes cabalistiques, non moins que la physiognomonie et l'alchimie, sont étroitement liés à ces doctrines panthéistes, qui proclament que tout dans l'univers a un sens et une action, que tout enfin est dans tout, l'or aussi bien que la vie et la destinée.

Sous le couvert de la traduction biblique subtilement interprétée, car la lettre tue et l'esprit vivifie (ainsi parlaient Philon et Paul); sous l'autorité d'un Moïse déguisé en Platon, en Pythagore et en Zoroastre, les kabbalistes communiquaient mystérieusement aux initiés une théosophie en somme très-voisine de l'alexandrinisme et du christianisme néo-platoniciens. Un Dieu, dont l'immensité remplit tout; des êtres émanés d'un résidu de Dieu et qui aspirent à retourner vers la source où est leur type, leur forme réelle ; deux mondes, l'intelligible et le sensible, l'un centre lumineux d'où Dieu rayonne à travers la création, l'autre de plus en plus obscur et maudit à mesure qu'il s'éloigne de l'être pur, tous deux occupés par des hiérarchies de bons et de mauvais anges importés de la Perse ; entre les deux mondes, l'homme, qui unit les deux natures spirituelle et matérielle, avec son prototype, *l'homme céleste*, médiateur entre le créateur et la créature ; un double et perpétuel mouvement d'émanation descendante et d'ascension par l'amour, la foi, l'extase, qui est la fin et le but de toute science; la préexistence et l'immortalité des âmes, les transmigrations et épreuves rédemptrices, la sanctification finale des êtres résorbés dans l'unité : telles sont les théories dont l'ensemble nous est bien connu et dont les détails nous importent peu. C'est, comme on le voit, un extrait, une quintessence de Parménide, de Pythagore, d'Empédocle, d'Anaxagore, de Platon et de toutes les chimères qui hantent l'intelligence humaine, depuis la croyance à la réalité des fantômes et aux intentions cachées dans les choses, jusqu'aux entités de la métaphysique et du rationalisme. *Bombynans in vacuo,* le piétinement dans l'oiseux, telle est la devise de tous ces songe-creux qui rattachent tant bien que mal la vie concrète à leurs abstractions. Pour les kabbalistes, toute morale, toute vertu se résume dans l'aspiration à Dieu, l'union en Dieu. La science est la réminiscence des vérités divines ; le mal est l'ombre passagère destinée à rehausser, à signaler le bien, qui est situé hors de la vie. Le mariage, que la kabbale, par grand hasard, approuve et défend, est saint, parce que l'union de deux âmes figure l'union définitive de l'être avec la source de l'être. Quelle société, quelle justice sérieusefonder sur de pareilles billevesées ? Tout ce sublime à faux nous laisserait froid s'il n'avait exercé, s'il n'exerçait encore de telles séductions sur les femmes (la moitié du genre humain !), sur les dilettanti du vague à l'âme et sur les imbéciles.

Les gnostiques ne sont que des kabbalistes chrétiens. Talismans, extases, érudition insensée, appels à Pythagore, à Platon, à Zoroastre, à Bouddha, à Moïse, tout leur est commun avec les autres rêveurs contemporains. Leur prétention est d'atteindre à la *gnose,* c'est-à-dire à la science suprême, et de ramener à la raison — quelle science et quelle raison ! — le christianisme, dont ils n'ont pu, c'est Bossuet qui parle, *digérer la folie.* De toutes les théories élucubrées par les sectes gnostiques, nous ne retiendrons que celle de Basilide et de Valentin :

Le Grand Être, de toute éternité, reposait dans l'espace sans bornes ou *plérome.* Mais il faut faire de l'éternité deux parts : l'une où Dieu, père inconnu des créations futures, dormait, comme le moteur immobile d'Aristote ; l'autre, où Dieu s'ébranle, et, par son mouvement, dégage une suite d'émanations, d'êtres spirituels, les *éons,* qui s'engendrent en séries descendantes, *progeniem vitiosiorem*; il y a en eux déperdition croissante de l'énergie divine. L'artisan du monde terraqué, le *démiurge*, est un éon malicieux ou imprudent; c'est à lui que l'homme doit toutes ses misères. Mais la pitié tardive du Grand Être a envoyé un sauveur, un Christ, et l'homme, cette victime des éons, va retrouver dans le sein du *plérome* la pureté et la parfaite béatitude.

Ces doctrines n'ont qu'un mérite, c'est d'attester une fois de plus, à l'encontre des panégyristes de la paix romaine, le désarroi de l'intelligence et les angoisses de la vie sous le régime césarien. Leurs sectateurs n'en tiraient qu'à grand peine des règles de conduite fort contradictoires : ceux-ci, avec Carpocrate d'Alexandrie, mortifiaient la chair en la satisfaisant; ne reconnaissant que les lois de la nature, ils prêchaient la communauté des femmes et des biens, ou encore, avec Caïn leur modèle, ils louaient le meurtre d'Abel et absolvaient tous les crimes; ceux-là proscrivaient la chair, soit comme nourriture, soit comme instrument des passions; apôtres forcenés du célibat, ils coupaient court au plaisir, c'est-à-dire au péché, par la castration, remède radical qui avait séduit les prêtres de Cybèle, qu'Origène expérimenta sur lui-même, et que les cinquante mille mutilés de Russie appliquent aujourd'hui sur une grande échelle. Comme si l'homme pouvait sans déchoir rentrer dans l'animalité ou en sortir ! Cette préoccupation sexuelle et génésique, cette hystérie de la pensée, est l'un des signes constants auxquels se reconnaissent les époques troublées et malsaines. Au reste, spirituels ou charnels, tous mystiques, les adeptes de la *gnose* trouvaient tous dans leurs doctrines des raisons égales pour justifier leurs écarts, leurs insanités antisociales ou antinaturelles.

C'est au milieu de toutes les sectes philosophico-religieuses, dont elle partage du reste toutes les erreurs, que se produisit, vers la fin du second siècle, l'école d'Alexandrie, chez laquelle nos éclectiques et nos idéalistes français, les Jules Simon, les Vacherot, ont cherché les origines de leurs systèmes. Il faut l'honorer, parce qu'elle a combattu le christianisme, parce qu'elle a voulu maintenir contre la tyrannie de la foi et l'autorité du fanatisme les droits de la raison individuelle, de la pensée indépendante. Elle a compris que l'asservissement des consciences entraînait la ruine de la civilisation. Elle a succombé dans une juste cause. Mais, d'autre part, elle a été la complice de sa propre défaite. De l'héritage antique qu'elle a cru défendre tout entier, elle n'a précisément retenu que les points déjà occupés ou détruits par l'ennemi, les parties chrétiennes ou christianisées de Platon et d'Aristote, et les dieux déchus auxquels les chrétiens croyaient plus qu'elle-même, puisqu'elle les réduisait à une existence allégorique, tandis que les chrétiens en faisaient des êtres réels, des puissances mauvaises, des démons. Si la sagesse grecque avait une chance de victoire contre la folie chrétienne, elle eût dû la chercher dans la méthode des Démocrite et des Épicure, dans l'étude de la réalité. Mais elle opposait à la métaphysique chrétienne des conceptions que celle-ci lui avait empruntées, à la religion chrétienne une religion dont elle-même avait dévoilé l'inanité. Dès l'instant qu'elle ne récusait pas toute métaphysique, qu'elle ne renvoyait pas dos à dos les mille dieux du paganisme et les trois dieux de la nouvelle foi, elle devait périr, par cela même que sa métaphysique était plus ingénieuse et sa religion plus intelligente. Enfin, elle n'opposait à la désorganisation chrétienne aucun principe d'organisation et de gouvernement viable. Or, les masses ignorantes ne voyaient dans le christianisme qu'une attaque radicale contre un ordre social intolérable et l'espoir d'une délivrance, sans cesse ajournée sur terre, mais immédiate et certaine au ciel ; peu leur importaient les subtilités où se perdaient leurs propres docteurs aussi bien que les philosophes hétérodoxes. Les divagations les plus incohérentes leur paraissaient les plus sublimes, les légendes les plus grossières leur semblaient les plus belles, pourvu qu'elles les menassent par la main au seuil du « royaume de Dieu ».

Les théories alexandrines demandaient à être comprises, les dogmes chrétiens à être crus. Comme toujours, la loi du moindre effort devait prévaloir. Suscitée et emportée par le mouvement qu'elle croyait combattre, la philosophie des Plotin, des Jamblique, des Julien et des Proclus ne fut qu'un des éléments du triomphe chrétien.

Le point de départ des alexandrins est l'éclectisme, la conciliation de l'idéalisme et du rationalisme grecs, mais surtout la fusion de l'esprit grec avec l'esprit oriental, de la philosophie avec la théosophie et la théurgie. Le mélange donna ce qu'il devait produire : un panthéisme mystique.

Dieu est le Dieu de Platon, actif et organisateur ; il est le Dieu d'Aristote, immobile, absorbé dans la contemplation de lui-même ; il est le Dieu de Parménide, l'unité absolue devant laquelle reculait Platon.

Le monde est un ensemble de phénomènes qui se distinguent de Dieu, puisqu'ils sont mobiles, mais qui se confondent en lui, puisqu'il est un. C'est une émanation de Dieu ; mais il n'est pas hors de Dieu. Les individus ont une essence particulière, mais ils désirent la perdre, et ils la perdent en s'absorbant dans l'essence universelle. Tout ce qui est est régi par deux lois, émanation, résorption. Tout descend d'une source où tout aspire à remonter. Un courant va de l'un au multiple, du parfait à l'imparfait ; l'autre ramène le multiple à l'un, l'imparfait au parfait, où tout rentre. Ce qui équivaut à dire que l'être réel, individuel, est l'imparfait, le mal, et que le souverain bien est l'un absolu, le non-être, que le non-être est la plénitude de l'être.

Les alexandrins eux-mêmes ont été frappés, non du nihilisme auquel aboutit leur système, mais des contradictions qu'il implique. Comment concilier l'immobilité parfaite du moteur avec l'action sur la matière ? l'unité absolue, identité de l'être et du non-être, avec l'existence du multiple ? Comment surtout tirer le multiple de l'un ?

Ne peut-on se servir de Pythagore et de ses formules numériques ? Assurément. N'a-t-on pas aussi les théogonies de l'Orient et leurs mystérieuses trinités ? Sans doute. Dieu aura trois états, formes substantielles ou hypostases : l'Unité ou l'Absolu, l'Intelligence ou l'Être en soi, l'Ame ou le Moteur mobile (autant dire le Père, le Verbe et l'Esprit-Saint). Mais quoi ! la difficulté subsiste. L'unité n'implique pas l'intelligence, ni l'être en soi le mouvement. Bien plus, le mouvement n'est rien s'il n'a quelque chose à mouvoir, et le multiple demeure en face de l'un, tous deux irréductibles. La raison expérimentale dément les hypostases, la raison métaphysique n'arrive pas à les concilier. C'est pourquoi, pour en finir, les alexandrins placent au-dessus de la raison une faculté supérieure, déjà imaginée sous d'autres noms par Platon et par Aristote, qui la dépasse et la contredit : l'extase, intuition de la vérité absolue, état spécial de nos facultés intellectuelles et sensibles, où la pensée, dans une sainte ivresse, s'identifie avec son objet. Mais l'extase, pas plus que les hypostases, n'explique rien. Et l'esprit humain demeure, aussi peu avancé que jamais, en face de la réalité, aux prises avec les problèmes qu'il n'a pas même effleurés.

Infatigables commentateurs de Platon, d'Aristote, érudits, polémistes, les alexandrins ont droit à la reconnaissance des historiens de la philosophie et des religions, mais la philosophie n'a rien à voir avec leurs conceptions : ils ont ignoré de parti pris l'homme et l'univers.

Potamon passe pour avoir inventé l'éclectisme. Après lui, Ammonios Saccas est le fondateur de l'école d'Alexandrie (200 ap. J.-C.). Plotin en fut la lumière et la gloire. Ce fameux mystique, l'auteur des *Ennéades*, naquit à Nicopolis, en Égypte, vers 205, et mourut la dernière année du règne de Claude II.

Il avait voyagé dans la Perse et dans l'Inde. Son livre, édité par Porphyre, se compose de six ennéades de traités (cinquante-quatre) : c'est le monument de l'école, monument où la science, une science très-réelle et très-étendue pour le temps, aboutit à l'extase, qui est la négation de toute science ; où la dialectique la plus subtile s'élève de contradictions en contradictions jusqu'à la pure et simple affirmation sans preuve, à l'aveu d'impuissance le plus radical, à la foi. Platon avait jeté dans le vide les fondements du chimérique édifice ; Plotin l'achève avec une hardiesse qui mérite l'admiration et la pitié. Nous qui cherchons, après et comme bien d'autres, à établir la philosophie sur l'observation de la réalité, nous n'avons vraiment pas le temps d'analyser le rêve de l'émanation ni même la partie la plus spécieuse et non la moins vaine des *Ennéades*, la critique des catégories d'Aristote, et la distinction entre l'intelligible et le sensible, entre le monde de l'absolu et le monde du relatif.

Autour de Plotin, il faut grouper Origène (qui n'est pas l'Origène chrétien) ; Longin, le ministre de Zénobie, auquel on attribue à tort le *Traité du sublime*; Hérennius, Amélios. Porphyre l'Illyrien, né en 232, le plus original et peut-être le moins mystique des alexandrins, avait été chrétien et conservait pour Jésus une grande vénération ; il ne rejetait que les extravagances des mystères et des dogmes. C'était, selon lui, l'invasion de la barbarie. Au Dieu triple et à l'homme-dieu, il opposait le Dieu suprême, accessible au sage sans culte, sans cérémonies, sans intermédiaire. Mais un disciple de Plotin ne pouvait être un simple rationaliste. Porphyre, poussant les théories de Platon à leurs conséquences dernières, faisait dépendre toutes nos pensées d'une série parallèle d'êtres invisibles, types ou *idées*, qui seuls possèdent la réalité ; il préludait ainsi au *réalisme* du moyen âge. Imbu de Pythagore et des doctrines indiennes, il enseignait la transmigration des âmes et taxait d'anthropophagie toute nourriture animale. Enfin, conduit par sa polémique antichrétienne à une restauration du paganisme, il présentait les dieux comme des esprits célestes, médiateurs qu'il faut se concilier par le sacrifice et la prière ; à l'exemple des mages, il groupait ces puissances divines en hiérarchies sans fin de génies bienfaisants ou pervers.

On doit à Porphyre, outre la publication des *Ennéades* et divers traités, une introduction à l'*Organon* d'Aristote, l'*Isagogé*, qui a joué un rôle capital au moyen âge.

Des deux principaux disciples de Porphyre, l'un, Théodore, demeura fidèle à l'esprit critique du maître, l'autre, Jamblique, est célèbre par son aveugle crédulité et ses évocations magiques. Il était de Chalcis en Cœlésyrie, compatriote d'*Élagabal*, ce grand-prêtre de la pierre noire (sœur de la Caaba). Son origine explique assez ses tendances à la théurgie. Les mystères égyptiens étaient l'objet de sa prédilection. Il faisait des miracles que les païens opposaient aux miracles chrétiens. Inutile d'ajouter qu'il proclamait l'impuissance de la raison.

Les fragments connus sous le nom de *Livres hermétiques* et attribués à Hermès, c'est-à-dire à Taut, le dieu égyptien de l'éloquence, appartiennent à l'époque néo-platonicienne ; on y sent Porphyre et Jamblique, la kabbale et la gnose, enfin l'intention de rattacher à la sagesse antique les prétendues vérités et les rêveries chères au christianisme.

Sopater, Édésios (avec leurs filles ou femmes, Édésia et Sosipatra), Maxime, sont d'autres Jambliques, élèves du premier.

Julien l'Apostat (né à Constantinople en 331), disciple d'Édésios, fut l'homme d'action de l'école. En montant sur le trône, il secoua le joug du christianisme, qu'on lui avait imposé ; il tenta d'arrêter sur la pente fatale la civilisation antique et de rebâtir l'édifice avec les débris épargnés par le fléau. Gloire à lui ! que n'a-t-il vécu ! Si ses chimères n'eussent pas évincé les chimères chrétiennes, peut-être du moins, dans l'interrègne, quelque hérésie quasi raisonnable, celle d'Arius, celle de Pélage ou de Manès, aurait pu rompre l'unité catholique et rapprocher l'heure du retour au sens commun.

Vers la fin du quatrième siècle, l'école d'Alexandrie avait pris le nom d'école d'Athènes. Il faut ici donner un souvenir à une femme célèbre, à Hypatia, touchante victime du fanatisme chrétien. Fille du mathématicien Théon d'Alexandrie, élève de Plutarque d'Athènes, inspiratrice du poëte-évêque Synésios, Hypatia, belle, chaste, éloquente, au milieu des sectes juives, païennes, chrétiennes dont les dissensions sanglantes désolaient Alexandrie, sut maintenir les droits de la pensée et de la science libres. Partout, dans ces temps funestes, au début du cinquième siècle, mais nulle part plus qu'à Alexandrie, les doctrines les plus insensées et les plus sauvages ajoutaient au bouleversement des invasions le chaos des guerres civiles. Le monde ancien, sous la dent de la barbarie, se dévorait lui-même. La jalousie d'un évêque, Cyrille, la férocité de moines en démence, déchaînèrent contre Hypatia l'inepte haine des foules aveugles. Arrachée de sa chaire, lapidée, mise en pièces, celle dont les leçons excitaient l'enthousiasme de ce qui restait d'âmes nobles et d'esprits éclairés, scella de son sang le triomphe du christianisme (413). L'école qu'elle avait relevée périt avec elle. Hypatia fut le dernier philosophe alexandrin dans Alexandrie. Plutarque d'Athènes, Syrien, Isidore, et surtout Proclos de Byzance (né en 412), jetèrent un vif éclat sur la philosophie mourante. Pour Proclos, l'amour était le principe et la fin de l'être. Et tour à tour, à l'appui de sa thèse, il invoquait Homère, Hermès, Zoroastre, Orphée et Pythagore, Platon et Aristote.

En 519, un décret de Justinien ferme les écoles d'Athènes. Ce qui reste de penseurs païens se réfugie à la cour de Chosroès. Enfin, l'école découragée, ramenée par Damascius (sixième siècle) sur les terres de l'empire, s'éteindra obscurément vers le milieu du dixième siècle.

Les premiers apologistes et Pères de l'Église, les Justin (89-167), les Tertullien (160-245), les Athénagore (deuxième siècle), les Arnobe et les Lactance (250-325? converti vers 300), avaient été des platoniciens, des éclectiques et des alexandrins, réclamant comme chrétiennes dans les philosophies et les religions toutes les théories qui pouvaient se concilier avec la vague métaphysique des Paul et des Jean. D'ailleurs, esprits médiocres et bornés, ils comprenaient mal les doctrines auxquelles ils empruntaient la plupart de leurs arguments. Polémistes superficiels, ils raillaient aisément les dieux, mais ils discutaient sur la couleur et la forme de Dieu; ils étaient incapables de concevoir l'immatériel, et croyaient d'autant mieux à la résurrection des corps, à la Jérusalem céleste et aux promesses sans cesse différées du christianisme, auquel, de guerre lasse, ils accordaient un délai de mille ans.

Mais à ces intelligences naïves, Lactance excepté, succédèrent, d'abord en Orient, des docteurs plus subtils, des alexandrins de haute volée, Clément d'Alexandrie (150-220) et Origène (185-255): le christianisme gagnait les classes lettrées.

Ces deux contemporains des Ammonios Saccas et des Plotin n'en diffèrent que par leur conversion au christianisme, qui les constitue en état d'infériorité notable. Ils sont, avant tout, de subtils éclectiques, et le christianisme n'est pour eux que l'aboutissement de toutes les philosophies. Clément, grand admirateur de la pensée grecque, cherche la vérité dans l'harmonie des doctrines et s'efforce de combiner les dogmes chrétiens avec la métaphysique et la morale de Platon, de Zénon, d'Aristote et même d'Épicure ; même effort chez Origène, avec une imagination plus ardente. Ce sont des gnostiques.

Origène le chrétien, qu'il ne faut pas confondre avec un Origène païen du même temps, ne fut ni moins ingénieux, ni moins savant, ni moins mystique que Plotin ou Porphyre. Selon lui, tous les êtres, également émanés de Dieu, la substance éthérée la plus pure, s'appesantissent et se matérialisent à mesure qu'ils s'éloignent de leur source ; ils s'en éloignent par le péché, fruit du libre arbitre ; ils s'en rapprochent, s'allégent, se subtilisent par leur volonté même, à mesure que l'amour de Dieu s'accroît en eux. La fin de tous les êtres, leur but, est le retour au foyer suprême, l'évanouissement dans la substance première. Les mauvais anges, Satan lui-même, tombés par leur faute et leur volonté, se relèveront par le repentir et l'aspiration au ciel. Les vues d'Origène sur la trinité, les parts très-inégales qu'il fait au Père, l'unité inaltérable de Parménide et de Platon, au Fils, le Logos actif d'Aristote, et au très-inutile Saint-Esprit, lui ont valu l'honneur d'être considéré comme l'initiateur de toutes les hérésies. Bien que l'orthodoxie, au troisième siècle, ne fût pas encore constituée, les éclairs de raison que projetait par endroits sur l'inanité des dogmes le génie d'Origène dénonçaient assez l'audacieux philosophe à l'intolérance des croyants. Ses vastes travaux sur la Bible, ses vingt-cinq ans d'enseignement, ses voyages au service de la foi, ses austérités qui allèrent jusqu'à la castration, attirèrent sur lui les foudres romaines. Excommunié, chassé d'Alexandrie et de l'Occident, il demeura du moins l'apôtre, l'oracle de la Palestine, de la Phénicie, de la Cappadoce, de l'Arabie, de la Grèce. Il était hors de l'Église, mais non hors du christianisme. Martyr sous Décius, il survécut un an aux tortures et mourut estropié, à Tyr, dans sa soixante-dixième année.

Le quatrième siècle est l'un des plus agités, des plus sanglants, des plus funestes que l'humanité ait traversés. L'Église le célèbre parce qu'il ouvre l'ère de sa domination politique et sociale. Mais elle a beau mettre en avant les noms de ses grands hommes, les Athanase, les Jérôme, les Hilaire, les Ambroise, les Augustin, etc., elle ne peut dérober à l'histoire les brigues de ses dignitaires, les fureurs des sectes, les sottises du monachisme, la ruine des arts, la proscription de la pensée, la dislocation du monde romain, ce grand œuvre d'une religion complice de la barbarie menaçante. Au point de vue qui nous occupe, ce qui caractérise le quatrième siècle, c'est la rupture de la foi avec la raison, la substitution de la théologie à la philosophie, et par suite la déviation de la pensée humaine et de la morale sociale. Le triomphe de la foi, de l'orthodoxie, s'accuse nettement dans les travaux des conciles de Nicée et de Constantinople, définissant la nature et les personnes de la trinité. On peut dire que désormais le dernier mot de la sagesse est le *credo quia absurdum* de Tertullien. Quant aux empiétements de la théologie sur la philosophie, il est intéressant et triste de les suivre dans les œuvres d'Augustin. La valeur philosophique des doctrines augustiniennes est à peu près nulle; elles ne nous apprennent rien de nouveau, rien d'utile sur l'univers et sur l'homme; mais si grande a été l'influence exercée au moyen âge, aux seizième et dix-septième siècles par ce mélange bizarre de Platon et de Paul, telle est la faveur dont il jouit encore auprès de nos éclectiques, que, au risque de nous répéter, nous ne pouvons en éviter l'exposition sommaire. Il ne s'agit ici ni de la carrière agitée, ni du talent littéraire d'un homme vraiment supérieur; nous n'avons à noter que la transition curieuse d'une ondoyante philosophie de décadence à une théologie aveugle et absolue.

Avant son retour définitif, car il était né chrétien, en 354, au christianisme et à l'orthodoxie (387), le futur évêque d'Hippone avait passé par l'indifférence et le manichéisme; il avait plaidé à Tagaste, enseigné la rhétorique à Carthage, à Rome, à Milan, où il fut converti par Ambroise. Une fois prêtre, puis coadjuteur à Hippone, il employa d'abord au service de la religion les idées qu'il tenait de la philosophie courante, le néo-platonisme alexandrin, en les accordant tant bien que mal avec le dogme. Où la foi suffisait, il invoqua par surcroît la raison. Mais il n'alla jamais jusqu'à en appeler à la science, non qu'il la dédaignât entièrement, mais il la subordonnait à la foi : avant tout, croire ; c'est l'unique moyen de savoir. Sa méthode est renfermée dans le subjectivisme le plus étroit. Un moment l'analyse de nos connaissances et de leur origine le porta au seuil même de la philosophie ; il développa brillamment la théorie, qu'il n'avait pas inventée, des idées représentatives de l'objet, des images conservées par la mémoire, mais il s'arrêta à l'entrée du droit chemin. Content d'avoir écarté le doute initial des Académiciens par les formules justes : « Si je pense, je suis ; si je me trompe, je suis », il s'obstina à chercher dans la seule conscience et dans ce qu'il nomme la raison universelle les éléments de la vérité, sans se demander dans quelles conditions, dans quel milieu s'étaient formées cette conscience et cette raison. C'est pourquoi il ne sortit jamais de l'abstraction ; il n'atteignit, pas plus que Platon ou Plotin, à la substance, à la réalité concrète ; il ne connut que l'essence, l'entité métaphysique, auxquelles il attribua vainement le nom de substance.

Ainsi, la pensée et l'amour, attributs et résultantes de l'organisme vivant, sont, à ses yeux, la substance constitutive de l'homme. Leur objet étant la perfection, soit morale, soit esthétique, cette perfection existe et se nomme Dieu. C'est le *Logos* de Platon, voire d'Aristote, identique au Fils et au Verbe consubstantiel. Un simple rapport, un résidu de comparaisons, un *desideratum*, ou, comme dira Kant, un « postulat » illégitime de la raison, devient un être vivant, une personne en qui les attributs et les facultés de l'homme, bonté, science, puissance, justice, prennent une valeur substantielle. Ce Dieu, découvert « à la clarté d'une certaine lumière incorporelle », « par la concentration de la pensée sur elle-même », est la réalité suprême « où tout s'explique et d'où tout dérive ».

Rien n'existant que par Dieu, Dieu est partout. S'il est infini, et il l'est, il faudra qu'il soit tout, sous peine d'être limité par ce qui n'est pas lui. En quel gâchis se noie Augustin pour éviter l'inévitable écueil du panthéisme! « Dieu », dit-il (cette quintessence de bonté, d'amour, etc., etc.), « est substantiellement répandu partout, de telle manière cependant, qu'il n'est point qualité par rapport au monde, mais qu'il en est la substance créatrice, le gouvernant sans peine, le contenant sans effort, non comme diffus dans la masse, mais, en lui-même, tout entier partout ». Et ailleurs : « Dieu n'est donc pas partout comme contenu dans le lieu, car ce qui est contenu dans le lieu est corps. Quant à Dieu, il n'est pas dans le lieu ; toutes choses, au contraire, sont en lui, sans qu'il soit, cependant, le lieu de toutes choses. » La métaphysique seule peut trouver un sens à de pareilles logomachies.

Ces choses, ce monde, ces corps étrangers que Dieu contient sans en être le lieu, d'où viennent-ils? De Dieu, non par émanation, le christianisme ne l'admet pas, mais par création, *ex nihilo*. De rien (ce rien était-il en lui ou hors de lui?) Dieu a fait quelque chose, la matière, tout. Mais cette matière, une fois créée, cesse d'être rien ; il y a donc autre chose que Dieu, et Dieu n'est plus infini, n'est plus partout.

Mais les âmes, au moins, que Dieu a créées (de rien?) comme la matière, car le christianisme défend de les considérer comme éternelles, ces âmes « répandues dans tout le corps » sans que le corps soit leur lieu, qui participent de la nature divine sans être des parcelles de Dieu, qui consistent en pensée et en amour, elles aussi limitent Dieu, bien qu'elles soient contenues en lui.

Et comment se joignent-elles à la matière? Ou bien elles sont formées des âmes des parents (et celles-ci?); ou bien Dieu en crée pour chaque naissance; ou bien il les tient en réserve pour les envoyer où besoin est ; ou bien elles descendent d'elles-mêmes dans les nouveau-nés. On sait quelles gorges chaudes Lucrèce a faites de ces hypothèses saugrenues ; Augustin ne se prononce pas, et je l'en loue. L'âme parcourt sept stades et, par sept degrés, remonte à Dieu. Où, si Dieu est partout? L'âme est-elle immortelle? Sans doute; et Augustin en donne de nombreuses raisons, plus mauvaises les unes que les autres. Mais, par moments, il semble considérer l'immortalité comme conditionnelle, acquise seulement aux âmes parvenues aux degrés supérieurs.

Que dire de cette théodicée et de cette psychologie? Sont-elles plus oiseuses qu'absurdes, ou plus absurdes qu'oiseuses? Quelle base fournissent-elles à la morale?

De la bonté, qui est Dieu, et d'où tout dérive, comment tirer le mal? C'est là une question qui n'embarrasse que les métaphysiciens. Car le bien et le mal sont purement relatifs à l'organisme vivant et sentant. Augustin a été sur le point de deviner cette vérité; il affirme même que le mal n'existe que « dans les rapports faux qui s'établissent entre les êtres ou que les êtres établissent volontairement entre eux ». Mais comment concilier cette définition avec le dogme du péché originel? Le principe du mal préexiste à tout rapport entre les êtres. Trois alternatives se présentent: ou bien le mal est une punition d'existences antérieures; ou bien il procède d'une puissance mauvaise, d'un dieu en lutte avec le Dieu bon; ou bien la responsabilité en remonte au Dieu unique. Augustin repousse les deux premières, il n'admet pas la métempsycose et il a renoncé au manichéisme; reste la troisième. En tant que philosophe, il la rejette; en tant que chrétien, il s'y range: n'est-il pas, après Paul, le promoteur de l'odieuse doctrine de la Grâce?

Avant de s'être engagé pleinement dans la théologie, Augustin était un des partisans les plus déterminés de la liberté humaine, du libre arbitre absolu. Les trois livres qu'il a composés sur ce sujet (395) étaient destinés à combattre l'hypothèse manichéenne du bon et du mauvais principe. Ils l'embarrassèrent fort quand il eut embrassé la théorie de la grâce divine, qui supprime le libre arbitre, le mérite et le démérite; mais, quelle que soit la valeur de son argumentation, ni meilleure ni pire que celle des métaphysiciens passés et présents, elle ne diminue pas la responsabilité du créateur, du bon par excellence, sans qui rien n'existe, et qui a permis le mal. Renvoyé à Sextus Empiricus et à Épicure.

C'est l'impuissance de la philosophie qui a rallié Augustin à la foi, au dogme, au mystère. Puisque la raison, sa raison à lui, n'expliquait aucun des problèmes imaginaires qu'elle se posait, elle n'avait qu'à s'abandonner, à se soumettre aux vérités révélées par Dieu même, sans discuter ce Dieu ni ces vérités prétendues. Il n'est pas d'humiliation plus profonde que la croyance à des fables aussi bizarres que la conception d'un Dieu dans le sein d'une vierge, que la mort et la résurrection d'un Dieu, à des logomachies aussi incohérentes que la trinité, la consubstantialité. Augustin, à vrai dire, ne pouvait se résoudre à une foi sans raisonnement ; et cependant, après avoir entassé quinze livres d'explications sur la trinité, force lui fut bien d'avouer qu'il avait parlé pour ne rien dire, « parce qu'il faut bien avoir l'air de dire quelque chose ».

La théologie a vaincu. L'éclectique est terrassé ; il renonce à une conciliation impossible entre la raison et la foi ; il oublie et Platon et les sages qu'il honorait, et le libre arbitre et la dignité humaine. Il n'y a plus qu'une autorité, l'Église ; qu'une discipline, l'orthodoxie. « Hors de l'Église, point de salut. » Nous sommes loin du *droit commun* que réclamaient les premiers apologistes, un Athénagore, un Tertullien, un Lactance. Ce qui n'est pas chrétien est hors du droit. Les plus détestables doctrines n'ont plus rien que ne puisse accepter et glorifier celui qui a dit : « Je ne croirais pas à l'Évangile si l'Église catholique ne m'y obligeait. » Et c'est la grâce, la prédestination des élus, le péché originel, le bon plaisir de Dieu et de l'Église mis à la place de la vertu et de la volonté ; il ne subsiste rien qu'on puisse appeler conscience et justice. Puissance, obéissance, c'est la formule de l'univers et de la vie ; c'est le dilemme du christianisme, qui se résout en une hiérarchie d'esclavages. Tout le système autoritaire est en germe dans Augustin. Quelques citations (1), sans commentaire, donneront une idée des bienfaits dont l'humanité est redevable à ce chimérique et violent esprit.

« *Dieu nous a choisis* dans le Christ, avant la création du

---

(1) Recueillies dans le livre de M. Joseph Fabre.

monde, et nous a prédestinés à être ses fils privilégiés. Il n'a consulté en cela que le bon plaisir de sa volonté propre, pour qu'à lui revienne toute gloire. »

« *Tous les hommes ont mérité la damnation.* Si quelques-uns, sans mérite aucun de leur part, sont épargnés, c'est le pur effet d'une miséricorde toute gratuite. Quant aux autres, ils ne font que subir un juste châtiment. »

« Ou la volonté n'est pas, ou il faut la déclarer libre. Le péché est volontaire, et pourtant on ne peut l'éviter. L'homme est tombé par sa volonté, quoique, par la volonté de Dieu, il ne pût éviter de tomber. »

« Qui donc peut se plaindre de Dieu si, résolu à montrer sa puissance en même temps que son ressentiment, il souffre avec une patience extrême les vases de colère préparés pour la perdition, afin de faire ainsi ressortir tout l'éclat des vases de miséricorde qu'il a préparés pour la gloire? »

« *Le salut ne peut se trouver nulle part que dans l'Église catholique.* Imaginez un homme ayant d'excellentes mœurs ; s'il n'a pas la foi, elles ne sauraient lui apporter aucun avantage. Prenez-en un autre dont les mœurs sont moins bonnes ; s'il possède la foi, il peut obtenir le salut, auquel le premier ne peut arriver. »

« Dans ceux qui n'ont point voulu s'instruire, l'ignorance est un péché ; dans ceux qui ne l'ont pas pu, c'est la peine du péché : donc, ni les uns ni les autres n'ont une juste excuse ; ils subissent les uns et les autres une juste condamnation. Socrate, Marc-Aurèle, Scipion sont tous exclus du royaume éternel. Des païens ne sauraient être sauvés, n'ayant pas la foi en Jésus-Christ. S'ils étaient sauvés, ce divin sauveur serait donc mort inutilement? »

« Toute justice dont la piété n'est pas le mobile n'est pas la justice. »

« Dieu a dit: Tu ne tueras point. Mais s'il n'y a plus de défense, il n'y a plus de crime, et *si Dieu, par une prescription générale ou spéciale, ordonne de tuer, l'homicide est une vertu.* »

« C'est en vue du bien des hérétiques qu'on les contraint à

changer de foi. Agir autrement à leur égard, ce serait leur rendre le mal pour le mal. Comparez ce que font les hérétiques et ce qu'ils subissent : ils tuent des âmes, on les frappe dans leurs corps. Peuvent-ils se plaindre de recevoir la mort temporelle, eux qui infligent la mort éternelle ? »

« Les bons et les méchants peuvent faire la même chose, mais dans des desseins différents. *C'est* par juste sévérité et *par amour que les bons persécutent les méchants* ; c'est par injustice et par tyrannie que les méchants persécutent les bons. »

« Il est bien de se marier et d'être mère de famille ; mais il est mieux de ne point se marier. J'en sais qui là-dessus murmurent : — Eh ! quoi, disent-ils, si tous les hommes gardaient une continence absolue, que deviendrait le genre humain ? — Eh ! plût à Dieu que tous y consentissent : nous en verrions bien plus tôt la fin du monde et, avec la destruction de la cité terrestre, l'achèvement de la cité céleste ! »

« L'ordre de la nature ayant été renversé par le péché, c'est avec justice que le joug de la servitude a été imposé au pécheur. L'esclavage est une peine. C'est pourquoi l'Apôtre avertit les esclaves d'être soumis à leurs maîtres et de les servir de bonne volonté, afin que, s'ils ne peuvent être affranchis de leur servitude, ils sachent y trouver la liberté, en ne servant point par crainte, mais par amour, jusqu'à ce que l'iniquité passe et que toute domination humaine soit anéantie, au jour où Dieu sera tout en tous. »

« *Tout appartient légitimement aux fidèles* ; les infidèles n'ont pas une obole en légitime propriété. »

« De quel droit chacun possède-t-il ce qu'il possède ? N'est-ce pas de droit humain ? Car, d'après le droit divin, Dieu a fait les riches et les pauvres du même limon, et c'est une même terre qui les porte. C'est donc le droit humain qui fait que l'on peut dire : Cette maison est à moi, cet esclave est à moi. Mais *le droit humain, qu'est-il ? Rien autre que le droit impérial.* Pourquoi ? Parce que c'est par les empereurs et les rois du siècle que Dieu distribue le droit humain au genre humain. Otez le droit des empereurs, qui osera dire : Cet esclave est à moi, cette maison est à moi ? *C'est par le droit des rois qu'on possède ce qu'on possède.* »

Voilà, entre bien d'autres, les maximes insensées, immorales, antisociales, de la secte qui se dit le soutien de la liberté, de la justice, le rempart de la famille et de la propriété. Voilà les enseignements que la théologie substitue aux rêves brillants de Platon, à la science de Démocrite, d'Aristote, à la sérénité d'Épicure, à l'héroïsme de Zénon et d'Épictète. Elle a mis la main sur la pensée. Réduite en esclavage, la philosophie n'a plus qu'à faire des *patiences*, à jouer au *casse-tête chinois* avec les menus engins de la logique ; et lorsque, lasse de son amusette monotone, elle dépassera par échappées le cercle où l'orthodoxie va l'enfermer, on l'y fera rentrer à coups de lisières. En avant l'anathème et le bras séculier ! L'Église a pris de la sagesse et de la folie antiques tout ce qu'elle en veut retenir ; le reste est condamné, supprimé ; quant aux nouveautés dangereuses, la potence, les tenailles, le feu en feront justice. A partir du septième siècle, on sera, dans une certaine mesure, platonicien, pythagoricien, péripatéticien, mais avant tout on sera chrétien. Incrédules, hérétiques, schismatiques, soit, à vos risques et périls ; mais l'Église est universelle, comment pourriez-vous en sortir ?

Cependant la pensée, étant une fonction permanente de l'encéphale, est une force qu'on peut comprimer et fausser, non pas anéantir. Par quelque fente imprévue elle filtre et reprend son cours. Nous verrons qu'une de ces ouvertures, bouchées trop tard, fut la question des universaux, d'où sortirent le Nominalisme et le Réalisme, autres noms de la philosophie expérimentale et de la métaphysique. Eh bien, ce joint par où l'esprit humain, presque sans en avoir conscience, devait se dérober à la filière théologique, il s'accusait déjà, à l'aube du moyen âge, dans un commentaire de Boèce (470-526) sur l'introduction de Porphyre à l'*Organon* d'Aristote. L'Église n'y prit point garde. Elle était trop occupée à tendre sourdement, au milieu du chaos barbare, les fils dont elle prétendait enlacer le monde.

Porphyre s'était demandé déjà « si les genres et les espèces existent par eux-mêmes, ou seulement dans l'intelligence, et, dans le cas où ils existeraient par eux-mêmes, s'ils existent séparés des objets eux-mêmes, ou dans ces objets et en faisant partie. » Il faut entendre ici par *genres* et par *espèces* non-seulement les groupes d'individus végétaux ou vivants, mais aussi et surtout les idées générales, formées par l'abstraction, dont Platon a prétendu faire les types préexistants des êtres réels, et qu'Aristote a placées en tête de son œuvre logique sous le titre équivoque de Catégories. Porphyre a posé le problème sans le résoudre. Boèce ne se prononce pas davantage. Après avoir remarqué, assez judicieusement, que les idées générales ou universaux, résumés des caractères communs à un certain nombre d'objets ou d'êtres particuliers, sont, en réalité, dans les objets, qu'ils n'en sont distincts et séparés qu'en tant que concepts, il ajoute ceci : « Platon pensa que les universaux ne sont pas seulement conçus, mais qu'ils sont réellement, et qu'ils existent en dehors des objets. Aristote, au contraire, regarde les incorporels et les universaux comme conçus par l'intelligence et comme existant dans les objets eux-mêmes. »

La portée du dilemme n'apparaît pas tout d'abord, on peut dire même qu'elle n'a jamais été appréciée clairement par ceux qui ont résolu la question dans l'un ou l'autre sens ; elle est cependant capitale. Si bonté, justice, perfection, etc., ne sont que des abrégés de caractères observés dans certains groupes et certaines actions, la métaphysique, qui spécule sur les universaux, n'est plus la science des premiers principes, elle n'est qu'une oiseuse combinaison de formules vides ; car elle prend des conséquences pour des causes, et le relatif pour l'absolu.

§ III. Philosophie du moyen age.

Les Juifs et les Arabes. La Scolastique.

Aristote et Platon, plus ou moins complétement connus, plus ou moins compris, combinés en Occident avec Augustin, à Byzance avec les Pères et les hérésiarques grecs, en Orient avec la Bible et le Koran, telle est toute la matière de la philosophie au moyen âge.

Sans doute cette longue période de huit siècles (septième-quinzième) a vu surgir en fort grand nombre des hommes savants, ingénieux, subtils, qui ont retourné en tous sens les données subjectives, soit mystiques et métaphysiques, soit rationalistes, fournies par les doctrines et les religions dominantes ; mais elle n'a produit aucune idée nouvelle ou utile sur l'univers et sur l'homme, à ce point qu'on pourrait sauter à pieds joints par-dessus le marécage scolastique sans faire soupçonner une lacune dans l'histoire de la pensée.

Laissant, dans l'Occident, les contemporains et les successeurs de Boèce, Mamert de Vienne en Dauphiné, Martianus Capella (cinquième siècle), Cassiodore (sixième), Isidore de Séville et Bède le Vénérable de Warmouth, en Angleterre (septième et huitième), Alcuin, directeur de l'école palatine instituée par Charlemagne (1), fondateur de la scolastique, et son successeur Scot Érigène (Charles le Chauve), s'évertuer sur Augustin, sur des commentaires du *Phédon* et du *Timée*, sur l'*Isagogé* de Porphyre et quelques fragments de l'*Organon*, nous nous transporterons dans l'Orient musulman, où la secousse de l'Islam et la connaissance plus étendue de la philosophie grecque et alexandrine suscitèrent, parmi les Juifs et les Arabes, une activité moins servile et des penseurs plus hardis. C'est de l'Orient, c'est de la Syrie et de l'Espagne, c'est par des traductions de traductions hébraïques et arabes que revinrent en Occident les maîtres de la pensée et surtout Aristote, de qui procédera la scolastique en sa plus brillante période ; tout comme, au quinzième siècle, c'est de Constantinople que seront transportés en Italie les germes de la rénovation philosophique, de la Renaissance.

Lorsque Mahomet parut, au septième siècle, les Arabes d'Arabie, fort peu accessibles aux spéculations de la philosophie, demeuraient attachés à leurs vieilles superstitions astrolâtriques. Cependant trop de traditions leur étaient communes avec les Hébreux

---

(1) On dit que Charlemagne reçut en présent de Haroun Alraschid l'*Organon* complet.

pour que le judaïsme n'eût pas fait chez eux de nombreux prosélytes, et le judaïsme avait frayé la voie au christianisme.

Mahomet, étranger aux influences occidentales qui avaient dénaturé le monothéisme juif, évita les subtilités des mystères et les incohérences de la trinité. Il n'accepta des idées perses, gnostiques, alexandrines, que la croyance à des génies, à des anges, et le dualisme très-mitigé d'un bon et d'un mauvais principe. Fondant en un seul Dieu créateur et maître absolu des choses tous les Moloch, les Baal et les Adonaï des tribus sémites, il établit Allah au-dessus des hiérarchies célestes. Allah, révélé successivement par Abraham, par Moïse, par Jésus, par Mahomet, et imposé par la propagande armée à la terre entière, c'est El, c'est Javeh dépouillé de son étroit caractère national, aussi bien que des nuages néoplatoniciens et des ambiguïtés chrétiennes, digne enfin d'être *catholique*, universel : car le dieu de l'Islam a pour lui cet avantage immense d'être à la fois conforme aux traditions d'une race et à la raison métaphysique. « Allah est Dieu et Mahomet est son prophète. » Cette formule, en sa concision, vaut toutes les bibles et tous les évangiles ; elle coupe court à tous les doutes, à toutes les discussions ; elle supprime toute curiosité et toute science. Il est vrai qu'elle ne résout pas plus l'énigme du monde que les logomachies chrétiennes ou les divagations alexandrines ; mais elle la tranche. Elle affirme un dieu créateur, prescient et absolu, des êtres soumis d'avance à ses volontés éternelles, bien que libres de suivre ou de violer sa loi, punis et récompensés après la mort, selon leurs mérites, bien que leurs actes soient prédestinés de Dieu et inévitables. Le christianisme, en somme, n'a trouvé rien de plus et rien de mieux ; et il a exprimé ces propositions contradictoires et dépourvues de sens avec moins de netteté et de hardiesse. De quel droit la doctrine de la grâce efficace ou suffisante accuserait-elle l'Islam de fatalisme ? Le fatalisme est le fond de toute religion qui enseigne la toute-puissance d'un dieu créateur.

En fait, bien plus que le christianisme néo-platonisé, le mahométisme est la religion des esprits simples, des pauvres d'esprit ; témoin ses progrès dans l'Afrique noire. C'est la croyance qui prête le moins aux mille nuances de l'hérésie. Si les sectes et les systèmes ont pullulé dans l'Islam aussi bien que dans la chrétienté, c'est d'une part que nul frein ne peut radicalement paralyser la réflexion, le travail de l'esprit humain ; secondement, que, dans sa marche conquérante, le mahométisme a rencontré des doctrines plus anciennes, des opinions tenaces, une culture raffinée. Il a bien pu les recouvrir et les englober, mais non les déraciner ; et elles ont reparu, comme ces bois défrichés qui repoussent dans les sillons.

Dans toutes les variétés orientales du dualisme et du panthéisme qui fleurirent, à côté ou au travers de l'islamisme, chez les Juifs ou chez les convertis syriens, babyloniens, africains, espagnols, bien faible est l'apport du génie sémitique. La philosophie juive et arabe est, avant tout, un prolongement de l'hellénisme, avec des réminiscences de la Perse et de l'Inde. D'où procède, aux huitième et neuvième siècles, ce grand, ce brillant essor de la pensée et de l'art entravé par les invasions turques et mongoles, brisé moins par la recrudescence de la foi sous les Almohades que par la résistance et le triomphe de l'Europe occidentale ? Il procède de la Grèce antique et de la Grèce byzantine. Quels maîtres sont commentés et traduits dans les écoles fondées à Bagdad, au Caire, à Tunis, à Cordoue, à Tolède, à Grenade ? Hippocrate, Platon, Aristote, les Alexandrins.

Parmi les Juifs, les Karaïtes (Anan-ben-David, etc.), qui prétendaient s'en tenir, comme les anciens Sadducéens, au texte de la Bible librement interprété, et les Rabbanites ou partisans du Talmud et de la tradition (Saadia-ben-Joseph-el-Fayoummi, etc.) ; chez les Arabes, les Motazales, Motekallemim, etc., ont été tous des rationalistes plus ou moins mystiques, sceptiques ou même atomistes, appliquant la dialectique d'Aristote aux théories platoniciennes et alexandrines combinées soit avec la Bible, soit avec le Koran. Pour ces écoles, Aristote est le philosophe par excellence, et cela pour deux raisons : en premier lieu, les derniers représentants d'Athènes, les Thémistius, les Syrianus, les Simplicius avaient tourné au péripatétisme ; la plupart des œuvres d'Aristote avaient été traduites en syriaque et furent traduites en arabe ; l'encyclopédie d'Aristote peut aisément suppléer toute la métaphysique passée, présente et future, et renferme toute la science positive de l'antiquité ; d'autre part, la dialectique d'Aristote, qui permet de syllogiser sur tout sujet sérieux ou chimérique, et qui fournit des armes à toutes les doctrines, car elle enseigne à tirer de justes conséquences d'un principe une fois admis, vrai ou faux, la dialectique se recommandait particulièrement à l'esprit ergoteur, captieux, formaliste des Orientaux, si amoureux des formules, des paroles sacramentelles et talismaniques ; elle avait surtout l'avantage de n'inquiéter qu'à moitié les orthodoxies ombrageuses, qui elles-mêmes s'en servaient volontiers. La logique est, comme on dit, une selle à tous chevaux ; on l'enseigne et on la pratique dans les séminaires ; et les dynasties, même éphémères, ne la redoutent pas : l'empire, dans nos écoles et nos lycées, réduisit la philosophie à la logique ; il ne faisait qu'imiter l'Église : au onzième siècle, lorsque les œuvres métaphysiques d'Aristote furent transmises à l'Europe par des traductions juives de troisième et de quatrième main, l'autorité sacrée se hâta de les proscrire, n'exceptant de ses anathèmes que la logique, l'*Organon*.

L'exposition des doctrines engendrées par l'hellénisme au sein du monde musulman nous condamnerait à des répétitions continuelles. Nous citerons seulement quelques noms, nous résumerons quelques systèmes, dont la Gnose, la Kabbale, l'Éclectisme alexandrin nous ont donné la clef d'avance. Nous omettrons les traducteurs qui florissaient aux huitième et neuvième siècles, et les sectes anciennes (temps des Alides et des Ommiades), qui, malgré leurs affinités avec les écoles philosophiques, affectent surtout un caractère religieux : tels, par exemple, ces Ismaéliens, d'où sortirent les Fatimites d'Égypte, les Druses et les Assassins, sur lesquels M. Stanislas Guyard a publié, dans le *Journal asiatique* (avril, mai, juin 1877), un si curieux travail.

Il faut bien se garder de juger Al-Kendi, Al-Farabi, Ibn-Sina, Ibn-Gebirol, Ibn-Badja, Ibn-Tofaïl, Maimonide, Ibn-Roschd, Al-

Gazali sur le peu que nous en dirons. Par l'étendue de leurs connaissances, la variété et le nombre de leurs talents et de leurs ouvrages, leur renommée, l'action qu'ils ont exercée sur leurs contemporains et, dans la postérité, jusqu'à Spinoza, ce sont des personnalités illustres, de grands hommes. Mais ici les idées surtout nous touchent, et en tant qu'elles se rapportent à la conception réelle de l'univers et de l'homme. Et nous ne craignons pas d'affirmer que leur génie subtil et hardi a totalement échoué sur le problème des choses, que leurs systèmes, subjectifs et métaphysiques au premier chef, de plus empruntés et compilés, nous laissent aussi ignorants de la réalité que les rêves de Plotin, de Jamblique ou de Proclus.

Al-Kendi est Arabe. Il florissait au neuvième siècle (800-861) à Balsora et à Bagdad, sous Haroun et Al-Mamoun et les grands Abbassides. Médecin, homme d'État, astronome et astrologue, commentateur d'Aristote, il professa le péripatétisme pur. Ses ouvrages philosophiques sont perdus.

Al-Farabi, Persan, ou plutôt Transoxien de la province de Mawaralnahar, mourut en 950. Il vécut à Bagdad, Alep et Damas. Farabi embrassa le cercle entier des sciences, et cultiva toutes les parties de la philosophie, la logique, cela va sans dire, l'éthique ou morale, et la métaphysique. Bien qu'il se soit occupé de Platon, de Pythagore, dont il raille les observations sur la prétendue musique des sphères, il procède entièrement d'Aristote. Avec son être unique, ses causes secondaires ou sphères célestes, son intellect actif, ses théories sur l'âme, la forme et la matière, il lui a emprunté son scepticisme sur l'immortalité de l'âme individuelle et autres « contes de vieilles femmes ». L'intuition directe de l'intellect actif était pour lui le but de la pensée humaine et aussi le plus haut degré que l'âme mortelle pût atteindre ; il appelait cet état le prophétisme, sans doute pour se rattacher en quelque façon à l'orthodoxie.

Ibn-Sina, Avicenne (980-1037), est encore un Transoxien, compatriote de Farabi. Ce fut un grand médecin et un écrivain d'une fécondité extraordinaire. Comme philosophe, il débuta par le péripatétisme et finit par le panthéisme oriental. Esprit méthodique, il divisa les sciences en trois parties, fort arbitraires : science supérieure ou philosophie première, métaphysique; science inférieure, de la matière et de la nature ; science intermédiaire, qui participe des deux autres, la mathématique. Ses distinctions du possible et du nécessaire, ses théories du premier moteur et de la première sphère qui communique le mouvement, de l'âme rationnelle qui embrasse, par la science ou par l'intuition directe, l'ensemble de l'univers physique et métaphysique, procèdent évidemment d'Aristote. Sauf quelques subtilités ingénieuses, on ne peut dire qu'il ait ajouté quelque chose à la doctrine.

Le péripatétisme oriental a trouvé, dans Algazali ou Algazel (1038-1111), un assez habile adversaire. Ce théologien (né à Tous, dans le Khorasan) a reproduit les objections ordinaires aussi bien contre le témoignage des sens que contre la valeur attribuée aux démonstrations logiques; il a attaqué l'idée de cause, mais son scepticisme radical ne l'a conduit qu'au mysticisme.

Dès le onzième siècle, c'est en Espagne qu'il faut chercher les maîtres de la philosophie orientale. Le premier en date est un juif de Malaga, Ibn-Gebirol, l'Avicebron des scolastiques, qui florissait à Saragosse en 1045. S'il est vrai qu'il n'ait jamais lu Plotin ou Proclus, Avicebron peut passer pour original; mais ses hiérarchies de créatures, sa matière qui va s'épaississant, s'alourdissant du point insaisissable jusqu'aux corps, limite extrême de l'existence, ses cercles superposés de formes déterminant leur *substratum*, son intellect universel, cette Unité où la volonté divine a fondu la matière et la forme absolue, ne sont que des variations confuses exécutées sur le thème alexandrin. Avicebron est avant tout *réaliste*, et voit dans les abstractions de notre esprit les êtres réels et les principes des choses. Toutes les doctrines qui prennent le relatif pour l'absolu, la résultante pour la cause, et qui renversent les termes du problème philosophique peuvent se chercher et se reconnaître dans les obscures rêveries d'Avicebron.

Ibn-Badja, autre Espagnol, mais d'origine arabe (?), né à Saragosse vers la fin du onzième siècle, mort à Fez en 1138, et plus connu sous le nom d'*Avempace*, s'exerça également, mais sans s'écarter d'Aristote, sur l'intellect actif et les formes spirituelles, sur l'âme rationnelle et sur le retour à l'Unité. Il ne se prononçait pas plus qu'Al-Farabi sur l'immortalité de l'âme individuelle.

Son disciple, l'Arabe-Andalous Tofaïl, mort à Maroc en 1185, tout en professant le péripatétisme, se préoccupa surtout d'accorder la raison avec l'Islam. Religion et philosophie sont pour lui absolument identiques. La première a seulement revêtu des formes plus accessibles au vulgaire ; c'est pour se conformer aux besoins d'une nature infirme qu'elle a tenu compte de la propriété et des institutions sociales. Le vrai but du sage est la fusion en Dieu par la contemplation.

Maimonide, juif de Cordoue (1135-1204), astronome, marchand de pierreries, médecin de Saladin, théologien, exégète et philosophe, est un des plus savants hommes, un des esprits les plus ouverts qu'ait produits le douzième siècle. Sa vie, pleine de traverses, et ses nombreux ouvrages sont assurément dignes d'étude. Mais ses doctrines ne diffèrent pas assez de celles que nous venons de mentionner pour que nous les examinions par le menu ; leur but est encore de concilier la religion (le judaïsme) et la philosophie, mais avec une tendance marquée à ramener, c'est-à-dire à subordonner la foi à la raison. Maimonide est par excellence un rationaliste, qui ne confond nullement la science avec l'intuition et l'extase. Il n'est point mystique. Sa morale, pleine de sens, n'admet pas que l'homme néglige aucune de ses facultés, supprime aucune de ses passions, se dérobe à aucun des rapports et des devoirs sociaux ; elle condamne expressément le célibat et le monachisme ; elle est empreinte du sage et ferme esprit d'Aristote. Aux yeux de Maimonide, toute science est bonne et nécessaire pour conduire à la science suprême, qui est, bien entendu, la métaphysique et la connaissance de Dieu. Dans son milieu et pour son temps, sa pensée est libre et hardie ; elle a besoin de toute son orthodoxie volontaire pour échapper aux contradictions impliquées par les attributs de Dieu, et pour concilier la liberté humaine avec la providence ou prescience divine.

Ibn-Roschd, Averroès, mort à Maroc en 1198, dans un âge très-avancé, tour à tour khadi à Séville, à Cordoue, où il était né, médecin du roi à Maroc, favorisé, puis persécuté par les farouches sectaires de la dynastie almohade, est le plus illustre parmi les commentateurs arabes d'Aristote. Sauf l'*Histoire des animaux* et la *Politique*, il n'est guère de traité du maître qu'il n'ait commenté une, deux et souvent trois fois. Comme la plupart de ses prédécesseurs et de ses contemporains, il est avant tout péripatéticien ; comme eux aussi, adoptant les hypothèses néo-platoniciennes de l'émanation, il cherche à relier le fameux moteur immobile et unique au mouvement multiple des êtres, par l'intelligence et la vie répandues et transmises de sphère en sphère ; comme eux enfin, il se préoccupe de démontrer l'identité fondamentale de la religion et de la philosophie. Son rationalisme, d'ailleurs, est aussi accentué que celui de Maimonide ; mais il est plus dédaigneux des choses d'ici-bas, des actions humaines ; sans abaisser la science devant l'extase, il considère la sensation comme un obstacle à l'intuition de la vérité.

Ces idées, indéfiniment ressassées, non-seulement depuis Aristote, mais depuis Anaxagore jusqu'à nos jours, ne suffiraient pas à tirer Averroès de la foule des *philosophi minores*. Mais, à l'aide de raisonnements tels quels, toujours métaphysiques et subjectifs, il est arrivé à quelques-unes des thèses affirmatives ou négatives de la philosophie expérimentale. Ces opinions, qui constituent l'originalité de sa doctrine et qui ont soulevé contre lui toutes les orthodoxies, valent d'être au moins indiquées.

Tout en considérant le monde comme une hiérarchie d'individualités, comme un emboîtement de sphères animées par un principe suprême, à la fois universel et enveloppant, extérieur et foncièrement uni à tout ce qui y est enfermé, c'est-à-dire la sphère de l'intelligence pure, Averroès attribue à la matière éternelle une importance qu'Aristote lui-même ne lui accordait pas.

La matière est non-seulement le possible, la faculté de tout devenir par la forme qui lui vient du dehors ; pour Averroès, dit

M. Munk, « la forme elle-même est virtuellement dans la matière : car si elle était produite seulement par la cause première, ce serait là une création *ex nihilo*. » Métaphysiquement, le raisonnement n'est pas fort, car la cause première suffit à tout. Mais, en fait, voici déjà le monde ramené à deux éléments réels, la matière et l'intelligence, la substance d'une part, de l'autre la conception anthropomorphique et rationnelle. Le problème, du moins, est réduit à ses termes simples et dépouillé de toutes ses fioritures *logiques*. Averroès n'a pas soupçonné un seul moment la solution ; il n'a pas même entrevu que l'intelligence était une résultante spéciale, locale, contingente de combinaisons matérielles; mais la matière cesse d'être, non une création, mais même une émanation de l'intelligence ; c'est quelque chose d'universel aussi, d'éternel aussi, avec quoi il faut compter. *Averroès nie la création.*

Le but de la vie est l'identification de l'intellect passif, individuel, matériel et périssable, qui est la table rase de l'âme humaine, avec l'intellect actif, universel, immatériel, éternel. L'impression laissée par l'intellect actif sur l'intellect passif transforme celui-ci en intellect acquis, de plus en plus semblable au premier. Quand l'intellect acquis s'est complétement assimilé par la science l'intellect universel, il participe à l'éternité indéterminée du principe spirituel. Quant à l'intellect passif, il meurt avec le corps, avec l'individu : c'est une simple disposition de l'organisme. Sans doute l'âme est impérissable dans la partie d'elle-même identifiée durant cette vie avec la raison impersonnelle. Mais le reste, qui est la personne, rentre dans le néant, sauf ce qui en passe à notre postérité. Quant aux fables de Platon sur l'avenir des âmes, elles sont bonnes à fausser l'esprit des enfants et du peuple, qui est un enfant, tout au plus à intéresser l'égoïsme des hommes à la pratique du bien. « Je connais, dit Averroès, des hommes parfaitement moraux qui rejettent ces rêveries et ne le cèdent point en vertu à ceux qui les admettent. » *Averroès nie l'immortalité de l'âme.*

Dans ses essais de conciliation, Averroès rencontre le dogme musulman (et augustinien) de la prédestination, et voici comment il le résout : L'homme ne peut être l'auteur absolu de ses œuvres, car elles seraient une création, indépendante de la cause première ; d'autre part, si elles procèdent d'une fatalité immuable contre laquelle l'homme ne peut rien, à quoi bon le travail, l'effort, la science ? Non ; les actions dépendent en partie de notre volonté, en partie de causes extérieures. Mais cette volonté est toujours déterminée par les objets du désir et par des milieux qui dépendent des lois immuables de la nature. Seulement l'enchaînement de ces rapports constants est pour l'homme un mystère, et n'en est pas un pour la prescience divine. En somme, l'homme et ses actes sont à la fois enchaînés, et libres aussi dans le cercle dont la longueur de sa chaîne est le rayon. *Averroës nie* tout ensemble *le libre arbitre absolu* et la prédestination, c'est-à-dire *le caprice de la fatalité*, de Dieu, de la Providence.

Averroès ne va pas jusqu'au bout de ses idées ; mais, pour un homme du douzième siècle, c'est beaucoup de les avoir lancées. Elles suivront leur pente.

L'Occident n'avait pas attendu les traductions et les commentaires arabes ou hébraïques d'Aristote pour ébranler l'incohérent édifice de la théologie. Non pas que les scolastiques attaquassent la religion de propos délibéré ; ils étaient plus chrétiens encore que les philosophes persans ou espagnols ne furent musulmans ou juifs. Mais il est des terrains ruineux, des châteaux fragiles, qu'un souffle dans l'air fait vaciller derrière les contre-forts, les tribunaux, les prisons dont on les étaye, dût-on entasser à leur base les cendres et les ossements de cent mille morts.

La philosophie du moyen âge n'est pas un système, car elle les contient tous ; elle est agitée par toutes les questions que peut se poser l'esprit humain ; elle a ses éclectiques, ses panthéistes et ses athées. On peut la définir l'ensemble et la succession des doctrines enseignées dans les écoles publiques à l'occasion des textes sacrés ou profanes interprétés par les professeurs ; c'est pourquoi elle a reçu le nom de scolastique. Fondée par Alcuin et

Scot Érigène dans l'École du palais de Charlemagne et de Charles le Chauve, elle a passionné durant sept siècles la jeunesse des universités de France, d'Angleterre, d'Allemagne et d'Italie. Elle a donc joué un très-grand rôle dans la formation de l'esprit public au moyen âge, et elle mérite quelque reconnaissance pour avoir maintenu les droits de la raison et, jusqu'à un certain point, de l'expérience, à côté ou en face de l'autorité de la foi.

Fait notable, elle a dû son expansion et son influence à l'*idée* catholique. En substituant son unité universelle à l'unité romaine, l'Église a compensé pour ainsi dire le morcellement féodal qui favorisait son ambition. Elle a imposé à l'Occident une langue, le latin; et une patrie, la chrétienté, dont le centre intellectuel a été Paris. Bienfait égoïste, qui n'exige pas de reconnaissance, bienfait *pro dominatione*, mais bienfait réel. Tout ce que la scolastique professait en latin à Oxford, à Cologne, à Padoue, dans les universités et les couvents du monde entier, venait retentir à Paris pour se répercuter dans l'Occident. Ce double phénomène, unité romaine, puis chrétienne, puissance attractive et expansive de Paris, est le fait capital, dominant et déterminant de l'histoire moderne. De là l'équilibre européen et la possibilité des futurs États-Unis d'Europe. De là l'ouverture de l'esprit français. De là aussi l'universalité de la scolastique.

Ici apparaît le caractère commun, tout formel et extérieur sans doute, qui relie toutes les doctrines du moyen âge chrétien. La scolastique, avec plus ou moins de réserve et de prudence, introduit la raison dans la religion. Elle ne se doute guère que « ceci tuera cela ». Les inventeurs de ces questions captieuses si chères aux bacheliers du temps : « Pourquoi Ève a-t-elle été tirée d'une côte et non d'une autre partie du corps d'Adam? Si une souris mange la sainte hostie, mange-t-elle le corps de la Divinité? » ne sentent pas la profondeur du coup qu'ils portent à la foi. Les docteurs ont avant tout le désir de concilier, d'identifier la religion et la philosophie. L'une et l'autre en souffrent; mais l'une en doit mourir. L'autre, meurtrie, faussée, à la longue usera ses chaînes. Fatalement, la libre curiosité de l'esprit humain se dégagera des solutions violentes et passagères imposées par le dogme et le bras séculier.

A l'unité du but on peut joindre l'unité de la méthode. Si l'on néglige quelques précieux écarts, quelques appels audacieux à l'observation et à la science, quelques échappées vers un mysticisme chrétien, on peut définir la scolastique, avant tout subjective et rationaliste : une application des catégories logiques et de la dialectique d'un faux Aristote à la théodicée d'un Platon incomplet (le Platon du Timée), ou altéré, soit par le néo-platonisme chrétien d'Origène, soit par le paulinisme néo-platonicien d'Augustin.

La scolastique était enfermée dans ce cercle étroit, de toutes parts limité par l'orthodoxie chrétienne. *Ancilla theologiæ*, servante, souvent rebelle, de la théologie, éduquée, surveillée, châtiée par l'Église, embarrassée de dogmes, de mystères qu'elle tentait d'expliquer en y demeurant soumise, elle végétait dans un milieu social et moral essentiellement factice et contraire à la nature humaine. Bien plus, par une fatalité dont on a prétendu faire à l'Église un titre de gloire, tous les docteurs étaient des clercs, des prêtres et des moines. Sous le misérable régime dont l'Église s'était faite la complice pour en être la maîtresse, tous ceux qui voulaient échapper au servage, ou aux sanglantes misères de la vie féodale, étaient forcés d'endosser la robe, non point parce que l'Église favorisait la liberté et la science, elle en a toujours été la pire ennemie, mais parce que, affectant la domination universelle, jalouse éducatrice des âmes, elle garantissait du moins à ses membres une part de son autorité et une sécurité relative : non vis-à-vis d'elle-même ; combien l'apprirent à leurs dépens ! Sur les esprits qu'elle avait faussés dès l'enfance, elle appuyait lourdement son niveau tranchant, et malheur à qui redressait la tête !

De là ce piétinement sur place dans les subtilités de la dialectique, ces exercices, ces jongleries de mots, ces variations exécutées sur le casse-tête chinois, ces inventions de jeux de patience où l'art consistait à déplacer et à replacer la matière, la forme, l'individu, l'idée, les attributs divins, mouvement sans but, stérile ingéniosité.

L'histoire de la scolastique se divise en trois périodes :

La première, où dominent Platon et Augustin, est terminée par la révolte des nominalistes, qui croient se rapprocher d'Aristote ; elle commence à Scot Érigène et finit par Abélard (ixe-xie siècles).

La seconde, déterminée par les traductions latines des traductions hébraïques et arabes d'Aristote, plus exclusivement péripatéticienne, voit triompher sous deux formes, la dominicaine et la franciscaine, la théologie métaphysique. C'est l'âge des Thomistes et des Scotistes (xiiie siècle).

La troisième développe, sous le nom de querelle des Universaux, l'antagonisme du réalisme et du nominalisme ; elle s'achève dans le mysticisme (xive et xve siècles).

PREMIÈRE PÉRIODE. — *Hétérodoxie néo-platonicienne* : Scot Érigène. *Orthodoxie* : Anselme de Cantorbéry. *Nominalisme* (hétérodoxie péripatéticienne) : Roscelin. *Réalisme* (orthodoxie platonicienne) : Guillaume de Champeaux. *Conceptualisme* (éclectisme hétérodoxe) : Abélard. *Mysticisme chrétien* : Bernard, Hugues de Saint-Victor.

Né comme Alcuin en Angleterre, et directeur après lui de l'École palatine (sous Charles le Chauve), Jean Scot Érigène florissait au neuvième siècle. Nourri des Pères grecs, traducteur du pseudo-Denys l'Aréopagite (alexandrin du quatrième siècle), il professa un panthéisme mystique assez explicite pour attirer sur lui-même et surtout sur ses disciples, Bérenger (1059), Amaury de Chartres et David de Dinan (xiie et xiiie siècles), les foudres de l'Église. Comme tous les théologiens philosophes du moyen âge, et nous ne reviendrons plus sur ce point, il enseignait l'identité de la philosophie et de la religion : l'une, disait-il, explique ce que l'autre adore ; mais il se chargeait lui-même de démentir ce lieu commun. Ses opinions sur l'Eucharistie, qu'il considère comme une simple commémoration, sur l'éternité des peines, qu'il taxe de manichéisme, ne sont pas moins hérétiques que sa définition de Dieu et sa théorie des rapports entre Dieu et l'Univers. Pour lui, Dieu est inaccessible à la pensée humaine; Dieu est « supra-ineffable », « supra-inintelligible »; en lui, l'absence de substance est la substance infinie; l'absence de vie, la vie infinie; l'absence de pensée, la pensée infinie (c'est l'*Inconscient* de Hartmann, ou peu s'en faut). L'univers, coéternel à Dieu, le détermine en le dénaturant; Dieu enveloppe et pénètre l'univers; en créant, il se crée lui-même. Tout part de l'éternel et retourne à l'éternel. Les causes premières, idées, modèles, formes dans lesquels sont déposés les principes immuables des choses, sont identiques au Verbe et coéternelles à Dieu, qui cependant les a créées; l'homme, résumé du monde créé, renferme en lui toutes les créatures, en est le rédempteur, le médiateur et, par l'incarnation du Verbe, devient coéternel au Père. Érigène s'efforce vainement de distinguer le réel de l'intelligible, les créatures du créateur; il se débat et se noie en plein chaos alexandrin.

Anselme d'Aoste, mort évêque de Cantorbéry (1033-1109), élève de Lanfranc, fort mêlé à toutes les querelles théologiques de son temps, ne nous intéresse ici que comme un des promoteurs du *Réalisme* métaphysique et l'inventeur d'une fameuse preuve de l'existence de Dieu, preuve qui a tenu en haleine des générations de philosophes, que Descartes a adoptée, et que Hégel a daigné admirer.

Anselme, à tout prendre, et, sinon dans la pratique, du moins dans la théorie, est un de ces esprits modérés qui, tout en fondant la philosophie sur la foi, aiment à chercher les raisons de leur croyance; mais ils ne vont pas loin, et la logique leur suffit. La croyance préalable rend d'ailleurs la démonstration facile.

Anselme donc, avant tout, croyait tout ce qu'enseignent l'Église et la philosophie orthodoxe. Il croyait une bonté infinie d'où dérive tout ce qui est bon, une justice infinie, une grandeur infinie, d'où dérive, etc., etc.; et l'union de tous les infinis dans une personnalité suprême, qu'il bourrait de vie, de raison, de salut, de sagesse, de vérité, de beauté, d'immortalité, d'incorruptibilité, d'immutabilité, de béatitude, d'éternité, de puissance, d'unité, et de quoi encore? Dieu contenait tout cela, était tout cela ; mais... mais, s'il n'était pas?

Comment un croyant peut-il se poser de ces questions? Voilà ce qu'il gagne à vouloir éclairer la foi par la raison. Anselme croyait selon la foi, il doutait selon la raison.

Et voyez, le cas est grave : l'existence est la condition de toutes les qualités. La jument de Roland a de nombreux mérites; mais elle est morte. Encore a-t-elle existé. Mais si l'existence manque à Dieu, tout lui manque, tout lui a toujours manqué; et les attributs incohérents auxquels il devait servir de centre et de siége s'envolent éparpillés aux quatre coins du ciel métaphysique. Anselme n'en dormait plus, n'en mangeait plus ; ni, *a posteriori*, l'émolliente vertu des *causes finales* n'apaisait son angoisse, ni, *a priori*, la fraîcheur éthérée des *idées nécessaires* ne reposait sa tête appesantie. Un jour enfin, après de longues méditations, il eut le bonheur d'excogiter, de façonner en syllogisme un argument simple, irréfutable, la glorieuse preuve *ontologique* : « Dieu existe, par cela même que l'homme le conçoit. » Il n'y a pas autre chose au fond de ce raisonnement qui a fait tant de bruit. Leibnitz a cru le fortifier en le complétant ainsi : « Dieu existe par cela qu'il est possible et que rien ne contredit sa possibilité »; il n'a fait qu'en accuser l'inanité prodigieuse. La question, en effet, reste entière : car il faudra prouver, d'abord, que l'homme conçoit Dieu, ensuite, que tout ce que l'homme conçoit ou tout ce qui est possible sans contradiction existe nécessairement.

Dans la forme embarrassée, inintelligible, qu'Anselme lui donne en son *Proslogium*, la preuve ontologique ne saurait figurer ici. Nous en demanderons l'interprétation résumée à ceux qui goûtent ce genre de logomachie, à M. Bouchitté, traducteur d'Anselme, à MM. Jacques, Simon ou Joseph Fabre.

Proslogium, chap. II et III : « L'insensé qui rejette la croyance en Dieu, conçoit cependant un être élevé au-dessus de tous ceux qui existent, ou plutôt tel qu'on ne peut en imaginer un qui lui soit supérieur. Seulement il affirme que cet être n'est pas. Mais, par cette affirmation, il se contredit lui-même, puisque cet être auquel il accorde toutes les perfections, mais auquel en même temps il refuse l'existence, se trouverait par là inférieur à un autre qui, à toutes ces perfections, joindrait encore l'existence. Il est donc, par sa conception même, forcé d'admettre que cet être existe, puisque l'existence fait une partie nécessaire de cette perfection qu'il conçoit. » (*Dict. des sciences phil.*, p. 72.)

« Il est impossible que Dieu n'existe pas : car Dieu est, par définition, un être tel qu'on n'en peut concevoir de plus grand. Or, je puis concevoir un être tel, qu'il soit impossible de penser qu'il n'est pas, et cet être est évidemment supérieur à celui dont je puis supposer la non-existence. Donc, si l'on admettait qu'il est possible de penser que Dieu n'existe pas, il y aurait un être plus grand que Dieu, c'est-à-dire un être plus grand que l'être tel qu'on n'en peut concevoir de plus grand, ce qui est absurde. » (*Manuel*, p. 431.)

Syllogisme de Descartes : « Dire que quelque attribut est contenu dans la nature ou dans le concept d'une chose, c'est le même que de dire que cet attribut est vrai de cette chose, et qu'on est assuré qu'il est en elle. Or est-il que l'existence nécessaire est contenue dans la nature et dans le concept de Dieu. Donc il est vrai de dire que l'existence nécessaire est en Dieu, ou que Dieu existe. »

« Dans l'idée d'un être parfait est renfermée l'idée de son existence actuelle, car, s'il n'existait pas, cet être ne serait pas parfait. On peut donc affirmer l'existence actuelle de l'être parfait. » (Jos. Fabre, t. Ier, p. 394.)

Au point de vue objectif, expérimental, où nous nous plaçons, la preuve ontologique est nulle et non avenue ; mais elle n'échappe pas même à la critique des logiciens et des rationalistes. En établissant une hypothèse sur une autre hypothèse contenue dans la première, elle affirme ce qui est en question. Thomas d'Aquin y a vu, très-justement, un *paralogisme*, un cercle vicieux, une pétition de principe. Gaunilon, un contemporain d'Anselme, réfuta un à un tous les termes de l'argument, niant d'abord que la conception de Dieu fût d'une clarté suffisante, ensuite que la conception d'idées générales et abstraites impliquât l'existence d'un être individuel et réel. Kant, chez les modernes, a définitivement écarté la prétendue preuve ontologique. Pour ne pas nous répéter, nous ne citerons que sa conclusion : « Un homme n'augmenterait pas plus ses connaissances par de simples idées, qu'un négociant n'augmenterait sa fortune en ajoutant quelques zéros à l'état de sa caisse. »

La question de l'existence de Dieu se rattache étroitement à la théorie des Idées de Platon et des Universaux d'Aristote ; la polémique de Gaunilon et d'Anselme prélude à la grande querelle du *Nominalisme* et du *Réalisme*.

Les idées générales ont-elles une réalité? Sont-elles la réalité absolue? Oui, répondent Platon, Scot Érigène, Lanfranc, Anselme et les *réalistes*. Ne sont-elles que des mots, des noms, « des points de vue abstraits des choses individuelles? » C'est l'opinion qu'on peut attribuer à Aristote, que soutiennent Raban-Maur, Bérenger, et après eux les *nominalistes*.

Alternative capitale et qu'on éluderait vainement, soit qu'on invente, avec M. Claude Bernard, des « idées organiques » qui président aux phénomènes de la nature, soit qu'avec Abélard on accorde au général, au type, à l'espèce, une réalité dans l'individu. Le premier amendement rentre dans la théorie platonicienne, le second dans le nominalisme. Il ne faut pas méconnaître, sous les nouveaux titres créés par la scolastique, les deux grandes doctrines ennemies, l'idéalisme absolu et le matérialisme. Il y a ici tout autre chose que des arguties dialectiques.

On ne saurait dire que ni Roscelin, qui professait à Paris en 1080, et qui fut le promoteur du nominalisme, ni l'Église, qui, après avoir condamné la doctrine, parut s'y ranger au quinzième siècle, en aient soupçonné toute la portée. Au début cependant, lorsque Roscelin, appliquant le nominalisme au dogme fondamental, réduisit la trinité à un mot, à un son, *flatus vocis*, le concile de Soissons le contraignit à une rétractation formelle. Et ce fut avec l'approbation de l'Église que Guillaume de Champeaux, le champion du réalisme, le fondateur de l'école mystique et néo-platonicienne de Saint-Victor, illustrée par les moines Hugues et Richard (xiie siècle), soutint contre Roscelin que « les termes généraux ne sont pas une appellation collective donnée à une classe d'individus ou de phénomènes, mais le nom propre d'une certaine nature subsistante en elle-même, distincte de l'esprit qui la conçoit et des individus qui lui ressemblent », antérieure et supérieure à ces individus. Tout au fond, le réalisme n'est pas plus orthodoxe que le nominalisme; il est bien au-dessus et bien au-delà des religions; mais il laisse du moins la porte ouverte aux fictions et aux entités personnifiées.

Le plus grand philosophe du douzième siècle (1079-1142), Pierre Abélard, fut élève de Champeaux; mais il se détacha du réalisme et, croyant échapper au nominalisme, enseigna que les idées générales ou universaux ne sont ni des choses existant par elles-mêmes, ni de simples mots; ils existent dans les individus, en tant que conceptions de l'esprit. Roscelin ne disait pas autre chose. « Placé en présence des objets, l'entendement y aperçoit des analogies; il considère ces analogies à part des différences; il les rassemble, il en forme des classes plus ou moins compréhensives; ces classes sont les genres et les espèces. L'espèce n'est pas une essence unique qui réside à la fois en plusieurs individus; elle est une collection de ressemblances. Cette collection, dit Abélard, quoique essentiellement multiple, les autorités l'appellent un universel, une nature; de même qu'un peuple, quoique composé de plusieurs personnages, est appelé un. » Il est difficile de nier plus nettement la *réalité* des universaux. Cependant, si illusoire que soit ce prétendu moyen terme, qui a reçu le nom de *Conceptualisme*, Abélard appartient, bien certainement, à cette doctrine mixte représentée par Aristote, par Voltaire, par Kant, qui accepte à la fois l'expérience et la métaphysique. Il est, par excellence, un rationaliste, un logicien, un dialecticien. Et, comme le rationalisme suffit, et au-delà, pour ébranler toute religion, surtout une religion aussi peu rationnelle que le christianisme, Abélard n'a jamais pu toucher à la théologie sans tomber dans l'hérésie. Il a parlé « de la trinité comme Arius, de la grâce comme Pélage, et du Christ comme Nestorius. » Il a défini la foi « l'approbation libre des choses qu'on ne voit pas »; il a déclaré que « dans tout ce qui est du domaine de la raison, il n'est pas nécessaire de recourir à l'autorité, » qu'une vérité doit être crue « non parce que telle est la parole de Dieu, mais parce qu'on s'est convaincu que la chose est ainsi ». Il s'est élevé contre les esprits « présomptueusement crédules » qui acceptent une doctrine sans examen.

D'après le peu qu'il savait de l'antiquité, Abélard n'hésita pas à préférer aux intolérantes rêveries chrétiennes la pensée et la vertu grecques; il place Pythagore et Socrate au rang des saints; il met Platon au-dessus de Moïse. La formule « hors de l'Église point de salut » n'a pas de sens pour lui. Autant de marques d'un esprit juste et large. Sa gloire n'est pas d'avoir parlé de *concepts* avant Kant ou d'avoir professé l'*optimisme* avant Leibnitz; elle est d'avoir aimé la raison et la liberté; elle est d'avoir rendu à l'intelligence humiliée la conscience de sa force. L'enthousiasme de ses auditeurs saluait en lui autre chose que la subtilité ingénieuse et l'éloquence, l'esprit nouveau. L'Église le savait bien. Condamné par deux conciles, traqué, proscrit, errant, brisé dans la lutte, Abélard mourut avant l'âge, à soixante et un ans.

Bernard, l'abbé de Cîteaux, le réaliste mystique, le fougueux moine (1091-1153), le poursuivit d'une haine furieuse : « Qu'y a-t-il dans ce théologien de plus intolérable, l'arrogance ou le blasphème, la témérité ou l'impiété? Tous, nous dit-il, pensent ceci; et *moi, je pense autrement.* (Voilà le crime.) ...Abélard ose appliquer à tout ses hardies investigations, et dépasse orgueilleusement *les limites que nos pères ont posées.* Sus à cet homme qui livre aux fluctuations de la raison humaine la foi que le passé nous a léguée, assise sur des bases inattaquables! Il mérite non des réponses, mais des coups. » Comme c'est bien l'éternel langage de la tradition et de l'autorité!

Parmi les nombreux disciples d'Abélard, on cite deux évêques, Gilbert de la Porée, taxé d'athéisme, et Jean de Salisbury, aux yeux duquel Caton, dédaignant de consulter Jupiter Ammon et n'écoutant que sa raison et sa conscience, était le type de la vertu morale. Mais le plus fameux de tous est le réformateur religieux et politique Arnauld de Brescia, mort sur le bûcher. A partir du treizième siècle, le bûcher de l'Inquisition va être la commode et péremptoire réponse de l'Église à toutes les curiosités indiscrètes, à toutes les révoltes de la science et de la raison ; « le bourreau, dit éloquemment M. J. Fabre, est le grand docteur du moyen âge »; mais il n'arrêtera pas le travail de la pensée. Voici venir les commentateurs et les philosophes juifs et arabes, apportant à l'occident chrétien de nouveaux textes et de nouveaux systèmes.

Deuxième période. — Règne d'Aristote commenté par les Orientaux. *Péripatétisme orthodoxe et hétérodoxe* : Thomas d'Aquin, Roger Bacon ; Duns Scot.

Le treizième siècle peut être défini : un mouvement intellectuel réglé ou réprimé par l'Église ; un mouvement social exploité et confisqué par la royauté.

Les peuples, longtemps paralysés par la terreur de cet an mil qui devait amener la fin du monde, s'étaient repris à la vie, au travail, au commerce. La féodalité, décimée par les croisades, épuisée par les communes, rompue par les ambitions de ses membres les plus puissants et les usurpations des royautés sorties de son sein, échangeait peu à peu la réalité du pouvoir contre l'illusion chevaleresque : la chevalerie, mode brillante, fanfarante et fanfaronne, acceptée, obéie sous bénéfice d'inventaire par tout ce qui prétendait à une noble origine, n'a été, en somme, avec ses prouesses, ses grâces, son étalage de courtoisie et de beaux sentiments, qu'une fantaisie de dilettantes privilégiés, réduits à pratiquer l'art pour l'art au bénéfice des habiles. Au-dessus de ce monde naissant et de ce monde en décadence, l'un sérieux, l'autre frivole, épiant leurs luttes pour les favoriser tour à tour et les tenir l'un par l'autre, les rois, avec leurs légistes, s'établissaient fortement sur le terrain politique : ils s'y trouvaient face à face avec l'Église, le plus souvent alliés, parfois ennemis, et par la ruse, par le partage des profits, par la violence ouverte, pied à pied, l'en expulsaient. Ni leur éducation ni leur intérêt ne leur permettaient une rupture ; pouvaient-ils refuser le concours d'une institution qui fait de l'obéissance un dogme (pour les autres)? Dévots fils de la sainte mère Église, ils lui abandonnaient les âmes, la leur toute la première, à la seule condition qu'elle sanctionnât, qu'elle sanctifiât leur pouvoir, qu'elle partageât avec eux la délégation divine. Leur complice s'oubliait-elle jusqu'à lancer sur eux ses foudres, ils lui criaient : Ce n'est plus de jeu! Quelque oint du Seigneur rétorquait un soufflet à quelque vicaire de Dieu, cela ne tirait pas à conséquence. Les juges, les tortionnaires, les armées du prince ne cessaient pas pour si peu d'être au service des conciles et de l'Inquisition. Et l'Église avait grand besoin de ces laïques. Son autorité, qui s'avançait fort loin dans le temporel, était absolue sur le spirituel ; mais, là encore, elle était menacée.

Les poissons s'agitaient dans le filet et parfois rompaient une maille; il fallait en griller quelques-uns pour mettre le reste à la raison, et l'opération n'était pas toujours facile. Témoins ces Albigeois qui se permettaient d'être gnostiques et manichéens, et ces Vaudois, socialistes égalitaires. L'hérétique est pire que l'infidèle, l'insurgé pire que l'ennemi. Grâce à la haine du Nord contre le Midi et aux ambitions royales, l'Église triompha. La croisade, qui échouait contre l'Islam, réussit contre les mauvais chrétiens ; des massacres odieux, sans nom, dignes de Gengiskan ou d'Attila, fauchèrent une civilisation dans sa fleur. L'Inquisition, ivre de sang, ne laissait à son Dieu miséricordieux que le soin de « reconnaître les siens ».

Mais la révolte était partout, sourde, confuse, indécise. Partout on sentait, dans la vaste prison, un désir vague de liberté, une aspiration vers l'air et la lumière. Il fallut permettre à l'art de crever les lourdes murailles romanes, de surhausser les voûtes, de répandre à flots dans la citadelle du mystère le jour, joyeusement coloré par les verrières immenses, d'esquisser en arabesques folles des épopées mystiques pleines d'épisodes goguenards. Il fallut subir les gauloiseries, les menues impiétés des fabliaux et des romans.

La pensée aussi tirait sur ses lisières; il fallait les allonger, les rapiécer, besogne délicate et périlleuse, donner sur les doigts aux mutins, aux plus sages un os à ronger pour leur en faire un mors.

Un Alain de l'Isle, un Amaury, un David enseignaient que « tout est un, tout est Dieu, Dieu est tout, » que « Dieu est la matière première », qu'il y a « identité entre le créateur et les créatures », que chaque homme est « un membre du Christ », et, par occasion, que Dieu n'est ni plus ni moins dans l'hostie consacrée que dans le pain ordinaire. Ils annonçaient la fin du règne du Fils et l'avénement de l'Esprit, du Paraclet d'Abélard. Un concile, tenu à Paris en 1209, fit justice de ce dangereux *spinozisme*. David dut se rétracter. Quant à Amaury, il était allé continuer librement son ascension vers l'Être parfait : il était mort depuis quatre ans. On le déterra pour lui apprendre à penser.

Aristote avait introduit dans les universités, sous forme de traductions et de commentaires, son *Histoire naturelle* et sa *Métaphysique*. Par trois fois (1209, 1215, 1230) on essaya de prohiber ces écrits, ces nouveautés. Mais la proscription échoua contre les habitudes péripatéticiennes invétérées. Alors l'Église s'aperçut que la religion n'avait que peu de chose à craindre du moteur immobile et des sphères superposées ; et, de fait, la logique d'Aristote, à qui sait en user, est beaucoup plus contraire à l'orthodoxie que sa métaphysique, sa morale et sa politique. Plus redoutables encore étaient l'idéalisme effréné d'Avicebron et les audaces panthéistes d'Averroès. Nous verrons qu'un éclectique industrieux se chargea de réduire à la mesure du cadre théologique tout ce qui, dans l'Aristote oriental, se trouvait conciliable avec la foi.

Enfin, avec le rationalisme grec et le panthéisme arabe, s'insinuaient dans les écoles l'érudition, bien plus, l'instinct et l'amour de la science. D'immenses compendiums (Albert le Grand, 21 vol. in-folio; Vincent de Beauvais, *Speculum mundi*, 10 vol. in-folio, etc.) rassemblèrent toutes les connaissances acquises. Les mathématiques, l'astronomie, compliquée nécessairement d'astrologie, se développèrent. L'alchimie alluma ses fourneaux et demanda à l'expérience la confirmation de ses chimères. Le panthéisme disait : « Tout est dans tout ; » toute matière renfermait donc toutes les formes ; il ne s'agissait que de les en tirer, d'arracher l'or aux métaux, de précipiter dans l'alambic l'essence de la richesse et de la vie, la pierre philosophale, l'élixir de jouvence éternelle, l'*homunculus*, l'homme créé de toutes pièces par un art plus savant que la nature. Ainsi, par le tâtonnement, par l'évocation et la magie, commençait la grande œuvre qui devait aboutir à la constitution des sciences positives, mille fois supérieures au rêve des alchimistes. Ce fut un engouement mémorable, incompressible, qui gagna toutes les classes éclairées, la hiérarchie cléricale tout entière. Les rigueurs déployées contre le vulgaire des sorciers et qui n'épargnèrent pas les plus savants hommes ne parvinrent qu'à grand'peine à contenir la science dans les limites de l'orthodoxie.

Comment compter toutes les nuances que revêtirent, tous les compromis que tentèrent le conceptualisme, le nominalisme, le réalisme, le panthéisme mystique, tantôt déguisés sous la même phraséologie aristotélique, tantôt marchant à visage découvert au milieu d'une confusion inextricable ! Comment suivre les incidents de ces luttes subtiles et violentes, ces chocs de mots dont le sens est perdu, et qui n'ont d'intérêt que dans le milieu où ils se sont produits ; tout cela compliqué par les haines de deux ordres monastiques rivaux, Dominicains et Franciscains, qui disputent aux universités de Paris, d'Oxford, de Padoue, le monopole de l'enseignement philosophique, et qui prétendent interpréter, chacun à sa façon, s'approprier, les *Sentences* colligées par Pierre Lombard, les traités d'Aristote, les commentaires arabes, Avicebron, Maimonide, Avicenne, Averroès, les Pères et les philosophes, les sciences et les théories, tous les systèmes !

Nous commencerons par le groupe dominicain, qui présente plus d'unité et s'égare moins dans les extrêmes. Inventeurs de l'Inquisition et des cas de conscience, gardiens des saines doctrines, les Dominicains, autoritaires et dogmatiques, ne s'éloignent pas volontiers de l'orthodoxie ; c'est leur plus célèbre docteur, Thomas d'Aquin, qui a constitué le péripatétisme théologique et en a rédigé le manuel : il règne encore sur les séminaires.

Le maître de Thomas, Albert le Grand, natif de Lavingen en Souabe (1193), mort dans un couvent de Cologne en 1280, élève de l'école de Padoue, professeur à Hildesheim, à Fribourg, à Ratisbonne, à Strasbourg, à Cologne, à Paris, provincial des Dominicains, évêque de Ratisbonne, fut le plus volumineux érudit et compilateur du moyen âge. Il a écrit sur la théologie, la philosophie, l'histoire naturelle, la physique, l'astronomie, l'alchimie. La liste seule de ses traités remplit douze pages in-folio. Métaphysicien panthéiste et *réaliste*, surtout dialecticien subtil, alchimiste et magicien, il a montré un certain goût pour l'étude de la nature, mais en dehors de toute observation directe. Ce qui lui a manqué par-dessus tout, c'est l'ordre et le génie critique. Son influence, cependant, fut grande; nul plus que lui n'a contribué à imposer Aristote et ses commentateurs arabes aux écoles et même à l'Église.

Thomas d'Aquin est né dans le voisinage de Naples, vers 1227. Après avoir étudié au mont Cassin, il prit l'habit de Dominique, vint à Paris, suivit à Cologne les leçons d'Albert le Grand, accompagna son maître à Paris, en 1246, y fut reçu docteur en 1257, à la suite de longs démêlés dont l'histoire ne peut trouver place ici, enseigna en Italie et mourut en 1274. Ses débuts avaient manqué d'éclat; ses condisciples l'appelaient « grand bœuf muet de Sicile »; c'est chérubin qu'il eût fallu dire, car il lui poussa des ailes d'assez large envergure, et le bœuf devint « l'Ange de l'école ».

Il a laissé des gloses continues sur la plupart des ouvrages d'Aristote, et de nombreux traités sur des questions de tout ordre. Mais c'est dans son commentaire sur le *Livre des sentences*, dans sa *Somme contre les gentils*, et dans sa fameuse *Somme de théologie* qu'il faut chercher ses doctrines. Elles ne sont pas faciles à déterminer sous l'appareil méticuleux de son argumentation. La minutie dans l'ordre équivaut à la confusion. Il précise, il distingue, il démontre, pose et discute les objections, répond et conclut. Cette dialectique à outrance fatigue et déconcerte. Ajoutez le mélange perpétuel de la théologie et de la philosophie, d'Augustin et d'Aristote. A chaque ligne, la révélation vient suppléer à l'insuffisance de la métaphysique; et au-dessus de la science de

Dieu et de l'homme s'élève la science du Christ médiateur et des pratiques qui mènent au salut. Toutes les idées sont soumises à l'Église, tous les actes, tous les pouvoirs à la suprématie papale. Toutes les obéissances, l'esclavage par exemple, découlent de la prédestination ; la sagesse et la charité commandent de faire rentrer dans l'ordre ceux qui s'en écartent : *Compelle intrare*.

Bien que Thomas ait sans cesse mêlé la foi et la raison, et subordonné la philosophie à la théologie, il a aussi voulu les distinguer et leur tracer des limites respectives. L'une sert d'introduction à l'autre ; la raison s'arrête où la foi commence, ce qui est très-vrai, mais non comme Thomas l'entendait. A condition que la philosophie ne prétende pas avoir le dernier mot, elle a droit à une existence propre, et il est utile qu'elle soit enseignée séparément. La Faculté de philosophie, fondée à Paris en 1270, répondait à ces vues, et instituait cette scolastique universitaire jalousement gardée par l'ancienne Sorbonne, restaurée chez nous en plein dix-neuvième siècle par Victor Cousin.

Sous le théologien, cependant, il est facile de trouver un rationaliste éclectique fort instruit, et très-convaincu de la puissance de la raison, dont il fait « l'organe de la grâce divine ».

Thomas, comme Abélard et d'après Aristote, pense qu'il n'y a pas d'essences universelles, mais que les espèces et les genres sont des jugements vrais, des concepts légitimement inférés de l'observation. Quant aux substances particulières, leur réalité est indiscutable. Tirées du néant par l'acte divin, elles sont ce qu'elles sont, et leur *individuation* est déterminée par l'étendue que chacune occupe dans l'espace. La vérité est « l'exacte correspondance de la réalité et de la pensée ». Le critérium est l'évidence, sensible et rationnelle. La raison est un rayon divin qui vient aviver la lumière de l'expérience.

La psychologie de Thomas est à la fois métaphysique et sensualiste : l'âme, substance immortelle, principe de vie et de pensée, est triple et une ; elle a trois puissances distinctes : l'intelligence, la sensibilité, la nutrition. Il n'y a point d'idées innées, mais des images (non pas extérieures, à la Démocrite) créées par l'imagination, conservées par la mémoire, et d'où procèdent, par comparaison et analogie, les idées générales.

Sa théodicée est toute rationnelle. Dieu, le moteur nécessaire, est prouvé par les causes finales et par l'idée de l'être parfait. Puisqu'il est parfait, le monde qu'il a créé est le meilleur des mondes; il n'a permis le mal que pour faire ressortir le bien. Le souverain bien, but suprême de la vie, est obtenu par l'obéissance à l'ordre établi de Dieu et représenté par l'Eglise. Cependant, il y a un bien en soi, reconnu par la raison, et qui, envisagé par l'amour, prend le nom de *beau*.

On voit que Thomas est le véritable fondateur de la philosophie officielle, bien peu modifiée au fond par Descartes, et que l'État fait encore enseigner dans nos écoles.

Le groupe franciscain, bien que plusieurs de ses membres aient été de fougueux orthodoxes, admet plus de variété dans les méthodes et les doctrines que le groupe thomiste et dominicain. Il est surtout caractérisé, au treizième siècle, par un *réalisme*, tempéré chez Alexandre de Halès, *docteur irréfragable*, Anglais qui enseignait à Paris et mourut en 1245; incohérent et verbeux chez Raymond Lulle, de Majorque (1235-1315), *docteur illuminé*; poussé jusqu'au mysticisme béat par Jean de Fidenza, *docteur séraphique*, plus connu sous le nom de Bonaventure (1221-1274); enfin, logique et brillant chez l'Anglais Duns Scot, *docteur subtil* (1274-1308), le grand adversaire du Thomisme.

Nous laissons de côté la *Somme* d'Alexandre de Halès. Le mysticisme pur est en dehors de la philosophie, et Bonaventure ne nous importe guère. Quant à Raymond Lulle, son *Art général*, indigeste fatras de tous les lieux communs syllogistiques, ne vaut pas le roman de sa vie; mais nous ne pouvons suivre cet ancien débauché devenu fervent apôtre, sorcier et missionnaire, dans ses chaires de Montpellier, Paris, Gênes, Naples, dans ses aventures sur la terre d'Afrique où il trouva le martyre et la mort à plus de quatre-vingts ans.

Duns Scot mérite peut-être plus d'attention, par l'éclat de sa courte carrière (il est mort à trente-quatre ans) et par la vigueur de sa polémique contre l'éclectisme de Thomas d'Aquin. Mais il est bien malaisé de relier les diverses opinions de cet alexandrin et de justifier l'enthousiasme de ses contemporains. Plus qu'aucun autre réaliste, Duns Scot a multiplié les êtres en personnifiant des idées abstraites. Tous les genres, tous les caractères distinctifs des individus deviennent pour lui des virtualités ou entités, comme il les appelle, et qui sont des intermédiaires entre la forme et la matière. Thomas enseignait que la forme des individus, l'*individuation*, est déterminée par leur matière même; Scot, au contraire, entend que la forme seule détermine la matière, grâce à un principe de différence qu'il nomme *hæccéité* et qui a juste la valeur de la fameuse *virtus dormitiva* de l'opium. Assez sur ces sottises.

Scot a cru trouver, dans on ne sait quelle indépendance ou spontanéité de ces principes imaginaires, un argument en faveur du libre arbitre absolu, de l'initiative individuelle et du mérite des œuvres; mais le plus surprenant, c'est que, cette glorification de la volonté humaine entraînant celle de la volonté divine, Scot livre le monde au plus capricieux fatalisme, ce qui l'amène à justifier le trafic des indulgences. Voici comme il raisonne ou déraisonne : « Si l'homme est libre, Dieu l'est encore plus; ce n'est pas en vertu de sa nature que Dieu crée, c'est uniquement en vertu de sa volonté; il n'est donc nullement obligé, comme le dit Thomas, de produire le meilleur des mondes; il le forme à son gré, comme cela lui plaît. Le bien est bien, le mal est mal, parce que Dieu le veut et autant qu'il le veut ; il peut renverser les termes et sanctifier le forfait; rien ne limite sa puissance. » Mais que deviennent alors le libre arbitre et le mérite des œuvres?

Le vrai grand homme du treizième siècle est Roger Bacon (1214-1294), *doctor mirabilis*, génie nécessairement isolé, dans un temps qu'il dépasse de toute la tête, précurseur de la méthode scientifique. Ses erreurs, et ses malheurs aussi, vingt-quatre ans de prison et d'avanies, il les dut à son éducation chrétienne et scolastique; mais ses éclairs, ses intuitions de l'avenir ne procèdent que de lui-même.

Roger Bacon, de Ilchester, en Somerset, devait naître au temps de son homonyme, François Bacon. Il fut le contemporain d'Albert le Grand, l'aîné des Thomas, des Bonaventure, des Raymond Lulle et des Duns Scot. On voit de ces anachronismes dans le meilleur des mondes possibles. Brillant élève de l'Université d'Oxford, vers la vingtième année, il vient compléter ses études à Paris; mais il n'est pas attiré par les scolastiques en renom; il prend pour guide un savant inconnu que l'on croit s'être nommé Pierre Pérégrin. Peut-être le portrait qu'il nous en a laissé n'est-il qu'imaginaire; il s'y est peint lui-même. « C'est, dit-il (d'après un résumé de M. Émile Charles), un solitaire qui se dérobe à la gloire; il a l'horreur des querelles de mots et une grande aversion pour la métaphysique; pendant qu'on disserte bruyamment sur l'universel, il passe sa vie dans son laboratoire, à fondre les métaux, à manipuler les corps, à inventer des instruments utiles à la guerre, à l'agriculture, aux métiers. Il puise sa science à des sources fermées au vulgaire; il a des ouvrages grecs, arabes, hébreux, chaldéens; il cultive l'alchimie, les mathématiques, l'optique, la médecine; il apprend à son disciple les langues et les sciences méconnues, et, par-dessus tout, il lui donne le goût et l'habitude d'observer, de ne rien dédaigner, et de se servir de ses mains autant que de son intelligence. Pour tout dire, c'est le maître des expériences, *dominus experimentorum.* »

Docteur et, on ne sait pourquoi, franciscain, car il était noble et riche, Bacon retourne à Oxford et y professe avec un grand succès pendant six ans (1250-1256). Mais son zèle novateur a porté ombrage aux maîtres qu'il s'est donnés. En 1257, le *séraphique* Bonaventure, général de son ordre, le confine à Paris dans un couvent, où la privation de livres, de plumes, d'élèves, le fouet, le jeûne et le silence devaient abêtir ou tuer ce vaillant esprit. Le génie de Bacon survécut à dix années d'outrages et de captivité; et lorsqu'un pape, Clément IV, lui ordonna, « nonobstant toute injonction contraire », d'exposer ses idées dans un ouvrage, sans livres, sans ressources, imparfaitement pourvu du nécessaire par quelques amis pauvres et généreux, il composa en moins de deux ans l'*Opus majus*, l'*Opus minus*, l'*Opus tertium*, une encyclopédie des sciences (1266-1267). Il est à peine remis en liberté que son protecteur meurt, en 1268 ; il est réduit à se cacher pendant dix ans. En 1278, la rancune des Franciscains le ressaisit, et il disparaît durant quatorze années dans quelque *in pace* de France ou d'Angleterre. Libre en 1292, il commence, à soixante-dix-huit ans, un vaste ouvrage, bientôt interrompu par la mort, et dont il ne subsiste que des fragments manuscrits.

La cause de ses misères et ses titres de gloire ne résident point dans sa métaphysique et dans sa théodicée, quoique plus simples et plus acceptables que les systèmes contemporains, ni dans ses superstitions astrologiques et sa croyance aux sciences occultes, partagées par les Albert et les Raymond Lulle ; il faut les chercher dans sa critique, dans sa méthode et dans ses vues sur l'avenir des sciences. C'est par là qu'il est un moderne. Quant à son conceptualisme éclairé, à sa cause première et efficiente, à son intellect actif qui dirige les opérations de la nature vers une fin que Dieu seul connaît, nous pouvons nous en rapporter à Abélard, à Aristote, à Averroès.

Bacon a poursuivi et raillé sans pitié tous les abus ecclésiastiques et politiques : servilité des légistes, fanatisme des moines, mœurs des prélats, scandales de la curie romaine ; il a rabaissé et réduit à leur juste valeur les compilateurs fameux et les ambitieux constructeurs de subtils échafaudages ; lui qui savait le grec, l'hébreu, l'arabe, le chaldéen, il a démontré l'insuffisance de leur érudition ; *inde iræ*. Mais, avant tout, il a signalé le double vice de la méthode scolastique, la foi aux textes et au raisonnement ; il a sapé l'édifice par le pied.

Qu'est-ce que l'autorité d'un livre ? Autorité d'un homme ou tradition d'un temps, en quoi peut-elle limiter l'initiative d'autres hommes et d'autres générations ? « Elle ne vaut que si on la justifie » ; et elle ne peut être contrôlée que par l'expérience, dont elle-même procède.

Le raisonnement sans doute est utile pour tirer d'une proposition, vraie ou fausse, les conclusions qui y sont d'avance enfermées ; mais il ne démontre pas la certitude de la proposition. C'est l'expérience seule qui affirme et qui nie : *Hæc est domina scientiarum omnium et finis totius speculationis*; c'est la maîtresse de toutes les sciences et le terme de toute conjecture. La métaphysique ne peut être qu'un résumé de l'expérience, « une sorte de philosophie des sciences, comprenant les idées qui leur sont communes, et propre à leur donner leur forme, leurs limites, leur méthode. »

Négligeant donc Aristote, écartant le fatras des commentateurs, la matière et la forme, les causes occultes, les principes d'individuation, les entités inutiles, il ira droit à la nature et se formera « sur toutes choses des idées d'après sa propre expérience ». Et, si nous laissons de côté le dieu créateur qu'un homme du treizième siècle, un chrétien, ne pouvait récuser, nous verrons que l'expérience fournit à Bacon trois ou quatre notions qui suffiront à renouveler la philosophie. Il n'y a que des individus et des faits, les uns composés de substances qui les constituent, les autres produits par les rapports entre les substances et par les contacts entre les individus. Le but de la science est de connaître les propriétés des substances et des individus, les combinaisons des corps et leurs conséquences. Un seul individu, un seul fait observés valent mieux que tous les universaux ensemble. Il entrevoit la physiologie, substitue aux images et aux intuitions les « actions réciproques » qui se produisent entre les corps et notre entendement par l'intermédiaire des nerfs et du cerveau. De ces actions dérivent les idées.

Proclamer l'efficacité supérieure de l'expérience n'est pas dédaigner les trésors d'expérience acquis par les anciens. Bacon admire les Grecs, Aristote avant tout ; il accorde même aux Hébreux et aux Arabes, à l'égard des Latins, une supériorité des plus contestables. Mais il veut que du moins leurs œuvres soient interprétées en connaissance de cause, que leurs langues soient enseignées dans les écoles. Il les accepte pour maîtres, à condition de les dépasser. « Quand un homme vivrait des milliers de siècles, il apprendrait toujours, sans parvenir à la perfection de la science...

Ce sont les derniers venus qui sont les anciens, puisqu'ils profitent des travaux de ceux qui les ont précédés. Ce qu'on appelle l'antiquité est la jeunesse du monde. » Pascal ne dira pas mieux.

C'est avec une ferme confiance dans le progrès que Bacon s'approprie les paroles de Sénèque : « Rien dans les inventions humaines n'est fini et achevé. Les siècles les plus récents sont toujours les plus éclairés. Un temps viendra où ce qui est aujourd'hui caché sera révélé au grand jour par l'effet même de la succession des générations et par le travail d'une humanité plus longtemps prolongée. » Le progrès qu'il devine et qu'il affirme n'a rien à voir avec le salut d'outre-tombe ; non pas qu'il conteste aucune des promesses de la foi, mais les mirages dont se repaît le christianisme n'ont que la moindre part de sa pensée. C'est l'homme réel, c'est la vie terrestre qui l'occupent, et dont la science et la philosophie utile doivent accroître les ressources. Et il décrit avec tant de conviction les découvertes futures qu'on est porté à les lui attribuer.

Il est certain que Bacon n'a inventé ni la poudre à canon (déjà connue des Arabes), ni la vapeur, ni les ballons dirigeables, ni le scaphandre, ni le télescope, ni les moyens de supprimer la mort. Mais il veut que l'hygiène et la médecine travaillent à prolonger la vie ; mais il demande à la mécanique des chars qui, sans chevaux, courront d'une merveilleuse vitesse, à la résistance des liquides une force capable de mouvoir les plus grands navires ; il évoque des appareils qui permettront de visiter sans asphyxie le fond des fleuves et des mers, des machines pourvues d'ailes artificielles et qui fendront les airs, enfin des instruments qui doivent « rapprocher pour la vue les objets lointains, grossir les caractères de l'écriture la plus menue à d'incroyables distances, et mettre les étoiles à la portée des yeux. » S'il n'a pas découvert ces engins de notre puissance, il était digne de les inventer. Aussi la postérité, pour laquelle il a vécu, l'enlève au temps qui a paralysé son génie, et le transporte, à côté de François Bacon, au seuil de la philosophie et de la science modernes.

Troisième période. — *Nominalisme* d'Ockam. *Mysticisme* de

Gerson. *L'Imitation.* La *conception orthodoxe du monde* : Dante.

La troisième période de la scolastique, qui s'est prolongée en France jusqu'à Descartes, ne saurait nous arrêter longtemps. Chaque époque, prise en elle-même, a son intérêt, qui s'efface dans un tableau d'ensemble. La fatigue du lecteur égalerait la nôtre s'il lui fallait rentrer avec Ockam et son groupe dans le nominalisme, avec Eckart, Tauler et Gerson dans le mysticisme chrétien. Nul doute que les uns n'aient été de subtils raisonneurs, et les autres de doctes et pieux personnages. Mais tous, ils tournent indéfiniment autour d'un problème imaginaire, la nature de l'être, et d'une question pour eux insoluble, parce qu'ils n'en cherchent pas les éléments dans l'expérience, l'origine des idées. Tous, qu'ils s'autorisent d'Aristote sans le comprendre, ou de la révélation sans la contrôler, ils appliquent à toutes choses des formules toutes faites sans les avoir vérifiées. S'ils effleurent parfois la vérité, c'est par hasard et sans le savoir. Presque tous, et non pas seulement les mystiques, en viennent à douter de la raison, dont ils abusent. Bien peu soupçonnent la vanité de l'objet qu'ils poursuivent ; ceux-ci, d'autant plus rares que leur audace était peu tolérée, risquaient en Sorbonne, dès 1348, des thèses qui dénotent quelque jugement : « Nous arriverions aisément et promptement à une science certaine si, laissant là Aristote et ses commentateurs, nous nous mettions à étudier la nature. » On sent là l'influence de Roger Bacon. Ou bien : « Nous concevons bien Dieu comme l'être réel par excellence ; mais un tel être existe-t-il ou non ? C'est ce que nous ne pouvons savoir. » Pierre d'Ailly (1250-1425) n'était pas éloigné de ce scepticisme. Ou encore : « L'univers est infini et immortel ; car on ne conçoit pas comment du néant pourrait sortir l'être. » Mais, ajoute M. J. Fabre, à qui nous empruntons ces propositions *subversives*, « l'œuvre de dissolution demeurait souterraine. Le bruit des arguties sonores et vides dominait tout. »

Guillaume d'Ockam (*doctor singularis, doctor invincibilis*), dont il nous faut pourtant tenir compte, parce qu'il est à Thomas et à Duns Scot ce que fut Abélard à Roscelin et à Guillaume de Champeaux, et que sa vigoureuse campagne souleva contre lui les haines des deux camps, était Anglais, de l'université d'Oxford, et franciscain. Il vint suivre à Paris les leçons de Duns Scot, dont il devait combattre toutes les opinions. C'était un homme actif et mêlé à toutes les querelles de son siècle. « Défends-moi par l'épée, disait-il à Philippe le Bel, je te défendrai par la plume. » Et il écrivit contre la puissance ecclésiastique et contre les prétentions temporelles de Boniface VIII. Il n'échappa que par une fuite prudente à une condamnation devant la cour d'Avignon (1328), et trouva un refuge en Bavière. Il mourut en 1347.

Son grand principe est « qu'il ne faut pas multiplier les êtres sans nécessité, parce que tout se fait dans la nature par les voies les plus courtes ». Il part de là pour traiter d'ineptes superfluités et les entités intermédiaires, *quiddités*, *hæccéités* imaginées par Scot, et même les idées-images supposées par Thomas d'Aquin. Les idées générales, selon lui, n'ont de réalité nulle part, ni dans les objets, ni en Dieu. Il n'existe rien que « l'intellect et la chose connue »; aller au delà, c'est s'égarer dans l'absurde. C'est un sensualiste subjectif à la façon de Hume ou de Stuart Mill. Mais comme il dédaigne la science, son horizon est borné. Il affirme ce qu'il constate, sans plus ; et comme il n'est point convaincu que la réalité corresponde aux idées que nous recevons des objets, il tomberait dans un scepticisme voisin de l'athéisme, si la foi ne se présentait fort à propos pour en recueillir le bénéfice. Enfin, il a renoncé, avec Aristote, à toute démonstration logique de l'immortalité de l'âme et à toute preuve directe de l'existence de Dieu. Il faut lui en savoir gré.

Son succès fut considérable et son école nombreuse. Les réalistes, Walter Burleigh, Thomas de Cantorbéry et Thomas de Strasbourg, ne paraissent pas avoir été de taille à combattre les Ockamistes Durand de Saint-Pourcain, contemporain d'Ockam, Gabriel Biel (xve siècle), et ce Jean Buridan qui introduisit, dès le quatorzième siècle, le nominalisme dans l'université de Paris, et qui croyait prouver le libre arbitre par son apologue de l'âne entre un seau d'eau et une mesure d'avoine.

A ces controverses stériles, la seule conclusion possible, la seule accessible aux esprits troublés et désespérés par le schisme et par la guerre de trente ans, c'est l'ascétisme de l'*Imitation*. Ce livre si vanté, qu'on a longtemps attribué à Gerson (1362-1429), est un manuel de vie monastique, rédigé, peut-être vers la fin du quatorzième siècle, par quelque *réaliste* fatigué, par quelque politique dégoûté du monde. Il porte au plus haut point l'empreinte d'un état intellectuel et social analogue à celui qui détermina la naissance du christianisme. C'est un appendice des Évangiles, à l'usage des êtres intelligents qui veulent redevenir des pauvres d'esprit. Un accent de sincérité touchante recommande ses appels à la simplicité et à la pureté. Mais quel conseil fortifiant demander à qui cherche l'espérance au fond du désespoir, le ciel au fond de l'abîme dont il ne veut pas sortir? Qu'importe une morale, si austère soit-elle, qui n'est point applicable à la vie et place l'idéal dans la mort? Cette morale est plus qu'inutile, elle est funeste ; c'est la morale du découragement. On la taxe, avec indulgence, d'exagération dans le sublime. Il ne serait pas difficile d'y trouver l'excès dans l'injuste, dans le faux ; la négation de la nature humaine et de la société. On nous dira : C'est la morale de l'Évangile. D'accord.

On place avec raison la fin du moyen âge au moment où le miracle de l'imprimerie va multiplier à l'infini la pensée (qu'est-ce, en comparaison, que la multiplication des pains?), à l'heure où l'héritage de Byzance, l'antiquité retrouvée, illuminant le passé, permet à l'homme de reprendre sa route vers la civilisation et l'arrache à l'égarement chrétien, à ces jours solennels où Gama et Colomb élargissent la terre, où Copernic, bientôt, ouvrira les cieux (1543). Il semble que, venus de l'histoire, affluant du fond de l'Atlantique et des abîmes étoilés, des courants vivifiants assainissent l'atmosphère intellectuelle et morale. Un air nouveau circule, plein d'aspirations indécises, de rébellions joyeuses et d'ardeurs conquérantes. Et tandis que, dans une première ivresse de curiosité, l'esprit s'agite en tous sens et veut s'emparer à la fois de tous les trésors entrevus, dans quelque atelier obscur Gutenberg aligne ses soldats de bois, de plomb, qui vont monter à l'assaut des despotismes, des traditions et des préjugés, la grande armée de la liberté.

Si l'homme, avant de s'engager dans la nouvelle carrière, avant d'aborder l'étude positive du réel univers, se retourne un moment pour embrasser d'un regard le monde qu'il abandonne, création fantastique et douloureuse d'un rêve dix fois séculaire, il apercevra, entre les spirales descendantes de l'enfer et les étages fuyants de l'empyrée, une terre aux contours indéterminés, morcelée en milliers de cantons exploités par le roi, le seigneur, le vassal du vassal, par le moine et le légiste ; champs pauvres pour qui les laboure, riches pour les engrangeurs de dîmes, les pilleurs de tonlieus, de péages et de gabelles, les collecteurs de tailles et les dégustateurs d'épices ; une terre imbibée de sang et de larmes, dévastée par le fer et le feu, dominée par des forteresses, couverte de villes murées, méfiantes, qui se ferment au coucher du soleil, tandis que les bourgeois armés montent la garde sur les tours ; de place en place, surgissent des cités privilégiées où se concentre ce qui reste d'art et de science dans le monde, où la raison s'extravase en hérésies, s'alambique en syllogismes, s'exténue en théodicées, où retentit la voix des docteurs fameux, rhythmée par les cris des escholiers qu'on fouette. Par-dessus ce désordre et ce tumulte, Rome tend ses filets, qui enveloppent les faibles et laissent passer les forts, quand ils n'y trébuchent pas eux-mêmes ; elle guette, elle morigène, elle épouvante, elle massacre ; elle pèse sur l'esprit ; elle tient les corps, elle préside à tous les rapports sociaux, privés et publics. Complice redoutable, elle compte et partage avec les gens bardés de fer, avec les porte-sceptres ; elle étend sa main hardie sur les couronnes. Les plus hardis transigent avec elle, parce qu'elle est l'âme des tyrannies, la mère de l'obéissance. L'Église et l'Empire ont pour ministre le cavalier sinistre, la stryge à la faux, qui prend toutes les formes, le Protée décharné dont Holbein a levé tous les masques, et que le pensif Orcagna voit passer dans les foules. Mais c'est un terrible serviteur, qui fauche à l'aveugle les victimes et les bourreaux, les naïfs et les malins; partout il fait sa trouée, couchant pêle-mêle sur le sillon la moisson bariolée de bure et de tabis, de pourpre et d'azur, jonchant la terre de boucliers, d'éperons, de crosses et glaives, de tiares et de diadèmes. D'en bas alors montent, et d'en haut se précipitent toutes ces hiérarchies de démons et d'anges empruntées aux panthéons et aux philosophies, que l'Église a reçues de la Perse, de l'Assyrie, de la Judée, d'Alexandrie et de Byzance. Ces nécrophores se disputent les âmes errantes sur les tombes et les emportent en des régions sombres ou radieuses, parmi les hommes transfigurés et les animaux fabuleux, dans l'éternelle béatitude ou l'éternelle douleur. Là, sur les degrés du ciel, siégent les ressuscités qui entendent sans oreilles, voient sans yeux, parlent sans bouche, et vivent sans manger, et avec eux les entités vagues, les trônes, les dominations, les vertus, les idées de Platon; au sommet, deux hommes et une colombe qui sont Dieu et une femme qui le devient. Ici, s'enfonce la géhenne, plus peuplée que le purgatoire et le paradis ensemble : car il y a beaucoup d'appelés et peu d'élus.

Un écrivain de génie, qui fut aussi un péripatéticien orthodoxe, admirateur de Thomas d'Aquin, et un mystique à la Bonaventure, a conservé à l'humanité cette vision extraordinaire, où se résument la société, la science et la foi du moyen âge. Cet homme est Dante Alighieri, de Florence, le créateur de la langue italienne, l'auteur de *la Divine Comédie*. Certes il n'a pas compris lui-même l'ironie profonde enfermée dans son titre; il ne s'est pas douté que son triple et formidable édifice n'était que l'œuvre imaginaire d'un long délire. Avec une sincérité parfaite, il a cru peindre la réalité universelle; et son illusion, qui communique à son épopée une vie si intense, suprême effort de l'art, en fait aussi le monument authentique d'une philosophie, la cathédrale de la scolastique.

§ IV. LA RENAISSANCE.

**Platoniciens : Gémiste Pléthon, Marsile Ficin.
Péripatéticiens : Pomponace.
Le groupe des humanistes et des sceptiques : Érasme, Rabelais, Montaigne, Charron, Sanchez.
Les panthéistes mystiques : Giordano Bruno, Campanella.
Les matérialistes athées : Vanini.**

Pour sortir de l'imbroglio scolastique et secouer le marasme chrétien, qui menaçaient de la réduire à l'impuissance intellectuelle, l'humanité avait besoin d'une impulsion nouvelle. L'érudition juive et arabe avait déterminé la renaissance du treizième siècle; la renaissance du quinzième, la vraie, fut provoquée par l'érudition byzantine. L'Espagne musulmane avait donné à l'Occident un Aristote complet, mais quelque peu dénaturé par les tendances kabbalistes, gnostiques et alexandrines des commentateurs orientaux. Byzance envoya à l'Italie non-seulement le texte d'Aristote avec ses scoliastes nettement péripatéticiens, mais Platon, les néoplatoniciens païens et chrétiens, et tout ce qui restait de la philosophie antique. Aussitôt, des centaines d'humanistes se ruèrent sur le trésor, avides d'en classer, d'en polir et d'en faire briller les richesses à tous les yeux. Ce fut un mouvement, un bourdonnement de ruche en travail.

L'esprit avait retrouvé son ressort; et sa reconnaissance est acquise à ceux qui le lui ont rendu. Mais son activité, tout d'abord concentrée sur des textes et des idées d'un autre âge, enfermée dans un cercle qu'elle croyait élargir en s'y multipliant, aboutit bien rarement à des conceptions originales. On dissertait, il est vrai, *de omni re scibili*, mais d'après des maîtres, mais dans le langage de cette scolastique dont le règne se prolongea en fait jusqu'à la fin du dix-septième siècle (et au delà). On s'agitait en tout sens, mais sous le ciel et dans l'horizon chrétiens. Comme ces animaux qui prennent la couleur du sol qui les nourrit et les porte, les nouveautés revêtaient l'aspect théologique. Les opinions qui se croyaient les plus audacieuses avortaient en hérésies. La Réforme n'a été que cela.

Déviation fatale imposée à la raison par la foi !

Luther, le turbulent, l'incohérent mystique, le rigide et cruel Calvin, ont bien pu croire qu'ils rompaient l'unité catholique ; ils l'ont brisée, en effet, sans voir qu'ils la fortifiaient en la restreignant, qu'en l'amputant ils lui rendaient une vie qui l'abandonnait, une vie plus concentrée et plus robuste ; mais ont-ils ébranlé l'enceinte du christianisme ? Ils n'ont pas eu, même un instant, l'idée de la franchir. Ils se sont enfoncés dans la religion à corps perdu, jusqu'à Augustin, jusqu'à Paul ; tout leur effort a été un recul. Sans doute, en proclamant le libre examen d'un texte, celui-là seulement, ils ont offert à la pensée, à leur insu et contre leur volonté, un moyen lent de tourner la foi, de se dérober vers la science, mais encore tout imprégnée de subtil anthropomorphisme, exhalant à plein nez une odeur de déisme et de religiosité.

Ah ! qu'ils ont vu plus loin, quels plus réels services ils ont rendu à l'humanité, ces Charron qui, sans s'aheurter aux moulins à vent du catholicisme, sans toucher trop fort au joug déjà vacillant d'une orthodoxie de commande, ont glissé entre les hérésies et les fanatismes en leur disant : « Que sais-je ?... Peut-être. » Voilà les émancipateurs de la pensée ! Ils attendaient la science ; ils la sentaient venir et lui ouvraient la porte.

Seule, la science positive pouvait en finir avec l'ambition de la logique et l'humilité de la foi ; seule, montrer à l'homme son domaine et sa destinée, le guider par mille routes à la conquête de la vérité. Et la science était née ; du premier coup elle avait crevé les cieux de Platon, d'Aristote et de Jésus, renvoyant au delà des étoiles, comme un ballon dont le fil est coupé, le Royaume de Dieu, la Jérusalem céleste, pauvre Laputa perdue. Mais combien timide encore, combien peu consciente de sa force, s'excusant d'avoir vu, saluant bien bas Josué et tous les arrêteurs de soleil, baisant la robe et le glaive, le sac et la corde, à genoux devant ce tas d'assassins mitrés et couronnés qu'adorent quelques tartigrades ridicules! Témoins les scrupules de Copernic, le mysticisme de Keppler, le compromis de Tycho. Témoin Galilée, un génie, un vieillard, humilié sous la main sanglante de l'ignare Inquisition!

Certes, le jour où, du fond des boues de la Pologne, dans la chambre d'un chanoine de Thorn, six mots furent lancés au monde : « La terre tourne autour du soleil, » la métaphysique et la religion furent condamnées. Que d'exceptions, de délais, de conflits! que de sursis! Elles mettront du temps à mourir. Elles ne lâcheront pas leur proie. Aujourd'hui encore, forcées de ménager, de reconnaître, réduites à embrasser la science, qu'elles voudraient englober, c'est-à-dire étouffer, comme elles se cramponnent à l'ignorance, ce jouet qu'elles possèdent en commun, qu'elles se renvoient et se disputent depuis cinquante mille ans!

Quoi qu'il en soit, la Renaissance est la première étape de l'esprit moderne vers l'émancipation lointaine. Il rentre en possession du passé, il y reprend pied solidement. On sent, il sent lui-même, à de certaines heures, que s'il recule, c'est pour prendre son élan dans l'avenir.

La philosophie des quinzième et seizième siècles ne semble d'abord qu'une recrudescence de la scolastique. Mais la scolastique énervée s'éteint dans le mysticisme de Gerson et de l'*Imitation*. La Renaissance aboutit à Bacon et à Galilée. En parcourant les rangs pressés de ses hellénistes et de ses professeurs, nous réservons notre attention à ceux qui ont émis quelque idée générale, à ceux qui ont préféré l'expérience aux livres, surtout aux penseurs indépendants qui ont payé leur audace de leur sécurité, de leur liberté ou de leur vie. Si contestables que puissent être leurs doctrines, elles ont eu du moins une valeur relative : la haine de l'Église en est un témoignage.

Dans l'Orient chrétien, la philosophie, chassée des écoles par Justinien, au sixième siècle, s'était réfugiée dans les hérésies, qui sévirent si furieusement sur le monde et sur l'esprit byzantins. Bien plus stérile encore que celle de l'Occident, la scolastique grecque revêtit un caractère presque exclusivement religieux. Toutefois la polémique alexandrine de Philopon (VIIe siècle), l'érudition critique de Photius (IXe) et, au onzième, la violente lutte théorique entre le péripatéticien Xiphilin et Psellos le platonicien, font bien voir que l'antiquité profane était restée le fond de l'éducation et de l'enseignement, et que tous les systèmes quelque peu conciliables avec la métaphysique chrétienne demeuraient familiers aux Byzantins instruits. Il n'en pouvait être différemment. Les bibliothèques de l'Orient ne conservaient-elles pas le texte original d'Aristote et de Platon, d'Énésidème et de Plotin, de Porphyre, de Jamblique, de Proclus et leurs successeurs ?

Le grand schisme d'Orient, en lui-même fort oiseux, eut le résultat déplorable d'interrompre la tradition de la civilisation antique juste au moment où l'esprit occidental, étouffé dans le chaos barbare, commençait à reprendre conscience de lui-même. Il a coûté à l'Europe deux siècles de tâtonnements et trois de travail stérile sur un Aristote de contrebande, mâtiné d'Augustin. Les croisés, si justement suspects aux Comnènes et aux Paléologues, n'étaient pas des savants. Ces pourfendeurs héroïques qui traversaient Constantinople, qui se taillaient des principautés dans l'empire, étaient trop occupés à désorganiser les dernières forces, à démolir de leurs mains le dernier rempart de la chrétienté en Orient, car tel fut le résultat des croisades et de l'éphémère conquête latine, pour songer à copier ou à traduire les chefs-d'œuvre des anciens penseurs. Enfin, les progrès effrayants du Turc, à peine enrayés un moment par l'invasion mongole, contraignirent les empereurs grecs à se tourner vers cet Occident qui les avait si mal défendus. On tenta de réconcilier les deux communions ; et c'est un de ces essais, d'ailleurs infructueux, de rapprochement qui renoua des liens brisés jadis par le schisme.

Le retour de l'érudition grecque en Italie précéda de vingt ans environ la chute de Constantinople. C'est en 1429 et 1430 que Théodore Gaza de Thessalonique et le crétois Georges de Trébizonde, traducteurs et partisans d'Aristote, vinrent s'établir à Venise, à Florence, à Rome. Puis, en 1438, le concile de Ferrare amena les platoniciens Gémiste Pléthon et Bessarion et le péripatélicien Gennadius, qui fut patriarche de Constantinople sous Mahomet II (1453). Les deux premiers se fixèrent en Italie. Bessarion, qui s'était prononcé pour l'union des deux églises et pour la suprématie romaine, fut fait cardinal et jouit de la faveur des papes. Gémiste, attiré à Florence par les Médicis, y enseigna avec une grande autorité la philosophie de Platon dans le sens alexandrin. C'était l'esprit le plus libre de ce groupe d'émigrés. Dans un traité qui s'est perdu, imité des *Lois* de Platon, il osait préférer hautement le génie grec aux conceptions chrétiennes ; il prouvait sans peine que toute la métaphysique religieuse était empruntée à l'ancienne philosophie. Gennadius, Gaza et Georges de Trébizonde lui répondirent par une violente campagne contre Platon. Bessarion s'entremit dans la lutte, mais réussit d'autant moins à concilier les adversaires qu'il avait pris lui-même parti, étant un platonicien avéré.

Avant la fin du quinzième siècle, l'éducation byzantine avait porté ses fruits, et la direction des sectes philosophiques passait à des Italiens, à des Espagnols, à des Allemands. Dans le camp des idéalistes brillaient Marsile Ficin, de Florence, traducteur infatigable, conciliateur à outrance de Platon, de Pythagore, de Proclus, de Jamblique, d'Orphée et d'Hermès, plus alexandrin que chrétien, les deux Pic de la Mirandole, si fameux par leur universalité superficielle, Nicolas de Cuss qui, par le scepticisme sur l'origine de la connaissance, s'en allait tomber dans l'Un suprême de Pythagore et de Parménide. Parmi les disciples d'Aristote, on cite Achillini, Pomponace, Simon Porta, Paul Jove, Jules César Scaliger, et l'espagnol Sepulvéda, l'apologiste de l'esclavage. De tous ces hommes distingués, le seul ou à peu près qui pense par lui-même et mérite le nom de philosophe est Pierre Pomponace, de Mantoue (1462-1525).

Intus ut libet, foris ut moris est : en dedans, penser ce qu'on veut, en dehors, obéir à l'usage. Tout Pomponace est dans cette brève maxime d'un de ses disciples, Crémonini. Dans un temps où l'usage avait pour sanction le bûcher, où un mauvais plaisant pouvait dire : Comme homme il faut absoudre Pomponace, comme philosophe il faut le brûler, un peu de prudence ne messéyait pas à la sagesse. Pomponace a soumis d'avance à l'autorité de l'Église ses doutes et ses négations, et il s'est fait de son orthodoxie un bouclier précaire. Mais combien de fois ne s'est-il pas découvert? Lorsqu'il a dit : « Je crois comme chrétien ce que je ne puis croire comme philosophe ou comme savant, » sa hardiesse a été encore plus grande que son hypocrisie. Aussi peut-on dire qu'il a senti le fagot toute sa vie. Son livre sur l'âme a été brûlé par la main du bourreau.

Jamais Pomponace ne s'est montré fils plus respectueux de l'Église que lorsqu'il en attaquait les dogmes fondamentaux, quand sa critique, passant par-dessus le christianisme, atteignait la religion dans son principe même.

« Les lois religieuses, a-t-il dit, comme tout ce qui se trouve sur la terre, sont sujettes au changement et à la destruction. — Souvent les effets de la foi ne semblent pas différer des effets de l'imagination. — Le but de la religion n'est pas la recherche de la vérité pure; c'est une influence pratique, accompagnée de promesses et de menaces capables de secouer les intelligences puériles et grossières qui ne savent porter leur fardeau, comme les ânes, qu'après avoir reçu des coups. » Quelle définition plus exacte du catholicisme!

Pomponace a pu abandonner au christianisme la direction morale des sociétés et des individus; il a pu donner à ses contemporains, surtout à ses ennemis déconcertés, le spectacle d'une mort édifiante. La postérité ne s'en souvient pas. Elle revendique l'homme qui a séparé la science de la théologie, qui a réclamé pour la philosophie le droit « de s'en tenir à la nature toutes les fois que, pour l'explication d'un phénomène, si extraordinaire qu'il paraisse, les raisonnements naturels sont suffisants »; celui qui a dit : « Il serait ridicule et absurde de mépriser le visible et le naturel pour recourir à un invisible dont la réalité ne nous est garantie par aucune probabilité solide, » et finalement : « Il est sage de préférer le témoignage des sens à celui de l'entendement. »

Un autre scrupule, plus sincère chez Pomponace que l'affectation chrétienne, c'est la fidélité au maître, à l'impeccable Aristote. Mais il ne lui emprunte ses théories et ses arguments que pour autoriser ses conclusions personnelles.

Tout son effort a porté sur l'immortalité de l'âme, sur la Providence et sur les miracles. Par cela même qu'avec Aristote il accepte l'hypothèse d'une raison active, universelle et éternelle, il rejette l'immortalité de la raison individuelle. Mais il sort de la métaphysique, il entre dans la voie de l'expérience. L'âme, dit-il (car il croit à l'existence de l'âme), est intimement liée au corps ; elle n'atteint l'universel que par le particulier ; elle ne pense et n'imagine que par les sens ; elle n'agit que par les membres, par l'organisme, « le sang et les esprits vitaux ; nulle partie de l'esprit humain ne peut rien et n'a aucune vie sans son action avec le corps. » Et il conclut que « au sens propre et absolu, l'âme est mortelle ».

Il nie les miracles en tant qu'événements contraires à l'ordre de la nature, et si, par une ironie fort orthodoxe, il admet les prodiges de Moïse et du Christ, c'est pour remarquer qu'il faut aux religions des miracles et qu'à celles qui n'en font plus on peut prédire une fin prochaine.

Il nie la Providence et paraît incliner vers la *nécessité* panthéiste des stoïciens, laquelle ressemble fort au déterminisme scientifique ; mais rien ne lui est plus doux que de prendre sur le fait les contradictions du christianisme, qui nous livre tout entiers à la fatalité en prétendant nous y soustraire ; car « la Providence exclut la liberté. » Retournant le fer dans la plaie, il pousse jusqu'à ce Dieu qui pouvait créer un monde où il n'y eût que des gens de bien, et qui a fait le nôtre pour « une majorité de méchants ». « L'Église, dit-il, prescrit d'affranchir de l'erreur et du vice tout homme qui s'est trompé ou égaré ; or, pourquoi Dieu, étant tout-puissant et ayant prévu de toute éternité toutes les fautes des hommes, ne les délivre-t-il pas de leurs imperfections ? Pourquoi, en omettant cela, Dieu ne pèche-t-il pas, tandis que cette omission même constitue un péché chez l'homme ? » Dilemme qui conserve sa force, près des gens qui croient au bien et au mal en soi.

Le seizième siècle est une Babel, non de langues, car tout le monde savant écrit encore en latin, mais de doctrines plus ou moins tranchées ou mixtes, toutes renouvelées de l'antique, et qui valent beaucoup moins par les idées que par les hommes. La confusion est encore accrue par les chocs variés, complexes, sanglants des groupes protestants et de l'orthodoxie ; c'est un pêle-mêle, où l'école de Pomponace conserve seule quelque unité. A côté des vrais péripatéticiens, il existe des partisans de l'Aristote arabe, des averroïstes, Achillini de Bologne mort en 1572, Césalpin d'Arezzo (1509-1603), plus recommandable par ses découvertes physiologiques (circulation pulmonaire) que par son panthéisme incohérent. Parmi ceux qui récusent Aristote, outre les platoniciens Ramus, Taurellus, Goclenus, Patrizzi, le stoïcien Juste Lipse, et les néo-platoniciens tels que Michel Servet, Giordano Bruno, il faut au moins citer toute une lignée de mystiques, kabbalistes, hermétiques, Reuchlin, hébraïsant, qui vient en droite ligne de Philon, Agrippa, qui critique avec succès l'anarchie scientifique de son temps, l'obscur Paracelse, le luthérien extatique Weigel, le magicien infatué Jérôme Cardan, législateur des sciences occultes, l'Anglais Robert Fludd, le théosophe illuminé Bœhme, dit le Cordonnier de Gorlitz, et le médecin *réaliste* Van Helmont, tous renvoyés à Jamblique, à Pythagore, voire à Orphée. On tiendra plus de compte des sensualistes Télésio, né à Cosenza dans le royaume de Naples (1508-1588), et Campanella, mort en 1639, plus à cause de leurs intentions que de leurs théories. L'un et l'autre veulent fonder la philosophie sur l'étude directe de la nature et de l'organisme vivant ; ce sont donc des successeurs de Roger Bacon et des précurseurs de François Bacon, qui cite Télésio avec éloge. Mais ce même Télésio ne dépasse guère les hypothèses des anciens Ioniens ; et, comme les Éléates, comme Aristote lui-même qu'il repousse de si loin, il donne au froid et au chaud un rôle prépondérant dans la constitution du monde.

En attendant la coordination des connaissances positives par Galilée, les plus sages étaient certainement les critiques à la manière d'Érasme, et les sceptiques raisonnables, Sanchez, Rabelais, Montaigne.

Érasme, le premier en date (1467-1536), ne paraît pas, au premier abord, avoir professé, en philosophie, des opinions personnelles. C'est un déiste chrétien, un rationnaliste éclectique ; il n'a d'ailleurs jamais abordé les grands problèmes, et sa défense du libre arbitre contre Luther ne se recommande que par une élégante banalité. Et cependant il a rendu plus de services à la pensée libre que cent thomistes, scotistes ou ockamistes ensemble. Toute sa vie a été un combat, et acharné, et périlleux, contre la scolastique et la théologie ; il est intarissable en sarcasmes contre la cuistrerie et le fanatisme, contre les subtilités logiques et les superstitions religieuses. Il flétrit tous les abus, tous les excès ; il prêche la tolérance, première condition de la liberté. Ses commentaires sur les auteurs profanes ou sacrés, en même temps qu'ils raniment l'amour de l'antiquité, si contraire au faux ordre chrétien, habituent les esprits à la critique et à l'exégèse. Ses compilations d'adages et d'apophthegmes introduisent dans la morale des maximes plus justes et plus larges que celles de l'Évangile. Ses vues sur l'éducation de la jeunesse sont dignes encore d'être méditées par tous les ennemis des routines universitaires.

Érasme a été du nombre, trop petit, des esprits lucides qui ne se sont pas engagés dans le schisme protestant. Sa clairvoyance l'a préservé de ce faux pas. Aussi réformateur que Luther, Hutten ou de Bèze, il les a, malgré leurs injures, défendus au nom de la liberté de conscience. Mais il n'a pas voulu prendre la responsabilité d'une rupture si funeste à la paix du monde et si favorable à la recrudescence inutile de l'esprit religieux. Il voyait plus loin que ces violents sectaires ; sa prudence était plus hardie que leur témérité. Les dernières pages de son exquis et admirable pamphlet, *l'Éloge de la Folie*, nous dévoilent le fond de sa pensée. Nul mieux que lui n'a démontré, en riant, la *folie* du christianisme, c'est-à-dire des religions. Et notez que, dans sa langue précise et raffinée, folie est synonyme de sottise, *moria* en grec, en latin *stultitia*.

La philosophie de Rabelais est celle d'Érasme, avec une allure plus libre et de plus vives couleurs. Son épopée satirique est dans toutes les mains. Avons-nous besoin de rappeler son *Janotus de Bragmardo*, son *Jean des Entommeures*, son chapitre des *Torcheculs*, son *Abbaye de Thélème*, ses *Chats fourrés*, ses *Papegaux* et *Papimanes*, et la mirifique, la libérale éducation de Pantagruel? Il a combattu de toutes ses forces les tyrannies scolastique, ecclésiastique, politique et judiciaire. Pas plus qu'Érasme, il n'a consenti à s'enfermer, comme beaucoup de ses amis, dans une secte ni dans une religion. Sa devise a été « science et liberté ». Quant à son vague déisme, plus hardi en son temps que l'athéisme aujourd'hui, il est quelque peu démenti par sa burlesque descente aux enfers, il est jugé par ses dernières paroles : « Je vais chercher un grand peut-être. »

Rabelais ne doute que du ciel, de l'inconnu. Le scepticisme de Montaigne (1533-1592) s'étend à la nature entière, aux choses et aux doctrines. Mais c'est un scepticisme à part; il n'y faut chercher ni la rigueur philosophique d'un Ænésidème, ni la sécheresse morale d'un Charron. Montaigne ne s'abstient que de ce qui lui est réellement indifférent ou antipathique, et surtout de ce qui pourrait troubler la paix de sa vie. Une épidémie survient-elle dans la ville dont il est maire, il a soin de ne pas s'y exposer. Il s'arrange du milieu politique et religieux qu'il est forcé de traverser. Soumis à l'Église, à la royauté, il se tient en dehors de toute réforme et de toute révolte. Croyances et institutions sont pour lui choses secondaires, qui dépendent de l'usage et n'ont qu'un intérêt historique. Une fois garanti, autant que possible, contre les « gens portant bâton ou mendiants », princes, juges, soldats et moines, il se sent gaillard et dispos ; il va de sa bibliothèque à sa fenêtre, comparant ce qu'il vient de lire à ce qu'il voit passer. La sagesse, c'est la curiosité universelle.

Montaigne n'est pas un héros, mais ne le prenez ni pour un égoïste ni pour un misanthrope; il ne l'est ni de cœur ni d'esprit. Il a eu des amis et il les a aimés : son dévouement à la mémoire de La Boétie, le legs dont il gratifia Charron, nous le montrent capable de sentiments affectueux et solides. Épicurien modéré à la façon d'Atticus, il sait, comme Horace, goûter les maximes d'Aristippe et les préceptes du Portique. Rien d'humain ne lui est étranger. Il s'intéresse à toutes les manifestations de la vie, à tous les phénomènes de la nature. Il note peut-être avec un plaisir égal les faits et gestes de l'homme et de l'animal, les actions nobles et les passions viles, les grandeurs et les misères; mais l'ouverture de son esprit n'exclut pas le discernement et le choix.

Du spectacle ondoyant et divers, il ne tire pas la morose sagesse d'Héraclite. La tristesse n'est pas son fait, encore moins l'impassibilité. Sa morale, pour n'être pas austère, n'en est pas moins pure; elle est seulement naturelle et compréhensive. La coutume, qui est, avec le tempérament, la règle flottante des mœurs, est aussi la raison du progrès. C'est elle qui fournit à chaque époque les éléments éprouvés de conceptions toujours plus hautes, plus fermes et plus sages. Mais elle ne suit pas une marche régulière; elle a, comme l'humanité, ses reculs, ses longues ou passagères aberrations. Ainsi de la morale, qui la suit, qui en résulte. Tout au fond, Montaigne est convaincu que l'ère chrétienne a marqué le début d'une triste décadence. La vraie religion, qu'il met hors de cause, n'a rien ajouté, loin de là, à la sagesse et à la vertu antiques. C'est à Plutarque, à Cicéron, à Lucrèce, à Socrate même et à Zénon qu'il faut remonter pour retrouver la voie véritable de l'humanité et de la civilisation. Avant tout, il faut savoir, il faut considérer l'homme sous toutes ses faces, avec ses variétés ethniques, ses passions, ses facultés spontanées et acquises, le comparer aux animaux dont il est le frère et le maître, tenir compte de toutes les fatalités, de tous les accidents qui l'entourent, lui obéissent ou le dominent. Il faut renoncer à l'abstraction, entrer dans le vif des choses et laisser là les mannequins sur lesquels s'exercent la scolastique et la théologie. Soit qu'il profite de l'expérience du passé, soit qu'il y ajoute les données de son observation sagace, pénétrante, Montaigne reste tout entier dans le concret, dans la complexité du réel. Il a trop à étudier pour conclure, pour édifier un système que l'expérience pourrait demain abattre ou rectifier indéfiniment. Il pense que la philosophie se fait chaque jour et qu'elle n'est jamais achevée. N'avait-il pas raison pour son temps, et pour beaucoup d'autres? Mais que faut-il penser du monde et de l'homme? Comment faut-il agir? Montaigne répond : Voici ce qu'on a pensé, voici ce qui est, ce qui a été ; choisissez vous-mêmes et agissez à vos risques et périls; mais soyez prudents.

On ne lit plus Thomas d'Aquin, ni Bonaventure, ni Raymond Lulle, ni Ockam, ni Paracelse ; les savants seuls ouvrent Aristote ou Platon, voire Descartes ou Spinoza. Mais on lira toujours Montaigne, parce qu'il est sincère et vrai, divers comme le monde et la vie, parce qu'il ne s'est jamais guindé sur les échasses de la métaphysique : étant resté sur la terre, il n'est jamais tombé d'un ciel de convention.

Charron (1541-1603) procède de Montaigne ; Montaigne est sa substance. Mais en le condensant, il l'a desséché, il a laissé fuir toute la grâce d'un libre génie; en l'enfermant dans une méthode rigoureuse, il l'a faussé. Il n'est qu'un Montaigne rétréci et incomplet. On dit trop souvent que le traité de *la Sagesse* est la conclusion des *Essais*. C'est *une* conclusion, mais tirée par un disciple excessif, exclusif, foncièrement dissemblable, dont la responsabilité ne saurait incomber au maître. Avocat, chanoine, prédicateur ambulant, auteur très-orthodoxe de *Discours chrétiens* et d'un traité des *Trois Vérités*, Pierre Charron ou Le Charron, Parisien, fils d'un libraire qui avait vingt-cinq enfants, ne connut Montaigne que vers 1586 ou 1587. Il avait quarante-six ans ; son âge lui avait fermé plusieurs couvents où il voulait déposer la fatigue d'un long et peu fructueux apostolat. Ayant ressassé pendant vingt ans, devant des parlements, devant des rois et des princesses, car il prêchait bien, tous les lieux communs de la jurisprudence et de la théologie, il prétendait avoir assez parlé pour se taire. A quoi, d'ailleurs, avaient servi ses homélies? Qu'avaient-elles changé au cours des choses, aux vices et aux misères nés de la nature humaine et de l'état social? Montaigne lui déroula le tableau du monde, le perpétuel flux et reflux des croyances, des doctrines et des actions, sous l'empire de la coutume et de la fatalité ; ce fut assez : de la foi irréfléchie, Charron passa au doute extrême. Il embrassa le scepticisme avec le zèle d'un converti, non avec la largeur d'un esprit curieux et libre.

« La vérité, dit-il, n'est point chose qui se laisse prendre et manier, encore moins posséder à l'esprit humain. Les erreurs se reçoivent en notre âme par mesme voye et conduite que la vérité ; l'esprit n'a point de quoi les distinguer et choisir. » Raison, expérience, témoignage de nos semblables, tout est ondoyant et variable. « Ce qui est impie, injuste, abominable en un lieu, est pitié, justice et honneur ailleurs, et ne sauroit nommer une loy, coustume, créance reçeue ou rejetée généralement partout.» Toutes les religions sont également « estranges et horribles au sens commun. Elles sont, quoy qu'on dise, tenues par mains et moyens humains. La nation, le pays, le lieu donne la religion ; l'on est de celle que le lieu auquel on est né et eslevé tient ; nous sommes circoncis, baptisés, juifs, mahométans, chrestiens, avant que nous sçachions que nous sommes hommes. » Que faire? Suspendre notre jugement, nous tenir libres de tout parti et de toute affection. « Le souverain remède est de se prester à aultruy et de ne se donner qu'à soy, prendre les affaires en main, non à cœur, ne s'attacher et mordre qu'à bien peu et se tenir toujours à soy. »

C'est ainsi que le scepticisme aboutit comme l'égoïsme mystique à la fausse morale de l'*Imitation*, bien plus, chez Charron, à l'intolérance et au despotisme. Lui qui déclarait « user de la liberté philosophique », il la garde pour lui-même et la juge inutile et funeste au reste du monde. Inconséquence si fréquente chez les sceptiques qu'il faut bien la considérer comme une conséquence naturelle du scepticisme.

Montaigne dit « Que sais-je ? » et Charron « Qu'importe ? » Il y a un abîme entre eux.

Mais il ne faudrait pas croire que le livre *De la Sagesse*, malgré ses fausses conclusions morales, ait été inutile à l'humanité. Son immense succès prouve d'abord qu'il était en parfait accord avec l'état général des esprits, las des querelles religieuses et des insanités scolastiques. De plus, il sapait radicalement la foi et la religiosité. Enfin, au nom de l'expérience, qu'il interprétait mal, il niait la métaphysique; il enseignait que « toute cognoissance s'achemine en nous par les sens : ce sont nos premiers maistres; elle commence par eux et se résoult en eux. Ils sont le commencement et la fin de tout ». Charron place l'âme dans « les ventricules du cerveau ». Au lieu de vanter la sublimité de l'esprit, il conseille d'en étudier le mécanisme et les conditions; il remarque que les animaux pensent et raisonnent comme nous; il essaye lui-même de classer nos connaissances. Charron ne se prononce ni sur la nature, ni sur la destinée de l'âme, mais voici comme il parle de l'immortalité : « L'immortalité de l'âme est la chose la plus universellement, religieusement et plausiblement receuë par tout le monde (j'entends d'une externe et publique profession, non d'une interne, sérieuse et vraye créance), la plus utilement creuë, la plus faiblement prouvée et establie par raison et moyens humains. »

En somme le scepticisme est le commencement de la *Sagesse*, et ne peut être que cela : un préliminaire. Cette vérité, qui a échappé à Charron, paraît avoir été comprise par l'Espagnol ou Portugais Sanchez (1560-1632), que l'on regarde à tort comme le plus déterminé des sceptiques. Admirateur d'Aristote, mais aussi ennemi de la métaphysique que de la dialectique, Sanchez se proposait d'étudier directement la réalité, de rechercher si l'on sait, comment on sait, et quelle est la méthode de la science. Il est vrai qu'il n'a jamais achevé son grand ouvrage et qu'on ne possède que l'introduction où il attaque avec une grande liberté d'esprit « les chimères et les fictions sans fondement » qui obstruaient le seuil de la science. Le titre piquant de ce traité a fait illusion sur le but du savant écrivain (*Tractatus de multum nobili et prima universali scientia, quod non scitur* : De la science très-noble et vraiment universelle, à savoir : qu'on ne sait rien).

Le scepticisme de Sanchez est radical, mais provisoire, et c'est le bon.

Avant d'aborder la période de l'observation et de l'expérience, l'ère moderne, déjà inaugurée par Bacon et Galilée (nés en 1560 et 1564), nous devons un souvenir à quatre personnalités, originales sans doute, mais qui appartiennent par leurs doctrines et par leurs malheurs à cette époque de transition où l'esprit nouveau luttait contre les croyances et les méthodes du moyen âge sans être parvenu à s'en dégager. Tel a été le caractère de toutes les doctrines et de tous les hommes de la Renaissance, notamment de Ramus, victime de la scolastique, de Bruno, de Campanella, de Vanini, martyrs de l'inquisition.

Ramus, Pierre La Ramée, né en 1515, assassiné pendant la Saint-Barthélemy, n'a pas été un philosophe. Humaniste, grammairien et logicien, il a exercé sur son temps une influence qui nous paraît hors de toute proportion avec son œuvre. Pour comprendre la passion qui animait ses disciples et ses adversaires, il faut se transporter à Paris, au seizième siècle, dans la capitale de la scolastique. Ramus attaquait dans son fort l'Aristote du moyen âge ; il introduisait la révolution dans le camp barbare et puéril du *distinguo*, par suite dans l'enseignement tout entier. Il paya sa victoire de sa vie. Des professeurs qu'il avait évincés le firent tuer lâchement en 1574, à la faveur du massacre général et sous couleur de protestantisme. Ramus avait commis la maladresse d'embrasser la religion réformée.

Ramus, bien qu'il ait soutenu dans sa thèse qu'Aristote n'avait dit que des faussetés et des mensonges, et qu'il ait passé sa vie à combattre la dialectique péripatéticienne, n'a jamais été qu'un élève révolté d'Aristote. Ses grandes colères n'ont abouti qu'à une simplification de la logique et à une estimable théorie du syllogisme.

Bien plus intéressant, plus profond et plus hardi nous apparaît le religieux impie, l'apôtre de la nature naturante, Giordano Bruno, poëte et mathématicien, prédicateur et astronome, qui dans une foule d'écrits en vers, en prose, en latin et en italien, aussitôt supprimés que publiés, a développé, par pièces et morceaux, une doctrine aussi complexe et vraie dans ses éléments que simple et fausse dans son ensemble.

Giordano Bruno, né vers 1548 dans la Terre de Labour, débuta par l'orthodoxie la plus fervente; il entra dans l'ordre de l'Inquisition; il fut dominicain. Est-ce l'amour passionné de la nature et ses propres méditations, est-ce la lecture des néoplatoniciens arabes et des successeurs de Marsile Ficin, est-ce la vue des horreurs tous les jours sanctifiées au nom du Christ, ou toutes ces causes à la fois, qui l'arrachèrent à la religion de sa jeunesse, détournant vers un autre idéal son amour et son culte? C'est aux environs de la trentième année qu'il réussit à fuir « l'étroite et noire prison où si longtemps l'erreur l'avait tenu enfermé ». Dix années durant on va le rencontrer sur les chemins, en Italie, en Suisse, en France, en Angleterre, en Allemagne, dans toutes les villes d'université, partout accueilli par les grands, partout admiré de la jeunesse, et finalement chassé; toujours la franchise de ses opinions détruira l'effet de ses agréments personnels et de sa brillante éloquence; traqué, espionné, trahi enfin par un Mocenigo qui l'avait attiré à Venise, il languira six ans sous les Plombs (1592-1598); livré au saint-office, il montera sur le bûcher après deux ans de tortures, pour « être puni avec toute la clémence possible et sans effusion de sang ». Son héroïque fermeté ne se démentira pas pendant cette interminable agonie et ses dernières paroles seront : « Vous êtes plus épouvantés de prononcer ma sentence que moi de l'entendre. » Le supplice de Bruno ouvre le dix-septième siècle, et ses juges honteux, déjà frappés de la terreur des temps nouveaux, cachent sa mort au lieu de la proclamer, si bien que pendant quatre-vingts ans sa destinée fut un mystère.

Ce n'est point pour sa doctrine que Bruno fut condamné. Elle était bien connue des anciens Pères de l'Église et des nouveaux; beaucoup de scolastiques avaient su la concilier avec l'orthodoxie. Mais le chevalier errant du panthéisme attaquait furieusement l'Église; il ne ménageait pas plus Genève que Rome; il enseignait une nouvelle religion; bien plus, il opposait partout la liberté à l'autorité : « Pourquoi, écrivait-il, invoquer toujours l'autorité? Entre Platon et Aristote, qui doit décider? Le juge souverain du vrai, l'évidence... L'autorité n'est pas hors de nous, elle est en nous-mêmes. » Il sapait toutes les prétendues bases de la société. C'est pourquoi les universités le repoussaient, les princes le proscrivaient, les protestants l'expulsaient; c'est pourquoi l'Église le brûla comme athée.

Et l'Église a vu juste. Panthéisme équivaut à athéisme. L'enthousiasme, le sentiment religieux si manifeste chez Bruno, ne changent rien à cette équation. Parménide, Zénon, Plotin ou Spinoza sont aussi athées que Protagoras, que Straton ou que Lucrèce. Dès que Dieu n'est qu'une sorte de virtualité universelle, il n'est rien, car il n'ajoute et n'enlève rien à la réalité des choses. Le panthéisme est la métaphysique appliquée au matérialisme, la quintessence de l'anthropomorphisme amalgamée à l'univers; son dieu, c'est la Nature de Lucrèce pourvue de la *volonté* de Schopenhauer, c'est la cause efficiente et finale, illusion subjective, ajoutée à la masse de faits et de combinaisons que l'expérience constate.

Partout nous avons trouvé, partout nous retrouverons le panthéisme, on dit monisme aujourd'hui, parce qu'il est l'intermédiaire entre l'anthropomorphisme et la science, le fil parfois presque insaisissable qui sépare les deux philosophies, celle de la raison logique et celle de l'expérience. Bruno ne le cède à aucun de ses prédécesseurs et de ceux qui viendront après lui dans l'art subtil de mêler la matière et l'esprit en les distinguant, d'identifier l'univers et Dieu, Dieu et la créature, l'un et le multiple sans les confondre. Il se tire de ces contradictions par des formules sonores où se cachent des subtilités dialectiques et surtout par des hymnes brûlants à l'infini, à la force, à la *nature naturante* ou *naturée*, qui rappellent tantôt Lucrèce et tantôt Marc-Aurèle. Il est évidemment sincère quand il dit qu'il était copernicien avant d'avoir lu Copernic, et quand, avec Lucrèce, il infère de la force universelle et de l'immensité où elle est répandue l'infinité des systèmes solaires, des étoiles et des planètes qui blanchissent la voie lactée.

Ce qui constitue l'originalité de Giordano Bruno, c'est non-seulement d'avoir, par réminiscence moins que par instinct, reproduit et combiné toutes les hypothèses des matérialistes et des panthéistes anciens, mais encore d'avoir esquissé les théories et employé les termes mêmes qui vont jouer un rôle si important, si prépondérant dans la philosophie moderne.

Le doute méthodique, l'évidence, l'infinité du monde et les tourbillons de Descartes ; le Dieu consubstantiel à l'univers, la cause immanente, la nature naturante et naturée de Spinoza ; les monades, les atomes, la circulation ascendante et descendante, l'harmonie préétablie, l'optimisme de Leibniz ; l'Identité de Schelling ; le *minimum* et le *maximum* de Hegel, sans compter la cause efficiente et finale, la Volonté, l'Inconscient, etc., tout cela est épars, en germe ou en fait, dans les ouvrages de Giordano Bruno. Et si l'Inquisition lui avait laissé le temps de résumer et de coordonner ses doctrines, l'histoire des philosophies serait abrégée de moitié.

Campanella (1568-1639) est, comme Bruno, Napolitain et dominicain. Suspect à l'Église par son adhésion au sensualisme de Télésio, aux scolastiques par ses innocentes attaques contre Aristote, à l'Espagne par son patriotisme, il fut traduit devant les tribunaux de Naples, sept fois torturé, et enfermé vingt-sept ans dans un cachot. Rendu à la liberté par la compassion du pape Urbain VIII, il réussit à gagner la France. Accueilli et pensionné par Richelieu comme ennemi de l'Espagne, il put achever en paix une vie si éprouvée.

Son originalité consiste dans l'intime alliance de la métaphysique, du mysticisme panthéiste et astrologique et de la philosophie expérimentale. La première science est fondamentale et renferme les principes des deux autres. Mais nous laisserons de côté cet échafaudage de chimères couronné par un Dieu qui est triple, puissance, sagesse, amour ; nous n'entrerons même pas dans son ingénieuse *Cité du soleil*, bien qu'il soit curieux et amusant d'y retrouver les conceptions des utopistes modernes : Saint-Simon, Fourier, Cabet ; Campanella possède d'autres titres à notre reconnaissance. Dans la partie sérieuse de son système, qui traite de la réalité, et, sous le nom de *micrologie*, embrasse la science naturelle et la science morale, il fonde la philosophie sur l'observation et l'induction. Dans le même temps que Bacon, il propose une très-remarquable, mais embryonnaire classification des connaissances humaines, d'après leur objet, et non, comme son illustre contemporain, d'après les facultés intellectuelles qui concourent à leur formation. L'entreprise de Bacon est plus vaste et plus riche ; mais le point de vue de Campanella est plus juste.

Vanini (Pompeio Ucilio, et de par son choix Jules César, 1586-1619), également Napolitain, et sans doute moine, condamné au feu par le parlement de Toulouse, et juridiquement assassiné avec une férocité immonde, n'obtient généralement que la compassion des philosophes décents. C'est par grâce qu'on veut bien glisser sur le relâchement de sa morale théorique et pratique. Nous ne défendrons pas ses vices, qui n'intéressent en rien ses doctrines et ne dépendent que de son tempérament. Mais nous ne nous étonnerons pas de rencontrer des incohérences et des insuffisances philosophiques dans un esprit étiolé par une éducation toute catholique et par une longue orthodoxie, et dont le fanatisme a supprimé l'épanouissement. C'est à trente-trois ans que Vanini a expié son athéisme, ou plutôt son scepticisme matérialiste.

Déjà, dans son *Amphithéâtre de l'éternelle Providence*, se fait sentir la haine de la scolastique et des divagations platoniciennes, « rêves délirants de vieilles femmes » ; il parle en disciple émancipé d'Aristote interprété par Pomponace et Averroès ; la discipline catholique le retient seule dans une orthodoxie de pure forme. S'il croit à l'immortalité de l'âme, c'est parce que la résurrection de la chair est un article de foi. Sa conception de la divinité est panthéiste et illusoire : « Dieu est tout, au-dessus de tout, hors de tout, en tout, à côté de tout, avant tout, après tout et tout entier. » Vanini ne manquait pas d'esprit et il pouvait s'en tenir à l'ironie. Mais dans ses *Dialogues de la nature* il jette le masque et les réticences orthodoxes. Quand on lui parle de religion : « Les enfants, répond-il, qui naissent avec l'esprit faible, n'en sont que plus aptes à devenir de bons chrétiens. » S'agit-il de l'immortalité, il dit : « J'ai fait vœu à mon dieu de ne pas traiter cette question avant d'être vieux, riche et Allemand. » Il ne comprend pas comment l'esprit pourrait mouvoir la matière; et il conçoit très-bien que le corps, que l'organisme donne l'impulsion à l'intelligence; et il émet cette proposition, que nulle métaphysique ne peut ébranler : « Nos vertus et nos vices dépendent des humeurs et des germes qui entrent dans la composition de notre être, du climat, de la constitution atmosphérique. » Il oublie, il est vrai, l'éducation et le milieu moral, et c'est précisément cette omission qui entraîne l'imperfection de sa morale et la licence de sa vie.

Nous avons enfin traversé cet océan de doctrines en dissolution sur lequel ont plané les fantasmagories de l'Orient, le rêve affreux de la barbarie et de la féodalité, et la terreur chrétienne aux ailes étouffantes, aux griffes ensanglantées. En mettant le pied sur le rivage moderne, sur le sol des vivants, nous y avons trouvé la curiosité renaissante, penchée avec admiration, avec doute et espérance, sur les épaves de l'antiquité mêlées aux commentaires et aux scories accumulées par le travail des flots et des âges. Nous allons voir désormais la pensée, en possession de l'héritage dispersé et restitué par les tempêtes, s'avancer tantôt d'un pied prudent, tantôt d'un vol trop hardi à la conquête de la terre, des cieux et de l'homme. Elle n'est pas libre encore; elle traîne les débris de ses innombrables lisières, le fardeau de toutes les erreurs pèse sur ses épaules; l'horizon est encore obscurci par les fumées de l'alchimie et par celle des bûchers, par les toiles d'araignée de la logique et de la dialectique, par les miasmes des religions et les résidus métaphysiques, par l'ombre tenace du vieil anthropomorphisme. De là tant de déviations, de reculs, de décadences. Le télescope, le microscope, le scalpel, la vapeur, l'électricité, mais aussi l'histoire, les révolutions politiques et sociales, l'expérience enfin, sous toutes ses formes, avec toutes ses armes, percera, crèvera, dissipera, illuminera ces nébulosités sans cesse reformées. La lutte sera rude, chanceuse, ininterrompue. Mais l'enjeu est grand ; l'humanité l'a écrit sur sa bannière pour ne plus l'oublier :

EN MARCHE VERS LA CERTITUDE PAR LA SCIENCE.

CHAPITRE IV.

L'AGE MODERNE.

§ I. TABLE RASE, RECONSTRUCTION ET RECHUTE.

**Vue générale des doctrines et des groupes au dix-septième siècle.
Bacon et Descartes.
Les sensualistes et les métaphysiciens.**

L'étude des philosophies modernes ne va pas sans quelque désenchantement. On y entre plein d'espoir, on y marche avec surprise. On se demande si la philosophie ne serait pas une sorte de manége où chaque époque vient reprendre l'ornière une fois tracée, buter aux mêmes cailloux, courir la même bague. Le costume, l'allure, le langage, les accessoires ont changé, le fond subsiste. On accuse ses prédécesseurs de pédantisme, de gaucherie et de radotage ; mais on se paye des mêmes hypothèses, sinon des mêmes formules, on se livre avec une confiance égale aux mêmes écarts, aux mêmes illusions. Le spectateur ou l'auditeur s'attendait à une révolution, il ne trouve qu'une suite.

Et cependant cette révolution s'était clairement annoncée. Bacon avait proclamé la rénovation complète, *instauratio magna*; Descartes, par le doute méthodique, avait fait table rase de tous les systèmes antérieurs. Tous les deux rejetaient de bien loin la scolastique, l'autorité ; ils entendaient ne dater que d'eux-mêmes, n'édifier que sur des bases *solidement établies*, éprouvées et certaines. Tous les deux, le second surtout, étaient des savants, des expérimentateurs. Autour d'eux se pressaient des esprits distingués, de grands écrivains et quelques hommes de génie. Les sciences positives se constituaient par des découvertes déjà assez concordantes pour suggérer à la philosophie une conception générale, suffisamment probable, de l'univers, de la vie et de l'organisme humain. Le physicien anglais Gilbert (1540-1605), Keppler (1571-1630), Galilée (1564-1642), Torricelli (1608-1647), le médecin Van Helmont (1577-1644), grand observateur en dépit de ses *archées* et de son mysticisme, Harvey (1578-1657), qui découvrit la double circulation du sang, étaient contemporains de Bacon et de Descartes. Ceux-ci constataient diverses propriétés des corps; ceux-là confirmaient et développaient les vues de Copernic sur la place et le rôle de la terre; d'autres pénétraient dans le mécanisme vivant. En dépit de tous ces secours, qui allaient se multiplier, le principe supérieur de Bacon ne produisit que des applications partielles et mal suivies, le déterminisme géométrique de Descartes, qui a communiqué une si forte et si heureuse impulsion aux sciences du nombre et de l'étendue, échoua contre la complexité et la variété des phénomènes intellectuels. Et la pensée humaine, Descartes en tête, se replongea dans la métaphysique; et l'on vit reparaître les diverses nuances du rationalisme ou dualisme spiritualiste : idéalisme, panthéisme, mysticisme, scepticisme, comme, sur un papier mal préparé, les couleurs des chiffons dont il est fait; tout cela souvent effacé, confus, noyé dans de bizarres amalgames.

C'est que l'esprit ne rompt pas aisément le moule où il est coulé depuis, d'innombrables siècles. L'hérédité a ses retours moraux comme elle a ses réminiscences physiques : le mort saisit le vif, lui transmet, à travers les générations, un geste, une habitude, un pli cérébral. Quand l'éducation, par surcroît, et l'atmosphère ambiante, la moyenne intellectuelle, les lois et les mœurs, viennent entretenir et corroborer les habitudes héréditaires, il faut, pour neutraliser ces influences, un concours au moins égal de forces opposées, un faisceau d'évidences victorieuses. L'histoire intellectuelle du dix-septième siècle confirme l'axiome : *Natura non facit saltus.*

La Renaissance avait amassé assez de textes, assez d'opinions contradictoires pour inquiéter l'esprit, assez pour le pousser à la révolte, mais non pour l'émanciper. Un Bacon, un Descartes, pouvaient bien se déclarer libres et croire à leur propre indépendance ; mais dans un coin de leur cerveau déformé par l'antique esclavage, ils portaient, dépôt des âges, le germe de la maladie qu'ils prétendaient fuir, un intime ennemi, secret allié des traditions qu'ils répudiaient. En vain éliminaient-ils Aristote et la philosophie grecque interprétée par les Orientaux, les Juifs, les Persans, les Arabes et les chrétiens ; en vain fermaient-ils l'ère de la scolastique. Cette scolastique, cet Aristote, avaient lentement, profondément imprégné leurs aïeux ; leur propre jeunesse s'en était imbue ; leur raison en était faite. Ils pensèrent par eux-mêmes, mais avec une intelligence façonnée par des milliers de générations, au milieu d'esprits formés des mêmes éléments, prédisposés aux mêmes tendances.

Parmi les erreurs auxquelles ils pouvaient d'autant moins se soustraire que l'habitude en faisait des vérités, il en est une qui entraîne toutes les autres et qui suffisait à les détourner du droit chemin : c'est le dualisme radical du corps et de l'âme, de la matière et de l'esprit. La réalité d'un être distinct, spécial, dominant, au moyen de facultés particulières et d'une puissance appelée raison, les actes d'une substance inférieure accidentellement unie à l'âme, emporte du même coup, par répercussion anthropomorphique, la réalité d'une autre âme, d'une autre raison plus vaste, soit unie, soit superposée à l'univers qu'elle gouverne, qu'elle ordonne ou qu'elle crée. Ces deux entités jumelles, nous les avons vues naître confusément il y a des centaines de siècles, dans les conjectures hâtives de la primitive ignorance abusée par les songes, par la terreur et l'espérance ; nous les avons vues se préciser dans le culte symbolique du feu ; s'incarner dans un peuple de dieux ; s'imposer aux méditations de tous les sages et à la foi des multitudes ; à peine, en trois mille années, citerait-on vingt philosophes qui les aient résolûment écartées, à la suite d'Anaximandre, de Démocrite et d'Épicure. Elles se sont emparées de la pensée humaine. C'est une *possession*. Qu'en est-il résulté ? Que la définition de l'âme et de Dieu, les rapports de l'âme avec le corps, de l'âme avec Dieu, de Dieu avec l'univers, la conciliation des systèmes divers avec les données de l'observation, les questions subsidiaires du bien et du mal, du libre arbitre et de la providence, de l'origine des idées, et une infinité d'autres, également insolubles parce qu'il n'y a pas lieu de les poser, ont détourné la vie de son but et la philosophie de son objet, livrant l'une à la religion, l'autre à la métaphysique, sœurs jumelles aussi, souvent ennemies, inégalement funestes, mais foncièrement unies par leur origine et parallèles en leur développement.

Ajoutez que l'Église est venue convertir en articles de foi les hypothèses du rationalisme héréditaire, y mêlant par surcroît des imaginations bizarres et des pratiques tyranniques. L'autorité du christianisme est si bien établie, chez les protestants comme chez les catholiques, et si jalouse, et si violente, que nul homme du dix-septième siècle ne la braverait impunément, car l'opinion générale condamnerait les victimes. Aussi nul ne songe à s'en délivrer. Non-seulement l'expérience se subordonne à la raison, mais encore la raison à la foi. Ceux-là mêmes que l'instinct ou la réflexion inclineraient à l'hétérodoxie, ne se hasardent point à sortir du giron de l'Église. L'athéisme inavoué ne s'avance pas au-delà du panthéisme et du scepticisme. Les plus suspects doivent adhérer aux vérités révélées; ils protestent de leur attachement à la doctrine qui brûle ses adversaires. Bacon trouve moyen de concilier l'expérience avec la foi; Hobbes, le plus déterminé des sensualistes, fait profession de christianisme; l'atomiste Gassendi vit et meurt dans les sentiments de la plus sincère piété. Le grand souci de Descartes et de ses disciples est d'éviter les censures ecclésiastiques; c'est leur honneur de les avoir plus d'une fois encourues; et si nous avions à juger historiquement leur œuvre, nous devrions tenir grand compte du milieu où elle s'est produite, entre deux fléaux inéluctables, la raison raisonnante et la foi contraignante.

Savants et philosophes, tout le monde est chrétien; Keppler, chrétien ultra-mystique, Galilée chrétien rationaliste, pleinement orthodoxe. Quarante ans d'expériences décisives en physique et en astronomie ne lui ont pas ouvert les yeux sur la vanité des principes *à priori*. Vingt-trois années de tracasseries plus odieuses encore que ridicules n'ont pu ébranler ni sa foi religieuse, ni son respect envers l'Église qui l'humilie. Voici la rétractation que cet homme de génie dut prononcer à genoux, en 1633, devant quelques sots en soutane : « Moi, Galilée, dans la soixante-dixième année de mon âge, à genoux devant Vos Éminences, ayant devant mes yeux les saints évangiles que je touche de mes propres mains, j'abjure, je maudis et je déteste l'erreur de l'hérésie du mouvement de la terre. » Ainsi parlait, sinon avec conviction, du moins avec une soumission totale, l'homme qui a placé la terre à son rang dans la série planétaire et constitué l'univers réel en face du monde factice des philosophies et des religions. Les inquisiteurs comprenaient bien que toute conquête de la science entamait le christianisme ; Galilée ne s'en doutait pas. Comme lui et après lui, sans rompre avec la tradition philosophique ou religieuse, de nombreux expérimentateurs continuèrent à faire rentrer dans le domaine de la nature tout ce que la métaphysique en avait séparé, le mouvement, l'organisme, la vie et la pensée. Bien peu entrevirent clairement le résultat capital de l'œuvre à laquelle ils travaillaient. Et cependant, les lois partielles qu'ils formulaient d'après l'expérience ont fini par enserrer de leur réseau tout l'univers ; c'est grâce à leurs efforts inconscients que la part réservée à l'imagination logique ou mystique s'est réduite de jour en jour jusqu'à n'être plus qu'un pur néant, un titre périmé.

On a essayé d'établir une distinction entre ces observateurs patients, uniquement attachés au fait, et ceux qui, substituant des lois mathématiques aux vieilles hypothèses de l'antiquité codifiées par le moyen âge, acceptant et pratiquant l'expérience, mais pour la soumettre à de nouveaux principes *à priori*, ont reconstruit avant le temps des systèmes généraux. La différence existe, mais non, comme on le voudrait, en faveur des généralisateurs hâtifs. De Descartes et de ses disciples l'esprit humain n'a retenu que les faits observés et certains, ou les inductions fondées sur l'expérience ; c'est de Galilée, c'est de Boyle, de Leuwenoeck ou de Swammerdamm, non de Descartes, que procède la science ; c'est de Bacon, c'est de Gassendi et de Hobbes, non de Descartes, de Spinoza et de Leibniz que procède la philosophie.

Les métaphysiciens, naturellement, ne sont point portés à l'indulgence en faveur de Bacon. Les plus modérés, les éclectiques, tout en acceptant sa méthode, en contestent volontiers l'originalité, la portée et l'influence ; ils entourent son éloge de restrictions, souvent justes, mais qui n'atteignent pas la doctrine et la conception générale.

Bacon n'a inventé ni l'expérience ni l'induction. Assurément, puisque ce sont là les deux éléments de toute connaissance particulière ou générale, mais il en a précisé les mérites ; il a entendu les substituer au raisonnement et à la déduction.

Bacon n'a fait qu'indiquer une méthode, il n'a pas créé un système complet, où les diverses parties de la philosophie soient rangées dans l'ordre convenu : logique, psychologie, morale, métaphysique et théodicée. C'est vrai. Mais il a déterminé l'objet et le but de la philosophie : la connaissance de la réalité, et l'application de la connaissance à l'utilité, à l'avancement de l'homme et au gouvernement de la terre. « Savoir, a-t-il dit, c'est pouvoir. » Nous verrons, d'ailleurs, qu'il a tracé tout le plan de la philosophie véritable.

Il a négligé le problème de l'origine des idées ; mais il a fourni les moyens de le résoudre. On ne saurait dire qu'il soit personnellement sensualiste. Mais il est, dans les temps modernes, le père du sensualisme, puisqu'il fonde toute connaissance sur l'expérience. Il n'a pas renoncé au vieux dualisme rationaliste. A côté de la science, il fait la part de la théologie, de la religion naturelle, des causes finales. On va même chercher dans son premier ouvrage, les *Essais*, une condamnation formelle de l'athéisme. Certes, Bacon était de son temps ; qu'importe au nôtre ?

Son influence a été nulle sur le développement de la philosophie en France et en Allemagne. Mais non en Angleterre : témoin Hobbes, son contemporain, et ses continuateurs, Newton dans la science, Locke et l'école écossaise dans la psychologie.

De fait, toutes les découvertes postérieures pourraient se ranger dans quelques parties de l'*Instauratio magna*; seulement, un des caractères de l'âge moderne est la rupture de cette uniformité, de cette concordance imposée à la pensée européenne par l'orthodoxie; les schismes nationaux, les progrès des langues vulgaires et l'abandon progressif du latin, affaiblissant la tyrannie des influences réciproques, ont rendu les peuples à eux-mêmes, à leurs aptitudes, à leurs tempéraments divers. Le moyen âge est l'histoire de la chrétienté; les temps nouveaux sont l'histoire des Français, des Anglais, des Allemands, des Italiens, des Espagnols. Plus tard, la facilité des communications, la vapeur, les congrès, ramèneront l'unité, mais une unité dont tous les membres libres garderont leur autonomie intellectuelle et morale.

Enfin, dans la pratique, Bacon n'a pas su tirer parti de sa méthode. La science ne lui est redevable d'aucune découverte. Ses recherches personnelles sur la densité, la pesanteur, le son, la chaleur, la lumière, le magnétisme, ont abouti à des erreurs; il a nié plusieurs des vérités qui sont les titres de gloire de Galilée. C'est un reproche qu'on pourrait faire à Descartes. Encore ne faut-il pas oublier que Bacon a entrevu l'explication des marées, l'origine de la couleur, qu'il a soupçonné l'attraction universelle et le rapport des vitesses aux distances; c'est le précurseur, le prophète de Newton. Son but n'est pas de découvrir, mais de provoquer les découvertes; il se compare lui-même au trompette qui sonne la charge sans combattre, à la statue de Mercure, qui, sans marcher, montre la route.

En morale, il s'en faut que Bacon ait donné l'exemple. Chancelier d'Angleterre, il a été condamné, sur son aveu, pour malversation (1621). N'ayant affaire qu'aux doctrines, nous pourrions passer sur les faiblesses de l'homme; mais l'accident duquel Bacon fut victime est une preuve de plus des fluctuations de la morale. Pas un de ses juges peut-être n'aurait évité l'accusation sous laquelle il succomba; leur arrêt, purement politique, visait par-dessus sa personne le roi Jacques, dont il était le ministre et le favori. Il a été jugé au nom d'une justice qui n'était ni de son temps ni de son pays. Nous dirons ailleurs comment il se fait que les règles de la morale, tirées elles-mêmes, par une expérience antérieure, des mœurs et des intérêts sociaux, se trouvent souvent en désaccord avec les pratiques présentes et ne perdent rien pour cela de leur légitime autorité. Il n'en est pas moins vrai que le cas de Bacon n'était pas de ceux qui entraînassent le déshonneur et l'infamie. Parmi ses contemporains de tous pays, surtout dans l'ordre politique, judiciaire et financier, il n'en existait peut-être pas dix sur cent que nos lois d'aujourd'hui ne pussent traîner en cour d'assises. Encore ne pourrait-on pas dire que la morale soit comprise de la même manière par toutes les classes de nos sociétés épurées. Nous la voyons tous les jours violée, sans remords et sans déchéance, par les commerçants, les financiers et surtout par ces héros de la politique réactionnaire qui s'en prétendent les plus fermes soutiens. Au dix-septième siècle, dans l'Angleterre des Stuarts, le chancelier Bacon, convaincu de vénalité ministérielle et de complaisance coupable pour ses souverains, n'en demeurait pas moins l'homme de bien, affable, généreux jusqu'à la prodigalité, le profond moraliste des *Essais* (1597), le grand jurisconsulte qui avait tenté de refondre les lois et les coutumes et d'assurer à son pays l'unité de la législation.

Laissons maintenant de côté l'homme politique et le magistrat, le jurisconsulte, l'historien (*Histoire de Henri VII*), l'orateur éloquent, le brillant écrivain ; attachons-nous à la composition immense et inachevée où, vers la fin de sa vie (1620-1626), il méditait de faire rentrer non-seulement ses travaux de toute sorte, mais encore tous les trésors de la science passée et future classés selon une méthode nouvelle, en vue de l'utilité humaine.

La *Grande Rénovation*, *Instauratio magna*, comporte six divisions principales : 1° une Introduction, où le progrès des sciences est opposé à la stagnation de la philosophie scolastique et officielle ; 2° la Méthode, qui substitue l'observation des faits aux hypothèses de la raison, et l'induction au syllogisme ; 3° une *Échelle de l'entendement*, échelle double, par laquelle l'induction monte des phénomènes particuliers à leurs caractères généraux, et la déduction descend des lois aux faits graduellement découverts, des causes aux effets; 4° des *Prodromes* ou *Anticipations de la philosophie*, où doivent être consignés les résultats provisoires de la science ; enfin, 5° la *Philosophie seconde* ou *active*, conclusion pratique, application des conquêtes de l'expérience à l'avancement individuel et social, intellectuel et moral du genre humain. C'est le but, marqué d'avance dans le titre même de la Méthode baconienne : *Novum Organum, sive de interpretatione naturæ et regno hominis*; (De l'interprétation de la nature, et de l'empire de l'homme).

De ce vaste édifice, Bacon n'a posé que les deux premières assises. Les mille observations distribuées après sa mort en dix centuries, sous le titre de *Sylva sylvarum, sive Historia naturalis* (Forêt des forêts ou Histoire naturelle), ne sont que les matériaux de la troisième partie. Dans la cinquième, les *Prodromes*, se rangent de nombreux traités sur les *Vents*, la *Vie et la Mort*, la *Densité et la Rareté*, la *Pesanteur et la Légèreté*, le *Son*, etc. ; enfin, l'*Échelle de l'entendement* et la *Philosophie seconde* ou *active* (IV et VI), demeurent à l'état de cadres ouverts aux successeurs de Bacon. Comment les eût-il remplis? Les éléments du tableau lui manquaient, tout comme à ceux qui ont prétendu les suppléer avant le temps.

Mais l'Introduction et la Méthode nous suffisent pour apprécier l'œuvre entière et le génie qui l'a conçue. La première, publiée d'abord en anglais, dès 1605, sous le titre : *Proficience and Advancement of Learning divine and human* (Utilité et avancement du savoir divin et humain), reçut, en 1623, sa forme définitive; c'est le *De dignitate et augmentis scientiarum* (De la dignité et des accroissements des sciences). La seconde, la Méthode, esquissée en 1606, dans l'opuscule intitulé : *Cogitata et visa de interpretatione naturæ* (Pensées et vues sur l'interprétation de la nature, *ou sur l'invention des choses et des arts*), ne parut qu'en 1620, sous le titre fameux de *Novum Organum* (*sive indicia vera de interpretatione naturæ et regno hominis*).

Bacon, en somme, a, le premier dans les temps modernes, défini l'objet et le but de la philosophie, qui ne sont ni les déductions oiseuses de principes posés à l'aventure, ni les spéculations vaines sur des rapports imaginaires entre un univers fictif et un homme de convention, ni la logique, ni la métaphysique, mais qui sont l'étude et la classification des faits observés et l'application des découvertes de la science à l'utilité et au bien de l'humanité réelle ; c'est-à-dire la nature et l'homme. Libre à de grands mathématiciens, comme Huygens, de reprocher à Bacon son ignorance des hautes mathématiques, à des savants illustres, mais peu philosophes, Claude Bernard, Liebig, ou même à des esprits légers, comme V. Cousin, de contester l'impulsion donnée par Bacon à la science et à la philosophie. Non-seulement Bacon sait d'où il part et où il va, de la connaissance positive à l'application positive de la science ; mais il sait aussi comment, par quelle voie, il atteindra le but qu'il propose à la philosophie : cette voie est l'expérience. Elles sont de lui, ces paroles ingénieuses et profondes : « Science et puissance sont synonymes, parce que l'ignorance de la cause supprime l'effet. Ce qui, dans la contemplation des phénomènes, apparaît comme cause, devient loi dans la pratique. On ne soumet la nature qu'en lui obéissant, c'est-à-dire en la connaissant. » Sans doute, il ne peut pas, il n'ose pas supprimer la théologie et le dieu des causes finales, qui ont dominé jusqu'à nos jours la pensée anglaise ; mais il les laisse forcément à l'écart, dans leur inutilité, en dehors de la nature et de la science.

Aristote a été, pour son temps, un observateur autrement pénétrant que Bacon. Il a pratiqué, il a même défini, sans en apprécier toute l'importance, l'induction, car il place le particulier avant le général, l'individuel avant l'universel. Mais une fois maître de ce qu'il considère comme général et universel, les *catégories* de l'entendement humain, il en a oublié l'origine subjective, la valeur toute verbale ; il les a prises pour les formes d'une raison supérieure, répandue dans l'univers qu'elle gouverne, et qui se communique à notre esprit par une sorte d'intuition *à priori* ; il ne leur a pas nettement refusé une espèce de réalité substantielle, qui a permis de les confondre avec les idées-types de Platon et qui nous a valu les entités de Champeaux et de Duns Scot. Ces catégories sont devenues les clefs de l'univers, l'essence même des choses ; il les a inscrites sur les cases d'une logique savante où la certitude incontestée du principe entraîne la certitude de la conclusion. Mais si le principe tombe, la conséquence croule. Comment relever le principe ou le remplacer ? La déduction ici n'est d'aucun secours, puisqu'elle ne peut que remonter au principe contesté et prouver qu'elle en est légitimement descendue, par les échelons du syllogisme. C'est que l'échelle est double ; c'est que le principe établi au sommet des deux branches n'est lui-même que la conclusion d'un raisonnement ascendant, l'induction, dont la base est l'expérience accumulée. Tout *à priori* ne fait que résumer une série d'*à posteriori*, trop facilement oubliés. Il n'y a d'autre *à priori* que la réalité particulière et concrète et la constatation des phénomènes qui la révèlent, par lesquels elle se rencontre avec l'organisme sentant appelé animal ou homme.

Ici intervient Bacon. Vérifierons-nous un à un les principes, les axiomes vrais ou faux, reçus comme articles de foi par nos devanciers ? Non pas. Table rase, et recommençons l'édifice. La science, en marche dans toutes les directions, nous fournira les matériaux ; elle nous rapportera ceux qui ont résisté à l'épreuve des temps, et nous leur rendrons, s'il y a lieu, la place qu'ils ont occupée. La philosophie aura cessé d'être un éternel replâtrage ; elle sera une construction méthodique et nouvelle. C'est pourquoi Bacon appelle justement *novum organum* la méthode de construction, qu'Aristote a suivie, mais qu'il n'a pas codifiée comme il l'aurait dû avant d'y appuyer l'échelle descendante de la logique déductive. Faute de quoi, les principes d'Aristote sont restés en l'air, invérifiés et invérifiables, et ses successeurs, croyant suivre son exemple, ont contracté la déplorable habitude de suspendre leurs théories à des abstractions. Il faut revenir aux faits particuliers et concrets, les entourer de toutes leurs conditions et circonstances, en résumer les caractères généraux, les relations constantes qu'on nommera lois, s'élever à la loi de ces lois, et ainsi de suite, non sans contrôler incessamment par l'expérience cette série d'inductions. Bacon énumère tous les procédés de l'observation ; il pose, avec force distinctions et dans un langage quelque peu scolastique, les règles de l'induction, établit sur chaque sujet une sorte d'enquête par tables de présence, d'absence, de degrés, où seront consignés les faits qui correspondent ou échappent aux causes présumées. Nous n'avons pas à le suivre dans ces détails, non plus que dans sa classification des erreurs ou *idoles* de l'esprit.

On a critiqué avec raison la division très-artificielle et toute subjective que Bacon propose pour les sciences. Il la fonde à tort sur la différence des facultés qu'elles mettent en jeu, comme si toutes les facultés de l'esprit ne concouraient pas à la connaissance. C'est d'après l'objet des sciences qu'il faut les classer et non d'après les facultés du sujet qui les acquiert, mémoire, imagination, raison. Plus d'une fois le grand rénovateur a été infidèle à sa méthode. Son génie, détourné par tant d'occupations diverses, n'a pas eu le loisir de s'asseoir et de s'ordonner. Il n'a tracé qu'un plan, qui suffit à sa gloire. Un juste et touchant orgueil a dicté les lignes de son testament où il lègue sa mémoire aux nations et à la postérité.

Entre Bacon et Descartes, un seul trait est commun, l'instinct révolutionnaire, la table rase. Tous deux ont et expriment la même volonté ferme de reconstruire à neuf l'édifice manqué de la science et de la philosophie. Tous deux entendent oublier les systèmes hypothétiques et incohérents dont on a encombré leur mémoire ; ils proclament la déchéance de l'autorité, l'indépendance absolue de la pensée individuelle. Là s'arrête la ressemblance. L'un procède de l'expérience et de l'induction ; l'autre, avant tout, de la raison, considérée comme une faculté irréductible et infaillible.

L'un, malgré d'innombrables études fragmentaires, ne réalise point le plan qu'il a conçu, et ne laisse qu'une méthode de construction ; l'autre, armé d'un instrument dont il s'exagère la puissance (la géométrie mathématique), élève un édifice plus imposant que solide. L'un, sans rompre avec le dualisme rationaliste, fournit du moins les moyens de l'éliminer ; l'autre, tout en acceptant le secours subsidiaire de l'expérience, se précipite, tête baissée, et son siècle avec lui, dans la métaphysique, dans l'*à priori*. Et pourtant avec quelle assurance celui-ci est parti en guerre ! « Il faut chercher non pas ce qu'ont pensé les autres, ni ce que nous soupçonnons nous-mêmes, mais ce que nous pouvons voir clairement et avec évidence, ou déduire d'une manière certaine. » Le *Discours de la méthode*, publié en 1637, à Leyde, est un manifeste audacieux où tout le travail antérieur est déclaré nul et non avenu, où le doute universel et préliminaire abat l'autorité, la tradition, les entités substantielles et les causes occultes. Et le monde applaudit à cette exécution ; séduit par les promesses du novateur, par le rare génie du savant, par la bonne foi du philosophe, il ne voit pas l'insuffisance des outils commodes qu'on lui offre pour la démolition et la reconstruction.

La méthode de Descartes, les *Règles* qu'il formula *pour la direction de l'esprit*, sont claires ; mais elles manquent de profondeur. Bien appliquées, elles permettent, sans doute, d'écarter les erreurs, pour ainsi dire moyennes ; mais non d'atteindre la vérité. C'est ce qu'il est permis d'affirmer, d'après les résultats obtenus par l'inventeur, mais aussi d'après le caractère superficiel des données premières et la définition vicieuse du critérium de la certitude.

Le doute de Descartes s'arrête tout à coup et pour toujours devant la solidité inébranlable des principes mathématiques, et devant le fait de notre propre existence. D'une part, rien ne peut faire que deux et deux ne soient pas quatre et que les angles d'un triangle n'équivalent pas à deux droits. D'autre part, le doute même atteste l'existence de celui qui doute : « Je pense, donc je suis. » Mais pourquoi deux et deux sont-ils quatre ?

Pourquoi est-il vrai que je suis? Parce que cela est évident. L'évidence est le critérium de la certitude.

Mais qu'est-ce que l'évidence? L'intuition directe, immédiate, de ce qui est incontestable, « la conception d'un esprit attentif, si nette et si lucide qu'il ne lui reste aucun doute sur ce qu'il comprend ». Définition parfaitement illusoire.

Si, au lieu de définir l'évidence par elle-même, Descartes en avait reconnu le caractère expérimental, il aurait cherché et trouvé la raison d'être des axiomes mathématiques; il aurait, derrière cette pensée, qui lui suffit pour prouver contre le scepticisme l'existence de l'homme, pénétré jusqu'à l'organisme vivant qui en est la condition. Il eût évité tout d'abord cette bifurcation étrange (déjà notable chez les antiques Éléates), qui d'un côté l'emporte vers un matérialisme abstrait, de l'autre vers un spiritualisme réaliste, également absolus et inconciliables. Et de deux choses l'une : ou bien il aurait appliqué imperturbablement sa mathématique aux éléments de la pensée comme à ceux du monde (ce qu'a fait Spinoza); ou bien reconnaissant que, là où le nombre et l'étendue manquent encore de mesure exacte, l'emploi de l'instrument mathématique doit être suspendu, il en fût revenu à l'expérience contrôlée par l'expérience, à cette expérience dont il a fait, sans en comprendre la valeur fondamentale, un si constant et parfois un si admirable usage.

Mais non. Dès qu'il a rencontré deux conceptions « nettes, lucides », indubitables, les vérités mathématiques et l'existence de la pensée, il se contente de ce qu'il nomme leur évidence, et il en part dans deux directions contraires, pour expliquer l'univers et l'intelligence. Maintenant pourquoi, dans sa conception générale de la nature, s'est-il approché de la vérité autant que le permettait la somme des connaissances acquises? Pourquoi, dans sa conception de l'homme, a-t-il égalé en subtile puérilité les scolastiques eux-mêmes? Parce qu'il est dans l'une mathématicien, métaphysicien dans l'autre; parce que, dans l'immensité du cosmos, les propriétés particulières et intimes des corps deviennent négligeables et que les propriétés générales et extérieures, nombre, étendue, mouvement, objet de la mathématique, jouent un rôle prépondérant; parce que, dans le microcosme intellectuel, les illusions de l'anthropomorphisme, fixées par le langage, éblouissent, avant tous et plus que tous, le mathématicien dont elles défient la géométrie et qui ne veut pas être observateur et naturaliste.

Le contraste que nous signalions entre Bacon et Descartes, apparaît plus marqué encore en Descartes lui-même. Il y a en Descartes deux hommes : le successeur et l'héritier d'Épicure (au moins autant que Gassendi), et l'émule de Platon, voire de Bonaventure et de Gerson ; l'observateur à outrance, physiologiste, anatomiste, et le raisonneur abstrait qui a dédaigné les sciences d'observation, la géologie, la métallurgie, la botanique, la chimie, etc.; le voyageur qui passe en Hollande, en Bavière, en Autriche, en Hongrie, en Italie, en Pologne, en Poméranie, en Angleterre, en Danemark, en Frise, en Suède, pour fuir les défiances et les persécutions, ou pour remuer seulement, et qui s'y cache, qui porte partout sa pensée et ne voit rien, ni hommes, ni mœurs, ni institutions, ni histoire, dont l'esprit reste fermé à toute la variété de la nature humaine, « tellement détaché des choses corporelles, qu'il ne savait même si jamais il y avait eu aucuns hommes avant lui » ; enfin, le novateur hautain, absolu, radical, et l'esclave de tous les préjugés théologiques, dont il entendait s'émanciper, mais qu'il avait sucés avec le lait, respirés dans l'air, chez les jésuites de la Flèche, en Europe et dans le monde entier.

Le lien de tous ces éléments disparates, c'est le culte exclusif de la mathématique. De Pythagore à Keppler et à Newton, se révèle une singulière affinité entre la mathématique et la métaphysique. Toutes deux, elles opèrent sur des abstraits, l'une sur des abstractions légitimes, l'autre sur des abstractions fausses, mais toutes deux sans se préoccuper des réalités dont elles ont induit leurs axiomes certains et leurs principes mensongers, avant d'y rattacher les théorèmes et les syllogismes. Toutes deux elles croient, l'une à bon droit, l'autre à tort, à la certitude de la déduction logique. Sans doute, la ressemblance est purement formelle : elle n'existe que dans les procédés. La différence est fondamentale : la métaphysique s'appuie sur des affirmations sans preuves ; la mathématique procède d'affirmations prouvées, car elles coïncident avec l'expérience : le tort, trop ordinaire, de celle-ci, est de les proclamer indémontrables, de les considérer comme des intuitions directes, d'ignorer le long travail de tâtonnement qui les a préparées, d'en faire des entités, des lois personnifiées qui gouvernent le monde.

Quand l'homme se trouva pour la première fois en présence des choses, et que le premier contact, l'expérience initiale, l'assura en même temps de son existence et de la réalité extérieure, après une période de trouble causé par l'ébranlement douloureux ou agréable, il commença de distinguer les objets d'après leurs rapports entre eux et avec lui-même ; il se rendit compte de la distance qui les séparait et conçut à la fois les idées de nombre, d'étendue, de figure et de mouvement ; c'étaient en effet, relativement à ses organes, les caractères les plus simples, les plus constants de tout ce qui l'entourait. Le discernement, croissant avec l'expérience et l'habitude, s'habitua à classer les quantités et les qualités générales, s'élevant de l'unité à la dyade, à la triade, et à la dizaine, donnant des noms à chaque groupe d'unités ainsi additionnées, concevant aussi les diverses configurations anguleuses, flexueuses, circulaires, les surfaces, les lignes et les angles. Puis, omettant les choses, puisque aucune ne pouvait se soustraire à ces mesures, l'abstraction opéra sur les mots et sur les signes inventés pour y correspondre. Dès lors se trouva créé un instrument applicable à toute chose, à tout objet, infaillible, parce qu'il procède d'une observation indéfiniment vérifiable. Telle est l'origine de l'arithmétique, de la géométrie, de la mécanique. Avant d'être des vérités rationnelles, comme on dit, les axiomes de quantité et de mesure ont été des vérités d'expérience peu à peu fixées par des signes verbaux ou écrits devenus invariables. Ils n'auraient ni valeur ni utilité, ils n'auraient jamais été énoncés, s'il n'existait, relativement aux sens de l'homme, des objets nombrables et mesurables, dont l'abstraction a systématiquement éliminé les caractères plus spéciaux et plus complexes. Car un et un ne sont deux, deux et deux ne sont quatre qu'à condition de supposer pour un moment toutes les unités égales entre elles, sans différence d'étendue, de poids, de couleur, etc. Un rat et un éléphant sont deux, si l'on omet *rat* et *éléphant*; mais si l'on compare les deux unités concrètes, sous le rapport du volume ou de la masse, la première restant un, l'autre sera un milliard. L'axiome numérique, absolu par abstraction et par convention, est relatif en présence du concret étendu, pesant, mobile ; de même l'axiome géométrique, en présence des qualités écartées par l'abstraction géométrique.

Maintenant, si l'on néglige totalement la réalité de la substance ou mieux des éléments substantiels, irréductibles ou non, dont la chimie a rédigé la liste, il est possible, il est utile, de réduire au nombre, à l'étendue, bien plus au nombre seul, exprimé par des chiffres ou des lettres, toutes les propriétés, toutes les combinaisons, tous les états, toutes les relations des corps. Cette simplification merveilleuse, préparée par les inventeurs de l'algèbre, et dont le véritable promoteur est notre Descartes, elle se poursuit, elle avance depuis deux siècles, à mesure que la physique et la chimie perfectionnent leur langue et leurs expériences ; déjà elle s'empare de la biologie, et elle atteindra quelque jour les amas de faits constatés par l'histoire et la morale, domaines vainement revendiqués par la psychologie et la métaphysique.

Descartes n'a pas prévu cette dernière phase de la science. Ou du moins s'il a tenté de résoudre par la méthode mathématique les problèmes de la vie animale, il a reculé devant une des manifestations de la vie humaine, la pensée. Disons qu'il y aurait échoué. Déjà il s'est trompé souvent, non-seulement dans l'invention *à priori* de la nature vivante, déjà même dans l'explication du système du monde. Et cela, parce que l'expérience et l'induction n'avaient pas encore fourni à la mathématique les principes nécessaires à ses déductions.

La vie, d'ailleurs, en ses états les plus complexes, les plus variables, échappe encore et pour longtemps aux prises de la mathématique. Enfin, quand la science abstraite aura soumis aux lois de la mesure et du nombre l'activité nerveuse et cérébrale, si elle ne garde la conscience très-nette de son office purement instrumental, il faudra craindre et repousser les prétentions d'une métaphysique nouvelle. Il faudra rappeler sans cesse aux successeurs de Spinoza, de Leibniz, de Kant, de Hégel, qu'étendue et nombre, substance et forme, mouvement et force, vie, affinité, action, idée ne sont rien, que des mots et des signes, en dehors des corps nombrables, étendus, figurés, mobiles, vivants, sentants et pensants. Contre les déviations de la mathématique et de la logique (ceux-ci plus redoutables), il n'est qu'un seul recours, fondamental et souverain, l'expérience, qui a suggéré l'instrument mathématique, et qui est l'unique arbitre de la connaissance. Contre elle rien ne vaut, ni dans les sciences de la nature, ni dans celles de la pensée.

Nous avons suffisamment indiqué les défauts de la méthode cartésienne. On voit pourquoi Descartes a presque abouti à la vérité dans sa conception du monde, pourquoi sa conception de l'homme pensant fut et devait être une aberration totale. Il nous reste à résumer sa double doctrine.

Le *Monde de Descartes* (titre d'un livre posthume publié par ses disciples) est régi par un déterminisme absolu, indéfectible; les corps qui l'habitent, les phénomènes qui s'y succèdent résultant de la combinaison de particules étendues et mobiles, il n'y a ni causes premières, ni causes finales : « Toutes les variétés qui sont en la matière dépendent du mouvement de ses parties. » La chaleur et la lumière sont des mouvements. Toute la science humaine consiste à voir distinctement « comment les natures simples concourent entre elles à la composition des autres choses..., à déterminer leurs rapports, analogues à ceux qui relient les termes d'une équation ou les lignes d'une figure... Toute ma physique n'est autre chose que géométrie; toute ma physique n'est autre chose que mécanique. » Il n'y a pas d'atomes, car toute étendue est divisible (Descartes parle ici en logicien, non en chiniste); mais il y a des combinaisons diverses en figures en mouvement et en durée, de certaines particules infiniment petites. « Chaque corps peut être divisé en des parties extrêmement petites. Je ne veux point déterminer si leur nombre est infini ou non; mais du moins il est certain qu'à l'égard de notre connaissance il est indéfini, et que nous pouvons supposer qu'il y en a plusieurs millions dans le moindre petit grain de sable qui puisse être aperçu de nos yeux. » Il n'y a pas de vide; mais il existe une matière subtile, l'éther, partout répandue dans les intervalles des tissus et à l'entour des corps.

La matière est homogène, et ses produits ne diffèrent que par l'ordre et la forme de leurs parties. Ce qu'on nomme éléments, l'air, le feu, l'eau, la terre ne sont au fond que des groupements divers de molécules plus ou moins pénétrantes, rondes ou grossières, résolubles l'une dans l'autre; à plus forte raison les métaux et ce qu'on nommera plus tard les corps simples. « Tous les corps sont faits d'une même matière... Il n'y a rien qui fasse diversité entre eux, sinon que les petites parties de cette matière qui composent les uns ont d'autres figures ou sont autrement arrangées que celles qui composent les autres. » Ainsi pensaient les alchimistes; ainsi, à peu de chose près, Épicure. Encore Lucrèce supposait-il un certain nombre de types atomiques, correspondant à la rigueur aux corps simples de la moderne chimie.

Descartes, pas plus que Bacon, n'accepte le système de Copernic. En des cieux « fluides, composés de petites parties qui se meuvent séparément les unes des autres, » il place les astres, les planètes au centre de tourbillons d'éther qui en maintiennent toutes les parties. En effet, « lorsqu'un corps se meut, encore que son mouvement se fasse le plus souvent en ligne courbe et qu'il ne s'en puisse jamais faire aucun qui ne soit en quelque façon circulaire, toutefois chacune de ses parties en particulier tend toujours à continuer le sien en ligne droite. » De là l'utilité des tourbillons de matière subtile, eux-mêmes contenus par d'autres tourbillons, ou par les îlots immobiles des intermondes.

Descartes admet, comme Lucrèce, que les causes qu'il imagine puissent n'être pas les véritables ; mais il croit « avoir assez fait » si les causes qu'il présente « sont telles que tous les effets qu'elles peuvent produire se trouvent semblables à ceux que nous voyons dans le monde, sans s'informer si c'est par elles ou par d'autres qu'ils sont produits ».

Tel est, sans nous étendre sur tant de belles découvertes en physique, en dioptrique, et sur l'admirable réduction de la géométrie à l'algèbre, le matérialisme absolu de Descartes. Dans ses lignes générales, sa conception du monde fondée sur l'étendue et le mouvement ne diffère pas du matérialisme antique.

Sa physiologie a le même caractère que sa physique ; elle réduit la vie à un mécanisme. Les *animaux-machines* et les *esprits animaux* nous ont valu les vers charmants de La Fontaine et nombre d'autres critiques piquantes. C'est Descartes lui-même qui, en séparant la pensée de la vie, a ridiculisé son apparent paradoxe. Mais si l'on veut bien écarter ces *esprits animaux*, fort déplacés chez un ennemi des causes occultes, d'ailleurs adéquats au mouvement du sang vers le cerveau et à la transmission des ébranlements nerveux, si l'on passe sur les hypothèses trop souvent mêlées aux faits observés, il faudra convenir que Descartes a vu juste et profondément. Il a subordonné les phénomènes dits organiques au déterminisme inorganique. Découverte capitale ! Les *animaux-machines* sont, à tout prendre, la création la plus puissante et la plus durable de son génie.

Il est telle page de la *Formation du fœtus* ou *Traité de l'homme* qui semble une esquisse de toute la physiologie moderne :

« Toutes les fonctions que j'ai attribuées à cette machine (au corps), comme la digestion, le battement du cœur et des artères, la nourriture et la croissance des membres, la respiration, la veille et le sommeil ; la réception de la lumière, des sons, des odeurs, des goûts, de la chaleur et de telles autres qualités dans les organes des sens ; l'impression de leurs idées dans l'organe du sens commun et de l'imagination (le cerveau) ; la rétention ou l'empreinte de ces idées dans la mémoire ; les mouvements intérieurs des appétits et des passions ; et enfin les mouvements extérieurs de tous les membres, qui suivent si à propos, tant des actions des objets qui se présentent aux sens que des passions et des impressions qui se rencontrent dans la mémoire, *qu'ils imitent le plus parfaitement qu'il est possible ceux d'un vrai homme*; je désire, dis-je, que vous considériez que ces fonctions suivent tout naturellement en cette machine de la seule disposition de ses organes, ne plus ne moins que font les mouvements d'une horloge ou autre automate de celle de ses contre-poids et roues ; en sorte qu'il ne faut point à leur occasion concevoir en elle aucune autre âme végétative ou sensitive, ni aucun autre principe de mouvement et de vie, que son sang et ses esprits agités par la chaleur du feu qui brûle continuellement dans son cœur. »

Dans sa physique, Descartes n'a fait que répéter Épicure (sans s'en douter); ici, il le dépasse ; il met fin (sans le vouloir) à cette invention de l'âme, matérielle ou immatérielle, qui a troublé tant de cerveaux et qui va égarer son génie.

Est-ce à la méthode mathématique ou à l'expérience qu'il faut faire honneur des théories de Descartes sur l'organisme vivant? L'une n'a fait que classer les résultats de l'autre. Descartes, pour son temps, a été un anatomiste de premier ordre. Dès 1630 « il étudie en chimie et en anatomie tout ensemble », apprenant tous les jours « quelque chose qu'il ne trouve pas dans les livres ». La dissection des animaux, écrit-il à Mersenne, « est un exercice où je me suis souvent occupé depuis onze ans, et je crois qu'il n'y a guère de médecin qui y ait regardé de si près que moi ». Partout où il va, il se fait apporter par les bouchers « les parties qu'il veut anatomiser plus à loisir ». Quelqu'un lui demandant à voir ses livres, il l'emmène sous une galerie et, lui montrant le corps d'un veau : « Voilà, dit-il, ma bibliothèque, voilà l'étude à laquelle je m'applique! »

Il a encore écrit ceci : « Si on connaissait bien quelles sont toutes les parties de la semence de quelque espèce d'animal en particulier, par exemple de l'homme, on pourrait déduire de cela seul, par des raisons entièrement mathématiques et certaines,

toute la figure et conformation de chacun de ses membres .. »
Kant aura de ces éclairs, sur l'élaboration cérébrale.

Enfin voici un passage d'une lettre à Mersenne : « J'anatomise maintenant *des têtes de divers animaux pour expliquer en quoi consistent l'imagination, la mémoire...* » Eh bien, la philosophie est faite. A quoi bon désormais la métaphysique ?

Descartes ne connaît rien dans le corps de l'homme, y compris la sensation, les passions, la mémoire, la correspondance des mouvements aux impressions nerveuses, qu'il ne retrouve dans la série animale. Mais il ne veut pas voir qu'il accorde aux animaux la pensée, le raisonnement, la volonté, tout ce qui se résume dans le mot *âme*. Il lui faut pour l'homme un privilége par où nous échappions à la mécanique. Et à côté de l'étendue, qui seule obéit aux lois naturelles, il admet des êtres inétendus, dont le néant est la substance, des âmes et un dieu.

« Une chose de cette nature ne se saurait imaginer, c'est-à-dire ne se saurait représenter par une image corporelle ; mais il ne s'en faut pas étonner : car notre imagination n'est propre qu'à se représenter des choses qui tombent sous les sens ; et pour ce que notre âme n'a ni couleur, ni odeur, ni saveur, ni rien de tout ce qui appartient au corps, il n'est pas possible de se l'imaginer ou d'en former l'image ; mais elle n'est pas pour cela moins concevable ; au contraire, comme c'est par elle que nous concevons toutes choses, elle est aussi, elle seule, plus concevable que toutes les autres choses ensemble. » (C'est le *nihil in intellectu quod non prius in sensu, nisi ipse intellectus*, si prodigué par les criticistes ; nous y viendrons.) Et sur ce beau raisonnement, Descartes fonde la fameuse méthode psychologique qui, enfermant la pensée en elle-même, ordonne à l'âme de l'étudier sous cloche en dehors de tout ce qui la constitue, c'est-à-dire des sensations et du monde extérieur. De là la nécessité des idées innées (voir ci-dessous *Locke*), des vérités nécessaires directement reçues par la raison.

Cet homme qui a si bien saisi dans l'animal le passage de la sensation aux passions, à l'imagination et à la mémoire, c'est-à-dire les éléments de l'entendement, s'en va inventer « une chose qui ne se peut imaginer », à laquelle il refuse sensation, passion, imagination, mémoire même, tous attributs du corps, et qui ne travaille que sur les documents fournis par le corps; il ne voit pas que ces idées « innées, nécessaires » ne sont que des résumés de ces documents. Sa mathématique l'abandonne.

Bien plus, ce monde dont il a découvert l'ordonnance et la loi, ce monde dont le contact nous révèle notre existence en même temps que la sienne, devient une conception intérieure de l'âme ; et qui sait si l'image répond à la réalité (notez que l'âme ne peut recevoir d'images, dès que l'imagination appartient au corps : enchevêtrement de contradictions)? Nous connaissons et nous écarterons sans cesse cette question oiseuse.

Que devient alors le critérium de la certitude, la fameuse *évidence?* L'intuition claire et précise, la conception d'un esprit attentif. Ne suffit-elle plus à éliminer le doute ? Elle ne suffit plus. Et à quelle branche se rattacher ? Quelle foi va sauver la science du naufrage ? Car nous ne savons plus, nous croyons. Et notre raison de croire est la plus invraisemblable, la plus naïve, la plus saugrenue qu'on puisse inventer : la *véracité de Dieu.* Dieu n'a pu vouloir nous tromper, Dieu à qui Descartes accorde une liberté illimitée. Mais enfin ce Dieu, qui nous en prouve l'existence ? L'idée que nous en avons, le parfait d'Anselme, l'infini, etc. Ainsi une conception de cette âme, qui n'ose nous certifier la réalité du monde extérieur, nous garantit la réalité d'un être inétendu, quoique démesuré, qui nous garantit la réalité de tout ce qui est, qui peut tout vouloir et cependant ne peut pas vouloir nous tromper. C'est là qu'en est venu l'homme qui s'écriait : De la matière et du mouvement, et je referai le monde ! Tant de métaphysique nous a arrêté dans notre marche, tant de métaphysique nous attend, que nous n'insistons pas sur de telles divagations. Il est de bon goût de les trouver sublimes. Elles convenaient, évidemment, à l'état d'esprit créé par le christianisme et la scolastique ; car elles séduisirent pour le moins autant les contemporains les plus illustres de Descartes, les Mersenne, les Bossuet, les Fénelon, les Arnauld, les Nicole, etc., gallicans, jansénistes, mystiques, que ses admirables vues sur le monde et sur la vie. Ces adhésions considérables, bien plus qu'une doctrine fort innocente au point de vue chrétien, fouettèrent la bile de la Sorbonne et des jésuites. Les livres de Descartes furent mis à l'index; le conseil du roi proscrivit sa philosophie; un oratorien, le P. Lamy, pour l'avoir soutenue, souffrit une persécution inepte; elle triompha pourtant, et sa métaphysique, artificiellement superposée à son matérialisme, servit de véhicule aux puissantes conceptions que nous avons plus haut résumées. Le véhicule se rompit sous l'effort de Locke. La science continua sa marche; elle avait donné l'impulsion à Newton, à Huygens; elle avait suscité en médecine la lutte féconde de l'*iatromécanisme* et de l'organicisme contre l'animisme de Stahl. Il semble que la profondeur de la chute de Descartes dans la métaphysique, et de sa métaphysique dans le monde, fait mieux mesurer la hauteur, la majesté du monument élevé à la science mathématique par ce génie extraordinaire.

La trop courte vie de René Descartes fut toute de labeur et de méditation. Né en 1596, à la Haye, en Touraine, élevé à la Flèche chez les jésuites, il lut tout ce qui avait été pensé sur le monde et sur l'homme. Après quelque hésitation entre diverses carrières, portant son doute avec lui, résolu à étudier à la fois toutes les sciences et à fonder une philosophie générale conforme à son idéal mathématique, on le voit errer de pays en pays, déjà célèbre avant d'avoir rien publié. Suspect en France, il s'établit en Hollande pour vingt-cinq années; c'est là que, ne correspondant avec le monde que par l'intermédiaire de son ami le P. Mersenne, il lance le *Discours de la Méthode* (1637), la *Dioptrique*, les *Météores*, la *Géométrie*, les *Méditations* (en latin, 1644; en français, 1647), les *Principes de philosophie* (1644, 1647), les *Passions de l'âme* (1649). Vivement sollicité par Christine, il passe en Suède et meurt à Stockholm en 1650, à l'âge de cinquante-trois ans. Après sa mort, par les soins de ses disciples immédiats, Rohaut et Clerselier, parurent : le *Monde de Descartes* ou le *Traité de la lumière*, le *Traité de l'homme et de la formation du fœtus*, et la *Correspondance* (1657-1667). C'est seulement en 1667 que ses amis purent obtenir le retour de ses dépouilles mortelles et lui élever un monument dans l'église Sainte-Geneviève du Mont. Descartes a eu pour vulgarisateurs Rohaut et surtout Sylvain Régis (1632-1707), véritable apôtre qui, au nom de la Société cartésienne de Paris, alla prêcher la doctrine à Toulouse, à Montpellier, et la défendit contre Huet et Spinoza. On doit à Régis un *Système général selon les principes de Descartes* (1690). Les différences qu'on signale entre la métaphysique du maître et celle du disciple ne valent guère la peine d'être rapportées.

Parmi les adversaires de Descartes, le plus courtois comme le plus sérieux est Pierre Gassendi, qui fut aussi un esprit encyclopédique, mais plus savant qu'inventeur, curieuse et sympathique figure, et bien de son temps par la juxtaposition sincère de doctrines qui s'excluent. Gassendi, atomiste, sensualiste et matérialiste au premier chef, restaurateur de la philosophie d'Épicure, a trouvé moyen de rester toute sa vie, sans se démentir, prêtre pieux et fils soumis de l'Église. Les concessions qu'il a dû faire aux idées moyennes, l'âme et le dieu selon la raison qu'il admet à côté de l'âme-ignée et de l'univers-dieu, n'altèrent que faiblement le caractère de sa philosophie, tout expérimentale. Elle renferme précisément les mêmes erreurs secondaires et les mêmes vérités fondamentales que l'épicuréisme, donne à la vie pour but le bonheur et à la morale pour base l'intérêt bien entendu de l'individu en société. Si les principes se jugent à l'application, ceux de Gassendi n'étaient pas si mauvais; il a été un modèle d'affabilité, de générosité, de vertu sans fracas. Sans revenir sur des doctrines déjà bien connues, il est juste de rapporter les principales circonstances de sa vie, les querelles scientifiques et philosophiques auxquelles il a été mêlé, les titres de ses nombreux ouvrages.

Né près de Digne en 1592, directeur d'un collège dès 1612, docteur en théologie en 1616, prêtre l'année suivante, Gassendi se détacha de la scolastique en l'enseignant. Pendant les six années qu'il occupa la chaire de philosophie à l'université d'Aix, il s'aperçut que les découvertes de Copernic, de Keppler et de Galilée ruinaient la mauvaise physique imposée à la jeunesse au nom d'Aristote. C'est contre le Stagirite que fut dirigé son premier écrit : *Exercitationes paradoxicæ adversus Aristoteleos* (Grenoble, 1624). Les critiques souvent injustes dont sa vivacité provençale accabla l'inventeur du syllogisme tombaient plutôt sur l'enseignement des disciples que sur le génie du maître. Cet ouvrage, paru quatre ans après le *Novum Organum*, treize ans avant le *Discours sur la Méthode*, n'est pas moins que ces fameux écrits une ferme revendication de la liberté de penser, une déclaration d'indépendance. Il fit grand bruit et valut à son auteur l'estime ou l'amitié des penseurs. Dans un séjour à Paris, Gassendi entra en relation avec La Mothe-le-Vayer, avec Mersenne et Descartes.

Pendant quelques années, la prudence l'empêcha de développer ses idées. Le péripatétisme aux abois venait justement, en 1624, d'obtenir un arrêt du Parlement, défendant « à peine de vie, de tenir ni enseigner aucune maxime contre les auteurs anciens et approuvés ». Gassendi visita la Flandre, la Hollande et l'Angleterre, où il connut Hobbes (1628). C'est alors qu'il se familiarisa avec les doctrines de Bacon, si conformes aux siennes. Tout en s'occupant d'astronomie et en observant le premier (1631) le passage de Mercure sur le soleil, il trouva le temps de réfuter, pour être agréable à Mersenne, le mysticisme théurgique de l'Anglais Robert Fludd. Cependant il correspondait avec Galilée, écrivait sur la physique et l'astronomie, prenait visiblement parti pour Copernic contre Tycho ; partout son attachement à l'expérience le préservait des erreurs systématiques de Descartes ; chaque jour accentuait les divergences inévitables entre le rationalisme et l'école de l'observation ; elles éclatèrent dans la polémique suscitée par les *Méditations* de Descartes. Le père Mersenne ayant communiqué ce livre à Gassendi, comme au chef reconnu de l'école adverse, celui-ci composa ses *Objections*

(*Disquisitio*) et ses *Doutes*; on peut mesurer l'embarras du métaphysicien, *anima*, comme l'appelait son courtois et spirituel critique, à l'aigreur de ses réponses. Il est fâcheux que Gassendi ait toujours écrit en latin; le français aurait mis dans tout leur jour les mérites de son style et la force de sa discussion.

Plus Gassendi avançait dans la vie, et plus il se prenait d'admiration pour le matérialisme antique, véritable précurseur de la science. Ses dernières années furent marquées par d'importants travaux sur la *Vie, les Mœurs et la Doctrine d'Épicure* (1647-49); le plus curieux est le *Syntagma* ou Résumé systématique, accompagné d'une réfutation des dogmes épicuriens contraires à la foi chrétienne. Des deux doctrines ainsi rapprochées, la seconde ne gagne point à la comparaison.

Après avoir donné encore, en 1653, des vies de Copernic et de Tycho-Brahé, Gassendi dut renoncer à l'étude; il mourut en 1655, à soixante-trois ans, laissant à ses amis Montmort et Bernier, le grand voyageur, le soin de rassembler ses ouvrages. Le premier les publia en six volumes in-folio (1658). Le second popularisa sa philosophie par un élégant *Abrégé* (8 vol. in-12, Lyon, 1678).

Locke a trop fait oublier Gassendi, esprit plus large et, malgré sa soumission formelle à l'autorité de l'Église, plus hardi. Son influence fut, d'ailleurs, beaucoup plus grande que n'aime à le laisser croire l'école métaphysique. N'oublions pas qu'il forma Molière et que son souvenir demeure lié à la brillante imitation de Lucrèce, dont le *Misanthrope* nous a conservé un fragment. « Avoir été, dit M. Duval-Jouve, l'ami de Galilée et le défenseur de sa doctrine, le rival de Descartes, le premier disciple de Bacon et le premier historien de la philosophie en France, le précurseur de Locke, et, comme tel, le véritable père de l'école sensualiste moderne, ce sont là encore d'assez beaux titres de gloire. »

Ces titres, au moins les derniers, Gassendi les partage en quelque façon avec Hobbes, autre adversaire illustre de la métaphysique cartésienne (*Objections contre les Méditations*). Seulement, le matérialisme de Hobbes, plus entier, plus rigide, est aussi moins concluant. Il confine au scepticisme de Démocrite et de Protagoras, à celui de Hume surtout et des psychologues anglais modernes. En dernière analyse, le monde extérieur n'est pour Hobbes qu'une succession de mouvements répercutés en nous, diversement traduits par la sensation en images dont rien ne garantit la fidélité. C'est chez lui une opinion ferme et arrêtée ; il est vrai qu'elle ne trouble guère sa sérénité dogmatique ; et comme ce doute oiseux, si cher à nos *bombynantes in vacuo*, tient peu de place dans sa doctrine, nous n'en tiendrons pas plus de compte qu'il n'a fait lui-même. Ce n'est pas chez lui, d'ailleurs, c'est chez son contemporain et adversaire, Glanvill (1636-1680), qu'il faudrait chercher les arguments principaux du scepticisme systématique. Encore la philosophie expérimentale, pour laquelle tous les sceptiques ont travaillé sans le savoir, n'aurait-elle qu'à profiter des attaques habiles dirigées par Glanvill contre le principe de causalité. Voici ce que le pasteur anglais nous dit après Charron, avant Hume et bien d'autres : « Toute connaissance de cause est déductive, car nous n'en connaissons aucune par simple intuition ; nous les connaissons seulement par leurs effets. Ainsi nous ne pouvons conclure qu'une chose est la cause d'une autre que de ce que celle-ci accompagne constamment celle-là, car la causalité elle-même n'est pas perceptible. Mais déduire d'une simple concomitance une causalité, ce n'est pas une conclusion certaine ; il y a, au contraire, dans une telle manière de procéder une évidente déception. »

Hobbes est né en 1588, à Malmesbury. Brillant élève d'Oxford, grand humaniste, il aida Bacon à rédiger en latin l'*Instauratio* et l'*Organum*. De fréquents voyages, surtout en France, le mirent en rapports directs ou épistolaires avec Galilée, Mersenne, Gassendi, Descartes. A travers d'infinies vicissitudes, sa vie se prolongea jusqu'à la quatre-vingt-onzième année ; il mourut en 1679. Il avait publié successivement, toujours en latin : *le Citoyen* (1642), *De la nature humaine* (1650), *Léviathan* ou *la*

Cité (1651), *la Logique* (1655), *Du corps de l'homme* (1658). Tous ces ouvrages furent répartis en 1668 dans l'édition complète de ses œuvres, divisée en *Logique, Philosophie première, Physique, Politique* et *Mathématique*.

Hobbes, disciple de Bacon, procède de l'expérience et de l'induction ; mais il les sous-entend. Il en considère les résultats comme acquis et les résume en cette proposition : Il n'existe que des corps et leurs accidents. Dieu et ses attributs se trouvent du coup exclus de la philosophie, avec les esprits et les âmes, vaines images abandonnées aux songes et à la théologie. N'ayant point à discuter sur son principe, il en part, il en déduit une logique originale, une psychologie, une morale et une politique. On a justement noté chez Hobbes le tempérament logicien, l'allure mathématique, mais on a trop opposé sa méthode à celle de Bacon ; l'une suit l'autre. L'*Organum* inductif est achevé, la branche ascendante de la double échelle est dressée, et Hobbes l'a montée sur les pas de son maître ; il n'a plus qu'à descendre l'autre et à créer cet *Organum* déductif que Bacon n'a pas eu le temps d'établir.

La philosophie est en nous : la sensation, la mémoire, l'expérience, nous en ont fourni tous les éléments ; il nous reste à les mettre en ordre par la réflexion. Philosopher, c'est donc raisonner. Le raisonnement, comme le calcul, opère sur des signes, les mots, qui représentent les idées, images ou résidus des sensations. Raisonner n'est que composer des propositions et les décomposer, après en avoir défini tous les termes. Sans définition, point de démonstration assurée. Hobbes attribue une très-grande importance au syllogisme, sans peut-être assez rappeler que la conclusion, étant toujours contenue d'avance dans la majeure, ne prouve aucunement la vérité de cette majeure. Quand on dit : Tous les hommes sont mortels ; Pierre est homme, donc Pierre est mortel ; on raisonne correctement, mais on n'a nullement établi que tous les hommes sont mortels. La logique ne peut donc rien par elle-même, si elle n'est fondée sur l'expérience et l'induction. Quoi qu'il en soit, le calcul logique de Hobbes, avec ses additions et ses soustractions et divisions, est ingénieux et utile pour le classement des idées.

La philosophie première, qui tient lieu de la métaphysique, est l'élimination des entités, leur réduction en leurs éléments sensitifs et subjectifs. L'espace n'est que l'image des objets considérés uniquement comme existants, comme étendus, abstraction faite de toute autre propriété. Le temps n'est que l'image de mouvements successifs, d'événements en tant que faits, abstraction faite de tout autre caractère. Tous deux sont des conceptions subjectives et relatives. Un espace ajouté à un autre, un temps ajouté à un autre, et ainsi de suite, constituent ce que nous nommons absolument, par abréviation, l'espace et le temps, finis lorsqu'on peut compter leurs parties, infinis lorsque nous renonçons à les compter. L'infini n'est rien en soi, qu'une appellation abrégée de l'indéfini, qu'on peut toujours supposer plus grand qu'une somme quelconque d'objets finis. C'est en ce sens qu'on dit que l'infini contient le fini ; mais c'est le fini qui est la trame de l'infini ; l'infini n'est qu'une succession indéfinie de choses finies dont on fait abstraction.

Hobbes est un parfait nominaliste ; il n'accorde la réalité qu'à des agrégats finis, particuliers, plus ou moins complexes, divisibles en des éléments plus ou moins simples.

De la philosophie première, ainsi dégagée de la métaphysique et rendue tout entière à la logique et à la mathématique opérant sur les résultats de l'observation, Hobbes passe à ce qu'il nomme la philosophie civile, à la science de l'homme considéré dans sa nature et dans sa destination.

« La nature de l'homme est la somme de ses facultés naturelles, telles que la nutrition, le mouvement, la génération, la sensibilité, la raison, etc. »

L'homme étant donné, avec son organisme vivant et sentant, si nous considérons seulement les facultés dites intellectuelles inhérentes à cet organisme, nous voyons qu'elles procèdent toutes d'un contact avec les choses, de la sensation, contre-coup d'un mouvement qui met en jeu l'activité intérieure. Ou bien la sensation, transmise au cerveau, affaiblie et accumulée en imagination et en mémoire, élaborée, coordonnée en raisonnement, produit des notions et des conceptions ; et dans ce cas elle est l'origine de l'intelligence ou entendement, qui de l'expérience tire la science ou sagesse. Ou bien la sensation, accompagnée de plaisir et de douleur, renvoyée du cerveau au cœur (pour parler le langage de Hobbes), donne lieu à la sensibilité proprement dite, qui comporte les affections, les passions avec leur cortége d'idées morales et sociales. Nous aurons assez occasion de développer cette classification si large et si simple, et nous n'en retiendrons ici que la catégorie affective.

La douleur, accompagnée de haine et d'aversion, la joie suivie de l'amour et du désir : telles sont les causes contraires, incessamment mêlées en conflits et en compromis divers, des affections et des passions, les mobiles de toutes les actions humaines. Le bien et le mal, identiques au plaisir et à la peine, relatifs aux tempéraments, varient dans la mesure de l'opinion que s'en font les individus et les groupes d'individus. Les règles morales sont fondées sur l'accord des appréciations relatives au bien et au mal. De là leurs variations et aussi leur stabilité générale : car chez l'homme, les différences individuelles sont primées de beaucoup par les qualités communes, soit physiques soit intellectuelles, que nous résumons dans le mot *genre* ou espèce. Le bien et le mal le plus universellement reconnus, ce sont la conservation et la mort. Tout ce qui favorise la conservation est bon, tout ce qui hâte la mort, tout ce qui y ressemble, est mauvais : ces deux sentiments primordiaux se retrouvent au fond des théories morales les plus savantes et les plus épurées.

« Lorsqu'à l'égard d'une même chose, on éprouve tour à tour le désir et l'aversion, cette alternative, tant qu'elle dure, se nomme délibération. Quand, à la suite de la délibération, l'un des deux mouvements prévaut, il prend le nom de volonté ; et quand, à la suite de la volonté, il y a pouvoir d'exécution, cela s'appelle liberté : de sorte que la liberté n'est pas l'indépendance, mais simplement l'absence d'obstacle à la volonté. » Désir, aversion, délibération, volonté, liberté ne sont donc ni des forces, ni des entités quelconques, ce sont des mots par lesquels on distingue les moments de l'évolution sensitive. La conscience est le fait même de la sensation, et le *moi* la résultante d'un ensemble organique.

Les hommes, guidés par l'intérêt et l'expérience, ont passé de l'état sauvage à l'état social. Les familles et les troupes éparses ont formé, par juxtaposition, par accident ou par convention, des tribus, des cités, des nations. D'abord poussées à la guerre par l'instinct de conservation et d'accroissement, les sociétés placeront de plus en plus leur idéal dans la paix intérieure et extérieure.

Le maintien de la société et de la paix, étant l'intérêt commun, est l'objet et le but de la science politique, il n'est garanti que par un pouvoir absolu, sacré, inaliénable et inviolable, déposé aux mains d'un seul.

La conclusion absolutiste de Hobbes fait pâmer d'aise les libéraux de la métaphysique; ils se hâtent de vanter la puissance logique de Hobbes; ils s'écrient que ce matérialiste a tiré de sa doctrine abjecte toutes les conséquences enfermées dans la négation de l'âme inétendue, de la liberté absolue et de la justice immuable. Ils oublient la *Politique tirée de l'Écriture sainte*, et le royalisme parfait de plusieurs spiritualistes ou déistes. Des esprits moins prévenus se seraient rappelé que Hobbes, attaché à la fortune des Stuarts, n'a connu de la liberté que sa forme anarchique et violente; ils auraient compris qu'un ami de l'ordre et de la paix, un penseur supérieur aux sottes querelles des Puritains et des Indépendants, préférât la sagesse d'un seul aux folies de tous. Peut-être se seraient-ils aperçus que toute organisation maintenant la société et la paix répond également au vœu du philosophe. L'absolutisme n'est point la conséquence de sa doctrine; si Hobbes l'a cru tel, qu'importe son erreur?

Par deux fois, en touchant le sol anglais, nous avons repris des forces contre le Protée métaphysique. Au moment de l'étreindre encore sous les espèces du panthéisme et du dynamisme, nous pourrions deviser quelques heures avec l'aimable La Mothe-le-Vayer, l'abondant Huet, le clairvoyant La Rochefoucauld (1613-1680), le malade Pascal ou l'incrédule Bayle, sceptiques d'humeur diverse, qui, chacun à sa manière, continuent la tradition de Montaigne et de Charron. Mais ce sont gens qui relèvent plus de la curiosité et de l'histoire littéraire que de la philosophie. Au reste les arguments du scepticisme ne changent pas. Protagoras, Arcésilas, Pyrrhon, Ænésidème les ont posés pour toujours.

La Mothe-le-Vayer (1588-1672) est un douteur du genre gracieux. Son ironie n'en est pas moins profonde ; ne place-t-il pas sous le couvert de l'orthodoxie sa *Sceptique chrétienne?* Il trouve moyen de rester précepteur de Louis XIV, et de n'éveiller aucune susceptibilité, tout en effleurant les questions brûlantes (on brûlait encore très-bien les athées en France vers 1655 ; voir Loret, Lettre du 20 mars 1655), et en divertissant ses contemporains aux dépens des pédants et dogmatiques, *opinionissimi homines*. Ses *Cinq dialogues de Tubéro* (1671), qu'il a composés « en philosophe ancien et païen, *in puris naturalibus* », sont un modèle d'élégante plaisanterie, brochée sur un fond sérieux. A côté de l'éloge des « rares et éminentes qualités des ânes de son temps », on y trouve des considérations très-fortes sur les diversités des opinions, des mœurs, sur les avantages de la solitude, enfin sur les origines des religions. Il va sans dire que le dieu de l'inquisition est nommément exempté de toute perquisition indiscrète. Comme Sextus Empiricus, « vénérable maître » dont le « divin écrit » doit être lu « avec pause et attention », l'agréable Tubéro cherche avant tout « dans l'indifférence le repos et la tranquillité d'âme ». Au fond, il est parfaitement sensualiste, comme La Rochefoucauld, comme Saint-Évremond, comme Huet, comme Bayle.

Pascal (1623-1662) fera toujours les délices des lettrés. Jamais style plus nerveux, expressions plus décisives n'ont été mis au service de pensées plus vacillantes. Mathématicien précoce, géomètre éminent, il suivait non sans éclat la voie philosophique de Descartes, quand le fatalisme janséniste, combiné avec une sorte de folie intermittente, vint (à partir de 1654) troubler son âme et dévoyer son génie exaspéré. Un récent éditeur des *Pensées* (Lemerre, t. I) cherche à prouver que la plupart de ses invectives contre la raison et l'expérience ne sont que des objections recueillies dans Montaigne et dans des manuels théologiques (*Pugio fidei*) pour animer son *Apologie du christianisme*. En fait le savant critique a sans doute raison, et dans l'incohérence de ces fragments jetés pêle-mêle sur des feuilles volantes, qui ressemblent aux soubresauts d'une agonie, la part doit être faite au désordre d'une compilation hâtive. Mais l'opinion générale n'en est pas ébranlée. Si Pascal a entrepris de défendre la foi, c'est qu'il en doutait. Contre qui la défend-il? Contre lui-même, contre ses tendances plus sensualistes encore que métaphysiques. Il lutte jusqu'à son dernier soupir. La grâce le terrasse, et il veut entraîner dans sa défaite la philosophie et la science. Sous l'originalité de la forme on démêle aisément le fonds commun à tous les sceptiques : misères de la condition humaine, infirmité de la raison, incertitude de l'expérience, inanité de tous les critères. Quel refuge au désespoir? La soumission aveugle à la fatalité, encore aggravée par le caprice de la grâce, au vrai christianisme, vainement mitigé par les politiques et les habiles, à la foi qui abêtit.

Autant Pascal est combattu, violent, enflammé et sombre, halluciné, autant D. Huet (1630-1721), l'érudit évêque d'Avranches, est imperturbable et serein. Mais son encre est terne et pâteuse. Il délaye et alourdit La Mothe-le-Vayer. Ce n'est pas à dire que sa *Critique de la philosophie cartésienne* et son traité posthume *de la Faiblesse de l'esprit humain* soient dénués de valeur doctrinale. De son ennuyeux latin, quelque pêcheur patient tirerait parfois des arguments solides, bien que trop connus. Descartes d'abord l'aurait séduit, mais il s'est aperçu que la religion n'a rien à gagner au matérialisme mathématique et au déisme rationnel. Sceptique orthodoxe, son but est d'établir la nécessité de la foi. C'est la thèse accidentelle de La Mothe et de Charron lui-même. Pascal ne conclut pas autrement. Mais Huet est convaincu, c'est ce qui le rend insipide.

Bayle (1647-1706) évite l'un et l'autre reproche. C'est l'incrédulité faite homme ; il a l'érudition immense qui broie les systèmes les uns contre les autres, il a le style coulant et alerte qui se joue entre leurs débris. Il est sceptique pour échapper « à la honte de paraître inconstant ». Deux fois apostat, ce n'est certes pas dans la foi qu'il faut chercher sa constance ; elle est ailleurs. Il se défend de toute arrière-pensée dogmatique : « Je ne suis, dit-il, que Jupiter assemble-nues ; mon talent est de former des doutes. » La nature « est un abîme impénétrable »... ; l'homme « le morceau le plus difficile à digérer qui se présente à tous les systèmes » ; principes de la morale, preuves de la liberté, essence et destination des âmes, en tout le pour et le contre se balancent. Faut-il se cramponner à la religion ? « Qu'on ne dise plus que la théologie est une reine dont la philosophie n'est que la servante... Tout dogme qui n'est point homologué, pour ainsi dire, vérifié et enregistré au parlement suprême de la raison et de la lumière naturelle, ne peut être que d'une autorité chancelante et fragile comme le verre. »

Et Dieu ? La croyance à son existence pourrait, à la rigueur, rallier tous les hommes, ce qui n'est pas. Mais comment s'accorder sur sa nature ? De ses perfections, nous n'avons que des idées négatives. Ses attributs jurent : immutabilité et liberté, immatérialité et immensité. Le mal contredit sa bonté ; la liberté humaine dément sa prescience. Sans avoir la moindre notion d'un dieu, l'homme peut distinguer la vertu du vice. Souvent l'athée pratique le bien, mieux que le croyant. A la superstition et à l'idolâtrie qui ne préférerait l'athéisme ?

L'athéisme, voilà où Bayle est constant. Ses réserves n'ont pas trompé Jurieu, son ami, son compagnon d'exil, devenu son rival et son accusateur. Elles n'abusent pas la postérité. Que pèsent-elles au prix des services que Bayle a rendus à la libre pensée ?

Rentrons dans l'abstrus, dans l'*abscons*.

Descartes, nous l'avons vu, a manqué de hardiesse et de logique ; il n'a pas osé introduire dans le monde intellectuel la mathématique, souveraine du monde matériel. Il a conservé le vieux dualisme de l'étendue et de la pensée. Spinoza va combler l'abîme; mais il ne demandera pas ses matériaux à l'expérience ; et la métaphysique ne lui fournira que des illusions arbitraires. La vertu de Spinoza, la justesse de certaines de ses théories morales, son haut dédain pour les superstitions religieuses, ses tendances démocratiques, le rendent cher à tous ceux qui pensent librement, mais ne peuvent leur dérober l'inanité de sa doctrine.

Baruch Spinoza, le père de Lessing, de Gœthe, de Novalis, de Schleiermacher, de Jacobi, de Hegel, de Schopenhauer, naquit juif portugais à Amsterdam le 24 novembre 1632. Après avoir appris le latin chez un médecin suspect d'athéisme, Van den Ende, il étudia la théologie, puis la physique. La lecture de Descartes décida de sa vocation, et son premier ouvrage fut un excellent résumé des *Principes de la philosophie* (1660). Il avait cessé de fréquenter la synagogue. Les rabbins essayèrent de le séduire, de l'acheter, de l'assassiner. Ils l'excommunièrent publiquement selon la terrible formule *Schammatha*. L'anathème eut pour conséquence unique la fuite de l'innocent et opiniâtre maudit. La nature frêle et maladive de Spinoza était doublée d'un courage invincible, d'une résolution sereine et inaltérable. Pour ne dépendre d'aucune protection, il apprit un métier. Philosophe et polisseur de verres pour les lunettes astronomiques, il s'établit dans une chambre à la Haye, partageant ses heures entre l'étude et le travail manuel, vivant avec quatre sous et demi par jour, inaccessible à toute séduction, à tout avantage honorifique ou pécuniaire, mais affable, réservé, généreux, retranché dans un stoïcisme discret. Son *Traité théologico-politique* (excellemment traduit par Saisset, et surtout par M. J.-G. Prat) lui valut tant d'inimitiés, d'objurgations, d'ennuis qu'il résolut de ne plus rien publier (1670). Son *Éthique* (*Morale démontrée selon la méthode géométrique*), son *Traité politique*, sa *Réforme de l'entendement*, ne parurent qu'après sa mort, en 1677. En rentrant de l'office, le 23 février 1677, ses hôtes s'aperçurent qu'il avait cessé de vivre ; il n'avait pas quarante-cinq ans.

La logique déductive de Hobbes sous-entend l'expérience et

l'induction ; celle de Spinoza les constate, les dédaigne et passe. Il y a quatre degrés de la perception : l'ouï-dire, l'expérience vague, la raison discursive ou connaissance des rapports, enfin, la raison intuitive ou connaissance immédiate des essences, des vraies causes. L'expérience donne, à la rigueur, ce qui est ; la logique, ce qui doit être ; et ce qui doit être est seul, d'une existence absolue.

Le premier objet de l'intuition est l'être parfait.

Tel est le principe arbitraire, illusoire, indémontré, duquel, par théorèmes et démonstrations, Spinoza déduit le mécanisme universel. « La méthode parfaite est celle qui enseigne à diriger l'esprit sous la loi de l'idée et de l'être absolument parfait. »

L'être parfait c'est la substance. Rien n'existe que la substance infinie. « Il est de la nature de la substance de se développer nécessairement par une infinité d'attributs infinis infiniment *modifiés*. » Les attributs, inséparables de la substance, infinis comme elle, puisqu'ils la constituent, mais relativement et chacun dans son genre, sont des manifestations de la réalité suprême, déterminée par une infinité de figures et de *modes* finis.

Des attributs infinis, la raison intuitive n'en connaît que deux : l'étendue et la pensée, distincts, bien que connexes dans leurs modes, unis et identiques dans la substance. La substance, ses attributs, les modes de ses attributs, l'unité et la diversité, ne sont qu'un ; cet un est l'être ; l'être est Dieu. « Si vous niez Dieu, concevez, s'il est possible, que Dieu n'existe pas. Son essence n'envelopperait donc pas l'existence ? Mais cela est absurde. Donc Dieu existe nécessairement. » (?).

Tout ensemble : Dieu est l'étendue en soi, l'immobile et indivisible immensité ; Dieu est la pensée absolue, parfaite, absolument indéterminée, sans entendement ni volonté, ayant pour unique objet la substance en soi, dégagée de ses attributs. Mais Dieu est encore l'infinité des attributs infinis de la substance, et l'infinie diversité de leurs modes finis. Dieu est donc à la fois l'indéterminé et le déterminé, la *nature naturante* et la *nature naturée* (laquelle est la manifestation de l'autre).

Dieu en soi ne pense ni ne veut ; mais il est la pensée en soi. Dieu en tout (en attribut et en modes) pense et veut.

Il est en même temps l'étendue infinie et l'étendue divisée : Dieu est l'unité de la diversité.

Le corps et l'âme sont deux modes de la substance, l'un de l'attribut-étendue, l'autre de l'attribut-pensée. L'âme a pour essence la pensée avec ses formes, sensibilité, volonté, imagination, qui, prises isolément, ne sont que des mots. C'est à peu près la doctrine de Descartes. Spinoza ajoute que l'âme est une pensée de Dieu. Mais, par une bizarre subtilité, il nie fort inutilement que cette pensée humaine, mode de la pensée divine, ait rien de commun avec Dieu, qui, cependant, lui est identique en substance.

Comment le corps et l'âme se trouvent-ils unis? C'est que, à chaque mode de l'étendue, correspond un mode de la substance. « L'ordre et la connexion des idées est le même que l'ordre et la connexion des choses. » Il y a là comme un souvenir de la kabbale et du panthéisme alexandrin. L'âme humaine, c'est l'*idée* du corps humain. C'est une idée composée de plusieurs idées, comme un corps est composé de plusieurs molécules. La volonté, l'entendement, sont des êtres de raison que le vulgaire *réalise* ; il n'existe au fond qu'une suite de perceptions, de volitions, etc., de faits intellectuels. L'intelligence, c'est l'idée considérée comme représentation ; la volonté, c'est l'idée considérée comme volition. Dans la vie réelle, représentation et action s'identifient. C'est la nature de la pensée de se représenter elle-même avec son objet. Ce qu'on nomme conscience est une pure abstraction, si on la sépare de la substance et des deux attributs dont l'âme et le corps sont des modes.

Tout corps est animé, c'est la loi. Aux organisations étendues de plus en plus simples et grossières répondent des âmes de moins en moins actives. Ainsi l'automatisme que Descartes attribuait aux animaux est étendu à l'homme, est commun à la nature entière. Tout est nécessaire, fatal, réglé par un développement inflexible. Le libre arbitre est une illusion fondée sur l'impossibilité de remonter la chaîne entière des causes.

Tout est éternel en soi, comme substance ; c'est assez dire que les *modes* variables ne sont pas immortels. En dépit du système de rémunération que Spinoza fonde sur les degrés de perfection atteints par l'âme durant la vie terrestre, il ne peut se dérober à la nécessité de nier formellement toute immortalité personnelle : la dissolution des organes supprime l'imagination et la mémoire, c'est-à-dire la conscience. « Il y a, dit-il, dans l'âme humaine quelque chose d'éternel. Nous sentons que nous sommes éternels. » Ne sommes-nous pas des modes de l'éternel étendu et pensant?

Nous avons déroulé d'un seul tenant la logique, la métaphysique et la psychologie de Spinoza. Elles s'enchaînent, en effet, avec rigueur. Mais est-il besoin de faire remarquer qu'elles pendent dans le vide à côté de ce qui est, et n'y touchent que par hasard ? Leur point de départ est arbitraire, leur conclusion est stérile. Spinoza rejette bien loin les entités de la scolastique, et il ne s'aperçoit pas que la substance, l'étendue, la pensée ne sont que des abstractions réalisées. *En soi*, elles ne sont que des termes généraux. Le dieu qu'elles constituent n'est que la qualité d'être, élevée à un état vague qu'on appelle la perfection ; il équivaut à une idée, élaborée par le double *mode* de l'étendue et de la pensée qui a nom Spinoza. Les spiritualistes, éclectiques et autres, qui se sont fabriqué un dieu avec des idées analogues, avec des termes généraux, mais qui, du moins, ont essayé d'en faire une personne consciente et volontaire, prouvent aisément l'inanité du dieu de Spinoza. S'il est tout, disent-ils, substance, attributs, modes, à la fois l'unité et la diversité, il n'est rien en dehors de la totalité des choses, rien de plus ; il est surérogatoire et inutile. S'il est seulement la substance, l'attribut et le mode *en soi*, il n'est rien qu'une illusion verbale, en un mot, rien. Qu'il soit tout, qu'il ne soit rien, cela est équivalent.

Encore si le dieu de Spinoza n'était que superflu, s'il n'ajoutait rien, c'est-à-dire ne changeait rien à la réalité, il serait le moins dangereux de tous et le plus compatible avec la science, puisqu'il n'impose ni prières, ni pratiques superstitieuses, ni clergé. L'observation n'aurait qu'à écarter les êtres *en soi*; il lui resterait la réalité, ce que Spinoza nomme les *modes*. Mais le roman logique de Spinoza renferme une erreur capitale, spécieuse, paraît-il, puisqu'elle a suggéré l'hypothèse des monades et séduit les *Monistes* contemporains : l'extension de la vie et de la pensée à la nature entière, sous forme d'attribut général et infini. Si l'étendue est une qualité inhérente à toute matière, la pensée n'en est qu'un accident : car elle ne se produit que dans certaines combinaisons dites vivantes, non pas même dans toutes, et nulle part ailleurs. Ici apparaît distinctement l'anthropomorphisme auquel Spinoza veut et croit échapper.

On a pu voir que la psychologie de Spinoza, bien qu'il la rattache fort habilement à la métaphysique, est bien moins éloignée de la réalité observée. C'est le matérialisme de Hobbes transposé en style abstrait. La morale de l'*Éthique*, si noble et si pure, a le même caractère. Elle étonne, il est vrai, les métaphysiciens dualistes; ils admirent la logique rigoureuse qui la rattache à la conception déterministe de Spinoza, et en même temps ils y signalent une inconséquence, à leur sens, fondamentale : pour eux, en effet, le libre arbitre et la vie future sont les conditions *sine quâ non* de la morale. Notre jugement est l'inverse du leur. La morale de Spinoza est péniblement rattachée à sa métaphysique; elle découle, au contraire, des vrais principes de toute morale : les besoins et les intérêts, et c'est ce qui en fait la valeur.

Il serait trop long de distinguer les données métaphysiques superflues, et les éléments réels de la morale spinoziste, tant ils sont mêlés et amalgamés. Dans notre résumé succinct, les lecteurs en feront aisément le départ.

.. La perfection absolue, qui appartient à la substance, se manifestant par des modes, il y a des degrés dans la perfection relative, et, par suite, dans le bien, degrés qui vont montant vers l'être parfait et descendant jusqu'à la négation, la limite dernière du bien, c'est-à-dire jusqu'au mal.

Le bien, identique au plaisir, c'est ce qui conserve ou augmente l'être, l'utile. Le mal, ou la douleur, c'est ce qui diminue l'être.

La vie la meilleure, la plus haute, est celle qui implique le plus de perfection ; celle de l'âme qui a le plus d'idées claires et *adéquates* (conformes à leur objet) sur elle-même et sur les choses, qui forme de ses idées une chaîne dont le premier anneau est l'être parfait. Le désir et l'amour de Dieu se traduisent en amour des hommes. C'est une loi de notre nature que nos affections s'augmentent quand elles sont partagées. Le but de la morale est d'unir les hommes en une seule âme par la communauté d'un seul amour. L'amour est la clef de voûte de la morale, de la religion et de la société.

La récompense du bien est en lui-même, dans la perfection qu'il procure.

Le châtiment du mal est dans la déchéance qu'il entraîne.

C'est ainsi que le panthéisme de Spinoza devient, en morale, un pur déisme. On comprend que cet amoureux platonique de l'être parfait goûte médiocrement les cérémonies, les miracles, les prophéties, les Écritures. Il n'y a pour lui qu'un mot dans l'Évangile : « Aimez-vous les uns les autres ; » le reste est « fictions d'un Aristote ou d'un Platon, ou de tout autre faiseur de systèmes, fictions qu'un idiot trouverait plutôt dans les songes que le plus savant homme du monde dans l'Écriture ».

L'origine de toutes les discordes, ce sont les empiétements de l'autorité religieuse. Les religions ont assez dominé l'État ; c'est l'État qui doit régler et surveiller les religions.

La politique de Spinoza, plus encore que sa morale, serre de près la réalité ; on y notera seulement quelques-unes des idées fausses que le milieu moral des époques monarchiques a suggérées à Hobbes, comme plus tard à Rousseau. Les principes sont excellents : avant l'établissement des sociétés, le droit de chacun est identique à sa puissance ; il n'existe ni juste, ni injuste, ni bien, ni mal. La société résulte d'un pacte, exprès ou tacite, fondé sur l'intérêt individuel. Il est inévitable que l'individu lésé par le contrat tente de le récuser. Tant que le pacte est maintenu, il faut que la rupture en soit dommageable au violateur. De là les lois et les pénalités.

Emporté par son amour de l'ordre, Spinoza sacrifie l'individu à l'État, et conclut, avec Hobbes, à l'absolutisme; il accorde au souverain des pouvoirs exorbitants, naïvement convaincu que l'intérêt même du chef le préservera des entraînements excessifs. Une garantie plus sûre qu'il réclame pour l'individu, c'est l'imprescriptibilité de certains droits naturels, au nombre desquels il range la liberté de la pensée.

L'absolutisme de Spinoza n'est, d'ailleurs, qu'une concession à l'esprit du temps. La démocratie a ses préférences avouées; l'ordre fondé sur la volonté active de tous les citoyens lui paraît le plus conforme à l'essence de la perfection, l'unité dans la diversité.

Spinoza a tenté d'achever l'œuvre de Descartes, en faisant rentrer l'homme et la pensée dans le plan général de l'univers. C'est là sa grandeur. Il a appliqué à la réalité les cadres arbitraires de la logique. C'est là sa faiblesse. L'analyse abstraite est un instrument périlleux quand elle n'est pas la transcription complète et exacte du concret. Pour avoir négligé l'expérience, Spinoza a manqué la solution du problème posé par les dualistes. Acceptant la pensée comme une propriété substantielle égale et parallèle à l'étendue, il l'a vainement déclarée inséparable de la substance; il lui a laissé cette existence métaphysique qui est encore la pierre d'achoppement de la philosophie. Mais l'ébranlement communiqué par son libre et pénétrant génie aux vieux échafaudages des religions, des psychologies, des morales, des vérités moyennes, lui crée des titres à notre reconnaissance. Il a mis dans tout leur jour, il a fait toucher du doigt les contradictions du rationalisme, il a d'avance réduit Hegel à l'absurde en le forçant de recourir (à son exemple) à l'*identité des contradictoires*. Par cela même qu'il n'en a pas triomphé, il en a démontré le néant.

Aussi, que de clameurs ont assailli son œuvre et sa mémoire! Panthéiste, athée, déiste, mystique, matérialiste! Toute la ruche philosophique est en émoi. Bayle lui-même, Bayle le sceptique, perd toute mesure, et Malebranche, qui ne vaut que par un atome de spinozisme dilué dans le pathos chrétien, Malebranche s'écrie : « Ce misérable ! » Il appelle « un monstre, une épouvantable et ridicule chimère » la doctrine qu'il ne peut réfuter, parce qu'il la partage. Et ce qu'il y a de plus réjouissant dans ce concert d'accusations et d'injures, c'est qu'elles se contredisent et que chacune a sa raison d'être.

Malebranche, bien qu'il ait inquiété les orthodoxies diverses de Bossuet et d'Arnauld, bien qu'il se soit débattu entre les scolastiques et les cartésiens, jouit d'une renommée moins orageuse. Il est choyé, exalté, vénéré par nos éclectiques. Malgré ses vertus, nous le laisserions à ces honneurs universitaires, qui lui font tort; mais il ne les mérite pas tout à fait, et, comme il est Parisien, écrivain agréable et fécond autant que philosophe monocorde (et ennuyeux), nous donnerons une page à la *vision en Dieu*.

Malebranche, né en 1638, entra jeune à l'Oratoire. Il était de complexion si frêle, que *l'Homme* de Descartes lui causa des palpitations de cœur assez fortes pour l'obliger d'interrompre plusieurs fois sa lecture (c'était la vocation qui se déclarait), et que la composition de sa *Recherche de la vérité* lui coûta dix ans de méditations. Mais le succès prodigieux de ce livre (1674), remarquable par de brillantes qualités de diction, aiguillonna ce méditatif. Sa verve n'éprouva plus que de rares intermittences. Il produisit successivement des *Conversations métaphysiques et chrétiennes* (1677), un *Traité de la nature et de la grâce* (1680), des *Méditations métaphysiques et chrétiennes* (1683), une *Morale* (1684), des *Entretiens sur la métaphysique et la religion* (1688), un *Traité de l'amour de Dieu* (1697), un *Entretien d'un philosophe chrétien et d'un philosophe chinois* (1708), etc., etc.

Pour Malebranche, la philosophie commence à Descartes. Il accepte pour critérium l'évidence : « Ne jamais donner un consentement entier qu'aux propositions qui *paraissent* si évidemment vraies, qu'on ne puisse le leur refuser sans sentir une peine intérieure et les reproches secrets de la raison. » Toutefois, moins hardi que son maître, dans l'ordre des vérités *surnaturelles* il veut qu'on ne consulte que la foi. De là un perpétuel mélange entre la dogmatique chrétienne et la vérité rationnelle, de là des propositions fort douteuses au point de vue orthodoxe et qui provoquent les admonestations de Bossuet et d'Arnauld. Par exemple, il explique le péché originel par la persistance de certaines traces héréditaires dans le cerveau; il voit dans l'Eucharistie une figure de cette vérité : Dieu est la nourriture des âmes; dans l'Incarnation, l'union du créateur et de la créature, la condition nécessaire de la création; dans le déluge, dans les miracles, des effets naturels de lois inconnues; les Écritures sont remplies de figures à l'usage du vulgaire.

Au reste, la raison et la foi ont le même objet; dans un sens absolu, elles sont identiques. « La raison est la même dans le temps et dans l'éternité, *la même parmi nous et parmi les étrangers*, la même dans le ciel et dans les enfers. » Elle est souveraine et infaillible; elle est la sagesse, elle est le Verbe, Jésus-Christ. La foi n'est qu'un acheminement vers l'intelligence, vers l'intuition immédiate. Elle est un guide sûr, car la Révélation seule peut nous assurer de l'existence du monde. Qu'est l'évidence? Une révélation de Dieu (du Dieu véridique de Descartes). Comment en serait-il autrement : *Nous voyons tout en Dieu; Dieu fait tout en nous.* Toute la psychologie et toute la morale de Malebranche sont incluses dans cette formule moitié cartésienne, moitié spinoziste.

Mais ce Dieu, qui en prouve l'existence? La foi, la révélation. Mais encore? L'idée que nous en avons. « Si l'on pense à Dieu, il faut qu'il soit. » L'idée de Dieu est Dieu lui-même. Enfin, les causes finales ne sont-elles pas là? Ce lieu commun, cher à Fénelon, fournit à Malebranche des flots d'onctueuse éloquence.

Dieu est nécessaire, immuable, tout-puissant, éternel, immense. Son immensité est sa substance; l'ordre, la justice, toutes les idées générales sont sa substance. Il est libre, mais non comme le Dieu cartésien; car il ne peut vouloir que des choses sages. De là un *optimisme* que nous retrouverons chez Leibniz. Il a tout créé, mais il ne permet pas que rien s'anéantisse, de peur de paraître inconstant. D'ailleurs, il a tout arrangé pour le mieux. Il fait le bien, il permet seulement le mal. Le mal est la suite nécessaire des lois établies pour le bien par la providence générale. Dieu distribue la grâce comme une pluie, qui tombe où elle peut.

Mais ce dieu, de sa personne, qu'est-il? Il est l'étendue intelligible. Cette idée, dit Arnauld, est inintelligible. Nous le renvoyons à Spinoza et à Fénelon, qui placent dans la réalité de Dieu ce qu'il y a de réel dans l'étendue créée. Nous avons trop souvent rencontré ces divagations pour que nous insistions sur leur parfaite superfluité. Retranchez-les : le monde et l'homme, ni plus ni moins, restent ce qu'ils sont; mais le système de Malebranche, et combien d'autres! s'évanouissent sans laisser de traces.

Le monde de Malebranche, comme celui de Descartes, admet deux divisions : la matière, soumise aux lois fatales du mouvement; l'esprit (vie et pensée), conçu en dehors de l'étendue, et qui pourtant reste dans l'étendue intelligible, la substance de Spinoza. On ne sait trop pourquoi il soustrait à l'automatisme cartésien les plantes et les animaux, puisque son Dieu seul est cause réelle, cause *efficiente*, aussi bien dans l'homme que dans l'air ou l'eau. Les créatures ne sont que les causes *occasionnelles* des phénomènes que Dieu produit par leur intermédiaire, des rapports que Dieu établit entre elles. L'intervention de Dieu est continuelle; c'est la *création continue* de Descartes, rendue cependant inutile, ce nous semble, par la *préexistence des germes*, idée épicurienne subtilisée par Malebranche.

L'homme est composé d'un corps et d'une âme; mais ni le corps n'agit sur l'âme, ni l'âme sur le corps; c'est Dieu seul qui fait correspondre leurs actes (Leibniz). L'âme tient au corps et à Dieu; sa nature comporte une ascension perpétuelle vers l'être parfait (Spinoza); son but est de se détacher du corps (pourquoi? si le corps n'agit pas sur elle, et si tout est pour le mieux)!

Cette âme, qui nous est moins connue que le corps, en dépit

de Descartes, car la conscience n'est qu'un *sentiment vague et obscur*, est une, indivisible. Elle a pour essence la pensée, dont les facultés ne sont que des modes, des aspects divers. Suivant qu'on la considère comme pouvoir de recevoir plusieurs idées, ou plusieurs inclinations, elle est entendement ou volonté. Ces deux propriétés sont comparables à celles de la matière, qui est capable de recevoir diverses figures et divers mouvements.

L'entendement comprend lui-même trois facultés : la sensibilité, l'imagination, qui n'ont que des sentiments, et l'entendement pur ou raison, qui seul pense, connaît, atteint la vérité.

Le sentiment, produit en nous par Dieu, qui le connaît sans l'éprouver, est la cause de toutes les erreurs (très-finement analysées dans la *Recherche de la vérité*).

L'entendement, l'idée, est en Dieu ; il perçoit directement les nombres, l'étendue, essence des choses. Nous avons vu que les idées-types (Platon), simples termes généraux, purs *universaux* scolastiques, ne sont pas distinctes de Dieu, qu'elles constituent l'essence divine. « Lorsque je vois le soleil, je vois l'idée de cercle en Dieu, et j'ai en moi le sentiment de la lumière. » Malebranche aurait pu dire : Quand je vois un lit, je vois l'idée de carré long en Dieu, et j'ai le sentiment du repos. Quelle pitoyable logomachie!

La volonté est l'impulsion divine naturelle, qui nous porte vers le bien en général. Le bien, c'est Dieu. Dieu nous pousse vers Dieu. Dieu est une sorte d'éther métaphysique, cause unique du plaisir, intermédiaire entre les créatures, qui, par elles-mêmes, sont dénuées de toute action réciproque. La volonté n'a donc aucune existence individuelle. La liberté humaine, relativement comme absolument, n'a rien de réel. L'amour de Dieu pour sa propre substance, dont notre pensée fait partie, est le principe de notre amour pour lui, amour fatal et *intéressé*, puisqu'il a en vue le salut, la béatitude par la perfection. La prière ne peut avoir aucune efficacité : tout est fatal. Malebranche ne peut échapper à cette conclusion :

La prière « est bonne pour les chrétiens qui ont gardé l'esprit juif ».

Que devient le christianisme en tout cela ? Étrange amalgame de piété vive, ardente, absolue, et de délire métaphysique ! Qu'on nous ramène aux Alexandrins, à Plotin et à Augustin. Toute la philosophie de Malebranche est une monotone et interminable *rêvasserie* sur les paroles de Paul : « *Non longe est ab unoquoque nostrum, in ipso enim vivimus, movemur et sumus.* »

Passons à l'*harmonie préétablie* et à la *cause suffisante*, autres superfétations verbales dont nous sommes condamnés à sonder le néant. Mais Leibniz est un autre homme que Malebranche, presque un Descartes et un Spinoza ; et bien que nous devions retrouver dans sa métaphysique tout ce que nous connaissons depuis deux mille ans, et plus, il faudra nous incliner plus d'une fois devant la précision et la pénétration de son génie. On trouvera partout ailleurs, sur l'universalité de Leibniz, sur ses découvertes mathématiques, sur son activité extraordinaire, mêlée à toutes les questions, à toutes les négociations religieuses ou politiques de son temps, des détails que nous ne pouvons accueillir en ce précis des systèmes. Nous ne noterons, dans sa vie et dans ses œuvres, que ce qui a trait à la conception du monde et de l'homme.

Leibniz est né à Leipzig, en 1646, il est mort à Hanovre, en 1716. Il a séjourné à Paris et à Londres pendant cinq ans (1672-77) ; à Vienne, à Berlin ; voyagé en Allemagne, en Italie, en Hollande ; il a surtout habité Hanovre. Son savoir fut précoce ; avant vingt ans, il était jurisconsulte, mathématicien et philosophe. D'abord *nominaliste* et disposé à reconnaître aux seules substances une réalité positive, il ne tarda guère à incliner vers la métaphysique. A force de spéculer sur les abstractions de la mathématique, il s'habituait à personnifier, à *réaliser* les termes généraux, à demander la certitude aux démonstrations logiques.

Cette tendance est déjà très-marquée dans une lettre qu'il écrivit de Paris au duc de Brunswick, en 1673, à l'âge de vingt-sept ans. Il y déclare que, « dans tout corps, il y a un principe incorporel », que tout mouvement suppose un principe intelligent, qu'une harmonie universelle, ayant sa cause en Dieu, régit l'univers, que l'âme est immatérielle et immortelle. Il rattache toutes ces assertions à la *théologie* naturelle ; bien plus, imbu du mysticisme ambiant, il admet une théologie révélée, et s'intéresse à la *présence réelle*, tout comme s'il eût eu du temps à perdre. Plus tard, dans sa *Protogæa*, esquisse grandiose de la *géographie nouvelle* (ou géologie), nous le voyons préoccupé d'accorder la science avec la cosmologie biblique.

De la scolastique, il passe au mécanisme de Descartes, dont la clarté le charme et dont le fatalisme l'inquiète ; il lui déplaît que toute activité soit relative et passive, et il introduit dans la métaphysique une nouvelle entité, l'idée de force (*Réforme de la philosophie première, notion de substance*). Lui qui définit très-bien l'espace et le temps : l'ordre des choses coexistantes et successives, il ne voit pas que la force est un rapport entre deux ou plusieurs mouvements, que le mouvement lui-même se réduit à la succession de divers états des corps, enfin, que force isolée de mouvement, mouvement isolé de matière, ne sont que des abstractions sans réalité, des abréviations commodes. Ainsi de l'attraction newtonienne, ainsi des lois, dès qu'on en veut faire un quelque chose, un je ne sais quoi en dehors des faits dont elles expriment les caractères généraux.

« On peut, dit-il, expliquer mécaniquement, par le mouvement de l'éther, la pesanteur et l'élasticité, mais la dernière raison de tout mouvement est la *force* primitivement communiquée à la création, force qui est partout, mais qui, par là même qu'elle est présente dans tous les corps, est diversement contenue et limitée ; cette force, cette virtualité sont inhérentes à toute substance, corporelle ou spirituelle. » Dans son *Nouveau Système de la nature et de la communication des substances* (article inséré en 1695 au *Journal des savants*), il restaure les *entéléchies* d'Aristote et les *formes substantielles* de la scolastique, et imagine des *unités* véritables, des *forces primitives* douées d'une activité originale, *constitutives des substances*, atomes sans matière, *points métaphysiques*, enfin principes incorporels des corps. Il va sans dire qu'il y a des esprits, des âmes créées à l'image de Dieu. Leibniz n'est jamais sorti du dualisme. Tandis que les corps, à travers des métamorphoses suggérées par les théories de Swammerdam et Malpighi, passent de la vie à la mort apparente, les âmes, citoyennes du monde des esprits, conservent à jamais leur individualité.

Cependant l'union de l'âme avec le corps, ce faux problème, demandait une explication nouvelle. Croyant préserver la doctrine cartésienne, qui refuse aux êtres, quels qu'ils soient, toute *influence* réciproque, et rejeter, avec les *causes occasionnelles* de Malebranche, la perpétuelle intervention d'un *Deus ex machina*, Leibniz suppose qu'un accord, établi d'avance par la volonté du Créateur, fait correspondre exactement les mouvements de toutes les substances. Cette *harmonie préétablie*, qui n'est rien sinon la concomitance ou la succession des mouvements, et qui n'ajoute pas un iota à la réalité des choses, assure au Dieu de Leibniz le titre d'excellent horloger : ses montres ne se dérangent jamais. Que deviennent cependant cette *spontanéité intelligente*, cette activité libre, cette volonté, si chères à Leibniz et qu'à tout prix il entend garantir à l'âme individuelle? Est-ce qu'un rouage est libre ? En vain il affirme, il répète que « tout esprit est un monde à part, se suffisant à lui-même, embrassant l'infini, exprimant l'univers, aussi durable, aussi absolu que l'univers lui-même qu'il représente de son point de vue et par sa vertu propre. » Est-ce que providence, harmonie préétablie, *prédélinéation*, ne sont pas des synonymes de fatalité?

A un autre point de vue, est-ce que fatalité et providence ne sont pas des mots vides de sens? Dire que ce qui est devait être, c'est ne rien dire. Leibniz, comme tous les métaphysiciens, comme tous les logiciens, a vu dans cette tautologie des profondeurs immenses. Derrière la géométrie et la physique, il aperçoit distinctement la nature et les attributs de Dieu et, tout naturellement, les vieilles causes finales. Les perfections divines et non la connaissance des choses sont pour lui la source de toute philosophie. Cette conclusion étonne de la part d'un tel savant, d'un homme si soigneux de recueillir et de classer tous les faits et qui a conçu le plan d'une encyclopédie définissant tous les termes, tous les procédés de l'art et de l'industrie, exposant, avec un sommaire de l'histoire universelle, l'historique de toutes les sciences. Mais, quoi! l'éducation et le milieu expliquent tout.

La méthode de Leibniz, malgré quelques termes nouveaux, ne diffère guère des autres logiques spiritualistes (*Méditations sur la connaissance; la Méthode de la certitude et l'art d'inventer*, etc.). Deux sources de connaissances : une expérience exacte, une démonstration solide; mais la raison domine tout; c'est elle qui, au-dessus des vérités de fait, contingentes, découvre les vérités immédiates et nécessaires. L'expérience est donc sacrifiée. Deux principes de certitude : *principe de contradiction*, en vertu duquel est déclaré faux tout ce qui implique contradiction (que ne l'a-t-il appliqué à Dieu et à l'âme?); *raison suffisante* : c'est-à-dire nécessité de rendre *raison* de toute vérité qui n'est pas *immédiate* ou *identique*, où l'idée de l'attribut n'est pas implicite dans celle du sujet. Un instrument de recherche : l'analyse. Mais qu'est-ce que l'analyse? La réduction des notions à leurs plus simples éléments, aux premiers possibles, aux idées irrésolubles, c'est-à-dire aux attributs de Dieu. Pourquoi? Parce que, Dieu ayant, par sa pensée, produit le monde, les choses sont identiques aux idées divines. Hélas!

Ainsi la vérité logique équivaut à la vérité matérielle, la *possibilité rationnelle* à la réalité, parce que tout possible non contradictoire *tend à l'existence*. Ainsi l'abstrait est l'élément, la raison d'être du concret, la substance même. Et nous retombons en plein réalisme scolastique.

De tous les ouvrages philosophiques de Leibniz, le plus curieux est assurément le petit roman intitulé *Monadologie* (1714), qui résume sa *Théodicée* et qui est en quelque sorte son testament. Nous n'y voyons rien qui s'écarte notablement des considérations précédentes. Les monades sont ces « points métaphysiques » dont il a été question : diverses en qualité (comme les atomes d'Épicure), mais simples, incorruptibles quoique sujettes à des changements internes, qui ont pour principe l'*appétition*, en français le désir, et pour résultat la perception. Il y en a de grossières, il y en a de subtiles, d'aveugles et d'intelligentes, bien qu'elles soient toutes absolument incorporelles; selon leur nature, elles restent âmes ou deviennent corps. Les animaux ont des âmes inférieures qui ne connaissent que le contingent; l'âme de l'homme perçoit ou possède à l'état inné les vérités nécessaires. Dieu seul est une monade sans corps qui se conduit d'après le principe de la *convenance*. De là l'harmonie préétablie. Quant au libre arbitre, que Leibniz place au nombre des attributs de Dieu, il n'en est pas moins absolument déterminé, puisque Dieu est obligé au choix du meilleur. Et cependant c'est lui qui a créé, par *fulguration* ou émanation, toutes les monades, les bonnes comme les mauvaises, les sottes comme les intelligentes. Leibniz rattache tant bien que mal à cette bizarre hypothèse d'êtres sans étendue, qui sont la réalité *en soi* dépouillée de ses conditions, et l'immortalité personnelle et l'amour de Dieu, et l'optimisme et la religion, tout l'héritage de la métaphysique.

Ces chimères font petite figure à côté des idées *claires* (que Leibniz aime tant) d'un Gassendi ou d'un Locke, ou même de la construction hardie d'un Spinoza. Elles ont cependant dominé la philosophie allemande, depuis le temps de Wolf (1679-1754) jusqu'à la révolution kantienne. Encore Kant, d'après M. Désiré Nolen, a-t-il beaucoup gardé de Leibniz. Il est surtout un principe qui est la base de tout criticisme et qui lui vient en droite ligne des *Nouveaux Essais sur l'entendement* (1703), c'est celui de l'indépendance et de l'antériorité de l'intellect à l'égard de la sensation. Rien n'est dans l'intelligence qui ne vienne des sens, disait Locke; rien, répondait Leibniz, « si ce n'est l'intelligence elle-même, avec sa nature propre et ses fonctions ». Cette assertion gratuite a fait illusion à Kant, et à bien d'autres dualistes. Ils raisonnent ainsi : mettons qu'il n'y ait rien dans l'intelligence qui ne procède de la sensation; comment le savez-vous? Par l'intelligence; donc l'intelligence est quelque chose en soi, un témoin, un juge, tout au moins le lieu où aboutit la sensation, le pouvoir de l'acquérir, de la recueillir et d'en combiner les images.

L'expérience seule suffit à démonter cette logique ; quand l'homme ne se contente pas d'analyser son intelligence adulte comme un fait irréductible, quand il observe l'enfant, il voit nettement l'impression sensible précéder la conscience et la mémoire, et de la la mémoire sortir l'imagination et la raison. Ce n'est pas l'intelligence qui est la condition de la sensation, c'est l'existence de l'*homme*, de l'organisme vivant appelé homme, c'est l'unité de cet organisme, doué d'un système nerveux, qui concentre en intelligence les éléments fournis par les sens. Subtiliser cette unité organique en une virtualité quelconque, appelée âme, esprit, raison, etc., c'est ne rien expliquer du tout ; c'est faire d'un terme abstrait et utile une pure et oiseuse entité métaphysique.

§ II. LE SENSUALISME DÉISTE.

Locke. Vue générale des écoles au dix-huitième siècle.

Après un long, un pénible voyage sous le brouillard et dans les fondrières, toucher un sol ferme, voir poindre le jour, ou s'asseoir enfin devant un feu clair, dût le terrain s'accidenter encore, dût le jour se voiler, dût le feu vaciller et s'éteindre, c'est un pur délice, un répit fortifiant. Tel est le sentiment qu'on éprouve, au sortir de Malebranche et de Leibniz, quand on reprend pied, avec Locke, sur le sol de la réalité. Ce n'est pas à dire que Locke soit un guide hardi, qui suive jusqu'au bout sans défaillance la route qu'il a indiquée. Il a sur les yeux les écailles qui ont troublé la vue de ses devanciers et de ses contemporains. Mais son *christianisme raisonnable*, sa religion naturelle, son fervent et banal déisme, qui ont fourni à Voltaire tant de lieux communs, ne nous feront pas méconnaitre les services rendus à la philosophie par l'*Essai sur l'entendement humain*. N'aurait-il proclamé que cette vérité, si souvent oubliée : « L'expérience est le fondement de toutes nos connaissances », il faudrait encore le compter parmi les émancipateurs de la pensée.

La vie de Locke (1632-1704) fut traversée par de nombreuses vicissitudes politiques. Il se trouva mêlé aux événements qui amenèrent la chute des Stuarts, ou du moins il en subit le contrecoup. Lié avec lord Shaftesbury, il le suivit en exil, séjourna en France et en Hollande, et ne rentra dans son pays qu'après l'avénement de Guillaume III. Sa faible santé, ses goûts modestes, son amour pour la philosophie ne lui permirent pas de conserver une charge lucrative dont le nouveau gouvernement l'avait gratifié. Avec une dignité bien rare, il refusa de toucher les émoluments attachés au poste qu'il ne pouvait remplir. Il passa dans la retraite ses dernières années (1700-1704), et mourut dans des sentiments de piété tout à fait exemplaires, paraît-il, mais que nous ne mentionnons qu'à titre de curiosité et pour bien marquer les limites de son indépendance à l'égard des préjugés de son temps.

Il avait assez longtemps cherché sa voie; comme Spinoza, comme Leibniz et Malebranche, il se sentit philosophe en lisant Descartes. Mais il était du pays de Bacon et de Hobbes ; il ne pouvait goûter les spéculations vaines qui prétendent expliquer les faits sans les observer. Laissant ses compatriotes Cudworth et Norris s'égarer dans la métaphysique, il se prit à considérer les opérations de l'esprit, à décomposer les idées, à étudier la nature et l'origine de nos connaissances. Toutefois, son *Essai*, « commencé par hasard, écrit par pièces détachées », ne fut pas ordonné en corps d'ouvrage avant 1688, époque où il en publia un résumé (il avait cinquante-six ans), et ne parut qu'en 1690. Il est même permis d'affirmer qu'il ne se rendit pas très-bien compte tout d'abord de la révolution qu'il tentait. Son éducation chrétienne lui cachait la portée de sa méthode. « Cinq ou six de mes amis, nous dit-il, s'étant assemblés chez moi et venant à discourir sur un point fort différent de celui que je traite en cet ouvrage, se trouvèrent bientôt poussés à bout par les difficultés qui s'élevèrent de différents côtés. Après nous être fatigués quelque temps sans nous trouver en état de résoudre les doutes qui nous embarrassaient, il me vint dans l'esprit que nous prenions un mauvais chemin et, qu'avant de nous engager dans ces sortes de recherches, il était nécessaire d'examiner notre propre capacité, et de voir quels objets sont à notre portée ou au-dessus de notre compréhension. Il me vint alors quelques pensées indigestes sur cette matière *que je n'avais jamais examinée auparavant.* » Humble début, et qui expliquerait aisément l'insuffisance du sensualisme moyen inauguré par Locke, accepté par Voltaire, développé par Condillac. C'est quelque chose cependant que d'avoir voulu « examiner pied à pied, d'une manière claire et historique les facultés de notre esprit », montrer « par quels moyens notre entendement vient à se former les idées qu'il a des choses », et marquer « les bornes de la certitude et les fondements des opinions qu'on voit régner parmi les hommes. » Le livre de Locke est une introduction à l'étude scientifique des phénomènes intellectuels, un déblaiement méritoire.

A l'entrée de la psychologie et comme pour en obstruer l'accès, les métaphysiciens ont placé les idées innées, souvenirs d'une prétendue raison universelle apportés par l'âme dans son enveloppe terrestre, concepts antérieurs et étrangers à toute opération de l'esprit, universels et nécessaires : idée du parfait, du bien et du beau absolus, idée de l'infini, idée de Dieu, etc. Or, il se trouve que ces idées sont les résultats de l'abstraction ; il se trouve qu'elles manquent à l'enfant, à certains sauvages, à l'idiot. Elles ne sont donc ni universelles, ni antérieures aux opérations de l'esprit ; elles ne sont point innées. Locke est fondé à dire, au livre premier de son *Essai*, qu'il n'y a de principes innés ni dans l'ordre spéculatif, ni dans l'ordre pratique. Descartes avait cru sauver l'innéité en alléguant que, si nous n'apportons pas en naissant certaines idées toutes constituées, nous naissons du moins « avec la faculté de les obtenir. » Mais qu'est-ce qu'une faculté, sinon une classe où nous rangeons des séries de phénomènes? A prendre le mot au sens métaphysique, si nous naissons avec la faculté d'obtenir les idées innées, nous naissons évidemment aussi avec la faculté d'obtenir toutes les autres, qui seront innées au même titre. L'organisme étant donné, tout ce qu'il comporte est également donné. Ou bien toutes les idées sont innées ou aucune ne l'est. En fait, toutes les idées sont acquises. Il suffit d'observer leur éclosion chez l'enfant pour affirmer cette évidence. Il n'y a d'exception à faire ni pour les idées qui dépendent en partie de dispositions et d'aptitudes héréditaires, ni pour l'idée de personne, l'idée du moi. En effet, ces aptitudes, l'existence individuelle elle-même, ne représentent qu'une des conditions où l'idée doit se produire ; l'autre condition, c'est le contact du monde extérieur. Toute idée exprime une relation, elle suppose un sujet et un objet. La conscience, ou l'idée du moi, n'apparaît qu'au moment où l'organisme vivant, le sujet, se distingue du milieu qui le limite et l'affecte. Commence-t-elle avant la parturition, avant ce premier cri arraché à l'enfant par le froid de l'air? La question est secondaire, et nous la donnons pour ce qu'elle vaut. Locke d'ailleurs ne se la pose point ; il s'est contenté de constater que l'enfant ne prend conscience de lui-même qu'à mesure que ses sens reçoivent des impressions. Pour lui, l'âme, dont il ne discute pas l'existence, est chez l'enfant une table rase où la sensation vient inscrire des idées. Sans définir l'âme, comme on le ferait aujourd'hui, une activité cérébrale provoquée par le dépôt, la persistance et l'association des idées, Locke aurait pu la considérer comme un produit de la sensation. Locke suppose que l'âme, révélée à elle-même par la sensation, réfléchit sur les opérations intellectuelles qui en sont la conséquence. Sa théorie vague de la réflexion est le point faible de son livre II (*Des Idées*). Mais à côté de distinctions confuses entre les idées simples et les idées complexes, que d'aperçus lumineux sur la mémoire, la comparaison, l'association des idées, sur l'abstraction et le raisonnement! Il passe en revue quelques-unes des prétendues idées innées et nécessaires, et en démontre la contingence. Voici en quels termes, dans un résumé anticipé de sa doctrine publié en 1688, il explique l'acquisition de l'idée d'infini : « Ayant, par l'observation de quelques corps..., l'idée de la grandeur d'une paume, d'un pied, d'une coudée..., nous pouvons répéter cette idée aussi souvent qu'il nous plaît et ainsi la grossir, en y joignant une semblable étendue ou une autre double de la précédente... Nous nous formons par là l'idée de l'immensité, qui est fondée néanmoins sur l'idée de l'espace, que nous avons reçue par les sens. » Appliquant la même analyse à la durée et au nombre, il réduit à des idées de succession et d'addition indéfinies l'éternité et l'infini mathématique, et les ramène à leur origine expérimentale.

Il est moins heureux dans son examen des idées de corps et de substance, qu'il semble considérer soit comme la somme des idées de qualité, soit comme un *substratum* hypothétique. Faute d'avoir réfléchi que la qualité implique la substance et que l'existence des corps est la première certitude qui nous soit procurée par le toucher, il en fait presque des entités logiques, et rouvre la porte au scepticisme soit de Berkeley, soit de Hume, à ce doute oiseux qui nous a valu l'hypothèse de la véracité divine, et qui n'a jamais cessé de hanter les psychologues anglais. Rien ne sert en effet de donner à la connaissance la sensation pour base, si on laisse ou si l'on met en question la réalité *objective* de la sensation : il arrive que la réalité, perdant son critérium, est aisément concédée à de simples abstractions ou compositions d'idées, telles que l'âme ou la divinité. Locke n'a point échappé à cette illusion ; et il ne croit point déroger à la méthode expérimentale en accordant une substance immatérielle (quant à l'âme, il hésite au livre IV) à l'esprit et à Dieu. Notez que l'hypothèse de l'âme lui est tout à fait inutile et qu'il démêle très-bien ailleurs la nature contingente et relative de l'idée de Dieu. C'est grâce à ces contradictions, pourtant si apparentes, que le sensualisme est resté déiste et facilement chrétien. Et cependant elles sont à ce point un hors-d'œuvre dans le système, qu'elles n'ont altéré, ni chez Locke, ni chez Condillac, la correction des théories morales.

Locke rapporte les idées de bien et de mal à la sensation et à l'impression de plaisir et de peine qui en est inséparable. « Tout ce qui est propre à causer, à continuer et à augmenter du plaisir en nous, ou à diminuer et abréger quelque douleur, se nomme bien, et nous appelons le contraire mal. C'est sur ce bien et sur ce mal que roulent toutes nos passions », amour, haine, désir, joie, crainte. La faculté est une série d'actes dont l'habitude nous fait sentir en nous la puissance. « La puissance que nous trouvons en nous de préférer la présence d'une pensée particulière à son absence, ou d'un mouvement particulier au repos, est ce que nous appelons volonté. La préférence actuelle d'une action à la cessation ou au contraire, est ce qu'on nomme volition. La puissance que nous trouvons en nous d'agir ou de n'agir pas conformément à la préférence que notre esprit a donnée à l'action, nous fournit l'idée de ce que nous avons nommé liberté. » Pour n'être pas complètes, ces analyses n'en sont pas moins pénétrantes et sagaces. Locke, d'ailleurs, laisse de côté les effets *affectifs* de la sensation ; il ne traite que de l'entendement ; il lui a suffi d'établir que la connaissance résulte de la sensation et de la réflexion ; et il ne lui reste plus qu'à déterminer la part des diverses facultés de l'esprit dans l'emploi des matériaux amassés par la mémoire ; mais voici que, « à considérer d'un peu plus près la nature des connaissances de l'homme », il s'aperçoit qu'elles ont avec la parole tant de liaison, « qu'il est impossible d'en traiter clairement sans dire auparavant quelque chose des mots et du langage. » Si simple que paraisse aujourd'hui cette remarque, il n'en est pas qui ait plus frappé les contemporains ; et à bon droit. Dans un siècle où la linguistique n'était même pas soupçonnée, il y avait du génie à deviner que les mots ne signifient rien que par habitude et convention ; qu'ils sont les signes des idées ; que, sans eux, la mémoire appauvrie serait incapable de fournir à l'esprit la matière de ses opérations les plus délicates et pourtant les plus nécessaires ; que l'abstraction et le raisonnement ne pourraient dépasser l'état rudimentaire où ils sont confinés chez les animaux. Locke croit pouvoir affirmer, et la construction actuelle du langage l'y autorise, que les mots, comme les idées, ne représentent que des qualités et n'atteignent pas l'essence réelle des êtres. Les noms des corps les mieux déterminés ne sont que des qualificatifs partiels élevés à la forme substantive, des abstraits auxquels nous attribuons une valeur concrète. Sans aller au fond de cette doctrine bien connue, qui vient d'être fortement ébranlée par M. Michel Bréal (*les Racines indo-européennes*, voir aussi notre étude sur *la Langue mère, linguistique et philologie*, 1877), disons qu'elle autorise Locke à refuser toute réalité aux *universaux*, aux catégories, au genre et à l'espèce : « Les natures générales, dont les termes généraux sont les signes, ne sont que des idées générales ; et les idées deviennent générales seulement en faisant abstraction du temps, du lieu et des autres particularités qui font que ces signes représentent seulement des natures individuelles. Une idée, formée de la sorte par abstraction, et dégagée de tout ce qui la rendait individuelle, est capable de représenter également plusieurs choses individuelles, en tant que chacune d'elles a tout ce qui reste dans cette idée abstraite. C'est en cela seul que consiste la nature générale, sur laquelle on a proposé tant de questions inutiles et publié tant de vaines subtilités… L'essence de chaque genre et de chaque espèce n'est autre chose qu'une idée abstraite, dans l'esprit de celui qui parle, et dont le terme général qu'il emploie est le signe… Le genre n'est qu'une conception partielle de ce qui est dans les espèces, et l'espèce qu'une idée partielle de ce qui est dans chaque individu… Les genres et les espèces ne me semblent donc être autre chose qu'une distribution des êtres. »

Le quatrième livre, *De la connaissance*, vaut surtout par les détails ; il manque de netteté et de cohérence dans la doctrine. Les chapitres où Locke essaye de prouver la certitude de l'existence de Dieu font pauvre figure à côté de ceux où il démontre que les axiomes ne sont point innés, et que, loin d'être les fondements de la connaissance, ils ne sont que des résumés abstraits d'observations particulières. Il distingue deux sortes de connaissances : les connaissances *de simple vue* ou intuitives ; les connaissances qui résultent de la démonstration. Celles-ci ne sont jamais que probables ; les premières sont plus certaines. En somme, « la connaissance de l'existence ne s'étend pas au-delà des êtres particuliers » ; et « nous ne pouvons avoir aucune connaissance où nous n'avons aucune idée » ; bien plus « notre connaissance ne s'étend pas si loin que nos idées. » Ainsi Locke impose à la connaissance des bornes si étroites, qu'il trouverait trop large encore la maxime de Protagoras : l'homme est la mesure de toute chose. Hume conclura que l'homme ne connaît que des idées, c'est-à-dire des sensations, et que la réalité lui échappe. Locke ne va pas jusque-là ; il ne fait appel à la révélation, comme un simple Huet, qu'à la dernière extrémité. Son scepticisme n'est pas fondamental. Esprit moyen, timide, prudent, chrétien, élevé dans la croyance à l'humaine faiblesse, il doute pour ne pas nier. Mais il est sincère. Il est convaincu également, et que l'homme ne connaît que ce qui entre dans son intelligence, et que cette intelligence ne connaît pas tout, qu'elle ne peut pas tout connaître. La dernière proposition est excessive. L'inconnu n'est pas l'inconnaissable. En fait, l'homme accroît chaque jour la portée de ses sens et l'étendue de ses connaissances. Les limites de la science sont indéfiniment mobiles. Il n'est de problèmes insolubles que les problèmes mal posés. Il n'y a d'inconnaissable que ce qui n'est pas. L'expérience est juge de ses illusions comme de ses certitudes. C'est ce que Locke n'a pas dit, n'a pas su, et c'est pourtant le dernier mot de son système.

On ne peut apprécier les hommes et les idées que dans leur milieu. La timidité de Locke a été de la hardiesse. Sa doctrine, en partie renouvelée de Sophistes abdéritains, d'Épicure, de Pyrrhon, des Nominalistes, de Bacon, de Gassendi, a guidé tout le dix-huitième siècle, influé sur toutes les écoles, dominé l'enseignement en Angleterre et en France jusqu'à la réaction sentimentale des éclectiques. Elle a tenu en échec la métaphysique. La révolution qu'il a inaugurée dans la philosophie, il l'a introduite, toujours avec le même caractère de modération, dans la politique, dans l'éducation, dans les mœurs. Son *Essai sur le gouvernement civil* (1690) est le véritable code des monarchies constitutionnelles; sa *Lettre sur la tolérance* (1689) et son *Christianisme raisonnable* (1695), réduisent à leur minimum l'autorité religieuse et la religion elle-même : les athées seuls sont hors la loi, hors du droit. Rousseau, qui a poussé à leurs dernières conséquences, dans *le Contrat social*, les idées justes, et surtout les fausses, contenues dans ces trois ouvrages, doit encore à Locke (*De l'éducation des enfants*, 1693) la plupart des théories qui firent le succès de l'*Émile*.

Locke eut pour disciples immédiats Shaftesbury (1671-1713), dont il avait dirigé l'éducation, et surtout Collins, son intime ami (1676-1729); mais tandis que celui-ci, plus hardi que son maître, tirait du sensualisme une négation péremptoire de l'immatériel, l'autre l'inclinait au spiritualisme vulgaire et, par son hypothèse d'un sens moral ou sens réfléchi, dont il croyait faire le principe *désintéressé* de la vertu, préludait aux théories morales de l'école écossaise. Cependant Shaftesbury se considérait comme un libre penseur; c'est ce que prouvent ses relations avec l'impie Toland (1669-1722), qui recueillit et publia ses ouvrages.

Le *Christianisme sans mystères* (1695) et le *Panthéisticon* de Toland ne furent pas des armes sans portée contre les superstitions; ses *Lettres à Séréna* ont une véritable valeur; elles tiendraient leur place dans une histoire du matérialisme ou du panthéisme (voir Lange, t. I). Mais l'originalité, qui ne manque pas à l'homme, fait défaut à la doctrine; et les écarts d'une érudition à peu près étrangère à la véritable exégèse ne peuvent sauver de l'oubli ses écrits polémiques. Il souffrit pour la bonne cause et la défendit de son mieux.

Collins fut un esprit plus méthodique. Nettement déterministe (et non fataliste, comme se plaisent à le dire les critiques orthodoxes, car le fatalisme implique le *caprice* d'un dieu), il établit, dans ses *Recherches sur la liberté humaine* (1724), que la perception, le jugement, la volonté, l'exécution, s'enchaînent nécessairement; qu'il n'existe pas de détermination sans motifs, sans choix d'une alternative préférée à une autre selon le tempérament individuel et les circonstances. Accentuant une pensée dubitative de Locke, il déclare que « l'intelligence peut résider dans un sujet composé de molécules unies et n'être que le résultat de l'organisme et du jeu des éléments; comme on voit les membres posséder des propriétés et accomplir des fonctions dont chacune de leurs parties est incapable. » Dès le début de sa carrière philosophique, Collins s'était nettement prononcé contre les hypothèses spiritualistes; et avant même qu'un discours hardi sur *la liberté de penser* (1713) l'eût contraint de chercher en Hollande un refuge momentané, il s'était trouvé aux prises avec l'excellent Clarke. Un de ces rêveurs chrétiens dont la race n'a jamais cessé de pulluler en Angleterre, Dodwell, s'était avisé d'un compromis bizarre : l'âme, selon lui, était d'ordinaire mortelle ; mais le principe souffrait quelques exceptions ; Dieu ne pouvait-il pas, pour ses amis, introduire en cette âme destinée à la mort un esprit d'immortalité? Clarke avait gravement réfuté cette mince plaisanterie, qu'on renouvelle de temps en temps, sous le nom d'immortalité facultative. Collins en fit moins de cas et, dès 1707, dans une réponse à Dodwell, renvoya dos à dos l'immortalité et l'immatérialité.

Tout en rendant pleine justice à la sagesse pratique et aux vertus de Locke, nous ne devons pas oublier ce que sa doctrine a d'indécis et d'incomplet. Elle a singulièrement restreint le domaine de la philosophie. Abandonnant les vastes perspectives ouvertes par Bacon et par Descartes, elle s'est concentrée dans la psychologie, dans l'étude des facultés humaines et des instruments de la connaissance ; elle a perdu à les définir le temps qu'elle aurait pu consacrer à leur emploi ; elle a attardé l'esprit en des préliminaires de douteuse et de secondaire efficacité, car l'homme ne peut se concevoir indépendamment de l'univers ; et, si le mécanisme intellectuel est le point de départ de toute connaissance, c'est l'étude objective de la réalité extérieure qui seule détermine la place de l'homme dans la série vivante et du monde animal dans la nature. L'expérience, dont Locke, il est vrai, proclame la souveraineté, ne peut s'appliquer sûrement à des phénomènes dont elle néglige les conditions d'être et de développement. De là la stérilité philosophique des écoles diverses qui à côté de Locke ou à sa suite se sont cantonnées dans la psychologie, dans l'analyse du sujet pensant ; les découvertes qu'elles ont réalisées dans l'ordre moral et économique, elles ne les ont obtenues que par une dérogation partielle à leur méthode, par l'application de l'expérience objective à l'activité humaine considérée en elle-même et dans sa sphère propre. Quant à leur philosophie, elle aboutit au pur néant, elle ne peut résister aux attaques de Berkeley, l'idéaliste, et de Hume, le nihiliste. Ses conséquences ont été considérables et funestes ; partout on peut retrouver des traces de son influence, en Angleterre, chez les *associationistes* modernes, en France, dans notre bâtard enseignement officiel, en Allemagne, dans le génie faussé de Kant et de ses successeurs.

Par bonheur, le genre humain s'inquiète assez peu de la légitimité et des bornes de la connaissance ; la *spéculation* lui est indifférente, c'est la science qui lui importe. Aux prises avec l'univers, il le conquiert pièce à pièce, l'embrasse, le pénètre, le décompose, classant ses trésors à mesure qu'il les atteint, d'autant plus assuré de leur réalité qu'il les exploite, qu'il les combine et les transforme en inventions pratiques. Et il marche toujours en avant, plus ou moins vite, entraînant avec lui les chercheurs d'idées nécessaires, les faiseurs de lois, les psychologues, les sceptiques et les doctrinaires. Les véritables éducateurs de l'humanité, ce sont ceux qui étendent chaque jour le cercle de ses connaissances. On sait qu'ils n'ont pas manqué au siècle de Newton, de Lavoisier et de Laplace, de Linné, de Buffon, de Jussieu, de Lamarck, au siècle de Voltaire et de Diderot. Tous ces génies divers, astronomes, physiciens, chimistes, botanistes et zoologistes, historiens, hommes de l'*Encyclopédie*, séparés par les doctrines, sensualistes, éclectiques, rationalistes, matérialistes, déistes ou athées, un caractère commun les relie : l'étude de la réalité, partielle ou totale ; la postérité, retenant leurs bienfaits, a oublié leurs faiblesses. Newton a découvert l'ordonnance du monde et les relations des astres. Voltaire a éclairé d'une vive lumière la diversité des nations et des mœurs, il a mis les fictions religieuses en contradiction avec elles-mêmes et avec les vérités constatées. Celui-là cependant a commenté sérieusement l'Apocalypse ; celui-ci s'est complu dans un déisme de commande. Ce sont distractions qui ne comptent pas. Il suffit que tous les deux et cent autres encore aient préparé, sciemment ou non, l'avénement de la philosophie objective.

Ces considérations vont nous être d'un grand secours ; elles nous serviront de fil conducteur. L'histoire philosophique du dix-huitième siècle est une forêt touffue dont on ne sortirait pas, si l'on n'y perçait deux ou trois grandes routes qui coupent les méandres d'innombrables sentiers et viennent se raccorder en ligne droite aux principales directions de la pensée moderne. Si riche qu'ait été le dix-septième siècle en génies et en artistes supérieurs, l'activité intellectuelle s'y était notablement ralentie. Sa production philosophique se résume en une dizaine de grands noms. Le dix-huitième siècle n'a d'égaux en fécondité que le seizième et le dix-neuvième. Les écoles, les nuances, les groupes s'y multiplient, s'y mêlent et s'y combattent. Selon le point de vue où l'on voudra se placer, on pourra établir, et très-légitimement, jusqu'à vingt et trente subdivisions dans cette foule mouvante : adversaires et défenseurs du catholicisme orthodoxe ou du christianisme plus ou moins raisonnable ; déistes et athées ; sensualistes mitigés ; psychologues éclectiques ; spiritualistes vulgaires ; hommes du sentiment ; utopistes ; idéalistes ; sceptiques ; métaphysiciens et naturalistes ; théosophes ; économistes et physiocrates ; moralistes et politiciens ; ou encore, école directe de Locke en Angleterre et en France ; école écossaise ; académie de Berlin ; Encyclopédie ; et notez que, derrière ces catégories, il y a des hommes, des tempéraments, des affinités, des échanges, des emprunts ; que les groupes ne sont pas fixes et invariables, que certaines individualités, sans se démentir, peuvent n'être d'aucun et appartenir à tous, ou à la plupart, comme Voltaire.

Il n'est qu'un moyen de se retrouver dans cette complexité, c'est d'établir d'abord une grande ligne de démarcation entre ceux qui s'enferment dans la psychologie, sensualiste ou rationaliste, et ceux qui s'attachent à la réalité concrète, soit qu'ils l'embrassent tout entière, soit qu'ils s'adonnent à quelque recherche spéciale, mais sans isoler l'homme de l'univers : d'un côté, ceux qui restent à la porte de la science et, du seuil, prétendent lui dicter des lois ; de l'autre, ceux qui la suivent en en constatant le progrès et les conséquences. Les hommes qui ne rentreront pas complétement dans l'une de ces catégories, nous les adjugerons, en tenant compte des variétés individuelles, à la classe vers laquelle ils inclinent le plus, avec laquelle leurs relations auront été plus intimes. Nous laisserons de côté les spiritualistes classiques, à la façon de Cudworth et du vertueux Clarke (1), et les visionnaires ou mystagogues tels que Swedenborg (2), Saint-Martin (3) ou Lavater (du moins ce qu'il y a en eux de mystique et d'insensé). Les uns n'ont rien à nous apprendre que nous ne connaissions de reste ; les autres n'ont que des songes à nous conter, et notre temps est précieux.

§ III. LE SCEPTICISME ANGLAIS. L'ÉCLECTISME ANGLAIS.

Berkeley, Hume. L'école écossaise.

Pour bien comprendre les hardiesses du scepticisme anglais et les timidités simultanées de l'école écossaise, il faut tenir compte à la fois et de l'esprit positif, pratique, qui est le trait distinctif du caractère anglo-saxon, et du désordre intellectuel provoqué par les luttes religieuses. En substituant le culte d'un livre à l'autorité d'une tradition, le protestantisme n'a pas émancipé la pensée humaine. S'il a rompu les humiliantes chaînes de la dévotion catholique, il a respecté, il a renforcé le lien fondamental. Oui, certes, il a démoli des cloisons et invité l'homme à en examiner les ruines ; mais il a consolidé l'enceinte de la prison élargie, ce gros mur qu'il fallait avant tout renverser. Et remarquez-le bien, ce sont les nations catholiques qui y ont fait les plus fortes brèches ; ce sont elles qui ont fourni les esprits pleinement libres. L'anomalie n'est qu'apparente. Les catholiques ont toujours en vue l'obstacle capital, le sentiment religieux d'où procède la théocratie ; ils ne séparent point l'effet de la cause. Les protestants ont atténué l'un, ils n'ont pas touché à l'autre. Religion *moindre*, a dit M. Littré ; qu'importe ? La religion *minimum* n'en serait que plus tenace. Le pur déisme, dans le monde catholique, n'est que le pseudonyme de l'incrédulité ; dans le monde de la réforme, chez les dissidents les plus hardis, c'est le

---

(1) 1675-1729. (Prétendues preuves de l'existence de Dieu.)
(2) 1688-1772. D'abord philosophe naturaliste, halluciné en 1745.
3) 1741-1801. (Physiognomonie.)

dernier article de foi, le résidu, le refuge suprême de l'anthropomorphisme, autrement dit du sentiment religieux. Souvent pasteurs, parfois laïques, tous protestants et chrétiens bibliques, les philosophes anglais ne parlent de Dieu, de Christ, de la vérité révélée que « d'un ton de nez fort dévot ». Quand ils ne placent pas la religion au-dessus de la raison, leur plus grand effort tend à les concilier, à en démontrer l'équivalence. Ceux-là même qui reconnaissent la contingence de l'idée de Dieu, qui fondent toute idée et toute connaissance sur la sensation, acceptent au fond certains principes indiscutables, révélés, qui sont la base de la morale et la règle de la vie. Ils paraissent les oublier, les nier implicitement, mais on s'aperçoit qu'ils en sont obsédés et possédés. Et quant à ceux qui subordonnent ouvertement la philosophie à la foi, ils ne se rendent jamais compte des atteintes que leurs doutes pieux portent à la religion. Berkeley, par exemple, ne voit pas que son idéalisme absolu aboutit au nihilisme le plus radical et le plus stérile. On a d'ailleurs singulièrement exagéré la profondeur et la portée de son scepticisme paradoxal.

Berkeley (1684-1753) est avant tout un clergyman fervent et militant; il va en Amérique établir une colonie évangélique; il exerce vingt ans l'épiscopat, à Cloyne en Irlande; en écrivant *Sur les principes de la connaissance*, en composant les *Dialogues d'Hylas et de Philonoüs* et *Alciphron ou le Petit Philosophe*, il n'a qu'un but : extirper l'athéisme et le scepticisme. Dans *Alciphron*, il combat surtout l'opinion de Mandeville, que la vertu est un produit artificiel de la politique et de la vanité.

Mais ce croyant est aussi un savant physicien et, comme tel, un sensualiste de l'école de Locke. Comment donc échappera-t-il à l'autorité de la sensation ? Comment réservera-t-il les droits de la métaphysique et de la foi ? C'est la théorie, mal comprise, des idées représentatives qui va lui fournir le biais indispensable. Il se hâte d'opposer à la réalité extérieure qui a besoin d'intermédiaires pour pénétrer jusqu'à l'âme, l'existence de l'esprit qui se saisit lui-même par une aperception intérieure, directe et immédiate. Celle-ci est seule indubitable. Quant au monde, rien ne garantit la fidélité des intermédiaires, des images qui le révèlent à l'intelligence. L'esprit, qui est immatériel, existe seul, et la représentation des choses sensibles n'est qu'un mode de son activité. Mais cet esprit, ce moi, n'affirme que lui-même ; il ignore s'il y a d'autres esprits, d'autres *moi* extérieurs et semblables à lui. Notez qu'il a encore moins le droit de supposer un dieu et de croire à des vérités révélées. En supprimant le monde réel, Berkeley ne sauve point le monde idéal ; son scepticisme n'est qu'une impasse. Rien de moins sérieux que sa dialectique, et nous ne citons qu'à titre de curiosité les quelques lignes où il résume, en termes qui le démentent, son oiseux paradoxe : « Il est des vérités si faciles à saisir, qu'il suffit d'*ouvrir les yeux* pour les apercevoir ; et au nombre des plus importantes me semble être celle-ci, que la terre et tout ce qui paré son sein, en un mot *tous les corps dont l'assemblage compose ce magnifique univers*, n'existent point hors de nos esprits. » De quel droit cet idéaliste *ouvre-t-il les yeux*? Et comment peut-il parler de *corps*, d'*assemblage*, enfin d'un *magnifique univers*, qui n'existent pas ?

Tout autre est la portée du scepticisme sensualiste. Sa négation de la réalité sensible est superflue ; mais son élimination de la prétendue vérité métaphysique est péremptoire et définitive. Qu'importe qu'il réduise la certitude à la probabilité, la substance au phénomène ? Si l'apparence donne à la pensée et à l'action une base assurée, elle équivaut à la réalité. C'est affaire de mots. Quand on a bien répété que l'homme est la mesure de toute chose, que tout est relatif à l'homme, que tout ce qui échappe à la prise des sens, à l'expérience, est nul et non avenu, on s'aperçoit qu'il n'en peut être autrement, que la connaissance ne peut s'affranchir des conditions de l'organisme. A condition de paraître constamment, ce qui paraît est ; mais ce qui disparaît constamment devant l'observation n'est pas. Sur tout ce qui est connu, la connaissance peut être résolûment affirmative ou négative, sous bénéfice d'inventaire. L'inconnu demeure la part de la recherche. Quant au doute, il n'y a de place pour lui nulle part, à moins qu'il ne se réugie dans un prétendu *inconnaissable,* lequel ne saurait exister pour nous, puisqu'il serait situé en dehors de nos moyens naturels ou acquis de connaissance. Aussi le fameux doute fondamental, de Pyrrhon jusqu'à David Hume, n'a jamais empêché l'homme de marcher, les astres de tourner et la science de grandir ; il n'a jamais ébranlé la double certitude de l'existence individuelle et du monde où elle est enfermée. Mais il a toujours été une arme excellente contre les hypothèses prématurées ou fausses ; là où il s'arrête, l'expérience achève ; là où il s'abstient, elle conclut. On peut dire que, s'il recule devant la victoire, c'est que son triomphe est sa mort. Dès qu'il prouve, il n'est plus. Tout scepticisme se résout en affirmation et en négation. Le plus grand service qu'il rende est de se supprimer lui-même. Ce bienfait réel efface ses abus imaginaires.

David Hume (1711-1776), bien que, à l'exemple de Locke, il se soit enfermé dans les préliminaires — nous appelons ainsi la question de l'origine des connaissances — bien qu'il se soit borné à l'étude subjective de la pensée humaine, fut un des plus grands promoteurs de la philosophie moderne. C'est être injuste envers sa doctrine que d'y voir le pendant et la contre-partie du paradoxe de Berkeley. Ce qui est sceptique en lui, c'est la forme, le tour d'esprit ; il nie bien plus qu'il ne doute ; et il ne doute pas de l'expérience. On a pu dire, non sans une nuance de dédain puéril, qu'il a été au dix-huitième siècle le chef de l'*empirisme*: titre glorieux, car l'empirisme, un nom de la méthode expérimentale, est la condition première de toute science.

Né en 1711, David Hume débuta, fort jeune encore (1738) par un *Traité de la nature humaine*, refondu plus tard dans ses *Essais sur l'entendement humain*. Il attendit longtemps le succès. Des *Essais de morale et de politique*, des *Recherches sur les principes de morale* firent moins pour sa renommée que son *Histoire des révolutions d'Angleterre*. Mais à partir de 1760, sa doctrine, combattue par Thomas Reid, se répandit en France et passionna toute l'Europe. Lui-même reçut à Paris un accueil enivrant, et, sans sa malheureuse querelle avec Jean-Jacques (1769), il est probable qu'il eût passé ses dernières et glorieuses années au milieu des encyclopédistes. Mais l'affection d'Adam Smith, de Ferguson, de Blair, de Home, le décida pour Édimbourg, centre de cette école écossaise où il ne comptait que des adversaires et que des admirateurs. C'est là qu'il mourut (1776), presque subitement, avec la sérénité d'un sage, laissant inachevée une *Histoire naturelle des religions*.

Rien ne prouve plus éloquemment l'influence de Hume que le nombre de ses traducteurs (1), commentateurs et contradicteurs. En Angleterre, ses thèses hardies furent l'unique raison d'être de la psychologie du sens commun ; c'est la nécessité de les combattre qui suscita Reid, et avec lui, Warburton, Beattie, Oswald, Hurd, Tytler, Price, Adam, Douglas. La religion, le sentiment, la métaphysique s'unirent dans ce commun péril. L'Allemagne lança contre lui Mérian, de l'Académie de Berlin, premier traducteur français des *Essais*, Jacobi, Tetens, Abel, Feder, Ulrich, Reimarus, et l'éclectique Mendelssohn. Ce n'est pas que Hume enseignât rien de précisément nouveau, rien qu'on ne pût retrouver dans Arcésilas, dans Ænésidème, dans Charron, Hobbes, Locke, voire dans Descartes lui-même ; il ne faisait que reprendre à son compte des arguments bien connus ; mais il les a marqués d'une empreinte si personnelle, il les a enchaînés avec une logique si impérieuse, dans une forme si nette, si appropriée à l'esprit de son temps, qu'il a mis en émoi toute la ruche philosophique. On sait, et ce n'est pas sa moindre gloire, qu'il a réveillé (à demi) Kant « du sommeil dogmatique ».

Ce que nous avons dit de Locke, ce que nous dirons de Condillac, nous dispense d'insister sur la psychologie de Hume. Elle n'admet rien dans l'esprit que des impressions et leurs rapports. Toutes les idées procèdent de la sensation ; elles s'associent en vertu de la *ressemblance* ou du *contraste*, de la *contiguïté* de temps

---

(1) *Le Traité de la nature humaine* et les *Essais*, viennent d'être traduits excellemment en un seul volume, par MM. Renouvier et Pillon.

et de lieu, et de l'*habitude* qui nous fournit les notions de substance et de cause. La personne humaine n'est rien qu'un faisceau de perceptions (*a bundle*); le monde extérieur, que le sujet inconnu des sensations; la cause, qu'un rapport, confirmé par la fréquente répétition, entre les faits qui se succèdent constamment. Sous les termes *cause efficiente et cause finale*, il n'existe qu'une illusion de l'habitude.

Il n'y a ni faits, ni idées nécessaires. La certitude se réduit à la probabilité; si les déductions des sciences mathématiques sont certaines, c'est qu'elles se trouvaient d'avance incluses dans les abstractions qui leur servent de bases. Une fois séparées des phénomènes sensibles qui les suggèrent, les idées de nombre et de grandeur se combinent, s'analysent, se subdivisent et se recomposent indéfiniment; et tous leurs produits sont susceptibles de démonstration. Mais il n'en résulte pas qu'elles correspondent à une réalité concrète, ou du moins à une réalité dont on puisse rien affirmer. Quant à la science objective, elle n'est qu'une nomenclature de phénomènes. M. Bartholomèss a résumé ainsi l'opinion de Hume sur la science : « La science ne mérite confiance qu'à deux conditions : il faut que tous les éléments portent le cachet de la nécessité et de l'universalité. Or nos idées, étant l'effet d'impressions variables ou de pures habitudes, ne présentent rien d'universel, rien de nécessaire : il n'y a donc nulle véritable science. » « Notre savoir n'est que croyance et probabilité. »

La critique de l'idée de cause est le triomphe de Hume, et le plus grand service qu'il ait rendu à l'esprit humain : « La raison, dit-il, peut-elle rien affirmer sur la relation de causalité ? Non, car elle ne peut sortir d'elle-même, ni s'élever au-dessus d'une proposition identique (l'affirmation du phénomène). L'expérience, il est vrai, nous apprend que tel fait est ordinairement accompagné de tel autre; mais elle ne nous autorise pas à dire : tel fait est le fruit de tel autre, et en résultera toujours. Nous sommes accoutumés à voir une chose succéder à une autre et nous nous imaginons que celle qui suit dépend de celle qui précède. Nous attribuons à celle qui précède *une force, un pouvoir,* dont celle qui suit serait l'exercice ou la manifestation. Nous supposons une liaison de dépendance entre l'antécédent et le conséquent... On objecte que la réflexion (conséquence de l'association des idées) nous conduit à croire que nous avons en nous une force par laquelle nous faisons obéir les organes du corps aux volontés de l'esprit ; mais, comme nous ignorons par quels moyens l'esprit agit sur le corps, avons-nous le droit de conclure que l'esprit est une force réelle ? Réduits à l'expérience, nous ne savons que ceci : il y a fréquemment coexistence ou succession des mêmes phénomènes. Inférer de là l'existence d'une liaison nécessaire, d'un pouvoir et d'une force, d'une cause enfin, c'est mal raisonner, c'est trop présumer. L'idée d'une liaison de ce genre est le résultat de l'habitude. Rien ne justifie *à priori* l'idée de cause, et, *à posteriori*, elle n'est qu'une habitude. »

Ce scepticisme quelque peu tranchant n'a rien qui nous effraye ; il ne ruine que des entités, des *essences* verbales ; il ne supprime pas les idées qu'il explique ; il nous enseigne à les employer en connaissance de cause ; rien de plus et rien de moins. Mais on comprend quelle épouvante a jeté dans le camp des naïfs l'homme qui écrivait ceci : « Nous nous formons l'idée de Dieu en donnant une étendue illimitée aux qualités de sagesse et de bienfaisance que nous remarquons en nous... Ceux qui prétendent qu'il n'existe qu'une cause toujours active à laquelle il faut rapporter le mouvement du monde, et que cette cause, c'est Dieu, expliquent ce qu'on ne sait pas par ce qu'on ne sait pas davantage. Est-il plus difficile de concevoir le mouvement comme procédant d'un choc, que comme procédant d'une volition ?... Les religions les plus opposées s'appuient également sur des témoignages ; la force de tous ces témoignages par cela même se détruit. » Hume ébranle toute réalité ! Hume supprime le moi, la spontanéité du moi, la raison ! Il anéantit la science ! Il extermine la substance, matérielle et immatérielle ! les forces, les pouvoirs, les virtualités ! Ainsi s'exclamaient sur tous les tons ceux qui croyaient plus encore à la réalité métaphysique d'êtres irréductibles qu'à l'existence du monde extérieur. C'en était fait du « sens commun » de Reid, du « sentiment » de Rousseau ou de Jacobi, du dynamisme des Leibniziens. De là cette lutte acharnée, et qui n'est pas finie. Le scepticisme de Hume y a succombé, mais non les négations qu'il entraîne. C'est, tout d'abord, que l'expérience les confirme ; c'est, ensuite, qu'on n'a pas été au fond de la question ; on s'est borné à de vains exercices dialectiques ; on a mis Hume en contradiction avec lui-même. Le procédé était de bonne guerre et la tâche était aisée.

Hume, en effet, n'est point si hardi qu'il veut l'être ; il lui arrive de partager la terreur qu'il inspire. Son scepticisme lui fait illusion, au moins jusqu'au jour où il n'y verra qu'un jeu et « une querelle de mots ». Durant la plus grande partie de sa vie, il a cru, lui aussi, qu'en définissant la substance, la volonté, la raison, la science, il les avait détruites. Et comme il croyait fermement, pour sa part, à la réalité extérieure et à l'activité humaine, il a reculé devant la négation totale. Pour sauver des certitudes qu'il n'avait nullement ébranlées, il a cru devoir admettre au moins, dans le *Traité sur les principes*, une disposition inhérente à l'homme, un penchant qui nous porte à prendre « des représentations *semblables* pour des représentations identiques ». Et, bien qu'il rapporte cette *croyance invincible* à l'imagination gouvernée par l'habitude, il semble en faire un critérium distinct de l'expérience. De même, en ses œuvres morales, il invoque un instinct qui « dément l'habitude », un sens particulier qui a pour objet le beau et le bien. « La morale, dit-il, n'est pas l'objet de l'entendement, mais du sentiment ; le bien est senti comme le beau : le bien est le beau moral ; il y a un sens, un instinct moral. » Cette phraséologie, empruntée à Hutcheson, est à la fois superflue et fausse. En effet, le sentiment rentre dans la sensation, et l'instinct, n'étant autre que l'appropriation d'un organisme à ses conditions d'existence, n'a rien que n'expliquent l'habitude et l'hérédité. Les impressions sensibles ne rendent pas moins compte des idées morales que des idées intellectuelles. C'est Hume qui se contredit et non pas sa doctrine ; ce n'est pas elle, c'est lui, qui prête inutilement le flanc aux attaques des métaphysiciens. Ceux-ci triomphent trop aisément : le sens moral, la bienveillance, la sympathie, l'utilité sont, en morale, des principes équivalents, tous également réductibles aux besoins révélés à l'organisme par la sensation. Ils ont pu s'emparer d'une concession que les sensualistes eux-mêmes croyaient faire à l'opinion courante. Querelles d'école ! Inconséquences qui ne tirent pas à conséquence ! Des flots d'encre ont coulé sur la question ; l'ont-ils obscurcie ? La sensation gouverne l'homme, et l'intérêt régit le monde.

Avant que le scepticisme de Hume déterminât la vocation du bon Thomas Reid, l'Irlandais Hutcheson (1694-1747) avait installé à Glascow (1729) cette philosophie des vérités moyennes que Royer-Collard devait acheter trente sous sur les quais. Encore Hutcheson, en psychologie, se montrait-il le fidèle disciple de Locke ; mais son invention du *sens interne*, par laquelle il se flattait d'échapper à la rigueur *désolante* de Hobbes, fut une porte ouverte à un *sage* et *décent* spiritualisme. Nourri des sermons de Butler et des banalités chrétiennes, il prétendit fonder la morale, privée et religieuse, non sur le besoin, l'intérêt, le droit et la justice, mais comme Cumberland et Fénelon, sur la bienveillance et l'amour. Nous ne contestons point à ces sentiments la part légitime qui leur revient dans la direction de notre conduite; mais ils sont secondaires et dérivés. Hutcheson négligea de les décomposer en leurs éléments simples, contacts sociaux, rapprochements sexuels, tempéraments, circonstances ; il en fit la manifestation immédiate d'un sens interne ou moral, caractéristique de l'homme, ou du moins rarement départi aux animaux. Il y a dans ces vues superficielles une vérité relative qui peut, en effet, servir de base à une morale très-acceptable. Hutcheson est un de ces esprits modérés qui évitent les grandes erreurs. En politique, il cherche, en bon anglais, une combinaison de la monarchie avec l'aristocratie et la démocratie ; il n'ignore pas que tous les pouvoirs émanent du peuple. En religion, il est déiste chrétien, mais les preuves métaphysiques ne le touchent point, et il ne s'attache qu'à l'illusion logique des causes finales ; et en effet, pour un esprit qui cherche sincèrement la vraisemblance, l'ordre de l'univers, s'il existait, serait le seul indice à peu près spécieux de l'existence d'un dieu.

Home (1696-1782) et Adam Smith (1723-1790) sont des moralistes de la même école. Ce dernier, dans sa très-estimable *Théorie des sentiments moraux* (1759), remplace la *bienveillance* de Hutcheson par la *sympathie*, principe également secondaire qui suppose un contact et une comparaison préalables. Ses *Recherches sur la nature et les causes de la richesse des nations* (1776) constituent son principal titre de gloire. Après Voltaire, mais avec une richesse de preuves que comporte seul un ouvrage spécial, il a établi que l'agriculture, l'industrie, le commerce, triple source de la richesse, sont, chacun au même titre, des formes de l'activité humaine, du *travail*, d'où procède toute civilisation. Le *travail* est par excellence l'agent social, le producteur de l'*utile*. Rien ne doit entraver le travail. L'office de l'État est de garantir la liberté individuelle. Le pouvoir n'est qu'une délégation consentie, dans l'intérêt du travail, de l'utile et de l'individu. La réduction de l'État au minimum, idéal de toute saine politique, difficilement adopté encore dans notre vieux monde européen, dépasse de beaucoup la portée de la doctrine écossaise. Par cette conception simple et vraie, Adam Smith, le fondateur de l'Économie politique, s'est élevé jusqu'au génie. Combien ne doit-on pas regretter la perte du traité de *Droit civil et politique*, qu'il avait entrepris sur le plan de Montesquieu! Adam Smith avait professé à Glascow, de 1751 à 1763. Dès 1748, il s'était lié intimement avec Hume. En France (1764-66) il avait pratiqué Turgot et aussi le physiocrate Quesnay, dont il devait détruire ou plutôt élargir la doctrine exclusive.

Tandis que Smith, délaissant la spéculation métaphysique et content d'une psychologie sommaire, appliquait ses puissantes facultés à l'étude des rapports sociaux, l'honnête pasteur Thomas Reid, l'Écossais par excellence, cheminant entre Locke et Descartes, dans les régions moyennes du sens commun, s'adonnait avec un soin minutieux, sincère, à la psychologie subjective. Il en voulait faire une science « expérimentale comme l'histoire naturelle ».

Intention louable, mais condamnée à l'avortement par l'éducation et les préjugés de Reid : il croyait d'avance à ce qu'il voulait démontrer. De là le vice de sa méthode, l'observation interne, et la faiblesse de son critérium, le sens commun. L'une peut fournir des renseignements sur l'état actuel de l'intelligence, non sur son origine et sa nature ; l'autre, moyenne variable des connaissances acquises et des erreurs acceptées, peut, sous bénéfice d'inventaire, servir de règle à nos actions ordinaires, mais non de mesure à la vérité ; à aucun titre il ne supplée l'expérience. Qu'importait le sens commun à Copernic, à Galilée, à Newton ?

Reid (1710-1795), professeur à Aberdeen (1752-1763), professeur à Glascow (1764-1786), par son premier maître Turnbull, se rattachait à Hutcheson. Mais il flottait de Locke à Berkeley, penchant déjà vers l'idéalisme, lorsque le nihilisme apparent de Hume (1739) vint mettre le comble à son anxiété. Voici deux hardis raisonneurs qui, par des arguments analogues, ruinent l'un la réalité du monde sensible, l'autre celle du monde moral ; bien plus, celui-ci doute que la sensation corresponde à son objet. Tout est donc illusion? Non, non. Est-ce que je ne suis pas certain que j'existe, que les autres hommes existent, que les animaux, les pierres, la terre et les astres existent, au même titre que moi? Mais le sens commun le dit! Et là-dessus, abandonnant Berkeley à ses paradoxes, Reid prend Hume corps à corps. Vigoureux et glissant adversaire ! Combattre le scepticisme, c'est perdre son temps. Le mieux est de l'écouter en passant, quand le sceptique est homme d'esprit, et d'aller à ses affaires. Ainsi faisait Diogène. Hume affirme qu'il doute, Reid affirmera qu'il croit ; il ne convaincra pas plus Hume, que Hume ne convainc ses lecteurs et ses admirateurs, que Hume ne s'est convaincu lui-même ; car Hume sait bien, et tout le monde sait, que sa *probabilité* équivaut à ce qu'on nomme en général la certitude. Si Reid eût raisonné ainsi, nous n'aurions possédé ni les *Recherches sur l'entendement d'après les principes de sens commun* (1763), ni les *Essais sur les facultés intellectuelles* (1785), ni les *Essais sur les facultés actives* (1788). D'accord. Mais nous aurions perdu la philosophie de Royer-

Collard et l'éclectisme. Notre tâche en eût été allégée d'autant.

Reid, comme nous le disions, débute par affirmer que les idées *représentatives*, qu'il prend pour des entités réelles, intermédiaires entre l'objet à percevoir et le sujet percevant, ne sont pas l'unique objet de la connaissance; que la perception est directe, indubitable; qu'elle est accompagnée de jugements naturels d'où procèdent nos idées; que notre connaissance du monde extérieur et de nous-mêmes est antérieure aux jugements comparatifs suggérés par l'association des idées, et qui donnent naissance aux idées abstraites; qu'il y a des idées *nécessaires* et que, ne pouvant provenir de la sensation et du phénomène, également variables et contingents, elles impliquent l'existence d'un être particulier qui les possède et les émet; que cet être est le moi.

Hume serait bien peu embarrassé par cette dialectique. Combien Reid a perdu de paroles, là où il suffisait de constater que la sensation nous révèle à la fois le monde et nous-mêmes, qu'elle implique à la fois l'un et l'autre, et que cette double certitude, mille et mille fois confirmée, dirige invinciblement nos pensées et nos actions! Mais il préfère chercher « quelle est, *dans son essence*, la réalité de cet être qui s'appelle le moi. » Soit. Il pouvait la trouver sans aller loin. L'être qui s'appelle le moi, c'est l'homme, un organisme vivant. Pourquoi cet organisme, comme tous les autres, a-t-il conscience de son unité actuelle? Autant demander pourquoi la combinaison de quinze ou seize corps simples et non de vingt ou trente autres produit le phénomène, l'état, que nous nommons la vie.

La morale de Reid n'est pas plus profonde que sa psychologie. Il définit avec un soin méritoire l'instinct, l'habitude, l'appétit, le désir, les affections, l'intérêt bien entendu et le devoir, mais il ne saisit pas l'enchaînement qui relie ces diverses manifestations de notre existence individuelle et sociale. De même, il divise assez judicieusement les principes de nos actions en mécaniques, animaux et rationnels, mais il ne voit pas que les premiers sont la condition des seconds, et ceux-ci des troisièmes. Ses tendances expérimentales sont enrayées par le sens commun de son temps, qui n'est plus le sens commun du nôtre. Elles le préservent du moins des *hautes* spéculations métaphysiques. Sa raison hésite à empiéter sur le domaine de la foi et s'arrête, au seuil de la théodicée, dans le lieu commun des causes finales. Les orthodoxes de l'école écossaise, Beattie (1735-1803), Oswald (1766), Dugald-Stewart surtout, ne se départent pas de cette prudence relative, bien que déistes et chrétiens convaincus.

Dugald-Stewart (1753-1828) est le principal disciple et continuateur de Reid. Dans le cercle restreint de la psychologie éclectique, ses analyses de la mémoire et de l'association des idées ne manquent pas de sagacité. Mais l'extrême faveur dont il a joui dans le groupe de Cousin nous défend d'insister sur ses mérites. Notre estime serait taxée de froideur. Mieux vaut accorder quelques lignes à deux ou trois dissidents, qui ont montré quelque originalité.

Ferguson (1724-1816) a professé la philosophie à Édimbourg, de 1759 à 1785, avant Dugald-Stewart. Ancien chapelain de régiment, précepteur, voyageur, historien, diplomate, il a émis sur la morale et la politique générale des idées ingénieuses et vraies. Selon lui, trois principes ou lois, conservation, sociabilité, progrès, expliquent les actions humaines. Examinant l'origine des sociétés, il essaye de réfuter la théorie de Hobbes sur l'état de guerre, et celle de Rousseau sur l'état de nature ; la loi des sociétés est le progrès, et leur but une forme politique appropriée à leurs besoins. Il démontre avec esprit que l'état de nature est partout, aussi bien chez l'homme policé que chez le sauvage : « Que nous soyons en France, dit-il, au Cap, ou au détroit de Magellan, partout où l'homme exerce ses talents, toutes situations sont également naturelles. » En psychologie, Ferguson reste fidèle à Bacon et à Locke ; il est pleinement sensualiste.

Le plus infidèle des Écossais est Thomas Brown (1778-1820), suppléant de Dugald-Stewart dès 1803. Rarement disciple a plus nettement démenti ses maîtres. Bien qu'il admette une théologie naturelle, il ne se paye pas de mots volontiers ; et sa *Physiologie de l'esprit humain* (1820), ses *Leçons de philosophie* (posthumes,

1822), abondent en formules claires et décisives : « Dans toute science, écrit-il, il ne s'agit jamais que d'observer des rapports de coexistence et des rapports de succession. » Avec Hume, Condillac et Locke, il déclare que « la volonté, *sur laquelle on a tant divagué*, n'est qu'un désir, avec l'opinion que l'effet va suivre. » Il blâme la timidité de Reid et détruit ses affirmations illusoires ; la prétendue *perception directe* n'est qu'un mot, une tautologie, qui n'explique rien. Le *sens intime* ne signifie rien de plus que le fait de la sensation et de l'association des idées. Reid s'est grossièrement mépris sur les *idées représentatives* de Locke et de Hume ; ceux-ci n'y ont vu qu'un nom des impressions sensibles ; celui-là en fait, pour les combattre, une entité analogue à ces effluves, à ces *membranes* subtiles de Lucrèce, qui voltigent entre les corps et nos sens. Finalement Reid équivaut à Hume : l'un crie qu'il faut croire à la réalité du monde extérieur, mais sans la prouver ; l'autre, qu'on ne peut la prouver, mais qu'il faut y croire. Brown les renvoie dos à dos.

Hamilton, le dernier Écossais, est né en 1788 ; il est mort en 1856. Il a eu le temps d'*admirer* la philosophie de Cousin. A force d'osciller entre Reid et Kant, il a rencontré quelques vérités, ou du moins quelques expressions justes, parfois profondes : « Le moi est l'ensemble des états dont j'ai conscience... La conscience n'est pas une faculté, c'est la forme essentielle de tous les actes de l'âme » (du cerveau pensant, faudrait-il dire). « Toute connaissance est relative... La philosophie, si elle n'est pas la science de l'absurde, est la science du *conditionné* (du fini). » Il faut lui savoir gré d'avoir voulu « exorciser le fantôme de l'absolu. » L'absolu et l'infini sont contradictoires ; on les réunit, à la rigueur, dans l'*inconditionnel* (qui n'existe pas) ; toute cause étant relative à ses effets, aucune ne peut-être ni infinie, puisque ses effets la bornent, ni absolue puisqu'elle est distincte de ses effets et des autres causes. Cependant Hamilton est déiste, mais vaguement ; il veut bien croire à un dieu *inconnu*. « Le domaine de notre foi peut être plus étendu que celui de notre connaissance. »

La grande passion de cet esprit distingué et singulier a été la logique. Il a tenté de refaire l'*Organon* d'Aristote. Il a réduit l'induction en syllogisme. Peu importe. Ses *Leçons de logique*, en dépit de mille subtilités, ne justifient pas ses prétentions énormes.

§ IV. LA LIBRE PENSÉE AU DIX-HUITIÈME SIÈCLE.

**Le sensualisme de Condillac. Le déisme de Voltaire.
Le naturalisme de Diderot
et le matérialisme de Lamettrie et d'Holbach;
l'Encyclopédie et la science au dix-huitième siècle.
Conception historique de Condorcet.
La réaction sentimentale de Rousseau.**

Tandis que l'école écossaise, fille timorée de Bacon et de Locke, cherchait à concilier les trois données de l'expérience, de la raison et de la foi, croyant trouver pour la psychologie et la morale une base solide dans cette moyenne variable des opinions qu'on nomme le sens commun, les disciples français de Locke poursuivaient la même tâche, avec un esprit plus libre, mais sans éviter les mêmes inconséquences. Voltaire lui-même, dont les *Lettres philosophiques* (1735) popularisèrent en France les doctrines de Locke, et plus encore Montesquieu, dont les *Lettres Persanes* (1721) annonçaient une hardiesse de pensée plus tard démentie, ne purent jamais se dégager pleinement des banalités superficielles du rationalisme. *Tantæ molis erat!* Si lourd était l'amas des préjugés accumulés par une habitude cent fois séculaire! Mais, par l'universalité de leur génie, Voltaire, Montesquieu appartiennent à un autre groupe; et nous ne pouvons sortir encore du domaine limité de la psychologie et de la morale.

Le plus éminent représentant de la psychologie sensualiste en France est Condillac, né en 1715, mort en 1780. Il n'y a rien chez lui qui ne procède de Locke; mais si à la clarté de l'expression, à la sagacité des développements, il joignait le mérite de la priorité, l'élève dépasserait de loin le maître. Son *Essai sur l'origine des connaissances* (1746) n'est guère qu'un exposé plus méthodique du traité sur l'*Entendement*; plus tard, en cultivant, en étendant l'héritage, il l'a fait sien ; son *Traité des sensations* (1754), sa *Grammaire*, sa *Logique* (1781), sa *Langue des calculs* (posthume, 1798), sont marqués d'une empreinte toute personnelle : ce n'est plus seulement dans la forme qu'y réside l'originalité, c'est aussi dans la pensée.

A côté de la sensation, Locke avait placé, comme un second principe de la connaissance, la réflexion, un acte de l'âme prenant conscience de ses facultés. C'était là une concession involontaire au spiritualisme, car elle impliquait l'existence de l'âme ; et la réflexion, ainsi élevée au rang de cause à peu près indépendante, devenait une faculté virtuellement préexistante à la sensation. Condillac, aussi bien que Hume, a senti ce vice de la théorie et il l'en a délivrée. Dans son ouvrage capital (*Traité des sensations*), la réflexion ne figure plus qu'à son rang, comme une des étapes que la sensation parcourt avant d'aboutir au raisonnement.

Pour éclairer l'origine sensible des connaissances, Condillac a recours à une célèbre hypothèse, que le dédain affecté des rationalistes ne rend ni moins ingénieuse, ni moins probante. Si, au lieu d'une statue animée par un esprit qui n'a encore reçu aucune idée, il eût présenté successivement les organismes inférieurs dépourvus les uns de goût ou d'odorat, d'autres de vue ou d'ouïe, et montré que la pensée progresse dans la série vivante à mesure que se complète et s'affine l'appareil sensitif, sa démonstration serait bien près d'être irréprochable. Mais, psychologue et non physiologiste, il n'avait ni le moyen, ni l'idée de faire intervenir l'histoire naturelle dans l'étude de l'homme. Tout au plus aurait-il pu se servir de l'enfant et prendre sur le fait l'éclosion successive des sens et des idées qui en dérivent. Mais dans l'état de la science, sa supposition était parfaitement légitime.

Voici donc un homme qui est non-seulement sourd et muet, mais aveugle, dénué d'odorat, de goût, même de toucher, vivant toutefois et pourvu de tous les organes externes, qui n'ont pas encore fonctionné. Tout à coup ses narines s'ouvrent, et il éprouve la sensation d'odorat, qui éveille l'idée correspondante ; puis c'est le tour du goût, de l'ouïe, du toucher, de la vue ; et, toujours à la suite de la sensation, les idées se forment, se conservent, s'associent et se comparent. Condillac a voulu s'élever du sens le plus borné au sens le plus compréhensif, le plus général ; physiologiste, il aurait évoqué d'abord le toucher que tous les autres supposent ; mais dans son hypothèse et pour le but qu'il poursuit, peu importent les vraisemblances de détail. Il suffit que la sensation apparaisse clairement comme la condition *sine qua non* de toute idée partielle ou générale ; aucune des fameuses vérités innées ou nécessaires n'échappe à cette loi ; idée d'infini, de parfait, de substance, idée d'être, aucune qui n'implique une comparaison préalable, tout au moins simultanée, entre des dimensions, des formes, par suite entre des corps.

Toutes les transformations de la sensation se distribuent en deux classes, qu'on peut distinguer par abstraction et qui, partant du même point, la table rase, ne cessent de se mêler, de s'unir ou de se combattre, et de travailler à cette tapisserie ininterrompue, indéfinie, qu'on nomme la personne humaine, la conscience, le moi. Les facultés intellectuelles, les facultés affectives, entendement et volonté, se forment ensemble et marchent sur deux lignes coïncidentes ou parallèles ; on pourrait dresser sur deux colonnes le tableau de leur évolution. Sensation, Attention (prédominance d'une sensation), Mémoire, Comparaison (et réflexion), Jugement, Raisonnement : à ces stades de l'entendement correspondent ceux de la volonté : Sensation, Attention (plaisir et peine), Mémoire, Comparaison (désir ou crainte), Passion, Volonté. Et ce n'est pas là une classification artificielle, c'est l'ordre même où se succèdent les états et les actes mentaux et moraux. « Si nous considérons que, se ressouvenir, comparer, juger, discerner, imaginer, être étonné, avoir des idées abstraites, en avoir du nombre et de la durée, connaître des vérités générales et particulières, ne sont que différentes manières d'être attentif ; qu'avoir des passions, aimer, haïr, espérer, craindre et vouloir, ne sont que différentes manières de désirer, et qu'enfin, être attentif et désirer ne sont dans l'origine que sentir, nous conclurons que la sensation enveloppe toutes les facultés de l'âme.... Le moi de chaque homme n'est que la collection des sensations qu'il éprouve et de celles que la mémoire lui rappelle; c'est tout à la fois la conscience de ce qu'il est et le souvenir de ce qu'il a été. »

Locke avait été frappé déjà du rôle indispensable que joue le langage dans l'acquisition et la fixation des idées. « Ce sont les signes, dit à son tour Condillac, qui engendrent réflexion, abstraction, généralisation, raisonnement ; sans langage, l'intelligence ne dépasserait pas celle des animaux. » Il ne peut exister de science sans langage ; à ce point « qu'une science n'est qu'une langue bien faite. » On aura beau épiloguer sur cette définition trop sommaire, plus on l'approfondira, plus on la trouvera solide et concluante. Toute connaissance se résout en une nomenclature clairement ordonnée. Condillac a développé ce principe dans son *Cours d'études* destiné au prince de Parme, et dans sa *Langue des calculs* ; il l'a appliqué à l'art d'écrire, à l'art de raisonner, à l'art de penser. Mais il n'a pas assez compris qu'il ne peut donner naissance qu'à des langues spéciales, inventées de toutes pièces pour des sciences neuves, et qui resteront toujours à côté de la langue générale créée par le travail des siècles. Toutefois, et bien qu'il ne soupçonnât pas plus qu'Aristote ou Platon les découvertes si tardives de l'analyse linguistique, il a émis nombre d'idées justes sur l'origine et l'évolution du langage, qui est, pour lui, une invention progressive de l'homme.

Condillac n'échappe ni au spiritualisme, ni au scepticisme, ni à la religiosité de son maître. Il était psychologue et abbé. N'ayant jamais étudié que sa pensée, il peut écrire, tout comme faisait Berkeley : « Ce n'est jamais que notre propre pensée que nous apercevons. » Nourri de métaphysique, il a placé dans l'âme et non dans l'organisme le siége de la sensation ; et, déiste par habit non moins que par habitude, il a perdu un certain nombre de pages à établir l'existence de l'entité suprême.

Ces compromis avec les vieux préjugés n'ont pas moins contribué que l'accord de la psychologie sensualiste avec les sciences de la nature à populariser l'enseignement de Condillac, à l'installer dans les chaires officielles. Ils se retrouvent chez la plupart de ses contemporains et de ses successeurs ; à ce point que, chez Laromiguière par exemple, ils arrivent à dénaturer, à affadir en spiritualisme mitigé le fond même de la doctrine. Cabanis (1757-1808), le médecin de Mirabeau et l'ami de Condorcet, l'auteur matérialiste-sensualiste-vitaliste du *Traité du physique et du moral de l'homme*, revient, vers la fin de sa vie, à un vague déisme et, dans sa lettre à Fauriel sur les *Causes premières*, considère le monde comme l'œuvre d'une « intelligence voulante ». Le plus conséquent, dans cette philosophie réduite à l'idéologie, a été, avec Volney, Destutt de Tracy, qui est aussi le dernier et non le moindre représentant de l'école.

Bacon, Descartes, Gassendi, Hobbes, Spinoza, Leibniz, avaient embrassé la philosophie tout entière, telle que la concevaient Anaximandre, Démocrite, Aristote ou Épicure. Après eux, l'esprit humain, lassé de leurs vastes synthèses, rebuté surtout par les divagations métaphysiques du plus grand de tous, Descartes, s'était cantonné dans l'étude de ses propres facultés. Ce spécialisme n'a été sans profit ni pour la psychologie, ni pour la morale pratique, ni pour la science sociale. On peut considérer comme une gymnastique utile pour la pensée les analyses plus ou moins profondes de Locke, de Condillac, de Reid lui-même et la critique sceptique de Hume. Mais ces exercices à huis clos, dans le cercle étroit du for intérieur, finissent par ressembler aux travaux d'un écureuil en cage. A quoi serviraient-ils si l'homme ne se décidait pas à employer au dehors les forces qu'il peut avoir constatées et développées en lui-même ?

Il n'est pas bon que l'homme s'isole longtemps de ce qui l'entoure. Pendant qu'il réfléchit sur l'origine et la portée de ses connaissances, le monde et l'humanité continuent leur évolution, l'expérience élargit son domaine ; Newton détermine les rapports exacts qui relient au soleil les astres du système planétaire, et les conditions physiques qui dominent l'existence des choses et des êtres attachés à la surface du globe terrestre ; Linné classe les séries vivantes et végétales; l'imagination de Telliamed et les grandes hypothèses de Buffon préparent l'avénement de la géologie; la chimie va dégager les corps simples, les substances, jusqu'ici irréductibles, qui se groupent sous le mot matière, et dont l'univers est fait; et, derrière l'entité divine percée à jour, se dresse la réalité naturelle; si la nature et ses lois, dont le règne est arrivé, conservent encore une sorte de vertu métaphysique et religieuse, elles la doivent à un état d'esprit, à une longue habitude, créés par l'abus de l'anthropomorphisme rationnel qu'elles remplacent; mais du moins elles correspondent à l'enchaînement des faits que la science découvre.

Ainsi la philosophie, affolée pour des siècles par l'intrusion des théurgies orientales, a repris conscience d'elle-même; elle a recommencé le voyage accompli par la pensée antique; lentement, péniblement, à travers les obstacles accumulés, elle a marché vers le même but, la conception objective de l'univers. Elle a eu ses Démocrites, ses Héraclites, ses Anaxagores, ses Platons, ses Aristotes, ses Pyrrhons; elle appelle ses Épicures. Et ce n'est pas un recul; c'est un progrès immense, amené par la marche naturelle de l'esprit humain, qui ne peut aller que de l'expérience à l'hypothèse et de l'hypothèse à l'expérience. L'ancien Épicure n'a pu que deviner, les modernes pourront démontrer: leur œuvre, plus complexe et plus longue, sera plus sûre; incessamment traversée par les retours offensifs des métaphysiques et des religions affaiblies, elle se relèvera plus vite d'apparentes défaites; elle ne subira pas d'éclipses et d'effondrements pareils à la nuit de dix siècles. Diderot, pour ne prendre qu'un nom, est né en 1709; et, en 1860, un idéaliste, Lange, avec toutes les restrictions que commande une doctrine contraire, établira que toutes les conquêtes réelles de l'homme procèdent de l'expérience, de la conception objective, enfin du matérialisme scientifique.

Non pas que les penseurs qui vont se succéder dans ce chapitre aient tous sciemment concouru au résultat final, mais ils l'ont préparé. Au-dessus des divergences, des indécisions, des timidités, des révoltes qui s'expliquent par la diversité des éducations et des tempéraments, règne un caractère commun, force et gloire du dix-huitième siècle, cette tendance, que nous avons déjà signalée, à résoudre par des lois naturelles, constantes, tirées des faits, les problèmes jusqu'alors livrés à l'arbitraire de la raison. C'est là le lien de leurs travaux, l'unité qui rend négligeables où secondaires toutes les exceptions individuelles.

Mais la conception de la nature n'est qu'une moitié de la philosophie. L'expérience va s'appliquer aussi à l'homme ; à la suite de Descartes, de Harvey, Boerhaave, La Mettrie, Bordeu, Cabanis, Bichat, Broussais, l'étudieront dans son organisme; Vico, Montesquieu, Voltaire, Condorcet, Volney (sans oublier les services spéciaux des diplomatistes et des érudits), à l'encontre du paradoxe chrétien brillamment amplifié par Bossuet, inaugureront l'histoire naturelle de l'humanité, déroulant le tableau mobile de ses mœurs, de ses institutions et de ses destinées. Vico, dont le nom aurait dû paraître plus tôt, car il est né en 1668 et mort en 1744, à Naples, dont il ne sortit jamais, a tenté de faire pour les accidents de la vie politique et sociale ce que Bacon a essayé dans l'ordre physique. Il a tiré des phénomènes certaines lois générales qui doivent diriger l'histoire, et surtout guider l'historien. De patientes études sur le droit et les religions, sur les états et les milieux moraux où se forment les langues, les croyances, les doctrines et les courants historiques l'ont amené à cette conclusion que l'homme tourne à jamais dans un cercle fatal où les mêmes causes produisent indéfiniment les mêmes effets. Il est dominé par un idéalisme logique qui a séduit notre Michelet, mais qui l'égare en vaines spéculations sur la *nature commune* et le développement similaire de toutes les races. Son système des *retours* est contredit par le livre même où il expose les phases successives de la civilisation. Il est difficile de lui concéder qu'une monarchie sage ou la conquête par un peuple meilleur soient les seuls remèdes contre la corruption. Vico n'a point recours à la perfectibilité humaine, au progrès indéfini. Toutefois la *Science nouvelle* (1725), surtout dans le chapitre consacré au *cours que suit l'histoire des nations*, révèle un esprit lumineux et sagace. Vico est bien le fondateur de la philosophie de l'histoire. Montesquieu a mieux compris que Vico la nature des lois. Les lois, pour lui, au moins en principe, ne sont pas des forces métaphysiques, antérieures aux faits; ce sont des expressions qui résument une série de phénomènes constamment enchaînés, de « rapports inhérents à la nature des choses ». L'histoire et les institutions résultent des milieux que l'homme habite ou qu'il traverse, du climat, de la constitution géographique, des régions, des besoins, des mélanges ethniques, des guerres et des alliances, de l'éducation, des croyances et des découvertes. Voltaire, qui a critiqué l'*Esprit des lois*, se sert en somme des mêmes éléments et ne formule guère d'autres conclusions. Ses préférences pour la monarchie anglaise le rapprochent et de Vico et de Montesquieu. Mais son *Essai sur les mœurs*, qui est une histoire universelle, porte la marque d'un génie plus large, moins systématique, moins tranchant et qui sied à l'apôtre de la tolérance, de l'humanité et de l'équité. Nous ne pouvons entrer ici dans l'examen d'ouvrages si connus ; il nous faut d'ailleurs retourner à la philosophie générale.

Deux hommes avant tous, de génie différent, mais auxquels on doit une reconnaissance égale pour avoir travaillé à l'émancipation de l'esprit humain, deux hommes dominent tout le dix-huitième siècle et servent de centres de ralliement, souvent d'impulsion, à toutes les variétés de l'activité intellectuelle : Voltaire et Diderot.

Voltaire, né en 1694, mort en 1778, a été le véritable roi d'un empire plus vaste et plus durable que les états de Louis XV ou de Frédéric II. Garanti par un exil prudent contre les familiarités et les fureurs des princes, des papegaux et des chats-fourrés, il a consacré ses vingt-cinq dernières années à combattre les abus politiques, à « écraser l'infâme », à défendre et à venger le malheur immérité. Sans parler de ses *Lettres* et de sa *Métaphysique*, il suffit de rappeler la *Bible expliquée*, le *Dictionnaire philosophique*, les *Dialogues* et les *Romans*. Nous n'entendons en aucune façon tirer Voltaire aux opinions qu'il a toujours, ou du moins qu'il croit avoir toujours combattues. Rationaliste, déiste, nous verrons dans quelle mesure, il n'a pour règle philosophique que l'axiome chrétien retourné : *nego quia absurdum*. Il invoque avant tout le bon sens, déjà plus individuel et plus digne de foi que le sens commun, et la liberté. Ne croyez pas qu'il néglige l'expérience ; il l'a longtemps pratiquée ; il est au courant (non en avant) de toutes les sciences physiques et naturelles de son temps ; mais par cela même que son génie est infiniment compréhensif, il demeure indécis entre les doctrines ; on peut tirer de ses œuvres tous les arguments que l'on voudra (pas en faveur du christianisme) pour et contre la souveraineté de la raison, l'immortalité de l'âme, la justice divine. M. Bersot a ingénieusement rassemblé tous les passages qui semblent ranger Voltaire au spiritualisme mitigé, à cet éclectisme si cher aux âmes libérales et décentes. Rien ne serait plus facile que de donner à ce tableau sa contre-partie, beaucoup plus piquante, et beaucoup plus approchée du vrai Voltaire, du Voltaire *ésotérique*.

Le dieu de Voltaire n'est qu'un synonyme de la nature. Le philosophe comprend si bien la superfluité, l'inanité de son être suprême, qu'il n'ose, ne veut, ni ne peut le définir ; il l'identifie perpétuellement à l'ordre des choses : c'est cet ordre, si indifférent, qui lui fait illusion ; ce sont les causes finales qui, bien qu'il les rejette en maint endroit, ne cessent de hanter sa pensée ; mais il enferme son dieu dans le cercle infranchissable des lois que ce dieu a tracées ; ce dieu ne les eût-il pas faites, il serait contraint de s'y soumettre. Qu'importe donc ? Et lorsqu'il s'écrie : « Si Dieu n'existait pas, il faudrait l'inventer. » Diderot est en droit de répondre : « C'est ce qu'on a fait. » Ce qui fait le prix du déisme voltairien, c'est son inutilité, son inconséquence ; il est le dernier refuge de l'idée métaphysique, où sont rassemblées, réduites à leur essence vaine, toutes les preuves ressassées par le préjugé anthropomorphique ; il n'y a plus qu'à souffler dessus et elles croulent d'un évanouissement irrémédiable et commun. Voilà le grand service rendu par Voltaire à la philosophie. Sainte-Beuve a dit : « Voltaire, avec son dieu qui créa l'homme et le laissa faire ensuite comme le plus méchant des singes, exposé d'ailleurs à tous les hasards et à tous les fléaux, Voltaire est inconséquent, et son déisme ne porte sur rien. »

Au reste, sauf une seule, les entités métaphysiques n'ont eu aucune prise sur l'esprit de Voltaire. « Chaque être, nous dit-il, est circonscrit dans sa nature. » Il mesure la liberté au pouvoir de réaliser le désir que la sensation détermine.

« Dieu n'a pas caché dans les plantes un être secret qui s'appelle *végétation*. Il n'est point dans l'animal une créature secrète qui s'appelle *sensation*... Il n'y a point d'être réel qui soit l'entendement humain; il n'en est point qui s'appelle la volonté. L'homme raisonne, l'homme désire, l'homme veut; mais ses volontés, ses désirs, ses raisonnements ne sont point des substances à part. Le grand défaut de l'école platonicienne, et ensuite de toutes nos écoles, fut de prendre des mots pour des choses.

« L'éternel principe a tellement arrangé les choses que, quand j'aurai une tête bien constituée, quand mon cervelet ne sera ni trop humide, ni trop sec, j'aurai des pensées..... Ici, vous me demanderez si je pense que nos âmes périront aussi comme tout ce qui végète, ou si elles passeront dans d'autres corps, ou si elles revêtiront un jour le même, ou si elles s'envoleront dans d'autres mondes. A cela je vous répondrai qu'il ne m'est pas donné de savoir ce que c'est qu'une âme. Je sais certainement que le pouvoir suprême qui régit la nature a donné à mon individu la faculté de sentir, de penser et d'expliquer mes pensées. Et quand on me demande si, après ma mort, ces facultés subsisteront, je suis presque tenté d'abord de demander à mon tour si le chant du rossignol subsiste quand l'oiseau a été dévoré par un aigle. »

Entre le déisme de Voltaire et l'athéisme, il n'y a qu'un pas, que Diderot a franchi plus d'une fois, avançant et reculant selon l'occasion. Ceux qui accusent d'inconsistance les grands lutteurs du dernier siècle oublient trop les nécessités, les périls, les intérêts de la guerre déclarée par des hommes désarmés à la tradition régnante, à l'autorité soupçonneuse et persécutrice.

Denis Diderot, le fils du coutelier de Langres, le créateur et l'âme de l'*Encyclopédie,* noble et puissant esprit, l'un des plus sympathiques et des plus charmants que la France ait produits, a été longtemps plus célèbre que véritablement connu. Avant que son dernier éditeur, notre ami regretté Jules Assézat, faisant entrer l'ordre chronologique dans l'ordre des matières, eût permis de suivre en toutes les directions de la connaissance la marche et le progrès de ce vaste génie, philosophe, romancier, esthéticien, savant et publiciste, il était impossible d'apprécier sainement la doctrine de Diderot.

Celui-là, certes, a bien mérité de l'esprit français et de l'humanité tout entière, qui, destiné à l'état ecclésiastique, élevé, comme Voltaire, par les jésuites, passant du doute à la critique des religions positives, du scepticisme à la religion naturelle, du rationalisme à l'observation, s'est progressivement avancé jusqu'à la conception d'une morale purement humaine, jusqu'à l'intuition des prodigieuses découvertes de la zoologie, de l'anthropologie et de la physiologie modernes.

Au début de sa carrière, vers la trentième année, Diderot s'était laissé aller à publier une allégorie licencieuse qui se digère difficilement aujourd'hui. C'était dans le goût du temps ; aucune censure, aucune poursuite n'intervint ; cette satire amusa. Eh bien ! du milieu de cent folies saugrenues, se dégage déjà le disciple de l'expérience, le futur auteur du *Rêve de d'Alembert.*

« J'aperçus, dans le vague de l'espace, un édifice suspendu comme par enchantement. Il ne portait sur rien. Ses colonnes, qui n'avaient pas un demi-pied de diamètre, soutenaient des voûtes qu'on ne distinguait qu'à la faveur des jours dont elles étaient symétriquement percées..... Je parvins au pied d'une tribune à laquelle une grande toile d'araignée servait de dais. Elle me parut posée comme sur une pointe d'aiguille..... Cent fois je tremblai pour le personnage qui l'occupait. C'était un vieillard à longue barbe, aussi sec et plus nu qu'aucun de ses disciples. Il trempait dans une coupe pleine d'un fluide subtil un chalumeau qu'il portait à sa bouche, et soufflait des bulles à une foule de spectateurs qui travaillaient à les porter jusqu'aux nues.... J'entrevis dans l'éloignement un enfant qui marchait à pas lents mais assurés... Tous ses membres grossissaient à mesure qu'il s'avançait. Dans le progrès de ses accroissements successifs, il m'apparut sous cent formes diverses. Je le vis diriger vers le ciel un long télescope, estimer à l'aide d'un pendule la chute des corps, constater avec un tube rempli de mercure la pesanteur de l'air et, le prisme en main, décomposer la lumière. C'était alors un énorme colosse ; sa tête touchait aux cieux, ses pieds se perdaient dans l'abîme, et ses bras s'étendaient de l'un à l'autre pôle. Il secouait de la main droite un flambeau dont la lumière se répandait au loin dans les airs, éclairait au fond des eaux et pénétrait dans les entrailles de la terre. Quelle est, *demandai-je à Platon*, cette figure gigantesque qui vient à nous ? Reconnaissez l'Expérience, me répondit-il. Fuyons, me dit encore Platon ; cet édifice n'a plus qu'un moment à durer. A ces mots, il part ; je le suis ; le colosse arrive, frappe le portique : il s'écroule avec un bruit effroyable, et je me réveille. »

Ainsi tombe ce « portique des hypothèses, » palais de « cette maudite métaphysique, qui a fait tant de fous. » Cependant, Diderot tâtonne. Dans l'*Essai sur le mérite et la vertu* (1744), traduit ou imité de Shaftesbury, tout en séparant de la religion la morale et la justice, il essaye de distinguer entre le *théisme* optimiste et le *déisme* indifférent. Dans les *Pensées philosophiques* (1746, condamnées au feu la même année), on retrouve le déisme argumentant contre l'athéisme. Dans la *Promenade d'un sceptique*, moins célèbre, aussi digne de l'être, il passe en revue le monde dévot, le monde savant et lettré, et la société frivole. Le premier marche péniblement dans l'allée des épines ; ici Diderot examine les preuves de la révélation et des mystères de façon qu'il n'y ait plus à y revenir (quoi qu'en pensent les *exégètes*). Plus loin, à l'ombre de marronniers élyséens, il écoute les entretiens des sages. Enfin la route fleurie est le rendez-vous commun où se glissent par moments les hypocrites de la voie épineuse et où se délassent les philosophes. La plus amusante invention est celle du bandeau et de la robe blanche, insigne des mystagogues. Pour atteindre le ciel, il faut avoir gardé son bandeau sur les yeux et sa robe sans tache.

Par bonheur, il y a sur le chemin bien des coins où l'on peut lever l'un et détacher l'autre, sans compter les manières de la trousser.

La *Lettre sur les aveugles à l'usage de ceux qui voient* (1749) commence à accentuer l'évolution du sceptique. Le déisme et la religion naturelle, bien que par endroits rappelés, n'ont que peu d'avantages à tirer des discours de l'aveugle Saunderson mourant : « Si la nature nous offre un nœud difficile à délier, laissons-le pour ce qu'il est, et n'employons pas à le couper la main d'un être qui devient ensuite pour nous un nouveau nœud plus indissoluble que le premier. Demandez à un Indien pourquoi le monde reste suspendu dans les airs, il vous répondra qu'il est porté sur le dos d'un éléphant ; et l'éléphant, sur quoi l'appuiera-t-il? Sur une tortue ; et la tortue, qui la soutiendra ? Cet Indien vous fait pitié. » Ensuite Saunderson, avec Lucrèce et avant Darwin, formule la théorie de la concurrence vitale. C'est le premier pas bien marqué de Diderot vers la méthode qui demande aux choses elles-mêmes le secret de leur genèse et de leurs transformations. En passant, il rappelle la fameuse hypothèse de la statue successivement animée par les sens qui lui permettent de penser.

C'est dans l'*Interprétation de la nature*, dans la *Prière du sceptique*, dans les *Principes sur la matière et le mouvement*, dans la *Réception d'un philosophe*, surtout dans l'admirable et délicieux *Rêve de d'Alembert* (pur chef-d'œuvre), le *Supplément à Bougainville* et l'*Entretien avec la maréchale*, qu'il faut chercher ces vues de génie, ces préceptes nouveaux, par lesquels Diderot est notre contemporain. Diderot a le premier annoncé que le règne des mathématiques, ce développement logique de deux ou trois abstractions, allait finir et que celui des sciences naturelles commençait ; et aussi que la philosophie rationnelle devait disparaître devant la philosophie expérimentale.

« Les faits, de quelque nature qu'ils soient, sont la véritable richesse du philosophe... La philosophie rationnelle s'occupe beaucoup plus à lier les faits qu'elle possède qu'à en recueillir de nouveaux .. La philosophie expérimentale, qui ne se propose rien, est toujours contente de ce qui lui vient... La philosophie rationnelle est toujours instruite, lors même que ce qu'elle s'est proposé ne lui vient pas. »

« O Dieu, je ne te demande rien... car le cours des choses est nécessaire par lui-même, si tu n'es pas ; ou par ton décret, si tu es... Le physicien abandonnera le *pourquoi* et ne s'occupera que du *comment*. Le *comment* se tire des êtres ; le *pourquoi*, de notre entendement ; il tient à nos systèmes. Rien de plus vain que la question : pourquoi il existe quelque chose. Il est un ordre essentiellement conséquent aux qualités primitives de la matière... Les qualités particulières sont, ou de la substance en masse, ou de la substance divisée et décomposée. On reconnaîtra, quand la physique sera plus avancée, que tous les phénomènes, ou de la pesanteur, ou de l'élasticité, ou de l'attraction, ou du magnétisme, ou de l'électricité ne sont que des faces différentes de la même affection (le mouvement). La chaîne des causes n'a point eu de commencement, et celle des effets n'aura point de fin. La supposition d'un être quelconque placé hors de l'univers matériel est impossible. » On voit que le scepticisme est loin. « Sceptique, disait Bordeu ; est-ce qu'on est sceptique ? »

Quand Diderot chasse la métaphysique des généralités de la science, ce n'est pas pour la consulter dans l'étude des formes vivantes. « Qui sait, dit-il, l'histoire de notre globe ? Combien d'espaces de terre, maintenant isolés, étaient autrefois continus ? » Et, en deux pages (*Interprétation de la nature*, LVIII), il esquisse tout le système du transformisme, avant Lamarck. Dans le *Rêve de d'Alembert*, où toute biologie et toute physiologie sont en germe, il définit l'*atavisme*, les retours héréditaires. Il se représente l'unité vivante comme une agrégation de particules animées qui ne diffèrent que par un état momentané des éléments dits inorganiques. Les animaux sont des instruments doués de sensibilité et de mémoire ; le moi n'est autre chose que la continuité des impressions et des souvenirs. Quant à ces formes, qui enclosent l'organisme et qui en sont inséparables, sont-ce des types abstraits ? Les moules sont-ils les principes des formes ? « Qu'est-ce qu'un moule ? Est-ce un être réel et préexistant ? » Ou bien n'est-ce que les limites de l'énergie d'une ou plusieurs molécules vivantes, « limites déterminées par le rapport de l'énergie aux résistances ».

Si l'organisme est la condition de l'intelligence, si son fonctionnement et ses besoins se retrouvent au fond de tout acte intellectuel ou moral, Diderot, pas plus qu'autrefois Épicure, ne subordonne les passions, les affections, les rapports sociaux à la satisfaction directe et immédiate d'appétits grossiers. Esprit plus haut et plus fin que La Mettrie ou Helvétius, il admet des transitions entre l'éréthisme et l'amour, entre la faim de mets raffinés ou d'or et les magnanimes ambitions; il proclame le perfectionnement graduel de l'homme et la délicatesse croissante des facultés cérébrales, la prédominance définitive des volontés réfléchies sur les instincts machinaux. Quelques citations encore montreront avec quelle justesse et aussi avec quelle sagesse il envisageait les institutions humaines :

« C'est la propriété acquise par le travail ou par droit de premier occupant qui fit sentir le premier besoin des lois... Toute guerre naît d'une prétention commune à la même propriété... Toutes les institutions civiles et nationales se consacrent et dégénèrent à la longue en lois surnaturelles et divines, et réciproquement toutes les lois surnaturelles et divines se fortifient et s'éternisent en dégénérant en lois civiles et nationales. C'est une des palingénésies les plus funestes au bonheur et à l'instruction de l'espèce humaine.... Il existait un homme naturel : on a introduit au dedans de cet homme un homme artificiel... Tantôt l'homme naturel est le plus fort ; tantôt il est terrassé par l'homme moral et artificiel... Nous parlerons contre les lois insensées jusqu'à ce qu'on les réforme; et en attendant nous nous y soumettrons... »

Tel est l'homme admirable (nous ne prenons même pas la peine de le défendre contre ses ennemis anciens ou nouveaux) qui conçut vers le milieu du siècle (1749-50) et qui acheva, en dépit des avanies, des suspensions et des menaces, l'entreprise immense de l'*Encyclopédie*. Il avait compris que, contre la tradition et l'autorité, le faisceau des connaissances acquises par le travail et l'expérience était l'arme la plus puissante. De là les défiances clérico-monarchiques. De là les persécutions. La grande légende de nos races est toujours vraie. Dans le monde moral comme dans l'univers, la lutte est toujours engagée, toujours obstinée, entre la lumière et l'obscurantisme. L'*Encyclopédie* a vieilli sans doute, mais elle a fait son œuvre ; elle demeure le grand titre de gloire de son promoteur.

Autour de Diderot nous grouperons rapidement des hommes, ses contemporains ou ses successeurs, qui tous mériteraient une étude approfondie, qui ne se sont pas tous aimés, mais qui cependant ont tous poussé la pensée dans la voie de l'expérience : le grand géomètre d'Alembert, demi-sensualiste, demi-cartésien ; Helvétius, l'auteur de l'*Esprit* ; d'Holbach, dont le *Système de la nature*, un maître livre, en somme, n'a point pour mérite unique la collaboration fréquente de Diderot ; La Mettrie, Naigeon, très-savant continuateur de l'*Encyclopédie*, pour la partie philosophique ; Condorcet, Volney, Danton qui, ressemblait au maître par l'éloquence et la chaleur d'âme. Nous ne pouvons non plus que signaler les matérialistes anglais Hartley, Priestley (ce dernier, grand chimiste, a découvert l'oxygène), qui tous deux ont eu ce faible de chercher dans le dogme chrétien de la résurrection des arguments en faveur de la matérialité de l'âme.

Le plus remarquable peut-être dans cette armée de la science est le plus calomnié, ou mieux le plus désavoué, le plus dédaigné de tous, La Mettrie (1709-47). Lange, du moins, et Assézat, plus récemment Jules Soury, lui ont rendu pleine justice. La Mettrie est mort d'indigestion. Disciple d'Aristippe plutôt que d'Épicure, il a fait, dans ses théories morales, la part trop grande aux plaisirs physiques. En somme, sa vie a été courageuse, honnête, utile. Que demander de plus? Il a publié, avant Condillac, avant l'hypothèse de la statue, une très-sérieuse *Histoire naturelle de l'âme* (1745) ; appliquant à l'homme la théorie de Descartes sur les animaux, il a écrit l'*Homme-Machine*, l'*Homme-Plante* ; ce sont là des titres sérieux à l'attention de la postérité. Qu'il nous suffise de dire ici que, dans ces livres décriés, on trouvera, sous une forme trop souvent déclamatoire, une foule d'idées justes et originales sur l'organisme intellectuel et physique, idées souvent pillées et dénaturées par ceux qui ont accusé La Mettrie, un savant médecin, élève de Boerhaave, d'ignorance et de plagiat.

Nous sommes forcé, tant cette époque est féconde en hommes et en idées, de négliger et les théories incomplètes des physiocrates sur la richesse et le gouvernement, et l'excellente morale utilitaire de Jérémie Bentham, et Turgot lui-même, qui, à des vues importantes sur l'administration communale et publique, joignit une assez pâle philosophie. La réaction sentimentale, qui se préparait à côté du grand mouvement scientifique résumé par l'*Encyclopédie*, va malheureusement prendre la direction sociale et politique de la France ; l'Allemagne va donner le signal de la réaction métaphysique. Avant d'apprécier les conséquences déplorables de ces rechutes, nous essayerons de saisir les principaux traits de la conception générale élaborée au dix-huitième siècle par l'école de l'expérience objective.

Le mécanisme absolu de Descartes, confirmé et rectifié par Newton et ses successeurs, règne sur l'univers sidéral et planétaire. C'est là, dans les espaces où les corps semblent réduits aux points géométriques, que les rigoureux corollaires enfermés dans les notions abstraites de nombre et d'étendue peuvent s'appliquer sans obstacle au mouvement, à la distance et à la figure des astres; là que la constance des lois impassibles, substituée au caprice providentiel, neutralise et supprime l'idée de Dieu. L'inutilité, la superfluité d'un architecte ou d'un créateur est déjà la conclusion apparente de l'astronomie ; ce dernier mot de la science, Laplace le dira : « Je n'ai pas eu besoin de cette hypothèse. » Chose curieuse, la première esquisse du *Système du monde* sera tracée, nous le verrons, par l'esprit le plus spéculatif du dix-huitième siècle, par Emmanuel Kant.

On sait, ou plutôt on voit comment est fait le Cosmos. Mais de quoi est-il fait ? La chimie s'apprête à répondre. A la suite de Priestley et de Lavoisier, elle va dresser une liste de corps irréductibles qui, au moins dans notre monde terrestre, constituent la substance des choses. Elle les dégage de leurs combinaisons, dont elle donne la formule. Elle en étudie, elle en constate les propriétés, qui ne sont autre chose que leurs relations mutuelles et les proportions de leurs mélanges. Ainsi se vérifient les intuitions d'Anaximandre, de Démocrite, d'Épicure, de Descartes. Mais aux particules matérielles, insécables ou divisibles à l'infini, différant par la forme et non par la substance, aux points de Spinoza, composés de pensée et d'étendue, aux monades actives et virtuelles de Leibniz, succèdent des éléments déterminés et divers, dont chacun est homogène et constitué par des parties toujours semblables à elles-mêmes. La matière n'est plus, si elle l'a jamais été, une entité métaphysique; c'est le nom commun des corps simples et de leurs agrégats. Maintenant ces corps fondamentaux sont-ils indéfiniment divisibles ou se réduisent-ils en atomes? L'expérience en augmentera-t-elle, en diminuera-t-elle le nombre? Les propriétés de leurs molécules seront-elles résolues en relations de particules plus petites, pareilles ou différentes quant à la forme et à la substance? Problèmes posés à la chimie future, et dont la philosophie enregistrera la solution. Mais déjà la réalité des corps simples, la réalité de leurs combinaisons, est une base plus que suffisante au matérialisme scientifique.

La configuration de la terre, la distribution des îles, des continents, des montagnes et des eaux, entrent dans la science positive. Son volume, sa circonférence, son diamètre, deviennent l'objet de mesures précises auxquelles sont attachées les noms de Maupertuis, de Lacondamine. On sait que notre moyenne planète tient dans le système solaire le rang que lui assigne sa masse; on se doute qu'elle n'est en aucune façon la raison d'être de l'immense univers, dont elle n'est plus le centre. Grand coup porté aux causes finales !

Les renseignements fournis sur l'état présent du globe par la géodésie et la géographie ne sont pas complétés encore par la géologie. Cuvier va naître (1773). Mais déjà l'imagination aventureuse de Telliamed (De Maillet), en dépit du *bon sens* de Voltaire, engage les esprits réfléchis à chercher ailleurs que dans la Bible l'histoire de notre sphéroïde. On n'en est pas encore à interroger les entrailles de la terre sur ses révolutions. Cependant, Buffon qui, dans sa *Théorie de la terre*, le premier de ses ouvrages, raillait les inventeurs de causes lointaines et possibles, finit par imaginer, par deviner quelquefois, la succession naturelle des états que la terre a traversés depuis qu'une comète en passant l'a détachée du soleil ; il écrit son chef-d'œuvre, les *Époques de la nature* : « La terre a été fluide, parce qu'elle est renflée à l'équateur; elle a été incandescente, parce qu'elle conserve une chaleur intérieure ; refroidie, elle a été couverte par les eaux », qui ont laissé sur le sommet des montagnes ces coquilles plaisamment adjugées par Voltaire à des pèlerins négligents. « La température a varié, puisque des animaux du Midi ont habité les climats du Nord. » Telles sont quelques-unes des grandes et séduisantes hypothèses que Buffon a transmises à ses successeurs. « Buffon, dit Flourens, a vu que l'histoire du globe a ses âges, ses changements, ses révolutions, ses époques, comme l'histoire de l'homme. »

La classification botanique et zoologique et la connaissance des plantes et des animaux ont fait de notables progrès. Linné a tracé les cadres et dessiné les séries ; les trois Jussieu complètent et améliorent son œuvre, pour la partie botanique. Sa distribution, plus naturelle, des espèces animales, est universellement adoptée. Il établit nettement la gradation, qui de la plante conduit à l'homme: la plante se nourrit, croît et se reproduit ; l'animal se meut et sent; l'homme sent et pense. L'homme se distingue, mais ne se sépare pas du règne animal ; il occupe seulement le premier rang dans l'ordre des primates. Ou les animaux ne sont pas des machines, ou l'homme en est une ; il n'y a que des degrés entre eux et lui. Ainsi tombe la séparation arbitraire maintenue par Descartes ; et c'est un déiste convaincu qui fait rentrer l'homme dans la nature. C'est un déiste aussi, un spiritualiste, Georges Leroy, qui, dans ses *Lettres sur les animaux*, remarquable essai de psychologie comparée, reconnaît chez les bêtes les germes des facultés mentales qu'un organisme plus parfait et une culture supérieure ont développées chez l'homme. Un autre déiste, Ch. Bonnet, de Genève, à la fois élève de Condillac et de Leibniz, n'exclut pas l'âme des animaux des destinées progressives que sa *Palingénésie philosophique* (1770) promet à l'âme humaine. Si on laisse de côté sa théorie leibnizienne de l'âme, conçue comme une force, comme un principe éthéré indissolublement uni à une sorte de monade matérielle (le corps calleux), on trouve dans son *Essai analytique des facultés* (1760) une explication toute sensualiste de l'intelligence. Bonnet est un physiologiste décidé. Il attribue à l'action des fibres nerveuses tous les phénomènes de la pensée sans exception. L'ébranlement transmis au cerveau par les fibres déliées dont le faisceau constitue chaque nerf est la condition indispensable de l'existence des idées. L'habitude de la sensation communique aux fibres spéciales à chaque sens une souplesse et une mobilité croissantes, une sensibilité plus délicate qui distingue, en les comparant, l'impression actuelle de l'impression similaire déjà reçue, réminiscence qu'un choc nouveau réveille. La mémoire est le résultat d'un travail physiologique. En somme, l'activité de l'âme est subordonnée à la sensibilité, la sensibilité au jeu des fibres, et le jeu des fibres à l'action des objets. Dieu l'a voulu ainsi, ce qui importe peu, et ce qui n'ajoute rien au fait. C'est ce même Dieu qui a créé une fois pour toutes tous les germes et leur destinée. « L'animal primitif imparfait contenait déjà en germe l'animal plus parfait. » Darwin et Hæckel ne parlent pas autrement. Bonnet, comme Diderot, a deviné la théorie de l'évolution par le transformisme. Qu'est-ce d'ailleurs que sa Palingénésie, dépouillée des chimères mystiques? La métamorphose indéfinie, substituée à la métempsycose.

Si Buffon ne s'avance pas jusque-là, il évite du moins les divagations *métaphysiologiques*. Tout en se souvenant par endroits de Descartes, il substitue aux *esprits animaux* des ébranlements organiques. Avec Bonnet, il considère tout individu vivant comme un composé de molécules organiques dont le nombre est infini, germes accumulés qui renouvellent incessamment la substance du corps. On a toutes sortes de raisons de croire que ses concessions au spiritualisme et au déisme étaient de pure forme. « J'ai toujours nommé le Créateur, » aurait-il dit à Hérault-Séchelles, « mais il n'y aura qu'à ôter ce mot et mettre à la place la puissance de la nature. » Or, la « puissance de la nature » équivaut à la constatation pure et simple des phénomènes.

C'est dans la *Philosophie zoologique* de Lamarck (1809) qu'il faut chercher la première application systématique de ces idées transformistes qui flottaient dans l'air depuis Diderot et Ch. Bonnet, et le point de départ de la grandiose hypothèse qui renouvelle aujourd'hui la zoologie. Déjà, en 1802, Lamarck, dans ses *Recherches sur l'organisation des corps vivants*, émettait, au milieu de beaucoup d'erreurs, les opinions alors aventureuses, rejetées par Cuvier, accueillies par Geoffroy Saint-Hilaire. Sous l'influence de la chaleur ou de l'électricité, les organismes inférieurs se sont produits par génération spontanée ; le besoin de vivre, et la nutrition qui en est la suite, ont déterminé l'irritation des organes. L'irritabilité rudimentaire, de la vie, s'est élevée au sentiment. La variété des formes animées correspond à des degrés successifs de développement, représentés par les espèces. Les espèces se sont fixées, mais les barrières qui les séparent sont l'œuvre lente du temps. Les espèces ne sont que des repos dans la série ascendante des transformations ; elles sont sorties les unes des autres, les fossiles sont les ancêtres des vivants. Lamarck, né en 1744, est mort en 1829.

Si, de la conception générale de l'univers, de la terre et des séries vivantes, nous passons à celle de l'humanité, Dupuis nous déroulera l'histoire des religions, Volney nous déclamera ses *Ruines* (1791) ; enfin, Condorcet nous présentera son *Esquisse d'un tableau historique des progrès de l'esprit humain*. Cet ouvrage, composé à la hâte dans une maison de la rue Servandoni sous le coup des poursuites intentées aux Girondins (1794), résume à grands traits toute la doctrine historique élaborée au dix-huitième siècle par Montesquieu, Voltaire, Diderot et l'*Encyclopédie*, dont Condorcet, l'ami de d'Alembert, le protégé de Turgot, fut un des collaborateurs les plus actifs. La philosophie de l'histoire a fait un grand pas depuis Vico. Du progrès dans un cercle fermé, elle s'est élevée, avec Turgot, à la théorie de la perfectibilité indéfinie. Mais elle n'a pas encore formulé cette prétendue loi, en vertu de laquelle un état donné est nécessairement supérieur à l'état qu'il remplace, le régime mérovingien au gouvernement des Antonins, la barbarie féodale à la civilisation athénienne, le christianisme aux conceptions d'un Aristote ou d'un Épicure. C'est malgré bien des reculs et bien des chutes, à travers des décadences intermittentes causées et marquées par le triomphe des superstitions et des tyrannies, que l'homme s'avance vers la vérité et le bonheur ; il ne cessera d'y tendre et d'y marcher, jusqu'à la disparition de la terre ou de l'humanité.

L'*Esquisse* de Condorcet est déparée par quelques déclamations ; mais combien elle est juste dans ses grandes lignes, combien peu elle s'éloigne du tableau définitif que la science tracera quelque jour ! Neuf époques renferment le cycle du passé, depuis la vie sauvage jusqu'à la République française. Entre les deux apogées de l'humanité, la civilisation grecque qui a produit Pythagore (?), Démocrite, Épicure, et l'ère moderne qui va de Descartes et de Locke à l'*Encyclopédie* et à la Révolution, le christianisme et la barbarie apparaissent comme un chaos, avec leur marécage alexandrin et scolastique. Que sera la dixième époque ? Quels progrès réserve-t-elle à ceux que 1789 émancipe ? L'égalité des citoyens d'un même peuple, l'égalité des nations. La suppression des monopoles et des privilèges fera cesser l'inégalité des richesses ; la diffusion des lumières, l'instruction, la médecine, l'hygiène, atténueront l'inégalité des intelligences et des forces individuelles. Quand chaque nation aura conquis le droit de disposer de ses richesses et de son sang, la guerre paraîtra le plus odieux des crimes ; sous la garantie des traités, la liberté du commerce distribuera partout le bien-être ; une langue universelle servira des intérêts identiques et égaux ; l'humanité ne sera plus qu'une famille. Il faut faire en cet idéal la part du rêve, la part de Rousseau, de Mably, de Morelly ; mais c'est un brillant, un généreux commentaire de la grande devise *Liberté, Égalité, Fraternité*. Magnanime testament d'un homme que réclamait l'échafaud ! Sans une plainte, sans un retour sur lui-même, les yeux fixés sur l'avenir, ce modeste héros qui portait en lui l'âme du dix-huitième siècle a écrit cet hymne au progrès.

Le développement des sciences naturelles et historiques, joint à l'ébranlement social qui allait renverser le droit divin et le privilége, avait détourné les esprits de ce qu'on nomme la spéculation pure. Dans un temps où les hypothèses les plus hasardées prétendaient au moins partir de l'expérience, la métaphysique faisait pauvre figure ; mais elle n'avait pas désarmé. Nous verrons qu'elle sévissait en Allemagne. En France elle s'était réfugiée dans le sentimentalisme.

Le « sentiment » a le malheur d'être un des mots les plus vagues du dictionnaire. Au propre, il équivaut à la sensation, à l'état conscient, au figuré, à l'opinion qu'on affirme, à l'affection qu'on éprouve ; et encore à je ne sais quelle langueur passionnée qui énerve et surexcite à la fois la pensée. Quand on l'oppose à l'expérience, il signifie quelque chose d'irréfléchi, de spontané, d'instinctif. En fait, c'est un jugement rapide, vrai ou faux, qui procède tout ensemble du tempérament individuel et du sens commun et qui n'accepte ni le contrôle du bon sens, ni l'analyse de la raison. Or, le bon sens, la raison elle-même, sont des guides contestables. Quelle peut-être l'autorité du sentiment ? Il se prétend simple et primordial ; il n'est que confus ; et les éléments qui s'y mélangent, instinct, tempérament, sens commun, ne sont eux-mêmes que des résultantes fort complexes de l'organisme individuel et des compromis sociaux. Dans la pratique de la vie, l'influence du sentiment est grande, parce que l'homme a rarement le loisir ou le moyen de raisonner ses actes. Mais ce n'est pas lui qui fait la valeur de ce qu'il produit ; c'est l'erreur ou la vérité qu'il renferme sans le savoir. Il n'a aucun droit à s'ériger en règle morale, bien moins encore en principe intellectuel et philosophique. Vrai, il coïncide avec l'expérience, et il est inutile ; faux, il est non avenu : il n'est rien.

Le sentiment, en philosophie, c'est l'ignorance péremptoire, celle qui nie la science ; et par là il confine à la fois au scepticisme et au mysticisme. Et voilà l'humble et suprême asile où se retranche la métaphysique, suspectée par le sens commun, raillée par le bon sens, critiquée par la raison. Ne croyez pas, au moins, qu'elle ait mal choisi sa retraite ; elle en connaît le fort et le faible ; à bout d'arguments, elle se cantonne dans l'inexpliqué, qu'elle proclame inexplicable ; debout sur ses murs de nuages, levant les bras au ciel, elle bénit et pontifie. Elle supplée aux raisons par une mimique auguste. Elle sait bien qu'il existe des âmes simples, des esprits faibles, des énergies détendues, des cœurs désemparés, proies faciles au pathos solennel et à la musique des grands mots. Elle les berce, elle les enivre, elle les caresse, attendant qu'un cataclysme social, une fatigue passagère de l'humanité, ramène l'heure des réactions. Elle s'élance alors et reconquiert pour vingt, pour cinquante ans, les positions perdues.

Au reste, le dix-huitième siècle offrait plus d'une prise aux séductions du sentiment. Ne débordait-il pas de vie longtemps comprimée, de pressentiments indéfinis, de prestigieuses espérances ? Son scepticisme gouailleur était doublé d'enthousiasme. Ébloui par la lumière nouvelle que la science et l'histoire projetaient sur l'univers et sur l'homme, avide de bonheur, de plaisir, quelquefois énervé jusqu'aux larmes par l'abus de sa force dépensée en conversations hardies, galantes, spirituelles, il était, plus qu'un autre, susceptible d'attendrissement et de sensiblerie sans objet. Ou plutôt, cet objet d'un culte admiratif, il existait : c'était un mot : la nature, qui ne signifiait rien et qui disait tout : immensité sidérale, beauté de la terre et des eaux, charmes des campagnes, joies et misères des passions, libre essor du cœur et de l'esprit. A cet état moral correspondait, surtout dans la seconde moitié du siècle, un ton déclamatoire où perce l'accent vrai de l'émotion et qui va s'exagérant jusqu'à 1830. Diderot n'en fut point exempt, ni même d'Holbach, ni La Mettrie, ni Mirabeau, ni Condorcet, ni Volney. Mais nul n'en a été plus affecté que Rousseau, le maître et le chef de l'école du sentiment.

Par la richesse et la plénitude de son style tendu, par son génie d'écrivain, non moins que par l'étrangeté de sa vie, il a exercé un prodigieux empire sur la partie la plus impressionnable de la société, sur les femmes, sur le peuple, sur les déclassés, les déshérités de la fortune, les rêveurs et les utopistes, en même temps que ses généreux et sincères anathèmes contre les abus sociaux et politiques, ses aspirations vers la justice, vers la vérité même (*vitam impendere vero*), ses vues souvent excellentes sur l'éducation du premier âge, lui conciliaient les penseurs et les hommes d'État. Nous ne voulons considérer en lui que le promoteur de la réaction métaphysique et religieuse.

Tous ceux dont l'instruction a été tardive et incomplète se font un trésor de pièces et de morceaux empruntés, cousus sur le fond instinctif de leur propre nature, tel fut Rousseau. Les philosophies courantes lui ont fourni la plupart de ses idées ; sa croyance à l'autorité du sentiment vient de lui-même. Ce n'est pas seulement le hasard d'un concours académique qui l'a engagé dans ses théories sociales où la souveraineté du peuple aboutit à la tyrannie religieuse et civile. La haine d'une inégalité qui l'opprimait l'avait prédisposé à l'utopie de l'égalité native. Si les hommes sont sortis égaux du sein de la nature, ils étaient également bons. C'est la société qui les a faits mauvais. De là la nécessité de revenir autant que possible par un contrat social à l'âge d'or de la sauvagerie. Les sciences, les arts, les lettres, tout ce qui excite les passions doit être exclu de la République. Mais par quelle inconséquence la souveraineté du sens individuel est-elle sacrifiée à la volonté de la majorité ? Pourquoi la religion d'État est-elle imposée sous peine de mort ? Parce que, malgré lui, Rousseau est imbu des doctrines utilitaires, qu'il interprète mal. Il oublie que l'intérêt commun est fait des intérêts particuliers, et que lui-même n'aurait pu vivre dans la société qu'il imagine.

Sa philosophie, bien sommaire, n'est pas plus solide que sa sociologie. Élève, en somme, de Hobbes et de Locke, tantôt sensualiste, tantôt matérialiste, adversaire constant des superstitions et de l'exploitation cléricale, il a vu ses livres brûlés chez les protestants comme chez les catholiques ; et cependant il a été le complice le plus actif et le plus puissant de la réaction religieuse. Ses querelles de maniaque avec Diderot, Hume et les encyclopédistes l'ont rejeté dans le camp où ses tendances le poussaient, d'où son esprit de révolte l'avait tiré à grand'peine. Et il est revenu aux banalités courantes, aux vérités moyennes, à la religion naturelle ; il n'y a rien de plus dans le riche morceau d'éloquence qu'il a placé dans l'*Émile*. Le solennel *Vicaire savoyard*, tout en admettant l'étendue et l'esprit, la matière et le grand architecte, déclare que « le tout est un et annonce une intelligence unique », que Dieu étant parfait a tout ordonné pour le mieux, que le mal est dû à nos « funestes progrès », à l'abus de la liberté humaine. A ces affirmations gratuites et bien connues, il ajoute que le principe de toute action « est dans la volonté d'un être libre; *on ne saurait*, dit-il, *remonter au delà*. » Voilà bien le *sentiment* pris sur le fait, dans son outrecuidance naïve ; mais ce qui est curieux, ce qui démontre quelle force ce sentiment, que, sous le nom de conscience, Rousseau établit au-dessus de la raison, conserve dans les théories rationalistes, c'est que l'indépendance du moi, l'irréductibilité de la liberté et de la volonté, domine le criticisme de Kant, les divagations de Fichte et tous les systèmes spiritualistes.

De ces assertions sans valeur vont procéder toutes les effusions de Bernardin de Saint-Pierre, la sensiblerie de Chateaubriand, et la métaphysique de nos éclectiques. Le sentiment a restauré le dieu des causes finales. Thibaudeau, parlant de Napoléon, à propos du Concordat, disait : « Ses nerfs étaient en sympathie avec le sentiment de l'existence de Dieu. » Cette phrase résume toute la théodicée.

§ V. L'IDÉALISME ALLEMAND.

**Kant, Fichte, Schelling, Hégel, Schopenhauer, Von Hartmann.
Le monisme.**

Entre Leibniz et Kant, l'esprit allemand est resté non pas inactif, mais stationnaire. Par Wolf, Leibniz domine, mais sans exclure l'influence de Locke ou de Condillac, ou du spiritualisme traditionnel. Nous ne pouvons nous arrêter aux modérés et aux éclectiques de toutes sortes, depuis Mérian jusqu'à l'honnête Mendelssohn. Il serait plus instructif de rechercher dans le *Nouvel Organon* de Lambert (1728-1777) et dans son *Architectonique* ou *Théorie de ce qu'il y a de simple et de primitif dans la connaissance* les germes d'une philosophie ou plutôt d'une métaphysique nouvelle. Mais nous retrouverons ailleurs, sous le nom de formes et de catégories, les éléments *simples et primitifs* de Lambert.

Emmanuel Kant (1724-1804), en qui se résume la philosophie allemande au dix-huitième siècle, fut un profond et subtil génie. Ses vertus privées, ses sympathies pour la Révolution française, son amour de la liberté et de la justice en font un noble échantillon de la nature humaine. Mais notre admiration pour sa puissance intellectuelle et sa rectitude morale, voire même pour l'originalité de sa doctrine, ne nous dérobe ni les contradictions flagrantes, ni la fragilité, ni la superfluité du *Criticisme*. C'est sans aucune terreur superstitieuse que nous toucherons à cette arche sainte. Les modernes adeptes du métaphysicien de Kœnigsberg auront beau jeu à nous accuser d'incompétence ; ils nous reprocheront de suivre « la philosophie de ceux qui n'ont pas l'esprit philosophique ». A nos yeux, l'*Histoire naturelle et théorie générale du ciel, d'après les principes de Newton* (1755), ingénieuse esquisse du système auquel Laplace devait plus tard attacher son nom, a plus de prix, plus d'importance dans l'histoire de l'esprit humain, que toutes les distinctions de la *raison pure* et tous les cercles vicieux de la *raison pratique*. Sans doute il est intéressant, surtout pour des métaphysiciens, de voir la métaphysique totalement ruinée par la métaphysique elle-même. Mais Kant s'est donné des peines infinies pour enfoncer des portes ouvertes. L'œuvre qu'il a tentée, l'expérience l'avait accomplie avec des armes plus radicales et plus sûres ; et la preuve en est que Kant est resté prisonnier des chimères qu'il avait vaincues ; son scepticisme métaphysique a pour contre-partie un dogmatisme moral qui restaure de la base au faîte ce vieil édifice des causes finales et de la théodicée. N'est-ce pas de quoi ébranler l'autorité de cette logique à outrance, habile à démontrer également l'inanité et la nécessité de la métaphysique?

Kant lui-même a été victime de son éducation. Né pour l'étude expérimentale de l'homme et du monde (son premier ouvrage a été une théorie de l'univers, son dernier une *Anthropologie pragmatique*), il a, toute sa vie, été dominé par une conception fausse des vérités mathématiques et par cette creuse théorie des forces, des *virtualités*, ajoutée par Leibniz au mécanisme cartésien. Bien plus, lorsque le livre de Hume est venu le réveiller « du sommeil dogmatique », il croyait fermement à toutes les entités du spiritualisme vulgaire. C'est à l'une d'elles, à la *raison*, qu'il s'adresse pour saper les autres ; et, tout en les ruinant, il se préoccupe de les relever, à l'aide d'une autre *raison*, chargée de démentir la première. Non-seulement tout son travail est une toile de Pénélope qu'il défait à mesure qu'il la continue, mais encore il s'accomplit dans un monde à part, le monde *transcendantal*, rattaché au réel, comme l'île de Laputa, par un fil que ses successeurs ont souvent coupé.

Le point de départ de Kant est une psychologie très-sommaire. Tout d'abord, il reconnaît dans l'exercice des sens la condition du développement intellectuel ; il professe même, avec Locke et Hume, que tout ce qui dépasse les limites de l'expérience dépasse les limites de la connaissance. Mais déjà, renouvelant une confusion habituelle aux philosophes indiens, il comprend au nombre des sens un *sens intime*, l'antique *manas*, dont il ne détermine ni la nature, ni le siége.

Après cette unique concession à un sensualisme mitigé, Kant se jette dans la métaphysique pour n'en plus sortir. Les lois mathématiques, dont il ne sonde pas les origines expérimentales, lui ont fourni l'exemple d'idées ou de vérités universelles et nécessaires, éléments rationnels de la connaissance et par lesquels l'expérience est possible.

Sans doute les données de l'expérience constituent la *matière* de la connaissance ; mais cette matière serait indéterminée s'il n'existait des formes où l'esprit la fait entrer. La première de ces formes est l'intelligence elle-même, qui est, non le produit, mais la condition de l'expérience. *Nihil in intellectu quod non prius in sensu, nisi ipse intellectus.* Kant ne s'aperçoit pas que cette intelligence, qu'il accepte, très-superficiellement, comme un fait irréductible, aura elle-même pour condition l'existence de l'homme, que l'organisme humain sera subordonné à son tour au milieu qui l'alimente, l'altère et le tue, que le milieu nécessaire procède des combinaisons chimiques et des mouvements sidéraux ; et ainsi de suite. Sa distinction entre l'*a priori* et l'*a posteriori* est destituée de toute valeur : premièrement, il n'est rien qui ne soit *a posteriori* ; secondement, tout fait est *a priori* par rapport à ceux qui le suivent.

Quant à la prétention métaphysique de subordonner la *matière* de la connaissance à la *forme* qu'elle doit revêtir, c'est l'erreur bien connue de tous les logiciens idéalistes. Sans *matière*, point de *forme* : même en prenant ces mots au sens transcendantal, c'est la *matière* qui suggère à l'esprit la *forme* où il la fait entrer ; car la *forme* n'est autre chose qu'une idée générale, une abstraction qui résulte d'une comparaison entre des objets similaires ou différents, révélés par l'expérience. Kant le sent si bien qu'il n'accorde aux idées universelles et nécessaires, à la *forme*, qu'une valeur *subjective*, qu'une réalité *idéale*. Quand donc il appelle *a priori* des concepts abstraits et dérivés, *a posteriori* les éléments expérimentaux d'où les concepts dérivent, il renverse les termes ; et tout l'effort de sa logique aboutit au paralogisme le plus manifeste. Son scepticisme n'est que sa propre révolte contre son faux dogmatisme.

Kant reconnaît dans l'esprit trois facultés : la sensibilité, l'entendement, la raison. La sensibilité est passive ; elle reçoit, au moyen des affections et des sensations produites en nous par les objets, des *intuitions* ou *représentations*. L'entendement est spontané ; il groupe et coordonne les matériaux fournis par la sensibilité. La raison est transcendantale ; elle dégage les principes, pose les lois de la connaissance.

Mais, en dépit de cet ordre, qui est le véritable (expérience, jugement et raisonnement), la raison est antérieure à l'entendement, l'entendement à la sensibilité, sous le rapport virtuel et transcendantal. Que de peine pour troubler une succession si constante ! De ce que l'empirisme (l'expérience seule) serait stérile sans le jugement et la raison (qui ne le sait?), s'ensuit-il que la raison ne procède pas du jugement, et le jugement de l'expérience? Et qu'est-ce que cette distinction entre la passivité et la spontanéité? Est-ce que ce ne sont pas deux termes relatifs et corrélatifs? Est-ce que tout, dans l'univers et dans l'homme, n'est pas action et réaction ?

Kant a entrepris de fonder la science de la raison *pure, a priori*, dégagée de tout ce que fournit à l'esprit (donc à cette raison même) l'expérience des sens extérieurs et du sens intime. Il s'est proposé, au nom de cette raison *pure* (pure abstraction), d'en déterminer la part, l'office, dans la constitution de la connaissance ; et, par là, de montrer l'insuffisance de l'empirisme ; enfin de discuter la valeur et la portée de la connaissance réduite à cette double origine, les sens, la raison.

La *Critique de la raison pure* (1781) est donc à la fois l'examen, par la raison pure, de l'expérience et du jugement, et la critique exercée par la raison pure sur elle-même. Un grand vice de cette conception, c'est que la raison pure est à la fois juge et partie ; un plus grand, c'est que la raison pure n'a jamais existé.

Appliquée à la sensibilité, la raison pure devient l'*Esthétique transcendantale*. Point n'était besoin d'un si grand nom pour découvrir que toutes nos sensations impliquent une concomitance et une succession, exprimées par les termes généraux de temps et d'espace ; et pour déclarer que ces deux *formes a priori* de la sensibilité, le temps et l'espace, ne sont *rien en soi*, qu'il y faut voir les conditions *subjectives* de notre manière de nous représenter les choses. N'est-ce pas une logomachie de nous présenter comme virtuellement antérieures à la sensation, des idées qui y sont subordonnées et relatives? Est-ce que le fait de succession ou de concomitance n'est pas donné par la sensation? Est-ce que les idées de temps et d'espace peuvent se produire sans représentation sensible? Est-ce qu'elles existeraient dans une paralysie complète? Est-ce qu'elles existent dans une syncope totale, dans un sommeil sans rêves? Ne les voyons-nous pas se former dans l'enfant, lorsqu'il étend la main pour saisir la lune ou un objet éloigné? Est-ce que la notion de distance n'est pas une acquisition de l'expérience?

La *Logique transcendantale*, sous l'empire de la même illusion, pose, *a priori* toujours, les lois de l'entendement, *concepts purs*, ou *catégories* dans lesquelles il *subsume* les intuitions pour les convertir en connaissance, par une opération nommée jugement. Notons encore que ces *intuitions* sont l'unique raison d'être de ces *concepts*, et que l'entendement n'est que le terme général qui comprend les concepts, comme la sensibilité les intuitions. Quoi qu'il en soit, les douze catégories du jugement sont distribuées, trois par trois, en quatre groupes correspondant aux idées de quantité, de qualité, de relation et de modalité :

I. QUANTITÉ. 1° *Totalité*, jugements généraux ; 2° *pluralité*, jugements particuliers ; 3° *unité*, jugements singuliers.

II. QUALITÉ. 1° *Réalité*, jugements affirmatifs ; 2° *négation*, jugements négatifs ; 3° *limitation*, jugements limitatifs.

III. RELATION. 1° *Inhérence* et *substance*, jugements catégoriques ; 2° *causalité*, *dépendance*, jugements hypothétiques ; 3° *communauté*, jugements disjonctifs.

IV. MODALITÉ. 1° *Possibilité, impossibilité*, jugements problématiques ; 2° *existence, non-existence*, jugements assertoriques ; 3° *nécessité, contingence*, jugements apodictiques.

Il est superflu d'insister sur le vice fondamental de cette savante et trop subtile analyse, sur l'illusion qui consiste à rapporter les idées particulières à des types généraux, lesquels, au contraire, en procèdent par voie d'abstraction. La classification systématique de Kant aboutit d'ailleurs à la négation de la valeur *objective* des catégories : elles n'ont aucune réalité en dehors des objets qui les contiennent ; elles sont entièrement relatives à la constitution de l'intelligence humaine, à l'organisme, dont Kant ne veut ici rien savoir.

C'est donc la raison pure qui nous fournira le critérium de la certitude, vainement demandé à la sensibilité et à l'entendement? Pas davantage. Les trois *idées* de la raison pure, que la *Dialectique transcendantale* déduit des formes logiques du raisonnement et qui sont la base des trois sciences transcendantales, psychologie, cosmologie et théologie rationnelle, ces idées du *moi*, du *monde*, de *Dieu* n'ont rien d'*objectif*, et ne traduisent qu'une *illusion naturelle à l'esprit humain*. Principes *régulateurs*, et non pas *constitutifs*, de la connaissance, si elles nous font concevoir quelque chose au-delà de l'expérience, elles n'en peuvent établir ni les attributs ni même la réalité. La dialectique est impuissante à résoudre les prétendues et fameuses antinomies de la raison pure : Le monde a-t-il des limites ou n'en a-t-il pas ? N'existe-t-il que le simple ou le composé du simple, ou bien le simple n'existe-t-il pas ? Le monde est-il l'œuvre d'une causalité libre, ou le domaine des lois nécessaires de la nature ? Y a-t-il ou n'y a-t-il pas un être absolument nécessaire qui fasse partie du monde et en soit la cause ? La thèse et l'antithèse sont démontrées par la dialectique avec une force égale. Toutes deux sont fausses et procèdent de deux illusions, l'une qui prend le phénomène pour la chose en soi, l'autre qui attribue au *noumène* (à la chose en soi) une réalité objective. Il faut écarter ces vaines questions ; l'esprit n'a pas le droit de les poser. L'expérience ne peut les résoudre, la transcendance ne peut en affirmer la solution.

A métaphysique, métaphysique et demie. Avec une impertubable logique, Kant ruine successivement toutes les propositions de la théologie dite rationnelle. Il réduit à néant et la preuve ontologique, et la preuve cosmologique, et la physico-théologique. L'expérience n'a que faire de cette charge triomphante contre les fantômes ; mais elle se réjouit de trouver dans la métaphysique une alliée inattendue. La rencontre est piquante, mais était-il besoin d'aussi longs détours ?

Kant compare l'homme qui abandonne le terrain solide de l'expérience pour s'aventurer dans le monde des idées à la colombe qui, de l'air où ses ailes trouvent leur point d'appui, voudrait s'élancer dans le vide. Lui, l'inventeur de la transcendance, il déclare que le transcendantal, le *noumène*, le *concept*, la *chose en soi*, c'est l'inaccessible, c'est l'inutile. Et chacun de s'écrier : Il n'y a plus de métaphysique; elle s'est tuée ! Non pas. Kant croit fermement à ce qu'il détruit, son scepticisme n'est qu'un acheminement au dogmatisme le plus étrange. La démonstration refusée par la raison pure théorique, il la demande à la raison pure pratique. S'il peut établir que les *illusions* de la sensibilité, de l'entendement et de la raison sont le principe et la fin de l'activité humaine, il se hâtera de leur accorder la *réalité objective*. Et la métaphysique sera reconstruite.

La raison spéculative n'est pas toute la raison ; il en existe une autre, qui est à la *volonté* ce que la première est à l'intellect. La volonté et l'activité qu'elle dirige ont, comme la connaissance et le jugement, leurs conditions et leurs lois. Il va sans dire que, pour Kant, ces lois sont *a priori*, indépendantes, universelles; en effet, la *volonté* est chose irréductible, impulsion spontanée et sans mobiles, un fait à part dans l'enchaînement des causes, et qui n'est pas compris dans la fatalité générale. Cette vue superficielle, cette affirmation contraire à toute expérience, rencontre des admirateurs décidés. Ils ne sentent pas, ils ne veulent pas sentir ce qu'il y a de chimérique dans la prétention de fonder une morale *en dehors de l'expérience*. Nous les laissons à leur aveuglement volontaire. Eux seuls, cependant, pourraient nous révéler ce que leur maître entend par la réalité *objective* des lois morales et de ce célèbre *impératif catégorique*, nom kantien du devoir, qui s'impose, on ne sait d'où, à la volonté, déclarée cependant autonome et absolue maîtresse des actions humaines. Pour nous, qui voyons partout les lois morales naître des relations entre les individus, entre les groupes d'individus et la cité, nous ne comprenons pas davantage en quoi le désintéressement peut être la base de ces lois relatives à tous les intérêts. Ici, comme partout, Kant renverse les termes ; il appelle base ce qui est couronnement. Au lieu de cette progression naturelle et manifeste, besoin, intérêt, droit, devoir, vertu, sacrifice, il nous présente comme point de départ le dernier degré de l'évolution morale, posé dans le vide, sans raison d'être et sans appui.

La loi morale, selon lui, implique la liberté, et, à son tour, la liberté prouve l'existence *a priori* de la loi morale. Il faut se contenter de ce cercle vicieux, qui est le fond de tous les *postulats*. Le *postulat* est la conséquence *logique* d'une assertion plus ou moins douteuse, assertion démontrée, à son tour, par le *postulat* qui en découle. Ainsi, le progrès vers la perfection morale, ne pouvant s'achever en cette vie, suppose l'immortalité de la personne, et *vice versa*; ainsi, l'aspiration au souverain bien (moralité-bonheur) entraîne la nécessité d'un pouvoir capable de le réaliser, d'un être omniscient, tout-puissant, etc. Laissons cela. Kant a bien pu critiquer avec talent les doctrines morales fondées sur l'éducation, sur la constitution civile, sur la sensation, sur le sens moral, sur l'idée de la perfection, ou de la volonté divine; mais il n'y a rien ajouté. Son impératif catégorique, si nous admettons un moment ce terme de grimoire, n'ajoute rien aux divers éléments de la moralité. Et les postulats de la raison pratique vont rejoindre les formes et les catégories. Celles-ci même conservent l'avantage d'être des généralisations exactes et ingénieuses.

Autour de ces deux ouvrages capitaux se groupent une foule de traités plus ou moins étendus, dont la liste même ne peut trouver place ici. Kant a porté sa métaphysique et dans la *Critique du jugement,* où il essaye de réconcilier le mécanisme et la finalité, et dans la *Science de la nature*, et dans la *Doctrine du droit* et dans celle de la *vertu*. Mais si, écartant le noumène et le transcendantal, l'objectif et le subjectif, l'*a priori* et l'*a posteriori*, nous cherchons les conclusions pratiques du criticisme, nous les trouverons beaucoup plus solides que leurs principes. Kant a été un austère et excellent moraliste et, ce qui importe plus encore, un libre esprit qui n'a jamais démenti ses opinions, théoriquement fausses, mais pratiquement vraies, sur la souveraineté de la raison et sur l'autonomie de la personne humaine. Oui, la raison *doit* être souveraine, et l'homme *doit* être libre; c'est bien le but; il faut que, se dégageant des fatalités naturelles, des conditions physiques et animales dont elle procède, l'intelligence, lentement émancipée, institue un ordre nouveau, un ordre véritable et logique, mais uniquement fait par l'homme et pour l'homme, indifférent ou contraire à l'arrangement de l'univers. L'erreur de Kant a été de croire, avec tous les métaphysiciens, que la raison, cette acquisition de l'expérience, régit le monde et préside à la nature entière. La raison n'appartient qu'à l'homme, et à l'homme le plus élevé dans la série; c'est ce que Kant ne nous concéderait pas. La raison est le guide de l'homme arrivé à l'état civilisé; c'est ici que nous nous trouvons pleinement d'accord avec le sage qui a si bien distingué le droit positif des législations et la justice rationnelle, qui a si nettement déterminé le droit privé et le droit public, le droit de la cité et le droit des gens. Il est telle de ses maximes qui devrait être inscrite en tête de tous les codes, celle-ci, par exemple : « Toute action qui ne contrarie pas l'accord de la liberté de chacun avec celle de tous est conforme au droit. »

Le rationalisme absolu de Kant l'a préservé des excès du mysticisme. Sa *Critique de la religion dans les limites de la simple raison* (1791) a paru hardie à ses contemporains; elle conclut, comme on pouvait s'y attendre, à ce qu'on nomme un déisme éclairé où se résument tous les *postulats* de la raison pratique. « La raison pratique est l'unique juge de la religion positive, comme elle est l'unique source de la religion naturelle. » Kant ne va pas jusqu'à se demander s'il existe une religion naturelle. Sa métaphysique, d'accord avec sa foi, l'a conduit juste au point où la prudence a retenu Voltaire, où le sentiment a poussé Rousseau.

Il s'en faut que la critique spéculative de Kant ait égalé en influence, en portée universelle, le clair bon sens pratique d'un Voltaire ou le naturalisme hardi d'un Diderot. En précipitant l'Allemagne dans l'idéalisme à outrance, il a plus égaré que servi la philosophie. Mais combien il est supérieur à ses contemporains et à ses successeurs allemands! au spirituel et sentimental Jacobi, au mystique Herder, enfin aux « trois sophistes » de Schopenhauer, à Fichte, Schelling et Hégel! Tout d'abord, dans son livre le plus célèbre et le plus digne de l'être, il a réduit en poudre toutes les thèses de la métaphysique vulgaire. En outre, s'il est resté imbu des préjugés qu'il semblait avoir détruits, il a toujours reconnu les droits de l'expérience, il a tracé une ligne de démarcation très-nette entre les phénomènes, c'est-à-dire la science positive, et les noumènes inaccessibles et stériles ; il a laissé la porte ouverte à la science. Enfin, par sa croyance à l'autonomie de la volonté, à l'autorité critique du sens individuel, par son mépris pour les superstitions trop manifestes, il a préparé la voie à cette exégèse allemande des Feuerbach, des Strauss, qui, tardive et solide, a du moins refait et confirmé l'œuvre de Voltaire et du dix-huitième siècle français. C'est par ce biais de l'exégèse que certains disciples de Hégel, et non des moins intéressants, ont fini par s'écarter de l'ornière théologique.

Mais, négligeant les doctrines mixtes de Krause (1776-1841), de Herbart (1781-1832), qui rentrent, au fond, dans le spiritualisme classique, signalant au passage l'avénement de Spinoza en Allemagne avec Herder et Gœthe, point de départ des combinaisons qui vont se produire entre le panthéisme, l'idéalisme et le dynamisme leibnizien, suivons rapidement les déviations de l'idéalisme.

Fichte est un nom glorieux. La postérité conserve le souvenir de son grand caractère, de son patriotisme, de son attachement aux principes de la Révolution française. Elle a déjà oublié sa philosophie. Disciple immédiat, mais infidèle et borné, Fichte n'a retenu de Kant que la prétendue irréductibilité, que l'activité absolue et autonome du *moi*. Le *sujet* seul existe ; tout le reste, c'est-à-dire le monde, les choses, est *en soi* vide de toute réalité. Le moi n'a conscience que de ses propres modifications. Quelques propositions, citées à titre de curiosité, montreront quelles obscurités l'esprit allemand aime à entasser sur une donnée à la fois si superflue et si peu originale, après Héraclite, Démocrite, Berkeley, Hume, etc. Nous les empruntons à un beau travail de . Jules Soury (*Encyclopédie générale*, I, 524).

« Le moi pose primitivement et d'une manière absolue son propre être. Le moi oppose au moi un non-moi absolu. Le moi et le non-moi sont posés tous deux par le moi et dans le moi, comme se limitant et se déterminant réciproquement..

« Dans le moi j'oppose au moi indivisible un non-moi divisible.

« Des sens extérieurs, il est évident que nous ne pouvons en avoir, par la raison que nous ne percevons rien d'extérieur... La lumière n'est pas hors de moi, mais bien en moi, car c'est moi qui suis la lumière. »

Cependant il est difficile de se passer du monde sensible. Fichte s'avise un peu tard, mais sérieusement, qu'il est nécessaire d'en établir la réalité. La *raison pratique* et la loi morale de Kant vont lui fournir le secours que Descartes demandait à la véracité de Dieu. Le sens commun, le droit, les relations sociales le forcent d'admettre d'autres *moi* semblables et extérieurs au sien, enfin la réalité du non-moi tout entier. Comment sauver l'idéalisme? En le faisant, de subjectif, objectif. Le moi absolu, infini, n'est plus le moi humain, c'est Dieu. « L'univers est Dieu se posant hors de lui (bien qu'en lui), par la pensée. » Le moi humain, issu de Dieu, vivant en Dieu, reproduit en lui-même le moi divin « au moyen de l'intuition intellectuelle ». Le mysticisme et l'extase sont au bout de ce pathos. Fichte ne les évita pas.

L'idéalisme de Fichte, dans sa phase objective, prend, avec Schelling (1775-1854), le nom d'*identité absolue* : « Tout est moi. » L'*absolu*, qui équivaut à l'universalité des choses, l'absolu, dans lequel s'identifient la nature et l'esprit, le réel et l'idéal, l'objet et le sujet, est l'unité primordiale, Sphairos, Brahm, le néant qui va devenir tout, l'indifférence parfaite du subjectif et de l'objectif. Cet impersonnel, cet inconscient, doit pourtant avoir conscience de lui-même, car l'évolution de l'absolu, la création, est un acte de connaissance *éternel;* en effet, si l'absolu ne se connaissait de toute éternité, quelle occasion aurait-il eue de se connaître? Mais que devient l'indifférence primitive? D'autre part, comment l'absolu, qui a éternellement conscience de lui-même, se manifeste-t-il sans conscience dans la nature, et avec conscience dans l'esprit? Qu'il nous suffise de savoir que la force qui préside à l'évolution de l'esprit est identique à celle qui développe la nature. L'*identité* n'est pas, à proprement parler, la cause de tout ce qui existe, elle en est la totalité, l'essence.

Comme tout est dans tout, pour expliquer l'univers l'homme n'a qu'à écouter sa pensée. Qu'est-ce en effet que savoir ? C'est découvrir en soi par l'intuition intellectuelle la dialectique divine, c'est reproduire en soi l'acte éternel de connaissance, c'est retrouver l'objet dans le sujet. La science est innée dans l'esprit ; et il n'y en a qu'une, la science de l'absolu, sous deux formes parallèles qui sont la *philosophie transcendantale, théorique, pratique et esthétique*, et la *philosophie de la nature* ou *physique spéculative*.

L'identité, qui confine à l'harmonie préétablie de Leibniz, est le lien des deux philosophies. La téléologie résulte de la concordance parfaite entre l'activité consciente et l'activité inconsciente de l'absolu. La beauté est l'infini représenté dans le fini. L'histoire est aussi l'absolu qui se révèle progressivement par le Destin, la Nature et la Providence.

La partie la plus extravagante de cette doctrine est la physique *spéculative*. L'expérience en est bannie, à moins qu'elle ne se plie humblement à la fantaisie métaphysique ; il est curieux de la voir par endroits s'imposer à l'imagination de Schelling, et quelques fragments de vérité, rencontrés par hasard, arrêter dans leur vol les chimères de l'absolu.

La matière, ou gravitation, une et homogène en soi, est l'expression de l'absolu à sa première puissance. Comme elle représente l'aimant infini, et que l'aimant fini est le fer, il suit que tous les corps sont des métamorphoses du fer. A sa seconde puissance, l'absolu est la lumière, essentiellement homogène. « Ainsi s'évanouit le spectre solaire de Newton. » C'est la lumière qui constitue la pensée. Enfin, troisième puissance de l'identité absolue, l'organisme combine la gravitation avec la lumière ; aussi primitif que la matière elle-même, il n'en dérive pas. « La nature organique n'est pas sortie de la nature inorganique. » Elle en diffère, bien qu'elle lui soit identique.

Trois forces constituent la nature générale, lumière, électricité, magnétisme, aidées de trois forces organisatrices, d'expansion, de suspension et de gravitation. Le monde inorganique est régi par l'action chimique, l'action électrique, l'action magnétique, trois degrés d'une même force ; et le monde organique, par trois degrés d'une autre force, qui correspondent aux trois premiers : force productive, irritabilité, sensibilité.

C'est ainsi que le dynamisme leibnizien, dénaturé d'ailleurs par un mépris systématique de l'expérience, reprend possession de la pensée allemande. Kant lui-même ne l'en avait pas extirpé ; il avait spéculé sur les forces vives, sur la force répulsive et la force attractive ; et M. Nolen a très-savamment retrouvé le fil qui joint le critique de Kœnigsberg au métaphysicien naturaliste de Hanovre. Mais il faut rendre cette justice à Kant et à Leibniz que ni l'un ni l'autre n'auraient goûté les rêveries incohérentes de leur infidèle héritier. Schelling, comme Fichte, a fini par le mysticisme et la théosophie.

L'œuvre de Hégel (1770 à 1831) est une sorte de contre-point logique, appliqué au principe de l'identité absolue. La rigueur apparente du système, les grands mots, qui renouvellent les idées les plus vieilles et les plus fausses, l'ampleur du sujet embrassé, l'audacieuse, l'imperturbable confiance du professeur et de l'écrivain, et encore plus les habitudes métaphysiques de l'esprit allemand, expliquent le succès prodigieux et le prestige de Hégel. Sans doute les contradictions qui abondent dans cette prétendue logique, la fausseté d'axiomes posés à l'encontre de toute expérience, l'inanité et l'inutilité du point de départ ont rapidement amené une chute aussi profonde que l'apogée avait été excessif. L'école s'est dispersée, la doctrine s'est évanouie, mais il en est sorti des miasmes délétères qui ont corrompu l'esprit de plusieurs générations : la France éclectique et romantique en a eu sa part.

Pour Hégel comme pour Schelling, il y a identité absolue, fondamentale, entre l'esprit humain et la raison divine. L'esprit trouve en lui-même, en dehors de toute expérience, un raccourci du développement de l'absolu, une fidèle image d'après laquelle il trace, *a priori*, les plans, les épisodes et les personnages de l'éternel tableau. Quant à la vérification *a posteriori*, par l'expérience, elle est au-dessous de la science. La marche de la pensée est la marche même de l'absolu ; sa méthode, ou logique, est la science elle-même ; les lois de l'esprit sont les lois de l'univers ; tout ce qui est rationnel est réel, et il n'y a de réel que le rationnel, *l'idée*. L'absolu est idée ; l'idée est la substance ; l'inétendu de Spinoza n'a plus besoin de support ; il est tout, les choses, l'homme et Dieu. Nous savons déjà ce qu'on peut édifier sur de pareilles prémisses : une science à côté et en dehors de la science, un édifice renversé qui pend la tête en bas, *bombynans in vacuo*, dans un creux sans bornes. Telle est l'*Encyclopédie* de Hégel.

Brahm, l'Un de Parménide, le νοῦς d'Anaxagore, le λόγος d'Aristote, l'absolu, l'être pur, indéterminé, concret, identique en soi au non-être, l'idée enfin, par une dialectique immanente, se développe en trois temps. La sainte triade, dont les diverses trinités religieuses ne sont que des symboles imparfaits, bien que respectables, préside à l'ordre universel.

Premier temps. *L'idée en soi*, puissance à l'état d'involution, antérieure à l'être et au non-être, est l'objet de la logique. La logique se divise en : 1° théorie de l'*être*, qui dégage, de l'être et du non-être convenablement opposés, l'idée du *devenir*, d'où dérive, par une série de déterminations ou négations, à l'aide des catégories de qualité, quantité et mesure, l'existence, l'être pour soi ; 2° théorie de l'*essence* considérée comme fondement de l'existence ; 3° théorie de la *notion* (*notion comme telle*, jugement ou dirempton, conclusion), qui, réalisée dans la conclusion, est l'*objet* ; en passant par le mécanisme, le chimisme et la téléologie, la notion identifie le sujet à l'objet et, sous le nom d'idée, traverse la vie, prend conscience d'elle-même et revient à sa forme pure, à l'idée absolue.

Deuxième temps. L'idée, sortie de soi en vertu d'une contradiction dont elle porte le germe, et devenue *idée pour soi*, réalisée, à l'état d'évolution, donne lieu à la *Philosophie de la nature*. Il y a trois moments dans le *processus* nécessaire de la nature, auxquels correspondent trois sciences : 1° la mécanique ; 2° la physique ; 3° la physique organique qui embrasse le monde terrestre, les règnes végétal et animal. La nature de Hégel, comme celle d'Héraclite, parmi les vicissitudes d'un perpétuel devenir, aspire à l'unité primordiale, au néant perdu : l'esprit, pour tout dire, est son commencement, son but et sa fin.

Troisième temps. L'idée en soi, pour soi, revient *vers soi*, par une suite d'affirmations, négations, conciliations ou thèses, antithèses et synthèses. Les trois stades de son retour sont : l'esprit subjectif, l'esprit objectif, l'esprit absolu, triple science à trois degrés qui constitue la *Philosophie de l'esprit*. 1° A l'*Esprit subjectif* ressortissent : l'*Anthropologie* ou étude de l'âme ; la *Phénoménologie*, qui traite de l'*esprit pour soi* ou conscience ; la *Psychologie*, qui considère l'*esprit en soi*. 2° L'*Esprit objectif* se réalise dans les mœurs, la moralité, le droit, ou dans la famille, la société et l'État. Enfin l'*Esprit absolu* trouve sa forme objective, son intuition sensible dans l'*Art*, soit matériel, symbolique ou oriental, soit sensuel, classique ou grec, soit spirituel, romantique ou chrétien ; sa forme objective est représentée par le sentiment, par la *religion*, qui, s'élevant de la nature à Dieu, atteint son apogée dans le christianisme ou religion absolue ; l'étape suprême de l'*Esprit absolu* est le point où convergent le subjectif et l'objectif, c'est la pensée pure, objet de la *philosophie*. L'histoire de la philosophie est l'histoire de l'évolution de l'absolu, enfin réalisée non point par les éclectiques français, entendez-vous ! mais bien par le génie sans égal qui a tiré l'univers du néant et l'y ramène, par Hégel, « puisqu'il faut l'appeler par son nom ».

Il est superflu de montrer dans cette hallucination gigantesque la quintessence de l'infatuation anthropomorphique. On voit assez que l'absolu hégélien est la raison humaine transformée en raison universelle et créatrice. C'est en somme l'illusion tenace que nous avons rencontrée dans toutes les mythologies et dans toutes les métaphysiques, sous toutes les latitudes, dans tous les pays et dans tous les temps. Mais il y a dans le panthéisme nihiliste de Hégel autre chose que les conséquences ordinaires du panthéisme, on y découvre une sorte de duplicité suspecte qui pervertit l'affirmation par la négation, balance le vrai par le faux, le juste par l'injuste, et les concilie dans l'indifférence. C'est le satyre qui souffle le froid et le chaud.

« Dans le tourbillon dialectique de l'absolu devenir », *une assertion n'est pas plus vraie que l'assertion opposée*, car l'être est identique au non-être. Le bien et le mal, la justice et l'iniquité sont de pures nuances ; le relatif, où nous vivons, n'est pas. Au moins les Djoguistes de l'Inde et les irréguliers du gnosticisme prêchaient ouvertement l'indifférence des œuvres. Mais Hégel affiche pour le droit, pour la moralité, une vénération que dément sa négation implicite de l'individu, de la personne humaine.

Son *devenir*, où l'on a voulu voir la loi du progrès et qui aboutit au néant, n'est qu'un enchaînement nécessaire, transformé en ordre légitime et excellent. Or la nécessité, qui est réelle, n'a rien à voir avec la justice, qui est une conception particulière et relative à l'homme. Cette vue fausse du progrès sans lacune, de l'optimisme de l'évolution, où le conséquent est toujours supérieur à l'antécédent, Hégel l'a transmise à Aug. Comte ; acceptée dans sa rigueur, elle légitime tous les reculs, tous les coups de force, tous les crimes triomphants. Rien de plus libéral, au premier abord, que l'idéalisme absolu ; rien, en réalité, qui soit plus favorable à tous les despotismes quels qu'ils soient ; rien qui se plie mieux à tous les compromis léonins que l'autorité octroie à la liberté. Hégel, en ceci, a été le maître de nos éclectiques, ces amis des sages libertés qui leur profitent, ces partisans de toute autorité qui leur fait leur place et leur part.

La plus déplorable contradiction éclate dans les théories religieuses de Hégel. D'une part, il affirme que toutes les religions positives ont eu leur office et leur vérité ; d'autre part, son panthéisme déterministe et nihiliste supprime toute religion, et y substitue la philosophie de l'absolu. Hégel proclame cependant que le *christianisme absolu* est la suprême expression du sentiment religieux ; mais notez que, du christianisme que nous connaissons, il ne laisse subsister que l'essence, un je ne sais quoi, égal à zéro, ce que M. Renan, par exemple, appellera le *sentiment du divin*. C'est à Hégel non moins qu'à certaines sectes protestantes que remonte la responsabilité de ces hypocrisies sincères, commodes surtout, par où les esprits décents gardent leurs entrées dans le christianisme, dans la religiosité vague et indéfinissable, fade et énervante fumée des religions éteintes. Notre siècle en est empesté : *religion* saint-simonienne, *office religieux* des positivistes, néo-catholicisme de Bordas ou Buchez, et le Dieu parfait qui n'existe pas, la catégorie de l'idéal, voire même « *l'axiome éternel* » qui se prononce dans l'immensité (Taine) ! autant de résidus métaphysiques dont le souffle de Hégel a répandu le subtil miasme dans l'atmosphère de la pensée moderne.

« Voilà bientôt vingt ans, disait Gœthe, que les Allemands font de la philosophie transcendantale ; s'ils viennent une fois à s'en apercevoir, ils se trouveront bien ridicules. » La mort du *charlatan*, de l'*acrobate*, dissipa l'illusion ; l'idéalisme officiel et ses trois grands prêtres, Fichte, Schelling, Hégel surtout, furent accablés de sarcasmes un peu trop germaniques. Les contradictions de la doctrine désagrégèrent l'école : droite réactionnaire, centre conservateur, gauche et extrême gauche, donnèrent à la galerie le curieux spectacle de leur mêlée. Ce furent surtout les *exégètes*, les critiques religieux, Strauss, Bruno Bauer, Feuerbach, tous disciples de Hégel, qui, en appliquant strictement les idées du maître, en firent ressortir le néant. L'un, à force de chercher le Christ idéal (dans ses *Vies de Jésus*), ne rencontra, dans ses derniers jours, qu'une sorte d'onctueux athéisme ; l'autre, par sa *Critique de l'histoire évangélique*, porta un coup terrible à la théologie. Feuerbach enfin, avec une merveilleuse lucidité, démêla l'*Essence du christianisme* (1841) et l'*Essence de la religion* (1849). Toutes les légendes sont égales à ses yeux ; elles ne sont que des expressions diverses de l'anthropomorphisme. C'est l'homme qui s'adore en ses dieux. Au nom de l'*Identité absolue*, qui réalise l'esprit divin dans l'esprit de l'homme, Feuerbach proclame l'homme Dieu et réduit la religion, toute religion, au dévouement à l'humanité.

Dès lors on passa du fanatisme de la foi traditionnelle au fanatisme de la négation. Les noms de chrétien et d'anti-chrétien n'eurent plus de sens. Arnold Ruge, chassé de ville en ville, réfugié en France, prêchait le retour à la science naïve de la nature et de l'homme : « Il ne suffit pas, disait-il, de lutter contre la religion ; il faut, ou l'oublier, ou s'élever au-dessus d'elle. » C'est ce que fit Max Stirner, qui, reléguant parmi les divinités des vieux Panthéons l'humanité elle-même, prit corps à corps la morale métaphysique de Kant, le fameux impératif catégorique, et, à la place de prétendues lois générales *a priori*, installa l'intérêt et le droit individuel. Enfin, avec Moleschott, Vogt, Büchner, l'expérience scientifique reprit possession de la philosophie. Le vieux matérialisme, toujours jeune, parce qu'il se tient toujours au niveau de la science acquise, fit une rentrée éclatante dans le pays de l'idéal. On se tromperait toutefois si l'on croyait son triomphe certain et définitif. Bien plus, il est en train de perdre le terrain qu'il semblait avoir conquis ; il fléchit sous l'effort combiné de Kant, de Leibniz et de Spinoza. Son historien, l'idéaliste Lange, tout en lui accordant, pour la première fois peut-être, la faveur d'un jugement impartial, tout en le vengeant d'accusations saugrenues, tout en proclamant les services qu'il a rendus à la science et à l'humanité, n'y veut voir qu'un acheminement à des vérités plus hautes, à des conceptions de l'ordre spéculatif. L'esprit allemand, malgré sa puissance d'observation rigoureuse, ne se résout pas à l'expérience pure et simple ; il se montre disposé à signer avec la métaphysique un compromis qu'on nomme le *monisme*, et qui n'est qu'un idéalisme atténué. Mais il faut reprendre de plus haut l'histoire de cette réaction nouvelle.

Parmi les adversaires les plus ardents de ceux qu'il appelait « les trois sophistes », il n'y en eut pas de plus spirituel et de plus violent à la fois que Schopenhauer (1788-1860). « Diluez, dit-il, un minimum de pensée dans cinq cents pages de philosophie nauséabonde, et fiez-vous pour le reste à la patience vraiment allemande du lecteur... C'est un défaut essentiel des Allemands de chercher dans les nuages ce qu'ils ont à leurs pieds. Quand on prononce devant eux le mot *idée*, qui offre à un Anglais ou à un Français un sens clair et précis, on dirait un homme qui va monter en ballon... La principale cause de l'extrême aplatissement des cervelles a été Hégel, tête médiocre, qui, par tous les moyens connus, a voulu se faire passer pour un grand philosophe, et est arrivé à se poser en idole devant quelques très-jeunes gens, d'abord subornés, et maintenant à jamais bornés. »

Schopenhauer avait beaucoup voyagé et beaucoup lu ; il possédait et admirait Chamfort, La Rochefoucauld, Helvétius, Cabanis, Bichat, Locke ; mais Kant était l'objet de son culte. En dépit de ses tendances sensualistes, de sa croyance à l'éternité du monde et des forces de la matière, en dépit de sa haine contre les têtes vides qui ont déraisonné sur l'identité et sur l'absolu, il débute et il finit par l'idéalisme. Sa proposition fondamentale n'est-elle pas : « Le monde est ma représentation » ?

Mais, peut-on dire, cet aphorisme ne serait désavoué ni par Démocrite, ni par Protagoras, ni par Locke ; il appartient aussi bien à Hume, voire à Condillac, qu'à Berkeley. Cela est vrai. Seulement le scepticisme idéaliste en tire des conséquences excessives : « Le monde, conclut-il, n'est qu'un phénomène intellectuel ; » et il croit avoir infirmé cette autre proposition de l'expérience : « L'intelligence n'est qu'un phénomène organique et matériel. » Là est son illusion.

Schopenhauer et bien d'autres, avant et après lui, se sont ingéniés à démontrer que, sans œil, il n'existe ni lumière ni couleur ; sans ouïe, ni bruit, ni son ; sans toucher, ni forme, ni espace. Nous ajouterons que, sans un cerveau vivant et pensant, il n'existerait rien. Mais, comme, en fait, il existe des cerveaux, des mains, des oreilles et des yeux, qu'avons-nous affaire de telles hypothèses, de telles vérités, si l'on veut ? Il suffit de les énoncer une fois pour toutes, et l'importance qu'on leur attribue nous échappe. Sans doute on fait intervenir le noumène et le phénomène, la chose en soi et le relatif. On prouve, à l'aide de procédés scientifiques certains, que, derrière nos sensations, il y a des combinaisons et des mouvements qui les produisent, que rien n'est tel que nous le voyons ou entendons, que lumière, couleur, son, se réduisent à des ondulations incolores et muettes, que les corps vont se décomposant en substances diverses dont la divisibilité est indéfinie. Mais on oublie que toutes ces découvertes de l'expérience sont dues aux sens et aux organes humains servis par des instruments qu'ils ont créés. On oublie qu'elles ne suppriment rien de ce qu'elles expliquent et qu'elles n'enlèvent pas un atome à la réalité substantielle dont les mouvements produisent nos impressions. La raison suffisante de Leibniz, à laquelle Schopenhauer se réfère, n'est, en dernière analyse, que l'expression métaphysique de cette certitude inébranlable.

Si Schopenhauer s'était borné à répéter la formule sceptique : « L'homme est la mesure de toutes choses », nous pourrions le laisser en paix à ses tentatives peu nécessaires de conciliation entre l'objectif et le subjectif; mais, d'une proposition dont il fausse le sens, il fait la base d'un système tout aussi illusoire, tout aussi anthropomorphique que ceux des trois sophistes. Constater que nos organes sont les instruments qui mesurent tout, ce n'est pas dire que l'homme est le *patron* de l'univers, que ses facultés, dont son organisme est la condition, appartiennent au monde entier. Or telle est l'erreur des idéalistes. Pour Schopenhauer la faculté maîtresse, l'essence de l'homme, c'est la volonté, qui est l'essence universelle, la substance-pensée de Spinoza, la monade de Leibniz. Il y a deux mondes, l'apparence et la réalité absolue. Entre l'un et l'autre, « entre l'unité de la volonté et les individus dans lesquels elle se manifeste », planent des types, les idées de Platon. « La volonté, en tant que principe des choses, sommeille dans la roche, s'éveille dans la plante, et se développe pleinement dans l'homme. » La poésie peut se plaire à de pareilles métaphores, pourvu qu'elle n'en soit pas dupe; nous ne voyons pas ce qu'y peut gagner la philosophie. Nous savons très-bien que la volonté ne sommeille pas dans la roche, que la contractilité de certains organes végétaux n'est pas la volonté, et que la volonté n'existe que dans les organismes conscients. Les mots ont un sens, ou bien le langage est une logomachie.

Le fameux pessimisme de Schopenhauer ne tient pas plus à sa doctrine de la volonté que son idéalisme ne tient à son scepticisme initial. Au reste, le bien et le mal étant des sentiments relatifs et variables, optimisme et pessimisme absolus sont des termes sans valeur scientifique. Nous avons affaire ici à un bouddhiste, à un athée mystique, égaré dans le siècle de l'action. « Qu'est-ce que la vie? Une étoffe qui ne vaut pas ce qu'elle coûte, une chasse où, tantôt chasseurs et tantôt chassés, les êtres se disputent les lambeaux d'une horrible curée, une guerre de tous contre tous, une mort anticipée, disait Parménide ; enfin, une sorte d'histoire naturelle de la douleur qui se résume ainsi : Vouloir sans motif, toujours souffrir, toujours lutter, puis mourir, et ainsi de suite *in secula*, jusqu'à ce que la croûte de notre planète s'écaille en tout petits morceaux. » Il faut chercher le salut dans le *nirvana* ; atteindre par la justice et la pitié universelle à la liberté et supprimer dans l'homme ce qu'il y a d'égoïste et d'individuel, tuer enfin non ce corps mortel, mais cette volonté qui l'anime et le condamne à la douleur sans merci.

ous connaissons de longue date ces ascétiques langueurs que le christianisme a si ingénieusement exploitées. Un mot pour en finir : supprimer la volonté, c'est supprimer l'univers ; Schopenhauer y consent de grand cœur. Mais n'est-ce pas supprimer du même coup la philosophie ? Schopenhauer ne s'y oppose pas.

L'*Inconscient*, qui fait tant de bruit en Allemagne, n'est rien de plus et rien de moins que la *Volonté* de Schopenhauer. Nous n'entrons pas dans les démêlés de Frauenstadt, le disciple immédiat du maître, avec l'hétérodoxe Von Hartmann. Celui-ci a changé le nom du *Deus ex machina*, de la *racine carrée* universelle ; il entend l'extraire par des procédés nouveaux ; il ne veut employer que l'expérience minutieuse et rigoureuse. Mais après tout ce travail scientifique, d'ailleurs contesté par les savants, ses fouilles laborieuses lui laissent dans la main, quoi ? une entité, une illusion, un mot détourné de son sens, un adjectif moderne promu à la dignité de substantif éternel et universel.

En déterminant l'erreur du point de départ, en faisant voir, toucher du doigt, l'inanité du principe, nous couperons court aux conséquences.

Von Hartmann a remarqué, comme tout le monde peut le faire, que l'état conscient n'appartient qu'à certains organismes vivants, et que, par rapport à cet état supérieur, on peut qualifier d'inconscients, d'abord les mouvements et les combinaisons du monde inorganique, en outre des actes nombreux et importants chez les êtres organisés. Non-seulement toutes les fonctions de la vie animale sont inconscientes, mais encore la sensation, c'est-à-dire l'état conscient, est précédée et formée d'innombrables impressions inconscientes ; il passe en revue dans sa *Phénoménologie* tous les faits qui se produisent en dehors de la conscience et qui échappent à son empire. Il n'oublie qu'un point, c'est que la distinction entre le conscient et l'inconscient n'est qu'une vue de la conscience, que la conscience en est la condition nécessaire.

Ces termes corrélatifs, et dont le second dérive du premier, ne répondent à aucune réalité en dehors de l'intellect humain qui les emploie. L'homme constate en lui une qualité spéciale qui manque absolument aux choses. Et c'est cette absence d'une qualité, c'est ce néant, que Von Hartmann érige en être par excellence, en *Un-tout*, à la fois substance, principe et fin. L'Inconscient est volonté, sagesse infaillible, activité imperturbable, création continue, et démiurge prévoyant ; il ne pense pas, mais il est l'essence de la pensée, la virtualité de la conscience : il est esprit, il est *supra-conscient*. Tout s'explique par l'inconscient, la formation des mondes, la gravitation, l'éclosion de la vie végétale et animale, l'organisme, l'instinct, les mouvements réflexes, le langage, la sensation et la pensée, en un mot l'accommodation de tous les moyens à toutes les fins ; tout, si ce n'est l'Inconscient lui-même, qui n'ôte et n'ajoute rien à la réalité des faits et des choses. Si, cependant : il y ajoute les causes finales. C'est l'obsession de cette vieille chimère qui a forcé Von Hartmann de recourir à l'Inconscient. Tout le mystère est dévoilé.

La métaphysique, aussi bizarre que superflue, de Hartmann, aboutit à un compromis entre l'optimisme de Leibniz et le pessimisme de Schopenhauer. D'une part l'infaillibilité de l'Inconscient n'a pu produire que le meilleur des mondes ; d'autre part la conscience, l'idée logique, la raison, établissent que ce monde est misérable. Que faire ? L'homme aspire au bonheur, où le trouvera-t-il ? Dans le retour à l'Inconscient. Mais le chemin ? Ici l'auteur s'enfonce dans un dédale de contradictions. La volonté est l'âme de l'Inconscient ; la volonté est donc la cause de tout le *processus* ; c'est elle qui s'est *individuée* en volontés particulières ; c'est d'elle que procèdent la sensation, l'intelligence et la raison ; et cependant ces formes supérieures de l'inconscient sont vouées au malheur. Étrange travail de la suprême sagesse, de l'éternelle et active prévoyance ! Il faut défaire son œuvre, et, en attendant l'heure de la délivrance finale, de la résorption complète des choses et des êtres dans le néant, supprimer la volonté individuelle, la confondre dans la volonté générale, et combiner le détachement bouddhique avec la vertu stoïcienne. Une sorte d'athéisme religieux couronne cet édifice hardiment assis sur le vide.

Nulle part ailleurs on ne saisit mieux la déviation insensible qui mène de l'expérience à la métaphysique. Il suffit d'une idée préconçue, qui se trouve être ici la *finalité*, et d'une entité intermédiaire chargée de relier les faits réels à leur raison d'être idéale. Cet office est échu à l'Inconscient, qui n'en peut mais. Au fond, Von Hartmann est un matérialiste qui a voulu être idéaliste. Il aurait bien dû employer des procédés plus simples ; ne lui cût-il pas suffi de vider toutes les formes et de réduire la nature à une sorte de géométrie dans l'espace ? C'est ce qu'a fait notre Descartes ; et si ce travail n'est pas nécessaire, il est, du moins, assez peu dangereux : force est bien à la mesure idéale ainsi construite de coïncider avec la réalité. Les savants anglais, qui ne peuvent se défaire de certains scrupules, Huxley entre autres, aiment aujourd'hui à se rattacher à Descartes ; et nous ne saurions les en blâmer, pourvu que ce soit au mécaniste et non au métaphysicien de la véracité divine : mais ils n'ont garde.

En Allemagne, c'est Kant que la science invoque. Le guide est moins sûr ; toutefois Kant a ses côtés empiriques, et son scepticisme prudent peut garantir ses élèves libres des divagations trop familières à l'esprit allemand ; il leur apprend, s'ils veulent, à se passer de la chose en soi, du noumène inaccessible, et à se contenter du phénomène, qui est la réalité.

D'autres influences, très-sensibles chez Hartmann et Schopenhauer, ont aussi leur part dans le gouvernement de la pensée germanique : celles de Spinoza et de Leibniz. Il s'est opéré une fusion entre la monade et la substance, à la fois étendue et pensée. Tout est indissolublement matière et esprit. Il y a des nuances dans cette conception : selon que l'idéalisme l'emporte ou le matérialisme, c'est l'esprit qui est l'*essence* de la matière (tel est le cas pour Spinoza, Leibniz, Hartmann), ou bien c'est la matière qui est la *substance* de l'esprit : Hæckel et les Darwinistes semblent professer cette opinion, qui, au premier abord, se concilie parfaitement avec la méthode expérimentale. Mais il y a là encore, dans ce *monisme*, un minimum de métaphysique, une vague affinité avec l'idée de plan, inconscient ou préconçu, que peut favoriser la théorie de l'évolution. Prenons garde de retourner aux virtualités et aux puissances. Craignons l'anthropomorphisme du langage ; ou bien nous prêterons la vie et la pensée à la nature entière, indépendamment des conditions particulières où se manifestent la vie et la pensée ; nous attribuerons à l'ensemble des éléments matériels, ensemble qui est une idée générale de notre esprit, des propriétés qui n'appartiennent qu'à certaines combinaisons de quelques-uns de ces éléments. La pensée n'existe que dans la personne ; la personne est un organisme déterminé et fini. La vie, qui est la condition de la pensée, n'est qu'un état passager de certains corps. Ni la pensée ne survit à la personne, ni la personne au corps vivant. Dire que la vie et la pensée appartiennent à l'impersonnel, et *vice versa*, que la matière les possède en puissance, c'est dépasser l'expérience, bien plus, c'est la contredire.

Le monisme est à la science ce que le pur déisme ou le panthéisme est à la philosophie : un succédané, une extrême dilution de la métaphysique. Mais c'est encore de la métaphysique.

§ VI. Réaction française contre l'esprit du dix-huitième siècle.
L'Éclectisme.
Retour à la philosophie objective : Le Positivisme.
L'Associationisme anglais : Stuart Mill ; A. Bain, Herbert Spencer.
Conclusion.

Encore une étape, et nous aurons terminé notre voyage à travers les systèmes. Depuis longtemps le rationalisme et ses variétés n'ont plus rien à nous apprendre. « C'est toujours même note et pareil entretien » depuis Parménide et Anaxagore. La philosophie a deux pôles, le matérialisme et l'idéalisme ; le rationalisme va de l'un à l'autre, plus ou moins attiré ou repoussé selon les tempéraments individuels, l'état des sciences, l'autorité des maîtres et la mode des temps. Si la vérité est entre les deux, l'Éclectisme français l'a trouvée. Mais s'il ne l'a pas trouvée ? C'est que le *in medio virtus*, maxime douteuse en morale, n'a aucune place en philosophie. D'ailleurs l'éclectisme est une étiquette trompeuse ; l'école des Royer-Collard, des Cousin, des Jouffroy n'a rien emprunté à l'expérience scientifique, elle s'est confinée dans la métaphysique ; c'est parmi les doctrines qui prétendent appliquer à l'univers les lois de la logique humaine qu'elle a fait choix de vérités moyennes, décentes, compatibles avec une sage morale, une sage religion et une sage politique. Le spiritualisme vulgaire, voilà son vrai nom. Son véritable manuel serait la *Profession de foi du vicaire savoyard*, enrichie de notes et de commentaires d'après Socrate, Platon, Aristote, Zénon, Plotin, Proclus, Augustin, Thomas d'Aquin, Descartes, Bossuet, Fénelon, Kant, Schelling, Hégel, Balmès : un *Vicaire savoyard Variorum*.

Nous connaissons tous les éléments de cette philosophie officielle ; nous les avons rencontrés cent fois, définis et discutés :

l'âme immatérielle et ses facultés, l'âme immortelle et ses destinées, l'universalité et la nécessité des idées générales, la souveraineté de la raison, l'existence d'un Dieu personnel, tout-puissant, tout bon, tout juste, la récompense et le châtiment rejetés au-delà de la mort, l'accord de la philosophie avec la religion. Tout cela ne nous apprend rien de ce que nous voulons savoir, rien du monde et de l'homme. Nous laisserons à l'enseignement des colléges et des facultés ces lieux communs du spiritualisme. Aussi bien, il y a vingt ans et plus que la doctrine se survit. Vainement, pour l'inculquer aux générations nouvelles, lui fait-on une large part dans les épreuves du baccalauréat dédoublé. Elle n'en passe que plus sûrement à l'état de *pensum* universitaire. A l'époque où Taine écrivit ses *Philosophes français au dix-neuvième siècle*, en 1857, on discutait encore sur la sensation directe, sur l'aperception, sur l'observation interne ; le brillant critique met une certaine chaleur dans ses réfutations ; on sent qu'il a lu ses auteurs, qu'il les a entendus, admirés parfois. Pied à pied, il les suit, les pousse ; il s'ingénie à les frapper au défaut de la cuirasse. Enfin il s'intéresse à l'issue du combat qu'il leur livre. Nous venons de relire son ouvrage ; nous y avons retrouvé les mêmes mérites, mais non l'impression vive qui nous en était restée. Questions refroidies, cendres éteintes ! Les hommes et les doctrines ont passé. Solennité de Royer-Collard, profondeur de Maine de Biran, éloquence de Victor Cousin, conviction chaleureuse de Jouffroy, impartialité de Damiron, judicieuse analyse d'Adolphe Garnier, etc. : domaine de l'archéologie. On aime mieux y croire que d'y aller voir. En vérité, je ne sais si, en dehors du professorat, il sort en ce moment de nos lycées un homme destiné à ouvrir un volume de ces philosophes.

Sans entrer dans un examen doctrinal qui nous exposerait à des répétitions perpétuelles, nous rechercherons les causes qui ont ramené l'esprit français à la métaphysique mitigée de l'éclectisme, celles qui ont assuré le triomphe et prolongé l'influence du rationalisme sentimental, enfin celles qui en ont ébranlé, puis anéanti la domination.

Le spiritualisme orthodoxe qui a régné de 1815 à 1848 a été une réaction contre l'idéologie officielle de Condillac, mais bien plus encore contre l'incrédulité railleuse et les tendances matérialistes du dix-huitième siècle, un désaveu de Voltaire, de Diderot et de l'Encyclopédie. C'est un recul qui a entraîné pêle-mêle des hommes de toutes les classes et de tous les partis, des hommes de foi, des hommes de lettres et des hommes de science, des politiques libéraux, autoritaires et révolutionnaires, des bourgeois et des utopistes. Toutes les circonstances, toutes les idées, toutes les aspirations, même celles qui devaient l'enrayer, et qui plus tard en ont arrêté le développement, ont concouru au succès du spiritualisme. Il en est ainsi dans tous les mouvements d'opinion.

La part qui revient aux doctrines de Rousseau dans la Révolution, la chute de la première république, et la fausse appréciation des causes qui ont amené ce désastre, le désarroi de l'esprit public, le déplorable retour de Bonaparte à l'ancien régime, l'inepte et dangereux concordat, la rentrée en scène des privilégiés, la fausse et puérile esthétique chrétienne de Chateaubriand, telles sont les causes déterminantes et accessoires du phénomène. Il en est des peuples comme des individus, des intelligences comme des corps. La maladie les abat ; les grandes crises, les pertes de sang, leur laissent une faiblesse qui se prête aux radotages vides et aux rêveries incohérentes. Tandis que des savants comme Laplace et Lalande demeuraient fidèles, même dans leurs conceptions les plus hardies, aux données de l'expérience, la majorité des Français se laissait aller à ce qu'on nomme le vague à l'âme. Les successeurs mêmes de Condillac doutaient déjà de la méthode du maître ; ou plutôt, ils trouvaient dans les inconséquences de Locke et des sensualistes de quoi satisfaire au besoin de déisme et de rationalisme courants. Ni Locke ni Condillac, en effet, n'ont refusé une existence immatérielle à l'âme et à Dieu ; ni l'un ni l'autre n'ont rompu avec le christianisme. Laromiguière, professeur ingénieux et fin, esprit moyen et timide, n'eut pas de peine à faire rentrer à petit bruit la métaphysique dans l'enseignement. Mais ses concessions parurent insuffisantes au janséniste Royer-Collard.

Cet illustre orateur avait tout ce qu'il faut pour être un centrier libéral et éclairé, un ferme et honnête guide dans la lutte du parlementarisme contre le pouvoir absolu. Il représentait dignement cette moyenne d'opinion et de science qui constitue le sens commun ; et il y ajoutait le prestige de son autorité personnelle. Mais le sens commun s'élève rarement au-dessus du lieu commun, qui est l'âme de la morale et le trésor de l'éloquence. Aussi Royer-Collard était-il disposé à recevoir une philosophie toute faite, solennellement dogmatique, convenable et approximative, pratique, intermédiaire entre une religion raisonnable et une morale rationnelle, accordant quelque chose à l'expérience apparente, peu au mysticisme, beaucoup à la raison. Toutes ces conditions se trouvaient réunies dans la psychologie écossaise. Chargé à l'improviste d'enseigner la philosophie, Royer-Collard eut la bonne fortune de rencontrer sur les quais, dit Taine, un exemplaire de Reid. On a eu lieu de regretter les trente sous que le livre lui coûta, et les trois années de leçons qu'il en sut tirer. Que ne peut la parole ! Clairement ordonnée, relevée par des expressions fortes, par des images nobles, par des sentences d'une concision éclatante, animée par une conviction sincère, l'exposition de Royer-Collard subjugua des auditeurs français, sensibles avant tout à la beauté de la diction.

« Le temps et l'espace contiennent dans leur ample sein toutes les existences finies, et ils ne sont contenus dans aucune. Le temps est partout, et l'espace est aussi ancien que le temps. Chacun d'eux réside tout entier dans chaque partie de l'autre.

« La durée est un grand fleuve qui ne cache point sa source comme le Nil dans les déserts, mais qui n'a ni source, ni rives, ni embouchure. Ce fleuve coule en nous, et c'est en nous seulement que nous pouvons observer et mesurer son cours.

« On ne divise pas l'homme ; on ne fait pas au scepticisme sa part. Dès qu'il a pénétré dans l'entendement, il l'envahit tout entier. »

Justes ou non, ce sont là de belles phrases que tout écrivain serait heureux de rencontrer sous sa plume. On les trouvera dans les recueils de morceaux choisis, dont elles font le plus bel ornement.

La philosophie de Royer-Collard est tout extérieure, malgré ses appels à l'observation interne. Celle de Maine de Biran, plus personnelle, plus originale et plus chimérique, est abstruse, absconse et n'en est pas moins creuse. Maine avait commencé par le sensualisme et par l'étude comparée des faits. Son *Traité de l'habitude* est d'un observateur sérieux. Mais ce n'est pas le livre qui fait de lui, au dire de ses adeptes, un des maîtres de la métaphysique moderne. S'isolant du monde, il s'est plongé dans le *moi*, et il en a découvert l'essence ; cette essence est une force, cette force est la volonté. La volonté, c'est la monade. Ainsi ont conclu, à peu de chose près, Leibniz, Fichte, Schopenhauer, Hartmann. Nous connaissons ces formules, sur lesquelles nous n'avons pas à revenir : « Les êtres sont des forces, les forces sont des êtres : il n'y a que les êtres simples qui existent réellement à leur titre de forces ; ce sont aussi les véritables substances existantes... Toute cause efficiente, dans l'ordre physique même, est une force immatérielle. »

Un tel idéalisme dépassait la mesure éclectique. On s'est contenté de l'admirer. Nous le négligeons.

Le grand homme de l'école est, comme on sait, Victor Cousin. Il a beaucoup parlé et beaucoup écrit sur la philosophie des autres, mais il n'a pas été un philosophe. On dit qu'il a inventé une subdivision dans on ne sait quelle menue province de la psychologie convenue. Sa conception éclectique, inspirée peut-être des idées de Hégel sur l'histoire de la philosophie, n'était pas de nature à faire avancer la science. Que beaucoup de penseurs nous aient légué des théories intéressantes ou judicieuses, qu'il soit utile de recueillir cet héritage avant de l'accroître, ce n'est pas là une découverte. Encore Cousin n'est-il pas resté fidèle à son principe. Des quatre tendances qu'il a superficiellement attribuées à l'esprit humain : spiritualisme, sensualisme, scepticisme, mysticisme, il n'a guère suivi que la première et la dernière ; ce qui était son droit, mais non le droit d'un éclectique conséquent. On sait qu'après avoir effleuré le panthéisme allemand, péché de jeunesse, il est revenu à Descartes, non pas au mécaniste hardi, mais à la métaphysique de Descartes arrangée par Malebranche, amendée par Leibniz ; puis que, reculant jusqu'à Platon, il s'est confiné dans le moyen terme du christianisme ; il est mort catholique. Au temps de sa domination, de son ministère, il a écrit un *catéchisme* (« Qu'est-ce que Dieu ? » et le reste), un vrai cathéchisme orthodoxe. Il allait le publier, à la grande joie de Sainte-Beuve, lorsqu'on s'aperçut d'une lacune impardonnable : cet apprenti clérical n'avait-il pas oublié le chapitre du Purgatoire! Que reste-t-il du grand enchanteur ? Ses cours ? Qui les lira jamais ? Ses nombreux aperçus sur l'histoire de la philosophie? Dépassés depuis longtemps. Il reste une traduction de Platon, sur laquelle ont sué gratis ses malheureux secrétaires, et un recueil de lieux communs sur l'art et la morale : *Le vrai, le beau et le bien.* Ne soyons pas ingrats, sa bibliothèque était belle et il a bien voulu la léguer à la France.

Ce n'est pas ici le lieu de parler de son érudition, plus minutieuse qu'étendue et clairvoyante, et qui, troublée par de séniles et posthumes amours, n'a produit que de longs romans historiques. Ses études sur quelques brouillonnes de la Fronde, dont il a su tirer trois moutures pour le *Journal des savants*, pour la *Revue des deux mondes* et pour la librairie, seront parfois consultées, non sans précaution, par les curieux. On a fait à sa langue et à son style une renommée excessive. Par un long exercice, il est arrivé à parler et à écrire le français du dix-septième siècle comme sa langue naturelle. Il y a été élève excellent et maître passé. L'avenir aimera mieux accepter ce jugement porté par les contemporains, que prendre la peine de le réviser. M. Taine, qui a lu les écrits de Victor Cousin, ses cours, qui avaient perdu à peine la chaleur vitale, distingue entre le style philosophique et le style purement littéraire : le premier, chez Cousin, est à la fois obscur et brillanté, l'autre est noble et uni. Le talent oratoire faisait illusion à l'auditeur : l'élève rentrait enthousiasmé, croyant avoir compris ; plus tard, en lisant la leçon si fort admirée, il doutait que le maître se fût compris lui-même.

L'école de Royer-Collard et de Cousin, à laquelle se rattachent, en somme, bien des dissidents qui se sont crus novateurs, compte sans doute un grand nombre d'esprits sincères, d'hommes instruits, de rationalistes libéraux, parmi lesquels nous citons encore et volontiers le sincère Jouffroy, Saisset, le plus clairvoyant de tous, Damiron, Garnier, MM. Franck et Paul Janet. Leurs travaux n'ont pas été lus sans profit. Mais, si nous songeons qu'ils n'ont point fait avancer d'un pas la science de l'homme et de ses rapports avec l'univers, c'est-à-dire la philosophie, la nécessité qui nous force à les laisser dans l'ombre nous causera moins de regrets. Nous avons épuisé depuis longtemps la critique du spiritualisme, et nous sommes à bout de répétitions. Or la répétition est le caractère de presque tous les systèmes nés à l'occasion, à l'encontre, à côté ou à la suite de l'éclectisme ; il semble que ce siècle, avant de se résigner à l'expérience, ait pris à tâche d'essayer, de renouveler, en les accommodant de son mieux à l'état scientifique, politique et social du monde, les formules et les moules artificiels qu'il a trouvés dans l'encombrant héritage du passé. Il a refait, sur tout le cycle philosophique, le même travail que les Gréco-Romains sur Aristote, Platon, Pythagore ou Pyrrhon. Il a pris pour devise le vieux préfixe *néo*. Nous avons eu le néo-christianisme de Bordas et de Buchez, sans parler de Saint-Simon, le néo-scepticisme idéaliste des Vacherot et des Renan, le néo-kantisme de MM. Renouvier et Pillon, le néo-hellénisme de Louis Ménard. La métempsycose, la triade, le panthéisme surtout ont séduit Ballande, Pierre Leroux l'humanitaire, Jean Reynaud le sidéral, Lamennais, George Sand, et combien d'autres ! Partout le sentiment ou la raison ; nulle part l'observation. Même l'athéisme de Proudhon ne procède que de la logique. L'originalité a été dans les hommes, non dans les idées. Tous ces personnages appartiennent à l'histoire du dix-neuvième siècle, bien plutôt qu'à l'histoire de la philosophie. Sans doute leurs hétérodoxies variées ont concouru au discrédit qui, chaque jour plus accusé, menace l'orthodoxie universitaire. Mais ce n'est pas à leur profit que l'éclectisme tombe. Elles pourront lui ravir l'enseignement public ; l'idéalisme, le criticisme, le monisme, à la rigueur, s'installeront dans les facultés ; ils y demeureront confinés. L'esprit est ailleurs.

Tandis que M. Vacherot s'occupera de prouver que l'idée de la perfection est Dieu, mais que la perfection n'existe pas, tandis que M. Renouvier dissertera savamment sur l'incertitude de la connaissance, et sur la certitude du moi, qui acquiert cette connaissance incertaine, la masse de ceux qui pensent s'en ira aux objets de la connaissance ; et c'est en apprenant qu'elle prouvera son droit au savoir. Elle marchera, comme marcha Diogène. On lui dira vainement que cette méthode est inférieure et convient à ceux qui sont dénués de « l'esprit philosophique ». Ce dédain ne la touchera pas.

Pourquoi les théories émises par tant d'hommes convaincus, compétents, profonds, n'ont-elles pas eu et n'auront-elles jamais cette autorité officielle dont l'éclectisme jouit encore ? C'est que, moins superficielles, elles sont moins accessibles ; c'est que, plus subtiles, elles sont aussi plus chimériques, ou, comme on dit aujourd'hui, moins pratiques.

Premièrement, en effet, l'éclectisme est un compromis entre toutes les idées, fausses d'ordinaire, qu'on appelle *vérités moyennes*, entre tous les préjugés qui constituent le *sens commun* et ne répugnent pas au *bon sens*. En second lieu, si, dans l'étude de l'homme, il fait la part bien mince à l'expérience, au moins lui laisse-t-il l'univers. Sans s'arrêter plus que de raison au scepticisme préliminaire, il admet dans le domaine expérimental, aussi bien que dans la métaphysique, la légitimité et la certitude de la connaissance. Son rationalisme, réduit au minimum, ne gêne guère la science ; il recule devant elle chaque jour, ne réclamant pour lui-même qu'un petit coin dans une sphère supérieure, ou plutôt, extérieure à la réalité constatée. Quant à la religion, elle aurait tort de ne pas reconnaître en lui son plus solide appui ; car, en dehors de l'ignorance et de la dévotion, il est le dernier asile de la religiosité.

Par sa conception, erronée, mais affirmative, de l'autorité et de la liberté, il est compatible avec un état social tolérable ; surtout, il s'est trouvé l'allié, l'associé naturel d'un gouvernement hybride et bâtard comme lui, fondé sur une sorte de pondération entre des régimes qui s'excluent. C'est pourquoi les hommes de la *doctrine* lui ont confié avec joie l'éducation de la pensée, la direction des classes conservatrices et modérées par essence, dont ils voulaient modeler les fils à leur image. Et tant que les générations dont il a déformé et amoindri le cerveau compteront un représentant, l'éclectisme survivra au gouvernement qu'il a servi.

La domination de l'éclectisme, politique ou philosophique, a été un mal et un bien : un mal, parce que, comme tout modérantisme, il a été exclusif, tyrannique et souvent persécuteur, parce qu'il a peu fait et beaucoup empêché ; un bien, parce que, résidu de tous les préjugés, fin de toutes les métaphysiques, il en a fait une sorte de mixture, de pâte, peu savoureuse, il est vrai, mais d'élimination facile et rapide.

Le vice fondamental du spiritualisme vulgaire apparaît dans ces mots que Victor Cousin adressait aux jeunes Français de 1815 : « Vous aimez ardemment la patrie. Si vous voulez la sauver, embrassez nos *belles* doctrines. » Cette prétention à la beauté, qui n'est pas exempte de ridicule, est l'expression naïve d'une idée fausse : subordination de la vérité philosophique à l'utilité morale ; erreur qui procède d'une série d'erreurs, elles-mêmes suggérées par une longue suite de préjugés.

Nous prenons ici congé du dieu contradictoire, personnel et infini, actif et immobile, parfait et permettant le mal, souverainement libre et enchaîné par les lois de l'univers. Nous disons adieu à l'âme, immortelle parce qu'elle est simple et une, à la providence hypothétique, justifiée par l'hypothèse de l'immortalité ; adieu au mannequin psychologique et métaphysique remonté et démonté par une science artificielle. Il ne s'agit plus de construire le monde ; il s'agit de l'étudier. Nous n'avons plus à imaginer l'homme ; nous avons à le connaître.

Mais quelle lenteur, que de reculs et de chutes dans l'évolution de la philosophie vers ce terme dernier, la méthode objective et expérimentale ! Brusquement arrêtée dans sa marche par l'intrusion des théosophies orientales, enrayée pendant le long espace de douze à quinze siècles par un mysticisme aussi incohérent que tyrannique, nous l'avons vue, anneau par anneau, rompre ses chaînes sans cesse ressoudées, se dégager du marécage brumeux où l'embourbaient ses guides, enfin, reprenant pied sur un sol affermi, s'élancer hors de la prise des vieilles terreurs, des espoirs menteurs qui, d'une voix éplorée, vainement la rappellent encore. Dans cette laborieuse émancipation, grande a été la part de la France, plus grande que ses voisins n'aiment à en convenir. Si, par Galilée et par Bacon, l'Italie et l'Angleterre semblent l'avoir devancée dans la voie de l'expérience pratique et de la théorie inductive, c'est bien chez elle que le nominalisme a, sans en comprendre, il est vrai, la portée, posé la question préalable et capitale contre la métaphysique. C'est chez elle que Montaigne a, le premier, étudié sérieusement et sans parti pris l'humaine nature ; c'est chez elle que Gassendi a restauré la tradition d'Épicure, que Descartes a construit, pour Newton, l'explication mécanique de l'univers. Puis sont venus les Diderot et les encyclopédistes, qui, dépassant de bien loin la sphère bornée du sensualisme, ont convié toutes les sciences descriptives, concrètes, non plus seulement mathématiques et abstraites ou logiques, à l'examen direct de la réalité. Quelques pages de la *Lettre sur les aveugles* et du *Rêve de d'Alembert* en disent plus sur les facultés intellectuelles et sur la contexture générale des choses que les milliers de volumes accumulés par le scepticisme, le criticisme et l'idéalisme transcendantaux, sans parler du sens commun, du sentiment et de la raison raisonnante.

Dans ce siècle, enfin, c'est la France qui a donné le signa., définitif cette fois, du retour à la philosophie objective. En plein règne Cousinien, sans plus se soucier de l'éclectisme que de ses mystiques adversaires, un penseur français, Auguste Comte, a déclaré que la philosophie est la conclusion des sciences, qu'elle est la conception expérimentale de l'univers et de l'homme. Il a résolûment éliminé de la philosophie la métaphysique et la psychologie officielle. Tel fut, du moins, son point de départ.

On conçoit que les métaphysiciens et les psychologues aient feint longtemps de mépriser, ou même d'ignorer sa doctrine; plus tard, ils ont naturellement taxé d'incompétence l'audacieux qui écartait, par une fin de non-recevoir, cela même où l'anthropomorphisme place le fondement et le corps de la philosophie; quand ils se sont vus contraints de discuter les idées de Comte, plus ou moins adroitement ils ont tiré parti de ses défaillances et de ses contradictions. Mais leurs menus et faciles triomphes sont demeurés stériles; à ce point que les derniers tenants de dame métaphysique, M. Janet, M. Caro, la relèguent eux-mêmes dans je ne sais quel intermonde, d'où elle n'intervient plus « dans la succession constante des phénomènes ». Plus nous allons, plus ce qui pense est convaincu que l'univers ne s'invente pas, qu'il s'étudie; que la connaissance de l'homme doit être demandée aux différentes branches de la zoologie et de l'histoire. Ces vérités si simples, si manifestes, Auguste Comte est venu les rappeler à un siècle qui les oubliait pour des routines impuissantes et des utopies imaginaires. Voilà son titre à la gloire, au respect de la postérité. Éloge d'autant moins suspect sous notre plume que nous n'appartenons pas à son école, que nous n'admettons ni les prétentions, ni les réticences du système qu'il a fondé. Mais autre chose sont les théories, autre chose la méthode. Or, le *Positivisme* est une application sérieuse et sincère de la méthode expérimentale. C'est à elle seule qu'il doit ce qu'il y a en lui de viable et de durable; il est, avant tout, quoi qu'il en ait, une des formes du matérialisme, et comme tel, il a rendu, il rend encore à la libre pensée des services qu'elle ne peut méconnaître.

On voit assez qu'il ne sera pas ici question des aberrations religieuses et théocratiques, si chères encore à une petite et estimable église, du Grand-Fétiche Terre et du Grand-Être Humanité, des sacrements, de la Vierge-mère, des mariages spirituels, et autres billevesées écloses dans le cerveau fatigué du maître, épanouissement d'un germe morbide que le saint-simonisme y avait déposé (1). C'est à ce vieux ferment qu'il faudrait aussi rapporter certaines chimères d'un autre ordre : la hiérarchie universelle des villes et le gouvernement des prolétaires. Renvoyant dos à dos avec le père Enfantin le pontife Auguste Comte, nous ne retenons que le philosophe, le successeur original d'Héraclite, d'Ænésidème, de Bacon, de Diderot et de Condorcet, tel qu'il se présente à nous dans le *Cours de philosophie positive*, professé de 1830 à 1842.

Les deux pivots de la doctrine sont : la conception d'une évolution historique, sociale et mentale ; la conception d'une science générale pour laquelle ont travaillé toutes les sciences particulières. Le but de la doctrine est d'établir une concordance exacte entre le développement historique et l'enchaînement des sciences, et, par suite, de prévoir et de diriger le cours des destinées humaines.

Nous avons dit, tout au commencement de cet ouvrage, que la loi des trois états, entrevue par Vico, par Turgot, par Kant, par bien d'autres, n'est qu'une approximation, à la fois trop vague et trop étroite, inoffensive si elle n'est qu'une esquisse, un rudiment de la réalité, dangereuse quand elle impose à l'histoire des cadres immuables. Le positivisme l'a convertie en dogme, et, tout en l'amendant, M. Littré la maintient. « Non-seulement, dit-il, les trois modes ne sont pas contemporains, mais encore ils sont exclusifs l'un de l'autre. » Or, les progrès de l'anthropologie et de la linguistique démentent souvent cet axiome prématuré, d'ailleurs inexact il y a trente ans comme aujourd'hui. Il était facile de voir que la théologie et la métaphysique sont inséparables, qu'elles procèdent toutes deux à titre égal de l'anthropomorphisme, et que l'état positif équivaut à l'expérience objective ; la lutte des deux méthodes a commencé avec l'homme ; elle remplit l'histoire, et

---

(1) En se séparant de Saint-Simon, dès 1822, Comte déclarait, avec un triste pressentiment, que sa liaison avec le trop fameux auteur du *Nouveau Christianisme* avait été « un malheur sans compensation ».

nous venons d'en dérouler les péripéties. Il nous est permis de croire qu'elle touche à sa fin. Et c'est en quoi nous sommes ici d'accord avec Auguste Comte. Mais ce n'est point la doctrine positiviste qui est la dernière étape du progrès : c'est l'expérience, c'est la science, dont elle procède et qu'elle veut régenter.

Au reste, comme il arrive toujours, les disciples ont dépassé la pensée du maître. Comte remarque expressément que les trois âges ne sont point séparés par des limites fixes, qu'ils empiètent incessamment l'un sur l'autre ; c'est en se pénétrant qu'ils se modifient. Ils ne se présentent guère à l'état pur. Il n'y a point de fétichisme sans polythéisme, et il n'y a point de religion sans métaphysique. Il n'y a pas non plus d'industrie, d'art, d'institutions, de société, sans conception positive. Comte n'a pas oublié l'influence des tempéraments individuels et des aptitudes ethniques. En somme, il a manié sa théorie avec prudence et sagacité, avant de lui infliger, par son retour au fétichisme, un douloureux démenti.

L'histoire sert d'introduction à la philosophie positive ; elle nous amène, à travers les ruines du passé, jusqu'au terrain neuf où il faut reconstruire le présent et l'avenir. Aux sciences, maintenant, de tracer le plan de l'édifice. Ce n'est pas à dire qu'on n'ira pas reprendre, dans l'héritage des aïeux, des matériaux et des données ; on n'en gardera que trop ; mais il faut prendre l'avis des sciences positives, qui déjà se les sont incorporés.

Auguste Comte les appelle tour à tour en commençant par la plus simple, ou plutôt par la plus abstraite et la plus générale. Il donne pour raison que la science qui doit le moins à l'expérience et le plus au travail logique a toute chance d'être la plus tôt et la mieux constituée. La hiérarchie s'ouvre donc par le groupe mathématique, qui a pour objet le nombre, l'étendue et le mouvement, qui se suffit à lui-même, et qui déduit infailliblement les conséquences impliquées dans toute combinaison numérique, géométrique ou mécanique. A la mathématique succèdent l'astronomie, la physique, la chimie, la biologie, et enfin la science sociale. M. Littré a ajouté à la série une septième classe qui comprend l'esthétique, la morale et l'idéologie.

La classification positiviste a été battue en brèche de tous côtés, et par les néo-kantiens et par les naturalistes (Huxley, entre autres), et, nécessairement, par les métaphysiciens de la vieille école. Pour nous, qui avons la ferme intention de la juger sans parti pris, il nous semble que les sciences sont à ce point dépendantes les unes des autres, qu'elles échappent à l'embrigadement ; elles ne veulent pas marcher une à une en file indienne. Cependant, il est utile, commode de les grouper dans un ordre quelconque, d'une justesse ou d'une ressemblance générales. A ce titre, la hiérarchie instituée par Auguste Comte, très-supérieure à l'ébauche de Bacon et au tableau confus d'Ampère, mérite le respect, même la reconnaissance de ceux qui ne l'acceptent pas. Elle tire sa valeur bien moins d'elle-même que de la vérité, dont elle est l'imparfaite expression. Cette vérité, c'est la continuité de la trame universelle, c'est la subordination de tous les êtres à leurs conditions d'existence, des propriétés particulières de l'individu à celles de l'espèce, de la classe et de l'ordre auxquels le groupe appartient. Auguste Comte a réintégré l'homme dans l'univers ; il a fait, des facultés, des institutions et des destinées humaines, un chapitre de l'histoire des êtres vivants, un appendice à la biologie. Il a ainsi confirmé et précisé les vues d'Épicure, de Bacon et de Diderot.

Maintenant, s'il est facile d'établir que l'individu et la société reçoivent de la biologie leurs conditions d'existence, que les vivants résultent de combinaisons chimiques, que la chimie est une partie de la physique, que, par la gravitation, celle-ci confine à l'astronomie, et que l'astronomie doit ses progrès les plus merveilleux à la mathématique, il ne serait pas beaucoup plus difficile de démontrer qu'à de certains points de vue, soit l'astronomie, soit la physique, soit la chimie, marche en tête de la hiérarchie et domine la conception des choses. La place donnée à la mathématique, à la plus subjective des sciences, ne laisse pas que de causer quelque étonnement. De ce que le nombre, l'étendue et le mouvement sont, dans tout ce qui existe, les caractères les plus simples et les plus immédiatement perçus, de ce qu'aucune science ne peut se passer de cette notion, il n'en résulte, ni en fait, ni en droit, que tout le développement mathématique doive être préposé à la série des sciences. Il n'y a pas entre la mathématique et l'astronomie ou la physique le même lien qu'entre la chimie et la biologie, entre celle-ci et la science sociale. C'est l'expérience directe, aidée par l'industrie, c'est l'extension des sens au moyen d'instruments perfectionnés, qui ont déterminé les progrès de l'astronomie, de la physique, de la chimie, et, par là même, étendu la carrière et accru l'utilité de la mathématique. Ne serait-il pas plus à propos de réserver à la mathématique une place en rapport avec sa fonction, sur le flanc du groupe des sciences expérimentales? car elle n'est pour aucune le point de départ, elle est l'auxiliaire de toutes.

Auguste Comte demande à l'histoire une confirmation de l'ordre qu'il a adopté. Il applique aux sciences la loi des trois états; les plus simples, ou plutôt celles qui opèrent sur les données les moins nombreuses et les plus générales (ce qui n'est pas la même chose), ont échappé les premières à la théologie et à la métaphysique. C'est cette remarque intéressante, judicieuse, qui a suggéré la classification positiviste des sciences; et, de fait, la hiérarchie figure assez fidèlement la marche de l'esprit positif à travers l'histoire. Mais il ne s'ensuit pas que, pour constituer la philosophie, dont il possède désormais tous les éléments, l'esprit positif doive repasser par tous les stades historiques qu'il a parcourus. La conception de Comte n'est point pratique, et elle n'est point conforme à la méthode expérimentale; elle pose le général avant le particulier, l'abstrait avant le concret, la loi avant le fait. Pourquoi ne pas débuter par ce qu'on nomme aujourd'hui « la leçon de choses » : par les sciences immédiates, descriptives? Ne sont-elles pas le fonds même des sciences abstraites? Celles-ci, bien plus utilement, viendront tour à tour, au fur et à mesure, classer les connaissances acquises, et résumer les traits généraux des divers ordres de phénomènes.

Il y a dans la nomenclature de Comte une lacune étrange et qui ressemble à un déni de justice. Les sciences concrètes en sont absentes. Comte reconnaît qu'elles sont les premières à naître, mais il ajoute qu'elles sont les dernières à se constituer; il sent bien qu'elles sont la base, le substratum des sciences abstraites, mais les progrès de celles-là, dit-il, dépendent des progrès de celles-ci : est-ce que la proposition inverse ne serait pas tout aussi vraie? Le mot *loi* fait illusion à ce mathématicien; il oublie trop souvent que les lois ne sont rien, sinon l'expression abrégée d'un fait qui, dans de certaines conditions, se reproduit indéfiniment. Si, grâce à ces formules précieuses, on peut définir et prévoir les faits, c'est qu'on les en a tirées. C'est le complexe qui est le réel et l'objectif, le général et le simple sont d'ordre mixte, ils sont l'élaboration subjective de la réalité. Prenons garde que la hiérarchie de Comte ne nous ramène aux *Universaux*.

Bien loin que les sciences concrètes se refusent à une classification, ce sont elles qui s'y prêtent le mieux; elles se forment d'elles-mêmes en groupes rigoureusement coordonnés et descendants, depuis la cosmologie jusqu'à la politique. Et leur hiérarchie naturelle embrasse tout l'univers. Chacune est une partie de la précédente, et la première englobe toutes les autres. A côté d'elles, les lois qui en dérivent vont se grouper à leur tour en sciences abstraites, incessamment contrôlées par les sciences concrètes qu'elles dirigent. Plus loin encore, au-delà de la physico-chimie, s'étend l'empire de la mathématique, auxiliaire général toujours prêt à fournir, du haut en bas de la hiérarchie, le secours de ses procédés sommaires.

Le tableau suivant donnera l'idée d'une hiérarchie positive et non plus positiviste.

A droite, quatre groupes descriptifs dont tous les membres procèdent les uns des autres en série descendante.

Latéralement, trois groupes généraux et philosophiques, alimentés par les groupes descriptifs, liés entre eux par des rapports nécessaires, et échelonnés de façon que le premier englobe à la fois les deux autres et toute la série concrète; que le second domine le troisième et s'applique aux deux groupes attribués à l'étude de la vie; enfin que le troisième, enfermé dans le second, corresponde aux sciences relatives aux animaux et à l'homme, tandis que sa subdivision, la *Morale,* ne concerne que le groupe humain. La psychologie est une partie de la bio-physiologie, qui la gouverne; la bio-physiologie est une partie de la physico-chimie, qu'elle implique. Chacune a ses lois, qui sont aussi les lois du groupe inférieur; et jamais les lois particulières d'un groupe ne peuvent empiéter sur celles du groupe où il est compris.

Enfin, en dehors de la hiérarchie des sciences d'observation, la mathématique, ramenant à la notion de quantité les trois caractères généraux de tout objet particulier, nombre, étendue et mouvement, offre à l'homme des procédés simplificateurs qu'il applique à toutes ses connaissances.

SCIENCES D'OBSERVATION

ABSTRAITES. — **CONCRÈTES.**

1° *Connaissance de l'univers :*
Cosmologie.
Astronomie { sidérale. / planétaire.

2° *Connaissance de la terre :*
Géodésie.
Géographie physique.
Géologie.
Minéralogie.

3° *Connaissance des organismes vivants :*
Paléontologie.
Botanique.
Zoologie.

4° *Connaissance de l'homme :*
Anthropologie.
Ethnologie.
Linguistique.
Histoire et géographie historique.
Industrie.
Art. { Législation.
Littérature. { Politique.
Sociologie.

AUXILIAIRE GÉNÉRAL. MATHÉMATIQUE.
— Nombre. Arithmétique.
— Étendue. Géométrie.
— Mouvement. Mécanique.

1° PHYSICO-CHIMIE.
2° BIO-PHYSIOLOGIE. Anatomie, histologie, pathologie.
3° PSYCHOLOGIE. MORALE.

PHILOSOPHIE.

La philosophie générale se compose des résultats généraux obtenus par les sciences concrètes et résumés par les trois philosophies partielles, Physico-chimie, Bio-physiologie, Psychologie-Morale. Aucune de ses conclusions ne peut contredire celles de ses composants hiérarchiques, ni en intervertir l'ordre naturel de dépendance.

Le point capital par où le positivisme croit se séparer des doctrines dont il procède, c'est l'invention de la sociologie. Après la période critique et négative qui a terminé l'âge métaphysique et ruiné l'édifice de l'ancien régime, le temps est venu de reconstruire, d'*organiser sans roi ni dieu,* au nom de la science et de l'histoire. Comme l'univers, comme le monde animal, l'humanité a ses lois que l'expérience peut découvrir; l'évolution des sociétés ne s'est pas produite au hasard; dans l'avenir comme dans le présent et le passé, elle est la résultante de tous les rapports possibles entre les hommes, entre les hommes et les milieux traversés; il s'agit d'en déterminer la courbe générale, où la destinée entière est comprise. Tel est l'objet de la sociologie, cette sixième et dernière science, qui a pour dominante immédiate la biologie.

Le problème agité dans tous les temps par tous les philosophes (car il n'est pas nouveau), Comte prétend l'avoir résolu. Il l'a posé avec plus de précision que ses devanciers, et là où il doit être, comme dernier *a posteriori,* comme conclusion de toutes les sciences. C'est un mérite que nous lui accordons, mais le seul. A l'exception du brave et ardent petit groupe orthodoxe, les disciples ont tous répudié, abandonné ou modifié la conception sociale du maître. M. Littré, qui l'avait acceptée tout d'abord (*Conservation, révolution et positivisme*), n'en a conservé que quelques parties, et non les moins singulières : l'optimisme de l'évolution, le pouvoir spirituel, l'office religieux, l'altruisme.

A force de considérer la succession contestable du fétichisme, du polythéisme, du monothéisme, de la métaphysique et de la critique comme l'expression même du progrès, Comte a fini par confondre la nécessité avec la légitimité. Non-seulement ce qui est arrivé *a dû* se produire (idée fort creuse) ; mais cela donc était dans l'ordre, cela est bon ; un état social ne succède à d'autres que parce qu'il vaut mieux : ainsi le monothéisme est supérieur au polythéisme, la critique à la métaphysique, etc. Un tel optimisme est d'autant plus séduisant, d'autant plus dangereux qu'il peut s'appuyer d'arguments incontestables et de vérités partielles ; de plus, il autorise non pas tout à fait des compromis avec l'ennemi, mais des politesses suspectes envers les plus déplorables institutions du passé. Pour donner une idée de ces étrangetés, nous exposerons la plus fameuse, la plus chère à l'école, celle que toute la science de M. Littré n'a pu complétement sauver du ridicule : le moyen âge est un progrès ! Les temps de Clotaire, de Charles le Gros, de Philippe Ier et de Charles VI sont très-supérieurs aux cinquième et quatrième siècles d'Athènes et à celui des Antonins. Le système féodal a été calomnié. Le servage qui attachait l'homme à la glèbe (lequel, d'ailleurs, existait chez les anciens) est une vraie transfiguration de l'esclavage antique, etc. Ce qu'il y a de pis dans ces paradoxes, c'est qu'ils tournent à l'honneur du grand fléau de l'esprit humain, de cette théurgie qui, après avoir désorganisé la civilisation gréco-romaine, abêti et puérilisé l'intelligence, prétendit dominer et exploiter, bien plus qu'organiser, le chaos barbare. De sorte que le positivisme, tout en écartant avec un dédain fort mérité la théologie et le dogme, en vient à témoigner pour l'œuvre *sociale* du christianisme une chaleureuse et bizarre admiration. La hiérarchie catholique et la Compagnie de Jésus sont, aux yeux d'Aug. Comte, des modèles difficiles à égaler, des objets d'émulation. Sans doute l'efficacité du christianisme est épuisée, sa carrière est close ; mais ce n'est pas seulement à le remplacer, c'est à lui succéder en tout que le positivisme aspire : le positivisme, héritier du *pouvoir spirituel* et de l'*office religieux* !

A une conception historique erronée s'ajoutèrent des influences auxquelles Aug. Comte n'a jamais pu se soustraire, celle du milieu moral, celle de l'éducation personnelle. Il était né et il avait grandi dans un temps de réaction spiritualiste, chrétienne ou mystique, combinée avec une teinture d'idéalisme germanique, d'éternel devenir et de progrès hégélien ; les hétérodoxes les plus excentriques prenaient des airs confits, des attitudes symboliques et religieuses ; leurs mystagogues s'enivraient d'un pathos de Théophilanthropes ; la théocratie, au grand avantage de l'éclectisme universitaire, sage et modéré, la théocratie s'emparait des utopistes comme des philosophes, de Saint-Simon comme de Gioberti. Le rêve des réformateurs était de refondre la grande société à l'image des sociétés secrètes, avec des mots d'ordre, des insignes, *des chefs*.

Nous ne dirons pas ici toute notre pensée sur le saint-simonisme ; tout d'abord, pour éviter des froissements : beaucoup d'hommes que nous honorons, d'esprits généreux, dans la fougue du jeune âge ont traversé cette religion ou quelque autre fantaisie équivalente ; d'autre part, il ne semble pas que la réhabilitation de la chair, l'avènement de la femme, le pontificat industriel et les amusettes de Ménilmontant, voire même l'œil fascinateur du père Enfantin, aient quelque chose à démêler avec la philosophie.

Aug. Comte a été disciple de Saint-Simon. En vain il s'est séparé de lui, dès 1822, à l'âge de vingt-quatre ans ; dans son cerveau couvait le germe théocratique : c'est un exemple de diathèse par contagion. L'admiration pour le catholicisme, l'institution d'un pape, successeur des papes chrétiens, représenté dans toutes les villes par des oligarchies de lettrés, l'invention d'un pouvoir spirituel investi de l'office religieux à côté et au-dessus d'un pouvoir temporel dévolu aux chefs d'industrie, puis aux prolétaires, plus tard la fondation d'un culte minutieux, délire d'un mysticisme athée, ce sont là autant de symptômes du mal saint-simonien.

La morale est pour Auguste Comte une partie de la sociologie. S'il entend par là que les rapports sociaux sont les seuls facteurs et les seuls objets de la morale, il ne fait qu'exprimer une vérité toujours bonne à rappeler, mais bien connue de tous les utilitaires et dont les métaphysiciens pourraient seuls contester l'évidence. Mais chez lui cette conception saine se complique d'une illusion pour ainsi dire panthéiste. Sa passion du général, de la catégorie, de la loi, lui dérobe la réalité. L'individu, le besoin, le droit disparaissant à ses yeux, il n'existe plus pour lui que l'humanité et le devoir. L'homme n'est qu'un membre du grand-être collectif ; ce n'est pas la réunion des individus qui constitue la société, c'est la société qui est la raison d'être de l'individu. L'obligation pour l'individu de seconder le progrès du grand-être et la prédominance des attributs *humains* sur les attributs animaux ou organiques, telle est la règle morale. Cette idée a de la grandeur et ne manque pas d'efficacité. Mais elle est inexacte en principe et les conséquences qu'on en tire ne diffèrent point, en somme, des conclusions ordinaires d'une théorie moins superficielle.

Il n'y a point de *grand-être* collectif. L'humanité n'est qu'une qualité générale, un terme abstrait. Les seuls êtres vivants réels sont les individus. C'est par métaphore que nous donnons à l'ensemble des individus un corps, des membres, des organes et des ressorts. Comme le dieu-univers, l'être-humanité n'est qu'une entité métaphysique. C'est l'individu, l'organisme conscient nommé homme, qui est la condition *sine qua non* de toute société ; c'est pour lui, d'abord, que toute société se constitue. Le contact de deux individus et le quasi-contrat qui garantit leurs intérêts réciproques, tel est le fonds, la base de la morale. C'est en ce sens que nous disons que toute morale est sociale, parce qu'elle est un traité entre deux intérêts, et la garantie de deux droits. Aussi le devoir est-il consécutif au droit. Pour l'individu isolé, il n'y a ni droit ni devoir ; ces deux notions se confondent dans celle du besoin et de l'intérêt. Une fois ces prémisses rétablies, il est juste et sans péril de constater ce que l'individu doit à ses semblables, à ses associés et à l'ensemble de relations qu'on appelle société. En échange de son droit assuré contre toute atteinte, il a le devoir de concourir à l'œuvre commune, de subordonner aux intérêts d'autrui une partie des siens. Élevé, instruit, défendu par les pères et les fils de ceux qu'il instruit et défend à son tour, en travaillant pour tous il travaille pour lui-même ; et c'est précisément cette certitude qui fonde l'obligation morale. Sans intérêt, la morale est sans objet; sans droit, le devoir est un mot vide de sens.

« Aimer son prochain comme soi-même », et plus encore « vivre pour autrui » sont donc des formules excessives et dont l'application n'est pas plus désirable, pas plus utile qu'elle n'est possible. Et pourquoi? Parce qu'elles sont contraires à la nature; si l'homme peut modifier la nature, il ne peut la supprimer. Songez à la banalité fade d'une société où chacun aimerait tout le monde et vivrait pour tout le monde! Quel prix y auraient l'amour, l'amitié, la générosité? Ce n'est pas tout : une morale fondée uniquement sur le devoir et sur le sacrifice est facilement autoritaire : *instrumentum regni* ! et les tyrannies ne l'ignorent pas. L'*altruisme* positiviste (c'est le mot consacré) évitera d'autant moins ce reproche, qu'il est la devise d'une théocratie. Dangereux dans l'ordre social, il est seulement inexact au point de vue de la philosophie. Pas plus que la *sympathie* des moralistes écossais, il n'a droit au titre de principe irréductible ; il est trop facile de le résoudre en ses éléments : n'est-il pas la juxtaposition et l'accord de deux, de mille ou de cent mille égoïsmes ?

Auguste Comte a été un très-grand penseur ; jusque dans les aberrations de sa période pathologique, il s'est montré un puissant esprit. Malgré certaines aspérités de caractère, il a exercé une fascination véritable sur des hommes de talent et de génie, sur de Blainville, Stuart Mill, Buckle, Lewes, Robin, Littré. Un *subside* aussi honorable pour le maître que pour les disciples, aussi fidèlement servi par les dissidents que par les orthodoxes, l'a soustrait aux rigueurs de la fortune. Il faut honorer son souvenir, il faut remercier sa doctrine des grands esprits qu'elle a formés. Mais le respect dû au mort et aux vivants ne peut nous fermer les yeux sur les vices du système.

La loi des trois états, la hiérarchie des sciences, l'altruisme et l'office religieux ne justifient pas les prétentions de l'école. Non-seulement le *Positivisme* n'est pas la philosophie définitive, mais tout ce qu'il a *inventé* a péri. Tout ce qu'il renferme de viable et de sain, ce qui lui communique une vertu vivifiante, ce que notre siècle en a retenu, il le doit à la méthode expérimentale et à la longue série de grands hommes qui depuis Thalès jusqu'à Auguste Comte ont, par des intuitions hardies, par des tâtonnements, des observations persévérantes, égalé la conception de l'univers à l'univers même et fait de la philosophie l'image, pour ainsi dire, de la réalité objective. Le matérialisme, enfin, est l'âme du Positivisme. Nos ennemis communs ne s'y sont pas trompés. Qui croirait qu'une vérité si simple offense au plus haut point ceux qui en bénéficient? Que le Positivisme soit matérialiste, c'est ce que ses adeptes ont avoué cent fois; mais que le Positivisme soit une forme, souvent déviée, du matérialisme, c'est ce qu'ils contestent avec la dernière énergie. Toute assimilation leur est une cruelle injure.

Et ils invoquent aussitôt leur distinction entre le relatif et l'absolu, leur inconnaissable (1), leur réserve sur les questions que le matérialisme tranche par une négation. Écarter, disent-ils, n'est pas nier. L'athée est un théologien, le matérialiste un métaphysicien. Ils *renouvellent* le sens des mots, c'est l'expression consacrée ; et on peut lire, dans le *Grand Dictionnaire* français de M. Littré, cette bizarre définition :

« *Dans le langage de la philosophie positive,* le matérialisme est cette erreur de logique qui consiste à expliquer certains phénomènes s'accomplissant d'après des lois particulières, à l'aide de celles qui servent à relier entre eux des phénomènes d'un ordre plus général, ce qui est une sorte d'importation, dans une science plus complexe, des idées appartenant à une science moins compliquée. » (?)

C'est ainsi que le positivisme, par un autre *renouvellement*, s'emparera de l'office religieux : « La définition de la religion se

---

(1) Dans le relatif, qui est l'unique domaine de la connaissance, l'*inconnaissable* n'existe pas. A quel titre? Il n'y a que l'inconnu, toujours susceptible de connaissance. L'*inconnaissable* est donc seulement une amorce aux métaphysiciens.

tire de son office, qui est : mettre l'éducation, et par suite la vie morale, en rapport avec la conception du monde, à chacune des phases de l'humanité... Avec la conception du monde, change l'*office religieux*. »

Mais que peuvent ces réticences, sincères toujours, et peut-être habiles en 1830, contre les passages suivants, pris entre mille ?

« Il est manifeste que les êtres vivants ou, comme on dit dans l'école, le monde organique, se sépare et se distingue du monde inorganique. Il en est un cas particulier ; il ne peut exister sans lui. Une portion seulement de la matière est susceptible de s'organiser et de vivre ; et, avant d'obéir, en tant qu'animée, aux lois qui lui sont propres, elle obéit aux lois générales de toute matière, aux affinités chimiques, à la pesanteur, à la chaleur, à l'électricité. L'oxygène, l'hydrogène, l'azote et le carbone forment essentiellement, à eux quatre, la trame vivante ; quelques autres seulement s'y agrègent, tels que le phosphore, le fer, le sodium, le chlore ; et tout le reste est exclu du cycle de l'organisation.

« La grande science des êtres vivants, la biologie, succède à la chimie. De la chimie seule elle apprend que les tissus organisés sont composés des éléments inorganiques disséminés dans la nature..., que la nutrition, qui est, avec la reproduction, la base de tout le reste dans l'animal, n'est qu'un immense travail de composition et de décomposition chimiques.

« Il faut réserver le nom d'âme à l'ensemble des facultés du système nerveux central, en sa totalité... L'âme est l'ensemble des fonctions morales et intellectuelles dévolues au cerveau.

« L'histoire est une évolution naturelle, un développement déterminé par les conditions de la nature cérébrale de l'homme et par la manière d'être du monde.

« L'idée d'un être théologique quelconque, c'est, comme le disait Laplace, une hypothèse désormais inutile.

« Si, par une satisfaction purement individuelle, on retenait l'idée d'un être théologique quelconque, multiple ou unique, il n'en faudrait pas moins aussitôt le concevoir réduit à la nullité et à un office nominal et surérogatoire.

« Quiconque pense que l'origine des sociétés, l'établissement ou la mutation des religions, la fondation des cités et des empires, les castes privilégiées, les aristocraties, les gouvernements, les oracles, les prophéties, les divinations, les révélations, la théologie, l'invention des arts et des sciences, que tout cela provient des facultés de l'homme et de la société, facultés exercées sous l'empire des différents milieux ; quiconque, dis-je, accède à cette vue, a pleinement accompli le cycle de l'émancipation mentale.

« Du moment qu'on ne laisse aucune place aux volontés surnaturelles, ni dans le monde inorganique, ni dans le monde organique, ni parmi les phénomènes cosmiques, ni parmi ceux de l'histoire, on est nécessairement des nôtres. »

Le matérialisme n'en demande ni moins ni plus ; il le demandait longtemps avant Comte et M. Littré ; et il le demande encore, après eux.

Le positivisme, s'ajoutant aux doctrines de Bichat et de Broussais, introduit dans l'enseignement médical par le Dictionnaire de Littré et Robin, exerça la plus heureuse influence sur la physiologie et la médecine françaises. Sans accepter le système, les savants en propagèrent l'esprit. Le nom même leur permettait de pratiquer ouvertement la méthode expérimentale sans s'attirer l'épithète infamante de matérialistes. C'était beaucoup, car il n'est guère de hardiesse plus prudente et plus timorée que celle des hommes de science. En fait, le positivisme a rendu au matérialisme le droit de cité en France. Il a lentement et sourdement miné le terrain sous les pieds de l'éclectisme officiel ; il a changé l'atmosphère intellectuelle et préparé le milieu où pouvait renaître une philosophie plus nette et plus décisive, héritière directe de l'Encyclopédie. Lorsque, vers la fin de l'empire, un groupe indépendant, sans appui comme sans compromis d'aucune sorte, a relevé le drapeau de la *Libre pensée*, il ne marchait pas sur les traces des Virchow, des Moleschott, des Büchner et des Vogt (dont l'alliance, d'ailleurs, ne lui a pas fait défaut) ; il rentrait dans un patrimoine qui avait failli passer en des mains étrangères.

Les désastres de 1870, et les tiraillements lamentables qui en ont été la suite, ont interrompu son œuvre, au moins apparente. La *Pensée nouvelle* n'a vécu que deux années, l'*Encyclopédie générale* ne compte que trois volumes. Mais, sans organe et sans corps visible, les doctrines que représentaient ces deux publications mémorables demeurent aujourd'hui seules vivantes en face de la métaphysique vulgaire et de l'idéalisme raffiné. Le positivisme, qui par degrés s'y résorbe, aura l'honneur d'avoir servi de trait d'union entre le naturalisme du dix-huitième siècle et le matérialisme du dix-neuvième.

L'enseignement d'Auguste Comte a eu d'abord plus de retentissement en Angleterre qu'en France. Et bien que désavoué du vivant du maître par Stuart Mill, bien que rejeté par Herbert Spencer, et tout récemment combattu, à bon droit, dans ses principales conclusions par le savant Huxley, il est certainement pour beaucoup dans le discrédit où sont tombés le *sens commun* des Écossais et le sensualisme un peu borné de Locke. Toutefois, s'il compte encore outre-Manche des disciples orthodoxes, à la façon des Richard Congrève, ou émancipés, comme Lewes, le positivisme a finalement échoué contre le tempérament particulier et l'éducation antérieure du génie anglais. Après lui, d'ailleurs, des théories et des découvertes qui lui sont étrangères vinrent donner un autre cours et fournir un aliment nouveau à la spéculation philosophique. La puissante conception zoologique de Darwin et les observations répétées, directes, des voyageurs ont fait négliger le système à la fois approximatif et dogmatique de Comte. L'orgueil national s'en est mêlé. Les Anglais ont trouvé chez eux leurs guides.

Entre les psychologues de l'ancienne école et les *évolutionnistes* modernes, Stuart Mill occupe une place à part. Sa doctrine a reçu le nom barbare d'*associationisme*; mais ce n'est pas la théorie sur l'association des idées, bien qu'ingénieusement développée, qui en constitue l'originalité; on pourrait l'appeler un *matérialisme idéaliste*.

Avant de suivre à Paris le cours de philosophie positive, Stuart Mill, mûr dès sa première adolescence, était déjà, comme son père, lequel fut le disciple fidèle et l'ami intime de Jérémie Bentham, un utilitaire en morale et en psychologie, un sensualiste sceptique, aussi voisin de Berkeley que de Hume. En pleine ferveur positiviste, une dissidence fondamentale, et qui ne tarda point à éclater, le séparait de Comte. Il ne put jamais accepter pour la psychologie le rôle secondaire où la réduisait la hiérarchie des sciences. Il ne put jamais se résoudre à écarter les questions préliminaires, le problème stérile de la certitude.

Le positivisme, avec beaucoup de raison, se bornait à constater le caractère relatif de la connaissance, se jetait *in medias res*. Il considérait la sensation comme l'intermédiaire nécessaire entre l'homme et l'univers, et, sans s'occuper davantage d'un fait évident, il laissait là le sujet sentant pour s'attacher à l'objet. Et c'est bien la seule méthode féconde. L'exemple de Stuart Mill va le prouver une fois de plus. Mill ne veut pas faire un pas avant de savoir ce que sont la substance et le phénomène, ce qu'est la personne humaine, et s'il y a une réalité concrète extérieure à l'homme. Aussi qu'arrive-t-il ? Il s'épuise en efforts extraordinaires, en ingénieux tours de force pour sortir d'une impasse. Il n'est pas métaphysicien et il n'aboutit qu'à l'entité ; il repousse les procédés illusoires et l'observation interne, et il fait de l'homme et du monde des illusions, des faits de conscience connus, mais qui ne garantissent pas la réalité l'un de l'autre.

Rien n'existe que la sensation.

La sensation est à la fois le sujet et l'objet. La personne humaine est une série de sensations. Dieu, s'il existe, ne pourrait être conçu que comme un ensemble de séries de sensations.

Il y a des sensations actuelles, que nous appelons phénomènes, il y a des sensations durables (l'anticipation d'Épicure), des sensations acquises qui forment et la substance de l'intellect et la substance des choses. Le monde extérieur n'est qu'une possibilité de sensations sans cesse contrôlées par les sensations actuelles et momentanées. L'association et la comparaison de ces sensations actuelles et possibles constituent l'imagination, la réflexion, la raison. Au risque d'être taxé d'incompétence, nous serions tenté de demander si ce nihilisme absolu empêche le bois que nous coupons, la pierre que nous taillons et que nous plaçons sur une autre pierre, d'être des corps parfaitement définis, l'homme d'être un organisme distinct, diversement affecté par le contact, la vue, le son de ces objets extérieurs? Empêche-t-il Stuart Mill lui-même de se conduire à l'égard de ces possibilités de sensation à la manière du reste de l'humanité? de raisonner en moraliste et en économiste consommé sur les rapports qui s'établissent entre les individus, entre l'individu et l'État, entre tous les êtres qu'il lui plaît d'appeler des séries de sensations? Non certes. Dès lors, à quoi bon ce jeu d'esprit, qui nous gâte l'excellente psychologie expérimentale et la logique serrée de Stuart Mill? Pourquoi s'exposer de gaieté de cœur aux objections des éclectiques? Comment une série de sensations peut-elle sentir et agir? Où placez-vous, où recueillez-vous cette série de sensations? Dans le système nerveux, dans le cerveau : une série dans une série? Mill répond à toutes ces questions; mais il y répond mal. Et M. Taine, son disciple, qui ne veut pas cesser de croire à la réalité concrète, se donne une peine infinie pour démontrer l'existence et l'extériorité des objets (1).

Voici un passage où éclate dans toute son inanité ce que nous avons nommé le matérialisme idéaliste : « On peut définir la matière une possibilité permanente de sensations; si ensuite on me demande si je crois à l'existence de la matière, je demanderai à mon tour si on accepte cette définition; si oui, je crois à la matière, et *toute l'école de Berkeley avec moi*; si non, je n'y crois pas; mais j'affirme avec sécurité que cette conception de la matière comprend *tout ce que tout le monde entend par ce mot*, hormis peut-être les philosophes et les théologiens. »

Il était bien plus simple d'appeler les choses par leur nom, et

---

(1) Locke, Hume et Condillac devaient conduire M. Taine à sa théorie de l'hallucination vraie; il a été naturellement séduit par les possibilités de sensations et par les séries sans substance de Stuart

de ne pas substituer à des termes concrets des expressions abstraites et générales, qui ne correspondent qu'à des conceptions subjectives de l'intellect. D'autant que, une fois sorti de l'idéalisme radical, Mill se montre non moins radicalement phénoméniste. L'expérience est l'unique fondement de sa psychologie et de sa logique.

« L'extériorité, dit-il, est, pour notre expérience présente et fugitive, notre propre expérience possible, passée et future. Pour notre expérience consciente, l'extériorité, c'est l'expérience comtemporaine, ou passée, ou future des autres esprits. »

En dépit de cette incurable manie de prendre des termes généraux pour des équivalents de ce qui est réel (relativement à nous), Mill est le plus terrible pourfendeur des idées nécessaires, de l'absolu, de l'infini, de l'irréductible ; et un grand nombre de ses démonstrations sans réplique trouveront place dans la suite de cet ouvrage.

Mais on ne se complaît pas impunément dans les subtilités du nihilisme. Il est arrivé à Stuart Mill ce qui arrive à la plupart des sceptiques absolus. La mort seule l'a préservé d'un complet retour au mysticisme.

On le voit, malgré ses relations positivistes, et malgré ses allures expérimentales, Mill appartient encore à l'ancienne école des sensualistes anglais. Alexandre Bain et Herbert Spencer, sans négliger aucunement la question préliminaire de la certitude, sont sortis du cercle étroit de la psychologie abstraite et de la logique. Le dernier surtout, s'appuyant des conjectures merveilleuses de Darwin, utilisant toutes les découvertes modernes de l'anthropologie, de la biologie, de l'histoire, de l'ethnologie et de la linguistique, a construit, avec une science et une puissance de travail vraiment admirables, un vaste tableau du monde, sur un plan analogue à la conception positiviste, mais bien autrement

---

Mill. Nous aurons lieu de citer plus d'une fois les faits si soigneusement notés dans son remarquable ouvrage : *De l'intelligence* (2 vol. in-8°, Hachette).

étudié, plus précis et plus vaste à la fois. Des traductions nombreuses ont déjà introduit et popularisé en France ses *Premiers Principes*, sa *Biologie*, sa *Psychologie*, sa *Sociologie*. Les raisons qui nous ont permis d'abréger l'exposition du système de Stuart Mill nous engagent aussi à omettre pour ainsi dire les doctrines des plus récents philosophes anglais et allemands. Nous nous rencontrerons si souvent avec eux dans notre seconde partie, que résumer ici leurs idées, ce serait nous répéter d'avance.

Le moment est venu de récapituler à grands traits les étapes de l'esprit humain à la recherche d'une conception du monde adéquate à la réalité, et de caractériser les tendances de la pensée contemporaine.

A travers la complication infinie des routes, des sentiers, des chemins de traverse qui croisent et enchevêtrent leurs capricieux méandres, apparaissent nettement les deux grandes voies où marche la philosophie depuis l'origine des temps. L'une part de l'expérience pour aboutir à la science, l'autre de l'imagination pour aboutir à l'intuition, soit logique, soit mystique. La première, lentement et péniblement tracée par d'obscurs ouvriers, continuée par quelques hommes de génie, semble abandonnée pendant quinze siècles. La seconde, facile, attrayante, élargie par le passage de multitudes qui vont et viennent, avancent et reculent, se choquent et se poussent au commandement de chefs innombrables, pleine de bruit, de contradictions et de chimères, bordée de routes latérales, d'embranchements et d'impasses divergents, se continue à travers les âges ; elle se dit, elle se croit la seule féconde, la voie triomphale de l'humanité.

Mais voici que les travaux sont repris sur le chemin délaissé. L'heure des tâtonnements passe ; chaque science constituée envoie ses pionniers et les dirige. Les obstacles s'abaissent, les lacunes se comblent. Une foule de routes convergentes amènent à l'artère principale les contingents sans cesse grossis des industries et des arts. A mesure que la voie expérimentale se remplit, l'autre se vide ; bien plus, elle s'arrête ; et les groupes fidèles qui s'y sont attardés, pareils aux piétons ou aux cavaliers devant un chemin de fer, regardent passer l'esprit moderne. Ils n'en croient pas leurs yeux. A peine ont-ils eu le temps d'échanger avec les voyageurs quelques sorites inoffensifs. Tandis qu'ils argumentent, la science infatigable, appliquant aux choses ses instruments de précision, braquant ses télescopes, ses microscopes, insinuant ses scalpels et ses balances dans le mécanisme de la pensée, court en droite ligne à la certitude.

L'anthropomorphisme a été le vice originel de la pensée, et il l'est encore. L'illusion naturelle qui forçait l'homme à se considérer comme le centre et la fin de tout ce qui est l'a contraint de faire le monde à son image, de prêter aux choses, puis aux groupes, puis à l'ensemble, des intentions, des volontés, un plan ; de là sont issus les dieux, les forces, la Providence. L'homme s'est extravasé dans la nature indifférente ; il y a projeté sa vie et son intelligence ; il a passionné les phénomènes, il les a personnifiés. S'inclinant devant ces êtres factices qu'il investissait du gouvernement,

> Des dieux dont il fut l'inventeur
> Craignant la haine et la colère,

il a perdu des milliers de siècles à régler entre eux et lui des rapports imaginaires. Des habiles à moitié dupes se sont institués les interprètes et les ministres de ces puissances, les ont fait parler, et ont vendu en leur nom des faveurs conjecturales, de ce côté de la tombe et de l'autre, bénéficiant sur terre du caprice des événements, et au ciel de l'orgueilleuse crédulité des hommes. Des promesses dont l'accomplissement ne peut être contrôlé devinrent des articles de foi, des axiomes, principes que la logique a prétendu tout ensemble soustraire et imposer à l'expérience.

Depuis l'âge de la pierre, l'expérience n'a jamais cessé de subir l'empire de l'imagination. Quand Thalès et Anaximandre ont inauguré l'étude directe de la nature, ils ont trouvé la pensée humaine, la leur même, encombrée d'une foule de superstitions et de fables. Leur science imparfaite, incapable de dissiper ces ombres vaines, a dû recourir à des conjectures, à des hypothèses, mais du moins légitimes, puisqu'elles ne tendaient qu'à relier entre eux des faits constatés ou considérés comme tels. Leurs successeurs ont bientôt dévié de la saine méthode ; et, à l'exception de Démocrite et de son groupe, d'Épicure et de Lucrèce, tous sont rentrés dans la métaphysique par la distinction radicale de la pensée et de la matière, de la raison et du fait ; le dualisme rationaliste est né de cet anthropomorphisme mitigé, tantôt penchant avec Platon vers l'idéalisme, c'est-à-dire le nihilisme absolu, tantôt se retournant avec Aristote et Straton vers l'observation de la réalité concrète, ou bien confondant, comme Zénon et Chrysippe, en un panthéisme illusoire les deux principes qu'ils nommaient esprit et matière. A l'écart et confinant soit au sensualisme étroit, soit à l'idéalisme extrême, ou bien flottant dans un rationalisme timide, les probabilistes et les sceptiques se sont efforcés de ruiner les uns par les autres tous les systèmes.

Les Grecs avaient tout dit et n'avaient plus qu'à attendre du progrès des sciences la confirmation de l'une ou de l'autre des théories fondamentales, matérialisme, rationalisme, idéalisme, quand la conquête d'Alexandre et le désarroi profond jeté dans le monde par la domination romaine replongèrent la pensée dans le chaos des superstitions orientales. La philosophie retomba sous le joug de la théurgie. Indépendant ou chrétien, le néoplatonisme, sous ses deux formes, accomplit la même œuvre de désorganisation et d'énervement. La raison fut sacrifiée à la foi, l'observation à l'extase. L'absurde devint le signe de la vérité. Augustin fit de la philosophie la servante de la théologie.

La Grèce et Rome avaient fourni aux rêveries chrétiennes deux langues universelles, une métaphysique, et une proie ; elles s'étaient livrées elles-mêmes. Le christianisme, destructeur du monde antique, trouva dans la puérilité barbare une élève à la hauteur de son enseignement. Maître de l'Europe et de l'Asie antérieure, il les courba sous une discipline sanglante. Singulier office d'une doctrine d'outre-tombe convertie en règle de vie ! Une révolution radicale contre la nature et la société aboutissait à un gouvernement, et quel gouvernement! Sous le joug, l'esprit maté tomba dans un sommeil coupé de fiévreux songes, et si quelque pensée s'éveillait à l'étourdie, le massacre et le bûcher étaient là pour la rendormir à jamais.

Il fallut cependant passer quelque chose aux tempéraments remuants et raisonneurs, qui acceptaient d'ailleurs pleinement l'autorité de leur mère la sainte Église. On permit la *Logique* d'Aristote. C'était une faute. Les *Catégories* donnèrent lieu à la querelle du nominalisme et du réalisme et à la transaction du conceptualisme. Ainsi se retrouvèrent en présence le matérialisme, l'idéalisme et le rationalisme; sous leurs nouveaux noms ils ne furent pas reconnus d'abord. Mais quand la métaphysique d'Aristote, revenue d'Orient avec les commentaires néo-platoniciens des Arabes, vainement inquiétée et rudoyée par l'Église soupçonneuse, eut apporté de nouveaux aliments à la dispute des *universaux*, il n'y avait plus de recours que dans une orthodoxie philosophique, laquelle fut habilement formulée par Thomas d'Aquin, ou dans un mysticisme, fervent comme celui de Bernard et de Bonaventure, désespéré comme celui de Gerson et de l'*Imitation*. Point de salut pour ceux qui s'écartaient de ces trois routes. Roger Bacon, pour avoir proclamé les droits de la science et entrevu ses résultats, languit plus de vingt ans dans des geôles obscures.

La chute de l'empire byzantin et l'émigration de l'antiquité (ou de ce qui en restait) dans les pays d'Occident portèrent un coup formidable au despotisme théocratique, étayé d'un faux Aristote. La lumière pénétra dans le monde élargi, aéré, pour ainsi dire, par les découvertes des grands voyageurs. La terre était doublée; il y avait d'autres peuples, d'autres races, d'autres religions plus antiques et non moins illusoires que le catholicisme. On s'aperçut que les amusettes scolastiques n'étaient que des jeux de patience, d'oiseux casse-tête. Érasme et Rabelais, aux éclats de rire de la galerie, criblèrent l'un de flèches aiguës, l'autre de sarcasmes cyclopéens la royauté, l'Église, la guerre, la justice inique, toutes les tyrannies, et la pire, celle des cuistres. Copernic fit tourner la terre autour du soleil; Galilée et ses émules inaugurèrent la physique expérimentale, Montaigne et Charron l'histoire naturelle de la psychologie et de la morale. Bacon fonda la philosophie inductive, Hobbes, Gassendi firent revivre Épicure.

Si des génies à courte vue n'avaient tenté de réduire la Renaissance à une réforme religieuse, le monde sortait de l'orbite chrétienne. La pensée laissait de côté l'orthodoxie et l'hérésie ; c'en était fait de la piété et de l'impiété, du christianisme raisonnable et des vérités moyennes. Du quinzième siècle, l'humanité sautait de plain-pied dans le dix-huitième. Mais l'Église, comme les ombres d'Homère, puisa une vie nouvelle dans le sang de la Saint-Barthélemy ; elle reprit courage ; à l'amoindrissement de ses forces, elle suppléa par un redoublement d'énergie tracassière. Elle se cramponna aux saintes routines avec la souplesse des jésuites et la roideur de l'Inquisition. Ce furent encore de beaux triomphes pour elle que la révocation de l'édit de Nantes, les dragonnades, et même l'insipide querelle du jansénisme et des billets de confession. Enfin, quand ses violences démodées, sans perdre leur caractère odieux, en vinrent à friser le ridicule, quand le bûcher fut impossible, il lui resta l'hystérie des miraculées, la sensiblerie des femmes, l'ignorance des campagnes et l'éducation de la jeunesse, sa dernière citadelle, le fort qu'elle n'a pas encore rendu à la science. La Réforme a eu cette conséquence, désastreuse pour la philosophie, de raffermir la domination du christianisme en perpétuant la religiosité, de ramener le monde à la métaphysique par le sentiment. Mais quoi ! le protestantisme lui-même était un fruit de l'éducation catholique. Depuis quinze siècles, l'Église déformait l'esprit humain. Des déviations aussi prolongées finissent par entrer dans l'organisme. L'hérédité les transmet et les aggrave.

Descartes, Leibniz, Locke, Condillac, Newton, Bonnet, Kant, Hégel, Spinoza lui-même, Toland et Priestley, Rousseau, tous sont chrétiens par quelque endroit. Non-seulement quelques-uns d'entre eux ne se soucient pas de rompre avec une religion qui dispose des juges, des chevalets, des tenailles et du gibet ; mais la plupart sont affectés de la déformation héréditaire. Sans doute ils ont été suspects au catholicisme ; l'orthodoxie et la politique cléricale n'ont rien à attendre d'eux. Mais qui ne sent le christianisme dans l'aberration métaphysique de Descartes, ce grand, cet absolu mécaniste, dans l'harmonie préétablie de Leibniz, dans les postulats de Kant?

Voltaire lui-même n'a pas complétement éliminé le virus; son déisme n'en est pas exempt; oui, ce déisme vague, nominal, ce déisme sous bénéfice d'inventaire, qui a fait pousser des cris de rage aux Nonotte de tous les temps, et qui sera cependant un jour le dernier refuge de l'esprit chrétien, c'est un reste, un ultime résidu du père Porée ou de quelque autre professeur jésuite. La métaphysique, sans doute, suffit pour conduire au déisme ; mais qu'est-ce que la métaphysique, sinon une mythologie? Le déisme est le point par où elle confine aux religions positives. N'eût-il avec le christianisme que ce trait commun, le spiritualisme indépendant est condamné à soutenir son ancien persécuteur. On l'a bien vu. Nos éclectiques, nos Écossais, gens du sens commun, gens du sentiment, gens de l'absolu, inventeurs de l'observation interne, idéalistes et mystiques, ne sont-ils pas, bon gré, mal gré, les derniers appuis de la religiosité, du christianisme, et par suite de l'Église, qui les maudit en souriant? Nous ne rappellerons pas le catéchisme manqué de Victor Cousin et sa lettre au pape : celui-là a renié la philosophie après l'avoir faussée ; mais tous les autres, les plus libres, les plus fiers, les plus sincères, les plus incrédules, ils croient à l'utilité, à la nécessité d'une religion ; et comme entre le christianisme et la science il n'y a place pour aucune théophilanthropie décente, viable, ils sont chrétiens. Ils sont les derniers héritiers du néo-platonisme gréco-oriental. Et c'est ainsi qu'Alexandre est pour quelque chose dans la conformation cérébrale de M. Damiron, de M. Caro, de M. Laboulaye, voire même d'un Stuart Mill.

Les modernes criticistes ne peuvent décliner cette origine, ou plutôt cette parenté lointaine. Malgré leurs innombrables concessions à l'expérience et la rigoureuse, l'utile analyse à laquelle ils soumettent tous les raisonnements métaphysiques, ils conservent des entités irréductibles, les catégories logiques et morales, la liberté absolue et le fameux impératif catégorique qui la nie; finalement, ils réédifient sur les postulats prétendus de la raison toutes les croyances que leur logique a renversées, et qui sont l'unique base des religions. Ils ont prétendu s'écarter des religions, et ils y retournent.

Désormais la philosophie n'a plus que deux voies, celles où elle s'est engagée dès le principe. Dans l'une ont été accomplis tous les progrès; dans l'autre, et sur ses-bas côtés, se sont développées et enchevêtrées, avec une incohérence inextricable, comme autant de broussailles épineuses aux fleurs bizarres, les illusions de l'anthropomorphisme et les extravagances de la logique. Les quelques vérités particlles que nous avons rencontrées dans la route spéculative n'y sont pas indigènes; elles y ont été apportées, transplantées par des transfuges ou des visiteurs infidèles de la route expérimentale, par les Aristote et les Descartes.

Nul esprit scientifique n'ignore aujourd'hui quel est le droit chemin. Toutefois, comme l'autre garde encore son caractère officiel, qu'à ses arbres sont pendus les croix et les cordons, que sur ses bords s'échelonnent les places, les titres, les logis et les enterrements nationaux, tous les appâts de la sécurité et de l'honorabilité; comme la foule indifférente y suit machinalement les ornières traditionnelles, sous la houlette du loup devenu berger; comme il est indécent de conformer sa vie à sa doctrine; beaucoup de consciences émancipées, prises de scrupules ambitieux, de fausses hontes opportunes, cherchent des biais et les trouvent, pour tourner la vérité dont elles rougissent. Tel *déterministe* fait des avances aux causes finales et au plan providentiel; tel chimiste, tel physicien, tel physiologiste reconnaît qu'il ne se produit point de pensée là où il n'y a ni organisme vivant, ni concentration nerveuse; mais il se hâte d'ajouter que la pensée peut être autre chose qu'un produit de l'élaboration cérébrale (quoi? il n'en sait rien); et si un indiscret lui fait observer que cette distinction entre le nom et l'objet est puérile en sa bouche, il se récriera, avec force clignements d'yeux: « Il y a des dames, des bons pères, des fonctionnaires... *Maxima debetur pueris reverentia*... Ah! ne me brouillez pas avec les *convenances!* » Nous connaissons de ces savants; bien que leur pays par excellence soit la puritaine Angleterre, il y en a chez nous. Qui trompent-ils ? Ni les ennemis de la libre pensée, ni leurs admirateurs attristés par ces palinodies. Si c'est eux-mêmes qu'ils trompent, leur bonne foi, du moins, leur servira d'excuse. Mais y a-t-il dans leur fait autant de sincérité que de prudence?

Quoi qu'il en soit, toutes les traverses secondaires de la philosophie sont rentrées dans les deux directions principales. Le moyen terme, le rationalisme, se confond avec les autres variétés métaphysiques. MATÉRIALISME d'une part; de l'autre SPIRITUALISME, religieux, idéaliste, mitigé ou sceptique : tels sont les deux pôles de la pensée. Le premier a gagné en pouvoir attractif tout ce que l'autre a perdu; la science et la philosophie, d'un invincible et commun essor, s'y rejoignent après un long divorce. C'est de là qu'avec Démocrite, Épicure, Diderot, Condorcet, Laplace, nous contemplerons dans l'espace et dans le temps le spectacle de l'univers et des choses humaines.

DEUXIÈME PARTIE
LA PHILOSOPHIE

CHAPITRE I.
L'UNIVERS.

§ I. LA MATIÈRE.

Hydrogène, Oxygène, Carbone, Azote, Brome, Bore, Chlore, Phosphore, Iode, Arsenic, Silicium, Sélénium, Soufre, Tellure, Fluor, Or, Platine, Plomb, Argent, Fer, Cuivre, Étain, Zinc, Mercure, Manganèse, Aluminium, Nickel, Cobalt, Antimoine, Iridium, Rubidium, Calcium, Osmium, Lithium, Cerium, Cæsium, Baryum, Didymium, Erbium, Cadmium, Bismuth, Chrome, Glucinium, Ilménium, Lanthane, Magnésium, Molybdène, Potassium, Sodium, Niobium, Palladium, Pélopium, Rhodium, Ruthénium, Strontium, Tantale, Terbium, Thallium, Thorrium, Titane, Zirconium, Yttrium, Vanadium, Uranium, Tungstène :

Tels sont les éléments, jusqu'ici reconnus, qui constituent la terre, ses productions, ses habitants et son atmosphère.

Les planètes se comportant, ou peu s'en faut, comme la nôtre, et l'analyse spectrale ayant constaté dans le soleil la présence de quelques-uns de ces corps, il est permis d'attribuer au système solaire tout entier une composition identique ou analogue. Enfin, la lumière de certains astres lointains révèle un fonds substantiel commun. La science confirmera ou amendera ces conjectures, accroîtra ou diminuera le nombre des substances irréductibles, et la philosophie n'aura qu'à enregistrer les découvertes de la science.

Mais, dès à présent, se dégage des faits acquis une conclusion certaine, assez large pour contenir toutes les modifications partielles que l'expérience y pourra introduire. Les choses dont l'ensemble est exprimé par le mot *univers* sont formées de substances quelconques, en nombre quelconque, hors desquelles il n'y a rien.

Le caractère général de ces substances est l'indestructibilité. Quand bien même une analyse plus profonde les réduirait à dix, à cinq, à une seule, la somme n'en serait pas diminuée, puisque cette somme ne cesserait pas d'équivaloir à la totalité de ce qui est.

Chacune de ces substances a pour caractère particulier l'homogénéité. Par la pensée comme en fait, on pourra les diviser en autant de parties que l'on voudra : chaque fragment égal d'une substance demeurera identique à tout autre fragment égal de la même substance.

Les corps simples, combinés en proportions diverses, ont reçu et garderont le nom générique de *matière*.

Peu importent ici les procédés à l'aide desquels l'homme est arrivé à connaître la matière et les conditions organiques, cérébrales, intellectuelles qui s'imposent à toute expérience. L'existence de la matière est suffisamment démontrée par l'usage que nous en faisons.

Nos aliments, nos vêtements, nos maisons, les outils et les matériaux des arts, de l'industrie, de l'agriculture, du commerce, de la guerre, bien plus, notre chair et nos os, notre sang, nos muscles, notre appareil nerveux, notre cerveau en sont faits.

Que serait la vie sans corps vivants? Que seraient la personne et la pensée, l'individu et la société, sans organismes matériels, finis, distincts? Des mots vides de sens; que dis-je? les idées que ces mots représentent n'auraient jamais pu naître.

Il n'y a pas d'action qui ne procède de certains rapports observés entre certains groupes de combinaisons matérielles. Les sciences les plus abstraites ne reposent que sur des évaluations de quantité; or, il n'y a point de quantité sans matière; il n'y a point de nombre sans choses qui se comptent, point d'étendue sans êtres étendus. Nous pouvons, grâce à des facultés inhérentes à nos organes, envisager séparément ce que nous appelons les propriétés des corps, spéculer sur ces propriétés; quand elles sont constantes, en induire des lois que nous appliquons en toute sûreté à la matière pour la mieux connaître et l'approprier plus complétement à nos besoins; mais tout ce travail a pour condition *sine qua non* la matière dans le sujet, la matière dans l'objet. S'il n'existait point d'homme, de corps organisé, il n'existerait ni connaissance, ni pensée; mais s'il n'existait point de matière, il n'y aurait ni corps, ni homme. L'un implique l'autre.

L'être est inséparable de la manière d'être; sinon, rien ne le distingue du néant. Les particules ultimes des corps simples sont juxtaposées ou mêlées les unes aux autres; elles se combinent ou s'excluent selon leur nature. C'est de leur manière d'être que dérivent ces affinités, ces échanges, ce mouvement dont le langage a fait, en y ajoutant l'idée de force, de virtualité, de véritables agents, des êtres d'une espèce particulière, des lois qui gouvernent le monde. Il n'y a là que des termes généraux, utiles et indispensables, mais où il faut se garder d'insinuer quoi que ce soit qui ressemble à une intention ou à une volonté : ce serait introduire l'anthropomorphisme dans la science. Ils ne signifient que ceci : étant donnés environ soixante-cinq corps irréductibles les uns aux autres et présentant tels et tels caractères, on constate entre eux tels et tels rapports de distance, de succession, telles et telles combinaisons accidentelles ou constantes. Pourquoi les choses se passent-elles ainsi? « Pourquoi, demandait Voltaire, y a-t-il quelque chose? »

Les corps simples sont composés d'atomes insécables; dans chaque groupe, l'atome est l'unité d'une somme indéfinie. L'imagination peut diviser l'atome lui-même; mais l'analyse, aidée du calcul, est contrainte de s'y arrêter; la science n'est arrivée qu'à confirmer l'intuition de Démocrite et d'Épicure.

L'atome d'un corps, uni à un ou plusieurs atomes de tout autre corps, constitue une molécule, sorte d'atome complexe qui lui-même entre dans de nouvelles combinaisons, à leur tour pourvues de caractères spéciaux, d'affinités particulières. Le mouvement est le nom le plus général, ou mieux la résultante, de toutes les propriétés et de tous les rapports.

Rien n'est plus varié que la constitution intime des molécules et, par suite, les relations des atomes entre eux. Tel atome d'hydrogène ou d'azote ou de quelque autre élément s'associe soit à deux, soit à trois ou à cinq, ou à vingt atomes des soixante-quatre autres corps, qui peuvent eux-mêmes être remplacés dans le mélange par des groupes équivalents. De ces différences dans la structure intime de la molécule résulte une extrême diversité dans les composés les plus semblables. Deux agrégats peuvent présenter le même aspect, renfermer les mêmes proportions générales des mêmes éléments simples, et différer de propriétés et d'effets. C'est dans la composition des molécules, dans les proportions réciproques des atomes constituants que réside le caractère fondamental, souvent insaisissable, des agrégats plus compliqués.

Nous avons vu que le mouvement est la manière d'être de la matière, qu'il est à la fois la condition et l'effet de toute combinaison atomique ou moléculaire. En lui-même, il n'est rien que le fait du déplacement continuel de toutes les particules. Le mouvement prend divers noms, suivant qu'il affecte soit tous les corps, soit divers groupes de corps, et suivant les différents ordres de faits qui l'accompagnent. La science étudie à part chacune de ces manifestations du mouvement, et elle a raison, car chacune donne lieu à des phénomènes très-divers et très-distincts. Mais elle n'ignore plus leur identité fondamentale. Bien qu'elle trouve commode de les considérer comme des forces qui agissent sur la matière, elle sait qu'elles n'en sont que des aspects, des états différents, plus ou moins généraux, plus ou moins particuliers. Elles ne sont pas isolées, elles se tiennent; les corps passent de l'une à l'autre par des transitions insensibles; elles se transforment, se succèdent, s'échangent; elles se réduisent l'une à l'autre, et, finalement, toutes rentrent dans la notion de mouvement, de matière en mouvement. La corrélation des forces physiques est aujourd'hui démontrée et acceptée.

On ne saurait trop se prémunir contre l'illusion linguistique, contre la personnification des termes généraux. On ne saurait trop répéter avec Voltaire qu'il n'y a pas d'êtres appelés attraction, magnétisme, gravitation, pesanteur, électricité, lumière, végétation, vie ou pensée; il n'y a pas d'être appelé mouvement. Il n'y a que des corps simples et des corps complexes, formés soit de tous, soit de quelques-uns des corps simples; des agrégats qui se font, se défont, se renouvellent, et dont l'homme observe les états et les relations. Les lois ne sont que des résumés d'observations concordantes et d'inductions vérifiées; elles rendent compte des phénomènes présents, et permettent d'en prévoir et d'en affirmer le retour dans des conditions identiques. Quand nous disons que tous les corps obéissent aux lois de la pesanteur, il faut entendre que tous les corps pèsent, et rien de plus. Quand nous parlons des effets de l'attraction ou de la vie, il faut se rappeler que l'ensemble de ces prétendus effets constitue précisément la catégorie, la classe électricité ou attraction. Ces remarques sont d'autant plus nécessaires que les langues sont faites; la philosophie objective est obligée d'employer un instrument créé par l'anthropomorphisme et faussé par la métaphysique.

Nous n'avons pas, d'ailleurs, à entrer avec la chimie dans la constitution intime des corps, dans les combinaisons atomiques et moléculaires; nous n'avons pas à exposer avec la physique, et à suivre dans toutes leurs applications les lois que lui ont suggérées les séries de phénomènes produits par les relations extérieures des corps entre eux. Le calcul, la géométrie, qui font abstraction des substances pour opérer sur le nombre et l'étendue, sont encore moins de notre domaine. Nous ne pouvons que sous-entendre et accepter toutes les sciences.

Épicure se représentait la matière comme une vaste toile, aux mailles plus ou moins serrées, projetée en tout sens dans le vide. Son hypothèse ingénieuse lui permettait de comprendre les densités diverses et les mouvements des corps. On a nié ce qu'il affirmait; on eût mieux fait d'en douter seulement; car on ignore, en fait, si le vide absolu existe; mais la machine pneumatique produit, dans des espaces restreints, un vide relatif où la pesanteur et le son n'ont point d'accès, où la vie est impossible ; enfin, dans notre atmosphère et au delà, dans les interstices des molécules comme dans les intermondes, la physique suppose une matière subtile, impondérable, plus rare que la matière demeurée sous la cloche, plus vide que le Vide épicurien. Plusieurs raisons, sans doute, plaident en faveur de l'*éther*, et surtout la transmission des influences mutuelles entre les astres, et celle des ondulations lumineuses. Mais qui empêche qu'il y ait des trous dans la nature? Qu'est-ce que cela peut nous faire? Nous n'avons pas plus la superstition du plein que celle du vide. Quoi qu'il en soit, l'élasticité et la compressibilité des corps, le vide relatif et l'*éther* sont des explications moins sommaires que le Vide des anciens atomistes.

A côté du Vide matérialiste se place, inanité plus parfaite encore, le Vide métaphysique, le *concept* de l'espace. Mais celui-ci n'est visiblement qu'une abstraction. C'est la qualité d'étendue, laquelle est inhérente à toute forme, isolée de son sujet et substantivée. La matière est la réalité de l'espace. Mais nous verrons plus loin comment l'homme s'est trouvé entraîné à séparer l'espace et le temps des corps et phénomènes qui les constituent, et à transformer le relatif en absolu.

Des affinités atomiques et des combinaisons moléculaires sont issues des agrégats, limités à la fois par leur structure individuelle et par l'expansion d'autres corps. Les formes ne sont autre chose que les limites respectives de ces agrégats juxtaposés. Elles se trouvent nécessairement les mêmes, sauf des variations de grandeur, dans les corps constitués par les mêmes combinaisons élémentaires. Leur constance a suggéré l'idée de ces types, moules invisibles et éternels, d'avance imposés à une pâte obéissante. On voit assez que, dans les espèces minérales, végétales ou vivantes, il n'y a rien de plus que des termes généraux, des résumés de caractères communs à plusieurs individus semblables. Les genres ne sont rien sans les individus, ils ne possèdent aucune vertu contraignante, aucune force occulte.

Toutes les relations des corps entre eux, toutes les modifications que leur forme et leur structure éprouvent, sont comprises dans la catégorie du mouvement. Les unes, comme la cristallisation, la végétation, la vie, la pensée, sont spéciales à certains états de la substance, à certains genres de combinaisons. Les autres affectent, bien qu'à divers degrés, tous les corps, et déterminent les premières.

La plus générale, celle qui, selon le langage accepté, régit l'univers, a reçu le nom d'*attraction*; et c'est d'elle qu'on tire les lois du magnétisme, de la gravitation ou pesanteur. En fait, l'attraction n'est que l'ordre où se trouvent placés les corps et le mouvement qu'ils se communiquent par leurs contacts; en métaphysique, c'est un pouvoir, une force, une loi qui les groupe et les maintient dans un équilibre immuable. De là tant de lieux communs dont la crédulité fait son profit, tant d'admirations superflues; on en reviendra, si l'on considère que le plan providentiel équivaut à la construction pure et simple de ce qui est. Les choses étant plusieurs, existant concurremment, il faut bien qu'elles soient situées d'une façon quelconque : l'ordre que nous y remarquons nous intéresse, parce que nous y vivons; mais si le chaos, ou telle autre disposition des choses, était compatible avec notre existence, nous y trouverions un ordre et un plan.

Les corps donc sont situés et se comportent, à l'égard les uns des autres, comme s'ils s'attiraient en raison directe de leur densité ou masse, en raison inverse de leur distance. Il semble que cette attraction résulte de propriétés dites *magnétiques*, qui appartiennent soit à toute substance, soit à un certain état de la matière; l'action magnétique, transmise de proche en proche avec une extrême rapidité, rendra compte quelque jour de ces actions à distance qui jouent un si grand rôle dans l'univers sidéral.

La pesanteur, comme aurait pu dire Aristote, est l'attraction en acte; elle en est inséparable, et, en même temps, de la matière. Tous les corps pèsent; tous, livrés à eux-mêmes, se meuvent vers les corps les plus denses et les plus lourds, ils s'y annexeraient, ils pénétreraient jusqu'à leur centre, si des obstacles ne s'interposaient, si, d'autre part, des attractions moindres, mais sensibles encore, ne les tiraient en arrière. L'explosion des volcans, l'essor vertical des flammes, la croissance des arbres, les phénomènes qu'on rattache à une force centrifuge développée par la rotation, semblent déroger au principe de la pesanteur, aux lois de l'attraction. Mais ces infractions sont contenues et comprises dans une zone étroite; elles n'ont d'intérêt que pour l'homme. Si haut que s'élève dans l'atmosphère une fumée, un arbre ou un oiseau, si fort que saute une puce (encore est-il une hauteur qu'ils ne passeront pas), il faudra qu'ils retombent sur le sol. Quant à l'homme, on sait qu'il est solidement attaché à la terre; c'est pour lui une grande affaire que de sauter à six pieds au-dessus; sa pensée seule monte un peu plus avant; mais, rabattue par la mort, elle rentre à son point de départ.

Il semble que, dans ses mouvements, la matière garde une demi-liberté, qu'elle s'accorde une sorte de tolérance. Jusque dans ses plus vastes cycles, elle ignore la rigueur mathématique. Les lignes droites, les courbes parfaites, les surfaces unies, les forces toujours égales, toujours calculables, et toutes ces déductions infaillibles de la géométrie, de la physique ou de la mécanique, grâce auxquelles l'homme a créé non-seulement les chemins de fer et les télégraphes, mais aussi toutes les industries et tous les arts, ne paraissent pas être du ressort de la nature; du moins elle n'a pu réaliser ces inventions que par l'intermédiaire d'un cerveau.

Toujours est-il que la pesanteur est la loi universelle, la loi des masses. Seulement, dans le tissu des choses et à la surface des corps, il faut que son pouvoir général se combine, se concilie avec une foule de vibrations, d'ondulations, de mouvements secondaires subordonnés à des centres partiels, qui lui obéissent en conservant une autonomie éphémère.

L'électricité, la chaleur, la lumière sont encore des variétés du mouvement. Les phénomènes qui s'y rapportent paraissent indépendants des impressions que nos sens en reçoivent et d'où leurs noms sont tirés. En fermant les yeux, par exemple, nous supprimons la lumière et ses décompositions colorées, mais non pas les ondulations qui l'apportent du soleil à la terre. Le son, dans sa sphère plus restreinte, prête à la même remarque; il est aisé, soit en nous retirant hors de sa portée, soit en bouchant nos oreilles, d'affaiblir ou d'arrêter la sensation sonore, mais non la vibration qui la cause. Intimes alliées qui se suppléent et s'engendrent tour à tour, l'électricité, la chaleur, la lumière ne sont guère plus séparables du magnétisme et de la pesanteur. Plus n'est besoin pour les expliquer d'avoir recours à ces fluides, à ces esprits, à ce phlogistique, invoqués par les physiciens du dix-huitième siècle (car la science a eu sa mythologie). Comme toutes les forces de la nature, elles se résolvent en contacts d'atomes, de molécules et d'agrégats. Elles sont à la fois les agents et les produits de certaines combinaisons, de certains états des corps. Mais tous les corps ne subissent pas indistinctement leur empire, ni au même degré; elles sont des formes spéciales, des manifestations intermittentes du mouvement. C'est par où elles diffèrent de ces caractères vraiment universels de la matière que l'on nomme attraction, magnétisme, gravitation, pesanteur.

Bien moins vaste encore est le domaine de la vie. La vie est un mouvement d'endosmose et d'exosmose à travers les parois d'une cellule, ou plutôt c'est l'état de tissus particuliers où n'entrent que certains éléments simples, seize environ chez l'homme, et susceptibles d'absorber certaines substances dont ils expulsent le résidu. La nutrition, le caractère général de la vie, est en germe dans cette propriété.

Comme il n'existe ni électricité, ni chaleur, ni lumière indépendamment des corps propres à les produire ou à les recevoir, il n'y a point de vie en dehors de combinaisons particulières que l'on nomme *organismes*.

Toutes les pièces de ces organismes sont fournies par la matière qui les nourrit et les entretient, mais elles ne réalisent l'état vivant que dans l'ordre où leurs affinités les disposent. Cet ordre spécial ne se rencontre que dans des conditions déterminées et déterminantes. Les innombrables degrés des séries végétales et animales qui constituent l'échelle de la vie sont englobés dans des milieux soumis aux lois plus générales de la matière en mouvement. Tous les individus et tous les groupes d'individus vivants possèdent des facultés inhérentes à leur structure, graduées selon leurs formes plus ou moins complexes ; ils ont leurs lois, données par leur organisme, et ils les accomplissent dans les limites qui leur sont tracées par leur milieu, sous l'empire des fatalités universelles. Comme tous les autres corps, ils exercent une action sur ce qui les entoure, mais combien étroite si on la compare à l'impassible force de l'attraction, de la pesanteur ou de l'électricité !

La combinaison atomique, la pesanteur, le magnétisme, l'électricité, la chaleur, la lumière sont les conditions de la vie ; mais la vie n'est la condition d'aucun de ces états de la substance. La vie emprunte tous ses éléments, les germes de toutes ses propriétés aux matériaux élaborés par quelques corps simples ; mais elle les reverse au fonds commun, dépouillés de la valeur qu'ils tiraient de l'organisme.

La pensée, comme la vie, comme la pesanteur, comme l'électricité, est un mouvement, mais un mouvement dans la vie, dans un organisme, un mouvement dans un cerveau, moins encore, dans une partie du cerveau. C'est une propriété spéciale d'un état très-particulier de la matière.

§ II. LE MONDE SIDÉRAL.

Des archipels de masses globuleuses, dispersées à toutes les profondeurs d'un abîme, tournant sur elles-mêmes et les unes autour des autres en des orbites où les maintient la moyenne des attractions ambiantes, telle est la réalité de l'univers. Ces globes ne descendent ni ne montent ; ils roulent et tourbillonnent avec une rapidité vertigineuse qui contribue sans doute à assurer leur marche. Aura-t-on jamais une connaissance exacte des circonstances qui perpétuent cet équilibre ? L'attraction n'explique rien. Lucrèce suppose que la terre est soutenue par un « air inférieur », et c'est une hypothèse qui renferme peut-être sa part de vérité. La position, ou plutôt la région de chaque astre, ne serait-elle pas déterminée par le milieu même où il est né et par la résistance de l'éther? Au reste, il n'y a dans l'éther ni haut, ni bas, ni fond, ni bords, et il n'y a aucune *raison* pour que les agrégats matériels occupent une place ou une autre. Ici encore apparaît l'inanité de la question pourquoi.

L'étendue, que nous appelons ciel, sert de véhicule aux actions moléculaires qui se traduisent en vastes mouvements coordonnés; elle porte aussi dans toutes les directions la lumière qui émane des astres. Là où ce rayonnement expire, où meurent les ondulations lumineuses, l'étendue est d'un noir intense que l'interposition de l'air atmosphérique colore pour nous en bleu. L'état des corps célestes est-il une conséquence et une transformation de leur mouvement rapide, un résultat de leur frottement contre l'éther? Est-il une propriété de leur noyau incandescent ou de leur photosphère? ou tous les deux ensemble? Quelle que soit la cause, l'effet existe et nous nous contentons de le noter. Quelles substances constituent ces astres? La spectroscopie, merveilleuse application de la physique optique, a découvert dans le soleil, dans Sirius, plusieurs des éléments communs à la terre et aux planètes. Contiennent-ils des corps simples différents des soixante-cinq éléments de notre chimie? Cela est fort possible, mais, que l'on s'en assure ou non quelque jour, est ici de peu d'importance. Les astres sont faits de matière.

Les étoiles, bien qu'on leur donne le nom, très-relatif, de fixes, se déplacent avec une rapidité formidable, et si leur mouvement laissait une trace, la ligne de leur parcours dessinerait des orbes, des cercles ou spirales plus ou moins elliptiques et d'un rayon énorme. L'immensité de l'éloignement nous dérobe ces voyages célestes qui souvent sont à nos années « ce que sont les dimensions de la terre aux distances des étoiles », distances si prodigieuses que la lumière de certains astres peut être en route depuis cinquante mille ans sans nous être parvenue, ou nous apporter l'image tardive de soleils qui ne sont plus. « Au milieu d'une vaste plaine, nous croyons immobiles les objets les plus éloignés, ceux qui bordent l'horizon, tandis que les moindres déplacements des objets voisins nous paraissent très-sensibles. » (Amédée Guillemin, *le Ciel*.)

Les mouvements des étoiles sont d'ailleurs au nombre des plus anciens faits observés ; ils ont frappé les yeux des pâtres et des navigateurs avant d'être mesurés par les savants ; et une astronomie rudimentaire a pu les rattacher au cours de nos saisons, sur lequel ils n'exercent aucune influence appréciable. Mais ces premiers observateurs ne se doutaient guère que c'est d'un globe en marche qu'ils étudiaient la marche des étoiles. Le soleil, pour eux l'astre mobile par excellence, est précisément immobile par rapport à la terre, et quant à son mouvement réel, qui échappe encore aux calculs, ils ne le soupçonnaient même pas. Des faits certains qu'ils ont habilement notés, ils ne pouvaient tirer qu'une science courte et superficielle. La nôtre est plus avancée ; depuis Copernic, elle a réalisé d'immenses progrès ; mais combien le télescope lui réserve de surprises ! Qui sait si, emportés par le soleil dans un cercle dont il n'a peut-être pas encore accompli le périple, nous ne verrons pas décroître et disparaître les astres que nous avons classés, si nous n'aborderons pas des régions inconnues où les étoiles de seizième grandeur apparaîtront comme des colosses de lumière ? Mais quoi ! Une puérile astronomie n'a pas faussé l'intuition d'Épicure ; la philosophie expérimentale ne sera point davantage troublée par une astronomie nouvelle. Sous d'autres cieux elle ne rencontrera que d'autres combinaisons de la matière.

Les figures d'hommes et d'animaux, les emblèmes divinisés que l'imagination des anciens dessinait sur les voûtes superposées des cieux de Platon ou d'Aristote, datent d'un temps où le ciel touchait à la terre, où l'étendue était une province de la mythologie. Il est inutile de dire qu'elles manquent de réalité. Mais les groupes qu'elles personnifient ne sont pas moins artificiels. Points de repère utiles, les constellations ne résultent que de la perspective. Il est possible qu'aucun lien ne rattache entre elles les étoiles de la Lyre, des Ourses, du Baudrier. Qui oserait dire qu'elles soient situées dans le même plan et à la même profondeur, que l'appréciation de leur taille corresponde à la réalité? Il en est dont la grosseur et l'éclat ont plusieurs fois varié. Est-ce l'effet d'un changement dans leur structure, ou l'effet de la distance? Il se peut que nous les voyions grandir quand elles viennent à nous du fond de l'espace, et décroître quand elles s'éloignent. Quand elles s'avancent sur leur orbite elliptique dans le sens de la longueur, leur lumière s'accumule pour ainsi dire et exagère leur volume; leur éclat s'amoindrit quand elles défilent devant nos yeux. C'est individuellement qu'il faut étudier les étoiles des constellations.

Il existe cependant des groupes naturels accessibles à nos yeux, c'est-à-dire à nos instruments. On a observé des systèmes d'étoiles évoluant autour d'un astre central; parfois deux ou trois sont associés et tournent les uns autour des autres, dyades ou trinités qui sont elles-mêmes les éléments d'un tourbillon plus vaste. Enfin notre monde solaire est le spécimen d'un système plus humble où l'étoile s'entoure d'astres inférieurs qui lui empruntent leur lumière. Si l'on considère que, de l'une quelconque des étoiles, de la plus voisine, les planètes qui suivent notre soleil seraient parfaitement invisibles pour des êtres faits comme nous, que nous-mêmes nous découvrons chaque jour des planètes dans notre propre système, on admettra aisément l'existence probable d'autres groupes analogues. Chaque étoile est un soleil dont les satellites se perdent dans le rayonnement central. Lucrèce a dit :

> Or, comment supposer, quand si profondément
> L'espace illimité s'ouvre et qu'un mouvement
> Éternel et divers en ses gouffres immenses
> Détermine le vol d'innombrables semences,
> Qu'il ne se soit formé qu'une terre et qu'un ciel?
> Quoi ! stérile rebut du fonds substantiel,
> Tant de germes, pareils à ceux dont la Nature
> Au hasard, à tâtons, combina la structure,
> Dont les chocs spontanés ont fondé l'univers,

> La terre, les vivants, et les cieux et les mers,
> N'auraient en aucun lieu condensé leur poussière !
> Non, non. Il est ailleurs des amas de matière,
> Des mondes habités, frères de ce séjour
> Dont notre éther embrasse et maintient le contour.

La probabilité équivaut ici à la certitude. Quant aux amplifications et aux dithyrambes sur la pluralité des mondes, nous les abandonnons aux romanciers de l'astronomie et aux théologiens, aussi naïfs que subtils, qui se sont demandé si Jésus est venu pour les planètes comme pour la terre. Attendons qu'on sache en quels astres la vie et l'humanité peuvent trouver leurs conditions d'existence et quelles relations pourraient s'établir entre les « humanités sœurs qui passent » à des millions de lieues l'une de l'autre. A moins que, désespérant du télescope, du télégraphe et du téléphone, nous ne réservions aux morts une connaissance interdite aux vivants ! Dante et Jean Reynaud nous montrent le chemin. Mais ne voyez-vous pas Micromégas qui se moque de nous? Si nous ne devions compter que sur nos âmes pour visiter la flamboyante cité du Soleil, les boues profondes de Jupiter et les abîmes gazeux de Neptune, mieux vaudrait encore épier le passage de quelque comète et chevaucher sur sa queue vagabonde.

On sait les terreurs et les espérances éveillées par ces astres errants, aussi nombreux au ciel que les poissons dans les mers. Beaucoup ont passé, beaucoup passeront encore sans nous atteindre. Mais, ni l'indifférence née d'une longue habitude, ni les assurances des astronomes, ne peuvent nous garantir d'un choc imprévu ou de la perturbation que jetterait dans notre atmosphère une comète malavisée.

Il y a des comètes qui appartiennent à notre système ; le soleil paraît être un des foyers de leur longue ellipse, et leurs retours réguliers ont permis de calculer la courbe de leur orbite. Mais il en est qui ne sont pas revenues ; elles ont traversé le monde solaire sans subir l'attraction du grand astre. Courent-elles sur les branches d'une hyperbole indéfinie qui les emporte au travers des cieux, coupant les cercles des planètes et les cycles étoilés? Que sont-elles? des formes adultes et durables, ou des astres enfants que disciplinera la gravitation? Leurs noyaux ignés réchaufferont-ils un jour des soleils refroidis? L'appendice vaporeux et transparent qu'elles traînent après elles est-il le rudiment d'une atmosphère? Sont-ce des germes, sont-ce des débris? De quoi sont-elles faites? La spectroscopie résoudra ces questions.

Étoiles isolées, systèmes sidéraux et planétaires, comètes, font partie d'amas irrégulièrement discoïdes et lenticulaires, taches lumineuses dispersées dans l'espace, brouillards souvent invisibles, jadis considérés comme des réserves de la substance, et qu'aujourd'hui nos instruments décomposent en millions d'astres. La plupart de ces amas, de ces nébuleuses, sont situés à des distances, et occupent des étendues qui dépassent toutes nos mesures. Il en est un qui nous environne, et, par lui, nous pouvons juger des autres. La Voie Lactée est une nébuleuse, et c'est par les interstices de son enceinte radieuse que nous entrevoyons l'infini. Herschell y a compté jusqu'à dix-huit millions d'étoiles. Notre soleil n'est qu'un îlot parmi les cyclades de la Voie Lactée, une étoile de grandeur moyenne. Humblement, avec son cortége, dont les membres ne se connaissent pas tous, il évolue sur les bords de cette vaste traînée.

Ordre partiel, incohérence générale : telle est la formule de l'univers. Le semis d'étoiles qui luit sur nos têtes ressemble aux poussières qu'on voit danser dans un rayon. Le centre est partout, la circonférence nulle part.

Nous prononcions tout à l'heure le nom d'infini. C'est un mot fort inoffensif, et qui ne renferme aucun mystère, un adjectif négatif, très-légitimement converti en substantif. Tous les objets de nos sensations et de nos idées sont bornés les uns par les autres ; ils sont finis, puisque nous les distinguons ; et nous ne doutons pas que le même caractère ne s'étende à ceux que nos sens n'ont pu saisir encore ou ne saisiront jamais. Aussi n'est-ce pas aux objets que s'applique le terme d'infini, c'est à leur nombre, à leur succession. Ne pouvant les compter, nous constatons d'un mot notre impuissance. Quoi de plus simple? Dans toutes les directions, le nombre des choses est sans fin. Dira-t-on que nous sortons du relatif pour entrer dans l'absolu? Ces distinctions ne nous touchent guère ; elles sont négligeables, dès qu'il est admis et entendu que toutes nos connaissances ne peuvent être que relatives à leurs conditions.

Impuissants à découvrir une fin dans la juxtaposition des choses, nous le sommes également à la concevoir. Il n'y a rien de plus dans cette idée d'infini, sur laquelle ont été déversées tant d'effusions sentimentales. Le langage commun a fait de l'infini une qualité inséparable et, par suite, un synonyme de l'univers, de l'espace. La métaphysique s'est emparée de cette notion si claire et si exacte, elle l'a isolée de la totalité des choses, l'a subtilisée en essence, et, d'un *concept*, a tiré un *être*, à la fois impersonnel et gratifié de toutes les facultés humaines, un dieu enveloppant, qui lui-même n'est point enveloppé, c'est-à-dire un infini fini, puisqu'il est borné au moins par notre propre existence. Et, depuis des milliers d'ans, la philosophie se repaît de cette logomachie ! Pour nous, l'infini restera ce qu'il est : la succession, sans fin concevable, de tous les objets finis; moins encore : le terme général qui exprime le caractère de cette succession, l'absence de fin.

Il n'y a ni plus ni moins de réalité dans l'espace et le temps que dans l'ordre universel ou dans l'infini. On peut dire qu'ils sont réels en tant que qualité des choses, et non en tant qu'êtres. Ce sont des rapports de simultanéité ou de succession, des suites de mesures finies que nous joignons bout à bout, et d'où nous induisons l'immensité et l'éternité de l'univers. Mais il n'existe point un espace pourvu de qualités et d'attributs, un temps qui agit et nous entraîne. Il n'y a toujours que des éléments et leurs combinaisons, considérés soit dans leur simultanéité, soit dans leur succession. Quand on dit : l'espace *contient* tout, on entend seulement que tout ce que nous voyons coexiste, et qu'entre les objets nos yeux et nos mains constatent des distances. Quand on dit : tout est dans le temps, il faut entendre que tous les phénomènes, tous les contacts, ont lieu soit à la fois, soit successivement. Des faits simultanés, synchroniques, nous disons qu'ils se produisent dans le même temps ; des successifs, qu'ils apparaissent tour à tour, *de temps en temps*. Certains événements qui se présentent dans un ordre constant, le passage apparent du soleil au zénith et au nadir, le jour et la nuit, etc., ont été adoptés comme mesure de toute succession : de là les jours, les années, les heures, les minutes. Le temps et l'espace ne sont rien que certaines manières d'être des choses, relativement aux impressions qu'en reçoivent nos sens et notre cerveau. S'il est difficile de réduire à leur office d'abstractions utiles des noms si anciennement personnifiés, il est du moins aisé de faire comprendre que ces termes ne sont ni des êtres, ni des *concepts* indépendants de la réalité substantielle.

Parmi les corps épars dans l'étendue infinie, il en est un qui nous intéresse entre tous : c'est celui dont la terre, qui nous porte, est un satellite, un appendice, une partie.

Abstraction faite de quelques intuitions des anciens, on a cru, jusqu'à Copernic, que la terre était le centre du monde, que le soleil, comme la lune, évoluait autour d'elle. On sait aujourd'hui que, s'il tourne, c'est autour d'un centre lointain et inconnu, aux environs de la constellation d'Hercule. Relativement à la terre, il est immobile, et c'est la terre qui le suit dans sa marche, encore mal déterminée. Elle n'est pas seule, d'ailleurs ; quatre-vingt-sept autres terres, plus ou moins grandes, partagent son esclavage.

Une certaine classe de gens, qu'on peut nommer orthodoxes, a été fort choquée de cette circonstance. Elle a commencé par maintenir les saines doctrines, déclarant, au nom des traditions juives, que le soleil assurément marche, puisqu'un certain Josué l'arrêta certain soir. Pour complaire à ces ridicules, qui, d'ailleurs, savaient manier certains arguments, tels que tenailles, chevalets, haches, poignards et bûchers allumés aux vraies lumières, un savant astronome, Tycho-Brahé, consentit à séparer la terre des autres planètes. Lui rendre l'immobilité, c'était rétablir sa dignité compromise. Il fit donc tourner autour d'elle le reste du système, y compris l'astre central. Compromis ingénieux. Mais des preuves péremptoires, que nous ne relaterons point parce qu'elles ne sont plus contestées sérieusement, ont démontré le double mouvement de notre planète.

L'illustre géomètre français Laplace a savamment construit, pour expliquer la formation et l'ordonnance du système solaire, une hypothèse qui paraît s'accorder, jusqu'ici, avec la plupart des données de la science. Un amas gazeux, tourbillonnant autour d'un centre, point idéal ; autour du noyau, de nombreuses couches concentriques de cette matière gazeuse, inégalement refroidies, passant à l'état d'anneaux incandescents, puis liquéfiées et solidifiées, à divers degrés, chacune en un amas globuleux qui suit, avec une vitesse plus ou moins grande, le mouvement initial de la couche annulaire. Le noyau central est le soleil, les couches globulisées sont les planètes. De là le mouvement commun du système et les mouvements particuliers de ses membres. De là ce phénomène constant, que Newton a nommé gravitation. Comme la loi de Newton, l'hypothèse de Laplace peut être appliquée à la nature entière ; elle nous fait voir, dans notre soleil et dans les autres, les couches inégalement refroidies et condensées de tourbillons plus vastes.

En fait, toutes les planètes tournent sur elles-mêmes et autour du soleil. Elles sont rangées, d'après leur éloignement du centre, dans l'ordre suivant (nous ne citons que les principales) : Mercure, Vénus, la Terre, Mars, Junon, Jupiter, Saturne, Uranus ou Herschell, Neptune ou Leverrier. Toutes, dépourvues de lumière propre, reçoivent du soleil un éclat qui se distingue aisément du scintillement des étoiles. Les quatre premières, au moins, sont arrivées à l'état solide. Jupiter et Saturne sont à demi liquides, Uranus et Neptune sont restés gazeux. Toutes sont entourées d'une couche sphérique gazeuse, d'une atmosphère. Plusieurs sont accompagnées de satellites qui, tournant sur eux-mêmes et autour de la planète, la suivent dans sa course autour du soleil, et décrivent, autour de son orbite, une spirale sans fin analogue aux circonvolutions d'un ressort élastique. Tout le monde connaît celui de la Terre, la Lune, qui, pouvant être rapprochée par le télescope à seize et même à quatre lieues, est le mieux étudié des corps célestes, au moins dans un de ses hémisphères : car nous ne voyons que sa face inférieure, celle qui est tournée vers la terre, et qui, en réfléchissant la lumière solaire, affecte les formes alternantes que nous appelons ses phases. Elle est séparée de la Terre par une distance moyenne qu'un train express franchirait en trois cents jours.

On pense aujourd'hui que la Lune n'a pas toujours été l'unique satellite de la Terre ; il en aurait existé un autre, maintenant dissous, et dont les fragments, emportés dans leur ancienne orbite, tombent assez fréquemment sur divers points de notre globe : ce sont les aérolithes ou météorites. L'état de ce corps effrité en poussière attend certainement la lune, la terre, les autres planètes et le soleil même. Quant à la lune, elle paraît déjà dépourvue d'atmosphère, incapable de développer à sa surface aucune vie semblable à celle de notre flore et de notre faune ; ses mers se sont évaporées ; et elle ne présente aux yeux que des aspérités formidables, des volcans éteints et des dépressions nues.

Seules parmi les grandes planètes, Mercure et Vénus sont dépourvues de lunes ; au moins ne leur en connaît-on pas. Mars a la sienne, récemment observée, les autres en possèdent jusqu'à six et huit. En outre, Saturne est ceint d'un ou plusieurs anneaux, de nature mal déterminée, gazeux probablement comme les queues des comètes, et destinés à se condenser en satellites. Quelques astronomes voient dans la lumière zodiacale qui, parfois, se projette en longue ellipse tronquée sur les campagnes de la terre, le reflet d'un anneau comparable à ceux de Saturne.

Nous savons déjà que les planètes ne sont pas les seules compagnes du soleil. Sept comètes font partie du cortége solaire. Parmi deux cents autres environ, dont le retour n'a pas encore été constaté, et dont l'orbite se rapproche de l'hyperbole, plusieurs, sans doute, ne sont que des visiteuses qui traversent le système, et n'ont pas encore trouvé leur centre.

Le soleil est la condition absolue, *sine qua non*, de l'existence des planètes et de tout ce qui s'y produit. « Tantôt, dit Humboldt (*Cosmos*, III, 428), son action se manifeste tranquillement et en silence par des affinités chimiques, et détermine les divers phénomènes de la vie, chez les végétaux dans l'endosmose des parois cellulaires, chez les animaux dans le tissu des fibres musculaires et nerveuses ; tantôt elle fait éclater dans l'atmosphère le tonnerre, les trombes d'eau, les ouragans. Les ondes lumineuses n'agissent pas seulement sur le monde des corps, elles sont aussi en relation mystérieuse avec l'homme intérieur, avec l'excitation plus ou moins vive de ses facultés. »

Quelques chiffres donneront une idée de l'énormité relative du soleil et, par suite, des étoiles, et aussi des prodigieuses distances qui séparent les corps célestes.

Le soleil, entièrement sphérique, à la différence des planètes, toutes aplaties aux pôles et renflées à l'équateur, présente une surface de six trillions quatre cent seize milliards de kilomètres carrés. Son volume (un quintillion cinq cent trente-quatre quadrillions de kilomètres cubes), égale six cent vingt-sept fois les volumes réunis de tous les corps qui gravitent autour de lui, un million quatre cent mille volumes de la terre. Comparée au soleil, la terre est un grain de blé à côté de quatorze cent mille grains de blé.

La matière solaire ne pesant qu'environ le quart de la matière terrestre, la masse du soleil équivaut encore à trois cent cinquante-cinq mille masses terrestres. Le poids du soleil est de deux octillions quatre-vingt-seize septillions de tonnes de mille kilogrammes.

Le soleil est situé, distance moyenne, à trente-huit millions de lieues de la terre ; un train express, à cinquante kilomètres l'heure, le joindrait en trois cent quarante-sept ans. S'il était uni à la terre par un air atmosphérique, le son nous en parviendrait en quatorze ans et deux mois. La lumière, qui franchit soixante-dix-sept mille lieues à la seconde, nous en vient en huit minutes huit secondes. En une seconde, elle ferait sept fois le tour de la terre.

La spectroscopie a constaté, à l'état pur, dans la substance solaire, quelques-uns de nos éléments chimiques : le sodium, le fer, le nickel, le cuivre, le zinc, le baryum, peut-être le cobalt. Mais comment ces corps s'y comportent-ils? Quelles formes y produisent leurs combinaisons? On sait déjà que sa matière, moins dense que celle de la terre, ne pourrait soutenir les mêmes poids ni, par conséquent, des êtres pareils à l'homme. Son noyau central est-il opaque, c'est-à-dire solidifié à quelque degré? c'est l'opinion de Herschell, d'Arago ; est-il incandescent, à l'état fluide ou gazeux? Questions non encore résolues. Quel que soit ce noyau, il est encore entouré de diverses couches atmosphériques, dont l'une, la photosphère, est agitée violemment par des cyclones, des météores : ce sont les fameuses taches solaires, activement étudiées aujourd'hui, si vastes que la terre y serait comme un rocher dans un cratère.

Ces notions succinctes sur le monde sidéral et solaire suffisent à notre objet. Elles nous semblent mettre hors de conteste les propositions suivantes, trop négligées par les métaphysiciens : premièrement, s'il n'existait des éléments simples, que nous appelons matière, il n'existerait ni corps ni attributs, qualités et facultés de ces corps; secondement, s'il n'existait un amas stellaire appelé *Voie Lactée*, notre Soleil n'existerait pas; troisièmement, sans le soleil, il n'y aurait ni les planètes que nous voyons, ni la terre où nous vivons et mourons; enfin, sans le soleil et sans la terre, où seraient les êtres que la chaleur de l'un anime à la surface de l'autre? Quel idéalisme, quel scepticisme, pourrait se dérober à l'inéluctable chaîne de ces conditions qui vont de l'atome en mouvement au cerveau en exercice?

Laissant de côté maintenant et l'immensité du monde, et les nébuleuses, et le soleil, et les quatre-vingt-sept planètes, dont nous habitons la cinquième, par ordre de grandeur, nous nous attacherons à ce globe modeste, sans lequel nous n'existerions pas.

La terre, mince fragment du grand astre, la terre, si petite que, de Jupiter, un observateur muni du télescope de Foucault l'apercevrait tout juste cinq minutes après le coucher et avant le lever du soleil, constitue, pour nous qui pouvons à peine nous enlever à onze kilomètres de sa surface, une masse gigantesque et prodigieuse. Disons tout de suite qu'elle ne jouit d'aucun privilége, que sa place dans le système est fixée par sa masse, que ses productions sont déterminées par les substances qui la constituent, que rien ne la dispense des mouvements, soit communs à tous les astres, soit particuliers aux planètes, qu'elle est soumise invinciblement, elle et tout ce qu'elle porte, aux lois induites par la physique et la chimie et qui sont l'expression et le résumé de toutes les fatalités indifférentes.

La terre est un sphéroïde inégalement aplati aux deux extrémités de son axe de rotation, points qu'on nomme les pôles, et renflé sur la ligne où son contour s'éloigne le plus de cet axe idéal, ligne qui est connue sous le nom d'équateur, parce que les jours et les nuits y sont d'égale durée. Sa ligne de flottaison, celle qui coïncide avec son orbite elliptique et selon laquelle elle se transporte d'occident en orient, autour du soleil, coupe obliquement son équateur ; on l'appelle écliptique.

Le globe mesure en circonférence quarante millions de mètres, en superficie cinq cent neuf millions neuf cent quatre-vingt-dix mille cinq cent cinquante-trois kilomètres carrés. Sa masse est de un trillion quatre-vingt-trois milliards de kilomètres cubes. Il opère sa rotation sur lui-même en vingt-quatre heures, sa révolution autour du soleil en trois cent soixante-six de ces tours. Dans l'ellipse spirale qu'il décrit, et dont le soleil est un des foyers, il roule avec une vitesse moyenne de trente kilomètres à la seconde : c'est environ soixante fois la marche du boulet sortant de l'âme du canon ; mais cette vitesse augmente ou diminue suivant que la terre s'approche ou s'éloigne du soleil ; elle n'est pas égale pour toutes les parties de la surface ; nulle au pôle, elle atteint son maximum sur la ligne équatoriale. La distance de la terre au grand astre varie entre cent cinquante et cent quarante-cinq millions de kilomètres.

Au double mouvement de rotation et de translation qui nous emporte, il faut ajouter le déplacement général du système à la suite du soleil, qui marche lui-même dans l'espace avec une rapidité vertigineuse, double de celle de la terre. Notre globe franchit par an, dans la direction d'Hercule, à raison de soixante et onze kilomètres à la seconde, une distance de deux milliards deux cent vingt-cinq millions de kilomètres. Ce n'est pas tout ; des attractions de toute sorte, lunaires et solaires, planétaires, sidérales, agissant à la fois ou tour à tour, dérangent incessamment la terre, impriment à sa course des déviations innombrables. Comme il est plus que probable qu'elle ne repasse jamais aux mêmes points de l'étendue et qu'elle subit indéfiniment des influences diverses et toujours nouvelles, les calculs les plus scrupuleux ne peuvent donner de sa route qu'un tracé incomplet et approximatif.

Or, de toutes ces actions combinées résultent des phénomènes très-nombreux qui jouent un rôle capital dans les destinées terrestres, phénomènes régulièrement irréguliers, que l'astronomie et la géographie physique constatent sans en découvrir toujours la cause. On sait que la *nutation*, par exemple, est un effet de l'attraction lunaire, que la *précession des équinoxes* est due au balancement de l'axe polaire qui pivote, dit-on, sur lui-même en deux cent cinquante-huit siècles. Mais pourquoi cet axe n'est-il point, ou n'est-il plus perpendiculaire au centre du soleil ? Pourquoi est-il incliné sur l'écliptique, laquelle ne coïncide pas avec l'équateur ? Pourquoi le centre de gravité terrestre ne correspond-il pas au centre de figure, les pôles magnétiques et les pôles du froid à l'axe polaire ? En a-t-il toujours été ainsi ? Chacune de ces particularités, dont on entrevoit les causes lointaines, mais dont on ne voit que les conséquences, n'est-elle pas un des éléments de l'histoire de la terre ? ne se rattache-t-elle pas à des changements successifs dans le milieu cosmique traversé, dans la température et la constitution du globe ? Assurément ; mais la réponse est aussi générale que sommaire ; aussi la science ne s'en contente-t-elle pas ; elle tourne et retourne ces questions, et quelque jour, d'hypothèse en hypothèse, elle rencontrera une théorie confirmée par l'expérience.

Dans son état actuel, la terre présente successivement aux rayons directs ou obliques du soleil la totalité de sa surface. Il est évident que si son axe n'était qu'un prolongement du rayon solaire, une de ses moitiés ne verrait jamais le jour ; cet hémisphère, extérieur au système, ignorerait jusqu'à l'existence du grand astre. De son inclinaison procèdent la distribution et l'alternance des saisons, la croissance et la diminution des jours et des nuits. Et notez que, parmi les fatalités astronomiques, il n'y en a pas une qui ne commande quelque série de faits nécessaires au développement de la vie. C'est un enchaînement sans lacunes dont aucun phénomène ne peut s'isoler ; un anneau rompu entraînerait la suppression de tout ce qu'il supporte et détermine. Au point de vue logique, rationnel, nul lien causal ne rattache le conséquent à l'antécédent ; en fait, tout se succède et dans un ordre tel quel, qu'aucun sophisme ne peut intervertir. La causalité, qui attribue en quelque sorte à l'antécédent la volonté de produire le conséquent, la finalité, qui transforme le dernier effet observé en cause de tout ce qui le précède, et sans quoi il ne serait pas, sont de vains expédients anthropomorphiques ; l'une n'ajoute rien au fait, et l'autre n'en peut rien ôter.

Hésiode appelle la terre « siége stable à jamais des hommes et des dieux. » Grande vérité, notable erreur. Le vieux poëte a senti invinciblement que, sans la terre, il n'existerait ni hommes ni dieux ; mais, en lui accordant la stabilité, il oublie que lui-même a célébré le chaos primordial et la lutte des Titans. L'astronomie vient de nous démontrer que notre globe n'est point stable dans l'espace ; la géologie à son tour nous apprend combien peu il l'a été dans le temps ; la superposition des terrains avec leurs flores et leurs faunes lui a révélé, sous l'écorce où nous rentrerons à notre tour, les états sans nombre par lesquels ont passé la consistance, la température et l'activité productrice de la terre. Chacune de ces couches résume un âge du monde. L'histoire de milliers et de millions d'ans est ensevelie sous nos pieds. Des accidents généraux et partiels ont rompu le fil de ces annales : influences cosmiques, actions lentes de l'atmosphère et des eaux, consomptions souterraines, éruptions de feux intérieurs, abaissements et soulèvements, flux et reflux, soudaines catastrophes, car il semble qu'il faille tenir compte de toutes les causes réelles et s'élever au-dessus des systèmes exclusifs, tous ces agents de transformation n'ont jamais cessé de modeler et de pétrir la terre. Sous leur puissant effort les dépôts se sont enchevêtrés, tordus en amoncellements bizarres. Les plus anciens, par endroits, sont remontés à la surface et se dressent en montagnes, d'autres se sont effondrés dans les océans. Et ce travail de la substance se continue sous nos yeux. Bien que modifiées par la succession même de leurs effets, les causes du passé sont encore les causes du présent et de l'avenir. L'humanité, qui a vu déjà plusieurs fois changer la face du monde, qui garde encore le vague souvenir de ces révolutions, croit jouir d'un répit durable ; qu'importent en effet à l'individu, chose éphémère, les surprises réservées à des générations lointaines ? Mais dans ses haltes apparentes, la nature prépare des changements aussi inconnus qu'inévitables ; elle ébranle ce sol que nous sentons parfois trembler, elle lance les mers patientes à l'assaut des falaises, ou bien elle exhausse les deltas des fleuves et construit au fond des eaux les piliers de corail qui porteront de nouveaux continents ; elle accumule au pôle nord des glaces qui feront basculer l'axe du globe ; elle refroidit le soleil peut-être et ralentit la marche de la planète. N'a-t-elle pas effrité en aérolithes une lune disparue ? n'a-t-elle pas desséché celle qui nous reste ? C'est bien là ce flux éternel qui remplissait de mélancolie le ténébreux Héraclite. Il nous emporte. Mais que sert la plainte en face de l'impassible ? Puisque nous changeons plus vite que la nature, puisque la brièveté de la vie nous donne l'illusion de la stabilité universelle, illusion qui est pour nous la réalité, la sagesse consiste à penser et à vivre, à étudier et à modifier dans la mesure de notre durée, de nos facultés et de nos intérêts ce cours des choses qui semble s'arrêter un jour avec nous. Nous le voyons venir à nous du fond du passé, et nous le suivons à la trace, des entrailles de la terre à la surface où il nous a portés.

CHAPITRE II.

LE MONDE VIVANT.

§ I. L'ÉVOLUTION ORGANIQUE.

Sans entrer dans aucune des explications techniques imposées par leur objet même à l'astronomie et à la géologie, nous avons suivi la matière depuis la formation des astres et de notre sphéroïde jusqu'à l'éclosion des organismes végétaux et vivants. Avant de résumer ce que la science nous apprend sur la nature et la succession des séries vivantes, il nous faut étudier de plus près les conditions de leur existence, telles que la biologie les constate et les définit. Ces conditions, qu'aucune logique ne peut suppléer, se sont produites en un temps, dans un terrain déterminés ; elles procèdent elles-mêmes d'états antérieurs, de possibilités en dehors desquelles on ne peut les concevoir.

Il n'y a pas de différence intime entre les corps vivants organisés et les corps inorganiques, ils sont constitués par les mêmes éléments. Tout dans l'univers est composé d'atomes dissemblables et diversement groupés. Les divers aspects résultent des divers modes d'agrégation des atomes. Tous les changements qui s'opèrent à la surface du globe sont dus à des combinaisons qui se font ou à des combinaisons qui se défont : changement de structure moléculaire, dédoublement des molécules composées, adjonction, soustraction, substitution d'atomes ou de molécules.

Mais, d'une part, la nature organique n'emploie pas toutes les substances élémentaires ; elle n'en admet dans la structure des tissus végétaux et vivants qu'environ dix-huit : carbone, hydrogène, azote, oxygène, soufre, phosphore, fluor, chlore, sodium, potassium, calcium, magnésium, silicium, fer, lithium, manganèse, iode, brome ; d'autre part, la matière organisée est douée d'une mobilité extrême : c'est un vrai tourbillon d'atomes, de composés instables, parce que l'azote, le carbone, l'hydrogène, possédant des affinités de combinaisons faibles et peu nombreuses, ne forment point d'agrégats solidement soudés.

Toutes les formes vivantes renferment : premièrement, des corps cristallisables directement empruntés au monde extérieur, de l'eau, des sels, qui sortent de l'organisme tels qu'ils y sont entrés ; secondement, des corps cristallisables et volatils élaborés dans et par l'organisme, et qui en sortent par excrétion, soit acides (tartrique, lactique, urique, citrique), soit alcaloïdes (créatine, créatinine, urée, caféine, etc.), soit gras ou résineux (sucres de foie, de raisin, de lait, de canne); enfin et surtout, des corps non cristallisables, *coagulables*, formés dans l'organisme par les principes de la seconde classe, et qui sont les substances organiques par excellence : globuline, musculine, fibrine, albumine, caséine, cellulose, amidon, dextrine, gomme, et les matières colorantes, telles que l'hématine et la biliverdine ; en somme, des *cristalloïdes* qui traversent par diffusion les cloisons poreuses des cellules, des fibres et des organes, et des *colloïdes*, gélatineux, visqueux, qui se diffusent peu et lentement. Tout corps organisé est un composé, en voie de rénovation perpétuelle, de colloïdes tenant en dissolution des cristalloïdes.

Dans ces corps complexes et instables, incessamment décomposés et reconstitués sous l'influence des affinités chimiques et des ondulations caloriques, électriques, lumineuses, la part des éléments premiers est fort inégale; celle de l'hydrogène, de l'oxygène, de l'azote et du carbone est, comme dans l'air, prépondérante ; mais c'est surtout le carbone qui est la base de toute substance organique : le sang en contient une proportion de 50 pour 100 ; le carbone est le lien des atomes qui composent les molécules vivantes.

La synthèse chimique, sans réaliser les vrais colloïdes, a su déjà recomposer des groupes transitoires, carbures d'hydrogène, alcools, éthers, des acides ternaires, des corps gras, puis des substances azotées, urée, taurine, glycocolle. Quelque jour, elle empruntera directement au monde minéral la fibrine, l'albumine, la caséine, les véritables aliments de l'homme. Ira-t-elle plus loin? Créera-t-elle des cellules vivantes et des organismes? Sans préjuger l'avenir, on est tenté de se prononcer pour la négative. Si la chimie peut reproduire artificiellement et sur un point donné les températures élevées qui semblent avoir été nécessaires à l'éclosion et au développement de la vie, où retrouvera-t-elle l'immensité de la durée et l'exacte succession des périodes géologiques? Si loin qu'elle aille dans la voie de la synthèse, dépassera-t-elle jamais le seuil de la vie? Elle innovera plutôt, elle constituera plutôt des corps que la nature n'a point connus, que d'assembler en organismes animés des molécules vivantes. On ne refait pas l'œuvre du temps.

Qu'importe, si, en opérant sur les corps tels qu'ils sont, l'analyse découvre les séries de rapports dont la vie est la résultante? La vie n'est ni un principe, ni une force, ni une archée, c'est un état particulier de la matière, un échange de matériaux entre les organismes et le monde extérieur. « La vie est un double mouvement de composition et de décomposition continuelles et simultanées au sein de substances plasmatiques, ou d'éléments anatomiques figurés, qui, sous l'influence de ce mouvement intime, fonctionnent conformément à leur structure. » (Letourneau, *Biologie*). Or, toute notion de force, de mouvement, se ramène à celle de combinaison, d'état, et finalement de substances matérielles actives. La force fondamentale des organismes se réduit à la force fondamentale des cellules et des fibres qui en dérivent. On définit la motilité une propriété qui appartient à certains corps organisés, soit de se déplacer, soit de se contracter spontanément, et indépendamment de toute action mécanique externe; mais il ne faut pas oublier les actions mécaniques internes et l'extériorité générale des cellules les unes à l'égard des autres : la spontanéité n'est qu'une résultante d'actions réflexes particulières.

Ce sont les propriétés, les manières d'être, physiques et chimiques, des composés, que l'on trouve au fond des propriétés dites vitales, depuis la nutrition jusqu'à l'innervation. Il n'y a point de nutrition sans matière; et sans nutrition il n'y a point d'être vivant. Sans innervation (ensemble des propriétés supérieures dévolues aux cellules et fibres nerveuses), il ne paraît pas exister de sensibilité, à plus forte raison de conscience, de pensée et de volonté.

Même si l'on se borne à étudier sur l'homme seul les phénomènes de la vie, on n'en peut méconnaître la connexion inéluctable. On les voit, chez l'enfant, se succéder depuis la formation de l'œuf jusqu'à l'ouverture des sens, et déterminer l'éveil de toutes les facultés animales et humaines; on les suit dans l'individu, depuis l'impression extérieure jusqu'au cerveau, et du cerveau à la périphérie. Mais, pour si peu que l'on descende les degrés de l'échelle, on reconnaîtra qu'elle plonge profondément dans la nature, que l'étage supérieur porte sur l'inférieur, et que l'organique procède de l'inorganique.

Est-ce bien la peine de combattre ici l'un de ces arguments creux dont se payent les logiciens? La vie, nous dit-on, ne peut provenir de ce qui ne vit pas; la matière ne peut produire la pensée, elle ne peut donner ce qu'elle n'a point. Le supérieur ne peut naître de l'inférieur. Le positivisme lui-même a retenu quelque chose de ces formules quand il interdit d'introduire dans l'explication des phénomènes plus complexes la méthode applicable à l'étude des phénomènes plus simples.

Tout d'abord, supérieur et inférieur sont des comparatifs dont la valeur est seulement relative à nos habitudes d'esprit. Il n'existe dans la nature ni supérieur ni inférieur; on n'y observe que des états simultanés ou successifs d'agrégats matériels. Mais, à ne raisonner qu'au point de vue logique, le supérieur n'a ni plus ni moins de droits à produire l'inférieur que celui-ci à produire l'autre. Il n'importe, au reste. Si, en fait, l'état vivant est une combinaison particulière de corps ailleurs dénués de vie, si la pensée est un mouvement de certaines molécules parvenues à l'état vivant, que deviennent les illusions verbales de la logique? Or, on est autorisé non-seulement à demander, après Locke, Voltaire et beaucoup d'autres, pourquoi la matière ne penserait pas, pourquoi le mélange d'éléments sans vie ne déterminerait pas certains phénomènes que nous appelons vitaux; mais encore à affirmer que la matière est la condition de la vie et de la pensée, que la vie et la pensée impliquent la matière. Pour vivre, se mouvoir et penser, il faut être, et il faut être un corps, limité par d'autres corps, un individu distinct.

Le mouvement est l'état général des éléments premiers, le grand facteur des combinaisons moléculaires qui, à leur tour, le déterminent et le varient à l'infini. Non-seulement de vastes enchaînements de groupes se communiquent des mouvements divers nommés attraction, magnétisme, électricité, chaleur, mais chaque individu a son mouvement propre et ceux qui lui sont communs avec ses semblables. On peut, sans erreur, appliquer cette loi à tous et à chacun des éléments premiers et de leurs agrégats, à tous les astres et à chaque astre, à toutes les roches et à chacune; et à chaque mouvement correspond une forme et un état, fluidité, cristallisation, cellule, organisme végétal ou vivant, sensation, pensée.

Le mouvement n'est ni plus ni moins spontané ou passif dans l'atome d'oxygène ou de chlore que dans l'agrégat d'atomes le plus complexe; le mouvement qui précède la volonté et le mouvement qui la suit sont aussi déterminés que déterminants. Placés entre les deux, nous nous attribuons l'initiative du second; nous ne faisons que le transmettre en l'accommodant au mécanisme de notre structure. Comme, en passant par les ressorts de l'organisme vivant, il se transforme, il se particularise, en sensation, en intellect conscient, il nous apparaît libre, indépendant, étranger à ce qui l'a fait naître et à ce qui l'entretient; et il l'est dans une certaine mesure, tant que subsiste la machine où il s'accumule pour se plier à mille emplois divers. Ainsi nous appartient, tant qu'elle n'a pas franchi les limites de notre jardin, l'eau courante que nous changeons en cascades, en jets, en glace ou en vapeur.

Nul doute, si le diamant pensait, qu'il ne s'attribuât la force qui le cristallise; or, c'est précisément elle qui fait qu'il existe, qui est inséparable du fait même de son existence ; et, par force, nous entendons les rapports qui résultent de certaines combinaisons de la substance. Le diamant est un corps, et il cristallise ; le chien est un corps, et il court, et il sent, et il pense. Ce sont là deux propositions identiques. Mais d'où vient? Si l'un ne cristallisait pas, si l'autre, constitué comme il l'est, ne vivait ni ne sentait, la même question pourrait être posée. Cela est ainsi. Si loin qu'on aille chercher la réponse, il faudra toujours en revenir au *quia est in eo virtus dormitiva*. Le mot de Molière est bien plus profond qu'il n'est comique.

Humbles furent les commencements de la vie. Fille des eaux, elle naquit, ou du moins s'ébaucha, dans quelqu'une de ces flaques déposées par les vapeurs atmosphériques entre les aspérités de la pellicule primitive. De quelle nature étaient ces masses liquides? Assurément elles ne ressemblaient guère aux flots de nos océans, aux ondes claires de nos fleuves. L'air qui les avait fournies, le sol presque embrasé qui les avait reçues y mêlaient, dans des proportions inconnues, les substances combinées, fondues par des chaleurs inexprimables. Le carbone, l'azote, le soufre, la chaux, la silice y flottaient dans l'hydrogène, composant des agrégats demi-fluides, des viscosités sans forme, déjà élastiques et rétractiles, encore hésitantes entre la végétation et la vie. C'est là tout le mystère de la génération spontanée, laquelle n'est ni plus ni moins admissible pour l'état colloïde de la substance que pour l'état cristallisé. La vie, comme toute autre manière d'être, eut pour condition suffisante et nécessaire la rencontre de certains éléments dans un milieu donné. L'organique ne contient rien de plus que l'inorganique ; il n'en diffère que par la structure ; quant aux matériaux, ils sont les mêmes. C'est la vérité que Diderot a devinée, développée avec une verve entraînante dans son *Rêve de d'Alembert*.

L'histoire de la vie, telle qu'elle est écrite dans les couches terrestres, est pleine de lacunes et d'obscurité. Ce ne sont que des chapitres et des fragments épars, empreintes frustes et incomplètes, débris rongés par les eaux et les acides, bouleversés par les mouvements sans nombre d'une écorce indéfiniment renouvelée. En dépit de ce désordre inévitable, ils témoignent assez d'un progrès constant dans la structure des êtres. Plus on s'enfonce dans les profondeurs où sont enfouis les restes des animaux et des végétaux éteints, plus on y trouve de simplicité, d'uniformité, d'imperfection. Plus on se rapproche de la surface où l'homme règne, plus les rouages se compliquent, s'affinent et se coordonnent. Depuis l'époque, perdue dans la nuit des temps, où la vie a débuté par l'état colloïde et la cellule, elle n'a cessé d'accommoder des appareils mieux équilibrés à des milieux plus favorables. Si, laissant de côté le monde végétal, qui dès l'origine a suivi sa voie à part, et les plus humbles groupes de l'animalité, nous appliquons la loi du progrès aux organismes supérieurs, nous verrons les poissons, les amphibies, les reptiles, les oiseaux, avant de coexister, s'annoncer successivement par l'apparition de leur forme la plus rudimentaire, et le type mammifère évoluer graduellement des marsupiaux jusqu'à l'homme.

On divise en cinq âges inégaux l'histoire de l'évolution organique, chacun a ses époques subdivisées en périodes auxquelles on a donné le nom des terrains ou des types vivants qui les caractérisent, et dont on mesure approximativement la durée à l'épaisseur des dépôts.

I. L'âge primordial ou archéolithique, comprenant les périodes laurentienne, cambrienne, silurienne, nous présente une flore et une faune extrêmement pauvres, toutes deux aquatiques, et qui, partant à la fois du fond de la période laurentienne, vont se ramifiant en forêts d'algues, de conferves, de fucus, en multitudes de rhizopodes, de mollusques et de crustacés. Les vertébrés ne se montrent qu'aux derniers étages des terrains siluriens et sous forme de poissons cartilagineux. Le plus antique, non pas des animaux, mais des fossiles, l'*eozoon canadense*, dont les couches laurentiennes les plus profondes nous ont conservé la dépouille siliceuse ou calcaire, paraît avoir appartenu à la famille des rhizopodes ; dans cette coquille vénérable, résidu de la nutrition, produit de la digestion, logeait un être infime, presque une chose, du protoplasme ou quelque agrégat de cellules, sans organes, sans viscères et sans squelette.

II. L'âge primaire ou paléolithique (terrains dévonien, carbonifère, permien) voit se développer avec une grande richesse de formes l'ordre des fougères et l'ordre des poissons inférieurs. C'est dans les lits de houille, vastes débris des forêts carbonifères, que l'on constate pour la première fois avec certitude la présence d'animaux terrestres et aériens, insectes, arachnides, qui vivaient tristement sur les feuillages d'arbres sans fleurs, amphibies et reptiles étrangers qui rampaient au bord des eaux sur le limon fangeux.

III. L'âge secondaire, mésolithique, mésozoïque (trias, jurassique, crétacé) est caractérisé par la prédominance des conifères et des sauriens. Mais déjà au milieu d'innombrables et gigantesques reptiles volent les premiers oiseaux, et nagent ou marchent les premiers mammifères, monotrèmes et marsupiaux. Les amphibies abondent, et les poissons osseux font leur entrée dans l'empire marin. Les arbres à feuilles caduques se multiplient à l'étage crétacé. Pendant que les formes supérieures s'ébauchaient lentement, les types infimes ne demeuraient pas inactifs. Un fait accuse l'intensité de la vie rudimentaire : toute l'épaisseur de la craie est constituée par des coquilles microscopiques accumulées.

IV. L'âge tertiaire ou cénolithique (éocène, miocène, pliocène) ajoute à la population du globe les oiseaux et les mammifères supérieurs. De faibles et rares indices, qui ne paraissent pas contestés, permettent de fixer à la période pliocène l'apparition de l'homme, ou mieux du précurseur de l'homme. Une strie laissée sur un os à moelle par une pierre tranchante, voilà le premier travail et le plus ancien souvenir de nos aïeux. Quel était cet homme tertiaire? Grimpait-il aux arbres, monocotylédones et dicotylédones, pour en conquérir les fruits, pour y chercher un refuge? Mordait-il à belles dents la chair palpitante des animaux pris à la course ou à l'affût? épiait-il, couché sur le sable des plages, le mollusque ou le poisson? Parlait-il? Qui le saura jamais? C'est à ces âges lointains que pensait Lucrèce, quand il traçait l'admirable portrait de l'humanité primitive. L'homme est le suprême effort de la matière vivante. Le cycle organique est fermé. Désormais les formes nouvelles ne seront plus que des variations de types transmis par la génération, affinés par les milieux successifs. Peut-être, dans les degrés infimes de l'être, aux profondeurs des eaux, la nature crée encore des infusoires, des monères, des amibes ; mais, à partir de la craie, les familles, sinon les espèces et les variétés, semblent fixées et ne se recrutent plus que dans leur propre sein par des procédés invariables. Celles qui s'éteignent ne sont pas remplacées.

Toutefois, bien que, par l'aspect général de ses forêts, de ses campagnes, de ses habitants, le monde tertiaire se rapprochât du nôtre, il réserverait bien des surprises à l'homme moderne qui s'y trouverait momentanément transporté. On y chercherait en vain, je ne dis point Paris et Londres, mais le sol qui les portera ; sur les terres émergées, îles ou continents florissants alors et depuis descendus sous les mers, aucun vestige du travail de l'homme, ni ville, ni maison, ni hutte ; partout, baignés d'une chaleur uniforme, errent confondus, parmi les arbres de tout climat, les animaux de toutes les zones ; le froid n'existe pas encore. Nues, ou velues comme les grands singes leurs congénères, des tribus de quasi-bipèdes paissent le gland des chênes, se jouent dans les branches des cèdres, plongent dans les fleuves à la poursuite de quelque aïeul du brochet, ou se cramponnent aux crinières des hipparions. Malheur aux petits de ces Yahous si le grand chat des cavernes les rencontre dans les broussailles ! Mais déjà l'homme se redresse et il frappe. Toujours affamé, mangé souvent, plus souvent vainqueur, il fait résonner les échos de ses cris de mort ou de triomphe. Il concourt à l'extinction des vieilles races léguées par les âges passés au monde qu'il va conquérir, et prépare l'asservissement des animaux qui survivront avec lui-même à des révolutions nouvelles. Voici venir les temps du règne humain.

V. L'âge quaternaire, anthropolithique, âge des hommes et des arbres cultivés, est caractérisé par le développement de l'organisme humain, et par la civilisation, qui en occupe seulement la dernière et la plus courte période. Il n'ajoute qu'une couche insignifiante, environ 200 mètres à l'énorme dépôt des âges précédents, épais de 40 000, et lui-même insignifiant, si on le compare à la longueur du rayon terrestre, qui n'est qu'un point dans l'étendue. Des milliers d'années cependant, où la pierre éclatée, taillée, polie, succède au caillou primitif, séparent ses débuts de l'époque où l'histoire commence, et qu'on peut appeler l'époque des nations. Toute l'histoire, depuis le passé le plus reculé jusqu'à nos jours, sept mille ans peut-être, s'est produite à la surface du terrain d'alluvion récent.

Les couches les plus anciennes de l'âge quaternaire, les terrains diluviens, portent les traces d'une oscillation extraordinaire dans la température. Le froid est apparu dans le monde. Une calotte de glaces s'est formée aux pôles ; elle gagne les régions moyennes ; les glaciers descendent des montagnes et charrient dans les vallées ces moraines qu'on y relève aujourd'hui avec une attention tardive ; ils descendent, exterminant les êtres faibles, trempant les forts, exerçant l'industrie des habiles, forçant les prudents à l'exil. L'homme a subi ce refroidissement, et il en a triomphé, par la caverne, par la hutte, par le vêtement de peau, par l'invention du feu. Moins heureux ont été les grands félins, les ours géants qui vivaient dans l'Europe moyenne ; moins heureux l'antique mammouth surpris et conservé par les glaces de la Sibérie. La distribution des animaux dans les régions qu'ils occupent encore est un résultat de la révolution glaciaire. Leurs mœurs se sont fixées. Ceux qui ont pu subsister dans leur pays d'origine, ceux qui se sont réfugiés sous d'autres cieux, tous ils ont accommodé aux exigences de leur ancienne ou nouvelle patrie leurs habitudes, leur naturel et jusqu'à leur fourrure. Les causes de ce refroidissement général et intense demeurent tout à fait hors de notre portée ; un abaissement dans la température du soleil ou des espaces traversés, l'extinction de quelques milliers d'astres, sont-ils venus s'ajouter à la lente accumulation des glaces sur les pôles immobiles? Sans le savoir on peut le supposer, par cela seul qu'une élévation tout aussi difficile à expliquer, tempérant graduellement les rigueurs excessives du froid, refoulant les glaces dans les limites où elles sont aujourd'hui contenues, mit fin à la période glaciaire et fit à la vie les conditions dont nous jouissons et souffrons encore tour à tour. C'est depuis ce rétablissement tel quel de la température que la terre se trouve divisée en cinq zones dont trois sont habitables et deux seulement favorables au développement de la civilisation. S'indignera-t-on si je me hasarde à noter en passant que le concept d'une sagesse suprême et d'une indéfectible bonté paraît assez indifférent à cette distribution des climats? Toute évaluation de la durée géologique est non-seulement impossible, mais nécessairement imparfaite ; car nous ignorons les causes (bien qu'elles aient existé) qui ont pu accélérer ou ralentir les dépôts ; toutefois on ne se trompera guère en admettant que l'épaisseur des couches est au moins un des documents principaux à consulter. Si l'on tient compte, dans la mesure convenable, de cette donnée essentielle, et qu'on divise en cent parties égales le temps, quel qu'il soit, qui s'est écoulé depuis l'apparition de la vie sur la terre, on sera conduit à attribuer à l'âge primordial plus de la moitié de la durée totale : 53,5 ; à l'âge primaire, 32,1 ; à l'âge secondaire, 11,5 ; au tertiaire, 2,3 ; au quaternaire, 0,5, un demi pour cent. Quant à l'époque d'alluvion, où s'est développé l'empire de l'homme, elle est certainement la plus courte des quatre périodes quaternaires. Et qu'est-ce que la durée de l'évolution organique, comparée aux temps qui l'ont précédée, et qui ont vu la formation de l'écorce terrestre, l'état igné, gazeux, annulaire de ce qui est devenu notre sphéroïde, la séparation des planètes, et la condensation des éléments premiers en astres et en nébuleuses ?

Ici éclate l'invraisemblance, pour ne pas dire plus, du sophisme téléologique. Comment supposer que ce moment où nous sommes ait déterminé d'avance le cours prodigieux des âges ? A quoi bon nommer cause finale le dernier effet produit par une accumulation d'antécédents ? Avant l'existence de l'homme, le monotrème, l'oiseau, le reptile, l'amphibie, le poisson, le mollusque, auraient donc pu, chacun en leur temps, se déclarer causes finales de l'univers ? Et quand l'homme sera remplacé, ou relégué au second rang dans l'échelle des êtres ? Étrange illusion de l'esprit logique, à laquelle les plus savants ont peine à se soustraire ! Les « idées organiques », « directrices », inventées par Claude Bernard ne sont encore que des substituts de la Providence, des artisans de l'ordre et du plan divins.

Tout ce que l'expérience constate, c'est la subordination du conséquent à l'antécédent, le contraire de la finalité. Ce n'est pas pour que l'homme existe, ou parce qu'il existera, que l'action des eaux sur le carbone et l'azote a produit l'état colloïde, germe d'une multiplication croissante et progressive ; l'homme au contraire existe parce que le *bathybius* a végété sous les mers, parce que sur la terre affermie et dans l'air respirable les branchies se sont transformées en poumons, l'appareil nerveux s'est affiné et concentré ; et encore, parce que des plantes, des arbres, des pierres et des métaux, des bêtes fortes ou succulentes, lui ont fourni des armes, des aliments, des serviteurs, les matériaux des arts et des industries. La succession des êtres est rigoureusement liée à la succession des milieux, et les formes de la matière vivante sont inséparables des conditions qui leur ont permis de naître et de durer.

Sans aucun soupçon des découvertes réservées à la géologie, les anciens comprenaient déjà que toutes les choses ne se sont pas produites à la fois et d'un seul coup. Leurs cosmogonies, sommaires ou vagues, renferment déjà l'idée de succession. La Genèse ne fait paraître l'homme qu'après le soleil et la lune, les plantes et les animaux. Moïse est ici d'accord avec Hésiode, aussi bien qu'avec Lucrèce. Mais on ne s'est point demandé de bonne heure ni dans quel ordre les formes vivantes se sont produites, ni comment s'en est accru le nombre, ni comment les nouvelles sont venues s'ajouter ou se substituer aux anciennes. Ou plutôt on a coupé court à la question par une réponse qui est un simple aveu d'ignorance. On s'en est rapporté au caprice ou à la sagesse de puissances créatrices. Il fallait masquer les lacunes de la science ; les dieux et Dieu n'ont pas été inventés pour autre chose.

Cette explication illusoire, consacrée par l'enseignement, a passé dogme et axiome. Qui la discute est suspect de « libertinage », de mauvais esprit. Elle s'est imposée à de grands penseurs. On sait avec quelle autorité Cuvier l'a adaptée aux nouvelles données d'une science qu'il constituait lui-même. Selon lui, chaque période de la vie organique, marquée par une révolution, rentrait subitement, avec sa flore et sa faune, dans les entrailles de la terre, et faisait place à une flore, à une faune, créées de toutes pièces avec le terrain destiné à les porter. Un hiatus complet séparait l'une de l'autre toutes ces couches, cependant successives et accumulées sans interruption.

Ce serait une erreur de croire que la théorie de Cuvier profite à l'orthodoxie. En quoi le renouvellement total des formes en un milieu nouveau serait-il plus étonnant que tout autre procédé de la substance ? Si donc la raison, qui n'est qu'une moyenne toujours variable entre l'expérience passée et l'expérience à venir, rejette aujourd'hui l'hypothèse des révolutions radicales, ce n'est pas du tout parce que Cuvier, et après lui Agassiz, y ont vu ou fait semblant d'y voir une confirmation de la cosmogonie judéo-chrétienne ; c'est parce qu'elle est démentie à la fois par la paléontologie et par l'histoire naturelle.

Premièrement, les cataclysmes n'ont joué qu'un faible rôle dans la formation des strates qui correspondent aux âges et aux périodes organiques. Un certain nombre de caractères communs relient chaque couche à celle qui lui sert d'assise ; et leur persistance atteste la lenteur des transitions. L'extinction des espèces fossiles ne coïncide aucunement avec l'apparition d'un terrain nouveau. Beaucoup de types vivants, et par suite beaucoup d'individus, ont traversé non-seulement plusieurs époques, mais plusieurs âges géologiques ; ils ont donc pu s'accommoder à plusieurs milieux successifs. Et lorsqu'ils ont péri, d'autres groupes, à peine différents, les ont remplacés.

Secondement, et c'est le fait capital, dès que la cellule s'est dégagée du protoplasma, pour ainsi dire amorphe et inorganique, la transmission de la vie s'opère selon certains modes dont la nature, telle que nous la connaissons, ne se départ jamais. Ces modes peuvent se résumer d'un mot : le détachement. Toujours un organisme nouveau se détache d'un ou de plusieurs organismes antérieurs. Que ce soit par segmentation, scissiparité, bourgeonnement, ou par génération, partout la reproduction conserve ce caractère ; toujours elle est un dédoublement ou une combinaison de formes déjà organisées. Comment donc supposer que des organismes complexes se soient jamais constitués *ex abrupto*?

Mais, dit-on, depuis l'amibe jusqu'à l'homme, tous les êtres naissent de leurs semblables. Les espèces ne varient pas. Or, toutes ont commencé. Force est donc de placer à leur origine soit une génération spontanée, soit une création spéciale ; car il est impossible de supposer qu'elles soient sorties d'espèces différentes ; plus impossible encore d'admettre un lien généalogique entre une classe et une autre, entre un embranchement et un autre.

Ces objections de la zoologie orthodoxe sont peut-être plus spécieuses que solides. Non-seulement la stabilité des groupes héréditaires, que nous nommons espèces, souffre, dans l'état présent, des dérogations qui, pour être rares, n'en sont pas moins significatives ; mais encore la paléontologie déterre un certain nombre de pièces qui marquent des états mixtes et transitoires : par exemple l'archéoptéryx, le plus ancien des oiseaux, qui possède encore la longue queue de ses ancêtres reptiles ; l'hipparion, aïeul du cheval, dont les doigts ne sont pas encore soudés en un sabot unique, et toutes ces dents de pachydermes, d'équidés, de digitigrades, dont M. Albert Gaudry étudie avec tant de sagacité les transformations insensibles.

Sous nos yeux, d'ailleurs, l'horticulture et l'élevage provoquent artificiellement l'apparition de variétés innombrables dans la flore cultivée et dans la faune domestique. Que de races aussi créées parmi les chiens, les lapins, les ruminants, les canards, les pigeons ! C'est vainement qu'on cherche à poser des limites entre le genre, l'espèce, la variété ou la race. L'infécondité des hybrides obtenus par le croisement de deux espèces voisines est loin de constituer un caractère constant : les léporides, par exemple, issus du lièvre et du lapin, se reproduisent; tandis que, d'autre part, entre certaines variétés d'une même espèce, l'accouplement est rare, impossible ou stérile.

Les distinctions établies entre les divers groupes vivants, entre l'hybridation et le métissage, ont, sans doute, leur utilité et leur raison d'être. Mais la valeur en est toute relative ; ce que sont à l'espèce la race et la variété, l'espèce l'est au genre, à l'ordre, à la classe, à l'embranchement. Si les espèces, aujourd'hui, ne permutent guère entre elles, si la variabilité est circonscrite en un cercle fermé, de curieux indices semblent limiter à l'âge présent ces incompatibilités et ces barrières.

Un argument très-fort en faveur de la variabilité est fourni par l'embryogénie. L'homme, dans le sein de sa mère, ou plutôt l'être qui doit revêtir la forme humaine, n'est-il pas tour à tour simple cellule, végétal à trois et quatre feuillets, têtard à branchies, mammifère à queue, finalement primate et bipède ? On ne peut guère se refuser à voir dans l'évolution embryonnaire une rapide ébauche, un raccourci fidèle de la série organique tout entière. Enfin, la présence d'organes atrophiés, rudimentaires, qui survivent à leur usage, milite singulièrement en faveur d'un développement progressif des types vivants.

Plus d'un siècle avant que la théorie transformiste ait été, par Darwin, élevée à la dignité d'hypothèse scientifique, quelques esprits aventureux l'avaient entrevue. L'homme-poisson de Telliamed ne semblait pas moins fabuleux à Voltaire que le Triton et la Sirène, les pierres animées de Deucalion, ou ces fourmis de la Phtiotide, mères des sujets d'Achille. Déjà cependant apparaissaient, dans le roman géologique de de Maillet, les linéaments d'une histoire de la vie.

C'est, comme on l'a vu dans la première partie de cet ouvrage, à un grand naturaliste français, à Lamarck, qu'était réservé l'honneur de formuler en termes sérieux la doctrine généalogique. Les découvertes de Geoffroy Saint-Hilaire dans le domaine de l'embryogénie, les travaux d'Oken, les vues ingénieuses de Gœthe sur la *métamorphose des plantes* ne pouvaient que confirmer l'hypothèse de Lamarck. Mais Cuvier régnait alors, et Cuvier, autant par prudence que par conviction, soutenait le dogme des créations successives et de l'invariabilité des espèces. Son autorité suspendit pendant plus de trente ans la conclusion philosophique de la science qu'il avait créée. Ce retard, d'ailleurs, ne fut pas nuisible à la paléontologie, trop jeune encore peut-être pour assurer une base solide à un si vaste système; il lui donna le temps de s'enrichir et de se constituer.

Darwin vint à son heure, apportant à la théorie l'appui de ses observations et de ses expériences personnelles. Par lui, la descendance prit rang parmi ces hypothèses compréhensives et dirigeantes, qui servent de fil lumineux à la science dans le labyrinthe des faits. Les lois n'ont pas d'autre caractère : l'induction les pose, la déduction les confirme ou les amende, en les appliquant aux faits.

Longtemps avant de publier son livre, sur l'*Origine des espèces*, Darwin avait résolu le problème impliqué dans l'hypothèse transformiste. Voyant les variétés ou espèces nouvelles, botaniques et animales, se produire artificiellement à la suite d'un choix persévérant de l'horticulteur ou de l'éleveur, il en concluait que des agents naturels avaient, à la longue, accompli les métamorphoses hâtées sous ses yeux par les procédés humains. Tous les moyens dont l'homme dispose ne lui sont-ils pas fournis par la nature? Restaient à déterminer les causes qui avaient dirigé et qui dirigent encore, avant l'homme et à côté de l'homme, l'évolution des formes organiques. Darwin en reconnut deux : l'adaptation au milieu et la concurrence vitale (ou plutôt une seule, la seconde n'étant qu'un accident de la première), dont les effets se combinent avec ceux de l'hérédité. Cependant, la même évidence avait frappé l'esprit d'un de ses concitoyens, Wallace; et il n'eut que le temps de maintenir, par un mémoire sommaire, la priorité et l'indépendance de sa découverte. L'ouvrage de Wallace, la *Sélection naturelle*, parut avec le sien. Si la théorie porte le nom de Darwin, c'est que Darwin en a fait un système complet et cohérent. Mais ici encore les précurseurs ne lui ont pas manqué. Le transformisme appartient à Lamarck ; avant Darwin, il a été mis en lumière par un éminent botaniste français, M. Naudin. L'influence du milieu et la lutte pour la vie sont indiquées en termes exprès par Lucrèce :

> Que de formes sans nom durent s'éteindre avant
> De transmettre à des fils le principe vivant !
> Celles qui jusqu'à nous se sont perpétuées
> Le doivent aux vertus dont elles sont douées...
> Quant aux déshérités, ceux qui ne sont point faits
> Pour vivre indépendants ou payer en bienfaits
> Leur pâture assurée et la tutelle humaine,
> Jusqu'à l'instant fatal de leur perte certaine,
> Ils gisaient enchaînés par l'implacable sort,
> Victimes de la force et butin de la mort.

Quoi qu'il en soit, un état plus avancé des connaissances humaines et surtout des sciences naturelles, pouvait seul permettre de formuler les lois, solidement enchaînées, qui résument la doctrine de Darwin et de Hæckel, son principal disciple.

Les formes vivantes, de la plus simple à la plus complexe, procèdent, comme les corps bruts, d'une combinaison d'éléments matériels ; elles sont constituées par des substances dites *colloïdes*, qui ont apparu, à l'état de protoplasme et de cellules, dès la période laurentienne de l'âge archéolithique.

Elles descendent les unes des autres par voie de reproduction directe, en se modifiant suivant le milieu qu'elles doivent habiter. C'est ce milieu qui détermine le développement ou l'atrophie des organes et des fonctions, la persistance ou l'extinction, soit locale, soit universelle, des embranchements, des ordres, des espèces, des variétés. C'est lui qui opère une sélection graduelle entre les divers types animés. L'agent principal de la sélection est la concurrence vitale, la lutte pour la vie, où triomphent nécessairement les organismes les mieux adaptés au milieu, les plus forts ou les mieux armés. Le milieu comprend non-seulement les lois générales physico-chimiques, non-seulement les lois particulières de la période géologique et du climat, mais aussi les relations inévitables des êtres appelés à vivre dans le même lieu et dans le même temps. La guerre universelle, qui a servi de thème à tant de lieux communs emphatiques, et que De Maistre a célébrée sans la comprendre, s'est engagée surtout entre les espèces les plus voisines, entre celles qui ont dû, sous peine de mort, se disputer les mêmes aliments et les mêmes demeures. Les plus faibles ont été détruites ou subordonnées; il n'est donc resté en présence que les plus diverses, celles qui ne vivent pas aux dépens l'une de l'autre. De là l'anéantissement rapide ou la transformation lente des types innombrables, transitoires, collatéraux et, par suite, la rareté des vestiges fossiles qui permettraient de rétablir matériellement la série généalogique.

Mais il n'existe point que des forces rénovatrices, perturbatrices. Les causes de variation trouvent leur correctif et leur contre-poids, leurs alliés aussi, dans les pouvoirs conservateurs de l'habitude et de l'hérédité, qui fixent tour à tour et perpétuent les résultats de la sélection. Si l'on passe outre à une opposition qui réside surtout dans les mots, on s'aperçoit vite que, loin d'infirmer la théorie, l'habitude et l'hérédité en font partie intégrante.

Qu'est-ce en effet que l'habitude? C'est, comme la désuétude, une forme de l'adaptation. Qu'est-ce que l'hérédité? la condition même de la descendance. De plus, ni l'habitude ni l'hérédité ne se comprennent l'une sans l'autre : l'hérédité ne peut-elle pas être définie : une transmission d'habitudes? habitudes générales et individuelles, matérielles et morales.

On admet que certains traits particuliers, la fréquence d'un geste, une disposition maladive, sont dans l'individu un héritage lointain de quelque ancêtre oublié. On convient que la mobilité volontaire des muscles de l'oreille, par cela même qu'elle se manifeste chez certains hommes, a pu être une propriété commune à tout le genre humain; que l'atrophie de certains organes ou leur développement excessif témoignent d'un état antérieur où ces organes étaient utiles et employés. On reconnaît l'importance de ces anomalies. Pourquoi donc éluder les révélations constantes, et d'autant plus significatives, de l'hérédité ? Pourquoi refuser à la succession des phases embryologiques l'autorité qu'on accorde aux phénomènes accidentels de l'atavisme ou de la tératologie ? Le retour d'une particularité de famille dans la forme du nez ou l'allure du corps, et les métamorphoses de l'embryon humain, sont des faits de même ordre, de même nature et qui imposent une même interprétation.

Si l'on conclut, par exemple, d'une queue atrophiée, d'un crâne aplati que tel homme compte parmi ses ancêtres des individus à front déprimé, à queue apparente, à oreilles érectiles ; comment ne pas conclure des diverses phases de la vie fœtale que certains aïeux de l'homme ont vécu à l'état d'amphibies, de reptiles, de poissons, de mollusques, de radiés et de cellules à noyau ? On ne fait pas au transformisme sa part. Le laissez-vous se jouer dans la race et dans l'espèce, comme fait M. de Quatrefages ? il franchit le cercle où vous croyez l'enfermer ; il envahit la série organique tout entière.

L'éminent professeur dont nous venons de prononcer le nom est, aujourd'hui, le plus sérieux adversaire, non pas des idées propres à Darwin, car il accepte et la sélection et la concurrence vitale, et l'adaptation et l'hérédité, mais de la théorie générale proposée par Lamarck. Il invoque en faveur de l'immutabilité des espèces des arguments de fait ; il se retranche dans une prudence scientifique qui est digne de respect ; il rappelle qu'il faut savoir ignorer. Mais au fond de sa réserve on sent la tyrannie de certains préjugés métaphysiques et religieux. Les interventions surnaturelles ne l'effrayent pas ; il n'est pas convaincu de la liaison nécessaire des faits. Il n'est pas frappé de la gradation, si visible, en dépit d'innombrables lacunes, dans la série des formes, dans la complication croissante des organismes. Aucun être, cependant, n'apparaît formé de toutes pièces ; tous procèdent d'autres êtres analogues, par le développement d'une cellule, d'un ovule. Supposer qu'une puissance créatrice quelconque a pu opérer par d'autres moyens que les procédés naturels, c'est chose impossible pour un naturaliste. Ou ce créateur, qui n'explique rien, s'est amusé à insinuer de nouveaux mouvements dans les germes engendrés par des formes antérieures, et sa fantaisie n'ajoute rien à l'évolution naturelle ; ou bien il a eu cent fois recours à la génération spontanée, que nie précisément M. de Quatrefages.

Certes, il est permis de s'abstenir. Nul vivant n'a assisté à la production des êtres. L'origine de l'amibe, du mollusque, du vertébré demeure enfouie dans la nuit des âges, tout comme la formation des astres. Mais, si l'on n'accorde à l'induction darwinienne, pourtant fondée sur la succession évidente des formes dans le passé et, dans le présent, sur les témoignages non moins certains de l'embryogénie, que la valeur d'une hypothèse ; encore serait-il puéril d'attribuer une valeur, même égale, à l'action intermittente d'un caprice divin. Ce serait substituer le hasard à la nécessité. Qu'y gagnerait la science ?

Darwin, du moins, tout en restant fidèle à ce déisme invétéré qui semble faire partie intégrante de l'esprit anglais, a réduit au minimum l'office du hasard dans la nature. Après avoir créé la cellule, son Dieu, laissant son œuvre à elle-même, est rentré dans son repos. Il existe de bons chrétiens qui ont été séduits par l'idée de ce créateur honoraire, déchargé des menus tracas de la providence. Pour eux sans doute, *major e longinquo reverentia* : plus Dieu est loin, plus il est grand ; moins il agit, plus il est noble ; sa majesté s'accroît en raison de son inutilité. Cette illusion durera quelque temps encore. Mais Darwin a attiré l'esprit humain sur une pente où l'on ne s'arrête pas ; à mesure que Dieu, jadis présent dans la maladie, dans le vent, dans la foudre, dans l'histoire, dans les révolutions du globe, reculera hors des choses et du temps, son inutilité passée apparaîtra aussi claire que son inutilité présente ; on renoncera à ce zéro placé à la gauche de tous les nombres et qui n'en modifie pas la somme. Le passage de l'inorganique à l'organique, à l'état végétal ou vivant, ne présentera rien de plus surnaturel que l'évolution du gland, de la cellule ou de l'œuf. Ce sont là des faits et rien de plus. Les expliquer, c'est les constater, les analyser ; c'est en *développer* (*explicare*) la succession, et, par suite, combler, à l'aide de l'induction, les lacunes de la série. Tel est le principe et le but, tel est le sens, de la doctrine généalogique. En éliminant de la nature la théodicée et la métaphysique, Darwin a travaillé, plus qu'il ne l'a cru lui-même, à l'émancipation totale de la pensée. C'est pourquoi maître, précurseurs et disciples, prennent rang parmi les bienfaiteurs de la science et de l'humanité.

On ne se méprendra pas, croyons-nous, sur le caractère de notre adhésion générale aux grandes vues du transformisme. Nous acceptons la méthode, nous ne discutons pas le système, qui dépasse notre compétence et notre sujet. Il n'importe que l'évolution se soit ou non accomplie dans l'ordre minutieusement et savamment imaginé par Haeckel. Elle s'est accomplie, et cela nous suffit pour que la théorie de la descendance soit l'explication *naturelle* la plus vraisemblable et la plus compréhensive des phénomènes *naturels* de la vie organique. Nous demeurons prêts, comme l'étaient Épicure et Lucrèce, à enregistrer tous les amendements, toutes les rectifications qui seront apportés à la doctrine.

Parmi les phénomènes dont la vie est la condition *sine qua non* et qui ne se produisent nulle part ailleurs que dans l'état vivant, il n'en est pas de plus intéressants pour la philosophie que les phénomènes intellectuels et moraux. Le moment viendra d'étudier à part le mécanisme de la pensée et des passions. Mais cette rapide esquisse du monde organique resterait incomplète si l'évolution de la conscience, de la volonté, de l'entendement et de la raison n'y occupait sa place légitime. L'homme réclame ces facultés, comme son bien, comme ses attributs spéciaux. L'ignorance et l'orgueil aidant, il les a isolées de l'organisme, dont elles sont inséparables. Il en a fait des essences étrangères et supérieures à la substance des corps, des manifestations d'un je ne sais quoi, qui vient on ne sait d'où et qui aspire à retourner là d'où il vient. Ce que cette illusion a enfanté de problèmes et de solutions également imaginaires, d'insanités et de calamités trop réelles, on l'a pu voir dans la première partie de cet ouvrage. Si tenace en est l'empire qu'elle s'impose encore aux sensualistes les plus déterminés, aux naturalistes qui s'en prétendent le plus exempts, à un Claude Bernard, à un Tyndall. Ce dernier ne déclare-t-il pas que, connût-on le travail de toutes les cellules du cerveau, toutes les particularités matérielles de l'association des idées, on ne saurait pas encore ce qu'est l'intelligence? Rassurez-vous. Il n'est pas besoin de tant de science pour identifier l'intelligence avec une élaboration de la substance organisée. Les têtes coupées ne sont pas si rares ! Une expérience qui n'a jamais été démentie, et qu'on ne peut éluder, n'établit-elle pas que la pensée, au moins chez l'homme, est un produit, un résultat de l'activité cérébrale ? Autre chose est de déterminer la part et l'office des diverses régions encéphaliques dans la formation, l'enchaînement, la fixation des idées : c'est une tâche délicate et longue que les vivisecteurs mèneront quelque jour à bonne fin. Mais la question préliminaire, capitale peut-on dire, est tranchée : l'intelligence est un terme général, une catégorie où nous rangeons certains phénomènes propres à l'organisme vivant.

Ces phénomènes ne sont point particuliers à l'homme ; on les observe dans le plus infime rudiment de vie ; ils croissent seulement en nombre, en intensité, à mesure qu'on s'élève dans la série animée : le degré change, non la nature. Aucun fait n'est plus mortel aux chimères de l'anthropomorphisme, et aucun n'est plus certain. Ici les lois darwiniennes de la sélection, de la concurrence vitale, de l'habitude et de l'hérédité ne rencontrent aucune de ces exceptions, de ces lacunes que présente l'évolution des formes. Point d'hypothèses ; des observations directes. L'histoire de la pensée peut s'écrire sur pièces.

Le premier caractère de la vie est la motilité, un mouvement engendré par un milieu dans une forme déterminée ; c'est aussi la première condition de toute manifestation consciente, intelligente, volontaire. Plus ce mouvement interne est complexe et indépendant du milieu (qui l'entretient pourtant), plus la conscience et la volonté s'accentuent.

A un degré supérieur de la vie et de l'intellect correspond une faculté, un fait qui est la condition de phénomènes plus élevés : la répercussion de tous les mouvements externes et internes dans un organe central, qui reçoit des vibrations et les renvoie. L'intelligence est proportionnelle à la concentration de l'appareil organique. Telle est la loi ; si large et pourtant si précise qu'elle s'applique à toutes les transitions, innombrables, insensibles, qui mènent de la motilité à la raison.

Voyez ce ver aveugle et sourd, qui déjà n'appartient plus aux étages infimes de l'animalité : il a un sens, le toucher, qui, transmettant une impression confuse en un point quelconque d'une sorte de tube longitudinal, dirige tant soit peu sa marche rampante. Combien sa mémoire est vague et pauvre! Combien sa personne est indécise! Voyez cette chenille, qui compte autant de paires de pattes et d'yeux, autant de centres récepteurs que d'anneaux. Un fil réunit sans doute et met en rapport toutes les personnes qui la composent, qui concourent au mouvement total, à l'absorption et à l'expulsion des substances alimentaires ; il n'y a qu'une bouche et une tête pour elles toutes. Mais combien est faible l'unité de ces parties juxtaposées ! Combien la concentration de la mémoire et de la conscience est atténuée par la sensibilité propre à chaque anneau! Déjà, cependant, nous posons le pied sur le premier échelon de la vie consciente. La personnalité, avec ses principaux attributs, se manifeste dans les rangs les plus élevés de la classe des insectes. L'araignée, le fourmilion, l'abeille, la fourmi surtout, donnent des preuves non équivoques de mémoire, de réflexion et de jugement. Leurs travaux, leurs cités, leur organisation sociale, sont parfaitement comparables aux industries et aux institutions humaines. Sans doute leur activité obéit encore aux impulsions obscures que résume le mot instinct, et qui ne manquent, d'ailleurs, à aucun degré de la vie ; mais qui refuserait à la fourmi et à l'abeille le raisonnement et la volonté? La puissance intellectuelle de ces insectes paraît même, au premier abord, incompatible avec leur situation moyenne dans la série vivante. Elle ne le cède, et à grand'peine, qu'aux facultés dévolues aux oiseaux et aux mammifères. Un poëte dirait que la nature a tracé dans l'insecte une esquisse complète de l'évolution intellectuelle, et que, pour achever le tableau, elle l'a recommencé sur un autre plan. Elle n'avait travaillé qu'en petit ; il lui a fallu reprendre *ab ovo* son œuvre sur un plus grand modèle ; elle s'est retournée, et, parmi les nombreux essais qui encombraient son atelier, ses regards tombant sur la corde dorsale de l'humble gastrula, elle l'a fait servir à ses desseins ; elle a ramifié ce filament dans l'amphioxus, elle l'a étiré, boursouflé de nœuds, achevé en bulbe où sont venues retentir toutes les impressions centralisées, et s'engendrer par un choc en retour toutes les impulsions répercutées dans la machine entière ; elle l'a vêtu d'une enveloppe cartilagineuse, puis osseuse, savamment articulée, l'a épanoui en crâne au sommet de l'édifice ; et de ses mains sont sortis le poisson, l'amphibie, le reptile, l'oiseau, le monotrème et le mammifère, cet embranchement des vertébrés, que le cerveau humain termine et couronne ; mais en face de son chef-d'œuvre, de son suprême effort, l'insecte est resté comme point de comparaison, l'insecte, échantillon de sa première manière, monument de son génie.

Sous l'anthropomorphisme innocent de l'expression transparaît une grande vérité zoologique. En plusieurs points de la grande ligne qui court du cytode à l'homme, se dessinent des branches collatérales et divergentes, dont le développement particulier aboutit à une perfection relative.

La sensibilité s'achève en intelligence ; mais avant que ses envois soient livrés à l'élaboration cérébrale, elle les annonce par deux avertissements, à la fois généraux et sommaires, qui exercent la plus décisive influence sur les mouvements renvoyés du centre à la périphérie. Ce qu'est le timbre à la note, le plaisir et la douleur le sont à l'impression ressentie : ils en sont inséparables.

Partout où se forme une société, que ce soit une ruche ou une nation, le sentiment du plaisir et de la douleur, du bien et du mal individuels, par la comparaison, par la réciprocité, par la lutte et l'accord des intérêts juxtaposés, s'élargit et se généralise. Chaque membre de la communauté apprend à jouir et à souffrir dans les autres, à faire pour eux ce qu'il ferait pour lui-même, à leur assurer, même au prix de son propre avantage, leur part de plaisir. Des lois s'établissent, écrites ou sous-entendues, qui fixent le minimum des garanties dues par chacun à la sécurité de tous, par tous à la sécurité de chacun. Des intérêts sont nés les droits, les droits engendrent les devoirs.

N'est-ce point là, en peu de mots, tout le processus de la vie morale? Elle n'apparaît que chez les insectes supérieurs et les mammifères les plus élevés ; elle ne se développe que dans les sociétés humaines, où son évolution, d'ailleurs, est loin d'être accomplie. Mais qui ne voit qu'elle procède tout entière des deux caractères primordiaux de la sensation, le plaisir et la douleur? Qui ne la voit s'élever de l'égoïsme individuel à l'égoïsme génésique, à l'égoïsme de famille, de tribu, de cité, de nation, et finalement à la solidarité humaine? Les étapes sont nombreuses, mais la route est assez longue pour les contenir toutes, partant des origines de la vie, des bas-fonds de l'animalité.

Il est des hommes qui ne se résignent pas à partager avec la fourmi ou l'éléphant le privilége de l'intelligence et de la moralité. Les moins infatués concèdent bien l'idée, le jugement, la raison, mais ils retiennent (comme si l'on pouvait scinder la sensation!) le prétendu sens du bien et du mal, ils s'y cramponnent avec un désespoir qui vaut bien un sourire. Croient-ils que l'on veuille égaler la sagacité du chien, par exemple, au génie de Démocrite, de Voltaire ou de Laplace, l'ordre tel quel d'une fourmilière ou d'une ruche à la complexité infinie des sentiments suggérés à l'homme par les rapports sociaux? Leurs répugnances s'expliquent par une illusion, très-naturelle assurément. La faculté du langage articulé, en fixant la mémoire, en abrégeant le travail de la raison, a porté l'homme si loin en avant de la multitude animée, qu'il a perdu de vue ses compagnons de la veille, qu'il a oublié totalement et méconnu les liens qui le rattachent à la série des êtres. Il s'est imaginé, de bonne foi, qu'une création spéciale, une origine métaphysique, rehaussaient encore sa supériorité. Et quand la science est venue démontrer la cohésion et l'unité du monde, soit organique, soit inorganique, quand elle a ramené toutes les formes et toutes leurs propriétés à des combinaisons variées d'éléments irréductibles, un orgueil oiseux, car il ne change rien à la réalité des choses, prétend isoler à toute force l'homme de la nature, et soustraire au moins quelques-unes des activités cérébrales à l'évolution qui les a déterminées.

M. de Quatrefages tient au règne humain, qu'il a inauguré voici quelque trente ans. En tant que relative, l'expression a sa raison d'être; mais il s'agit ici d'une catégorie absolue, supérieure même à l'ordre, même à l'embranchement. L'excès est manifeste. Maintenir une pareille entité ne semble pas chose facile, et M. de Quatrefages y est plus empêché qu'il ne le croit lui-même. N'enseigne-t-il pas que l'homme, aux yeux du naturaliste, est purement et simplement un mammifère? N'accorde-t-il pas à cette obscure entéléchie, qu'il appelle *âme animale,* la sensibilité, la volonté, l'intelligence, et la raison, la sauvegarde? Que réserve-t-il donc à l'*âme humaine,* au règne humain?

« 1° L'homme a la notion du bien et du mal moral, *indépendamment de tout bien-être et de toute souffrance physique;* 2° l'homme croit à des êtres supérieurs pouvant influer sur sa destinée; 3° l'homme croit à la prolongation de son existence après cette vie. »

La première proposition est superficielle et inintelligible; les deux autres sont hasardeuses : car l'homme *croit ou ne croit pas* à des dieux et à son immortalité, et, dans l'un comme dans l'autre cas, nous ne voyons rien dans cette opinion affirmative ou négative qui diffère d'un jugement, d'une induction ordinaires; rien qui ne procède des facultés intellectuelles, concédées à l'animalité tout entière.

De toute façon, ces trois caractères, illusoires ou secondaires, n'autorisent nullement la création d'un « règne humain ». La faculté de formuler et de combiner des idées générales, que M. de Quatrefages ne mentionne pas, et qui est la véritable marque de la pensée humaine, serait plus spécieusement alléguée. Encore n'est-ce que le développement d'une faculté qui ne manque point aux animaux ; encore ce développement n'est-il pas égal chez toutes les races et dans tous les individus ; enfin, nous en connaissons la condition *sine qua non*, le point de départ, qui n'est autre chose que la parole, le langage articulé. La *consonne* est le *in hoc signo vinces,* la ligne de démarcation entre l'homme et l'animal ; mais déjà nous l'entendons confusément dans le parler du bœuf, du cheval ou du singe.

La philosophie, pas plus que l'histoire naturelle, n'a le droit de séparer l'humanité de la série organique. L'échelle des êtres est une, elle ne comporte que des différences de degré ; il faut que l'homme se contente d'occuper, sans conteste, l'échelon suprême : cet échelon, il y est attaché, et par lui au reste des choses ; il ne peut le quitter, sous peine de tomber dans le vide et dans la divagation.

§ II. L'HOMME.

L'homme, un des genres de l'ordre des primates, est proche parent, quelque chose comme cousin, des grands singes, gorille, chimpanzé, orang, gibbon, qui ont reçu le nom d'*anthropoïdes* ou d'*anthropomorphes*. Les inductions les plus légitimes de la science confirment aujourd'hui la croyance implicite des peuples de l'Afrique, de la Malaisie et de l'Inde. Le nègre considère le chimpanzé comme un *m'pongo*, comme un *homme*, qui ne parle pas ; *orang* signifie homme ; Rama, marchant à la conquête de Ceylan, ne trouve pas de plus vaillants alliés que les singes épiques de Hanuman. De fait, entre le gorille et les plus infimes représentants de l'humanité, Buschmen, Australiens, la nature a mis moins de distance qu'entre les anthropoïdes et les singes inférieurs.

L'homme n'est pas apparu brusquement tel que l'ont fait mille siècles de travail intellectuel. L'histoire seule suffirait à démentir les fictions de l'âge d'or ; les découvertes archéologiques en ont achevé la ruine. Les entrailles de la terre nous gardaient les vestiges de nos longs tâtonnements, les débris de nos humbles industries.

C'en est fait de l'Adam biblique. Notre ancêtre n'est plus ce nomenclateur qui s'éveille à la vie pour passer la revue de ses sujets et prendre possession de son empire. Son avénement a été plus laborieux. Il n'a pas eu à déchoir d'une félicité qu'il n'a pas atteinte, et vers laquelle s'avanceront indéfiniment les plus forts et les plus habiles de ses héritiers.

A une époque indéterminée encore, mais prodigieusement reculée, dans une ou plusieurs régions d'un monde qui, plus d'une fois, a changé de face, est né, à son heure, à sa place dans la série des êtres, un mammifère, bipède et bimane comme les autres simiens, velu, grimpeur, aux jambes sèches, aux griffes agiles, qui, d'une branche arrachée, d'un caillou ramassé, a frappé sa proie. Ce *Dryopithécus*, comme l'appelle M. Gaudry, apportait, dans la lutte pour la vie, un organisme plus équilibré, des appétits plus divers, un cerveau moins obtus. Instruit par la nécessité, il apprit à chercher des refuges, à se créer des gîtes ; à des forces supérieures il opposa l'adresse ou le nombre. La sélection fit le reste. L'habitude et l'hérédité fixèrent les facultés acquises, assurant à la fois les conquêtes présentes et futures. C'est en se transformant et parce qu'il se transformait, qu'il traversa les révolutions où devaient tomber tant de ses congénères et de ses rivaux. La parole acheva la métamorphose, et l'homme, enfin, se dégagea de l'animal.

Ces débuts pénibles et glorieux scandalisent fort les vases d'élection, qui veulent avoir été façonnés, pétris en pleine pâte par un divin potier de terre. « Il ne tient qu'à vous d'être vases ! » leur disait Voltaire. Nous ne perdrons pas le temps à les consoler ; il ne nous en reste pas même assez pour exposer les conjectures de Darwin, Hæckel, C. Vogt, Topinard, Abel Hovelacque, sur l'origine, la structure et les mœurs du précurseur de l'homme, et les réserves, toujours prudentes, souvent excessives de M. de Quatrefages. Nous sommes obligé aussi de négliger, en renvoyant aux livres spéciaux, des questions intéressantes, mais secondaires au point de vue qui nous occupe : y a-t-il une seule espèce humaine ou plusieurs? La réponse est incluse dans le sens qu'on attribuera au mot *espèce*. Les hommes proviennent-ils d'un seul couple initial ou de plusieurs groupes? monogénisme ou polygénisme? Autant qu'on peut se prononcer sur ce qu'on ne saura jamais (il faudrait avoir vu), la seconde hypothèse est de beaucoup la plus probable : pourquoi les ancêtres des hommes ne se seraient-ils pas formés partout où le milieu était approprié à leur existence? Est-ce que le genre humain ne vit pas aujourd'hui répandu sur toute la surface de la terre? En quoi le fait certain de migrations, historiques ou antérieures à l'histoire, contredit-il à l'autochthonie et à la multiplicité des centres d'apparition?

L'antiquité de l'espèce nous retiendra plus longtemps. Comme on sait, les six mille ans de la Genèse ont été rejoindre les six journées et le vent qui soufflait sur la face des eaux : à l'heure même où les Élohim sémitiques s'occupaient de séparer le ciel et la terre, une véritable civilisation florissait dans la vallée du Nil; d'autres dieux, sans doute, les avaient devancés. Après tout, un livre écrit au dixième siècle et remanié au septième aurait bien pu se tromper de quelques centaines d'ans. Mais une science nouvelle, contemporaine, est venue rendre inutiles les conciliations et corrections chères aux âmes pieuses; en mettant au jour les ossements et les vestiges de l'homme conservés à tous les étages, non-seulement de l'âge quaternaire, mais d'époques antérieures, elle a fait éclater les limites de la chronologie, le cercle des temps, comme le télescope a crevé la voûte du ciel. Les durées qu'elle ajoute à l'histoire ne peuvent s'exprimer par des chiffres; il suffira de rappeler que la plupart des géologues évaluent à cent mille ans, mille siècles, la période qui a suivi l'époque glaciaire, et que l'âge quaternaire est le plus court des âges terrestres. L'archéologie préhistorique, que Cuvier pouvait fonder, car il eut sous les yeux et entre les mains des hommes fossiles, a été inaugurée, en 1847, par la découverte des *amas coquilliers*, ou débris de cuisine, sur les côtes du Danemark. Presque aussitôt, des fouilles entreprises par trois savants Danois, Steenstrup, Forschammer et Worsaae, fournissaient une éclatante confirmation aux grandes vues de Lucrèce sur la succession des âges de la pierre, du bronze et du fer. Enfin, depuis trente ans, les travaux successifs ou simultanés de Boucher de Perthes, Lartet, Christy, Bourgeois, Desnoyers, Broca, de Mortillet, Hamy, Gaudry, Capellini et cent autres, ont triomphé de tous les doutes, et nettement établi la progression de l'organisation et des industries humaines, depuis l'époque miocène (en plein âge tertiaire). M. de Quatrefages va plus loin; il est tenté de reporter à l'âge secondaire l'origine de l'homme : « Il n'y a, dit-il, rien d'impossible à ce qu'il ait paru sur le globe avec les *premiers* représentants du type auquel il appartient par son organisation. » Mais les faits manquent pour appuyer une telle hypothèse; en outre, elle ne s'accorde guère avec l'ordre constant de l'évolution. L'origine de l'homme est liée à celle des mammifères supérieurs; c'est seulement avec les types *derniers* de cette classe qu'il a dû faire son entrée dans le monde. Mais qu'importe un million d'années en plus ou en moins?

De l'homme antérieur aux temps quaternaires, il ne reste que des silex à peine aiguisés en flèches, en racloirs, quelques traces de coups et d'incisions sur des os de balænotus, d'halitérium, de rhinocéros, d'éléphant, de cerf, et un péroné, trouvé en Angleterre. Encore ces témoignages laissent-ils prise à quelques doutes. Notons, en passant, qu'ils ont été recueillis en Europe, dans l'Occident, et qu'ils ne militent guère en faveur de l'opinion qui place dans l'Asie centrale le berceau unique de l'espèce humaine. L'Asie n'a pas été fouillée encore, il est vrai; mais les documents qu'elle fournira n'apporteront aucun appui à la thèse monogéniste. Quoi qu'il en soit, il existait, dès les temps miocènes, des êtres qui utilisaient le silex, et qui pouvaient gratter, pour s'en couvrir, la peau des bêtes abattues.

L'industrie consiste dans l'emploi de ressources extérieures à l'organisme. C'en est le point de départ, et quelques animaux l'avaient atteint avant l'homme : l'abeille, par exemple, qui maçonne sa cellule, l'oiseau qui feutre son nid, le castor qui bâtit des chaussées, le gorille qui casse une branche pour s'appuyer ou frapper; on peut même considérer comme produits d'une industrie rudimentaire le corail, le madrépore, l'éponge, la coquille et la carapace. L'arme, le vêtement, l'habitation ne sont donc pas des privilèges humains; le seul engin qui ait séparé l'homme du monde animal, l'unique source de sa grandeur, la vraie marque de sa supériorité intellectuelle, c'est le feu ; la conquête et la conservation de ce puissant allié dénote une réflexion, une prévoyance que ne comporte pas l'intellect animal. Beaucoup d'animaux aiment et recherchent le feu; aucun n'a su l'entretenir. Eh bien! selon M. de Quatrefages, notre aïeul miocène de la Beauce « connaissait déjà le feu ». Quels services en tirait-il ? Sans doute il faisait cuire une partie de ses aliments. Quant à la cuisson de l'argile, à la fonte des métaux, son ingéniosité n'allait pas jusque-là. L'idée ne lui était pas même venue de façonner une écuelle de terre.

Il n'est pas probable qu'il se fût élevé au niveau intellectuel et moral du plus infime des sauvages. Les naturels de l'Australie, cependant, toute proportion gardée, peuvent figurer assez exactement l'homme tertiaire. Eux aussi connaissent le feu; mais leur stupéfaction fut extrême, la première fois qu'ils virent bouillir de l'eau. Ils possèdent quelques armes de pierre et de bois; ils lancent le boomerang. Mais l'arc, le harpon, le filet sont au-dessus d'eux; couchés sur la plage, ils guettent le poisson et le prennent à la main, comme font les Fuégiens. Quand la faim les presse, ils tuent quelque femelle. L'amitié, l'amour leur sont étrangers. La famille, chez eux, ne s'est pas dégagée de la promiscuité. Le besoin immédiat est leur guide, la force est leur loi. M. de Quatrefages accorderait-il à l'Australien ou à l'homme tertiaire « la notion du bien et du mal moral, indépendamment de tout bien-être et de toute douleur physique? »

Mais venons à l'homme quaternaire. Nous avons sur lui des renseignements « plus nombreux, plus précis que sur bien des races actuelles » : grottes, sépultures, ossements, près de quarante têtes presque intactes, des squelettes entiers, l'*homme de Menton*, qui est au Muséum. Nous connaissons ces rudes contemporains des *Bas-Niveaux* glaciaires, les chasseurs errants de Saint-Acheul, Canstadt, Néanderthal, la Naulette, Éguisheim, Gourdan, Clichy, qui, sans demeures et sans sépultures, dans une Europe insulaire, envahie par les glaces du pôle, sous les pluies torrentielles, sur la terre noyée et tourmentée, au milieu d'un lacis de fleuves immenses, évitaient, combattaient, mangeaient le gigantesque mammouth, le rhinocéros aux narines cloisonnées, le grand cerf d'Irlande, l'ours, l'hyène et le tigre des cavernes. C'étaient des animaux rudement charpentés, au mufle proéminent, aux yeux ronds et enfoncés sous une arcade saillante, au menton fuyant, au crâne allongé, surbaissé, coupé d'une crête osseuse, à la face étrangement sauvage. Ils maniaient des haches volumineuses, grossièrement taillées des deux côtés ou d'un seul, des marteaux emmanchés, des javelots et des lances à forte tête. Les grands carnassiers, vrais maîtres de cet âge, leur faisaient une vie aventureuse et troublée, une mort épouvantable. La guerre était sans merci et sans trêve. L'humanité ne se révélait en eux que par un certain goût pour la parure, dont témoignent quelques menues coquilles percées éparses autour de leurs ossements. Grâce à la moindre variabilité individuelle des races inférieures, on a reconnu le type de Canstadt non-seulement dans les bassins de la Seine et du Rhin, mais encore des Pyrénées à Gibraltar, de l'Italie centrale à la Bohême. Il ne s'est pas éteint ; il a persisté dans le monde entier, en Amérique, en Australie ; dans les tombes gallo-romaines et dans les sépultures du moyen âge. L'atavisme, corrigé toutefois par l'éducation, le ramène encore parmi nous. Quelques sauvages infimes, frappés d'un arrêt de développement, en ont conservé les traits, les outils et probablement les mœurs.

Le progrès est sensible dans les *Moyens-Niveaux inférieurs*, chez les hommes de la Vézère, auxquels est attaché le nom de Lartet, fondateur de la paléontologie humaine. Cette race, peut-être d'origine africaine, et que MM. de Quatrefages et Hamy retrouvent, plus ou moins dense, aux Canaries, chez les Kabyles, dans le pays basque, dans les vallées de la Seine et de la Marne, en Belgique, en Allemagne, et jusqu'en Dalécarlie, eut son principal établissement européen dans le Périgord. Elle a traversé les âges du mammouth et du grand ours, du cheval, du renne, elle a vu la Vézère creuser le sol de 27 mètres au-dessous de ses premiers abris. Cette profondeur ne s'est, pour ainsi dire, pas accrue depuis l'époque néolithique : qu'on juge de la durée de cette période, qui a fini plusieurs milliers d'ans avant l'histoire.

Si nous laissons l'homme du Moustier, très-voisin du type Canstadt, qui lutte contre le lion et l'hyène des cavernes, déjà rares, ignore la pêche et la chasse au vol, et se nourrit de cheval, d'auroch et de renne, nous rencontrons, à la station de Cro-Magnon, cinq exemplaires d'une race magnifique, à la face encore sauvage et prognathe, mais large aux tempes, et terminée par un menton triangulaire et saillant, au nez aquilin, au crâne dolichocéphale encore, mais très-développé, de stature athlétique, violente sans doute, si l'on en juge par le fémur d'un vieillard et la tête de la femme, qui portent la trace d'un coup et d'une blessure, mais singulièrement industrieuse. Elle ne pêche pas, mais elle chasse l'oiseau ; elle perfectionne la taille de la pierre ; elle préfère le poignard à la pointe du Moustier. Le mammouth, le lion, l'ours, lui laissent quelque répit pour varier sa cuisine, où entrent le cheval, le renne, l'auroch, le sanglier, le cerf, le bouquetin, le loup, le renard, le lièvre. Simienne par le tibia, par le cubitus, par la mâchoire, elle est humaine par la capacité du crâne. Si quelques os percés de trous peuvent être considérés comme des bâtons de commandement, elle reconnaît des chefs, une sorte de hiérarchie sociale.

La lance de Solutré, mince et bien taillée, est l'arme de gens qui ont besoin de frapper juste plutôt que fort. Les grands carnassiers s'en vont. Le cheval fait le fond de l'alimentation. On évalue à quarante mille le nombre des chevaux de quatre à huit ans, dont les débris s'accumulent autour de Solutré. A Laugerie-Haute commence l'âge du renne ; le bois et les os du renne fournissent des flèches, des poinçons, des aiguilles fines percées d'un chas, des marques de chasse, des registres de compte. Un outillage spécial sert à fabriquer les armes et les ustensiles. L'arc est inventé.

Une vie moins précaire amène enfin le loisir et l'art. Assis au seuil de leurs cavernes, les chasseurs de Laugerie-Basse, des Eyzies, de la Madeleine s'avisent de barbeler leurs flèches, leurs harpons, de sculpter en rennes, en figurines d'hommes les manches de leurs poignards, à graver, d'un trait naïf mais fidèle, sur des plaques de pierre, d'os et d'ivoire un mammouth avec ses poils, des scènes de chasse ou de pêche. Ces objets, dont le nombre s'accroît tous les jours, témoignent d'une véritable aptitude artiste, et d'une avance considérable sur les hommes de la pierre polie et des dolmens.

L'amour de la parure se développe; on broie dans des mortiers la sanguine pour le tatouage; on fabrique des colliers de coquillages, reliés par des plaques d'ivoire. On coud les vêtements de peau avec des tendons. On achète ou l'on échange les coquilles fossiles ou marines, des fragments de quartz.

Les troglodytes de la Vézère ne sont plus nomades. Quand ils sortent, ils ferment de palissades l'entrée de leurs grottes. A la chasse, où ils vont nus encore, ils s'avertissent par des sifflets d'appel. Au retour, l'abondance règne, ils dépècent le gibier, rejettent les pieds, qu'ils dédaignent, et, tandis que les chairs cuisent sur la braise ou sous la cendre, ils fendent adroitement les os à moelle. Nulle trace encore d'aliments végétaux.

La nourriture, sans doute, est encore le principal mobile des actions, mais non pas l'unique. L'homme parle, il rêve et il songe, plus qu'il ne pense. La crainte et le désir suggèrent la croyance à une seconde vie et à des puissances bienveillantes ou funestes. Le mort est enseveli avec ses armes, des provisions, des serviteurs. Des dents de loup, de renne, de bœuf, de cheval sont convertis en amulettes, en talismans de chasse. La métaphysique et la religion commencent. (Elles ne sont donc pas des caractères primordiaux du règne humain.)

Vers la fin de l'âge du renne, le nord et le centre de la Gaule paraissent occupés par des races de petite taille, au crâne moyen ou large (mésaticéphales, sous-brachycéphales), au front déprimé ou brusquement coupé, à la face allongée, prognathe, au nez en trompette, notoirement inférieures aux guerriers de Cro-Magnon et aux artistes de la Madeleine. Ces peuples pacifiques, opprimés peut-être, sont rapprochés des Lapons par M. de Quatrefages. On a découvert leurs restes et leurs longs couteaux taillés, dans les Moyens-Niveaux supérieurs, à Furfooz, à Grenelle, à la Truchère, mêlés à des débris de chamois, de bouquetin, d'antilope saïga, de rat de Norwége, de lagopède. Le mammouth s'est retiré en Sibérie, le renne recule vers le nord. Une grossière poterie trouvée à Furfooz inaugure l'époque moderne.

Est-ce par une transition insensible que la pierre polie succède à la pierre taillée, ou par une invasion de Celtes brachycéphales? La décadence qui se produit dans les populations de la Vézère, l'abaissement de la taille sont-ils les résultats de croisements brutaux, d'une retraite vers le nord à la suite du renne? Il n'importe ici.

Le fond des mers s'est relevé, l'Europe est complète, sa flore et sa faune sont fixées. Avec la domestication du chien commence la vie pastorale. Nous entrons dans ces époques de la pierre polie et du bronze, qui se succèdent en des temps inégaux, qui se mêlent au milieu des migrations et des fusions ethniques, plus courtes à la fois et plus confuses que des âges plus pauvres et plus rudimentaires. Les anciennes populations de l'Europe sont arrachées à leur évolution particulière, elles sont englobées, sans périr, dans d'autres races, recouvertes par les îlots humains qui débordent de l'Afrique (de l'Atlantide peut-être) et de la féconde Asie. D'un côté, arrivent les Ibères, de l'autre les Pélasges, les Ligures, les Sicules, les Étrusques, précédant la grande invasion aryenne. L'Orient, plus hâtif que l'Occident, a vu éclore des empires, en Égypte, en Chine, en Chaldée, et des civilisations, en des temps où la chasse régnait encore en Europe, où l'*os sublime* des artistes de la Madeleine ne s'était même pas levé une fois vers le ciel. L'Orient avait contemplé les astres, divinisé le soleil, la lune, la terre; il avait élevé des palais et des temples, fondu les métaux, créé des sociétés véritables. Dans les intervalles des peuples qui se fixaient, des tribus, mieux douées encore, avaient multiplié soudain, et leur précoce épanouissement, l'insuffisance de leur berceau, les avaient plus ou moins rapidement lancées à la conquête du monde : ce sont elles qui lui apportèrent, avec le bronze, avec le fer, des langues capables d'exprimer des idées générales, de véritables institutions familiales, sociales, religieuses.

Tant que l'ethnologie se trouve en présence de caractères simples, comme la dolichocéphalie de Canstadt et de Cro-Magnon, comme la brachycéphalie de Furfooz, et de mœurs, d'industries aussi rudimentaires que celles des premiers habitants de la Gaule, elle parvient, sinon à découvrir les origines, au moins à définir assez complétement les groupes. Mais à mesure que les croisements se compliquent, que les couches se superposent, et qu'à la variété, elle-même changeante, des races et des sous-races, le milieu et l'éducation viennent ajouter les particularités individuelles, l'ethnologie est forcée de recourir à des moyennes aussi difficiles à maintenir qu'à supputer. Les indications qu'elle demande à l'anatomie, à la linguistique, aux statistiques de tout ordre, ne concordent pas toujours, et il est impossible de les rapporter à un terme de comparaison fixe et assuré. La forme et la capacité du crâne, la structure et le poids du cerveau, le développement inégal de ses régions diverses, la projection de la face, les courbes de la colonne vertébrale, l'économie des systèmes nerveux, veineux, artériel, les dimensions des organes et des membres, l'attitude et la taille, la coloration de la peau, l'implantation, l'aspect, la coupe et la nuance des cheveux et des poils, et bien d'autres caractères physiques dont aucun ne peut être négligé, sont bien loin de s'associer selon la loi d'une exacte correspondance. A plus forte raison, les caractères intellectuels et moraux qui résultent de leur assemblage, de leurs proportions diverses, présentent des anomalies innombrables. Joignez à ces causes d'incertitude les influences multiples, continues, entremêlées, des climats, des altitudes, des aires géographiques, de la nourriture, des contacts pacifiques et violents, des habitudes et des révolutions de toute espèce et de toute nature, enfin toutes ces nécessités successives ou simultanées qu'on appelle *le milieu*, et vous aurez à peine une idée du chaos où se débattent l'ethnologue et l'anthropologiste.

Tel groupe, appartenant aux races supérieures, se présente dans un état de sauvagerie, de délabrement incurable. Telle nation, parvenue à un degré notable de culture et de richesse, emploie une langue et une écriture qui appartiennent au plus humble degré, et que des peuples congénères ont depuis longtemps abandonnées, sans avantage appréciable. D'autres, dotées avant l'histoire d'idiomes à flexions et de signes phonétiques, sont restées ou retombées dans la barbarie. Au milieu des tribus les plus incultes, les plus asservies au besoin immédiat, il se rencontrera une peuplade inoffensive ou poétique, remarquable par des institutions sages et des conceptions morales élevées. Partout les règles laborieusement établies sont battues en brèche et débordées par les exceptions.

L'individu semble se jouer de toutes les statistiques. En lui se combinent les traits les plus contradictoires, apportés de tous les coins du monde par le métissage et capricieusement triés, oubliés, repris par l'hérédité. De cette fusion sort un être nouveau, *sui generis*, et que sa tête, sa face, son bras, son tibia, ses goûts dominants, ses aptitudes intellectuelles classent respectivement dans cent catégories diverses, parfois extrêmes. Tantôt un esprit cultivé, même supérieur, se développe sous un crâne aplati ou pointu; tantôt le plus noble épanouissement cérébral aboutit à la démence; ici, un Néo-Calédonien vaincra en magnanimité le plus généreux des blancs civilisés; là c'est un nègre prognathe qui donnera aux hommes d'État des leçons de politique; ou bien quelque « faiseur de pluie, » demi-prêtre, demi-saltimbanque, aura conçu un Manitou, un Taaroa égal, sinon supérieur, à Brahma, à Zeus, à Iahvé, au dieu triple des chrétiens, ou à l'unité divine des métaphysiciens.

On imagine quels arguments les ennemis de la science croient trouver dans ces prétendus jeux de la nature ou de la Providence. Peu importe. Mais ils font illusion à des savants, très-convaincus de leur propre liberté d'esprit, et dont le désintéressement scientifique ne saurait faire l'objet d'un doute. Si, disent les uns, les indices craniométriques ne sont pas la mesure exacte de l'intellect, c'est donc qu'il faut faire appel à *cette force qui vit dans le cerveau*, etc., etc. (ce qui n'a aucun sens, une force étant un terme général qui résume une série de phénomènes). Puisque, ajoutent les autres, les mêmes facultés intellectuelles sont, à la rigueur, à peu près répandues dans toutes les races, la conclusion monogéniste s'impose à tout esprit logique. Enfin la moralité et la religiosité, qui se manifestent à des degrés divers sous toutes les latitudes et dans toutes les sociétés, sont bien des attributs spéciaux et fondamentaux de l'espèce humaine, et le « règne humain » est sauvé.

Mais voyons si l'anthropologie est aussi confuse que la font certains de ses adeptes, et non des moindres ; si, des documents déjà nombreux qu'elle recueille à toute heure et en tout lieu, ne se dégagent pas un ou deux faits généraux incontestés qui puissent lui servir de point de départ : j'en vois quelques-uns de cette nature. Premièrement, quand le poids du cerveau tombe au-dessous d'un minimum de 900 *grammes*, même chez un Boschiman ou un Australien, « les facultés intellectuelles sont abolies ». Secondement, la capacité crânienne grandit avec le mouvement intellectuel général. Troisièmement, « dans les races sauvages, le nombre et la complication des circonvolutions cérébrales sont moindres que dans les races intelligentes et policées. » Que signifie donc l'exclamation indignée de Gratiolet : « Il ne peut venir à la pensée d'un homme éclairé de mesurer l'intelligence en mesurant l'encéphale? »

Nous avons cité ces trois lois anatomiques et physiologiques parce que, au point de vue qui nous occupe, elles sont capitales ; elles ne permettent pas de douter que le cerveau ne soit la condition *sine qua non* de l'intelligence ; bien plus, elles prouvent l'identité de l'activité cérébrale et de l'intelligence. La première, celle du poids minimum, ne souffre pas d'exceptions. Des dérogations apparentes, surtout individuelles, n'infirment pas les deux autres.

Nous approchons du temps où il ne restera plus en présence que trois grands types humains, le blanc, le jaune, le nègre d'Afrique, et leurs métis. Tout au plus les habitants rabougris des zones glaciales, Esquimaux, Lapons, Samoïèdes, continueront-ils de végéter sur leurs plages, mortelles aux hommes des pays tempérés ou torrides. Mais déjà le Peau-Rouge disparaît, léguant quelques-uns de ses caractères aux populations du Canada, du

Mexique et de l'Amérique méridionale. Le Papou, l'Australien et le Polynésien n'auront pas laissé de traces, si ce n'est peut-être les vestiges insaisissables de mélanges antiques opérés aux temps de la pierre taillée. Ils s'éteignent, pour ainsi dire, au souffle de la civilisation. M. de Quatrefages s'est étendu, non sans justice, mais avec complaisance, sur les vices et les maladies que le conctat de l'Europe a propagés dans l'Océanie, sur la barbarie exterminatrice, la perfidie furieuse des conquérants chrétiens. Son plaidoyer émouvant ne peut sauver les débris des vieilles faunes humaines. Il arrive aux races attardées ce qui est advenu aux espèces fossiles; elles ont péri par impossibilité de vivre. Nul doute que le changement de milieu ne leur ait été cruel. La vraie cause de mort, c'est l'irrémédiable disproportion. Rien ne peut conserver les races qui ont accompli leur cycle. Il leur faudrait l'étendre, il leur faudrait en sortir, pour refouler l'expansion fatale des groupes plus vivaces. La loi de la nature est, en fin de compte, la loi de l'histoire. Les peuples relativement ménagés, ceux qui se défendent avec le plus d'énergie, Sandwichiens, Néo-Zélandais, ne sont pas moins décimés que les tribus massacrées ou corrompues par l'intrusion européenne. Vainement les eût-on mis sous cloche pour graduer leur passage à une atmosphère nouvelle; ils seraient morts d'être regardés! Assurément, ils n'étaient pas incapables de progrès, pas plus que les hommes de Solutré ou des Eyzies. Quelques-unes de leurs peuplades, traversant les périodes de la chasse, de la pêche, du pâturage, étaient entrées dans la vie sédentaire. Dans d'autres milieux, avec d'autres besoins, leurs aptitudes auraient pu se multiplier et leurs institutions grandir. Mais à quoi bon les hypothèses conditionnelles, quand elles sont rétrospectives? Le fait est que ces races, aussi anciennes que les autres et qui, livrées à elles-mêmes, n'ont su produire ni une littérature, ni un art, ni un commencement de civilisation, avaient, soit atrophié, soit épuisé leur force, et que leur longue puérilité les condamnait à une brusque décrépitude.

Il y a générale coïncidence entre la supériorité ethnique et le développement intellectuel et moral; ou plutôt l'un est à la fois la résultante et la condition de l'autre. Les exceptions tirées des comparaisons linguistiques disparaissent quand on ne les isole pas de leurs causes et de leurs conséquences. M. de Quatrefages note fort justement que la plupart des peuples inférieurs parlent des langues agglutinantes, ce qui les constitue en avance d'un degré sur tout un groupe civilisé de l'extrême Orient. La Chine en est restée au monosyllabisme. C'est précisément la précocité de sa civilisation qui l'y a retenue. Une fois le chinois fixé par l'écriture, il n'y avait plus qu'à utiliser le monosyllabisme. Mais toute l'ingéniosité chinoise n'a pu pallier l'imperfection d'un tel instrument; elle n'a pu en triompher. De là ce désaccord remarquable entre le développement pratique et le développement théorique. Tout ce que l'expérience peut découvrir, les Chinois l'ont inventé et consigné dans leurs encyclopédies; mais ils n'ont pas pu atteindre à la science, qui féconde les découvertes. Il y a trois mille ans que le Céleste Empire est frappé d'immobilité intellectuelle.

Nous avons dit plus haut que M. de Quatrefages concède au règne humain deux attributs spéciaux, la moralité et la religiosité; nous avons montré que ces deux manifestations générales ou accidentelles de la vie procèdent de l'intelligence; il fallait donc ou ne pas accorder l'intelligence à « l'âme animale » ou bien chercher dans celle-ci le germe de toutes les facultés humaines. Nous laissons cette fiction du règne humain pour ce qu'elle vaut : la ligne de démarcation est ailleurs. Mais il est deux questions, parfaitement indépendantes, soit l'une de l'autre, soit du monogénisme ou de l'*Espèce*, et que l'ethnologie peut résoudre : 1° les notions morales ont-elles un caractère universel? 2° la religiosité est-elle universelle; est-elle, dans la race et dans l'individu, une marque de supériorité?

Nous les traiterons brièvement, en nous servant des faits mêmes que le savant professeur du Muséum n'a pas interprétés avec sa sagacité ordinaire. Son point de vue est à la fois superficiel et erroné : il admet sans examen une entité, une cause inconnue, la moralité (simple catégorie) qui se manifeste par certains effets;

et il croit rester fidèle à la méthode scientifique en négligeant d'analyser dans leur origine, leurs conditions, leur étendue et leurs résultats les idées et les actes moraux. Il constate que, dans beaucoup de tribus sauvages, il existe des lois sévères contre le meurtre, le vol et l'adultère ; que, pour se traduire en coutumes et en actions étranges, le respect de la vieillesse, l'amour filial, l'amitié, l'amour même et la pudeur n'en sont pas moins connus et pratiqués chez le Boschiman, le Tasmanien, l'Andaman ou le Vitien (c'est aller bien loin); que dans leurs rapports, avec les conquérants occidentaux, les Polynésiens ont donné des preuves de magnanimité, de courage, de justice innée qui font ressortir d'autant la perfidie, la scélératesse et l'infamie des civilisés. Et il conclut que la morale est *universelle*, ce qui ne nous apprend rien, et *identique*, ce qui est inexact.

Le mot *morale* a trois sens : La morale est la science qui formule les lois de mœurs, lois fournies par l'expérience. La morale est l'observance fidèle des lois formulées par la science. Enfin, la morale est l'ensemble des rapports sociaux. Elle n'est universelle que dans cette dernière acception ; autant dire qu'il n'est pas de pays, pas de tribu où les hommes ne soient en relation avec leurs semblables. Il en va de même chez les animaux de même espèce ou de même contrée; les chiens, les loups, les chevaux du steppe ou de l'écurie, les tigres ont une morale également universelle, puisque tous ont des mœurs, des intérêts communs ou contraires, des voisinages et des rivalités.

Pour établir la progression des idées morales, il ne faut pas rapporter pêle-mêle quelques traits de probité ou de courage qui, procédant des mobiles les plus généraux, se rencontrent à tous les degrés de l'évolution. Il faut partir du commencement, du brutal égoïsme où croupissent encore la plupart des peuplades infimes. C'est ce que M. de Quatrefages a négligé de faire.

La morale ne renferme aucun mystère. Elle s'élargit et s'approfondit avec l'intelligence humaine. Si elle a été de bonne heure fixée en quelques-uns de ses linéaments élémentaires, il s'en faut qu'elle soit arrivée à sa perfection définitive. Nous en signalerons ailleurs les progrès et les lacunes, soit partielles dans l'ordre des relations privées, soit totales dans la sphère de la politique et de l'économie. Elle n'intervient ici qu'à titre de caractère ethnologique.

Les religions avaient tout intérêt à confondre leur cause avec celle de la morale : celle-ci a des fondements certains, constants, qu'aucune rébellion ne peut ébranler ou détruire ; elle résulte de la nature des choses : celles-là n'ont pour origine que l'ignorance et l'illusion ; chaque pas de la science restreint leur empire et accroît celui des lois morales. C'est une évidence sur laquelle nous n'avons pas à insister.

Comme toujours, M. de Quatrefages amène ici une cause inconnue, qu'il appellera, si l'on veut, la religiosité. Il dira, par exemple, que la croyance aux revenants et l'hypothèse connexe d'une autre vie sont des manifestations, des effets de la religiosité. C'est le contraire qui est vrai. La religiosité est un effet de ces illusions et de bien d'autres. D'où qu'elle vienne, admettons, ce qui est discutable et secondaire, son universalité, au moins dans le passé et à partir des temps quaternaires : est-elle une preuve de l'unité de l'*espèce* humaine ? La plupart des animaux tremblent au bruit du tonnerre, s'enfuient devant une arme, redoutent l'inconnu ; est-ce que la crainte, bien plus universelle que la religiosité, prouve l'unité d'une *espèce* animale ou d'une *espèce* vivante ?

Une question autrement sérieuse est soulevée, et résolue, par quelques faits dont M. de Quatrefages tire pour nous, non pour lui, les véritables conséquences. Cherchant à démontrer, dans l'intérêt de son « règne humain », que le sentiment religieux est commun à tous les hommes sans distinction de couleur, de race et de culture, il cite une prière indienne au grand Manitou, et un hymne polynésien à Taaroa, où se révèle une conception de la Divinité égale pour le moins aux intuitions de la théodicée la plus raffinée. Le Zeus homérique, le Brahm de Manou, le démiurge de Platon, le dieu véridique de Descartes doivent assurément s'incliner devant Taaroa.

Ainsi, d'une part, la quintessence du monothéisme est considérée comme la suprême conquête de la raison ; et, d'autre part, ce trésor, ce Saint-Graal, brille de son plus vif éclat sur une terre déshéritée, parmi des peuplades frappées d'un arrêt de développement mille fois séculaire. Qui résoudra cette antinomie ? Une révélation primitive, ou l'équivalent : la « cause inconnue » ? L'ethnologie a sa réponse toute prête : Si les conceptions religieuses les plus vantées se produisent, pour ainsi dire spontanément, chez des races notoirement inférieures, c'est donc que le progrès de la religiosité n'est point corrélatif au progrès de la culture intellectuelle, comme celui de l'industrie, de la morale et de la science ; loin d'en être l'allié, l'histoire prouve qu'il en a toujours été l'adversaire et le persécuteur ; concluons avec Tylor que le sentiment religieux est un legs des périodes antiques, une *survivance*, un caractère infantile, un trait obstiné d'atavisme que l'ignorance ne se lasse pas de reproduire, et la science d'effacer. La vraie marque des races supérieures, c'est l'élimination de la religiosité.

CHAPITRE III.

LE MÉCANISME INTELLECTUEL DANS L'INDIVIDU.

§ I. LA SENSIBILITÉ.

L'organisme est l'homme même.

Avant d'être une « intelligence servie par des organes », l'homme est un organisme déterminant une intelligence.

L'intelligence est la résultante de phénomènes organiques, dont le premier est la condition des suivants, sensation, mémoire, abstraction, association, jugement, volonté, lesquels procèdent tous d'une propriété commune à tous les corps vivants, la sensibilité ou conscience.

De même que le corps est la somme d'innombrables cellules végétantes groupées de mille manières autour d'une charpente minérale ; de même la sensibilité est la somme d'innombrables mouvements cellulaires qui accompagnent ou suivent le travail de l'organisme, et que certaines fibres spéciales du réseau nerveux transmettent à l'encéphale. Lorsque le nombre ou l'intensité de ces mouvements permet qu'ils atteignent les régions médianes et antérieures du cerveau, selon le tempérament, l'âge, le sexe, selon la disposition du moment, la constitution, le volume, la santé, la fatigue des organes sensoriels et de l'organe central, ils y déterminent, au bout d'un temps que l'on arrive à mesurer, des ébranlements plus ou moins durables : ce sont là les éléments de la sensibilité ; on nomme ces ébranlements des sensations. Ils provoquent dans les cellules un afflux sanguin, une élévation de la température, indices de combinaisons chimiques et d'une activité que nous appelons intelligence.

Toute sensation a pour condition et pour point de départ un

contact, soit au sein de l'organisme, entre cellules et groupes de cellules, soit à la périphérie, entre les organes des sens et les objets extérieurs à l'organisme. Le fait même de la sensation implique donc tout d'abord l'existence simultanée d'un individu sentant et d'un milieu senti, de l'homme et de l'univers : deux réalités connexes et inséparables.

Il y a deux ordres de sensations : celles qui prennent naissance dans l'organisme, celles qui sont apportées du dehors. Tout en étant d'ordre différent, elles sont de même nature. A l'égard du cerveau qui les reçoit, elles sont également extérieures, étant causées, les unes par la rencontre, les autres par l'ingestion de substances externes, et toutes ayant pour condition le frottement de cellules ou de groupes cellulaires réciproquement extérieurs les uns aux autres.

Les sensations organiques, développées en vase clos, dans un milieu calorique ordinairement uniforme, émoussées d'ailleurs par une habitude qui remonte à la vie intra-utérine, ne se traduisent qu'en plaisir et en douleur, plaisir borné le plus souvent au bien-être, douleur qui, du sourd malaise, peut monter à la souffrance la plus aiguë. Mais grâce à l'indépendance relative de la chaîne nerveuse qui les recueille et les charrie (le *grand-sympathique*), le cerveau ne les confond jamais avec les impressions des sens ; et ce départ qui s'opère et se répète incessamment entre les sensations organiques et les sensations extérieures contribue singulièrement à dégager, à affermir le sentiment de continuité individuelle qu'on nomme la personne. Le *moi* se trouve invinciblement posé en face des objets du dehors, comme un tout doué de mouvements et d'activités qui lui sont propres. Il s'isole d'autant mieux de la totalité universelle, dont il fait partie intégrante, par laquelle il existe, avec laquelle il demeure en constante communication, que son unité intime s'oppose plus distinctement, dans l'organe même qui la résume et la concentre, à la diversité des choses extérieures.

L'importance des sensations confuses dues à la respiration, à la nutrition, à la circulation, à la sécrétion et à l'excrétion est donc considérable. Elles renforcent, atténuent, faussent, annulent tour à tour les sensations externes et, par suite, dominent la mémoire, le raisonnement et l'intelligence ; elles exercent une influence prépondérante sur les besoins et les instincts, sur les désirs et les volontés, sur les sentiments affectifs et les passions, sur la conduite des individus et l'ordre social tout entier. Oubliées ou senties, exigeantes ou silencieuses, lentes ou soudaines, partout présentes et puissantes, nous les retrouverons au fond de toutes les manifestations intellectuelles et morales. Mais leur nature neutre et simple n'exige pas une longue description. La plupart ne diffèrent des sensations tactiles que par leur absence de précision ; quelques-unes confinent aux sensations de l'odorat et du goût par des relents nauséabonds, amers, âcres, de l'ouïe par des craquements et des sonorités, soit qu'elles rencontrent les nerfs spéciaux à ces sens, ou qu'elles s'extériorisent assez pour atteindre l'organe même du sens affecté ; d'autres consistent en troubles visuels, flamboiements, éblouissements. Au reste, la santé parfaite assourdit ces sensations ; il faut, pour les accentuer, une rupture d'équilibre dans l'économie locale ou générale. Leur provenance, leur durée et leurs variations intéressent surtout le médecin, qui les étudie comme symptômes pathologiques.

Les sensations externes appartiennent, comme les autres, à la physiologie. Mais elles relèvent aussi, et au premier chef, de la philosophie : voix de la nature, échos de l'univers, ne sont-elles pas les éléments premiers de la connaissance, de cette double conception des choses et de l'homme qui est l'objet propre de la philosophie ?

On peut les définir : des mouvements moléculaires transmis par l'axe ou filament central des nerfs sensitifs aux centres nerveux réunis dans l'encéphale.

A l'état normal, ces ébranlements partent de l'organe externe où aboutit l'extrémité du nerf sensitif. Mais ils peuvent être artificiellement provoqués sur un point quelconque du trajet nerveux, et produisent la sensation afférente « au nerf excité, pourvu qu'il ne soit pas séparé des centres nerveux ». Il ne faut pas en conclure que le nerf conducteur puisse produire *spontanément* la sensation, sans le concours du monde extérieur. Sa spontanéité est toujours provoquée, et n'est d'aucun secours à l'opinion des idéalistes et des psychologues anglais, qui tiennent que le monde est créé subjectivement en nous par l'action, soit d'une cause inconnue appelée âme, soit du système nerveux. Interne ou externe, toute sensation est objective.

M. Taine, dans son beau livre De *l'Intelligence*, paraît souvent incliner à la fausse théorie de l'activité, spontanée et indépendante, des filaments nerveux.

« La condition directe de la sensation, c'est, dit-il, l'action ou mouvement moléculaire du nerf (et la condition de ce mouvement?); peu importent les événements du dehors ou les autres événements intérieurs du corps vivant; ils n'agissent que par l'intermédiaire de ce mouvement, qu'ils provoquent; par eux-mêmes *ils ne font rien* (contradiction, puisqu'ils provoquent), on pourrait se passer d'eux. » Et comment le pourrait-on? La sensation ne se manifeste qu'à leur suite; rompez le fil qui rattache le cerveau à la périphérie, et la sensation est abolie. L'*événement* fait donc quelque chose ; il n'est pas moins nécessaire à l'encéphale que l'encéphale au nerf. « Il *suffirait*, continue M. Taine, que l'action du nerf fût toujours spontanée, comme elle l'est parfois (elle n'est jamais que réflexe); *si* son action se produisait encore selon l'ordre et avec les degrés ordinaires, le monde extérieur et tout ce qui, dans notre corps, n'est pas le système nerveux, pourrait être anéanti ; nous aurions encore les mêmes sensations, partant les mêmes images et les mêmes idées. » L'hypothèse est nulle ; elle ne s'est jamais réalisée. C'est à des illusions de ce genre qu'est fatalement amenée toute philosophie qui commence par la psychologie. En fait, soit dans les névralgies, soit dans les expériences où l'on supprime la communication entre le nerf et l'organe périphérique, le nerf agit sous une pression qui lui est extérieure ; il ne peut rien sans l'organisme et le milieu ambiant. De plus, toutes les fonctions du corps sont solidaires, et aucun nerf ne fonctionne sans le concours du sang, lui-même incessamment produit par l'alimentation et la respiration, lesquelles impliquent le monde extérieur et sa réalité objective. L'analyse ne doit jamais faire oublier l'ensemble qu'elle a décomposé.

On sait qu'il existe cinq groupes de sensations, correspondant aux cinq sens, le toucher, l'odorat, le goût, la vue et l'ouïe : le premier, sens général, répandu dans tout le corps et notamment sur toute la surface de la peau, grâce à des papilles dermiques où aboutissent les filets tactiles ; les quatre autres, dits *spéciaux*, localisés dans la membrane pituitaire du nez, dans les papilles gustatives du palais et de la langue, dans l'appareil optique, et dans le limaçon de l'oreille (sorte de piano minuscule). La sensation nous apparaît comme un fait simple, instantané. Mais le moindre examen, et à plus forte raison l'observation scientifique, nous font reconnaître en elle un groupe complexe, une série successive, un composé très-divisible.

Tout d'abord, il n'est guère de sensation qui ne soit accompagnée d'une ou de plusieurs sensations dont il faut la dégager. Dans celles de l'ouïe, du goût, de l'odorat, voire de la vue, l'élément tactile joue un rôle souvent considérable, par exemple quand elles vont jusqu'à la douleur, lorsqu'elles sont mêlées d'impressions de fraîcheur, de chaleur, d'âcreté, de violence. Les ondes éthérées (lumière, couleurs) et aériennes (bruit, son) touchent réellement et affectent les parties tactiles de l'œil et de l'oreille; la saveur et l'odeur, résultant du contact de substances liquides ou humides volatilisées, rentrent très-souvent dans la classe des sensations du tact. Secondement, les sensations ne sont pas instantanées ; elles se propagent dans le réseau nerveux à raison de vingt-neuf mètres par seconde ; enfin elles sont constituées par d'innombrables ondes ou chocs simultanés ou successifs.

Ce sont les expériences acoustiques et optiques qui ont le mieux éclairé la nature composée et successive de la sensation. Sans empiéter sur le domaine spécial de la physique, de la chimie et de la physiologie, nous n'avons ici qu'à résumer les indications de ces sciences.

Les sensations acoustiques sont dues aux ondulations aériennes, aux pulsations de l'air ému par un corps vibrant, qui viennent frapper l'oreille. Ces ondulations (devinées par Lucrèce), plus lentes dans le grave, plus précipitées et plus courtes dans l'aigu, ont toutes un minimum de renflement et un maximum d'intensité suivi d'une décroissance. La sensation du bruit correspond à une suite d'ondulations inégales en vitesse et en longueur; la sensation du son musical à une suite d'ondulations égales en longueur et en vitesse; la sensation du timbre à des sous-ondulations harmoniques qui accompagnent l'ondulation musicale, déjà composée au moins de deux ondes égales. Or, si on tient compte que mille de ces couples musicaux sont produits en une seconde (deux mille ondes simples, elles-mêmes composées et qui, isolées, ne tombent pas sous la conscience; on les constate par des procédés graphiques et la vue ici supplée l'ouïe), on voit que la sensation totale qui dure une seconde comporte déjà mille sensations élémentaires perceptibles à la conscience, plus des milliers d'impressions inconscientes; et, dit M. Taine, « on entrevoit, par une échappée, le monde obscur et infini qui s'étend au-dessous de nos sensations distinctes. Pour que leurs éléments soient perceptibles à la conscience, il faut que, s'ajoutant les uns aux autres, ils fassent une certaine grandeur et occupent une certaine durée. »

Si l'on se transporte dans le domaine optique, la complication s'accroît de l'incomparable vitesse de la lumière et des trois sensations nécessaires, rouge, vert, violet, toujours mêlées en *maxima* et *minima*. On a calculé qu'à l'extrême rouge, « à l'endroit du spectre où les ondulations se succèdent le plus lentement, il y en a 451 billions par seconde »; et la vitesse s'accroît, à l'extrême violet, jusqu'à 789 billions. L'étincelle électrique, perceptible à nos yeux, dure moins d'un millionième de seconde; si bien qu'une sensation lumineuse d'une seconde suppose au moins un million de sensations successives, qui sont loin d'être élémentaires : car chacune des 451 billions d'ondes du rouge comporte des ondes secondaires de vert et de violet, sorte de timbres optiques, et toutes ont leurs deux *minima* et leur *maximum* central de renflement. Ajoutez les différences d'intensité, qui se traduisent par des quantités négatives de noir, de gris, de rembrunissement, l'accord des couleurs complémentaires qui produit le blanc (rouge et vert bleuâtre, orangé et bleu cyanéen, jaune et indigo, jaune verdâtre et violet), et des couleurs extrêmes ou très-voisines, qui se renforcent, jaune et orangé en jaune intense, cyanéen et indigo en bleu sombre, rouge et violet en pourpre. Les sensations optiques sont donc bien autrement complexes que les sensations acoustiques.

Les sensations de l'odorat et du goût ont été moins étudiées; mais les combinaisons chimiques dont elles résultent supposent des déplacements « prodigieusement petits et rapides », les mêmes qui, sans doute, déterminent les ondes aériennes ou éthérées.

« Les quatre sens spéciaux, dit excellemment M. Taine, sont quatre langues spéciales, chacune appropriée à un sujet différent. Au contraire, le toucher est une langue générale appropriée à tous les sujets, mais médiocre pour exprimer les nuances de chaque sujet ». Il relie et contrôle les autres sens, et c'est par lui que la réalité n'est point pour l'homme cette *hallucination* à laquelle M. Taine est si attaché. Sans ouïe, sans vue, sans goût, sans odorat, il n'existerait ni sons, ni couleurs, ni saveurs, ni odeurs ; sans toucher il n'y aurait rien. C'est pourquoi le tact est le sens fondamental, d'où procède toute certitude, objective et subjective à la fois ; il constate les caractères les plus généraux des choses et leurs rapports les plus immédiats avec l'organisme. C'est lui qui, interne ou externe, traduit en plaisir et en douleur les intensités variables des sensations.

Les paralysies partielles et les travaux anatomiques ont permis de distinguer dans le toucher les sensations musculaires et les sensations dermiques, de suivre jusqu'à l'encéphale le trajet des nerfs conducteurs chargés de transmettre les unes et les autres; celles-ci s'entre-croisent dans la moelle épinière, de sorte que les impressions fournies par une des moitiés du corps se répercutent dans la moitié opposée de la moelle et du cerveau ; celles-là, selon

Brown-Séquard, se propagent sans entre-croisement jusqu'aux régions supérieures.

Avant d'arriver à l'encéphale, la sensation est latente ; ou plutôt, il n'existe encore que les mouvements destinés à la produire. Sur tout le parcours de la moelle, sorte d'annelé à consciences multiples et sourdes, elle ne détermine que des actes systématiques et automatiques ; elle n'apparaît qu'au sommet de la colonne dorsale, dans les dernières vertèbres élargies en crâne. Le bulbe rachidien ou moelle allongée, transition de la moelle au cerveau, domine plus d'actes animaux que les ganglions inférieurs, mais ne renvoie encore que des mouvements réflexes. L'animal dont le bulbe a été isolé du cerveau par une section, contracte encore sa face, avale, émet des sons vocaux, mais cesse d'éprouver le symptôme le plus élémentaire de la sensation, la douleur. La conscience ne commence que dans une protubérance annulaire où s'engagent les faisceaux du bulbe. L'animal qui a perdu les parties supérieures du cerveau et conservé la protubérance ressent la douleur, il pousse des cris plaintifs, prolongés, intentionnels ; il entend, et témoigne sa colère ou sa terreur à l'audition de la voix d'un ennemi ; il goûte les aliments et répugne à l'ingestion des substances amères. La protubérance est donc la condition suffisante des sensations tactiles, acoustiques, gustatives. On constate, par des vivisections et des expériences analogues, que les sensations visuelles sont liées à l'existence d'autres parties de l'encéphale, les tubercules quadrijumeaux et bijumeaux. Privé de cet organe, le reste de l'encéphale et de la moelle demeurant intact, l'animal devient aveugle. L'odorat n'a pas encore été pleinement localisé. Mais on a lieu d'en placer le siége entre le bulbe et les couches optiques et corps striés.

Les opérations intellectuelles exigent, comme condition *sine quâ non*, la conservation et l'association des sensations. C'est à quoi pourvoient les régions supérieures de l'encéphale. L'anatomie comparée fait déjà pressentir cette fonction.

« Des angles antérieurs de la protubérance annulaire partent deux grosses colonnes blanches nommées pédoncules, dont les fibres se terminent dans de gros renflements appelés couches optiques et corps striés, d'où partent d'autres fibres qui se terminent dans les lobes cérébraux. » Ces lobes ou hémisphères, formés de substance blanche, sont recouverts d'une écorce grisâtre, à couches alternativement grises et blanches, granuleuse, composée de cellules multipolaires reliées par des prolongements et des fibrilles, et dont la surface est plus ou moins accrue par des anfractuosités plus ou moins nombreuses et profondes, nommées circonvolutions. Les lobes constituent l'appareil intellectuel. Les mouvements et combinaisons qui s'y accomplissent grâce à un afflux du sang, régulier, variable entre certaines limites qu'il ne peut dépasser sans *anhémie* ou *hyperhémie*, demeurent obscurs, mais le résultat en est évident.

Des milliers d'expériences démontrent que, dans la série animale, y compris l'espèce humaine, l'intelligence croît avec le volume, le poids, les circonvolutions corticales des lobes. La suture précoce des pièces antérieures du crâne et l'arrêt du développement frontal sont une marque d'infériorité ethnique et individuelle ; au-dessous d'un certain volume et d'un certain poids, les hémisphères cérébraux ont nécessairement appartenu à un individu frappé d'imbécillité ; la microcéphalie, l'atrophie des lobes, est toujours accompagnée d'idiotisme ; toute lésion, lente ou soudaine, des lobes, surtout de leur écorce, entraîne la perte soit de la mémoire, soit du raisonnement, des perturbations dans le langage, dans le mouvement volontaire, dans tout ce qui tient à la prévision. Les lobes se suppléent, mais non sans fatigue ; à la rigueur l'homme pense avec un seul hémisphère, comme il respire avec un seul poumon. Des faits constants établissent cette proposition.

La substance blanche, dans les lobes comme dans les nerfs, n'est pas proprement sensitive, elle est conductrice. Le rôle principal est dévolu aux cellules et aux circonvolutions de la substance grise, qui déjà tapisse tous les filaments du réseau nerveux. Quand les sensations y parviennent, elles leur communiquent des mouvements durables qui s'y accumulent, s'y juxtaposent, s'y associent, s'y combattent, s'y pénètrent, s'y échangent, et en provoquent d'autres indéfiniment répercutés. La turgescence des hémisphères cérébraux sous une impression quelconque (observée sur des blessés et des malades dont le cerveau se trouvait à nu), l'accroissement de l'*urée* (produit de la combustion) sous l'influence de la contention intellectuelle, mettent hors de doute la réalité physique de ce travail, qui est la pensée.

Que sont ces transitions de la sensibilité à l'entendement ? On peut se les figurer comme des ébranlements infinitésimaux, comme des réductions quasi photographiques rangées à leur place dans le trésor des cellules, comme des phénomènes électriques et magnétiques qui se propagent incessamment dans les fibres et les cellules grises de la substance blanche ? Quelles qu'elles soient, elles se produisent là et nulle part ailleurs. Leur *substratum* manquant, elles manquent.

Disons que chaque sensation se traduit dans les lobes cérébraux par une représentation partielle de l'objet qui l'a occasionnée. Réunies, quand elles s'appliquent à un même objet, les sensations du tact, de l'ouïe, de la vue, etc., nous en fournissent une représentation complète. Nous touchons un fruit, nous le voyons, nous l'entendons tomber, nous le flairons, nous le goûtons: le tact nous instruit de sa température, de sa consistance et de son poids; l'ouïe, du son qu'il rend sur la terre, sur une pierre ou dans l'eau ; la vue, de sa couleur, de sa forme, de sa chute ; l'odorat, de son arome; le goût, de sa saveur. Si nous le coupons ou le rompons, sa constitution intime nous apparaît ; sa peau, ses fibres, sa pulpe, son noyau ou ses pépins, le lien qui l'attache à la tige et à la feuille, nous sont révélés ; le microscope, s'ajoutant à l'œil, nous rend compte de la forme des cellules qui s'y groupent ; les réactions chimiques nous font connaître les éléments simples qui le composent, et leurs proportions. Qui prétendra que la sensation est impuissante à atteindre la substance du fruit ? L'image, la représentation, peut donc être totale et ne rien laisser à désirer.

Ces représentations, qui ne sont ni des types, ni des catégories, ni des simulacres voltigeant dans l'air, mais bien les modifications cérébrales causées par les impressions externes, ne font défaut à aucun être doué d'une concentration nerveuse quelconque ; elles ne varient d'une espèce animale et d'une forme à l'autre qu'en nombre, en précision et en durée. Leur persistance constitue la mémoire ; leur juxtaposition est la comparaison ; la somme de leurs rapports divers, le jugement et le raisonnement ; leur association, l'imagination et la pensée ; leur retour intermittent et affaibli n'est plus que la réminiscence. Recouvertes par l'afflux d'images toujours nouvelles, effacées par l'oubli, elles n'en existent pas moins ; et on en voit qui reparaissent à un, dix, quarante ans d'intervalle, sous l'influence d'une sensation, ou d'un autre groupe d'images parentes ou contraires.

Certaines de ces images cérébrales sont si vives, qu'elles évoquent la sensation primitive, jusqu'à l'hallucination et l'illusion. Dans l'état normal de veille, en dehors de toute excitation morbide ou de toute détente des liens qui les enchaînent par séries, elles rappellent simplement l'objet de la sensation, la qualité de l'objet afférente soit à la vision, soit à l'ouïe, soit au tact. Elles ne sont plus que des éléments d'information, un dictionnaire où tous les détails de la nature sont rangés par ordre de provenance, par catégories comparatives ; mais un dictionnaire automatique dont les feuillets tournent d'eux-mêmes, mûs par cette passivité périphérique et cette activité cérébrale qu'entretiennent, jusqu'à l'usure et à la mort, les innombrables rouages de l'organisme.

Leur réunion dans une région restreinte où toutes les cellules sont en communication permanente, non-seulement entre elles, mais encore avec tout le réseau nerveux, tous les tissus musculaires ou viscéraux, et, par la sensation, avec le monde extérieur, achève de distinguer, de déterminer la personne, ce que nous appelons *moi*, ensemble de rapports variés dans leurs effets, constants dans leur nature et leur mécanisme. On sait que la prétendue indivisibilité de ce *moi*, transformé en substance immatérielle, est le point de départ de toutes les aberrations métaphysiques.

Mais les interruptions quotidiennes du sommeil, le dédoublement dans le rêve (1) ou dans la maladie, prouvent surabondamment la vanité de ces chimères.

§ II. L'ENTENDEMENT.

L'entendement est l'ensemble et la série des phénomènes cérébraux déterminés par l'acquisition et la conservation des idées, par la perception et la mémoire. Les idées, comme le mot l'indique, ne sont autre chose que les images et leurs combinaisons ou résultantes. Il n'y a pas d'idées innées, la production des idées exigeant le contact d'un organisme et d'un milieu ambiant ; ces deux facteurs y ont chacun leur part : l'un élabore les éléments que l'autre fournit. Il n'y a d'inné que des aptitudes héréditaires et organiques à recevoir ou à rejeter, à négliger ou à préférer, à combiner correctement les idées. Ces aptitudes, auxquelles ressortit principalement le groupe des sensations que nous avons nommées internes, sont la base même du sentiment individuel, de la personne humaine, ce qui distingue un homme d'un autre homme, d'un autre animal ; de même que le tout, l'unité de l'organisme le distingue du milieu enveloppant. Il s'ensuit qu'aux opérations de l'entendement s'ajoute la conscience d'une activité propre, d'une indépendance qui, pour être relative, pour être circonscrite, n'en est pas moins réelle.

Sensibilité, entendement, ne sont ni des forces ni des entités métaphysiques ; ce sont des termes qui résument des caractères généraux de mouvements et d'états consécutifs engendrés dans le cerveau par les relations d'un organisme vivant avec les choses

---

(1) Le sommeil est une détente générale de l'organisme ; il entraîne un affaiblissement de la sensibilité et une diminution de la concentration cérébrale, par suite d'une anémie momentanée. Les rêves sont les jeux des images et des idées livrées à elles-mêmes et privées de direction. Nous ne pouvons que renvoyer ici au beau livre de M. Maury, *le Sommeil et les Rêves* ; et, pour les cas pathologiques, si instructifs, si convaincants, aux ouvrages spéciaux.

qui le bornent, le frappent et l'alimentent. Invinciblement, tout se tient ; et de même qu'il n'existe aucun hiatus entre la vie et ses matériaux inorganiques, entre la conscience et ses éléments inconscients, il n'y a point d'interruption entre les phénomènes de la sensibilité et ceux de l'entendement. Non contente d'apporter à l'entendement tous les matériaux nécessaires à son travail, la sensation lui suggère sa méthode et lui enseigne son procédé fondamental, l'abstraction.

Abstraire, c'est proprement détacher d'un faisceau de faits quelconques un fait que l'on considère à part, indépendamment de l'ensemble auquel il appartient. Tel est précisément l'office de la sensation. Les cinq sens sont abstracteurs par nature. Chacun transmet au cerveau une représentation partielle, complétée par les autres sens ; et la somme des sensations se trouve adéquate à l'objet lui-même. L'entendement va chercher dans la mémoire les images fragmentaires ; il résout en leurs composantes les images totales. Les idées abstraites deviennent des points de repère et de comparaison entre les objets qui les ont fournies. Elles-mêmes servent de matière à des abstractions nouvelles, à la fois moins déterminées et plus compréhensives, qui permettent de les classer d'après leurs rapports ou leurs différences réciproques, et leur degré d'intensité.

Toute image partielle isolée par l'abstraction, lorsqu'elle coïncide avec d'autres images fragmentaires également séparées de la réalité complexe, donne lieu à une idée générale, sorte de clef sous laquelle se trouvent réunis les choses et les individus marqués d'un trait commun. La généralisation est une conséquence forcée de l'abstraction. Elle crée des genres, des espèces, des types, cadres qu'elle applique, comme une mesure commode, à tous les objets dont l'observation veut se rendre compte. Il y en a de si larges, qu'ils embrassent toutes les configurations de la substance : tels sont l'être, la forme, le nombre, l'espace, le temps, le mouvement ; ce qui fait leur généralité, c'est que les abstractions dont ils sont les résultantes sont données à la fois par tous les sens. D'autres ressortissent respectivement à chaque ordre sensoriel : au tact, la résistance, la température, le poids, etc. ; au goût, à l'odorat, les saveurs, les odeurs et leurs nuances ; à l'ouïe, la sonorité et ses gradations ; à la vue, la lumière avec son sous-genre, la couleur, et ses variétés, rouge, vert, violet, jaune, etc. Quant à ce que les sciences appellent genres et espèces, ce sont aussi des collections de caractères abstraits qui rentrent tous dans les catégories précédentes. Les entités de la psychologie, les facultés, l'âme, l'intelligence n'ont pas d'autre valeur et d'autre origine : ce ne sont que des groupes de caractères, communs à des phénomènes cérébraux.

Le général est abstrait du particulier et n'a d'existence que dans le particulier, et, pour mieux dire, dans l'image apportée au cerveau. La métaphysique en fait l'élément premier et déterminant du particulier ; dans sa chimie imaginaire, les abstraits prennent la place et le rôle de l'hydrogène, du carbone, de l'azote, du soufre ou du phosphore ; elle additionne, soustrait, multiplie et divise ; elle exprimerait volontiers en chiffres, en angles ou signes algébriques les proportions d'être, de nombre, etc., de chaleur, de poids, de couleur, de son, etc., qui constituent tel ou tel corps, tel ou tel individu. Pour elle, la somme des universaux et de leurs combinaisons est adéquate à l'univers. Eux seuls sont doués de réalité, de nécessité ; ils sont absolus et primordiaux ; le reste est contingent, accidentel. De sorte que des produits de l'élaboration intellectuelle, des concepts humains, entièrement subordonnés et relatifs à la sensation, sont considérés comme la substance, l'essence, la raison d'être et la condition des objets qui les suggèrent et de l'organisme qui les crée.

L'expérience se charge, heureusement, de confronter sans cesse le concret avec l'abstrait ; elle rétablit à chaque pas, à toute heure, la certitude évanouie. L'homme juge des choses d'après les notes qu'il a prises à l'aide des instruments qu'il possède ; il ne peut faire autrement ; mais jamais il ne confond l'original avec le portrait. Il sait très-bien que le récit d'un événement n'est pas l'événement, que la mesure n'est pas le corps, et que l'idée n'est pas la chose.

Quelques métaphysiciens, plus subtils que les autres, admettent l'existence de l'objet en dehors de la sensation qui le photographie et de l'entendement qui en isole tour à tour et en rassemble les traits. Mais ils se demandent si l'image, partielle ou totale, est conforme à la réalité dont elle procède ; remarquant, à bon droit, que cette image varie (mais dans une certaine mesure) selon l'instrument qui la fixe, qu'elle est relative à l'organisme sensitif et intellectuel de l'individu qui la conçoit, ils nient que l'on puisse connaître ce qu'ils nomment *chose en soi*, et encore, par une singulière transposition, *noumène* (cette chose *en soi* ne pouvant être *ce qui est pensé*, puisqu'elle doit être *ce qui est*, indépendamment de toute pensée). La négation, en effet, est l'unique aboutissement d'un problème insoluble. Ajouterons-nous que ces métaphysiciens sont très-fiers d'un si mince résultat ; qu'ils traitent de petites gens, d'esprits peu déliés, ceux qui se désintéressent d'un jeu stérile ? Mais que, d'ailleurs, dans la pratique, ils daignent accepter les certitudes qui suffisent au commun des hommes ? Ils ne se heurtent pas aux pierres et aux arbres du chemin, ils distinguent fort bien un homme d'un oiseau ou d'un poisson, un fleuve d'une montagne ; s'ils sont chimistes, géologues, naturalistes, ils ne doutent en aucune façon des ossements, des muscles, des terrains, des corps simples qu'ils touchent et qu'ils étudient. Artistes, artisans, industriels, ils manient avec pleine connaissance de cause leurs outils et leurs matériaux ; et, en beaucoup de cas, ils savent parfaitement ce que sont, en soi, les objets qu'ils observent, qu'ils emploient ou qu'ils fabriquent.

Sainement ramenées à leur place et à leur office dans la série des phénomènes cérébraux, les idées abstraites et générales demeurent la matière et l'instrument de toutes les opérations intellectuelles. Elles participent de la nature des sensations qui les procurent ; durables et réviviscentes, elles s'amassent dans la mémoire, en quelque région qui leur est propre et qui est, pour ainsi dire, la réserve de la raison. Là, toujours en mouvement, toujours présentes, elles se combattent, s'associent, se combinent, attendent les recrues que ne cessent de leur apporter les nerfs et les fibres sensitives de l'encéphale. Leur travail le plus intime s'accomplit au-dessous de la conscience. Comme les sensations, elles n'atteignent l'état conscient que par le nombre, la fréquence, l'intensité des minuscules ébranlements qui les composent, par le choc subit ou la pression persévérante soit de l'une d'elles, soit d'un renfort inattendu qui les provoque et les excite, enfin par un changement ou une habitude de l'organisme. Quand se produit une des circonstances déterminantes, il arrive qu'une idée ou un groupe d'idées se lève, vient au premier plan, masque les autres ou les subordonne et prend la direction de l'atelier cérébral ; on dit alors qu'il y a attention. Le travail des idées devient conscient ; le fil souvent capricieux des analogies, des comparaisons se laisse deviner et saisir ; l'idée maîtresse, et elles le sont toutes à leur tour, le fait vibrer, et avec lui les idées complémentaires ou contraires, leurs timbres et leurs résonnances. C'est la période de la réflexion. Puis, dans ce concert, se dessinent des accords, que nous nommons *jugements*, des thèmes suivis, comparables à des mélodies qui s'enchaînent, ce sont les raisonnements, autour desquels se développe avec ses nuances infinies le contre-point logique. L'ensemble, l'ordonnance, l'harmonie totale de ces concerts exécutés dans et par un cerveau conscient a reçu le nom de *raison*.

La mémoire résumait la sensibilité, la raison résume l'entendement. L'une est l'ébauche, le « premier état » de l'autre. Celle-là est un *farrago*, un pêle-mêle où les images et les idées s'accumulent au fur et à mesure qu'elles se forment ; un premier classement s'y opère en vertu d'affinités, de circonstances externes ou internes plus diverses que difficiles à déterminer. Celle-ci est une table analytique, un *thesaurus* où les matières sont ordonnées en groupes liés, chacun avec ses ascendants, ses dérivés, ses analogues, ses équivalents, ses contraires, et des exemples à l'appui. Les deux dictionnaires sont l'œuvre continue d'un organisme particulier, le cerveau conscient, qui ne cesse de les enrichir et de les consulter, et qui a recours à la raison pour se retrouver dans la mémoire : dans cette fonction de lecteur attentif, réfléchi, comparant, jugeant et raisonnant, il s'appelle *entendement*.

L'entendement ne consulte son compendium et son encyclopédie que pour interpréter, pour comprendre et traduire la prodigieuse bibliothèque éparse autour de lui. Il range les livres d'après leurs caractères communs, d'après ces idées générales qu'il a abstraites d'un ou de plusieurs objets particuliers, format, couleur, titre, distribution des parties. Quand il rencontre un certain nombre de ressemblances extrinsèques et intrinsèques, il suppose une analogie, une identité complète, il institue des catégories et formule des lois ; puis, prenant dans le rayon un des volumes qu'il y a rangés, il déduit de ces lois tous les caractères qu'elles résument et qui doivent se retrouver dans l'ouvrage choisi, aussi bien que dans tous les autres. L'induction est une somme, la déduction une division rigoureuse. Quand l'induction est très-circonscrite, très-simple, comme l'axiome mathématique, géométrique et certaines lois élémentaires de la physique, elle devient nécessairement infaillible, parce qu'elle contient d'avance tout ce que la déduction peut en tirer. Quand la conséquence déduite est démentie par le fait, la loi est fausse ou incomplète.

On voit que l'expérience domine et termine tout. Elle est à la fois le point de départ et le point d'arrivée. Aucune induction ne vaut contre elle, aucune déduction. On ne sent, on ne pense, on ne prévoit, on n'agit qu'en vertu de l'expérience passée et présente. Il n'est pas une seule certitude qui n'en découle. La mémoire et la raison n'en sont que les auxiliaires, celle-là plus sûre, parce qu'elle est plus immédiate, celle-ci plus hasardeuse, parce qu'elle est plus loin de la source sensorielle, mais aussi plus habile, plus déliée, plus entendue. L'une supplée l'expérience, l'autre la conduit, l'égare quelquefois, mais ne peut jamais la remplacer.

Jusqu'ici, le mécanisme intellectuel ne présente aucun phénomène absolument particulier au cerveau de l'homme. Chez les animaux supérieurs de la classe des insectes et de l'embranchement des vertébrés, la sensibilité fonctionne dans les mêmes conditions, par les mêmes organes. Inférieurs à l'homme par le toucher et le goût, ils l'emportent souvent sur lui par l'acuité de la vue, de l'ouïe, de l'odorat, privilège qu'ils possèdent en commun avec le sauvage. La supériorité générale de l'homme tient à sa structure, à la perfection de son système tactile, surtout au développement de l'encéphale. Ces différences de degré, si notables qu'elles soient, influent sur l'intensité mais non sur la nature et l'enchaînement des faits de conscience. Ni la mémoire, ni l'abstraction, ni l'attention, ni le jugement, ni la somme de raison compatible avec leur organisme cérébral ne font défaut au chien, qui retrouve sa route, qui philosophe sur les habitudes du gibier, à l'écureuil, qui fait sa provision d'hiver. Ces traits d'intelligence et tant d'autres sont assez connus.

C'est encore chez les animaux que nous allons retrouver dans son germe la faculté qui a tiré l'homme hors de pair et, conjointement avec l'invention du feu, lui a valu l'empire de la terre. Il s'agit de l'imitation, du signe et du langage.

Nous avons vu que la sensation, l'image, l'idée sont durables et réviviscentes. Mais à moins d'être rafraîchies, renouvelées, elles s'atténuent et disparaissent, comme des empreintes laissées sur le sable d'un rivage. Cet effacement graduel s'observe chez tous les êtres animés, chez tous les hommes; et il a son utilité, puisqu'il offre une place à de nouvelles images, établissant, pour ainsi dire, des plans divers dans la perspective du passé; mais il rend la mémoire bornée, la conscience précaire et l'expérience incertaine. Un phénomène connexe à la sensation vient en prolonger la durée : c'est le contre-coup nerveux et musculaire renvoyé du centre à la périphérie en gestes, en manifestations extérieures, qui imitent, traduisent d'une façon quelconque l'impression reçue. Ces signes, fort vagues chez les animaux inférieurs, acquièrent plus de précision, plus de variété et d'indépendance à mesure qu'on s'élève dans l'échelle des êtres. Laissant de côté la mimique (dont l'éducation des sourds-muets est une si importante application), venons au signe par excellence, à l'émission de la voix.

On sait que l'appareil vocal est constitué par le larynx, la langue et la cavité de la bouche; c'est là que se forme le son, mais non spontanément. Il existe, dans la troisième circonvolution frontale gauche, et, à son défaut, dans la droite, une région voisine des couches où se transmet l'impression sensible, et reliée aux organes de la voix. Là est le siége de la faculté du langage ; de là part l'impulsion qui met en mouvement les cordes laryngiques.

Le langage des animaux est pauvre comme leur mémoire et leurs idées. Les intonations peu variées qui composent leur vocabulaire n'expriment que les caractères les plus immédiats de la sensation. Les aspects et les rapports des choses, formes, couleurs, distances, nombre, que les animaux perçoivent plus ou moins confusément, n'ont pas d'expression dans leurs langues. Quant à l'homme, il a débuté, l'analyse linguistique le démontre, par le cri, par l'exclamation plaintive ou joyeuse, qui fait le fond du langage enfantin. Mais tout d'abord, la perfection relative du *sensorium commune*, l'accumulation des idées dans la mémoire déterminèrent une plus grande variété d'émissions vocales. Le cri ne pouvait suffire à noter les sentiments et les besoins individuels, bientôt accrus des rapports sociaux.

C'est l'effort même de l'appareil vocal sollicité par le cerveau, pour imiter les bruits, pour désigner les choses et leurs images, qui lentement nuança les voyelles, les sifflements, les roulements. La consonne enfin se dégagea de l'aspiration, et, par les mouvements du gosier, la clôture ou l'écartement des dents et des lèvres, s'arrêta, se durcit pour ainsi dire en gutturales, dentales et labiales. Le travail de différenciation et de polissage exigea sans doute de longs siècles ; et l'analyse linguistique permet d'entrevoir une période antique où n'existait, à côté de la sifflante et du trille liquide, qu'une articulation confuse, indécise entre le K, le P et le T. Dans le langage animal, on sent déjà poindre la consonne, mais elle est sourde et monotone ; chaque espèce n'en a qu'une, si toutefois on peut attribuer au cheval ou à l'âne une gutturale nasale et aspirée, au bœuf et au mouton une labiale qui flotte de M à B, à certains oiseaux ou insectes une sorte de dentale. Ce n'en est pas moins la consonne distincte, l'articulation, qui a décidé l'évolution vraiment humaine de l'intelligence.

L'exemple des animaux établit suffisamment que la mémoire,

l'abstraction, le raisonnement existent indépendamment du langage articulé, mais il ne montre pas moins à quelle stérilité étaient condamnées sans ce puissant concours les plus fécondes facultés du cerveau. Que serait l'homme sans la parole? on peut en juger par l'état misérable de quelques enfants perdus et isolés dans les bois durant de longues années et par le néant cérébral du sourd-muet non instruit. Avec quelle intuition de la vérité les Grecs ont exprimé d'un seul mot la parole et la raison, et combien sont excusables les illuminés qui du *Logos* ont fait un Dieu ! C'est le nom même de l'homme.

Le langage a ses illusions. C'est un bien mêlé de maux. Il rompt le fil qui rattache l'entendement à la sensation et, par elle, l'homme à la série des êtres. Il l'engage à séparer sa cause et sa destinée de l'impassible enchaînement des choses, à chercher ses origines dans la patrie des idées générales, dans ce microcosme créé par le verbe et le substantif. A l'univers il substitue un mirage projeté dans le vide et multiplié par l'imagination, étudié comme une réalité objective par une logique abusée, par une raison déraisonnante.

Mais la nature même du langage suffit à écarter ces fantômes. Le langage n'existe que par la liaison physique et matérielle de la troisième circonvolution et de l'appareil vocal; la production du langage a pour condition *sine qua non*, des organes des sens, des sensations, des translateurs nerveux, une concentration cérébrale, une répercussion de l'encéphale au larynx ; la parole articulée suppose une cavité bucco-nasale; le tout implique une combinaison très-complexe de substances, d'où résulte l'état vivant. Il suit que l'existence d'une résultante appelée pensée ou raison, est liée à l'existence d'un organisme, d'un milieu qui entretient son activité et d'organes qui l'exercent, c'est-à-dire de poumons, d'un cœur, d'un estomac et viscères accessoires, de sens, de nerfs, et d'un cerveau, d'un larynx, d'un nez, d'une voûte du palais, d'une langue, de mâchoires et de lèvres. Donc il ne peut exister et n'existe ni pensée, ni être pensant, en dehors de ces conditions : ce qui coupe court à toute hypothèse d'intelligence infuse, extérieure ou supérieure, éparse ou condensée, à tout plan divin, à toute force immatérielle enclose dans une prison de chair…, et à toute métaphysique ou théodicée. Nous doutons qu'on ébranle jamais cette accumulation de certitudes enchaînées.

Nous avons exposé ailleurs les lois du développement linguistique (1), et le livre de M. Abel Hovelacque, dans cette collection même, nous dispense de classer ici les degrés, les familles et les variétés des langues anciennes et modernes. Nous nous permettrons seulement de recommander les quelques réflexions suivantes à trois sortes de personnes : aux monogénistes qui espèrent ramener tous les idiomes à une source commune ; aux croyants, contents de peu, qui font honneur à la divinité de l'invention du langage ; enfin aux métaphysiciens subtils, beaucoup plus voisins des précédents qu'ils n'en voudraient convenir, qui voient dans le langage une création de la raison, une réalisation de types antérieurs, les concepts ou catégories du substantif, du pronom, de l'adjectif, du verbe, voire même de la préposition, et qui admettraient volontiers que les parties du discours existaient avant la parole, et existeraient sans elle.

La variété des langues, dans le présent, ne serait pas un argument contre une unité primitive. Mais l'irréductibilité réciproque des quatre ou cinq familles que la linguistique a pu déjà constituer milite fortement en faveur d'une diversité originelle. La succession des trois formes connues sous les noms de monosyllabisme, agglutination et flexion n'infirme aucunement cette probabilité ; ce sont trois degrés de l'évolution, mais sur lesquels se rencontrent des idiomes absolument séparés par le vocabulaire. Tous les hommes et, par suite, toutes les tribus humaines, n'ont pas été frappés également par les divers aspects des choses ; ils ne les ont pas traduits partout par les mêmes articulations ; les sons eux-mêmes diffèrent selon la race et l'organisme individuel, à ce point que les onomatopées, ce rudiment de la parole, ne concordent pas chez les différents peuples, et cela aujourd'hui encore : un Anglais,

(1) *Études de linguistique et de philologie* (in-18, Ernest Leroux).

un Français et un Arabe, par exemple, ne reproduiront pas identiquement le cri du bœuf, du mouton, du chien, ou le bruit du vent, de l'eau, de la foudre. Si un pareil désaccord s'est produit dans l'imitation pure, combien ne s'est-il pas accru lorsqu'il a fallu se servir des onomatopées comme de signes arbitraires pour noter des sensations étrangères au sens de l'ouïe ! Il a été centuplé lorsque les monosyllabes primitifs ont dû répondre aux idées abstraites qui naissaient l'une de l'autre dans la mémoire, et qui se multipliaient avec les moyens d'expression. Cette diversité parallèle des sons et des idées n'a d'autres limites que le nombre indéfini des combinaisons, d'images d'une part, et, de l'autre, de voyelles et de consonnes. Songez que, abstraction faite de toutes les circonstances, connues ou inconnues, qui ont attaché un son à une sensation, à une image, à une idée, il n'y a pas de raison pour que *sa*, *ta*, *ja* signifient *il*, *ce*, *qui*, plutôt que *tok*, *rup*, *vag*, ou toute autre syllabe. Et une fois le sens des racines à peu près déterminé, leur emploi restait indifférent. Pour nommer les objets, on avait le choix entre toutes leurs qualités, c'est-à-dire entre tous les sons attribués à ces qualités. On peut dire que toute dénomination, adjective ou substantive, toute affirmation, c'est-à-dire tout verbe, représentent, à l'aide de sons arbitraires, une qualité fortuitement dominante, selon l'individu, l'appareil vocal, le climat, le moment, et qui s'est imposée, à l'exclusion d'autres qualités, d'autres sons également propres au même usage. Les confusions *homo-*, *poly-*, *syn-onymiques*, les distinctions fausses, trouvent leur explication dans la fortuité du choix des signes vocaux, et correspondent aux tâtonnements de l'association des idées, à tout ce progrès lent qui s'est accompli sous la lumière vacillante du langage. A mesure que le langage fixait et enrichissait la pensée, la pensée ordonnait et constituait le langage. Les mots se rangeaient par classe en même temps que les idées se formaient en propositions, en jugements, en raisonnements. Les grammaires étaient les images fidèles des états mentaux. Là où s'observent des disproportions entre l'organisme linguistique et l'organisme rationnel, elles s'expliquent aisément par les migrations des peuples et des langues, par les échanges innombrables entre les barbaries et les civilisations.

Chacune de ces considérations donnerait lieu à de longs développements; mais, dans leur ensemble, elles prouvent suffisamment l'indissoluble unité originelle et le développement simultané du langage articulé et de l'intelligence *humaine*, l'identité du langage et de la raison; enfin le néant de l'explication théologique ou métaphysique.

En allégeant la mémoire, en la suppléant, le langage a livré carrière à l'abstraction et arraché l'homme à la sensation présente, à l'animalité. Les mots, adéquats aux idées, sont devenus les substituts de l'image. C'est par les mots, c'est en mots que les idées s'associent, se provoquent, se combattent. Même dans le sommeil, alors que l'individualité s'efface, quand l'attention et la réflexion se détendent, et que les sensations réviviscentes se jouent dans le cerveau, ce sont des mots qui traduisent les péripéties des songes.

Enfin l'écriture, d'abord concrète, hiéroglyphique et idéogrammatique, puis abstraite, syllabique, phonétique, en ajoutant à la détermination sonore la fixité visuelle, tangible, est venue porter à son apogée la puissance du langage et de la raison. Dans l'écriture, nous comprenons aussi le chiffre, la ligne, et cette notation algébrique qui réduit à une commune mesure la quantité, le nombre, l'étendue et le mouvement, abstractions catégoriques auxquelles rien n'échappe dans l'univers et où se réduisent tous les rapports des choses. Le langage avait créé la poésie, l'écriture créa la prose, c'est-à-dire l'histoire et la science; elle délivrait la pensée des formules sacramentelles, du rhythme et du chant qui seuls l'assuraient contre l'oubli; elle lui permettait d'appliquer directement les mots aux faits observés, de conserver et de transmettre le passé à l'avenir.

Par l'écriture, les cités et les nations prirent conscience d'elles-mêmes comme de personnes vivantes. L'humanité était née : grande et légitime abstraction, idée générale qui ne contient que des caractères communs à tous les éléments dont elle est tirée:

elle ne personnifie qu'un ensemble de personnes. Certes, il ne faut accepter qu'à titre de comparaison l'identité que ses enthousiastes cherchent à établir entre elle et l'individu ; son enfance confuse aux souvenirs effacés ; son adolescence exubérante, épanouïe en arts, en poésie, en violentes et sanglantes querelles ; sa jeunesse troublée par les inconséquences de sa vie antérieure, par les rêves grandioses ou saugrenus de son imagination troublée ; sa maturité enfin, qui commence, et qui, à travers les ruines de ses folies et les vestiges de ses fautes, entrevoit la stabilité définitive. C'est une partie de la réalité, comme tout idéal. Mais de cette conception magnifique, élaborée par les âges, jaillit la lumière qui doit guider l'homme à l'accomplissement de sa destinée. L'humanité n'est-elle pas le faiseau des sciences et des morales? Ne fait-elle pas de tous les cerveaux les cellules d'un cerveau central, où les plus pauvres s'enrichiront au contact des mieux douées? Les sociétés diverses deviennent les rouages d'un organisme qui se perfectionne sous l'empire de la sélection naturelle, accroissant la force et le nombre des membres utiles, corrigeant, atrophiant, supprimant les mauvais. L'ordre, absent de l'univers, y est introduit par le génie de l'homme ; et l'humanité se dresse à l'horizon comme une statue de la Justice.

Mais nous n'en avons pas fini avec l'individu ; il nous reste à voir comment la sensibilité et l'entendement le conduisent à l'action, comment la passivité se transforme en liberté.

§ III. LA VOLONTÉ.

Dans la série de phénomènes que résume le mot sensibilité ou conscience, le premier, celui qui, avant toute détermination et toute analyse, caractérise toute sensation parvenue à l'encéphale, c'est la perception plus ou moins précise, plus ou moins intense de l'ébranlement propagé dans les tissus et les viscères sur le trajet des filets nerveux. Cette sensation générale, sorte d'accompagnement sur lequel se détachent les mélodies tactiles, visuelles, auditives, oscille entre deux moyennes divergentes qu'on nomme le plaisir et la douleur. Pour employer une autre image, le plaisir et la douleur, variables selon l'intensité de l'impression et l'état chronique ou accidentel de l'organisme qui en est affecté, figurent les deux pôles de la personnalité. Sur la ligne idéale qui les joint est situé le *moi*; au delà cesse la conscience. Leur action est alternante ou simultanée ; leurs forces s'opposent, se mêlent, se multiplient, se divisent, se balancent l'une l'autre. Le cerveau en distingue et en compare les quantités diverses; il distribue les impressions autour des deux moyennes fondamentales ; et ce jugement, cette affirmation, est le premier des faits de conscience.

Ainsi, dès le principe, la personne constituée par la concentration du système nerveux, et déterminée par le contact du monde qui la limite et la soutient, est en possession de deux mesures distinctes qu'elle applique à toute relation, soit de l'organisme avec le cerveau, soit du milieu ambiant avec l'organisme. Doit-on renoncer à trouver les causes d'une distinction qui est le point de départ de l'activité individuelle et de la vie morale et sociale? Nullement. Le plaisir et la douleur ne sont point de ces catégories transcendantales que prodigue la métaphysique. Premièrement, ils appartiennent au monde animal et ne se montrent point ailleurs. Secondement, ils ne manquent à aucun degré, à aucune forme de la vie proprement dite. C'est donc aux conditions les plus élémentaires et les plus générales de l'état vivant qu'il faut demander leur origine. C'est là que nous découvrirons à la fois le secret des mouvements qui les produisent et des mouvements qu'ils engendrent.

La vie, nous le savons, est une alternance d'endosmose et d'exosmose, d'assimilation et désassimilation, de composition et décomposition, un échange perpétuel. Tous les tissus, tous les organes, toutes les fonctions, concourent à ce double travail qui les a formés et qui les entretient. La succession normale des acquisitions et des éliminations constitue la santé. Toute disproportion, toute rupture d'équilibre entraînent le dépérissement et, si elles se prolongent, la mort. Il faut combler les vides et rejeter le trop-plein. Nécessité inéluctable dont n'est pas exempt le plus éthéré des métaphysiciens ou des idéalistes.

Le besoin est la cause générale, ou, pour parler plus correctement, l'antécédent du plaisir et de la douleur. Tout ce qui retarde ou empêche la satisfaction du besoin implique des impressions du second genre; ce qui la favorise et l'accomplit, des impressions du premier.

Le besoin est la loi de la vie; il s'accroît, se complique, se multiplie avec le mécanisme vivant. C'est là une proportion constante. Le rang d'une forme dans la série se mesure au nombre de ses besoins naturels et acquis. A ce point que le besoin du superflu (qui n'est pas l'inutile) a pu être justement considéré par M. de Quatrefages comme la marque de la supériorité humaine; et, en effet, c'est l'origine de toute industrie, de tout art, de toute richesse; il apparaît chez quelques animaux prévoyants; chez l'homme, il se manifeste à partir des plus bas degrés de l'échelle et ne cesse de grandir avec la civilisation. Nous le verrons tout à l'heure à l'œuvre dans la formation des sociétés. Mais nous n'étudions ici le besoin que dans l'individu.

On trouvera dans l'excellente *Physiologie des passions* du docteur Letourneau une savante analyse des besoins, classés selon la fonction qui les produit et l'organe qui en est le siége. Les plus impérieux, ceux aussi qui fournissent l'idée la plus générale de plaisir et de douleur, appartiennent à l'ordre des sensations confuses que nous avons nommées internes ou organiques. Ils sont attachés à la nutrition, à la respiration, à la circulation, à la digestion, à l'excrétion et à la sécrétion; ils précèdent, accompagnent ou suivent tous les actes du tube digestif, des poumons, des systèmes veineux et artériel, de l'estomac, des muqueuses et des reins. Tout le monde les éprouve et les connaît. Il en est un, plus spécial et non moins puissant, qui préside à l'union des sexes et à la génération. C'est de lui que procède l'amour, la passion type, sur laquelle on a si agréablement, mais si constamment déraisonné. Chacun de ces besoins spéciaux a son domaine distinct et ses manifestations particulières. Tous cependant se rencontrent et se confondent dans un besoin plus général qui est à la fois leur caractère commun, leur élément et leur résultante, le besoin de mouvement, de locomotion, partielle et totale. On peut dire que c'est la vie même, ou un autre nom de la vie. La locomotion et, par suite, le besoin de locomotion (qui n'en est que l'habitude) s'observent dans les plus infimes des formes animées. Ils apparaissent dans le fœtus aussitôt que les diverses pièces de l'organisme ont pris leur figure et leur place. Chez l'enfant, ils précèdent l'éveil des sens, bien avant qu'assez d'impressions aient frappé l'œil et l'oreille pour y déterminer la vue et l'ouïe, avant même que le toucher ait pu porter au cerveau des sensations distinctes, au moment où la respiration aérienne provoque le premier cri, les bras et les jambes commencent à s'agiter; bientôt la main, sous l'empire du besoin nutritif, saisit le sein d'abord, puis les saillies qu'elle rencontre. Plus tard la sensation proprement dite, ou externe, viendra, d'accord avec la croissance et la consolidation de l'organisme, exciter des mouvements plus compliqués et plus personnels de la tête, des bras et des pieds.

Les sens ont, comme les tissus, leurs besoins, qui naissent de leur usage même, et qui viennent se combiner avec les besoins organiques: besoins intermittents, alternatifs, et qui déjà laissent à l'individu quelque latitude dans le choix des satisfactions réclamées par le tact, l'odorat, le goût, l'ouïe et la vue.

Le travail cérébral, à son tour, donne lieu à des besoins plus élevés, résultantes d'impulsions plus humbles. En passant par la mémoire, par l'association des idées, le raisonnement et l'imagination, les besoins sensitifs deviennent intellectuels. Le besoin de toucher, de voir, d'entendre est désormais besoin de savoir et de penser; le besoin de mouvement, besoin d'action.

Enfin toute cette hiérarchie de besoins actifs a pour contre-poids un besoin de repos plus ou moins prolongé, partiel ou total, qui se mesure à la fatigue des organes, à l'énergie naturelle ou acquise des divers rouages, et du tempérament individuel.

Il est à peine nécessaire de faire remarquer l'infinie diversité des besoins. Mais il ne faut jamais oublier leur subordination au milieu, organique ou extérieur : jamais leurs différences, leurs écarts, ne laissent place à rien de pareil à ce qu'on décore du nom de liberté absolue; toujours la complexion, l'hérédité, l'éducation, l'habitude, la profession, le climat, les relations, l'état social, les déterminent et les expliquent, les surexcitent ou les atténuent, les animalisent ou les affinent, les déchaînent ou les coordonnent.

Même dans l'ordre des besoins organiques, auxquels ne peut se soustraire aucun vertébré supérieur parce qu'ils sont la condition de la vie, combien de nuances ne pourrait-on pas noter? Il suffit de considérer les différents groupes humains, dispersés dans les zones extrêmes et moyennes, dans les îles et les continents, au fond des vallées, sur le versant des montagnes; les âges, qui font prédominer tour à tour les besoins nutritifs ou génésiques; les états pathologiques ou les dispositions chroniques, qui exagèrent ou atrophient les besoins respiratoires ou excrétoires; la santé, qui équilibre les fonctions et les exigences de tous les organes. Et pour si peu que l'on admette (comment la récuser?) l'influence nécessaire et prépondérante de ces besoins sur la conduite individuelle, sur la direction sociale, sur la destinée de tout homme et de tous les hommes, il faudra bien avouer l'inanité des spéculations sur l'autonomie du moi, la liberté de l'âme et la souveraineté de la raison. La vérité est que les besoins organiques sont toujours présents, qu'ils crient jusqu'à ce qu'on leur ait empli la bouche, qu'ils couvrent de leur tumulte les mélodies de l'imagination et les concerts de la pensée. Il est des peuplades, il est des malheureux, qui s'évertuent à les satisfaire et ne peuvent réussir à les apaiser; demandez-leur, à ceux-là, un art, une science, une littérature; ils ne vous entendront même pas : « Ventre affamé!... » Et ils courront déterrer un cadavre pourri, savourer le vomissement du lion!

Sans doute l'humanité tout entière n'est pas condamnée à ce dernier degré de l'esclavage. Comme Hercule endormait Cerbère avec un gâteau, les races les mieux douées ont su désarmer quelque peu leurs tyrans en leur assurant des tributs réguliers. Elles leur ont fait leur part ; il y a eu là un contrat tacite, que nul ne viole impunément, un rachat perpétuel. La stricte observance de ce pacte garantit seule à la sensibilité et à l'entendement un loisir qu'ils consacrent à la satisfaction d'autres besoins plus nobles et moins inexorables. Mais le cerveau ne commande que dans le silence des viscères ; quand ceux-ci se révoltent, quand ils parlent, il lui faut obéir. Il se croit libre, il n'est jamais qu'affranchi ; et pareil à l'affranchi romain que des liens durables rattachaient à l'ancien maître, il sent parfois se tendre les chaînes cachées de la servitude originelle.

A chaque besoin correspond un instinct qui en est la traduction, ou plutôt le synonyme. On a très-justement défini l'instinct une habitude fixée par l'hérédité ou l'éducation ; le besoin n'est pas autre chose. Ce qui a été dit sur la généralité de certains besoins fondamentaux, sur les variations individuelles de certains autres, s'applique aux instincts, naturels ou acquis.

On a beaucoup disserté sur l'inconscience de l'instinct et des mouvements instinctifs. Hartmann s'est amusé à voir dans l'instinct la sagesse d'un être imaginaire qu'il appelle l'Inconscient. La plupart des psychologues ont distingué, fort judicieusement, entre l'instinct qui n'est pas arrivé à la conscience et l'instinct qui l'a dépassée, qui en est sorti ; mais c'est une remarque applicable à tous les phénomènes de la sensibilité ou de l'entendement. Nous savons par quelle gradation insensible les combinaisons moléculaires, la vie, la sensation, l'image, l'idée, le raisonnement lui-même passent d'un état à l'autre. La conscience est un écho situé au point de jonction de tous les réseaux organiques ; elle ne répond qu'à des chocs suffisants soit pour la faire vibrer, soit pour arrêter la vibration produite par des ébranlements antérieurs ou simultanés ; il en est qui ne se propagent pas au-delà de certains centres secondaires, qui s'y perdent en contre-coups immédiats et ne parviennent à la conscience que mêlés aux sensations confuses de l'activité intérieure ; d'autres atteignent bien le *sen-*

sorium commun, mais le traversent sans y retentir, couverts pour ainsi dire et assourdis par des impressions plus fortes ou plus neuves; ils n'en sont pas moins distribués dans les régions cérébrales où s'élaborent les idées et les jugements; ils s'y conservent sous forme de réminiscences et d'habitudes. Beaucoup ont été perçus et sentis, puis oubliés; ils demeurent sous-entendus; livrés à eux-mêmes, comme tous les autres éléments de la personne et de l'intellect, la conscience ne les surveille plus; elle a autre chose à faire; n'est-elle pas sans cesse occupée à enregistrer au passage d'autres matériaux destinés au travail cérébral?

La conscience n'est pas indivisible; c'est une série comparable à la succession des ondes lumineuses et sonores. Il est difficile de noter le point, variable selon le milieu et l'individu, où elle commence et où elle finit. Elle a son *minimum*, elle a son *maximum* de renflement, caractérisé par l'attention et la réflexion; le besoin, l'instinct, reste en deçà ou au delà; mais on ne saurait le taxer d'inconscience absolue.

On peut ranger les instincts, comme les besoins, en deux classes, selon qu'ils se rapportent à la vie organique ou à la vie sensitive et intellectuelle. La première a pour type l'instinct de conservation; la seconde, l'instinct de curiosité. Les deux groupes se mêlent en proportions infiniment diverses; ils mettent également en jeu toutes les ressources acquises sous leur influence alternante et mutuelle, la mémoire, l'association des idées, la comparaison, le jugement, l'imagination et la raison.

Cet immense travail suppose un nombre et une variété infinis d'actes provoqués par le besoin et l'instinct, dirigés et réglés par l'intelligence. Ces actes se produisent en effet : ce sont des résultantes de mouvements provoqués dans le cerveau par les impressions organiques ou sensitives et leurs contre-coups intellectuels. Leur nature est donc foncièrement réflexe. Certaines fibres nerveuses communiquent à diverses régions de l'encéphale des ébranlements que, par certaines autres fibres, le cerveau renvoie vers la périphérie, distribue aux muscles du tronc et des membres et fait sentir même aux agents spéciaux de la vie organique.

Le mécanisme de cette transmission, de ces chocs en retours est connu dans son ensemble et dans beaucoup de ses détails. La physiologie en a mesuré l'intensité et l'étendue, la durée ; elle a calculé la chaleur que ses opérations dégagent ; elle en a analysé les résidus, les sécrétions uriques.

Les différences qu'on établit entre les actes ne résident ni dans l'impulsion qui les détermine, ni dans les instruments qui les exécutent, ni dans le principe, ni dans la fin. Il faut les chercher dans les phénomènes qui précèdent et qui accompagnent l'impulsion déterminante, en un mot dans la préparation de l'acte : selon que la conscience y a plus ou moins de part, les actes sont dits instinctifs ou volontaires.

Tantôt en effet le besoin, soit organique, soit sensitif ou intellectuel, naturel ou acquis, met directement en jeu les rouages encéphaliques qui distribuent le mouvement aux organes spéciaux, et l'action se produit avant que l'attention et la réflexion aient pu en étudier les prodromes et quelquefois en troubler le cours : ainsi s'accomplissent les mouvements nécessaires à la respiration, à la déglutition, à la digestion, à l'émission du cri ; ainsi le coup répond au coup, la défense à l'attaque ; ainsi l'habitude d'une promenade ou la désignation d'un lieu fait mettre un pied en avant pour la marche ; ainsi la rencontre d'une personne, le souvenir d'une idée ou d'un mot fait détourner le visage ou tendre la main vers le livre ou le dictionnaire. Ce sont des actes instinctifs à divers titres ; ils sont innombrables et l'on ne saurait trop insister sur l'importance du rôle qu'ils jouent dans la vie humaine.

Tantôt le besoin, moins impérieux, moins assuré aussi de la satisfaction qu'il réclame, admet une certaine latitude et dans le temps et dans le mode de l'exécution ; il n'est plus la flèche qui vole droit au but ; il est l'eau qui coule, en suivant sa pente, à travers toutes les régions du cerveau ; il est engagé dans la filière normale de la sensation. Son passage éveille la mémoire, émeut toutes les images laissées par des besoins analogues ou contraires ; les idées s'associent, se combattent, se comparent, lui font obstacle ou le favorisent ; les actions possibles, leurs dangers connus, leurs chances probables se balancent; il se forme des jugements qui s'enchaînent en raisonnements. Le mécanisme pensant est affecté des divers états connus sous le nom d'attention, de comparaison, de réflexion. Tour à tour l'imagination et la raison font appel à l'expérience, à l'intérêt proche ou lointain, aux circonstances, au tempérament. Les motifs se présentent, les alternatives s'accentuent; il y a doute, hésitation, calcul, ce qu'on nomme délibération. Parfois les quantités se neutralisent et le besoin est écarté, ajourné. Parfois un mobile quelconque, corroboré par une opportunité prévue ou imprévue, générale ou particulière, se détache en pleine lumière, couvre, étouffe les résistances; on dit alors qu'il y a choix ou volonté; il grandit et touche le ressort de l'action, qui se produit en connaissance de cause, qui est réfléchie, sans cesser d'être réflexe, délibérée et voulue sans cesser d'être déterminée. Si elle ne l'était pas, elle n'aurait pas de raison d'être. Il n'y a rien de plus et rien de moins dans la faculté qu'on nomme volonté.

La personne, le moi, étant à la fois la concentration des réseaux nerveux dans l'encéphale, la série des opérations cérébrales qui en résultent et des mouvements qui en procèdent, le langage affirme justement que le moi réfléchit, délibère, choisit, veut et agit. Quand il appelle volonté la personne même, il désigne sommairement le moi par sa manifestation décisive et dernière; quand il dit qu'un homme a de la volonté, une volonté ferme, qu'il est volontaire, il confond l'énergie habituelle ou momentanée dans l'action, un effet du tempérament, avec le fait de la volition; quand il attribue à la volonté la délibération et le choix, il renverse les termes, et il abstrait le résultat des opérations qui l'ont préparé; quand il isole la volonté de l'organisme vivant et des phénomènes cérébraux qui la produisent et la constituent; quand il la transporte aux combinaisons des substances inorganiques et à l'ensemble des mouvements répandus dans l'univers, il est égaré par l'anthropomorphisme le plus manifeste et le plus abusif.

La poésie peut comparer avec agrément au processus et aux effets de la volonté les affinités moléculaires, les révolutions des astres et le développement des végétaux. Elle remplit son office qui est d'animer, d'humaniser toute chose. Mais la métaphysique, inventant avec Leibniz et Schopenhauer une volonté des monades, avec Hartmann une volonté de l'Inconscient, avec tous les spiritualistes une volonté du prétendu ordre universel personnifié en Providence, viole outrageusement le sens des mots et foule aux pieds la psychologie la plus élémentaire. La volonté, comme tous les autres moments de l'élaboration cérébrale, implique, on ne saurait trop le redire, un organisme vivant et conscient, constitué de telle sorte que les sensations internes et externes s'y concentrent, s'y conservent, s'y associent dans un organe spécial qui transmet et distribue aux membres, instruments d'action, les mouvements provoqués en lui par les viscères et le milieu ambiant. En aucun autre lieu, en aucune autre espèce de corps, il ne se produit de volonté, pas plus que de sensation, de réflexion ou de raisonnement.

Dans notre analyse sommaire des opérations qui aboutissent à la volition (vrai nom du phénomène dont le mot *volonté* est la qualification générale et catégorique), nous n'avons pas fait intervenir le désir ; ce n'est pas qu'il en soit absent. Mais ce terme, si utile et si clair dans le langage, n'exprime qu'une nuance, qu'une phase du besoin. C'est, plus particulièrement, le besoin arrivant à la conscience. A partir de ce stade, les deux mots peuvent s'employer indifféremment. On voit combien et dans quelle mesure il est légitime de considérer le désir comme la cause, le germe, le synonyme de la velléité, de la volition, de la volonté même, ou comme le guide, l'objet de l'action.

Nous avons également sous-entendu le plaisir et la douleur, parce qu'ils sont inséparables de tout besoin, de tout acte instinctif ou volontaire. Il a suffi d'indiquer les variations infinies de leurs gammes alternantes, perpétuellement mises en jeu par toute fonction organique, par tout ébranlement sensoriel, par tout travail cérébral. Nous savons qu'ils changent de degré, de ton, sans changer de nature, qu'ils sont présents à toute décision, que tout effort a pour but d'éviter ou de surmonter l'une, d'atteindre ou de procurer l'autre, soit dans l'ordre individuel, soit dans l'ordre social. Et l'on peut dire que la volition et l'acte (avec toutes leurs conséquences) ne sont jamais que la vue, juste ou erronée, et l'emploi du meilleur moyen pour fuir, abréger, diminuer, vaincre, compenser la douleur, proche ou lointaine, et pour conquérir, acheter, réaliser enfin le plaisir, organique, intellectuel ou moral.

L'analyse des opérations qui déterminent la volonté préjuge la question du libre arbitre, et celle de la liberté, que les métaphysiciens confondent. Selon eux la liberté est le caractère primordial, irréductible, absolu de la raison, qu'ils considèrent comme l'*essence* de l'être humain. Or, ni la raison n'est une essence, ni la liberté n'est absolue, encore moins irréductible. La raison est l'expérience appliquée, un mot pour résumer tout un ensemble de phénomènes successifs. La liberté n'apparaît nulle part dans ces phénomènes strictement liés ; pas davantage dans l'imagination, qui, jusque dans ses écarts les plus imprévus, est toujours conduite, soit par l'habitude instinctive, soit par le désir, par une sensation ou une réminiscence. Elle est, comme nous l'allons voir, dans l'acte, mais bornée et relative.

D'où peut donc provenir l'illusion métaphysique? Premièrement, de la diversité innombrable des mobiles qui, selon les circonstances et les tempéraments, peuvent affirmer leur prépondérance et diriger l'action ; en second lieu, d'une confusion entre la conscience et le concept de liberté ; enfin d'une autre confusion entre la volonté et la puissance.

On a fait beaucoup de bruit d'une prétendue liberté d'indifférence : j'avance, dit-on, indifféremment le pied droit ou le pied gauche : je crache ici ou là. Étrange échappatoire! Les partisans de la liberté absolue, de la volonté libre, prétendent s'appuyer des faits instinctifs, les moins volontaires, c'est-à-dire les moins libres. Il est facile de les débusquer de ce dernier refuge. Rien n'est plus déterminé, en effet, soit par l'habitude, soit par un motif quelconque, c'est-à-dire par la prédominance constante ou momentanée d'un mobile, que ces prétendues manifestations de la liberté.

La plupart des hommes savent ou croient savoir pourquoi ils veulent et ce qu'ils veulent ; ils savent que, dans le même cas, ils ont voulu différemment, et ils prévoient qu'ils voudront autrement quelque jour. Ils ont à la fois la mémoire de leurs volontés passées, la conscience de leur volonté présente ; ils se représentent à la fois ou tour à tour les mobiles auxquels ils ont obéi et pourront obéir ; ils imaginent des séries de circonstances où tel motif jadis négligé, jadis écouté, devra paraître au premier plan ou s'effacer à son tour. Frappés d'une hypothèse (devenue elle-même motif déterminant), ils feront naître ces circonstances où la volition prévue devra s'imposer à leur choix. Et ils croient commander. Ils auront simplement oublié les anneaux de la chaîne. Quel que soit le nombre des motifs fournis par l'association des idées, interrogés par le raisonnement, quelle que soit la complexité, la profondeur, la durée de la délibération, la raison ne fera jamais plus qu'apercevoir et reconnaître le motif décisif. Vouloir en connaissance de cause n'est pas vouloir librement. L'individu le plus conscient, le mieux instruit des mobiles en balance, était-il libre de vouloir ce qu'il n'a pas voulu ? Ceux qui l'affirment font abstraction des circonstances qui auraient interverti l'ordre des motifs.

On dit volontiers : vouloir c'est pouvoir ; et comme le *pouvoir* est précisément le synonyme et la mesure de la liberté, on identifie la volonté et la liberté. Mais l'aphorisme a besoin d'être expliqué : il signifie que la persévérance d'une volonté clairement conçue est la meilleure condition pour atteindre un but déterminé. Il y a corrélation entre les deux termes. Encore la corrélation n'est-elle pas constante ; il s'en faut de tout. A qui n'arrive-t-il pas de vouloir sans pouvoir, et réciproquement ?

La volonté, c'est la connaissance d'un but et d'un moyen, et le désir d'obtenir l'un par l'autre. Qu'est-ce maintenant que la puissance ? Une virtualité conditionnelle.

Une virtualité n'est rien *en soi*, c'est une anticipation de l'esprit, un résultat de l'induction qui, d'après la succession ordinaire des faits, préjuge dans l'antécédent la force, la *vertu*, la puissance de produire le conséquent. L'eau coule et la roue tourne ; l'eau a la puissance de faire tourner la roue. La dent du cric mord et le fardeau monte ; le cric a la puissance d'élever le fardeau. Mais si la roue ne tourne pas ? Si l'objet pesant demeure immobile ? où est la puissance de l'eau, du cric ? Le mécanicien considère que cette puissance existe, mais neutralisée par une puissance rivale, la résistance ; il mesure ces forces et accroît l'une pour triompher de l'autre. Mais il les mesure par ce qu'il nomme leur *effet*. Dans cet effet réside toute leur réalité.

Ces forces, expressions générales que le langage personnifie en quelque sorte, sont pour les sciences exactes des formules abrégées de toute une série de faits nécessairement enchaînés, donc prévisibles et réalisables. Faisant abstraction de tout ce qu'elles sous-entendent, le calculateur les place dans le premier fait de la série possible, et de leur intensité il déduit leurs conséquences, en quelque sorte constatées par avance. Il est bien difficile aux mathématiciens de se soustraire à la fiction verbale dont l'usage leur a démontré la merveilleuse efficacité. La plupart sont fermement convaincus qu'avant tout effet produit il existe, je ne dis pas dans les corps, mais dans les nombres, dans les constructions géométriques, des virtualités prêtes à se manifester, et qui sont l'âme et l'essence des phénomènes. C'est dans cette illusion que réside l'affinité des mathématiques et de la métaphysique.

Mais ce qui, pour celles-là, n'est qu'une convention utile, devient pour celle-ci une source inépuisable de divagations dogmatiques. Elle ne vit que de virtualités et ne raisonne que sur des virtualités. Les généralisations du langage lui sont réalités, entités supérieures, causes occultes, indépendantes des séries de phénomènes qu'elles résument bien ou mal. Le moi, l'âme, les facultés, ne sont que des virtualités. Or, les phénomènes cérébraux étant autrement complexes et variables que les faits dont les mathématiques étudient certains caractères communs, il s'ensuit que les prétendus principes philosophiques, même à ne les prendre que pour des mots, ne répondent pas aux choses, aux faits observés.

La puissance est donc un lien que l'esprit suppose entre le premier et le dernier faits d'une série. Considérée à son point de départ, elle est une virtualité. Quand les intermédiaires et le point d'arrivée manquent, elle n'est *rien*. Dire que la volonté contient l'acte en puissance, c'est ne rien dire, si l'acte ne suit pas. Selon que l'action commence, s'arrête ou s'achève, la puissance acquiert une réalité appréciable. Mais ce n'est pas la volonté qui la lui donne ; elle n'est qu'un anneau dans la série des conditions. La chaîne part du milieu où s'est développé l'organisme vivant, traverse la sensation organique ou externe, le besoin, l'association des idées, la comparaison, la délibération, le choix, la volition, et par l'action rejoint le milieu d'où elle est partie ; là, elle rencontre ou ne rencontre pas d'obstacle, passe outre ou cède aux résistances, dévie ou s'allonge en droite ligne, atteint ou manque le but.

Où se trouve la liberté dans cet enchaînement? Dans l'absence d'obstacles. Là où la puissance expire, elle s'évanouit. Quand l'action n'a pas commencé, la liberté n'est, comme la puissance, qu'une virtualité ; elle n'est pas. La liberté est proportionnelle, adéquate, identique à la puissance. Rien n'est plus limité, plus divisible et mesurable que la liberté, rien n'est plus conditionnel et plus variable, plus relatif. Dans sa plus grande extension elle a une fin certaine, la fin de la puissance, l'accomplissement de l'acte. Elle a des bornes dans l'espace, les lois physiques, physiologiques, sociales ; elle en a dans le temps, la naissance, la maladie, la mort.

Quand le bras est paralysé, où est la liberté de le mouvoir? Quand c'est l'oreille, où est la liberté d'entendre? Quand l'homme est enchaîné, est-ce qu'il est libre? Lorsqu'entre le but et l'action s'accumulent les obstacles des distances infranchissables, des misères individuelles et sociales, des tyrannies de la loi ou du sabre, est-ce que l'homme est libre? Il possède la liberté dans la mesure de sa puissance.

Quand les ressorts organiques et cérébraux ne sont ni brisés ni détendus, quand les opérations de l'esprit s'exécutent dans l'ordre normal, que nulle pression extérieure, présente ou imminente, chronique ou imprévue n'en vient hâter, suspendre ou fausser le cours, que tous les motifs capables de déterminer l'action ont le temps de se succéder dans la conscience, on dit et l'on peut dire que l'homme est libre de penser, de juger, de raisonner, de vouloir, qu'il est en possession de lui-même. C'est ce concours de conditions favorables qui constitue le libre arbitre. On peut employer le mot quand on en sait le sens.

La liberté est, comme on le voit, l'exercice non entravé des fonctions de l'organisme soit dans son activité interne, soit dans ses relations avec le monde extérieur. Elle-même conditionnée par l'état du mécanisme viscéral, sensoriel, cérébral et musculaire, et par les circonstances ambiantes, elle est la condition de l'acte destiné à satisfaire le besoin ; condition variable, avons-nous dit, et dont les inégalités éveillent dans l'intellect des comparaisons et des réflexions ; de ce travail mental se dégage l'idée abstraite, le concept, la catégorie absolue de liberté, type auquel la mémoire rapporte tous les cas d'action qui s'en rapprochent ou s'en écartent, idéal par où se trouveraient réalisés tous les désirs et tous les espoirs. Une fois la liberté conçue comme moyen unique de répondre à toutes les exigences du besoin, elle devient le besoin et l'intérêt suprême, le plus précieux, le plus enviable des biens. Tous les efforts ont pour but désormais de placer l'homme dans les conditions internes et externes qui assurent et étendent la liberté, qui diminuent et suppriment les obstacles à la liberté, qui élargissent les frontières de son domaine. Dans son enthousiasme, l'homme s'élance même au-delà du possible ; il franchit non-seulement les bornes que son énergie peut tourner ou abattre, mais celles que les fatalités inéluctables ont posées. Bien plus, il néglige les conditions mêmes de l'activité ; il imagine, en dehors de l'organisme et de la vie, une substance, simple et subtile, une existence et, par suite, une liberté illimitées. Ainsi se forme l'illusion de la liberté métaphysique.

Mais, avant de se confier au vol des chimères d'outre-tombe, l'homme ne perd point de vue la liberté réelle, relative et extensible. Tout en s'attribuant la virtualité, il n'oublie pas l'action. Pied à pied il accroît la somme de sa puissance. Il défend la liberté conquise ; s'il en est chassé, il y revient, il s'y fortifie, il s'en fait un rempart, en-deçà duquel il ne reculera plus. Sûr de son refuge, il marche en avant. Ces luttes, ces défaites, ces victoires, ce progrès disputé, constituent l'histoire même de l'intelligence et de l'activité humaines, l'histoire de la vie tout entière, depuis l'humble rhizopode jusqu'au citoyen civilisé d'une république.

Comprend-on maintenant pourquoi toute liberté possédée est déclarée inaliénable, pourquoi toute liberté désirée, conçue, possible ou non, est d'avance proclamée imprescriptible? C'est que la liberté est la carrière même de l'action, et que l'action est l'accomplissement du besoin, et qu'il faut à la somme des besoins naturels et acquis, vrais ou factices, une somme égale de liberté.

CHAPITRE IV.

LE MÉCANISME INTELLECTUEL DANS SES RAPPORTS AVEC L'UNIVERS ET LA SOCIÉTÉ.

§ I. LES INTÉRÊTS ET LES PASSIONS.

Le monde moral n'est pas construit en l'air comme la *Néphélococcygie* d'Aristophane. Il plonge par ses assises jusqu'au sein du monde zoologique. Le besoin, l'instinct, la curiosité, avec tout le travail intellectuel qu'ils provoquent et qu'ils animent, l'association des idées, la réflexion, la volonté délibérée ont assemblé, taillé, poli, orné les matériaux, posé les étages, accommodant l'habitant à la demeure et la demeure à l'habitant. Le ciment qui relie les murailles, l'obligation (l'*impératif catégorique*), n'est pas si homogène qu'on n'y puisse découvrir les intérêts et les passions dont il est fait. Enfin, les purs concepts qui, groupés sur le couronnement, s'attribuent volontiers le plan d'une construction plus vieille qu'eux et sans laquelle ils n'auraient pu naître, ces concepts ne sont point des idées nécessaires, ce sont des idées nécessitées, comme toutes les autres.

Pour atteindre au faîte, partons de la base. Elle est la même, qu'il s'agisse du monde intellectuel ou du monde moral : la nature humaine et ses conditions, la sensation et le besoin ; ou autrement, la relation d'un centre d'impression et de répercussion avec l'organisme et le monde extérieur.

Le caractère de toute relation, c'est l'intérêt, qui oscille entre le plaisir et la douleur, entre le désir et la répulsion. Qui dit intérêt dit besoin, qui dit besoin dit sensation, organique ou externe, confuse ou distincte, avec son cortége d'actes instinctifs ou volontaires. Il y a des intérêts de plusieurs genres, organiques, sensoriels, cérébraux, et de plusieurs degrés, positifs ou négatifs. Ces intérêts régissent tous les rapports présents ou possibles de l'individu avec les choses, avec les animaux, avec ses semblables.

Les genres et les degrés de l'intérêt correspondent aux différents modes de la relation, c'est-à-dire à la façon dont elle affecte l'être sentant. On appellera donc *affectifs*, *passifs*, les sentiments et les actes qui procèdent des intérêts divers ; on rangera ces phénomènes dans la catégorie de l'affection ou passion, et dans ses nombreuses subdivisions : étonnement, admiration, attraction, crainte, colère, haine, etc.

Le langage commun a étendu ou restreint le sens de quelques-uns de ces termes. Ainsi le sentiment exprime à la fois la propriété générale de sentir et toute opinion instinctive ou raisonnée : *tot capita, tot sensus*, autant de têtes, autant d'opinions. Nous essayerons de ne l'employer que dans l'une de ces acceptions : celle de jugement où la réflexion a peu de part, soit qu'elle n'ait pas eu le temps d'y intervenir, soit qu'elle en ait perdu l'habitude. Affection est devenu un synonyme de bienveillance, d'amitié, d'amour, nous lui conserverons ce sens. On entend d'ordinaire par passion un sentiment violent et durable ; nous appliquerons le mot, avec sa signification originaire et générale, à toute impulsion organique ou extérieure, qui détermine une série de désirs, de volitions et d'actes concourant à un même but. Il ne faut pas d'ailleurs s'exagérer l'importance de ces distinctions et de ces nuances : en somme, qu'est-ce que sentiment, affection, passion ? des phases, des corollaires, des résultantes, presque des équivalents du besoin et de l'intérêt.

Nombreux et capitaux sont les intérêts et les passions mis en jeu par les relations de l'homme avec la nature inorganique ou animée. Physiques, ils tendent à l'appropriation ; intellectuels, à la connaissance de l'univers.

Au premier groupe ressortissent la chasse, la pêche, la domestication des animaux, la préparation des aliments, puis la recherche d'abris et de défenses contre les intempéries et les bêtes féroces, l'emploi du feu, le vêtement, l'habitation, enfin ce qui contribue à la conservation et à la sécurité individuelles : avant tout et en tout, l'instinct de propriété (équivalant à l'amour de la vie), et le travail, ensemble de toutes les industries destinées à le satisfaire. C'est ici l'empire immédiat du plaisir et de la douleur : ces deux sentiments déterminent toutes les pensées et toutes les actions. Chose ou être, phénomène ou événement, tout ce qui s'accorde avec les intérêts et les passions de cet ordre, tout ce qui procure le plaisir, est *bon*, est *le bien*; tout ce qui les contrarie et cause une privation, une souffrance, la douleur, est *mauvais*, c'est *le mal*. Rien de plus fondamental, rien de plus indestructible que ces sentiments; tous les autres concourent à les satisfaire. Ils ont pu être réglés et subordonnés, non pas éteints. Dans toutes les régions de la terre où leurs exigences ne sont pas prévues et apaisées, ils règnent en maîtres. En pleine civilisation, quand on les viole, quand on les oublie, ils font explosion, ils se déchaînent en violences et en crimes ; et l'amas des fictions sous lesquelles on prétend les étouffer, s'écroule en un moment. L'animal a jeté son masque d'homme.

Si, dans le dictionnaire des idiomes les plus affinés, on cherchait les mots qui se rapportent à ces passions primordiales, qui tirent leur origine de ces intérêts vitaux, on trouverait que la moitié de la langue en procède.

De la seconde classe dépendent les conceptions, anthropomorphiques, puis objectives, de l'univers : les religions et les sciences. On sait que celles-là sont nées les premières ; qu'elles ont prévalu tant que l'ignorance a débordé la curiosité ; que, s'emparant de tous les intérêts, exploitant toutes les passions, elles ont faussé pour des milliers d'ans les intelligences dont elles s'étaient faites les institutrices ; enfin, que, poussées pied à pied, traquées par la science, elles tiennent encore, dans des forteresses bien munies, où s'abritent les réactions leurs complices, et d'où elles s'élancent pour bouleverser tous les rapports sociaux. C'est la pire maladie que l'enfance du genre humain ait pu léguer à sa maturité. Nous l'avons assez souvent décrite pour n'y pas insister ici; d'autant que partout nous en retrouverons les traces, les sanglants vestiges.

Transposés dans l'ordre intellectuel, le plaisir et la douleur donnent lieu à des distinctions nouvelles : ce qui satisfait l'entendement est tenu pour *vrai*, c'est *le vrai* ; ce qui trouble les fonctions de l'encéphale et contredit le raisonnement est *faux*, c'est *le faux*. Le critère de la vérité ne pouvant être fourni que par l'expérience, aucune notion n'a été plus variable et plus chanceuse que celle du vrai et du faux, tant qu'elle n'a résulté que de jugements, dont la correction n'implique pas la justesse : l'office de la raison est de coordonner des idées, non pas d'établir des certitudes. De cette vue incertaine, l'abstraction tira un concept absolu qui devint un des principaux mobiles de la pensée et de l'action; il s'associa et se confondit avec le sentiment, plus concret et moins faillible, du bien et du mal. Le vrai fut assimilé au bien, le faux au mal. De ce parallélisme sommaire et prématuré, naquirent une foule de biens aussi imaginaires et de maux aussi factices que les rapports institués par l'anthropomorphisme entre l'homme et l'univers.

Entre les deux groupes d'intérêts physiques et intellectuels se place une catégorie apparentée à l'un comme à l'autre, qui leur emprunte tous ses éléments, et qui réagit sur eux à son tour; nous la nommerons l'art. L'esthétique applique à l'industrie les conceptions anthropomorphiques de l'intelligence. C'est le domaine légitime de cet anthropomorphisme, si funeste à la connaissance. Le propre de l'art n'est-il pas de façonner la nature à l'usage et à l'image de l'homme physique et moral? L'homme est le type auquel il compare et ramène toutes les combinaisons des formes, des couleurs et des sons. Mais il ne travaille pas seulement sur les produits immédiats de la sensation, sur les données de l'intérêt physique; il participe aux opérations de l'entendement, il s'empare des idées, des mots, qui en sont inséparables; les traitant comme les matériaux fournis par le monde extérieur, comme des corps d'une espèce particulière, il les modèle, les agence et les anime selon les lois de la plastique et de la musique.

Il prend alors les noms d'éloquence, d'imagination, de poésie. Dans le monde nouveau qu'il évoque, la composition et le style correspondent à l'architecture, l'image au dessin, à la statuaire et à la peinture, le rhythme et la cadence à l'harmonie et à la mélodie. L'intime accord de tous les moyens d'expression, produisant l'illusion de la vie, fait de la poésie la manifestation suprême de l'art, le dernier effort de son pouvoir créateur.

L'empire de l'art est vaste. Non-seulement il embrasse les régions intermédiaires qui relient la nature à l'homme, mais il s'étend et s'irradie jusqu'aux plus hautes comme aux plus humbles opérations de l'organisme ; l'art règle les mouvements du corps, affine les sens, aiguise l'odorat même et le goût, pare le visage, orne le vêtement, décore les ustensiles et les armes ; les langues tiennent de lui la variété de leurs formes et l'adoucissement de leurs sons ; et quelle n'est pas sa part dans l'ordonnance de la pensée, dans la logique, dans la science ? C'est à lui, on ne le sait que trop, que les religions ont dû leur splendeur, et celles-là même qui ont débuté par le condamner, le nier, par le fausser et l'abêtir, n'ont pas tardé à s'en faire un complice ; elles l'appellent à leur aide

    Pour réparer des ans l'irréparable outrage.

Comme les passions physiques ou intellectuelles, les passions esthétiques ont leur critère qu'elles appliquent à tous les objets et à tous les produits de l'art, et que les autres leur empruntent. Tout ce qui les satisfait est *beau*, tout ce qui les choque est *laid*. *Le beau* et *le laid* sont les équivalents esthétiques du plaisir et de la douleur ; le monde de l'art oscille entre ces deux pôles ; ils sont à l'art ce que le vrai et le faux sont à la connaissance, ce que le bien et le mal sont à la relation dans ce qu'elle a de plus compréhensif. La proportion est la même ; mais il y a loin de l'équation à l'identité. Transporté dans le ressort des deux autres, chacun de ces concepts joue un rôle accessoire. D'une complète assimilation entre eux, il ne peut résulter qu'une vaine phraséologie, des formules qui affectent la profondeur : « Le beau est la splendeur du vrai », par exemple, et dénuées de valeur philosophique.

La grande erreur de la raison est d'avoir fait passer indifféremment dans la catégorie de l'absolu toutes les idées fournies par l'expérience, d'avoir oublié, d'abord, que la relativité est le caractère général de toutes les connaissances, ensuite, qu'il existe de nombreux degrés dans cette relativité. Elle n'a considéré ni les conditions organiques, ni celles de temps, de lieu, de climat, de race, de tempérament. Elle s'est placée hors de l'expérience. Celle-ci lui aurait appris que rien n'a plus varié et ne varie plus que l'idéal esthétique; le beau est le plus relatif de tous les concepts, celui qui admet le plus de nuances et d'incertitudes. Chaque siècle, chaque année, chaque peuple, chaque homme, a le sien. Et comment se plaindre de cette diversité, sans laquelle l'art ne serait qu'une banale industrie? L'idée nécessaire de beau en soi, de perfection inconditionnée est chimérique, parce qu'elle associe des termes inconciliables.

L'homme, d'ailleurs, était bien éloigné de ces subtilités, lorsque ses rapports avec l'univers éveillaient en lui ces premières passions, directrices de l'évolution morale. A peine acquérait-il le sentiment du bien et du mal, du vrai et du faux, du beau et du laid, qu'il l'appliquait à ses relations avec ses semblables.

Est-ce la nature, est-ce l'intérêt, qui a fondé les sociétés? L'une et l'autre. L'intérêt n'est-il pas une nécessité naturelle? Il n'y a nul arcane dans l'aphorisme connu : L'homme est un animal sociable. D'autres le sont, par habitude ou par occasion. Les poissons vont par bandes; les chevaux, les gazelles, les moutons vivent en troupes; les loups s'entendent pour la chasse; le polypier, la ruche, la fourmilière, les villages de castors, les républiques d'oiseaux sont des sociétés. Enfin l'instinct génésique rapproche momentanément les bêtes les plus solitaires, et partout inaugure la série des actes moraux. Dans la famille animale, l'instinct jaloux de conservation, de propriété, ébauche déjà pour ainsi dire les vertus les plus hautes, celles qui, analysées, corroborées et quelquefois affaiblies par la réflexion, vont devenir l'ornement des institutions sociales, un thème à divagations métaphysiques : l'amour, l'affection, la défense et la protection du faible, le courage et le dévouement.

Le début des passions génésiques a été le même chez l'homme et chez les animaux. Les différences, s'il en a existé, ne paraissent pas toujours avoir été à l'honneur de notre ancêtre. A s'en rapporter aux observations des voyageurs, à interroger les mœurs bizarres des sociétés arrêtées dans leur développement, il s'en faut que ces formes premières, fort variées sans doute, de la famille humaine, aient dépassé le niveau commun de l'animalité. Le pigeon et sa pigeonne couvent alternativement leurs deux petits, les nourrissent à l'envi, leur apprennent à voler. Le tigre et la tigresse caressent et défendent leurs chatons jusqu'à ce que la force leur soit venue. L'homme ne s'est montré leur égal qu'après la fondation du foyer domestique et l'adoption de la monogamie.

La passion génésique s'est comportée, chez l'homme, conformément aux intérêts donnés par l'organisme et le milieu. Si l'on ajoute aux conditions générales de la vie, climat, nourriture, sécurité, loisir, état nomade ou sédentaire, les circonstances ethniques et individuelles, la fréquence du prurit, la force génératrice, la proportion numérique des sexes, la culture intellectuelle du mâle et de la femelle, la rapidité ou la lenteur de la croissance chez l'enfant, l'exemple des chefs, les prescriptions et les lois imposées et fixées par l'habitude, le langage et la religion, l'on aura tous les éléments des institutions familiales, les causes qui les ont établies, conservées ou modifiées.

La promiscuité a été le point de départ. A l'époque du rut (car il n'était pas question encore de « faire l'amour en tout temps » : ce *noble* privilége, dont l'âme éthérée se garde bien de rougir, n'est qu'une lente acquisition du sentiment esthétique sollicité par la mémoire), le mâle errant cherchait ou rencontrait la femelle et, de gré ou de force, apaisait sa fureur.

Ils ne se seraient pas reconnus le lendemain. Quant aux enfants possibles, l'homme n'y avait pas un moment songé ; s'il en naissait, le père avait eu cent fois le temps d'oublier la mère. Ce n'est pas trop se hasarder que de reporter jusqu'à ces anciens âges, où régnait le besoin brutal et imprévoyant, les lubricités bestiales ou contre nature, qui n'ont manqué depuis à aucun peuple et à aucun temps. Rappelons-nous, d'ailleurs, que l'évolution garde toujours quelques traits de ses phases successives. Chez certaines tribus sauvages, le baiser est inconnu, et il n'y a pas de mot dans leur langue, qui signifie aimer; et cependant elles connaissent le sentiment paternel; déjà les rapports des sexes sont soumis à quelques règles, parfois sévères, mais la marque de la grossièreté primitive y demeure empreinte : où ne la retrouve-t-on pas? L'antique besoin se déchaîne encore, dans le mariage et hors du mariage, au sein des civilisations les plus raffinées, et nos sociétés pudiques sont tenues de compter avec lui. Comment aurait-il disparu? N'est-il pas la condition absolue et nécessaire du poétique, du pur, du chaste et divin amour?

Cependant, diverses nécessités ne tardèrent pas à influer sur les relations, non-seulement de l'homme avec la femme et l'enfant, mais des hommes entre eux. Il fallait se procurer et garder, sous la main les instruments du plaisir. La femme était une propriété qu'il fallait défendre, propriété commune quand elle paissait en troupe dans le voisinage du troupeau mâle, propriété particulière quand l'homme, vainqueur de ses rivaux, s'était emparé d'une femelle ou suffisait à plusieurs. Il est probable que la polygynie, la polyandrie, l'union polygame ou monogame existèrent à la fois. Là où les femmes abondaient, un homme pouvait ou devait en posséder plus d'une. Là où les femmes étaient rares, chacune se trouvait recherchée par plusieurs hommes. Quand la proportion numérique se rapprochait de l'égalité, il se formait des couples, plus ou moins durables; chaque homme eut sa femme, et aucun, sauf les forts et les adroits, ne put impunément détourner la femme d'autrui. A chacun de ces régimes correspondirent des habitudes, des mœurs et des institutions différentes; l'un des plus étranges, à notre point de vue moderne, est ce *matriarcat*, encore en vigueur chez plusieurs peuplades sauvages, et qui occupe une place notable dans l'histoire des origines du droit ; il a été surtout étudié par des savants anglais et allemands ; Élie Reclus en a plusieurs fois entretenu les lecteurs de la *République française* ; il semble avoir régné dans la Chaldée et dans l'Europe orientale ; si l'on en juge par les traces qu'il a laissées dans les mythes, dans les coutumes et jusque dans le droit romain, les Aryas et les Sémites l'auraient trouvé établi dans les contrées où ils ont introduit le principe contraire, la paternité, l'autorité paternelle.

Le matriarcat nous reporte aux temps et à l'état social où les femmes étaient la propriété collective de la tribu. La femme était alors le centre de la famille ; la maternité était la source de la parenté. Rien de plus naturel et de plus logique. « Je suis fils d'Ulysse », disait Télémaque, « ma mère me l'a dit. » La paternité est un acte de foi, la maternité un fait constant. La première demeure si incertaine que, hors du mariage, notre code en interdit la recherche. Seul, à défaut de la présomption légale, l'aveu du père en constitue la réalité. Les institutions fondées sur l'inébranlable certitude de la filiation maternelle ont été amendées, seulement dans leurs conséquences accessoires, et complétées par les institutions issues du droit paternel. Mais elles n'ont pas péri ; leur base est trop solide. Les Romains ont tenté de leur substituer la loi de l'*agnation*, de la parenté paternelle ; mais leur droit a dû rendre sa juste place à la parenté utérine ; et aujourd'hui les deux principes, combinés, régissent de concert la délicate matière des successions.

Pour plusieurs raisons, la paternité devait prendre le pas sur la maternité. La première est que l'homme pouvait seul fournir à la subsistance de l'enfant et de la femme elle-même. Ensuite, l'habitude de protéger contre toutes entreprises le groupe formé autour de lui, les précautions de sa jalousie, achevaient de le convaincre de sa paternité. En même temps, la comparaison, l'orgueil de son choix, le souci de son œuvre et de son bien, transformaient en amour durable pour sa compagne ou son harem, pour les petits nés de sa chair, l'impulsion instinctive du besoin génésique. Mais rien n'a plus contribué à l'affermissement et à la consécration de l'union conjugale que la croissance lente du petit humain. Après douze ou quinze ans de soins communs et nécessaires, ou bien la fougue sensuelle s'était amortie, ou bien l'habitude avait fixé le désir. Chaque enfant ajoutait un anneau à la chaîne que la mort seule de l'un des époux venait rompre, que l'affection prolongeait quelquefois jusqu'à la mort du survivant.

L'enfant est le centre et le pivot de la famille. Il l'a toujours été ; en fait, toutes les pensées, tous les efforts de la mère, puis du père ont eu l'enfant pour unique objet. Mais sa faiblesse dissimulait sa puissance. Il a fallu de longs siècles, une force de réflexion lentement acquise, pour établir son droit primordial et supérieur. Nous verrons que, dans la famille, comme dans l'organisme social, la transformation graduelle du concept d'autorité a été la mesure du progrès, qui est loin d'être achevé. De même que l'individu a été considéré comme la chose du roi, du gouvernement, ou de la cité dont il est membre, de même l'enfant débuta dans la vie par être la chose de la mère et du père, leur bien le plus précieux, certes, leur trésor, mais enfin leur chose ; le père se trouvait investi du droit de l'accepter ou de le rejeter, de l'*exposer*, de le tuer même, à plus forte raison de le façonner à sa guise, selon son idée du bien, du beau et du vrai. Cette illusion, inévitable au reste, a laissé des traces bien visibles dans nos lois et dans nos mœurs, à côté de dispositions et d'actes qui procèdent du principe contraire.

Ce qui fait la beauté du vers connu : *Maxima debetur puero reverentia*, c'est la juste intuition de la place qui appartient à l'enfant dans la famille ; mais ce n'est pas le *respect* seulement qu'on lui doit, c'est la reconnaissance et la garantie de son droit. A son égard il n'existe que des devoirs ; ceux qui lui incombent ne sont que médiats et réciproques. Le droit des parents est engendré par l'accomplissement de leur devoir ; l'autorité paternelle a pour source, pour règle et pour limite uniques, l'intérêt présent et futur, le droit de l'enfant ; elle y est subordonnée. Cette vérité n'ébranle en aucune façon l'obéissance utile de l'enfant à ses guides naturels ; elle ne contredit pas aux convenances des parents, aux nécessités qu'entraîne l'inégalité de leurs moyens intellectuels ou pécuniaires, mais elle les domine et les pèse à leur valeur. Elle est la base d'un droit nouveau, qui n'effraye que les adversaires de l'instruction obligatoire. La liberté, dans une mesure chaque jour accrue, existe pour le citoyen ; elle n'existe pas pour le père. Il l'a perdue à l'heure où il a donné, imposé, la vie à l'être qui ne l'avait pas demandée.

On conçoit, sans que nous y insistions, la variété des conséquences morales et sociales des rapports institués par la famille entre les époux, les enfants et les parents, frères et sœurs, beaux-frères et belles-sœurs, gendres, brus et beaux-pères, belles-mères, oncles et neveux, cousins de toute branche et de tout degré. Dans la famille patriarcale ou monogame, ces noms et toutes les relations qu'ils supposent datent de la plus haute antiquité. La linguistique aryenne nous montre dans le frère le soutien (*bhra-tr*) de la sœur, dans la fille la petite vachère, dans le père celui qui commande, protége et nourrit, dans la mère celle qui crée, qui façonne, qui mesure la tâche. D'autres noms, synonymes, indiquent d'autres qualités et d'autres fonctions, et attestent les progrès de l'analyse appliquée aux faits et aux idées. Le sentiment du bien, du beau et du vrai s'accroît et se diversifie ; l'instinct égoïste et unilatéral se dédouble et se multiplie par réciprocité. L'individu ressent par contre-coup les émotions, les plaisirs et les douleurs des êtres qui sont un prolongement de sa personne et de sa propriété ; jouissant et souffrant par eux, il leur fait partager ses joies et ses peines. L'intérêt de tous réside dans l'accord des intérêts individuels. Ainsi naît, par comparaison, compensation et fusion, cet *altruisme* dont l'hérédité va faire à l'homme une seconde nature, qui ne supprime pas la première, mais qui la recouvre, l'embellit et la féconde.

Mais il ne faudrait pas se figurer que la solidarité soit un concept simple, issu directement d'un instinct primitif et irréductible. Elle suppose un état de culture suffisant pour que la réflexion détache l'homme de lui-même et l'envisage objectivement comme une unité dans un groupe dont tous les membres ont des besoins divers ou analogues, mais également dignes d'attention, puis que la raison opère non plus seulement sur les notions comparées du bien et du mal individuels, mais sur le rapport du bien et du mal d'un semblable avec le bien et le mal d'un autre et de plusieurs autres semblables. De ce travail mental se dégage l'idée de sacrifice momentané ou habituel d'un bien à un autre, la préférence d'un bien lointain et plus grand à un bien immédiat et moindre. A mesure que l'horizon de l'esprit s'étend, que les mobiles du désir et de la volonté croissent en nombre, le plaisir, comme un Protée inépuisable, change de forme, se subtilise, avec une infinie rapidité ; il se cache même dans une douleur, derrière une série de maux et d'angoisses.

Dans les civilisations avancées, il arrive que des êtres, même vulgaires et frustes, accomplissent sans réflexion des actes qui supposent une longue élaboration intellectuelle ; c'est que l'éducation et l'hérédité l'ont abrégée ; elle a eu lieu ; les résultats en sont acquis et deviennent pour certains tempéraments des mobiles péremptoires. Alors des esprits plus déliés que profonds constatent un désaccord entre l'acte et l'intérêt individuel ou immédiat ; s'ils en cherchaient la cause, ils s'apercevraient que l'intérêt a changé, non pas de nature, mais d'objet, et comment, par quelles gradations, il a passé de l'individuel au réciproque, du proche au lointain, bien plus, du physique à l'intellectuel.

Les tâtonnements de l'esprit, son incohérence apparente dans l'appréciation du bien et du mal qui ne touchent pas directement au besoin organique, ne se trahissent nulle part avec autant d'évidence naïve que dans les relations de famille et dans la variété des coutumes qui s'y rapportent. Chaque temps, chaque race, chaque homme conçoit différemment l'office et la condition de l'enfant (nous l'avons vu), de l'épouse, du mari, du père, du vieillard. Et cependant le sauvage qui enterre jusqu'aux épaules son père impotent et, d'un coup, lui tranche pieusement la tête, ou qui mange quelque vieille au besoin, le Grec ou le Romain qui expose son fils nouveau-né, le Spartiate qui jette dans un précipice son enfant contrefait, le Guèbre ou le Pharaon qui épouse sa sœur, le moderne qui tue sa femme infidèle, tous obéissent à un intérêt plus ou moins exactement interprété. Et il a existé des milieux sociaux, il en existe encore, où ces actes étaient et sont légitimes, innocents.

Par combien d'états, de statuts personnels, l'épouse n'a-t-elle point passé, toujours déterminés par les formes de la famille, par le sentiment esthétique, par la culture générale, par le caprice individuel? La polygamie en fait une machine à plaisir, le jouet d'un maître, l'ennemie de rivales qui la détestent. La monogamie l'élève à une sorte d'égalité complémentaire, au rang de maîtresse de maison, de moitié de l'homme, lui assure une part de gouvernement, mais sans lui épargner les ennuis de la réclusion, l'humiliation de partages qu'elle doit feindre d'ignorer; ses infidélités sont criminelles et châtiées, celles de l'homme impunies. D'ailleurs, ce mariage monogame, qui est la condition nécessaire de la famille véritable, ne peut pas détruire, il ne peut que combiner, les données de la nature et celles du milieu social.

La femme ne peut sortir de son sexe; nul ne songe à s'en plaindre, ni à l'en plaindre; son sexe domine sa destinée, mesure à ses fonctions ses droits et ses devoirs, fait sa faiblesse et sa force. Et cette force, comme on sait, est grande. Il n'y a peut-être pas une année dans toute la vie où l'homme se soustraie à cet empire. Ce n'est pas au crime seulement que s'applique l'aphorisme : « Cherchez la femme »; il n'est guère d'action dont elle ne soit l'inspiratrice. En dehors même de l'autorité nécessaire et charmante qui lui appartient comme maîtresse du foyer, mère, confidente, consolatrice, elle tient de sa faiblesse physique une puissance parfois redoutable, mais qui a été un merveilleux agent de civilisation : car c'est la faiblesse qui a enfanté la pitié, la charité. Calculez enfin tout ce que doivent les arts à l'amour, à la beauté; vous verrez combien est grande la part de la femme dans l'établissement du règne humain. Aussi le progrès de la civilisation est-il proportionnel à la place que les mœurs et les lois ont reconnue à la femme dans la société.

La femme a surtout développé les sentiments affectifs et les idées qui en procèdent. Ce n'est pas que son cerveau ne soit capable de toutes les opérations intellectuelles ; des milliers d'exemples ont prouvé ses aptitudes littéraires, artistes, industrielles, politiques et même scientifiques, et nombre d'étudiantes américaines, russes, anglaises, françaises abordent aujourd'hui avec succès les épreuves jadis réservées aux hommes. Mais, sans examiner si l'infériorité moyenne, en volume et en poids, que l'on constate dans l'encéphale féminin est un caractère naturel et sexuel ou provient d'un long arrêt dans la culture, il est impossible de méconnaître les différences fondamentales qui distribuent à l'homme et à la femme leurs rôles, à l'un la vie publique, à l'autre la vie privée.

Si la femme est, à certains égards, un membre de l'État, un citoyen, possesseur de biens, commerçant, payant l'impôt (et, à ce titre, elle a mille fois raison d'attaquer les lois qui prolongent sa minorité), ses fonctions, déterminées par sa nature physique, morale et intellectuelle, lui interdisent une coopération personnelle active et continue aux grands services publics. On ne peut faire abstraction de son sexe, de ses grossesses, de ses incommodités périodiques, moins encore de sa grâce et de sa coquetterie nécessaire. Comment ne pas sourire à l'idée d'un ministre à la taille arrondie et intéressante, d'un orateur en chapeau à fleurs, à voix d'enfant? Les réformateurs américains, l'excellent Stuart Mill, qui réclament pour nos compagnes et nos sœurs le droit de suffrage et de représentation, n'avaient pas assez lu Aristophane.

Chez nous, d'ailleurs, le cléricalisme est assez redoutable par lui-même, sans lui concéder le renfort de dix millions de femmes. Par sa nature affective, instinctive, la femme est sujette à la superstition, à la crédulité, à l'enthousiasme irréfléchi, toutes choses bannies, ou qui devraient l'être, des délibérations politiques. Quand le progrès des temps aura éliminé ces causes de trouble et d'esclavage intellectuels, il sera possible, à la rigueur, non pas d'encourager les exceptions, mais de leur livrer carrière. La liberté est la solution dernière de tous les problèmes sociaux, mais elle ne peut être ni prématurée, ni hostile à l'intérêt général, ni surtout contraire à la nature des choses.

Nous venons de faire allusion à l'appui constant et profitable que le culte et le prêtre ont obtenu de la femme ; celle-ci, en effet, pour perpétuer les illusions de la primitive ignorance, n'avait qu'à obéir aux élans irréfléchis de sa joie ou de sa douleur. Puisqu'il était convenu que des dieux dirigeaient le monde, que ces dieux, étant bons, donnaient la vie, que, la vie étant bonne, les dieux devaient la continuer après la mort, combien il était facile aux faiseurs de pluie de soutirer à la femme des prières, des actions de grâces sonnantes et trébuchantes, et, par l'éducation des enfants, de prolonger l'enfance des hommes ! Au reste, si les religions surent trouver habilement dans les mariages, les naissances, les funérailles et les anniversaires des occasions de fructueuse ingérence, les idées suggérées par les divers événements de la vie familiale ont à leur tour apporté aux mythes un contingent inestimable de métaphores et de faux raisonnements. De la famille humaine procèdent les familles divines, les trinités, les amours entre les mortels et les divinités, les incarnations. La génération divinisée, représentée sur les autels, l'assimilation du feu à la vie née d'un frottement et d'une onction sainte, la paternité du monde attribuée aux dieux, l'amour du père éternel pour sa famille humaine, sont des conséquences religieuses et métaphysiques de la famille. Ces transpositions du réel dans l'idéal, appliquant leurs broderies confuses sur la trame déjà épaisse des vérités imaginaires, vinrent compliquer indéfiniment l'inextricable fouillis d'erreurs qui enlace l'humaine raison. C'est ainsi qu'en développant les facultés, tous les intérêts, tous les actes insinuaient dans les opérations intellectuelles des causes de perversion qui réagissaient à leur tour sur le sens du bien, du beau et du vrai. *Progeniem vitiosiorem !* Progression constante, simultanée et réciproque de jugements viciés par les éléments mêmes qu'ils avaient corrompus. Près de cette promiscuité de chimères se multipliant dans le cerveau, que sont tous les incestes de la mythologie ?

L'intérêt et la passion génésique, les relations de l'homme

avec la femme et avec l'enfant, ont fondé la morale affective. Des rapports entre l'homme et l'homme, entre les groupes d'hommes, entre l'individu et l'ensemble des individus, va se dégager la morale rationnelle. La première tire les notions de bien et de mal d'un petit nombre de sentiments impérieux qui brusquent la délibération et la volonté ; l'autre, éclairée par la comparaison de mobiles infiniment plus nombreux et plus divers, arrive à des conclusions moins directement nécessitées par les conditions organiques et animales. Toutes les deux, elles partent du même fonds original, des mêmes instincts et intérêts vitaux ; mais celle-ci va plus loin et plus haut. Toutes les deux font appel à toutes les facultés et à toutes les formes de l'activité humaine ; mais celle-ci, passant par tous les stades de l'élaboration intellectuelle, dépouille ses concepts de leurs éléments sensitifs ; dans le monde abstrait qu'elle se crée, elle n'opère plus que sur des rapports de quantité considérés en eux-mêmes ; elle en extrait enfin la moyenne et la résultante et, au-dessus du bien, du vrai, du beau, au-dessus de l'amour et du dévouement, elle dresse le phare suprême et la loi de toutes les actions, le *juste*.

Mais le *juste* n'est exempt ni de variations ni d'éclipses. Non-seulement la lumière n'éclaire pas « tout homme venant en ce monde » ; non-seulement elle est longtemps obscurcie, traversée par les fumées de l'organisme et des sens, des affections et des croyances ; mais encore elle naît, elle se nourrit de ces vapeurs, de ces mélanges impurs, elle en est faite. Son épuration est l'œuvre des siècles, de l'expérience et du génie. La passion de la justice, avant de dominer et de régir toutes les autres, en subit le contact et l'empire. Bien plus, elle ne peut ni ne doit les annihiler sous peine de perdre à la fois son principe, ses moyens et son but. La fonction de la morale rationnelle est la distribution du travail ; il lui appartient de faire à chaque intérêt naturel et acquis sa part légitime et compatible avec une harmonie générale qui se nomme le bonheur. Elle ne doit oublier ni le corps, ni le sexe, ni l'âge, ni l'individu, ni le milieu ; aucune source ni aucun genre de plaisir et de douleur. Et comment le pourrait-elle ? Elle n'est pas sortie tout armée d'une raison qui n'existait pas encore ; elle ne s'est pas formée isolément avant ou après la morale affective, ni au-dessus, ni en dehors. Elles sont nées ensemble ; ensemble elles ont tâtonné, bégayé, grandi, échangeant leurs aliments, s'empruntant et se suggérant leurs idées, parfois, jumelles ennemies, se livrant de rudes combats, mais condamnées à la vie commune et aux compromissions les plus étranges. L'une préside à la famille, l'autre à la société ; mais elles se complètent réciproquement, celle-ci en introduisant l'équilibre social dans les rapports familiaux ; celle-là en faisant de la société une grande famille, et c'est elle qui achève la grande devise ; à l'égalité, expression de la justice, elle ajoute la fraternité, transposition de l'amour. Quant à la liberté, condition générale et première, elle appartient à l'individu ; étant, comme nous le savons, l'exercice non entravé des instruments qui concourent à la satisfaction des besoins naturels et acquis.

En même temps donc qu'il s'appropriait l'univers et la femme, l'homme rencontrait devant lui l'homme, son semblable, appliquant au même objet les mêmes moyens. *Homo homini lupus*, a dit Hobbes. On a contesté cette formule absolue ; elle n'est pas cependant périmée, et il est manifeste qu'elle a régi les premiers rapports sociaux. Que l'homme ait débuté par l'isolement, ou par la famille, ou par le troupeau, l'individu, le couple ou la tribu s'est trouvé en présence d'un être ou d'un groupe rival. Qu'il ait chassé pour lui seul, ou qu'il ait, comme fait encore le loup, concouru avec des voisins de rencontre ou de race à la poursuite d'un même gibier, il lui a fallu ou disputer ou partager sa proie. Dans les régions bien pourvues, ou quand la prise était de taille, une égale satiété a pu motiver une concorde précaire, farouche. Encore faut-il compter avec l'impulsion brutale du besoin qui porte à s'emparer du bien d'autrui ; non pas d'abord parce qu'il est à autrui, mais parce qu'il est prochain ; ensuite par instinct d'appropriation, de conservation, de prévoyance ; finalement par envie, résultat d'une comparaison instantanée. Qui dit envie, dit haine, colère, attaque ouverte ou dissimulée ; la ruse n'est que le substitut de la force. Notez bien que la possession de la femme, du territoire, de la caverne a donné lieu aux mêmes passions et aux mêmes actes.

Ou bien le vaincu était tué, quelquefois mangé, pris, et il entrait alors comme esclave dans la propriété du vainqueur; ou bien il s'échappait, cherchant quelque arme nouvelle, un secours, un allié. Et la lutte recommençait, pour se prolonger bien après la disparition de ce qui l'avait motivée, et des primitifs adversaires. Le compagnon transmettait à son associé, le père à ses fils, la famille et la horde à leurs membres vivants et à naître, des vengeances et des inimitiés d'autant plus tenaces que la cause en était oubliée. Déjà, dans cette période de violence, on voit naître du combat, de la guerre, les premiers contrats, tacites ou exprimés par des engagements et entourés de garanties, solennisés par des gestes et des paroles, des danses, des chants, des cérémonies religieuses, des monuments. L'obligation qui en résultait pour les alliés, même pour le maître et l'esclave, était sans doute précaire, subordonnée à des circonstances et à des intérêts imprévus. La force, qui en avait été l'origine et l'objet, la rompait souvent, quand elle ne pouvait la maintenir. Tout le travail de l'esprit a eu pour but de faire passer dans le lien, dans l'idée abstraite du lien, la force qui résidait dans les deux parties contractantes. A mesure que ce transfert s'opérait, le contrat se personnifiait en loi; la loi, conservée par des juges, appliquée par des serviteurs, distribuait en arbitre reconnu le châtiment et la récompense. L'obéissance à la loi constituait ainsi un intérêt général supérieur aux intérêts individuels qui s'y étaient conciliés et confondus. A une juxtaposition d'intérêts elle substituait un accord et une hiérarchie d'intérêts.

Plus il entre d'intérêts individuels constants dans un intérêt commun et dans la loi qui l'exprime, moins cette loi est précaire et variable. On trouvera dans toutes les coutumes, dans tous les décalogues et les codes ces lois constantes qui n'ont varié que dans leur interprétation et leur sanction. Un mot les résume : *Suum cuique*. Elles interdisent d'enlever à tout membre d'une société son bien, c'est-à-dire sa vie, sa femme, ses troupeaux, ce qu'il tient soit de la nature, soit de ses parents, soit de lui-même (tout ce qu'il s'est approprié du consentement ou sans nuire aux intérêts d'autrui, limités par les siens). Elles répondent, et, dans quelle étroite mesure, à des nécessités immédiates et absolues, constatées sommairement par l'expérience la plus élémentaire, avant toute analyse et toute réflexion.

Que de fadaises débitées, que d'admiration perdue en l'honneur de ces rudiments de la moralité! Bienfait des dieux, vérités gravées au fond de toute conscience, impératif catégorique! Les préceptes qui les résument sont si peu gravés dans toutes les consciences qu'en cent lieux et en cent époques il a été, s'il ne l'est pas encore, licite et honorable de tuer et de voler *l'étranger*. Il a fallu qu'un sentiment affectif, la bienveillance, *caritas generis humani*, suggéré par la ressemblance des hommes, développé par les relations familiales, vînt s'ajouter aux prévisions de l'intérêt individuel, pour étendre, et bien lentement, bien incomplétement, au genre humain les garanties réservées d'abord à la tribu, à la peuplade, à la cité, à la fédération, à la nation et à la race.

La conception de l'humanité, si féconde, est relativement bien moderne ; et combien d'infractions le principe souffre encore ! Que pesait la vie d'un esclave pour un Romain, d'un Peau-Rouge pour un Espagnol, d'un nègre pour un blanc, d'un Polynésien pour un conquérant occidental, d'un chrétien pour un Turc, d'un juif ou d'un huguenot pour un catholique? Est-ce que, aujourd'hui, hier, des soldats civilisés, des officiers instruits, honnêtes, et même pieux, qui n'auraient pas maltraité un prisonnier ennemi, ne fusillaient pas sans pitié, sans remords, sans une ombre de scrupule, des vaincus désarmés, des gens de leur nation et de leur race? Hors du pacte social, hors la loi! Toute loi, sans exception, procède du contrat. L'obligation, le mot le dit, suppose des parties obligées. Point de morale, avant la société.

Avant la société, ne fût-elle que de deux hommes, il n'existait que des besoins. L'intérêt et la force étaient l'unique mesure des actions. Ni vertu, ni crime. Après la société et par elle, il existe des droits.

Toute société est un contrat, exprès ou tacite, instinctif ou réfléchi, par lequel l'individu concède pour conserver et acquérir. Cette définition s'applique aux sociétés les plus limitées, les plus spéciales, comme aux plus vastes et aux plus indéterminées. L'individu y fait l'abandon de certains pouvoirs et de certains biens pour garantir ceux qu'il se réserve et en obtenir de nouveaux. Ceux qu'il retient, par rapport à ceux que garde chacun de ses associés, constituent ses droits naturels ; ceux qu'il acquiert, ses droits civils ; ceux qu'il met en commun, le droit public, dont l'office est de sauvegarder les droits privés, civils ou naturels. Sans ce droit public, qui est le nœud du pacte, les droits naturels ou acquis ne seraient que des besoins.

La garantie d'un droit ou groupe de droits est limitée par un droit similaire, équivalent ou supérieur. Tout droit est relatif, et de cette relation résulte l'obligation, la réciprocité, le devoir. Tout droit se trouve donc doublé d'un devoir, soit négatif, le respect et l'obéissance, soit positif, le concours, le dévouement ; et l'accomplissement du devoir crée à son tour un droit, et une obligation nouvelle, la reconnaissance, la bienveillance. Qui viole un droit lèse tous les individus qui le possèdent ou le réclament. Qui l'exerce pour lui le confirme pour tous. La société se transforme ainsi en organisme idéal qui a pour facultés et mobiles d'action les droits et les devoirs, pour raison ordonnatrice et rectrice le droit public. De la correspondance exacte des droits et des devoirs résulte l'harmonie sociale, dont la surveillance et le maintien sont dévolus au droit public. Envisageant l'ensemble des droits et des devoirs, abstraction faite de toutes les particularités individuelles, de toutes les nuances et catégories, l'intelligence en dégage un concept général auquel la raison rapporte, comme à un type invariable, toutes les actions humaines. La conformité de l'acte au droit s'appelle justice. Nous savons que penser de cette invariabilité du droit et de la justice ; elle n'existe pas dans le concept, puisqu'elle manque aux faits dont il est tiré. C'est une fiction, dont l'utilité n'est que momentanée. Pour peu qu'elle cesse de répondre à la réalité, elle livre l'individu et la société à un désarroi moral où s'abîment les notions de droit et de devoir. En face d'elle se dresse une conception nouvelle de la justice, qui sera à son tour tout aussi invariable, tout aussi modifiable. Celle-là résiste, soutenue, imposée par les hommes auxquels elle suffit; celle-ci, tirée en arrière, se débat, se retourne et, égalant l'effort à la résistance, écrase parfois et pulvérise et anéantit l'œuvre de sa rivale. Comme toute lutte intellectuelle se traduit en paroles et en actes, le sarcasme éclate, le sang coule sur les ruines d'un ordre social condamné. L'histoire est faite de ces révolutions.

Nous assistons sans doute à un apaisement progressif de la terre habitée. Nous le prévoyons plutôt. L'échange des idées entre les sociétés fixées tend à établir un niveau, une moralité générale que tous les hommes et tous les peuples atteindront quelque jour. Dès qu'il est conçu, réalisé dans l'intelligence, ce type définitif, poussé à l'absolu, devient un puissant mobile de volonté et d'action, un critère que nous appliquons au présent, même au passé. L'erreur est de le placer à l'origine de l'évolution morale, dont il dérive, d'en faire la cause de toute l'élaboration intellectuelle dont il est la résultante et la conclusion anticipées. Cette erreur est de tous les temps; elle a été un puissant refuge aux aberrations métaphysiques et religieuses. La Providence lui doit le plus beau fleuron de sa couronne.

La justice absolue, qui n'existe pas ou n'existera jamais, même sous forme de concept défini, parce que son essence est la relation, la justice s'en est allée rejoindre au sein de la Divinité l'omniscience et la toute-puissance; elle fait corps avec tous les néants. On porte à ses pieds l'appel de toutes les justices d'ici-bas, réformables et transitoires. Bien plus, on l'implore contre les maux irréparables, contre les inondations et les volcans, les pestes et les naufrages, contre la mort (dans la douleur, on s'en prend aux arbres, aux pierres, voire aux statues des dieux). On lui attribue les fatalités impassibles, on l'accuse de somnolence et d'oubli, on lui démontre son injustice, on la maudit. Bon moyen de la ramener à de meilleurs sentiments! Concevez-vous cette justice immuable, éternelle, qui se permet des iniquités dans le présent pour les réparer dans l'avenir, à l'égard d'êtres qui n'ont point d'avenir? Et en avant les postulats de la raison, la nécessité d'une vie future qui prouve à son tour, par cercle vicieux, l'existence d'un Dieu véridique et juste! On proteste, en pleurant, de sa confiance, de sa résignation aux insondables décrets de la Providence, pourvu qu'un petit miracle vienne par instants rassurer ses dévots. Les cierges s'allument, l'encens fume, l'or pleut dans les tonneaux des Danaïdes, l'âme s'élance sur les ailes de la prière. La justice d'en haut reste froide. Elle ne dit mot. Si l'on savait son excuse!

« Le paon se plaignait à Junon. » Au moins Junon lui répondait par la bouche du malin bonhomme. Pauvres dupes, la justice est à vous; c'est votre œuvre, le concept tiré par vous des relations entre vos droits et vos devoirs, des effets de vos actes; il vous appartient de la faire. Vos lamentations, le sentiment exagéré de votre impuissance momentanée ou définitive, l'invocation à la justice absolue contre votre propre justice progressive, ont pour conséquence la plus fausse et la plus stérile de toutes les vertus, la résignation, nom décent du désespoir, de l'apathie, exploitée par toutes les autorités pseudo-célestes, et par toutes les tyrannies terrestres et réelles. Si la justice suprême fait tout, laissez-la faire. Mais vous démentez vous-mêmes votre syllogisme; vous agissez, vous marchez. La nécessité des besoins acquis, l'espérance des biens entrevus vous guident, vous poussent vers le mieux, vers la réalité de la justice.

Vraie ou fausse, disent quelques-uns, la croyance à une réparation future est utile et salutaire. Les malheureux y trouvent une consolation. Mais l'enfant est consolé, lui aussi, quand on lui promet la lune, qui échappe à ses mains tendues; et il est moins trompé: du moins la lune existe; Astolphe et F. l'ont visitée. Appliquons cependant cette consolation aux plus grands maux de la vie, à la perte d'un adolescent, à la mort d'un fils, d'une mère, d'un père, d'une épouse, d'un ami, d'un membre. Qui abuse-t-elle? Est-ce que vous ne savez pas, de science certaine, que, de ce visage chéri, de ce cerveau où votre image était fixée, de ce cœur qui battait à votre nom, de cette voix dont le timbre vous allait à l'âme, de cette main qui traçait vos pensées, de cette pauvre jambe que la gangrène ou l'obus vous ont arrachée, oui, que de cet être précieux il ne subsistera, dans une année, que des os et la terre qu'il va nourrir? Est-ce que la personne est séparable de la vie et de la forme qui la constituent? A quoi la reconnaître? La résurrection de la chair, du moins, est conséquente dans l'absurde. Mais qui croit à cette folie, même parmi ceux qui l'enseignent? « Rachel ne veut pas être consolée, parce qu'ils ne sont plus! » Voilà la parole honnête et sincère. Mais la consolation même est-elle un bien? Le temps ne vous l'apportera que trop tôt. En présence de la mort, la consolation est de n'être pas consolé, de garder présente et vivante la mémoire des amis perdus. Quant aux déboires passagers, aux misères les plus cruelles, mais atténuables ou réparables, ils n'admettent que deux consolations sérieuses : la sympathie, et, avant tout, l'effort personnel.

« Mais lorsque le malheur est irréparable, lorsque, à bout d'efforts, l'homme n'entrevoit qu'une chute déchirante et prolongée dans un abîme de maux, il n'y a plus qu'à mourir! » Soit. Le suicide est un remède radical contre la souffrance et la vie, contre la douleur et le plaisir. Mais quoi! la vie l'emporte. Et, quel que soit le nombre des morts plus ou moins volontaires, nécessitées par le délire ou la fièvre, ou délibérées par la raison, le genre humain continue de croître et d'agir, soutenu par l'impérieuse force du besoin, de l'intérêt et de la passion.

Mais soustraire les actions humaines (nous ne parlerons plus des fatalités naturelles) au jugement suprême de cet arbitre infaillible qui souvent sommeille (*aliquando bonus...*), n'est-ce pas enlever à l'obligation morale sa sanction? Nullement; elle en a deux, et elle n'en a pas d'autres, l'une sociale, la pénalité, l'autre individuelle, le remords, et, à défaut du remords, la terreur. Qui se dérobe à l'une n'échappe point à l'autre.

Nous parlerons plus loin de la peine, définissons le remords. Le remords est, confus ou clair selon le degré de culture, à la fois et plus ou moins rationnel ou affectif, le sentiment d'une déchéance morale. L'action coupable n'a pas seulement frappé la victime, elle se retourne contre le criminel, obsédant sa mémoire : elle lui représente le mal qu'il a causé et contre lequel il n'a plus de défense, le droit, qu'il ne peut plus invoquer, parce qu'il l'a violé, que la société, en vertu d'un concept supérieur, peut seule lui garantir encore. Sa raison le note d'infamie. Si la raison lui manque, l'instinct suffit à le traquer comme un paria. Le remords ne trouve d'allégement que dans la réparation du mal causé, et, quand elle est impossible, dans le regret ou repentir. L'expiation que le criminel s'inflige, et celle que la société proportionne au degré de la faute et au mal qui en fut la conséquence, sont une sorte de compensation, destinée à libérer le coupable et de son propre remords et de la vengeance de la victime. C'est une fiction utile, quand elle relève l'homme déchu ; mais elle atteint rarement son but. Les abus sans nombre qu'elle entraîne dans l'application et la mesure des peines sont inscrits à toutes les pages des codes religieux et politiques.

Un effet de l'obligation consentie ou seulement connue, c'est la responsabilité. En effet, tout homme informé des conditions du pacte social répond nécessairement des atteintes qu'il y porte sciemment. C'est parce qu'il ne les connaît pas toujours, c'est parce qu'il se trouve souvent dans l'impossibilité, soit organique, soit intellectuelle, de les connaître, de les comprendre, de les respecter, tout au moins de se retirer de la société qui les accepte, ou de la catégorie antisociale prédisposée à les violer ; c'est pour toutes ces causes que les tribunaux et les juges admettent des degrés dans la responsabilité et dans le châtiment, des circonstances atténuantes et aggravantes. L'appréciation de la responsabilité diffère en outre, selon les temps, les mœurs et les juges. Moins la société est éclairée, moins les pouvoirs qui la représentent réfléchissent sur sa propre part de responsabilité dans les actes de ses membres, et plus elle grossit et exagère la responsabilité des accusés ; plus elle prend conscience des devoirs que lui impose sa fonction rectrice, éducatrice, plus elle tient compte au coupable des nécessités qui ont pesé sur lui, plus elle tend à considérer le crime comme une erreur du jugement et une maladie de l'esprit. Mais elle ne peut aller, dans la voie d'une juste indulgence, jusqu'à la suppression de l'intérêt social premièrement, et ensuite d'une loi naturelle qui domine la question : tout acte entraîne des conséquences dont l'agent profite ou souffre. De cette loi, la responsabilité est l'expression sociale, la transposition : brute d'abord, quand elle se traduit par le simple talion, affinée, graduée, quand elle admet l'analyse des conditions de l'acte.

Je ne vois pas, pour ma part, ce que viennent faire, dans cette question de la responsabilité, la liberté absolue et la loi morale absolue des métaphysiciens ; elles n'en modifient aucunement la solution. On a vu que la délibération comporte une hésitation entre divers mobiles, un choix conscient d'où résulte une liberté relative, ou ce que le langage a nommé ainsi, dans la volition et dans l'acte; l'acte n'en est pas moins nécessité, mais il l'est en connaissance de cause ; et cette connaissance de cause est le point de départ de la responsabilité : la société, dans son enquête, n'a pas à remonter plus haut, et il lui arrive souvent de ne pas remonter jusque-là, parce qu'elle n'envisage les actes de ses membres qu'au point de vue et dans l'intérêt urgent, immédiat, des rapports sociaux. Seulement il lui appartient et il lui incombe de procurer aux individus ce choix conscient, cette connaissance de cause auxquels elle doit mesurer la criminalité et la responsabilité, sentiments et notions nés de l'état social, hors de lui sans valeur et sans objet.

Nous avons indiqué par avance et noté au passage l'apport des sentiments affectifs (génésiques et familiaux) dans la constitution des sociétés, dans la formation des idées et l'accomplissement des actes conformes ou contraires au pacte social. Ils apparaissent partout, soit comme éléments, soit comme auxiliaires ou correctifs des idées et des actes rationnels; ils les animent et les fécondent ; par eux le concept critique et rigide de la justice se transfigure en passion vivante, la plus noble de toutes par sa hauteur abstraite, la plus douce quand elle se pénètre de sympathie et de bienveillance.

Collaboratrice assidue de la morale rationnelle, la morale affective poursuit cependant son œuvre et son but particuliers ; elle a pour idéal la famille et pour but l'assimilation de la société à la famille ; elle transporte dans les rapports sociaux toutes les variétés et toutes les gradations de l'amour. Cette conception a fait la puissance des religions et notamment du christianisme ; non qu'elle leur appartienne, mais elles s'en sont adroitement emparées, et le plus souvent pour l'exploiter en la faussant. Le christianisme s'en est servi, comme on sait, pour dissoudre en fait la société antique, et pour ruiner virtuellement toute société, s'il n'avait été contraint de faire une part quelconque à la raison, à l'ordre civil. C'est à lui qu'on doit la confusion funeste des lois d'amour et des lois de justice. La philosophie, tout en luttant contre la contagion, ne l'a pas évitée ; elle en porte les marques. Elle doit aux religions ses divagations sur l'éternel, l'universel amour, la bonté de Dieu, créatrice et ordonnatrice d'un univers où cet amour et cette bonté ont pour conditions *sine qua non* des corps vivants, des sexes et des rapports sociaux.

Mais oublions cette cacologie. Dans la famille sociale, la justice conserve la direction suprême ; l'amour, conseiller et serviteur, consolateur et intercesseur, forme, agence les groupes et adoucit les contacts. Les affinités qu'il détermine correspondent aux divers degrés de parenté, mais souvent avec plus d'intensité dans les sentiments, plus d'énergie et de persévérance dans les volontés et les actions.

L'ami est le frère, mais un frère choisi. Aristote, Cicéron, et tous les moralistes ont exalté à l'envi les pures délices de l'amitié ; mais quand le premier a fait de l'amitié la base des sociétés, il a quelque peu étendu le sens du mot. L'amitié comporte bien assez de nuances et de variétés, depuis l'amitié de cœur jusqu'à l'amitié d'esprit, pour n'être pas atténuée jusqu'à la bienveillance ; elle n'admet pas la banalité.

Les relations moindres ou possibles s'échelonnent en séries collatérales qui descendent de la bienveillance continue ou intermittente à cette tiédeur vague qui confine à l'indifférence. Mais jusque dans l'indifférence, il y a des degrés, qui jamais n'atteignent à l'absolu.

Le hameau natal, la ville, la province, le pays, la patrie font résonner toute une gamme de sentiments filiaux. La loi d'affection est ici fondée sur la proximité; quand elle est seule entendue, elle est facilement obéie, et l'amour décroît avec la distance. Mais la raison intervient. A mesure que l'intelligence se développe et que l'horizon s'élargit, à mesure que les traditions historiques, l'extension du territoire, de la communauté sociale, de l'influence littéraire et scientifique constituent et ennoblissent la patrie, se dresse et grandit, les pieds dans le passé, le front dans l'avenir, une figure idéale, trésor de tous les souvenirs, source de tous les biens, immortel objet d'orgueilleuse vénération. C'est à elle qu'on doit son nom, sa langue, son rang et son office dans le monde. C'est la mère enfin, la partie la plus intime de nous-mêmes, celle dont les maux font couler nos pleurs, dont les humiliations gonflent nos veines, celle que nous couvrons de notre corps. Ah! que de jalousie virile, que de joie et d'angoisse, que de rage et d'enthousiasme se concentre dans l'amour de la patrie!

Et maintenant voici l'aïeule, antique et toujours jeune, l'humanité; son origine se perd dans la nuit des temps; elle survit à tous ses enfants et ne périra qu'avec le dernier homme. Toujours présente, elle nous enveloppe; mais son image est si vaste, qu'elle en est indéfinie. C'est un concept qui ne parvient pas à la personnification. L'affection qu'on lui voue, et dont Auguste Comte a voulu faire une religion, est un compromis variable entre l'amour et la raison, un sentiment qui se confond le plus souvent avec la bienveillance et se manifeste à l'occasion des souffrances de nos semblables.

Mais où donc est l'amour proprement dit? Manquerait-il dans l'ordre des rapports sociaux? Il faut le chercher au sein de cette société qui habite sous le crâne, qui travaille et pullule dans la ruche industrieuse à la grise écorce. C'est là que l'homme, *homo sapiens*, choisit, féconde et pare sa maîtresse, sa compagne, son épouse, le guide qui l'égare parfois, le console souvent et ne le quitte jamais : l'idée. Et c'est sa fille aussi ! Idée scientifique, littéraire, politique, invention poursuivie, gloire entrevue, pour elle on se dévoue, on vit et l'on meurt. L'amitié et l'idée, le phénomène le plus simple et le fait le plus complexe de l'évolution morale et rationnelle, sont seules capables de contre-balancer la patrie. Quand ces trois rivales s'unissent, l'idéal de la nature humaine est accompli.

Cette sublimation de l'amour, qui donne la vie à une abstraction, à l'ultime résidu du travail cérébral, est le plus étonnant triomphe du sentiment affectif : né du brutal besoin sexuel, au moment même où la raison partait du brutal intérêt organique, il l'a suivie pas à pas dans sa marche ascendante, et voici qu'au sommet de l'œuvre commune, il allume la plus noble et la plus puissante passion : l'amour de l'idée.

§ II. LA LÉGISLATION ET LA PÉNALITÉ.

Les contacts de tout ordre et de toute sorte, les ébranlements qui en résultent, les besoins et les intérêts qui en procèdent, en déterminant l'activité encéphalique, ont développé tout ensemble la vie intellectuelle et la vie morale.

Sous l'influence combinée des sentiments affectifs, dérivés de l'instinct sexuel, et des concepts rationnels tirés, par abstraction progressive, des relations d'homme à homme, les sociétés ont, chacune selon la forme que lui imposaient la race, le lieu et le temps, établi, accru et précisé, en limitant les uns par les autres, les droits et les devoirs départis à leurs membres : droits et devoirs naturels ou civils, quand ils se réfèrent aux rapports des individus entre eux; droits et devoirs publics, quand ils naissent des rapports entre l'individu et la réunion des individus ou bien entre celle-ci et les individus qui la constituent; elles ont aussi conçu et garanti diversement les droits et les devoirs qui découlent soit de leurs relations hostiles, neutres ou amicales avec les autres sociétés, soit des relations de leurs membres avec les membres de ces sociétés voisines ou lointaines ; elles ont dû considérer l'objet et le mode de tous ces rapports privés, publics, internationaux, intérieurs et extérieurs, les faits, les professions, les services qui les conditionnent et les caractérisent ; ne sont-ils pas tour à tour et à la fois commerciaux, industriels, militaires, ruraux, urbains, terrestres, maritimes ? En même temps, il fallait assurer par des règles appuyées d'une sanction pénale l'exercice de tous ces droits et l'accomplissement de tous ces devoirs ; ce n'est pas tout : à mesure que l'analyse et la synthèse élucidaient à la fois la nature, la valeur proportionnelle des droits, devoirs, règles, afférents à chacune de ces catégories, et les relations de ces catégories entre elles, il a été nécessaire d'en coordonner les éléments et l'ensemble d'après une conception générale et abstraite du droit.

L'œuvre n'est pas terminée, même en théorie, et elle ne peut jamais l'être, parce qu'elle est plus complexe encore qu'elle n'est vaste, plus instable qu'elle n'est complexe. Elle est pleine d'arrêts, de reculs, de progrès compensés et disputés : ces relations et ces intérêts qui s'engendrent réciproquement, qui se favorisent ou se contrarient, sont bien loin de suivre une progression régulière et parallèle ; et l'idée qui en est la somme est astreinte au même développement inégal, tantôt confuse et tantôt distincte, presque achevée sur une ou plusieurs de ses faces, sur d'autres grossièrement ébauchée. Comment le concept critique du bien, de l'utile, du juste, serait-il donc immuable ? Ce qui fait illusion sur ce point, c'est que, jugeant toutes ses formes antérieures d'après la dernière, d'après celle que notre intelligence a réalisée ou prévue, nous les considérons comme des dérogations à un principe supérieur. Cette vue n'est pas sans avantage pratique ; elle peut ou du moins devrait nous préserver de retours funestes à des institutions incompatibles avec l'état social présent ou à venir, et qu'à ce titre nous avons le droit de condamner, de combattre au besoin. Mais elle est inapplicable à l'histoire du droit. L'erreur d'aujourd'hui fut la vérité d'hier.

On chercherait vainement, je ne dis pas une disposition légale, mais un de ces principes juridiques dont on fait si légèrement honneur à Moïse, qui n'ait varié et ne varie soit dans la forme, soit dans l'esprit, soit dans l'interprétation. Prenez ces deux préceptes que l'on peut tenir pour fondamentaux : « Tu ne tueras point, tu ne voleras point, » et voyez les restrictions sans nombre qu'y ont apportées des nécessités permanentes, comme la légitime défense et la pénalité, temporaires, comme la guerre, le duel, l'adultère de la femme, le pouvoir paternel, l'intérêt politique ; voyez les développements et les corollaires infinis qu'y ajoutent la conception plus complète de la vie et de la propriété, les progrès du droit public, du droit international et du droit des gens ; tout ce qui est entré dans ces deux mots : *Habeas corpus*. *Corpus*, c'est non-seulement le corps avec tous ses membres et le libre jeu de ses organes, la liberté d'aller et de venir ; c'est encore la liberté de travail, de pensée, de conscience, de parole, d'association, de réunion, la liberté politique. Voilà ce qu'il s'agit de soustraire à la violence, au meurtre et au vol : tout cela susceptible de restrictions, d'extensions, de conditions, sur lesquelles on ne s'entend pas.

La confusion est augmentée encore par le désaccord partiel ou total des législations avec l'état moral des peuples. Fixées par des formules verbales ou écrites, par l'habitude, par l'intérêt des groupes qui les ont édictées pour eux et qui en profitent, elles opposent au vœu des générations nouvelles une force d'inertie qui n'exclut pas les accès de fureur conservatrice. Elles ne reculent et n'avancent que pas à pas, et rarement jusqu'où il faudrait. Leurs progrès contraints sont arriérés déjà. Et il en est ainsi dans les sociétés les mieux organisées pour communiquer au centre, par le moyen de représentations électives fréquemment renouvelées, les impulsions parties de tous les points compris dans la circonférence ; à plus forte raison dans les sociétés mal informées, condamnées à l'incohérence par le morcellement du territoire et de l'autorité, ou bien étouffées sous une hiérarchie de castes immuables, ou bien encore aplaties sous le niveau tyrannique des monarchies absolues et héréditaires.

Ces lenteurs de l'évolution législative sont parfois un mal, souvent un bien ; mais elles sont inévitables. Ne vous est-il pas arrivé de vous étonner en lisant la clause qui termine d'ordinaire le texte des lois nouvelles : « Sont abrogées les lois telles et telles, sauf en leurs dispositions non contraires à la présente loi ? » Et c'est là, en effet, une formule dangereuse, féconde en interprétations sophistiques. Eh ! bien, elle n'a été adoptée, à tort, que pour éviter au réformateur la peine de transcrire les articles anciens qui peuvent et doivent être conservés. Un changement total et brusque amènerait un soubresaut dans les relations sociales ; il risquerait de léser les intérêts légitimement créés par l'ancienne loi. C'est aussi par cette raison que les lois nouvelles n'ont point d'effet rétroactif lorsque leur application violerait des droits acquis. Il est nécessaire que, dans les temps de progrès régulier, les réformes législatives s'opèrent par voie d'amendement. Les révolutions les plus complètes et les plus radicales elles-mêmes, celles qui veulent et croient supprimer d'un coup tout un ordre social factice, ne sauraient échapper à cette nécessité ; leurs codes sont rédigés par des hommes nourris des lois anciennes pour un peuple qui a vécu et qui vit encore sous l'empire de ces lois, dont ces lois ont régi les mœurs. Aussi ne doit-on pas être surpris de rencontrer, dans les législations modernes les moins imparfaites, des traces beaucoup trop nombreuses des régimes abolis. La nôtre est un composé de droit romain et de droit coutumier (combinaison du droit romain avec les usages locaux) ; on y trouverait aisément, surtout dans le système des contributions indirectes, si cher aux financiers de la vieille école, mais si vexatoire pour le citoyen, si corrupteur pour le commerçant, plus d'un souvenir des temps féodaux. Bien qu'égalitaire, elle fait au prétendu principe d'autorité, qui a remplacé le droit divin, une place excessive. Enfin, malgré cet esprit laïque dont enragent les gens de sacristie et de *Syllabus*, elle demeure chrétienne et métaphysique dans ses théories pénales.

On ne s'attend pas à trouver ici une histoire du droit; c'est un sujet qui remplirait un livre plus gros même que le nôtre. Nous laisserons de côté le droit des gens qui, de l'hostilité primitive, ne conserve plus que certains vestiges destinés à disparaître, et le droit international, dont les progrès, vraiment considérables, sont entravés pour longtemps encore par le pangermanisme et le panslavisme. Dans le droit civil et le droit pénal, nous signalerons seulement les lacunes, les excès, surtout les erreurs doctrinales.

En effaçant les derniers vestiges de l'esclavage et des castes, en arrachant la propriété aux liens du servage et de la vassalité féodale, la Révolution française a fait de tous les hommes des êtres libres, et égaux devant la loi. C'est là un bienfait immense, qui n'a pas encore été étendu à tous les peuples civilisés (ou à peu près), et qui mérite, à lui seul, une reconnaissance éternelle. Il appartient aux légistes d'améliorer encore, s'il y a lieu, notre statut personnel et notre état civil. Mais on ne saurait méconnaître la sagesse et la solidité des garanties que notre code assure à ces deux conditions premières de la sécurité individuelle et sociale.

Les relations d'individu à individu, les contrats, quasi-contrats et les obligations qui en résultent sont une matière fort complexe et sujette à de nombreux remaniements. Mais ici l'usage guide le législateur. Il n'a eu qu'à codifier les coutumes, en élaguant celles qui ne concordaient pas avec le principe d'égalité, pour régler convenablement la donation, le testament, l'échange, la vente, le louage, le prêt, l'hypothèque, sans entraver la liberté des conventions. Le contrat est la loi des parties, qui peuvent y introduire toute clause non prévue par le code, à condition de ne point léser l'intérêt des tiers, et de ne pas tomber sous le coup de la loi pénale.

A côté des individus simples, il existe, de par la nature et la loi, ou de par le contrat, des individus collectifs. Dans la première classe, à divers titres se rangent la famille, la commune, le département, l'État lui-même. Dans la seconde, les sociétés commerciales et industrielles, les associations politiques et religieuses, susceptibles, comme les autres individus, d'acquérir, d'échanger, de vendre et de contracter toute espèce d'obligations. En fait, elles existent en vertu de la liberté individuelle ; et la loi leur doit, comme aux autres, protection et sécurité ; mais la société générale, au sein de laquelle elles forment des sociétés particulières, ne peut leur accorder qu'à de certaines conditions l'existence légale, un état civil et un statut personnel. La première de ces conditions est la publicité ; il est nécessaire que les individus, exposés à leur contact et à leur action, soient informés de leur naissance et des conventions ou circonstances qui constituent ou modifient leur organisme, abrègent ou limitent leur durée. C'est pourquoi la loi porte à la connaissance des tiers les stipulations matrimoniales et les changements qu'elles subissent, les statuts et les actes des associations. Les « personnes morales » qui se forment en dehors des règles n'ont pas droit aux garanties ; elles ne peuvent se faire représenter par des pouvoirs sociaux ; elles demeurent des groupes d'individus qui, chacun, agissent en leur propre et privé nom. L'État les tolère ou les ignore quand leurs agissements ne menacent aucun droit. Il se réserve, d'ailleurs, la faculté de restreindre ou de supprimer celles mêmes qu'il a reconnues, excepté quand elles procèdent de besoins et d'intérêts antérieurs à la société civile. Il lui arrive d'user, bien ou mal, de la latitude qui lui est laissée à cet égard, et, trop souvent, de sacrifier à un intérêt moindre ou passager l'intérêt supérieur de la liberté et de la justice ; on ne saurait dire que notre législation fasse une juste part aux droits de réunion et d'association, si sagement soustraits par la constitution américaine aux caprices de la politique. Toutefois, si vicieuse qu'en soit parfois l'application, le principe est conforme à l'intérêt social : il appartient à l'État de reconnaître ou d'ignorer les collectivités particulières, d'en faire ou non des « personnes morales », des individus légaux. Ce droit précieux fournit la solution d'un problème que la Révolution n'a pas su résoudre ; le jour où une majorité bien avisée voudra résolûment l'appliquer, la véritable séparation des Églises et de l'État s'accomplira sans secousse et sans danger.

Qui pourrait empêcher l'État, premièrement, de supprimer les communautés qu'il n'a point autorisées et qu'il admet cependant chaque jour aux priviléges de la personnalité légale; secondement, de fixer une date où les communautés autorisées cesseront d'en jouir; enfin de déclarer qu'il n'existe plus, relativement à lui et aux tiers, d'Églises catholiques, juives ou protestantes? En tranchant les liens, souvent oppressifs, qui l'attachent aux collectivités religieuses, il ne léserait le droit d'aucun de leurs membres; chacun d'eux, en tant que citoyen, conserverait pleinement et la liberté de conscience et la liberté de réunion; permis à lui de s'entendre avec ses pareils pour vivre dans un phalanstère, ou pour louer, en son nom personnel, un édifice communal et y débiter la légende de son dieu. Mais on ne verrait plus une « personne morale », appelée Diocèse, ou Compagnie de Jésus ou Ordre des Frères prêcheurs, Épiscopat, Église, venir demander aux tribunaux réparation de prétendus outrages, satisfaction de prétendus intérêts qui ne touchent aucun des individus au nom desquels elle prétend parler; on ne verrait plus une « personne » plus vague encore, la Religion, imposer aux juges civils l'obligation de protéger *sa* dignité et *sa* morale; l'armée ne serait plus privée du concours actif de citoyens bien constitués qui, sans dommage, trousseraient, pour deux ou trois ans, leur soutane en capote réglementaire. La rencontre d'artistes, d'étudiants, d'avocats, ne pourrait qu'affermir leur foi ou leur raison. Ce ne serait plus en qualité de prêtres ou d'évêques, mais comme citoyens compétents, s'ils l'étaient, que tant de *clercs* siégeraient dans les Conseils de l'Université et de l'Instruction publique. Ce ne serait plus comme religieuses, ce serait comme surveillantes ou infirmières capables, que tant de nonnes incommodes et tracassières (nous n'ôtons rien à leurs vertus féminines) encombreraient les crèches, les asiles et les hôpitaux. Les écoles laïques elles-mêmes sont condamnées à l'enseignement de dogmes étrangers à la société dont elles forment les futurs citoyens. Elles ne perdraient plus leur temps à l'ânonnement du catéchisme et des cantiques. L'État aurait cessé pour toujours de contribuer sciemment à la perversion et à l'abrutissement des esprits enfantins. Et il n'aurait fait qu'user d'un droit qui lui appartient par nature, par conséquent imprescriptible.

Que faudrait-il donc pour obtenir un résultat si désirable et si nécessaire? Deux ou trois ans de sages mesures combinées et suivies; quinze ou vingt ans pour l'extinction graduelle du fameux et déplorable budget des cultes. Les jurisconsultes catholiques affirment, on le sait, que la Révolution a passé avec l'Église un un engagement financier éternel, car les personnes morales ne meurent point. Leur théorie, qui est fort contestée, nous touche peu. Les descendants ne sauraient être obligés par l'erreur de leurs ancêtres. Si, respectant les droits acquis par des citoyens français, l'État continuait à ses anciens employés et fonctionnaires ecclésiastiques leur traitement jusqu'à leur mort, et leur retraite, il aurait accompli tout ce que peuvent demander la justice et les convenances.

Au nombre des personnes morales, nous avons compté la famille. Elle est constituée par nos lois sur le double fondement de l'autorité paternelle et conjugale. Cette base est solide; la nature l'a posée, et cinquante mille ans d'habitude accumulée la font inébranlable. La faiblesse de l'enfant et les fonctions départies à la femme assignent au père et au mari des devoirs dont l'accomplissement engendre des droits : devoirs de protection, droits de direction. Mais les considérations que nous avons développées plus haut indiquent assez les réformes à introduire dans la partie des codes modernes qui réglemente ces droits et ces devoirs.

Les changements doivent porter sur l'esprit plus encore que sur les formules. Sans doute les législations ont été amenées à la conception du droit de l'enfant; mais, dominées encore par l'antique respect de la force, elles luttent pour s'en dégager; tantôt elles considèrent l'enfant comme la propriété des parents, tantôt elles reconnaissent son droit initial et prépondérant; de sorte que, faisant de son intérêt la loi même de la famille, elles livrent l'appréciation de cet intérêt à la volonté plus ou moins sage du père et de la mère. Sans doute elles ont tenu compte de l'émancipation progressive de la femme, de ses droits en tant qu'individu libre et membre de l'État; mais elles n'ont pu rompre avec les préjugés romains et chrétiens; et elles aboutissent à cette contradiction singulière : que le mariage, en émancipant la femme, même mineure, fait rentrer la femme, même majeure, dans une minorité perpétuelle. Elles ont été obsédées par deux préoccupations exclusives : entourer de toutes les garanties l'union et la filiation légales. C'est là un but légitime et qui s'impose ; mais faut-il lui sacrifier l'autonomie de la femme et le droit de l'enfant ? Or, l'un est méconnu dans les dispositions qui régissent les rapports du père et de l'enfant né hors mariage ; l'autre est violée quand l'épouse est engagée au-delà de ses engagements conjugaux. Ici interviennent l'incertitude de la paternité naturelle, l'inégalité des conséquences de l'adultère, selon qu'il est commis par le mari ou par la femme, l'intérêt même de l'enfant légitime à la fixité du mariage.

Entre ces difficultés dont aucune ne veut être négligée, le législateur a suivi une voie moyenne, et, au prix d'assez nombreuses iniquités, il est arrivé à certains résultats partiels excellents. A ne regarder que l'ensemble, la situation financière des époux, régie par le contrat ou prévue par la loi, garantie par la séparation de biens, est conforme à l'usage. Leur situation morale, dans un mariage régulier, est satisfaisante. Dans la succession *ab intestat*, le rang assigné à la femme est critiquable, mais les enfants légitimes n'ont pas à se plaindre ; ils doivent à la Révolution ce droit égal au patrimoine de la famille, acquis et augmenté pour eux, cette juste distribution qui déplaît si fort aux hobereaux et à quelques doctrinaires anglomanes. Le droit absolu de tester est en contradiction avec le droit de l'enfant ; en le limitant, le code s'est conformé aux vrais principes.

Venons aux questions controversées et à celles qui ne devraient pas l'être ; les premières ont trait à la situation de l'enfant naturel et aux effets de l'adultère. A l'égard de la mère, les droits de l'enfant, naturel ou légitime, sont manifestement égaux, sauf en ce qui concerne la communauté ; ils le seraient pareillement à l'égard du père, si la paternité était certaine : en n'admettant pas cette égalité pour l'enfant reconnu, la loi déroge à la logique et à la justice. Le mariage, si sacré soit-il, ne peut prévaloir contre le fait, encore moins contre la nature, qui ne s'informe pas des lois sociales avant de développer l'œuf. La recherche de la paternité laisse prise à plus de doutes. Elle est difficile, incertaine. En Angleterre, elle aboutit le plus souvent au chantage. Le sentiment général semble l'autoriser; sans l'étendre aux produits du libertinage, en l'entourant des garanties nécessaires, la loi devra l'admettre dans les cas soit de séduction, soit de concubinage avéré.

L'adultère, qui est aussi inévitable que les impulsions de l'instinct sexuel, sert de champ clos aux adversaires et aux partisans du mariage. C'est un fait qui a plusieurs faces. Vu du dehors, il provoque le sourire, la compassion et parfois un peu d'envie, et ces sentiments partent du vieux fonds animal que nulle civilisation ne peut détruire : le mari trompé est ridicule parce qu'on a pu longtemps le regarder comme un maître joué par son esclave; le mari infidèle se fait honneur des bonnes fortunes qui prouvent sa puissance; quant à l'épouse infidèle, honnie par les femmes, elle est désirée par les hommes; l'épouse trahie, plainte de tous, n'a qu'à choisir ses vengeurs. Mais, considéré au sein de la famille, l'adultère revêt de plus sombres couleurs : celui du mari apporte dans la vie commune le trouble, les querelles, le désespoir; celui de la femme peut donner aux enfants des frères étrangers. Enfin, du point de vue le plus haut, qui est le point de vue social, l'adultère apparaît comme la violation expresse d'un contrat; et qu'il vienne de l'un ou de l'autre conjoint, le délit est égal; mais ici la différence des sexes et l'intérêt de la famille légale priment le droit du contrat, ou plutôt s'y ajoutent; la loi se trouve entraînée à des compromis fort délicats, et qui sont rarement d'accord avec la justice; elle ne punit l'adultère du mari que sous le toit conjugal, et poursuit en tout lieu celui de la femme; elle va même jusqu'à excuser le meurtre de la coupable et de son complice, et paraît s'étonner quelque peu lorsque le jury étend cette indulgence à la femme trompée, meurtrière du mari.

Nous savons bien que la loi se trouve prise entre des nécessités fort complexes et qu'elle n'a pas toutes engendrées. Les questions que soulèvent l'un et l'autre adultère ne sont pas de celles qu'on tranche. Toutefois, il existe un moyen, un seul, de mettre fin à la situation qui en résulte, un remède que l'antiquité a connu, que la plupart des codes ont appliqué et appliquent encore, mais dont les préjugés chrétiens ont privé le nôtre : le divorce, prononcé contre l'un ou contre l'autre adultère. Le divorce est non-seulement indiqué par la nature, il l'est encore par la logique ; il n'a disparu de nos lois que par une contradiction manifeste, bizarre, qui, d'un contrat civil, laïque, refait un sacrement. Or, le mariage est l'un ou l'autre ; il ne peut être à la fois l'un et l'autre. On ne saurait alléguer ici le droit de l'enfant, qui laisse intact le droit individuel des parents en tant qu'homme et femme ; il n'est pas plus violé par le divorce que par un second mariage, et il l'est nécessairement par la séparation de corps. Cela ne veut pas dire que le divorce doive être prononcé à la légère, avant l'essai de mesures provisoires ; mais il est l'unique sanction du contrat conjugal, il doit être rétabli.

Avant d'analyser les idées justes et fausses qui sont entrées dans la conception de la pénalité, nous aurions beau jeu à critiquer l'organisation et l'esprit du corps chargé d'appliquer la loi. Mais, si déplaisantes que soient dans leurs allures certaines institutions « que le monde nous envie », si étrangères au mouvement des idées, si gonflées de leur foi rétrograde que se montrent les magistratures modernes, on n'a, pour apprécier le progrès accompli depuis 1789, qu'à les comparer aux parlements, aux sénéchaussées et juridictions locales de l'ancien régime. Les abus, si nombreux encore, qui vicient et parfois dénaturent la justice, sont bien moins imputables aux intentions personnelles, ordinairement droites et loyales, qu'aux routines tenaces et aux préjugés inhérents à la profession. Ils ne disparaîtront jamais complétement. Oublions donc et la paperasserie onéreuse de la procédure et les désolantes lenteurs de l'instruction criminelle, et demeurons sur les sommets des choses.

L'histoire de la pénalité commence pour ainsi dire avant celle des lois. Elle a pour point de départ la vengeance personnelle, le talion. En se mettant au lieu et place de l'individu lésé, la société s'est engagée à réparer, autant qu'il est en elle, le dommage souffert, ou à le compenser par un dommage équivalent infligé à l'auteur du délit, dommage corporel ou pécuniaire, qui a pris le nom de châtiment, de peine. Mais l'outrage fait à l'un de ses membres menace et atteint tous les autres.

Il faut donc que la peine, sans perdre jamais son caractère originel de talion transformé, satisfasse à la fois à l'intérêt de la victime et à l'intérêt social. Bien plus, le coupable étant, comme la victime, un membre de la société, doit trouver dans le châtiment subi une sorte de libération morale. La peine est ainsi tout ensemble une vengeance, une précaution et une expiation. Ce sont là les éléments d'une juste pénalité. Mais plus décroît la part faite à la vengeance, plus la pénalité s'épure, plus elle s'éclaire au concept supérieur de l'utile et du juste. On voit combien est arriérée l'expression favorite du parquet, la *vindicte publique*; elle date d'un âge où le droit de punir dérivait encore directement de la colère animale.

Nous avons dit avec quelle lenteur s'est développée la notion de la justice. Bien plus tardive encore a été l'application de l'idée abstraite du droit à la pénalité. Elle n'a suivi que de loin le progrès intellectuel. L'intrusion fréquente des peuples barbares ou inférieurs dans des sociétés plus policées a été un obstacle réel, mais accidentel. C'est à une cause plus fondamentale qu'il faut attribuer le long désaccord entre la justice et la pénalité. Nécessairement dévolue à des pouvoirs publics, la gérance des intérêts sociaux s'est incarnée dans les hommes et dans les castes qui la détenaient. Au-dessus des individus et de la collectivité s'établit un être de raison, une personne simple ou multiple, le plus souvent hostile à la société qu'elle prétendait représenter; elle a changé de nom, mais on ne saurait dire qu'elle ait abdiqué; dans la plupart des pays, elle inspire encore les gouvernements, les administrations, les magistratures et les polices; elle a légué à l'État le droit d'espionner, de maltraiter et de massacrer les citoyens dont il est fait et pour lesquels il est fait. Les dynasties et les oligarchies ont trouvé un puissant concours dans les religions, dont le propre est l'immobilité; elles en ont reçu l'inappréciable consécration du droit divin, et, en échange, leur ont abandonné, dans la mesure compatible avec leurs passions et leurs intérêts, la direction des consciences, la détermination du juste et de l'injuste. Les lois, rédigées par l'ordre et au bénéfice de ces deux autorités coalisées, ont dû enregistrer, à côté des crimes également préjudiciables à l'individu, à la société, au pouvoir civil et à l'autorité publique, une multitude de délits et quasi-délits de lèse-majesté divine et royale, qui encombrent encore les législations pénales. Ce n'est pas que l'intérêt de l'individu, de la société, du coupable même, ne soit invoqué à toutes les pages des codes. Mais, par l'identification de l'intérêt dynastique, oligarchique, religieux, avec la justice, la pénalité s'est trouvée viciée dans son principe, faussée dans ses applications; elle l'est encore plus qu'on ne saurait croire.

Est-ce que toute prison n'est pas doublée d'une sacristie, construite autour d'une église intérieure? Est-ce que l'expiation, mot d'ailleurs tout religieux, n'est pas conçue comme une amende honorable à une divinité qui a bien voulu, pouvant commander le crime, encourager la vertu par des promesses lointaines? Est-ce que l'outrage à un culte, à un dogme, simple péché, à une prétendue morale religieuse, ne figure pas au nombre des armes les plus perfides mises aux mains d'arbitres cléricaux?

Est-ce que toute la juridiction, et elle est infinie, relative à la liberté des citoyens, à la liberté de penser, d'écrire, de se réunir et de s'associer, le ridicule ostracisme infligé aux « questions politiques et religieuses » (!), toutes les atteintes à ce qu'on a nommé les droits imprescriptibles, procèdent d'autre chose que d'une fausse conception de l'autorité, que du droit divin sécularisé? Est-ce que les tribunaux d'exception, l'extension arbitraire de l'état de siège et d'un code qui devrait être réservé aux armées en campagne, ont une autre origine?

Certes, la Révolution s'est fait sentir dans l'ordre pénal comme dans l'ordre civil ; elle a aboli la torture, elle a, par le contrôle du jury, diminué la chance des erreurs judiciaires. En rendant la geôle tolérable, propre à tout le moins, elle a préludé à l'amélioration possible du criminel. La République de 1848 a aboli, en matière politique, la peine de mort (on n'a su que trop bien, depuis, la rétablir)! Ce sont là de grands bienfaits. Mais les écuries d'Augias ne sont pas balayées encore. Il faut enlever du code pénal les faux délits, les aggravations odieuses, et les peines, trop réelles, qui les accompagnent comme un corps qui suivrait u.. ombre.

Quand la justice pénale aura pour critère unique l'intérêt social impliqué par un intérêt individuel déterminé, on verra décroître la durée, la rigueur, et se civiliser l'application des peines. Avec la torture, la roue, l'écartèlement, sans oublier le bûcher catholique, la guillotine (déjà on n'ose plus la montrer) rentrera quelque jour dans l'arsenal du passé, pareille à ces vieux fauconneaux qu'on montre au voyageur. L'histoire nous montre qu'il en sera ainsi, mais ce n'est ni le sentiment chrétien, à coup sûr! ni les dissertations métaphysiques sur une prétendue inviolabilité de la vie humaine, ni une oiseuse pitié pour la vie des assassins et des voleurs, qui élimineront peu à peu la peine de mort: c'est la désuétude, l'inefficacité, l'inutilité, et aussi le remords social de tant d'iniquités inconscientes ou volontaires prodiguées à l'innocence. La répression, en effet, n'a pour but que de préserver la société des récidives, en donnant une satisfaction suffisante au besoin de vengeance qu'éprouve la victime. Qu'importe que ce double objet soit atteint par la suppression ou par l'éloignement du coupable? C'est une question de fait. Quelques pays moins timides que la France ont déjà rayé la mort de leur code; on n'entend pas dire que la somme des crimes en augmente.

Bon nombre de criminalistes ont constaté que l'échafaud engendre autant de meurtriers qu'il en supprime. S'il n'effraye pas les criminels de profession, encore moins prévient-il les crimes isolés que la passion détermine. Ceux-ci ne disparaîtront jamais de la face du monde, il y aura toujours des malades et des exaltés; et, à leur égard, la peine de mort sera efficacement remplacée par un traitement physique ou moral. Quant aux délits d'habitude, les seuls contre lesquels la mort puisse avoir, au point de vue de l'intérêt social, une utilité certaine, mais restreinte et momentanée, la société possède deux moyens d'en diminuer le nombre, l'éducation d'abord et un sage emploi de la pénalité. Le premier est à la fois le plus nécessaire, le plus sûr et le plus facile; le second est plus chanceux, et c'est à peu près le seul qui, bien que sans notable succès, ait été du moins essayé. Il est bien temps, lorsque la misère et l'ignorance ont arrêté le développement cérébral et faussé la raison, il est bien temps de moraliser! Et comment réhabiliter ces êtres dégradés par le vice et la haine? Comment recommander aux chefs d'industrie, aux associations ouvrières, ces voleurs corrigés, ces forçats repentants, *raræ aves*? Les animaux féroces s'apprivoisent mal; le sauvage retourne à ses forêts. Ce n'est pas à dire qu'il faille renoncer à l'amélioration du criminel. Au contraire; il faut la tenter; il faut faire de la prison une maison de santé où les livres, abondamment distribués, les instituteurs et les professeurs, le travail proportionné aux aptitudes et suffisamment rétribué, viennent tour à tour exercer, redresser, discipliner ces cerveaux pauvres, tordus et déréglés. On est loin de cet idéal. A la prison pourront succéder les colonies pénitentiaires. Puis, quand le moment sera venu de faire l'épreuve de la liberté, on lâchera les convalescents dans quelque région lointaine, déserte (il n'en manque pas) et soigneusement gardée. Là, sans humiliation pour eux, comme sans danger pour la mère patrie, ces déclassés pourront fonder une société nouvelle, former le noyau d'États florissants.

Mais que de frais et de soucis épargnés si la société n'était pas obligée de recourir à ces expédients de la pénalité, de l'expiation! Ce n'est pas seulement son intérêt de prévenir le crime, c'est encore son devoir strict. Qu'elle considère un moment les causes de la criminalité. A qui sont-elles imputables? Qui les a créées? N'est-ce pas la société même, qui s'était fondée pour les détruire? C'est son organisme défectueux qui a engendré ces parias. Quand l'école laïque et obligatoire aura dégrossi les intelligences brutes, quand une prévoyance nécessaire aura multiplié les ressources mises à la portée du travail, quand un air plus respirable circulera dans les bas-fonds sociaux, la société aura supprimé autant qu'il est en elle les germes des maladies qui la rongent. Alors, avec moins de scrupule et d'un sens plus rassis, elle pourra appliquer plus sûrement à des maux atténués par l'hygiène les procédés raisonnés d'une thérapeutique et d'une chirurgie moins brutales et plus efficaces.

Telles sont les vues qui ont inspiré les Voltaire, les Beccaria, et qui ne sont étrangères à aucun des criminalistes philosophes. C'est ne méconnaître ni les progrès accomplis dans les doctrines pénales, ni les efforts tentés pour y conformer les lois et leurs effets, que de montrer le but, la voie qui peut nous y conduire et la distance qui nous en sépare.

§ III. LA MORALE ET L'ÉDUCATION.

Quelques pages encore, et nous aurons terminé ce long voyage à travers les doctrines philosophiques et les événements réels des mondes inorganique, vivant et humain, qui sont les seuls matériaux de la philosophie.

Nous avons exposé l'évolution graduelle des formes vivantes. On a vu le développement des facultés intellectuelles répondre à la complexité et à la concentration progressives de l'organisme sensitif et cérébral; les besoins provoqués par le milieu ambiant, par les relations sexuelles, enfin par les rapports sociaux, engendrer des instincts, des désirs, des passions, des affections accompagnées de plaisir et de douleur, qui, à l'aide d'opérations cérébrales plus ou moins compliquées, plus ou moins rapides, plus ou moins conscientes, se traduisent en volontés et se satisfont par des actes; de tous ces contacts et mouvements, nécessaires ou nécessités, à la fois causes et effets l'un de l'autre, l'abstraction dégager un caractère alternatif commun à tous, le bien et le mal, un second caractère également alternatif, mais spécial à certaines catégories de sensations, le beau et le laid, un troisième enfin, simplement arbitral, affirmatif ou négatif, le vrai et le faux; quelle illusion séduisante, assimilant, au lieu de les associer, ces trois concepts, mobiles intellectuels de la vie morale, de l'art et de la science, a confondu le vrai avec le bien et le beau, le faux avec le mal et le laid; comment, d'un pas inégal et divers, les sociétés humaines ont marché à la réalisation de ce triple objectif, le bien, le beau et le vrai; les droits et les devoirs déterminés par les intérêts réciproques; l'équilibre des droits et des devoirs exprimé par un terme général, le droit; la conformité de tout acte au droit, sans acception de personne ou de circonstance, considérée, sous le nom de justice, comme l'intérêt suprême des sociétés et comme la règle obligatoire des rapports sociaux; les variations et les discordances infinies du droit et de la justice dans l'ordre pratique et dans l'ordre théorique; quels concours et quels obstacles ont apportés à l'application de ces concepts les croyances, les mœurs, les guerres, les invasions, les vicissitudes historiques et politiques, les théocraties, les monarchies et les oligarchies; les révolutions fatalement amenées par la survivance des institutions à l'état moral qui les avait produites; la lutte constante entre l'habitude et la désuétude; enfin le retard inévitable des législations écrites sur les mœurs et les besoins présents, à plus forte raison sur les lois morales que l'induction tire de l'expérience accumulée.

Ce sont là tous les éléments de la moralité, tous les matériaux de la science morale. La morale, en effet, procède de la biologie, de la physiologie et de l'histoire; comme toute science, c'est de l'observation qu'elle induit les lois qu'elle formule. Elle étudie tous les rapports qui se sont produits et peuvent se produire entre les hommes, pour soumettre ces rapports à la direction du concept de justice, qui résume en lui tous les besoins et tous les intérêts, physiques, affectifs et rationnels, individuels et réciproques, de la collectivité sociale.

Ceux qui ont suivi avec nous dans toutes ses phases la genèse de l'idée de justice, du critère moral, ont pu se convaincre qu'il n'existe point de principes moraux antérieurs à un état social quelconque, à moins qu'on n'appelle ainsi le plaisir et la douleur et la notion correspondante de bien et de mal. Nous dirons alors qu'il n'existe point de principes moraux antérieurs au contact d'un organisme vivant et sentant avec un milieu quelconque. Encore ne peut-il se produire entre l'univers et l'homme aucune relation d'ordre moral, parce que la morale implique réciprocité dans les sentiments et dans les actes. Or, si l'homme est affecté par le contact des choses, celles-ci ne jouissent ni ne souffrent des actions humaines. Il n'y a pas de concept du juste commun à l'homme et à la pierre, à l'homme et à la foudre ou au volcan ; c'est seulement à l'animal que commence un échange d'actes et de sentiments susceptible de règles morales sommaires. Si loin qu'on reporte les origines de la morale, on ne dépassera jamais les origines de la série zoologique. Les qualités d'éternelle, d'universelle, accolées aux mots justice ou morale ne répondent donc à aucune réalité ; ce sont des épithètes honorifiques.

Isolés des phénomènes qui leur ont donné naissance, les concepts prennent facilement un caractère absolu. L'esprit, les considérant en eux-mêmes, oublie qu'ils n'expriment que des rapports. C'est cette illusion qui a égaré les métaphysiciens et les inventeurs de l'*impératif catégorique*. L'hérédité du virus religieux a été une autre cause d'erreur. Comme tous les parfaits, l'absolu moral s'en est allé rejoindre ses pareils et gonfler d'un néant, d'une contradiction de plus, le fantôme des théodicées. Il a fallu agiter l'oiseuse question de la Providence, de la bonté divine, demander compte du mal à l'auteur de tout bien, attribuer à Dieu les passions humaines, la colère et la vengeance, l'aveugle fureur qui, dans ses représailles, châtie le crime sur l'innocent, fouette la mer ou fusille des otages, ou bien encore susciter à ce tout-puissant un rival toujours vaincu, toujours debout, Lucifer, Ahrimane, Typhon, Croquemitaine, un second dieu ! Anthropomorphisme que tout cela ! Fables où s'est jouée la poésie, où périt la raison.

Le seul argument spécieux en faveur d'un sens moral inné serait l'unanimité du jugement porté par les hommes sur le caractère de leurs actes. On aurait peu de peine à le réfuter, s'il y avait lieu. Mais un tel accord n'a jamais été observé. Rien n'a plus varié que l'appréciation du bien et du mal, du beau et du laid, du vrai et du faux, même à l'égard des rapports les plus simples et les plus primitifs, des faits les plus bruts, tels que le meurtre et la violence, le vol et la fraude. Omettons l'état de guerre, qui dérobe au remords comme au châtiment les plus criminels outrages à la propriété et à la personne. Où chercherons-nous l'identité du sens moral ? La demanderons-nous à l'astucieux Ulysse, voleur de chevaux ; au Spartiate qui enseigne le vol à ses enfants ? La demanderons-nous à Samuel qui scie en deux Agag désarmé, au Vitien qui décapite son père, à l'Australien qui mange sa femelle et ses petits, au roitelet africain qui tire un passant pour essayer son fusil, qui fait jeter ses femmes à l'eau quand elles l'ennuient, ou bien au Germain qui tue un ingénu pour trente sous (d'or, il est vrai), le serf d'autrui pour quinze et moins encore, le sien pour le plaisir ?

Mais aujourd'hui, dit-on, dans un même milieu civilisé, dans une quinzaine d'États européens, tous les hommes, dix sur cent, se conduisent d'après les mêmes règles. Ceux qui, ne concevant qu'un des facteurs de la morale, la fondent sur les sentiments affectifs, l'amour, la sympathie, la bienveillance ; ceux qui, déjà plus voisins de la vérité, s'attachent à l'utile ; ceux qui conçoivent le juste, soit comme un idéal relatif et progressif, soit comme la révélation d'un principe éternel et absolu ; tous, le même cas donné, pensent et agissent de même. C'est bientôt dit. On verra que leur accord, si l'on y regarde de près, rare dans la sphère politique, fréquent dans le cercle familial, n'est constant que dans l'ordre des relations civiles, privées, individuelles. Et pourquoi ? parce que les rapports d'homme à homme, les plus simples, les plus inévitables, nécessités par le contact social, par l'intérêt le plus poignant et le plus impérieux, fixés par l'habitude, analysés et réglés par les lois, laissent aussi le moins de place au doute, parce que les mœurs les imposent aux tempéraments les plus divers et aux doctrines les plus contraires. Croyez ou ne croyez pas; spéculez sur l'amour, sur l'utile ou sur le juste. Qu'importe ici ? Des points de départ les plus opposés, il vous faut aboutir aux mêmes points d'arrivée. Vous ne tuerez ni ne volerez ; vous vous abstiendrez de la violence ou de la fraude ; vous secourrez l'homme qui tombe ou se noie ; vous sacrifierez momentanément votre intérêt à l'intérêt plus urgent de votre semblable : en vertu de votre éducation, de vos instincts acquis, du milieu qui s'est lentement constitué depuis trente siècles, vous savez que, soit vis-à-vis de vous-mêmes, soit vis-à-vis de l'opinion ou de la loi, vous ne violerez pas impunément la règle établie par l'usage. Dans la famille encore, la nature et les institutions ont créé, à la longue, une stabilité, mais déjà moins immuable. Quant au droit public, qui dépend, bien plus complètement que les deux autres, de la raison, il est livré à toutes les incertitudes de la dialectique : la raison, en effet, étant la coordination des connaissances et des idées que l'expérience a fait naître, la raison compte autant de variétés qu'il peut y avoir de degrés et de directions dans la culture intellectuelle, accrue, enrayée, dominée par l'hérédité, le milieu et les particularités organiques ou cérébrales. L'instrument logique s'applique avec autant d'exactitude aux principes les plus contraires et en tire des conclusions également correctes, mais qui ne prouvent aucunement la vérité des prémisses. La justesse de la déduction fait illusion sur celle du concept induit, et engendre des convictions tenaces et inconciliables.

Atteindra-t-on à l'unité de la morale ? Jamais dans l'ordre pratique ; on s'en approchera dans la théorie, à condition de prévoir les éléments nouveaux que chaque siècle à son tour y introduira, et de réserver la part de l'inconnu. Mais la condition première de cette théorie cohérente sinon complète, c'est l'élimination préalable de toutes les causes d'erreur et de divergence.

Le groupe intelligent qui fonda, il y a quelques années, *la Morale indépendante* était imbu de cette nécessité. Il soutint, non sans talent, que la loi morale n'avait de rapports nécessaires avec aucune foi métaphysique ou religieuse, avec aucune opinion politique ou sociale. Tous les hommes d'un même temps et d'une même civilisation pouvaient, selon lui, se réunir dans la morale comme sur un terrain commun. C'était là une thèse utile, mais qui pose en principe ce qui est, dirait Kant, un *postulat*.

Or, la morale n'a pas été indépendante, elle ne l'est pas, et, au sens absolu, elle ne le sera jamais. Cela se comprend de reste. Avant de régir les mœurs, la morale en dérive.

Les mœurs ne procèdent pas seulement des besoins physiques, la faim, la soif, l'attrait sexuel, l'instinct brut de la conservation et de l'accroissement ; elles procèdent aussi des idées acquises et s'en pénètrent à mesure que la volonté en reçoit des impulsions qui déterminent des actes. Toute conception des choses et des êtres, tout résultat de l'élaboration cérébrale a donc modifié les mœurs et, par suite, la morale ; toute erreur s'y est reflétée, même la plus contraire possible aux besoins fondamentaux.

Assurément, il est des rapports si primitifs et nécessaires que toute religion, toute doctrine s'y sont pliées. Si les croyances ont modifié les mœurs, les mœurs ont réagi contre les croyances. Le christianisme, nous pourrions dire aussi bien le bouddhisme ou le chamanisme, le djaïnisme ou l'islam, a vainement essayé, mais non sans dommage pour l'humanité, de détruire la propriété privée, la famille, l'organisme social et politique, avant tout la science. Il a si profondément échoué dans cette œuvre hardie, qu'il a depuis longtemps répudié cette partie, cette clef de sa doctrine; appelé au gouvernement des hommes, il a dû se déclarer le défenseur pratique de tout ce que sa théorie renversait. Gardant le ciel, il a, bien à contre-cœur, laissé la terre à l'homme, à condition de les dominer de haut et de près, leur faisant payer cher un droit éventuel au trésor illusoire qu'il détient et qu'il exploite. De sorte qu'en acceptant les nécessités de la vie sociale, les lois, constantes dans leur principe, variables dans leurs dispositions, qui existaient avant lui et que l'expérience a sauvées de tous les naufrages, il les a faussées, atrophiées ou dénaturées.

Il ne suffit pas d'un mot pour écarter ces influences successives et tenaces des religions, des idées et des milieux ; accumulées, amalgamées, enracinées par l'atavisme et par des intérêts persistants, elles ont survécu aux causes qui les avaient déterminées. Elles obsèdent encore, à l'état de préjugé, les esprits les plus libres ; après elles se traîne leur ombre dernière, la fausse honte.

De même que nos codes, résumés de la morale appliquée, sont le résidu des lois romaines, barbares, féodales, municipales, écrites et coutumières, notre morale courante est un compromis entre les morales que les religions et les métaphysiques ont façonnées à leur image. Nous vivons sous l'empire de la morale chrétienne. L'Évangile et l'Imitation règnent encore, sinon sur notre société, radicalement réformée par la Révolution, au moins sur les principaux faits de la vie, naissance, mariage, mort, sur la sanction de notre droit social, la pénalité, et bien plus encore, qui pis est, sur l'enseignement et l'éducation.

Démontrer que ce qu'il y a d'à peu près chrétien dans la morale prétendue chrétienne : subordination du concept de la justice à un principe d'amour capricieux, la grâce ; intervention intermittente, par des miracles et des fléaux, de la Providence dans les affaires humaines ; adoration d'un maître jaloux et vengeur ; obéissance passive aux vicaires, spirituels ou temporels, de ce roi inconnu, constitués arbitres du bien et du mal ; réduction de la vertu à la poursuite d'un salut imaginaire ; expiation d'un péché originel antérieur à toute action, inutilement racheté par un dieu incarné ; croyance à de bons ou mauvais anges, à un paradis et à un enfer éternels ; efficacité de formules propitiatoires et de pratiques superstitieuses ; intolérance absolue combinée avec une fraternité vague ; renoncement absolu exploité par une avidité exemplaire ; supériorité du célibat ; mortification de la chair ; culte idolâtrique d'une vierge mère ; glorification de l'extase stérile ; encouragements donnés à la mendicité paresseuse et hypocrite par l'aumône partiale ; indignité du travail ; abaissement de la dignité humaine ; inutilité dangereuse de la science, source de tous les maux, cause de la déchéance du premier homme ; démontrer, dis-je, que cet amas d'erreurs et de préceptes iniques est en contradiction avec les mœurs et la morale civilisées, avec les besoins, les intérêts et les idées qui dirigent la vie moderne, c'est une tâche aussi aisée que superflue. L'Église elle-même a pris soin d'accuser, dans un *Syllabus* naïf, l'incompatibilité de ses doctrines avec l'existence de la société civile, laïque et libre.

Eh ! bien, ces croyances et ces maximes constituent encore le fond de l'éducation première ; ce sont elles que l'État et, à son exemple, les écoles privées inculquent dans le cerveau faible d'enfants à qui elles ne seront d'aucun usage ; le père, même celui qui ne s'en sert jamais, qui trouve ailleurs les mobiles de ses actes, le père laisse insoucieusement la mère crédule ou irréfléchie confier, imposer à la mémoire tenace du premier âge de sottes litanies. Plus tard, quand la raison se forme, on l'arrête environ deux ans au catéchisme, aux génuflexions, aux puérilités bigotes, pour lui apprendre, en somme, que le royaume des cieux appartient aux pauvres d'esprit, aux ignorants et aux humbles : cela, dans un siècle où les progrès de la science accroissent d'heure en heure la nécessité du savoir ; lorsqu'il n'y a pas à perdre un jour de cette précieuse jeunesse pour munir et armer l'intelligence aux luttes de la vie. L'instruction vient, il est vrai, *pede tardo*, redresser la raison déviée ; encore admet-elle, si elle ne les commande plus, les sentiments, les pratiques, auxquels l'éducation imprudente a incliné ceux dont il s'agit de faire enfin des hommes. Les maîtres les plus sceptiques, les plus éclairés, croiraient nuire à leur avancement s'ils ne prenaient un ton de nez pour nommer le peuple de Dieu, le christianisme, « l'homme admirable », la morale évangélique, voire même la *quatrième personne* de la trinité. L'élève quitte les bancs à demi émancipé ; s'il achève ou seulement continue, c'est-à-dire s'il refait lui-même son éducation et son instruction, il rejette, mais avec quel tremblement de sa mère, avec quelles angoisses personnelles (Jouffroy les a connues), tout ce bagage qui encombre le seuil de la vie. Le croyez-vous libre ? Non pas. Le sexe parle, le mariage se présente. Il faut céder à l'habitude, aux condescendances de l'amour, aux intérêts immédiats, rentrer un moment sous le joug, prendre des engagements violés d'avance, fortifier de son adhésion et de son or l'institution périmée. Ce n'est rien. La chaîne est renouée ; l'enfant naît dans le giron sacré, c'est un pécheur, un chrétien ; et l'aspersion, et le baptême, et le catéchisme viennent marquer leur proie, prendre possession de leur chose. Et le soir, sur son berceau, riant à sa mère qui lui joint les mains, le petit innocent bégaye à genoux des paroles qu'il n'entend pas. Il prie, il forme des vœux pour ses parents, ce qui est bien ; mais à qui les adresse-t-il ? à un être dont il n'a aucune idée, dont personne n'a aucune idée, et qu'on est obligé d'habiller pour lui en vieux à barbe blanche. Le tableau n'est pas chargé, je pense.

— Mais que voulez-vous donc ? Prétendriez-vous enlever aux parents le droit de façonner l'enfant, pour son bien, à leur plaisir, de faire son esprit comme ils ont fait son corps ? En vérité, oui. — Mais ce droit, c'est la nature qui le leur donne ; l'enfant est un prolongement de leur être, l'héritier de leur âme comme de leurs biens ! Eh bien ! non, ce droit, ils ne l'ont pas, ils se l'arrogent. — Mais vous n'entendez pas pénétrer dans le sanctuaire de la famille, faire la leçon aux parents, vous entremettre, affaiblir le lien de l'affection en brisant celui du respect ? Cette ingérence est inadmissible, dangereuse au premier chef. Oui et non. Ce que, personnellement, aucun citoyen ne peut et ne doit faire, la loi, la société le font tous les jours. N'interdisent-elles pas de tuer, de maltraiter, d'abandonner l'enfant ? Mais j'accorde qu'il n'est ni possible, ni utile de contester aux mères et aux pères la direction morale et matérielle de ceux qu'ils ont appelés à la vie. Ce serait, non pas leur ôter un droit, mais les décharger de leur principal devoir. Loin de relâcher la famille, j'en voudrais affermir les obligations, en les déterminant, en les mesurant au droit primordial et supérieur de l'enfant. Et ce n'est pas à la loi que je m'adresserais, c'est à la raison.

L'enfant, en sa qualité de futur citoyen, de futur membre actif et participant de la société, a le droit de recevoir toutes les notions morales, toutes les connaissances acquises et incontestées qui lui permettront de passer, de plain-pied, de la tutelle à l'action libre. De là, pour les parents (et à leur défaut pour l'État), le devoir de l'élever et de l'instruire. Est-ce donc comprendre ce devoir que de préparer pour le passé celui dont la destinée est tout entière dans l'avenir? que d'encombrer de reliques un cerveau que la science doit remplir? que de dépayser cette intelligence, de désorienter son initiative?

A l'État de donner exemple. Qu'il écarte de ses écoles la théologie et la bigoterie. Qu'il substitue à la récitation de catéchismes incompris des traités de morale en action, des notions sommaires de droit civil et civique moderne, des dictées expliquées et relues sur le besoin, l'intérêt, le droit, la réciprocité, l'affection, l'amitié, la passion, le dévouement, la justice, des questionnaires variés, écrits, ou suggérés au maître par l'expérience : dans ses réponses, l'enfant trahira ses tendances, ses aptitudes, son tempérament, tout ce qui doit être en lui redressé ou développé. Je ne vois pas ce que la religion viendrait faire en tout ceci. A l'enfant curieux qui demande : Pourquoi ceci est-il bien, pourquoi cela est-il mal, que répond-elle? Dieu l'a décidé ainsi. Et la métaphysique? Ce sont des vérités nécessaires. L'enfant en sera-t-il plus avancé? Mais si on lui montre graduellement que la satisfaction de ses besoins est liée à celle des besoins d'autrui, que le respect du droit du voisin est l'unique garantie du sien, que le recours à la force est chanceux, qu'une atteinte à un droit provoque la résistance de tous les droits coalisés, le châtiment social, que le bienfait oblige nécessairement l'individu ou la société qui le reçoit, enfin, qu'on a toujours lieu de regretter une infraction consciente à la loi écrite ou non écrite, que ce regret, sous le nom de *remords*, empoisonne l'existence et la dégrade, il arrivera de lui-même à la conception de la solidarité et de la justice. Au fond, n'est-ce pas ainsi que se forme le sens moral? La religion n'y ajoute rien. Que l'État commence, les parents suivront, et leur nécessaire autorité n'en sera pas ébranlée. L'affection filiale s'accroîtra d'une gratitude sans mélange et sans bornes.

Mais que deviendra l'Église? Ce qu'elle pourra.

L'instruction achèvera l'œuvre de l'éducation. Elle a commencé déjà; par des leçons de choses, par des descriptions sur place des pierres, des arbres, des bêtes utiles et nuisibles, des types et des caractères humains, par quelques notions de cosmographie et d'histoire, de mathématiques appliquées aux petits intérêts pécuniaires, aux jeux enfantins, à l'arpentage, elle a préparé le petit homme aux diverses relations qui exerceront son jugement et détermineront ses volontés et ses actes. Après avoir meublé l'esprit de faits certains et indiscutables, elle mettra à sa portée les instruments que l'humanité inventa pour les fixer dans sa mémoire, pour les analyser, les classer et les employer : les langues, les sciences, les industries et les arts ; en même temps, elle déroulera l'histoire des peuples qui ont parlé ces langues et créé ces sciences ; puis la raison, s'élevant, sera capable d'embrasser l'immense faisceau de l'histoire générale : histoire des langues et des littératures, histoire des sciences descriptives, des sciences mathématiques, histoire des arts et des industries, du commerce ; enfin, histoire des idées, les religions et les philosophies. Tel est le cadre de l'enseignement secondaire ; il est vaste et s'élargit de jour en jour ; mais une sage et concordante distribution de ces matières si diverses, si inséparables, triomphera du temps sans altérer la santé physique. Pour la santé intellectuelle, elle sera solidement établie. L'adolescent n'aura plus qu'à l'entretenir par l'exercice, qu'à la fortifier par l'étude plus profonde du domaine parcouru. Il reviendra sur ses pas, et, selon son goût, fouillera plus avant dans le passé. Il abordera avec fruit les spécialités de l'enseignement supérieur. Enfin, lancé dans une direction sans ignorer les autres, il innovera à son tour, il pensera par lui-même et agira en connaissance de cause dans le cercle que l'éducation morale lui aura tracé. Il connaîtra pleinement l'étendue de ses droits et de ses devoirs de fils, de père, d'ami, de citoyen et d'homme. C'est alors que ses convictions seront fondées et que ses actes lui paraîtront, seront, d'autant plus libres qu'ils y seront plus conformes et plus fidèles. Il saura où il est, ce qu'il fait, comment il est fait, d'où il vient et où il va. N'est-ce pas là toute la philosophie?

Mais que deviendra la métaphysique? Ce qu'elle pourra.

Déjà les panthéons et les muséums sont ouverts ; chaque siècle, tour à tour, y dépose les idoles de son imagination et de sa raison, les dieux honoraires et les entités mortes : ici les démiurges aux noirs sourcils, là les moteurs immobiles, les forces incorporelles, les virtualités, les points géométriques ; ici les vieilles déesses toujours jeunes, toujours insatiables de sang et de volupté, là les illusions funéraires, les houris du Prophète, éclairant de leur regard phosphorescent, de leur sourire enchanteur, l'huis entrebâillé de la tombe ; plus loin les Euménides et les Destinées regardant, un doigt sur les lèvres, les Postulats désappointés. Les érudits parcourent les longues galeries de ces nécropoles, essuient la poussière au voile d'une Isis ou sur le foudre innocent d'un Zeus, classent, étiquettent et numérotent les dyades, les triades, les douzains de la Perse, de l'Égypte, de l'Inde ou de la Grèce ; ils enferment dans des toiles transparentes les causes occultes, les catégories, les essences, tout ce qui redoute l'air et menace de s'évaporer. Nous avons fait ce voyage. Le sort d'Ammon, de Jupiter, de Iahveh, nous a révélé le destin de leurs successeurs. Les trinités qui vivent encore de par le monde, les hypostases flottantes et les nuées métaphysiques éparses dans l'atmosphère intellectuelle, rentreront tour à tour dans l'histoire. Un temps vient où, délivré des liens de la terreur et de la fiction, l'homme consacrera toutes ses pensées à ses relations réelles avec l'univers et avec ses semblables. *Novus rerum nascitur ordo.*

Notre dernier mot sera donc une parole d'espoir et de confiance, mais n'y cherchez pas l'expression d'un optimisme illusoire. Optimisme, pessimisme, ce sont là, pour le philosophe, des mots vides de sens. Nous savons, n'en déplaise à Sanchez ou à Socrate, et à ceux qui vont répétant qu'*on ne sait rien*, nous savons que le progrès est le résultat de l'évolution organique et intelligente, la condition du développement de l'humanité, qu'il s'accomplit lentement, partiellement, avec des intermittences et des reculs douloureux, sous l'empire de nécessités strictement enchaînées, dans un cercle dont les bornes nous échappent souvent, mais fermé d'avance par la mort de l'individu et par la fin de la race, de l'espèce, du monde animal, de la terre et du soleil ; que tout ce qui a commencé finit; que notre vue subjective, notre loi du progrès n'intéresse point l'univers. Mais nous savons aussi qu'avant de rentrer dans l'impassible, tout ce qui vit s'alimente, se meut, se reproduit, s'approprie ce qui l'entoure; que le libre exercice des facultés accrues par le travail héréditaire est le but de la vie individuelle et sociale.

Dédain, désespoir, renoncement, scepticisme et mysticisme, *apathie* : autant de maladies de la raison, quand ce ne sont pas des attitudes de la vanité.

Le propre de l'organisme vivant, c'est l'action ; le résultat, le mobile et l'instrument de l'action, c'est la science.

Agir pour savoir, savoir pour agir : telle est la plus haute formule, la loi de la vie humaine.

FIN.

TABLE DES MATIÈRES

PREMIÈRE PARTIE.

CHAPITRE I.

LES TEMPS PRIMITIFS.

Pages.

§ I. Période des cosmogonies. Naissance de l'*Anthropomorphisme*. 1

§ II. Point de départ et direction générale de la philosophie chez les peuples de la haute antiquité, du xxxe ou du xle au viiie siècle environ. — Chine. — Égypte. — Sémitisme : Chaldée, Assyrie, Judée. — Races indo-européennes : les Aryas de l'Inde et de la Bactriane ; Grecs et Latins. 30

CHAPITRE II.

LES TEMPS ANTIQUES.

§ I. Préliminaires. L'Inde et la Chine. 50

§ II. De Thalès à Démocrite. — Les gnomiques. Les physiciens d'Ionie. Les métaphysiciens d'Italie. L'école d'Élée. L'atomisme. Les sophistes. 60

§ III. Le dualisme rationaliste. Socrate, Platon, Aristote . . . 93

§ IV. Carte du monde philosophique. — Le scepticisme et le probabilisme : Pyrrhon, Arcésilas. — Le panthéisme rationaliste : Zénon. — Le matérialisme : Épicure . . 147

CHAPITRE III.

LES TEMPS INTERMÉDIAIRES.

La décadence gréco-orientale et chrétienne.

§ I. Décadence des écoles antiques. — Troisième académie. Néo-pyrrhoniens. Stoïcisme et épicurisme romains. . 185

§ II. Philosophie gréco-orientale. — Néo-pythagorisme : Apollonius de Tyane. — Néo-platonisme : Philon d'Alexandrie et le christianisme. — Théosophie des Alexandrins : de Plotin à Proclus. — Théologie : Augustin. 193

§ III. Philosophie du moyen âge. — Les Juifs et les Arabes. — La scolastique. 223

§ IV. La Renaissance. — Platoniciens : Gémiste Pléthon, Marsile Ficin. Péripatéticiens : Pomponace. — Le groupe des humanistes et des sceptiques : Erasme, Rabelais, Montaigne, Charron, Sanchez. — Les panthéistes mystiques : Giordano Bruno, Campanella. — Les matérialistes athées : Vanini. 261

CHAPITRE IV.

L'AGE MODERNE.

§ I. Table rase, reconstitution et rechute. — Vue générale des doctrines et des groupes au xvii° siècle : Bacon et Descartes. — Les sensualistes et les métaphysiciens : Gassendi, Hobbes, Spinoza, Malebranche, Leibniz . 281

§ II. Le sensualisme déiste : Locke. — Vue générale des écoles au xviii° siècle 332

§ III. Le scepticisme anglais : Berkeley, Hume. L'éclectisme anglais : l'école écossaise 344

§ IV. La libre pensée au xviii° siècle. — Le sensualisme de Condillac. Le déisme de Voltaire. — Le naturalisme de Diderot et le matérialisme de La Mettrie et d'Holbach. — L'Encyclopédie et la science au xviii° siècle. — Conception historique de Condorcet. — La réaction sentimentale de Rousseau 358

§ V. L'idéalisme allemand. Kant, Fichte, Schelling, Hégel, Schopenhauer, von Hartmann. Le monisme . . . 383

§ VI. Réaction française contre l'esprit du xviii° siècle : l'Éclectisme. — Retour à la philosophie objective : le Positivisme. — L'associationisme anglais : Stuart Mill ; A. Bain, Herbert Spencer. — Conclusion 408

DEUXIÈME PARTIE.

CHAPITRE I.

L'UNIVERS.

§ I. La matière 445
§ II. Le monde sidéral 454

CHAPITRE II.

LE MONDE VIVANT.

§ I. L'évolution organique 470
§ II. L'homme 496

CHAPITRE III.

LE MÉCANISME INTELLECTUEL DANS L'INDIVIDU.

§ I. La sensibilité 513
§ II. L'entendement 524
§ III. La volonté 536

CHAPITRE IV.

LE MÉCANISME INTELLECTUEL EN FACE DE L'UNIVERS ET DE LA SOCIÉTÉ.

§ I. Les intérêts et les passions 552
§ II. La législation et la pénalité 579
§ III. La morale et l'éducation 594

FIN DE LA TABLE.

www.ingramcontent.com/pod-product-compliance
Lightning Source LLC
Chambersburg PA
CBHW070311240426

43663CB00038BA/1430